国家社科基金
GUOJIA SHEKE JIJIN HOUQI ZIZHU XIANGMU
后期资助项目

屈原精神传承接受史论

A Study on the Inheritance and Acceptance of Qu Yuan's Spirit

龚红林 著

中华书局
ZHONGHUA BOOK COMPANY

图书在版编目(CIP)数据

屈原精神传承接受史论/龚红林著. —北京:中华书局,2021.7
(国家社科基金后期资助项目)
ISBN 978-7-101-15250-0

Ⅰ.屈… Ⅱ.龚… Ⅲ.爱国主义教育-研究-中国
Ⅳ.D647

中国版本图书馆 CIP 数据核字(2021)第 130617 号

书 名	屈原精神传承接受史论
著 者	龚红林
丛 书 名	国家社科基金后期资助项目
责任编辑	吴爱兰
出版发行	中华书局
	(北京市丰台区太平桥西里 38 号 100073)
	http://www.zhbc.com.cn
	E-mail:zhbc@zhbc.com.cn
印 刷	北京瑞古冠中印刷厂
版 次	2021 年 7 月北京第 1 版
	2021 年 7 月北京第 1 次印刷
规 格	开本/710×1000 毫米 1/16
	印张 36¼ 插页 2 字数 572 千字
国际书号	ISBN 978-7-101-15250-0
定 价	128.00 元

国家社科基金后期资助项目出版说明

后期资助项目是国家社科基金设立的一类重要项目，旨在鼓励广大社科研究者潜心治学，支持基础研究多出优秀成果。它是经过严格评审，从接近完成的科研成果中遴选立项的。为扩大后期资助项目的影响，更好地推动学术发展，促进成果转化，全国哲学社会科学工作办公室按照"统一设计、统一标识、统一版式、形成系列"的总体要求，组织出版国家社科基金后期资助项目成果。

全国哲学社会科学工作办公室

目　录

序 一

王兆鹏

龚红林君在新著付梓前电邮来书稿,问序于我。我很了解她二十多年来做学问的艰辛,也有感于这部著作的别开新境,禁不住要写几句话以表达欣忭之情。

一

本书是在其博士论文《屈原精神传承接受的文化学考察》基础上修订而成的,获得过三重认证。2012年博士论文提交答辩前,经过五位校外专家评阅,评的等级都是优秀。这是第一重认证。几经修订后,我推荐给中华书局,中华书局审阅后,认为值得出版。2015年申报国家社会科学基金后期资助项目,经过五位专家的匿名评审,获批立项。这是第二重认证。此后,作者参照五位匿名专家的意见修改打磨,获准结项。中华书局也出具书面意见,经过"认真审核",认为书稿修改完善,达到了出版要求。这是第三重认证。经过多次修订、三重认证的这部著作,质量当然是信得过、靠得住的,虽然不能说尽善尽美。

从接受史的角度研究屈原,本书实现了两大转向,一是从文本转向精神,二是从圈内转向圈外,不仅仅为屈原学研究开拓了新领域,也为中国文学接受史研究开启了新路向。

从文本转向精神,是说屈原的接受史研究,历来注重屈原作品文本的影响和传承,而本书则从创作主体的精神层面来探寻屈原精神对后世的深远影响。作者建构了一个完整的全面认识及研究屈原精神传承接受史的理论体系,厘清了屈原其人其诗升华为一种民族精神,成为民族"根文化"符码,浸润于文学艺术、风俗习惯之中,为不同时代、不同地域、不同社会阶层所传承接受的历史过程。作者提出了全面认识及研究屈原精神传承接受史的四个维度:民间、文人、官方、域外,四个维度,互相依存,彼此交融,合力推进,不断阐释发掘和传承屈原精神的宗教、伦理、政治及文化价值。

从圈内转向圈外,是说历来的屈原学、楚辞学研究和屈原接受研究,多囿于文学圈内,多从文人文学视域着眼,而本书作者则超越文学圈而拓展至文化圈,从文人作家的接受圈延展至官方和民间的接受圈。当今《楚辞》研究的学者、读者、爱好者和屈原的崇拜者,都或多或少地了解屈原在文学史上的影响,知道他"衣被词人,非一代也",但未必了解各朝各代各地民间信仰、民俗记忆、歌谣传说中屈原是何种形象,也未必了解历代朝廷尊奉他为何种神何种帝、追封他为什么侯什么王。我们也许想不到"昭灵侯"、"威显公"、"清烈公"、"忠洁侯"、"忠节清烈公"、"水府庙大帝"等封号,跟屈原有什么关系,体现了屈原什么样的精神内涵和永恒的感召力。而本书作者将学术视野、接受史的视阈拓展到过去很少关注的民间和官方,从全新的维度揭示了屈原在不同社会阶层之间的影响力和接受度。不仅为接受史研究开拓了新领域、建立了新框架,也为屈原学研究挖掘出许多新的文献史料、丰富了屈原学的文献资源。

作者有强烈的现实情怀。她研究屈原,不局限在书斋里、象牙塔里,而是延展到民间、田野。她既追求学术的精深高远,也希望把学术研究成果应用于当下社会,注重与当地文化建设有机结合。在学术研究的同时,她完成了政策建议《"中国岳阳·诗祖屈原·国际诗歌之旅"打造策略》,获湖南省委宣传部"湖湘智库研究"优秀成果奖;作为首席专家,她负责学校省级社科平台湖南省屈原文化研究基地的工作,在单位大力支持下,策划主办屈原及楚辞的全国性学术会议,协办国际性学术会议;作为团队带头人,牵头学校"屈原文化与中国古代文学"创新团队建设,致力于推动屈原的学术研究和文化推广应用。

二

红林君生长于鄂西南山区的五峰土家族自治县,从小练就了山乡妹子特有的吃苦耐劳的韧劲。她始终牢记五峰一中校长的教诲:"有奋斗的今天,才会有美好的明天。"

1996年在湖北大学本科毕业后,她考取本校硕士研究生,跟随我研习词学。为了打牢她的专业基础,我专门为她设计了毕业论文选题,做叶申芗《本事词》的史源考证,逐条找出《本事词》的文献来源,将原始文献与《本事词》所述词作本事进行比勘,看《本事词》做了哪些增删、存在哪些错误,以免以讹传讹。在这之前,我因为编纂《全唐五代词》,盘点过历代词籍文献,特别是词总集、词话、笔记类文献基本上都查阅过;并撰有《〈乐府纪闻〉考》一文,逐条考明了清人已佚词话著作《乐府纪闻》的史料来源,故对《本事词》的文献来源心中有数。但对于初涉词学研究、不熟悉词学文献的红林君来说,难度不小。但她有毅力、有韧劲,每天都坚持去学校古籍阅览室查阅古籍。20 世纪 90 年代末,没有电子文献可以检索,文献资料全靠阅读、全靠手工一本书一本书地查找。有时一本数十卷的古籍,从头到尾翻阅完,也可能找不到一条自己所需的史料,但功夫不会白费,阅读了就有收获。正是在这古籍海洋中的淘宝,大大拓展了她的文献视野,练就了查询和阅读文献的基本功。

　　2009 年,虽然早就评上了副教授,但她感到学术进步遇到瓶颈难以突破,考虑一段时间后,她毅然决然地辞去教职,考回母校湖北大学,跟随著名的辞赋学家何新文教授攻读博士学位,以夯实内功,提升自我。读博期间,她发表了十篇屈原研究论文,其中在《湖北大学学报》发表的《屈原封号考论》,是国内第一篇系统考证屈原封号的论文。博士论文《屈原精神传承接受的文化考察》,更被五位校外专家一致评定为“优秀”。如今的博士研究生,读五年、六年毕业是常态,而红林君三年就按时毕业,而且她既圆满地完成了自己的学业,又尽了做母亲的职责,陪伴女儿成长,照顾孩子的生活起居,担负孩子的第一人生导师。这该要付出多大的努力!学生、学者、母亲,三位一体,是三重责任,也是三份艰难的付出。身为母亲的女学者,付出比男学者要多得多。男学者可以全身心地投入学术,而作为母亲的女学者,首先要尽为人母的天职,管家管孩子,然后才是学术、学业。今年暑假,我刚满周岁的小外孙来我家住十多天,我每天不管他吃、不管他穿,只是需要时陪他玩儿,结果时间被分割成碎片,压根就做不了学问、进不了写作状态,只好读读闲书,处理杂务。有了这段经历,我越发佩服儿女绕膝的学者型母亲能有定力做学术研究。身为母亲的女学者,做学问真的不容易。我们应该对她们多一分理解、多一分敬意。

　　写完短序,忽然有点小担心,会“得罪”几位门生。前些年,门下诸生每出新著,我都为之作序纪念。前年暑假,一口气写了之前承诺的八篇序。

写完之后，就像一次性吃了过量的食物，过敏恐惧，闻序色变，以致后来几位门生出书再让我写序，都不得不推辞谢却。两年过去，恐序过敏症好像有所好转，不知不觉地破戒，重为门生写序，难免有厚此薄彼之嫌。知我罪我，其无辞焉！

庚子仲秋于武昌南湖之滨

序　二

何新文

龚红林博士的这部新著《屈原精神传承接受史论》，是在其 2012 年完成的博士学位论文《屈原精神传承接受的文化考察》基础上补充修订而成的。

红林早在 1999 年硕士毕业参加工作之初，就对屈原及楚地民俗文化很有研究兴趣，并在 2003 年出版了第一本著作《三峡橘文化》。2009 年 9 月，红林考回母校湖北大学，攻读中国古代文学专业博士研究生，博士论文题目确定为"屈原精神传承接受的文化考察"。读博期间，红林刻苦勤奋，孜孜以求，不辍步履。在撰写博士论文的同时，还公开发表了多篇屈原研究论文，其中系统考索屈原封号的《屈原封号考论》一文，颇得同行好评。三年读博期满，红林按时完成篇幅近 30 万字的博士学位论文，并以答辩委员会一致认定的"优秀"成绩顺利通过论文答辩。

呈献在面前的这部著作，主体内容仍是她的博士论文，但却有相当程度的资料数据增补和理论提升深化，并相应地更名为《屈原精神传承接受史论》，篇幅也增加到 50 余万字。全书重点围绕屈原精神是什么，屈原精神的核心要素有哪些，两千多年来屈原精神在不同社会阶层和群落之间（民间、文人、官方、域外）传承接受的实证有哪些，屈原精神孕育、生成与弘扬的历史过程是怎样的，屈原及其精神为什么能够在中国代代相传并传播海外等问题详细论证，论证中注意有一份材料说一分话，纵横结合，时空互补，挖掘、梳理、析论屈原精神对民间信仰、文人德艺、国家精神、国际交流的影响，还原屈原精神孕育、生成、提炼、弘扬的"时空"。

据我所知，这是学术界首次从民间、文人、官方和域外等多个空域层面，全面寻绎屈原精神人格及其影响中华民族精神发展过程的著作，所涉及的内容领域，突破了以往屈原接受研究多从文人角度着眼的局限，而将视野扩大到了更广阔的、多方面的立体空间。全书内容丰富，结构完整，资料翔实，规模宏伟，史论结合，新见迭出，以卷头研究与田野调查相结合，在文字论述时,间以数据统计、图表说明,为厘清屈原精神传承接受的历史面貌贡献了巨大心力。

我在湖北大学任教期间,作为导师,曾经和红林就其博士论文的选题、构想、写作的相关问题进行过多次探讨。今天再翻阅这部以博士论文为基础修订的书稿,既有一种熟悉的亲切感,也感觉还有了一些值得提出的新特点。

首先,是文献资料上的丰富性。作者下了长期的充分的文献功夫,搜罗了自屈原以来至今各个历史时期民间、文人、官方以及域外各层面对屈原精神的种种传播接受现象,特别在田野考察、史料挖掘等方面创获颇多,如屈原庙分布的考证、屈原封号的考证、屈原与端午关联史的考证、民间屈原歌谣的搜集、域外华人屈原书写资料的搜集等,为厘清屈原精神传承接受史提供了有力的实证依据,对今后相关研究有重要的学术文献价值。

其次,是清晰的"史"的线索。以"史论"名书,具有清晰的"史"的线索,力图清晰展示屈原精神传承接受的历史过程。全书第2—5章正文,虽以内容为据划分为"民间、文人、官方、域外"四个板块,但各章内容仍然以汉魏六朝唐宋元明清这一历史过程呈纵向展示。例如,第三章《屈原精神的文人阐发》各节,选取"汉代拟骚作品"、"汉唐屈原传记"、"唐代咏屈诗"、"宋代咏屈诗文"、"元明清屈原戏"、"近现代文学"等,大致展示了汉魏六朝唐宋元明清及近现代的文人阐发屈原精神的历史脉络。

其三,是"论"的特色。本书立足文化学理论视野,综合运用文学、文献学、民俗学、传播学、接受美学等学科理论方法,以原创性、体系性、开拓性为学术追求,试图建构一个完整的全面认识及研究屈原精神传承接受史的理论框架体系,将屈原精神传承接受问题提升到一个新的学术层面。如第一章《屈原精神的界定》,以六节的篇幅,从理论的角度论述了"屈原精神"的"哲学内涵"、"诗性表达"、"生命诠释"、"核心要素"及其"文化渊源"。

但本书在屈原精神的文人层面、域外层面的接受研究,仍存在着提升空间,如,域外接受史资料搜集整理还不够全面,关于屈原精神域外接受的脉络、原因及时空流变问题等,还有待后续进一步完善。

2020 年 8 月 25 日

绪　论

全面梳理屈原精神在民间、文人、官方和域外四个层面的传承接受史，是本书拟解决的主要问题。具体而言，尝试从三个方面突破：一是搭建"时空轴"，还原屈原精神传承接受的历史面貌；二是突破以往屈原接受研究的文学视域，将屈原接受研究从文学史延展至文化史；三是坚持材料说话，通过文献发掘与实地调研等，为屈原精神传承接受史研究提供有力的实证依据。

一、屈原精神的研究现状

自汉代以来，无论是屈原作品的文献考释、思想艺术研究、传播接受研究，还是屈原的哲学思想和人格研究，都涉及屈原精神的阐发，屈原精神的内涵及价值问题一直贯穿屈原学史，探讨或弘扬屈原精神也逐渐成为一种发展脉络清晰的文化现象。屈原精神的核心内涵是什么？屈原精神的当代意义是什么？这些问题多次成为学术"争鸣点"，至今仍是学界常思常新的课题。但，全面钩沉和整理两千三百多年来屈原精神传承接受过程中丰富的文化现象，寻绎屈原的思想人格升华为中华民族精神的发展过程，还原屈原精神传承接受的历史面貌，目前尚未展开，与之相关的研究现状如下：

（一）当代屈原精神研究的四大分期

伴随着社会政治（包括国际关系）、经济、文化格局的发展，当代屈原精神研究呈现出四个明显的时代区间。在各个不同的时代，其研究方法、研究目的、研究结论，各有特色。具体而言：

1. 1949—1966 年：屈原爱国精神被广泛认同和宣传的时代

与汉宋学者将屈原精神纳入儒家君臣伦理体系不同，现代屈原及其楚辞研究注重屈原精神人民性的阐发，形成了一种新的定性分析理论[1]。

---

[1]20 世纪三四十年代，屈原被称为"人民的爱国诗人"。如，郭沫若《人民诗人屈原》（《人物杂志》1930 年第 6 期），王璞《屈原——人民的诗人》（《人物杂志》1946 年第 6 期），等。

1949年后，紧承20世纪30年代的理论分析，屈原的"人民性"被深入阐发，屈原是"爱国诗人"、"人民诗人"基本成定论①；"屈原奠定了爱国主义传统"②、屈原是"最伟大的爱国诗人"③等观念影响深远。《屈原思想研究四十年》一文曾描述，这一段时期"报刊上大量地介绍了屈原的事迹，充分地宣传了屈原爱国爱民的思想"④。

　　这一时期，出现了当代第一次"屈学热"。1953年，屈原入选当年世界文化名人。这年六月十五日（端午节）被定为"屈原逝世二千二百三十周年纪念日"，文化部社会文化事业管理局、北京历史博物馆举办了"楚文物展览"⑤；北京市图书馆、沈阳市图书馆、云南省图书馆举行纪念屈原的专题讲座⑥；芬兰、罗马尼亚、日本、苏联等地相继公演历史剧《屈原》，等。这些文化活动掀起了建国后第一次"屈学热"，据《楚辞书目五种》著录，"楚辞论文目录"统计，20世纪50年代的屈原研究文章共61篇，其中1953年的论文有35篇，占57%以上。探讨屈原爱国精神的文章有：陆侃如《屈原：爱祖国爱人民的伟大诗人》（《解放日报》1953年）、郭沫若《伟大的爱国诗人屈原》（《人民日报》1953年）、郑振铎《纪念伟大诗人屈原》（《光明日报》1953年）、郑振铎《屈原作品在中国文学上的影响》（《文艺报》1953年）、褚斌杰《屈原：热爱祖国的诗人》（《大公报》1953年）、刘大杰《爱国诗人屈原》（《少年文艺》1953年）、陈思苓《屈原的爱国主义与浪漫主义》（《西南文艺》1953年）、李易《爱祖国爱人民的诗人屈原》（《北京日报》1953年）等⑦。1953年前后，出现的主要屈原研究著作有：林庚《诗人屈原及其作品研究》（上海棠棣出版社，1952年）、游国恩《屈原》（生活·读书·新知三联书店，1953年）、东北图书馆编《屈原生平及其作品参考目录》（1953年）

①这方面的研究成果有：井方《屈原的阶级立场及其革命性》（《人物杂志》1951年），文怀沙《人民诗人屈原》（《光明日报》1952年），游国恩《屈原文学作品的人民性》（《新建设》1953年），唐弢《人民的诗人——屈原》（《文艺月报》1953年），何剑熏《伟大的人民诗人——屈原》（《重庆日报》1953年）等。
②孙作云：《在历史教学中怎样处置屈原问题》，《历史教学》1954年1月。
③闻宥：《屈原作品在国外》，《新华月报》1953年第7号。
④蔡靖泉：《屈原思想研究四十年》，《江汉论坛》1989年11月。
⑤相关情况见《纪念我国伟大爱国诗人屈原——北京历史博物馆举行楚文物展览》，《文物》1953年Z1期。
⑥相关情况见《各地图书馆举行报告会纪念伟大的爱国诗人屈原》，《文物》1954年第6期。
⑦姜亮夫编著：《楚辞书目五种》，中华书局，1961年，第481—485页。

等①。此后，1957—1967 年有 20 余种著作②，或是新作，或是 20 世纪初论著再版，主要围绕屈原其人其诗展开。或是译注，或分析，或将屈原故事再创作，都充分肯定了屈原的爱国精神。如，詹安泰《屈原》一书的第一章标题即"伟大的爱国诗人"，文中写到："屈原是我国两千多年前一个伟大的爱国诗人，同时也是一个杰出的政治家和思想家。由于他把全生命的血液都倾泻在他的诗篇里，而他的诗篇还有不少被保存下来，因此，他作为我国古代一个最伟大的爱国诗人活在人们的心里。"③

　　与"屈学热"相呼应，同时代也产生了屈原诗集传播热。苏联 H·T·费德林主持翻译出版俄译本《屈原诗集》，这位苏联科学院院士对于屈原诗篇及其精神的世界文化价值给予了充分肯定："屈原诗篇有着固有的民族特色，然而也具有普遍的世界意义。屈原的诗歌是全人类的财富。"④"诗人一直到死都是真诚地忠实于爱国主义的信念，正是他的作品开辟了中国诗人艺术创作里许多世纪以来传统的爱国主义道路。"⑤

　　综上，在 1949 年至 1966 年期间，屈原的"人民性"成为分析屈原爱国精神的前提；屈原精神被阐释为爱祖国、爱人民、爱真理的坚强意志和为正义而斗争的高尚气节。教育文化界以教材编写、剧作公演、文化展览形式将屈原爱国形象传播海内外。可以说，这是一个屈原爱国精神被广泛认同和宣传的时代。而且，由探究屈原爱国精神的历史文化渊源，亦引发出了

---

①姜亮夫编著：《楚辞书目五种》，中华书局，1961 年，第 337—341 页。

②1957—1967 年屈原学著作目录：詹安泰《屈原》（上海人民出版社，1957 年）；张纵逸编著《屈原与楚辞》（吉林人民出版社，1957 年）；文怀沙著，中华书局上海编辑所编《屈原离骚今绎》（中华书局，1958 年）；郭加林《屈原与楚辞》（中华书局，1959 年）；郭沫若《屈原（维吾尔文）》（民族出版社，1959 年）；张仲浦《郭沫若的历史剧〈屈原〉》（文艺出版社，1959 年）；北京市第十一女子中学语文组编著《屈原》（中华书局，1959 年）；董子畏编，刘旦宅绘《屈原》（人民美术出版社，1960 年）；沈祖绵《屈原赋证辨》（中华书局，1960 年）；马茂元、洪波注《屈原贾生列传》（中华书局，1961 年）；林庚《诗人屈原及其作品研究》（中华书局，1962 年）；文怀沙《屈原九章今绎》（中华书局，1962 年）；文怀沙《屈原九歌今绎》（中华书局，1962）；郭沫若《屈原话剧》（人民文学出版社，1962 年）；郭嘉林《屈原》（中华书局，1962 年）；中华书局上海编辑所编辑《中华活叶文选·屈原贾生列传》（中华书局，1962 年）；郭沫若《屈原赋今译》（人民文学出版社，1963 年）；游国恩《屈原》（中华书局，1963 年）；姜亮夫校注《屈原赋校注》（商务印书馆，1964 年）等。

③詹安泰：《屈原》，上海人民出版社，1957 年，第 1 页。

④[俄]H·T·费德林：《论屈原诗歌的独特性与全人类性》，《楚辞资料海外编》，湖北人民出版社，1986 年，第 93 页。

⑤[俄]H·T·费德林：《伟大的中国爱国诗人》，《楚辞研究论文集》，作家出版社，1957 年，第 460 页。

考证屈原的生平事迹、作品真伪的学术"增长点"①。另,这期间海外的屈原研究成果也较为丰富②。

2. 1966—1978 年:屈原精神被"曲解"的时代

1974—1975 年间公开发表的关于屈原研究的期刊论文,基本囿于"儒法"斗争的论述模式。当时出现了"争论"的两方:一方,高扬屈原"法家爱国"及"崇法反儒九死未悔的革新精神";另一方,将屈原归属于儒家,批判贬低。

前者,将屈原思想归属为法家,称屈原为"中国文学史上第一个在诗歌中表现了尊法反儒的革新精神的诗人"③、"法家文学开创者"、"法家文学的奠基者"、"批判儒家教义的先驱者"、"法家革新者"④,在此基础上,此派阐释屈原精神是"'尊法反儒'的革新精神","他的全部作品中贯穿着一种反天命的朴素唯物主义战斗精神"⑤,"敢于反潮流、'九死未悔'的顽强战斗精神"⑥。

后者,则主张屈原属于儒家,与强劲的"屈原法家思想论"相比,其"论调"更"尖锐",并从根本上否定屈原及其爱国精神。这方面以《屈原不是

---

①如:汤炳正《〈屈原列传〉新探》(《文史》1962 年第 1 辑),汤炳正《〈楚辞〉编纂者及其成书年代的探索》(《江汉学报》1963 年第 10 期)、郑文《读〈屈原列传〉新探》兼论〈离骚〉创作的时间》(《西北师大学报(社会科学版)》1962 年第 4 期)、陈子展《"卜居""渔父"是否屈原所作》(《学术月刊》1962 年第 6 期)、谭戒甫《屈原〈招魂〉的研究》(《武汉大学学报》1962 年第 1 期)等。

②这期间海外屈原研究成果索引如下,日文类:花崎采琰《屈原的忧愁》(《东方文艺》1951 年第 3 期)、影山巍《屈原》(《华侨文化》1952 年第 48 期)、白川静《屈原的立场》(《立命馆文学》1954 年第 109 期)、龙山清《屈原文学与地形、气候》(《会津短期大学学报》1954 年第 4 期)、竹治贞夫《有关〈史记〉中〈屈原〉的一节》(《支那学研究》1956 年第 15 期)、泷泽精一郎《屈原诗的高昂与低沉》(《大东文化大学汉学会志》1959 年第 2 期)、藤堂明保《屈原和司马迁》(《东京支那学报》1963 年第 9 期)、押谷冶夫《关于〈楚辞〉及其代表作者屈原》(《亚洲文化》1964 年第 1 期)、小岛政雄《〈楚辞·渔父〉篇和屈原》(《大东文化大学纪要》(文学部分)1964 年第 2 期)。俄文类:艾德林《中国人民的诗人屈原》(《苏联科学院东方学研究所简报》1953 年第 9 辑)、杜曼《政治家屈原和他的时代》(《苏联科学院东方学研究所简报》1953 年第 9 辑)、艾德林《屈原:伟大的中国诗人》(《科研院学报》1953 年第 9 期)、费德林《伟大的中国诗人屈原》(《真理报》1953 年 6 月 15 日,《星火》1953 年第 24 期)、费德林《屈原问题》(《苏联中国学》1958 年第 2 期)、佚名《屈原》(《中国手册》,莫斯科,1959 年)、波兹德涅子娃《屈原》(《东方古代文学》莫斯科,1962 年)、菲什曼《屈原——中国七大诗人之一》(《中国古典作家抒情诗集》,列宁格勒,1962 年)等。

③经本植:《屈原诗中的尊法反儒思想》,《四川大学学报》1974 年第 1 期。

④戴志钧:《论屈原的法家革新思想》,《文史哲》1975 年第 3 期。

⑤戴志钧:《论屈原的法家革新思想》,《文史哲》1975 年第 3 期。

⑥阮先:《论屈原的崇法反儒精神》,《湖南教育》1974 年第 10 期。

法家》《屈原是法家吗？——与经本植同志商榷》两文为代表,他们对屈原的爱国精神予以"尖锐"批判:"长期以来,屈原是以'伟大的爱国主义诗人'而著称于世的。他在作品中流露的那种哀惋、抑郁的情调,曾经换取多少士大夫们的眼泪和同情;他那消极、颓废的诗句,曾经激起多少失意文人们内心的共鸣;有多少人曾为他那'以身殉国'的'爱国精神'而歌功颂德;又有多少人倾倒在那所谓'孤高耿介'、'嫉恶如仇'的屈原面前。然而,屈原爱的、以身殉的是什么国？哀惋的是什么？嫉恶的是什么？消极、颓废又是反映了哪一个阶级的感情?"①

上述两派"爱国与否"的争论,看似孑然相反,其实有一致性的标准:归于法家就是爱国,就是值得肯定的;归于儒家就是不爱国的、应批判的。可见,在 1974—1975 年间"儒法"批评模式下,屈原曾被"刻意"曲解,因此其观点在后世学界影响有限,属于当代屈原研究"停滞期"。

其间,出版的屈原学著作相对较少,主要出版了普及性传记和屈原作品的译注或选本。如:文怀沙《屈原离骚今绎》《屈原九章今绎》《屈原九歌今绎》(中流出版社,1973 年),王宗乐《屈原与屈赋》(华冈出版部,1974年),叶敏编《中国历代名人传记(二):屈原 王冕 郑和》(上海书局有限公司,1974 年)、上海书局编辑部编《屈原》(上海书局有限公司,1976年)等。

3. 1978—1998 年:屈原精神研究的"澄清"与"争鸣"期

改革开放前二十年,是屈原研究第一个"百家争鸣、百花齐放"的研究时期。褚斌杰先生《百年屈学》一文中谈到这个时期说:"80 年代初至今,20 年的时间不算长,但中国社会与学术变化之大,发展之快,令人惊叹。在这一情况下,也迎来了屈学发展前所未有的高潮……这表现在屈学研究中,就是研究领域的大大拓展和学术观点的百家争鸣。同时,屈学研究者队伍的迅速扩大和研究成果数量的猛增,更是这一屈学研究高潮的标志。"②

首先,是"澄清"前段时期对屈原精神的"曲解"。有学者反思:"前几年在'四人帮'炮制儒法斗争模式的恶劣影响下,有些文章以儒法划线,有

---

① 高中庆:《屈原不是法家》,《四川大学学报》1975 年第 4 期。
② 褚斌杰编:《屈原研究·导论》,湖北教育出版社,2003 年,第 4—5 页。

的为了肯定他，就把他说成'法家革新者'、'法家诗人'；有的为了否定他，就把他说成孔孟之道的'信奉者'。显然，这两种看法，都是十分错误的。"①反思"澄清"论文②很多。经过反思，1978—1979年屈原精神研究开始回归"正轨"。

其次，是屈原爱国精神的"争鸣"。这次争鸣，主要争论的是屈原主观上是否具有爱国的观念及先秦有没有国家观念和爱国观念。即，探讨屈原爱国的主观能动性与客观历史语境是否存在。"争鸣"的直接起因是《湖南师院学报》1983年第4期所刊发的《"屈原——爱国诗人"之我见》一文，该文提出屈原的行为动机"不是出于爱国"，认为"屈原至死不离楚国，最后怀沙自沉的思想动机，不是出于爱国"③。这一观点的尖锐性及相对突兀性，很快引发了全国性"屈原爱国精神争鸣"④，并促使该观点的支持者和反对者从屈原作品、先秦文史文献中搜罗了大量关于"国家"、"爱国"的资料⑤，并从内因和外因两个方面证明屈原是否可以称为爱国诗人。双方各执一词，均搜集对自己有利的资料而批判对方资料不合理性。到争鸣后期阶段，开始慢慢脱离屈原作品而主要转向"外

①陆永品：《论爱国诗人屈原》，《齐鲁学刊》1978年第3期。
②这些论文如：郭在贻《论屈原》（《杭州大学学报》1978年第3期），温洪隆《屈原爱国论》（《华中师范大学学报》1979年第2期），陆永品《论爱国诗人屈原》（《齐鲁学刊》1978年第3期），高帆《"屈原向往秦国"说质疑》（《福建师范大学学报》1979年第4期），陆永品《辛弃疾与屈原——读书札记》（《吉林大学社会科学学报》1978年Z1期），刘蔚华《论屈原的哲学思想》（《哲学研究》1978年第11期），祖献、霄文《屈原》（《安徽教育》1978年第7期），王祖献、彭坚《撕去"四人帮"强加的"法衣" 还屈原以爱国诗人面貌》（《安徽大学学报》1978年第1期）等。
③曹大中：《"屈原——爱国诗人"之我见》，《湖南师院学报》1983年第4期。
④关于此次争鸣，周建忠《屈原"爱国主义"研究的历史审视》（中国屈原学会编《中国楚辞学》第1辑，学苑出版社，2002年，第8—12页）"关于屈原'爱国主义'争鸣"曾专题介绍。赵沛霖《屈原爱国精神研究与历史理论的发展——屈原研究述评之一》〔《广州师院学报（社会科学版）》1994年第3期〕、赵沛霖《封建时代屈原爱国精神研究的历史走向》（《殷都学刊》1994年第1期），也曾介绍。
⑤相关论文：秦德兴《爱国忠君和宗族观念——同曹大中同志辩屈原有无爱国观念》（《山西师大学报》1987年第3期）、何明新《屈原只忠君不爱国吗？——与曹大中同志商榷》（《四川师范大学学报》1986年第1期）、胡亚元《对屈原是否爱国诗人论争之管见》（《船山学刊》1987年专号）、吴代芳《关于屈原的爱国思想及其他——与曹大中同志商榷》（《贵州文史丛刊》1985年第1期）、邝振华《屈原爱国思想略论：兼和〈屈原——爱国诗人之我见〉的作者商榷》（《岳阳师专学报》1985年第3期）、吴代芳《关于屈原的爱国思想及其他——和曹大中同志商榷》（《岳阳师专学报》1985年第3期）、刘美崧《析屈原至死不离楚国的动机》（《湖南师院学报》1984年第5期）、李师金《先秦时代有爱国观念》（《湖南师院学报》1984年第5期）等。

因"来谈屈原行为的动机。这一学术争鸣，促使双方从历史文献中搜索出了大量先秦"爱国"文献，极大地丰富了屈原研究的文史资料；并且随着国内心理学复兴①，"动机"、"精神支柱"、"动力"、"意识"等心理学术语，常见于双方的论文中，推动了屈原人格研究。而当时批评"民族虚无主义论调"的文章②，亦真实呈现了这次"屈原爱国精神争鸣"的学术大背景。

　　20 世纪 80 年代所争论的"屈原是否爱国"，一直延续到 20 世纪末③，结论回到了肯定屈原是当之无愧的"爱国诗人"④。如，这次争鸣之后出版的《屈原问题论争史稿》一书的"引言"中称屈原为"我国战国后期的伟大爱国诗人"⑤，《中国学术通览》之"楚辞学"一章中亦称屈原"是一位具有典型意义的爱国主义者"⑥。可见，经过"肯定—否定—否定之否定"，屈原是爱国诗人、屈原精神的核心内涵是爱国精神，在 20 世纪末又一次达成基本共识。

　　当然，1978—1998 年间，屈原精神的探讨并不局限于其"爱国精神"。伴随着时代价值观和方法论的发展，许多新内涵、新理论视点层出不穷，如屈原人格精神、抗争精神、忠贞精神、批判精神、理想主义、浪漫主义精神、

---

① "'文化大革命'中，心理学遭到严重摧残，科研单位被取消，科研、教学被迫停止，资料散失、仪器设备损坏。粉碎四人帮以后，心理学研究机构得以重建、心理学教学得以恢复，心理学第三次兴起。"（魏明庠《我国部分老一辈心理学者关于心理学教学、科研的若干意见》，《心理学报》1981年第 4 期）

② 如《发扬爱国主义传统，反对民族虚无主义》（张岱年）、《中国知识分子的爱国传统》（季羡林）（两文均载《群言》1989 年第 12 期）、《文言文教学的一个重要课题——谈谈如何正确评价我国古代作家的爱国主义》（杨智渊）（该文载《江苏教育》1989 年第 5 期）等。

③ 参见刘自兵《'99 秭归屈原文化研讨会综述》，《理论月刊》1999 年第 9 期。该会议于 1999 年端午节期间（6 月 16—18 日），在秭归新县城隆重举行。会议由湖北省屈原研究会与中国屈原学会、宜昌市炎黄文化研究会、秭归县屈原文化研究会联合举办，会议论文汇编成《屈原研究论集》，由湖北美术出版社出版。

④ 1996 年 11 月由宜昌市炎黄文化研究会、湖北省屈原研究会、宜昌市委宣传部、宜昌市文化局等10 个单位联合主办的"'96 屈原文化研讨会"在宜昌举行，研讨共收到论文 53 篇，内容涉及屈学研究的诸多方面，其中专论屈原爱国思想的文章近 20 篇。该会的会议综述写道："屈原，是我国历史上第一位伟大的爱国诗人。屈原的爱国精神一直鼓舞着后代中华儿女为理想而奋斗，至今仍是我们进行爱国主义教育的一面旗帜。屈原爱国思想的内涵是十分丰富的。"（杨行正《爱国精神的弘扬，屈学研究的拓展——'96 屈原文化研讨会综述》，《社会科学动态》1997 年第 3 期）

⑤ 黄中模：《屈原问题论争史稿·引言》，北京十月文艺出版社，1987 年。

⑥ 程裕祯主编：《中国学术通览·楚辞学》，北京语言学院出版社，1995 年，第 462 页。

创造精神、"逆反"精神等①,发掘了屈原精神丰富的文化内涵。

4.1998 年至今:屈原精神研究的拓展与深化期

联合国教科文组织《世界文化报告(1998)》中指出:"文化领域已经成为国际政治斗争和意识形态较量的主战场,文化产业成为经济发展新的增长点。"②1998 年中国科学院提出研究报告《迎接知识经济时代建设国家创新体系》,2005 年中国学者提出"文化软实力"概念③,2007 年湖南大学成立"中国文化软实力研究中心",2009 年湖南大学岳麓书院举办全国首届"中国文化软实力研究学术研讨会",提出创建"文化软实力学"④,新时代将中华优秀传统文化提升为"中华民族的精神命脉"。国际"文化软实力"竞争很快"波及"中国传统节日——端午节,并自然推动了屈原与端午的研究。2004 年韩国将"江陵端午祭"向联合国申报"人类口头与非物质遗产代表作名录",2005 年韩国"江陵端午祭"列入该名录。国内学界相关研究⑤,呼吁国内关注非物质文化遗产保护,并从学理上探讨了传统节日是否应该注入时代精神等问题。学者们开始从保护民族文化遗产的立场、从

---

①相关文章如《屈原、李白、鲁迅浪漫主义精神比较》(《文艺理论研究》1982 年第 1 期),孙永都《论屈原的自爱精神》(《云梦学刊》1986 年第 2 期),文迟《屈原反抗精神之我见》(《阴山学刊》1990年第 1 期),朱一清、常森《论屈原的理性精神》(《安徽大学学报》1991 年第 2 期),龚维英《楚族的酒文化和屈原的"逆反"精神》(《学术界》1998 年第 2 期),何念龙、刘正国《屈原"士格"与战国时代士文化精神的同异性》(《江汉论坛》1998 年第 10 期)等。

②联合国教科文组织编,关世杰译《世界文化报告(1998)》,北京大学出版社,2000 年。

③"软实力"(Soft Power)("Soft Power"我国通常将其翻译为"软力量"、"软权力"或"软实力")理论,是约瑟夫·奈(Joseph Nye)在 1990 年出版的《注定领导:变化中的美国力量的本质》(或译《美国定能领导世界吗?》)一书中首次提出的,2004 年出版的《软实力:在世界政治中获得成功的途径》(或译《软力量:世界政坛成功之道》)一书中进一步补充和完善。1993 年"软实力"一词被译介到中国。这一时期,出现了大量"文化软实力"及"国家文化软实力"的理论与应用研究,这些研究成果有:童世骏《文化软实力》(重庆出版社,2008 年)、孟亮《大国策:通向大国之路的软实力》(人民日报出版社,2008 年)、贾海涛《试析文化软实力的概念和理论框架》(《岭南学刊》2008 年第 2 期)等。软实力的应用研究更是方兴未艾,如:王超逸、马树林《最卓越的企业文化故事软实力与企业文化力》(中国经济出版社,2009 年),王超逸主编《软实力与文化力管理》(中国经济出版社,2009 年)等。

④唐代兴《创建文化软实力学的宏观视野与基本思路》,《湖南大学学报(社会科学版)》2010 年第 1 期。

⑤如:乌丙安《文化记忆与文化反思:抢救端午节原文化形态》(《西北民族研究》2005 年第 3 期)、任志强《韩国端午"申遗"成功警示录:留住我们的文化之根》(《广西党史》2006 年第 2 期)、陆赛飞《屈原与端午习俗的由来》(《语文天地》2006 年第 10 期)、黄丽云《龙舟文化等同政权符号——屈原崇拜与竞渡之国际比较》(《云梦学刊》2010 年第 4 期)、邱春华《浅析端午节传统的文化内涵:仅以端午节与屈原投汨罗江的文化渊源为例》(《文学界》2010 年第 4 期)、蒋亚芸《从屈原到老舍——也谈端午节与人文精神》(《湖北民族学院学报(哲学社会科学版)》2010 年第 4期)、孙适民《端午民俗与屈原精神》(《邵阳学院学报》2009 年第 5 期)等。

国际文化背景中看待"屈原与端午"研究①。国内外楚辞学界参与了这场国际讨论，特别关注了"中、韩端午"的联系与区别②。这一时期，围绕"申遗"问题，政府、教育界也积极响应学界，进一步强化了传统端午习俗的保护，一些中小学及学前教育读物，根据《荆楚岁时记》、《续齐谐记》、《隋书·地理志》等历史文献记载，介绍端午节纪念爱国诗人屈原的来历，再续屈原文化普及工作，相关文章在 2005 年后曾大量出现③。2006 年秭归端午习俗、汨罗江畔端午习俗、西塞神舟会以及纪念伍子胥的苏州端午习俗等并列成为"中国端午节"的重要代表作，被列入"国家级第一批非物质文化遗产名录"中；2008年"端午节"确定为法定节日；2009 年"中国端午节"被列入联合国"人类口头与非物质遗产代表作名录"。2015 年 5 月屈原自沉殉国地汨罗"屈子文化园"正式对外开放，包含屈原祠、屈子书院、屈原墓保护区、端午文化体验区等。由此看出，国际文化软实力竞争背景下，"屈原精神"已经走出"学院式"研究，进入广阔的社会文化生活，屈原爱国精神被融入端午文化，建构了中华民族独特的端午文化价值体系。

在此背景下，屈学界开始思考发掘屈原精神的新价值④，文化产业界出

①相关研究：如崔富章《民俗节日里的屈原故事与士人向往的屈原形象》(《职大学报》2004 年第 1 期)、孙适民《屈原、端午与龙舟文化》(《邵阳学院学报》2003 年第 1 期)、都春屏《屈原与五月五日——端午的渊源及意义》(《三峡大学学报(人文社会科学版)》2003 年第 4 期)、蒋方《端午与屈原考释》(《湖北大学学报(哲学社会科学版)》1997 年第 3 期)、秦文今《端午节与屈原——屈原爱国主义思想新探》(《湘潭师范学院学报》1994 年第 2 期)、任伯傅《屈原与端午龙舟》(《统一论坛》1994 年第 2 期)、江立中《屈原与龙舟文化》(《云梦学刊》1993 年第 1 期)、钟敬文《屈原与民俗文化》(《群言》1988 年第 4 期)等。

②在 2007 年韩国庆州屈原及楚辞国际学术讨论会上，韩国学者赵春镐《韩国端午祭的特征》和金善丰《江陵端午祭的历史与根源说》两文，论述了韩国端午祭的特征、历史与根源。中国学者黄崇浩、徐江则就中韩端午之关系与韩国学者进行了深入的交流和探讨(张鹤《2007 年韩国庆州屈原及楚辞国际学术讨论会综述》，《黄冈师范学院学报》2008 年第 1 期)。

③如：蒋小飞《端午节的传说》〔《读与写(小学中高年级版)》2008 年第 2 期〕、马东平《端午节》〔《故事作文(低年级版)》2007 年第 6 期〕、徐沁《端午节的来历》(《好家长》2006 年第 10 期)、二郎《端午节》〔《中学生(作文版)》2005 年第 5 期〕、理奥《屈原投江》〔《红领巾(低年级)》2005 年第 6 期〕等。

④如：张来芳《屈原精神与知识经济断想》〔《云梦学刊》1999 年第 3 期〕、张道葵《屈原精神与未来》(《三峡大学学报》1999 年第 3 期)、王德华《论屈骚精神对当代的启示》(《淮阴师范学院学报》2003 年第 1 期)、周秉高《论屈原精神及其价值》(《职大学报》2011 年第 3 期)、李海凤《屈原精神之于大学生思想政治教育的当下价值》(《学校党建与思想教育》2012 年第 18 期)、谭蒙革《浅论屈原精神的时代价值》(《南昌教育学院学报》2012 年第 6 期)、曹霞《古典文学对大学生人格精神的熏陶——以屈原、陶渊明、杜甫、苏轼为例》〔《时代文学(下半月)》2012 年第 3 期〕等。

版了一批屈原题材的艺术创作、音像作品①等,楚辞文献的学术资料的整理、编撰、研究工作取得"空前"成绩,如:姜亮夫《楚辞通故》(1999年),崔富章总主编《楚辞学文库》(2002年),周殿富译注《楚辞源流选集》(2003年)、戴锡琦等主编《屈原学集成》(2007年),吴平主编《楚辞文献集成》(2008年)、黄灵庚主编《楚辞文献丛刊》(2014年),周建忠主编、徐毅等编纂《韩国古代楚辞资料汇编》(2017年)等。国外,欧美和东亚、东南亚一些国家高校图书馆保存的楚辞文献"回流"国内,黄灵庚《楚辞文献丛刊》(2014年)既收录刊印了中、日、韩三国作者的《楚辞》重要版本,也收录了大量流播海外的中国善本,其中涵盖了日本大阪大学图书馆、美国哈佛燕京图书馆等数十家著名图书馆的珍贵底本。这些文献资料的出版标志着"屈原学"复兴期的到来。

同时,以数字人文为依托的跨学科或跨文化阐释学、传播学、接受美学等方法论,拓展了屈原精神研究的意义和价值空间。进入21世纪以来,当代屈原研究的另一个重要"新变"是大数据信息化时代下由"共时静态研究"转入"历时动态研究",从文化传播接受动态中去发掘屈原精神的当代价值。"人类的精神生命既有有限的生前史,更有无限的身后史"②。20世纪六、七十年代,域外文学接受研究兴起;20世纪90年代,中国文学接受研究兴起③,并成立了文学传播与接受研究中心④。涉及屈原及楚辞传播

①如:赵志刚演唱《屈原·独吟》(实验越剧,电子资源,CD,2008年)、《世界文化名人屈原》(海外中文图书,2004年)、穆陶《浪漫的先知:屈原》(海外中文图书,2002年)、台湾历史博物馆研究组编辑《屈原的故乡·楚文化特展(An exhibition of Chu culture)》(海外中文图书,2001年)、黄中业《漫画诸子百家·屈原》(中文图书,2002年)、《博览神州:民俗文化篇》(电子资源,VCD,2002年)、路英朗诵《临江哀楚:配乐朗诵屈原作品》(录音制品,2001年)、吴傲君《屈原》(长篇历史小说,2000年)、《中华上下五千年(第33—48集)》(录像制品,2000年)、《千秋史话(第二集)》(录像制品,2000年)、许之远《致屈原》(海外中文图书,1999年)等。
②李娅、陈水云:《寻找文学传播接受研究的突破口——武汉大学"文学传播接受研究高端论坛"综述》,《长江学术》2011年第2期。
③出现大量研究论著,如:樊宝英、辛刚国《中国古代文学的创作与接受》(1997年),陈文忠《中国古典诗歌接受史研究》(1998年),尚学锋、过常宝、郭英德《中国古典文学接受史》(2000年)等对中国文学接受史研究,以及如高树海《先秦汉魏〈庄〉学接受史——兼论此期士人心态》(1999年,博士论文)、台湾杨文雄《李白诗歌接受史》(2000年)、李剑锋《元前陶渊明接受史》(2001年)等关于作家或文体或文学团体或文学流派的个体接受史研究。
④武汉大学中国文学传播与接受研究中心,是国内第一家文学传播与接受研究中心,自2005年成立至2011年,获得国家社科基金项目6项,承担教育部211项目27项,出版中外文学传播与接受研究专著9部,编辑出版《文学传播与接受论丛》2辑,主办国际学术研讨会2次,在高层次学术刊物发表论文40余篇(李娅、陈水云《寻找文学传播接受研究的突破口——武汉大学"文学传播接受研究高端论坛"综述》,《长江学术》2011年第2期)。

接受研究的课题亦不少①。又,据万方数据库初步统计,2000—2016 年,篇名含"屈原接受"或"楚辞接受"的学位论文有 24 篇②、期刊论文 72 篇③。此外,楚辞学史的研究论著④中直接或间接梳理了诸多屈原文学接受现象,如,刘安对屈骚的吸收和继承、班固评骚的矛盾、明初对屈原的推崇与楚骚词章的扬弃、杨士奇等对芳草的推崇、《楚辞》在吴中文士间的传播与接受、周用《楚词(辞)注略》对屈原人格的重新认知等,但这些"楚辞学史"

---

① 相关国家社科基金项目:"日本楚辞学研究"(王海远,2015 年)、"欧美楚辞学文献搜集、整理与研究"(陈亮,2015 年)、"屈原精神传承接受史论"(龚红林,2015 年)、"清代楚辞学文献考论及阐释研究"(陈欣,2014 年)、"历代《楚辞》图像文献研究"(罗建新,2014 年)、"唐代楚辞接受史"(祁国宏,2013 年)、"东亚楚辞文献的发掘、整理与研究"(周建忠,2013 年)、"东亚楚辞文献通史"(黄灵庚,2013 年)、"汉宋文化与楚辞研究的转型——以楚辞注释为中心的考察"(孙光,2012 年)、"楚辞的传播形成与作家文学的诞生"(熊良智,2008 年)、"境外楚辞研究论著总目提要"(贾海生,2009 年)、"楚辞与朝鲜古代文学之关联研究"(郑日男,2007 年)、"日本楚辞论"(徐志啸,2003 年);教育部人文社科青年基金项目:"楚辞在欧美的传播与影响研究"(陈亮,2006 年)、"后'屈原时代'的宋玉与两汉文学:荆楚文学神话浪漫主义的承传、变异与发展"(李立,2006 年)。

② 硕士论文计有:《唐代屈原接受史研究》(龙祖胜,兰州大学,2005 年)、《从对屈原的接受看汉代士人的思想转型》(李艳,北京师范大学,2006 年)、《魏晋南北朝时期楚辞的接受》(梁艳,东北师范大学,2007 年)、《魏晋六朝文人对楚辞的接受与创新》(杨力叶,广西大学,2007 年)、《论庾信创作对〈楚辞〉的接受》(殷志芳,陕西师范大学,2007 年)、《试论屈原在汉代的接受和影响》(周胜敏,贵州大学,2008 年)、《略论汉代文人对屈原的接受——以拟骚作品为中心》(王浩,西北师范大学,2008 年)、《谢灵运对屈原的接受研究》(李晓琼,漳州师范学院,2009 年)、《楚辞在西汉的传播与接受》(贾吉林,广西师范大学,2010 年)、《魏晋文学楚辞接受研究》(种光华,河北大学,2010 年)、《李贺对楚辞的接受研究》(胡敦飞,南京师范大学,2010 年)、《唐代楚辞评论与拟骚创作研究》(李倩,四川师范大学,2010 年)、《论辛弃疾对屈原的继承与发展》(赵苗,重庆师范大学,2010 年)、《柳宗元诗文楚辞接受研究》(李小燕,河北大学,2011 年)、《15 世纪朝鲜朝文人楚辞接受研究——以金时习、金宗直、徐居正为中心》(朴承姬,延边大学,2011 年)、《南宋前期爱国词人楚辞接受研究》(徐文郁,河北大学,2011 年)、《〈红楼梦〉对屈宋辞赋的接受研究——以宝、黛形象为考察中心》(费康亮,湖南科技大学,2011 年)、《东汉诗赋对楚辞的接受》(杨冬琴,湖南师范大学,2013 年)、《郭沫若的屈原接受——理论与创作的双重审视》(黄亚军,浙江大学,2014 年)、《唐传奇对〈诗经〉〈楚辞〉的接受研究》(逄洁,中国海洋大学,2015 年)、《接受美学视角下〈楚辞〉许译本研究》(孟雪,郑州大学,2015 年)、《李奎报对〈诗经〉〈楚辞〉、陶诗的接受研究》(金小钰,延边大学,2015 年)、《鲁迅对屈原的接受》(刘婷,河北大学,2016 年),等。

③ 计有:曲钧志《扬抑屈原两世界——试析元代少数民族散曲家对屈原的接受》(《阴山学刊》2015 年第 5 期),赵玉霞、孙荆辉《论贾谊〈惜誓〉对屈原〈惜诵〉的接受》〔《延边大学学报(社会科学版)》2014 年第 3 期〕,何新文、丁静《虽不适中,要以为贤——论苏轼对屈原的接受》〔《湖北大学学报(哲学社会科学版)》2014 年第 5 期〕,陈如毅《试论明遗民对屈原的接受》(《荆楚理工学院学报》2013 年第 1 期),赵明玉、吴长庚《朱熹、王夫之对屈原精神的阐释》(《武夷学院学报》2012 年第 3 期),李瑞明《国身通一:王国维对屈原文学精神的分析》(《嘉兴学院学报》2011 年第 1 期),祁国宏《唐代屈宋接受之地域性考论》(《名作欣赏》2010 年第 35 期),李新、张蓓《论杜甫思想对屈原精神的传承》(《北华大学学报》2010 年第 4 期),郑继猛《论韩愈对屈原文学(接下页注)

重在探讨楚辞研究的发展规律与学术成就。本阶段楚辞域外传播接受研究成果有新的拓展①，严晓江《从接受美学的角度析〈楚辞〉中的意象英译》〔《西南科技大学学报（哲学社会科学版）》2013 年第 4 期〕一文，用接受美学理论分析了翻译家杨宪益、卓振英、孙大雨以及许渊冲等颇具代表性的《楚辞》英译本，指出他们采用意象移植、意象变形、意象借用、意象省

（接上页注）精神的继承》（《安康学院学报》2009 年第 2 期），周北平《从〈屈原列传〉论司马迁对〈离骚〉的接受》（《乐山师范学院学报》2009 年第 3 期），张顺发《郭沫若五四前后的屈原接受观》（《郭沫若学刊》2008 年第 4 期），刘向斌《两汉时期屈原的崇高化与〈离骚〉经典化历程》（《西北大学学报》2008 年第 4 期），周胜敏《屈原在汉代的接受述评》（《黔西南民族师范高等专科学校学报》2008 年第 3 期），沈云《谈明遗民对屈原及〈楚辞〉的接受》（《语文学刊》2008 年第 9 期），叶志衡《宋人对屈原的接受》（《社会科学战线》2007 年第 2 期），蔡觉敏《在学习中背离——浅论屈原其人其文在魏晋六朝的接受》（《淮南师范学院学报》2007 年第 1 期），李中华《"楚辞"在汉代的传播与接受》（王兆鹏、尚永亮主编《文学传播与接受论丛》，中华书局，2006 年），孟修祥《论贾谊对屈原精神的接受》（《中南民族大学学报》2004 年第 2 期），李灿朝《祖骚与非屈——元代屈原接受史片论》（《云梦学刊》2003 年第 1 期），盛树屏《从接受美学角度看屈骚、楚辞在汉初的流传》（《安庆师范学院学报》2002 年第 2 期），蒋方、张忠智《论楚辞文体在魏晋六朝的传播与接受》（《湖南师范大学学报》2002 年第 4 期），易思平《屈原赋接受史二题》（《深圳信息职业技术学院学报》2001 年第 1 期）、李敦庆《汉代屈原作品接受中所体现的文学观》（《文教资料》2009 年第 18 期）等。

① 楚辞学史研究论文、论著如：丁冰《宋代楚辞学概观》（《古籍整理研究学刊》1985 年第 2 期），江林昌《楚辞研究的回顾与展望》（《文史哲》1996 年第 2 期），汤漳平《楚辞研究二千年》（《许昌学院学报》1989 年第 4 期），汪耀楠《外国学者对〈楚辞〉的研究》（《文献》1989 年第 3 期），吴明刚《唐史家的楚辞学评论》（《宜宾学院学报》2010 年第 2 期）；论著主要有：尚永亮《庄骚传播接受史综论》（文化艺术出版社，2000 年），纪晓建《汉魏六朝楚辞学名家研究》（国家图书馆出版社，2014 年），孙巧云《元明清楚辞学史》（浙江工商大学出版社，2013 年），陈炜舜《明代前期楚辞学史论》（台湾学生书局，2011 年），李大明《汉楚辞学史（增订本）》（中国社会科学出版社、华龄出版社，2004 年），吕培成《司马迁与屈原和楚辞学》（陕西人民教育出版社，2000 年），吴旻旻《香草美人文学传统》（里仁书局，2006 年），李中华、朱炳祥《楚辞学史》（武汉出版社，1996 年），周建忠主编《当代楚辞研究论纲》（湖北教育出版社，1992 年），易重廉《中国楚辞学史》（湖南出版社，1991 年）等。

② 如：周建忠《东亚楚辞文献研究的历史和前景——国家社科基金重大项目开题报告》〔《南通大学学报（社会科学版）》2014 年第 1 期〕，李佳玉、陈亮《日本楚辞文献版本的调查与研究》〔《中国楚辞学（第二十四辑）——2014 年楚辞与东亚文化国际学术讨论会论文集》，2014 年〕，陈亮《欧洲楚辞研究综述》（《江苏社会科学》2013 年第 6 期），陈亮《翟理斯与魏理关于〈楚辞·大招〉翻译的论争》〔《聊城大学学报（社会科学版）》2012 年第 5 期〕，陈亮《谁将〈楚辞〉第一次介绍到英国》（《中国社会科学报》2012 年 7 月 4 日），陈亮《李少白与法文本〈离骚章句〉》〔《中国楚辞学（第二十辑）——2011 年楚辞学国际学术讨论会暨中国屈原学会第十四届年会论文集》，2011 年〕，严晓江《〈楚辞〉英译的中国传统翻译诗学观研究》（商务印书馆，2017 年），徐毅、贾捷、陈慧编纂《韩国古代楚辞资料汇编》（南京大学出版社，2017 年），郭晓春《〈楚辞〉在英语世界的译介与研究》（中国社会科学出版社，2018 年），陈亮《欧美楚辞学论纲》（中华书局，2020 年）等。

略的方法再现楚辞原文的中国文化色彩以及深层蕴意。陈亮、徐美德《德国汉学家孔好古的〈天问〉研究》(《中国文学研究》2014 年第 2 期)一文,梳理了最早运用西方语言完整翻译《天问》的学者孔好古对王逸《天问》的重新解读,及其所开展《天问》与古代艺术关系的多方面研究。徐毅、贾捷、陈慧编纂《韩国古代楚辞资料汇编》(南京大学出版社,2017 年)一书,汇编朝鲜半岛三国时代至朝鲜王朝末期的《楚辞》或屈原评论资料,客观呈现了屈原文学及其精神在韩国历史上的接受,等。上述著作、学位论文、期刊论文,从文体发展和社会文化心理演变角度,分时段、分地域、多层面地探讨了《楚辞》的文学价值、思想价值。诚如学者所言,几乎可排列出一部完整的楚辞文学接受史[①]。这些断代、跨代、跨境的楚辞接受现象研究从作家历史文化影响层面、中国学术史层面探讨了屈原的文学与学术影响,为本书提供了诸多屈原精神的文人接受研究参照。

综上,当代屈原精神研究作为当代屈原学的重要领域,伴随屈原学发展而发展,大致可分为四个时期:承传期,即 1949—1966 年,这一时期,紧承现代屈原及其楚辞的民族性、人民性内涵的定性分析,屈原爱国精神得到广泛的认可与宣传。"曲解"期,即 1966—1978 年,此期,屈原研究以狭隘的阶级斗争为观念内核,基本囿于"儒法"斗争的论述模式。澄清与争鸣期,即 1978—1998 年,伴随"解放思想、实事求是",屈原精神研究出现两次全国性的学术争鸣,屈原爱国精神经过"否定之否定",其内涵的阐释更加深刻全面。深化与拓展期,进入 21 世纪,屈原精神研究在新材料、新方法、新理论等各方面深化拓展,优秀传统文化复兴与学科建设的使命、大数据及信息化、国内外学术交流的便利等,促进了屈原精神及整个屈原学研究的深化与拓展。

(二) 当代屈原精神研究的两大范畴

当代屈原精神研究主要围绕两大领域展开:一是屈原精神的内涵阐释;二是屈原精神的当代价值。

1. 屈原精神的内涵阐释

20 世纪 50 年代、60 年代,屈原精神的内涵主要被阐释为"爱国精神",包括爱祖国、爱人民、爱真理的坚强意志和为正义而斗争的高尚气节。但

---

①廖群:《先秦两汉文学的多维研究》,山东大学出版社,2013 年,第 404—405 页。

亦有委婉的反对者,其中,杨公骥先生的观点①成为此后"屈原爱国精神争鸣"的前奏②。这一时期,屈原精神还被提炼为"怀疑精神"③、"反抗精神"④等。

20世纪70年代中期,屈原精神被阐释为"'尊法反儒'革新精神"⑤;70年代末出现屈原有无爱国精神的争鸣⑥,并在80年代中期出现"屈原爱国否定论",这次争鸣延续到20世纪90年代末,经过"否定之否定","屈原爱国精神"再次得到普遍认同。

屈原精神内涵的探讨,在20世纪90年代以来,已经不局限于"爱国"。屈原精神内涵被多角度的概括为理想主义、崇道精神、忠贞精神、创造精神、求索精神、浪漫精神、人格精神、抗争精神、逆反精神、批判精神、忧患意识等⑦。

当代学界对屈原精神内涵阐释,具有多维性、开放性和时代性,究其原因主要有三:其一,理论视野的不断拓展和屈原生平事迹史料的相对缺乏,给屈原精神的内涵阐释留下了极大的推论空间,使其主要受制于阐释者所处的社会政治文化处境和学理结构背景。其二,当代社会对《楚辞》的关注及"古为今用"原则、屈原与端午的密切关联及其在中外文化交流与政治外交中的彰显,加快了屈原从"历史"走到"现实"的"达用"研究。其三,"爱国主义"内涵理解的分歧带来了学术上的争鸣,20世纪80年代中后

---

① 参见杨公骥:《漫谈楚的神话、历史、社会性质和屈原的诗篇》,《吉林师大学报》1959年第4期。杨公骥认为:"战国时代,民族尚未形成,所谓列国并峙只不过是我国内部一定历史阶段的封建割据状态而已。"

② 周建忠《屈原"爱国主义"研究的历史审视》专题介绍了"杨公骥学术争鸣圈":"关于屈原是否为爱国诗人,二十世纪五〇年代、六〇年代前期基本统一。只有杨公骥委婉表示不同意见。"(周建忠:《屈原"爱国主义"研究的历史审视》,《中国楚辞学》第一辑,学苑出版社,2002年,第5页)

③ 方孝岳:《关于"屈原""天问"》,《中山大学学报》1955年第1期。

④ 虞愚:《试论屈原作品》,《厦门大学学报(文史版)》1954年第5期。

⑤ 戴志钧:《论屈原的法家革新思想》,《文史哲》1975年第3期。

⑥ 温洪隆《屈原爱国论》对当时提出的"称屈原爱国是否合适"的理由做了归纳,大致有三:"一曰:屈原爱的不是整个中国,他爱的楚国只是相当于现代中国的一个省,因此只能说他爱乡土,不能说他爱国。二曰:当时进步的知识分子并没有'国'的观念,例如商鞅本是卫国人,后来事魏,又事秦,并领秦兵伐魏,虏魏公子卬。肯定屈原是爱国,商鞅不是叛国吗? 三曰:当时秦国经过了商鞅变法,代表了由分裂走向统一的进步历史潮流,而屈原却反秦,骂秦为'虎狼之国',怎么还能说他爱国?"(《华中师范大学学报》1979年第2期)

⑦ 参见葛景春《李白与屈骚精神》(《祁连学刊》1990年第2期)、潘啸龙《屈原评价的历史审视》(《文学评论》1990年第4期)、张来芳《屈原精神与知识经济断想》(《云梦学刊》1999年第3期)、李金善《论屈原之崇道精神》(《河北大学学报》2000年第3期)、龚维英《楚族的酒文化和屈原的"逆反"精神》(《学术界》1998年第2期)、金荣权《论两千余年来屈原形象的历史演变——兼及屈原精神与文化内涵》(《江汉论坛》2000年第7期)等。

期,关于历史人物爱国精神的争鸣并不仅仅"针对"屈原,其他如霍去病①、岳飞②等人的爱国主义也同样受到质疑。争鸣活跃了学术思维,批判推进了学术进步,也促进了屈原精神内涵的挖掘。

2. 屈原精神的当代价值

不同的时代,相同的追问:屈原为什么受到景仰尊崇? 屈原精神的时代价值问题成为探索不止的学术"增长点"。20 世纪 50 年代,陆侃如《我们为什么纪念屈原?》一文写道:"历史上还不曾有第二个作家能获得这样广泛而悠久的爱戴与怀念。"③60 年代,学者追寻:"屈原为什么被人民所崇拜。"④80 年代,继续追问:"人民为何爱屈原?"⑤"屈原其诗其人之所以形成如此的深远影响与巨大作用,其根本原因何在呢?"⑥90 年代,提出"屈原精神效应说"⑦,继续追问:"屈原为什么能得到古今中外广大人民的如此厚爱呢?"⑧半个多世纪的追问,答案集中于爱国主义、人民性、忠直等屈原精神范畴。如,指出屈原爱国精神的典范性:"爱国精神汇合南北文化思想,传承屈原的'廉贞'性格,为千古诗人树立典范,为中华民族的爱国传统奠定牢固基石。"⑨"屈原的存在,是中华民族的骄傲,也是人类精神史的骄傲,他标示了人类精神可以达到的强度和高度。"⑩

除了正面提出屈原精神的"社会功用"之外,将其放在民族精神文化中考察其深远影响之缘由,成为研究的主要倾向⑪。此类研究搭建起了屈

---

① 参见侯广峰:《"匈奴不灭,无以家为"不是爱国主义口号》,1984 年 3 月 28 日《光明日报》。与之争鸣的文章有:孙晓春《"匈奴不灭,无以家为"是爱国主义口号》,1984 年 5 月 2 日《光明日报》。
② 顾杰善:《谈岳飞的爱国主义及其〈满江红〉》,《齐齐哈尔大学学报》1981 年 Z1 期。
③ 陆侃如:《我们为什么纪念屈原?》,《文史哲》1953 年第 3 期。
④ 孙作云:《屈原的放逐问题》,《河南大学学报》1961 年第 1 期。
⑤ 常评:《人民为何爱屈原》,《郧阳师范高等专科学校学报》1985 年专刊。
⑥ 张啸虎:《屈原诗魂的民族文化心理结构》,《中南民族学院学报》1989 年第 6 期。
⑦ 卢英宏:《"屈原精神效应"评判》,《岳阳大学学报》1992 年第 2 期。
⑧ 魏光生:《论屈原精神品格在其诗作中的表现》,《雁北师范学院学报》1998 年第 1 期。
⑨ 郑临川:《屈原爱国精神试析》,《湖北师范学院学报》1984 年第 4 期。
⑩ 胡山林:《心何以安:论屈原的精神支柱》,《南都学坛》2009 年第 6 期。
⑪ 相关研究有:毛庆《屈原与中华文化和民族精神》(四川大学出版社,2008 年)、王德华《屈骚精神及其文化背景研究》(中华书局,2003 年)、陈琦《屈原精神与楚文化特质》(《江汉大学学报》1992 年第 4 期)、廖群《屈原精神与中国古代传统文化:论屈原精神在中国古代传统文化中的变异与流失》(《天津师范大学学报》1992 年第 3 期)、周建忠《屈原模式与民族精神》(《南通师专学报(社会科学版)》1991 年 S1 期)、张啸虎《屈原诗魂的民族文化心理结构》(《中南民族学院学报》1989 年第 6 期)等。

原精神与现实沟通的"桥梁",探讨了屈原精神永恒的生命力,梳理了屈原精神在人类文化历史长河中的地位,阐释了屈原精神的个性内涵与中国民族精神之间的关联,为本书提供了有益借鉴。当然,这些研究从"点"与"面"出发,把屈原精神看作相对稳定的"点"而不是"流动的线",且存在一些梳理上的遗漏,如几位学者曾表达屈原的影响力是没有通过统治者宣扬旌彰的,这些正是后续研究有待深化之处。

(三)当代屈原精神研究的理论方法

选择不同的理论视点多元化地探讨屈原精神,是当代屈原精神研究创见性的重要源泉。

在理论指导上,解放初期,阶级论、民族主义论、毛泽东文艺思想,确定了屈原精神的人民性,促进了屈原精神当代价值的思考。改革开放时期,邓小平理论、历史唯物主义和辩证唯物主义、"行为动机"理论,澄清了"法家爱国"谬论,引发了全国性的"屈原是否爱国"的争鸣,促进了大批先秦历史爱国文献的发掘,屈原爱国精神得到辩证的肯定;心理学、民族学、民俗学、神话学理论,也为屈原精神研究提供了文本阐释的新路径;海德格尔存在主义、尼采酒神超人、脑科学原理运用于分析屈原"天才"思维特点,得出了一些新观点。21世纪,跨学科或跨文化阐释学、传播学、接受美学、人类文化发生学理论开始影响屈原精神研究,揭示了屈原精神影响力的文化根源,探讨了屈原及楚辞的传播与接受,使得屈原精神与端午文化研究的世界性视野空前扩大。

在研究方法上,除文献考释外,比较法运用最广,如,将屈原与先秦诸子、屈原与贾谊、李贺、韩愈、柳宗元、刘禹锡、苏轼、陆游、蒲松龄、鲁迅、郁达夫、郭沫若、北岛等古今文人精神的比较,屈原与古希腊悲剧精神、但丁等域外文化精神和文化名人比较。

此外,受大数据研发、出土文献整理、"三重(文物、文献、民俗)证据法"成熟、研究队伍学科结构的拓展及地方政府的重视等因素影响,关于屈原精神研究的"颠覆性"历史文献解读时有发生,屈原否定论、屈原籍贯之争等学术问题也时时影响社会上甚至教育界关于屈原精神的传承。这也表明,屈原精神研究乃至整个屈原研究,正面临新的学理建构和史料整理问题。

总体而言,随着时代核心价值观和哲学观、方法论的发展,当前,屈原精神研究的理论和方法,在义理、考据、辞章等传统研究上,已形成多理论、多学科交叉汇集的研究格局。

(四)当代屈原精神研究的学术趋势及其对本书的启示

当代七十年屈原精神研究对本书的启示,主要有以下四点:

第一,屈原精神之内涵界定,一直是学术界争论的焦点,且与屈原精神价值论研究互相依存,互相促进。这类研究成果,为本书探讨屈原精神的核心要素提供了参考。首先,这些不同的解读昭示了屈原精神内涵的丰富性和广泛的影响力、吸引力,为本书探讨屈原精神传承接受史提供了部分资源性史料。其次,由于屈原精神阐释争鸣中理论众说纷纭,时而忽略了"屈原作品",所以,再次回归屈原作品阐释屈原精神的核心要素,将成为本书的起点。

第二,屈原精神的当代价值(或影响)一直是屈原研究的重要学术增长点。特别被学界关注的问题有:屈原精神与中华民族精神之关系、屈原精神的影响与未来、屈原精神与爱国主义传统、屈原精神与地方文化建设,等。本书聚焦于屈原精神生成、发展、传承、接受问题,这也正是历代屈原精神影响力及当代价值研究的必然发展。

第三,由共时静态研究转入历时动态研究,屈原及楚辞传播与接受研究是21世纪屈原学的又一学术增长点,一直呈上升趋势。总体而言,屈原及楚辞的接受研究以国内断代研究、作家个体接受研究成果最丰富,跨代、跨国境接受研究已起步。其中,汉代、六朝的屈原楚辞接受研究相对充分和成熟,唐、宋、元、明、清及近现代的屈原楚辞接受研究也呈现了资料优势明显、研究后劲足的特点;跨境接受研究以韩国、日本、欧美楚辞接受研究相对集中。但仍有许多拓展空间:首先,相关传播接受研究局限于屈原作品的结集传播、拟骚文学现象、咏屈讽屈创作现象,多为文学艺术层面的接受研究;其次,现有成果中,或为个案接受,或为断代接受,没有屈原精神传承接受的通史研究成果;再次,研究考察层面局限于国内外的文人接受,对屈原精神在国内外的民间及官方层面传播接受的研究薄弱,缺乏系统性和整体性;第四,关于屈原精神传承接受的研究理路和考察层面,还缺乏理论体系的建构,有待明确和强化。因此,清理汇总各类文献中对屈原精神的阐发、推崇、继承之材料,考察屈原精神传承接受中的各类文化现象,考订辨伪、系统阐述、归纳凝练、厘清屈原精神传承接受的文化谱系及其接受链,将是本书拟突破的重点所在和拟解决的主要问题。

第四,屈原精神的研究方法随着时代发展而发展,新理论、新方法的运用层出不穷,将屈原精神研究与中华优秀传统文化的发展紧密结合,都是屈原精神研究的重要特点。这些鲜明特点为屈原精神研究提供了进一步深化的前提与学理依据。本书拟融汇文化学、传播学、接受美学、民俗学等理论,对屈原精神传承接受历程进行多层面的挖掘与论证。

综上,当代屈原精神研究经历承传、曲解、澄清与争鸣、拓展与深化,已经发展成多理论、多学科汇集的研究格局,并蓄积了学术理论新突破的诸多基础;屈原精神的内涵界定及其当代价值,经过肯定—否定—否定之否定,其"爱国精神"已成共识;屈原精神研究以静态理论阐释为主,动态接受研究局限于断代和文人视域。基于此,本书拟以全面系统梳理屈原精神在民间、文人、官方、域外等不同社会阶层和群落之间的传承接受史为重点,厘清各层面之间的关联史。

二、本书的研究内容、思路和方法

(一)研究内容

本书主要研究两千三百多年来民间、文人、官方、域外不同社会阶层和群落之间对屈原精神的传播接受现象,包括:各地屈原庙、民间传说与歌谣、端午习俗,历代屈原作品的辑注、刊刻传播,拟骚文学,历代屈原题材的诗赋、词曲、戏剧、小说、图绘创作,历代官方封崇、推介、公祭,屈原作品海外流传、译介、模仿拟作、屈原形象海外创作、海外屈原研究、历史剧《屈原》海外公演、端午民俗域外流播等诸多文化现象。讨论的时间阶段:东周后期(战国末期)到当代,共二千三百余年。论述的空间范围:中国、域外汉字文化圈与欧美国家。具体研究内容如下:

1. **民间层面**:探寻屈原精神的民间传承接受历程。秦末民间自发立庙祭祀屈原,汨罗、荆州、福建、台湾等地"屈原是水仙"的民间信仰,汨罗、秭归、汉寿、溆浦、西峡鲁山等地关于屈原的歌谣与传说,秭归农民诗社"骚坛",各地端午诗会……二千三百多年来,以端午纪念、民间祭祀、民间歌谣传说为代表的民间社会,展示了普通民众对屈原及其精神的信仰与传承。

2. **文人层面**:逐一分析各个时期接受屈原精神的代表性文学群体、艺术作品或文学阐释现象,探寻文人接受视域中的屈原精神内涵的嬗变。如宋玉《九辩》、贾谊《吊屈原赋》、司马迁《屈原列传》、刘向《九叹》、王逸《九思》、李白《江上吟》、苏轼《屈原庙赋》、张坚《怀沙记》、李公麟《九歌图》、门应兆《离骚全图》、郭沫若历史剧《屈原》等屈原题材的文艺创作;以《离骚传》、《楚辞章句》、《楚辞补注》、《楚辞集注》、《山带阁注楚辞》、《楚辞通释》等为代表的屈原作品辑注阐释……二千三百多年来以古今骚人墨客为代表的文人世界,客观彰显了文人对屈原精神的传承与接受。

3.官方层面:系统考证屈原精神官方褒崇的历史进程及其缘起。文献资料表明,从汉高祖"招屈亭"前祭祀楚怀王之孙,到汉代宫廷楚歌盛行,到汉武帝令刘安作《离骚传》,到汉宣帝召见九江被公诵楚辞,到唐玄宗确立祭祀屈原纳入国家礼制,到晚唐首次敕封屈原"昭灵侯",到宋代宫廷端午帖子词赞赏屈原,到明代朱元璋命有司"岁以五月五日"公祭屈原,明万历四十二年(1614)诏令各地"水府庙"供奉屈原像,2008年端午节被列为国家法定节日……二千三百多年来官方对屈原及屈原精神的褒崇和弘扬从未间断。

4.域外层面:考察屈原精神的域外传播接受情况,包括域外拟骚作品,域外屈原题材文学创作,域外屈原作品翻译、诵读、评述与研究,及域外民间端午习俗等。至迟在公元4世纪朝鲜半岛已有屈原作品传播;公元7世纪,屈原作品传播至日本;19世纪,英、法、德、俄、意大利等外文版《楚辞》在各国出版;汉宋《楚辞》版本在域外被收藏、出版;1953年屈原被评为"世界文化名人",罗马尼亚、芬兰、日本、苏联公演历史剧《屈原》;2009年以纪念屈原为主要内核的"中国端午节"列入世界非物质文化遗产名录……至少一千六百多年来,以汉字文化圈和域外华人为代表的世界文化视域里,清晰呈现了域外民间及文人对屈原精神的理解与共鸣。

(二)研究思路

"沿波讨源,虽幽必显。"(《文心雕龙·知音》)在现有研究成果基础上,拟梳理集部、方志、正史、稗官、民间文学、图绘等资料中对屈原精神的阐发、推崇、传承之材料,以原创性、体系性、开拓性为学术追求,从文化学学术视野出发,挖掘、梳理、析论屈原精神对民间信仰、文人德艺、国家精神、国际交流的影响,还原屈原精神孕育、生成、提炼、弘扬的"时空"。本书将依据时代、身份及辐射面(即以这个接受者为中心,屈原精神得以更广泛的传承接受），选择两千三百多年来各个历史阶段各个社会阶层具有代表性的接受者或文化现象，寻绎屈原精神的核心要素与屈原的思想人格升华为中华民族精神的历程。

具体章节框架如下：

绪论：梳理 1949 年至今屈原精神的研究现状、学术趋势及对本书的启示，概括阐释本书的研究内容、思路和方法、主要观点、学术价值等。

第一章，屈原精神的界定：从屈原精神的哲学内涵、诗性表达、生命践行、核心要素、文化渊源及其与中华民族精神之关系等层面，剖析屈原精神的核心要素。

第二章，屈原精神的民间礼祭：考察梳理屈原精神在民间层面的传承接受实证"链"。选取端午祭屈、屈原庙和民间屈原传说与歌谣三个视点，考察战国末期以来屈原精神的民间信仰及其传承的时空域、深广度、丰富性及文化功能。

第三章，屈原精神的文人阐发：挖掘屈原精神在历代文人心灵世界里的传承接受历程。选取吟咏屈原的文学创作、历代屈原作品图绘创作、历代"楚辞"辑注三个视点，分析自战国末期以来古今骚人墨客为代表的文人世界对屈原精神的审美体认、彰显建构、接受传播。

第四章，屈原精神的官方褒崇：考证厘清屈原精神受官方推崇的历史进程及其原因。从汉代帝王对屈原作品的关注与推广、唐宋宫廷端午风尚、晚唐至明代官方敕封公祭三个视点着力，系统翔实地考证分析官方吸纳熔铸民间和文人对屈原精神的信仰，并最终完成屈原精神价值体系构建的过程。

第五章，屈原精神的域外接受：探讨屈原精神的域外传播接受史。重点选取东亚、东南亚、南亚与欧美一些国家，考察他们对中国端午风尚的接受、对屈原作品的传播接受，及对屈原形象的创造书写等，分析屈原在中外文化交流史上的角色变迁及屈原精神的域外共鸣现象。

结论：总结本书的核心观点，包括屈原精神的核心要素、屈原精神传承接受的四个维度、屈原精神的文化传承谱系及其接受链的研究结论。

（三）主要研究方法

本书立足文化学理论视野，综合运用文学、文献学、民俗学、传播学、接受美学等学科理论方法，对屈原精神传承接受问题进行研究。

1. **文化学理论及方法**：文化学作为一门开放性的学术理论,方法多样,有调查法、比较法、文献法、统计法、模拟法、假说法等。从文化价值观的角度审视历史事件发生的原因及其规律,以民俗实例和文献资料考证,阐发战国末期以来民间、文人、官方、域外传承接受屈原精神的文化行为、社会风俗、价值观念等,是本书梳理屈原精神的文化传承谱系及其接受链的重要理论和方法。

2. **文献研究法**："屈原"在中国历代文献中出现的频率相当高。笔者曾以《四库全书》电子版全文检索"屈原"二字结果为 2642 条;全文检索"屈平"二字结果为 892 条,合计 3534 条。在中国国家图书馆,文津检索"屈原"二字,相关文献有 11000 条,含有:图书(专著)、缩微文献、论文(期刊论文、会议论文、学位论文)、工具书、年鉴、多媒体、图像、计算机文件、音频、古文献等。这些用文字、图形、符号、音频和视频等媒介记录下来的,与屈原相关的创作资料、批评阐释研究资料,是本书重要的研究对象。通过对相关文献进行查阅、分析、整理,从屈原作品辑注、文人咏屈作品、官方封敕文件、屈原题材图绘及视频创作等资料中探寻屈原精神传承接受"实证",是本书的基本研究路径之一。

3. **接受美学理论及方法**："屈原精神"至少包括三个层面的意义:屈原作品的诗意表达、屈原自身的生命践行、后世对屈原其人其诗的延展解读。因此,运用接受美学的方法进行研讨是可行的和必要的。在统计分析当代屈原精神研究成果时,笔者发现对屈原精神接受史研究还需突破:当前屈原精神研究以静态横向论证与理论阐释为主,纵向传播接受研究近十几年虽盛行,但主要局限于楚辞的结集传播、拟骚文学现象、咏屈讽屈创作现象,及个别作家对屈原的接受研究、断代屈原接受研究,且这种接受研究多局限于文人接受视域,对屈原精神在民间、官方及域外视域的传承接受现象的关注还缺乏整体性和系统性。因此,本书拟继续运用接受美学理论及方法,综合考量民间、文人、官方、域外四个层面的屈原精神传承接受及各层面间的关联。

4. **民俗学方法**：民俗现象是人类社会生活的必然产物,其功能主要在于规范和促进人们的社会生活,使之巩固、发展或得到调整。民间端午习俗、民间屈原信仰、民间屈原传说与歌谣等等民俗现象,用民俗学理论分析论证,可以深入系统地阐释屈原精神民间信仰的群体特征、基本方式、基本内容、时空流变和主要原因等。

三、本书的主要观点、创新与不足

(一)主要观点

1.屈原精神的界定

中国古代哲学中,"精神"被理解为万物生长的根本,是万物内在的魂魄,以"气"之形式永存天地间,贯穿万物之终始。"屈原精神"是屈原作品里所抒写的立身之"本",是屈原死后留存人间的正"气"。这是本书对屈原精神的基本哲学界定。

屈原精神首先以诗歌形式留存,作为"文化原点"人物,屈原的精神特质以各类表述形式,一代代被发掘阐释,到南宋中晚期成为一个成熟的意识形态概念。今天,我们提到"屈原精神"这个概念的内涵时,至少包括来自三个层面的意义:屈原作品的诗意表达、屈原自身的生命践行、后世对屈原其诗其行的延展解读。这是本书界定屈原精神的内涵、考察屈原精神传承接受史的基本范围。

屈原精神已是一个内涵丰富的文化概念:从核心要素层面看,是自爱和爱国,即"忠贞之质";从行为表现看,怀抱"美政"理想,刚直不阿,嫉恶如仇,永不言败,是屈原精神的主旋律;从艺术表达看,辞令从容,存三代体制,杂战国风气,创楚骚之宏博,模范祖式于历代文人而为辞赋之祖。

2.屈原精神的核心要素

屈原精神内涵丰富,阐释表述亦十分丰富。但其核心要素,本书认为应是"自爱"和"爱国"。

作为一种政治或哲学概念,"自爱"的政治性内涵,萌发于尧舜、成熟于周代、光大于汉宋,主要表达对治国者道德人格完美的要求。"自爱"一词,在战国文献里,可寻先例。《荀子·子道》:"仁者自爱。"此后,汉代扬雄《法言·君子》亦曰"人必其自爱也,而后人爱诸","自爱,仁之至也"。屈原首先是一位博闻强志、明于治乱的政治家,他反复强调"好修",正是对"自爱"政治意义的认同,是其"美政"思想的不可分割的部分。屈原《离骚》书写上下求索"美人",而"美人"必须以"自爱"为前提。屈原相信,国之君臣的道德心与国家的繁荣发展密切相关:"彼尧舜之耿介兮,既遵道而得路"、"昔三后之纯粹兮,固众芳之所在"(《离骚》)。为此,屈原反复强调好修自爱:"纷吾既有此内美兮,又重之以脩能"、"民生各有所乐兮,余独好脩以为常"(《离骚》)、"闭心自慎,终不过失兮"(《九章·橘颂》)、"宁廉洁正直以自清乎? 将突梯滑稽,如脂如韦,以洁楹乎?"(《卜居》)。王国维《屈子文学之精神》一文评道:"屈子之自赞曰'廉贞'。余谓屈子之性格,此二字尽之矣。""廉贞"正是一种自守贞操气节、耿介正直、秉承天地正气的道德责任意识,是屈原"自爱"精神的体现。

屈原的"好修"、"美政"思想,早已超出了狭隘的"忠君"思想。当时楚国发展最大的"痼疾"是社会风气不好,好蔽美而嫉妒、竞进贪婪的现象很严重,导致全国上下丧失正气,人才变节。屈原《离骚》里反复描写道:"众皆竞进以贪婪兮,凭不厌乎求索。羌内恕己以量人兮,各兴心而嫉妒"、"众女嫉余之蛾眉兮,谣诼谓余以善淫"、"世溷浊而不分兮,好蔽美而嫉妒"等等。汉班固、六朝颜之推等曾据此诗句批评屈原:"露才扬己,以显君过。"(班固《离骚序》)其实,屈原的出发点必非显示自己的才干,而是担忧楚国的未来,《离骚》曰:"岂余身之惮殃兮,恐皇舆之败绩。"与屈原同时代的"六国丞相"苏秦早就在楚威王面前尖锐指出楚国政坛嫉妒之风已影响人才任用了,"无妒而进贤,未见一人也"(《战国策·楚策》)。攻破纪南城的秦将白起也曾指出楚国败亡在于"群臣相妒":"群臣相妒,以功谄谀用事。良臣斥疏,百姓心离,城池不修。既无良臣,又无守备。故起所以得引兵深入,多倍城邑。"(《战国策·中山》)历史证明,屈原提出"好修"是有现实针对性的,具有重要的政治意义。

"纯粹"之德①与"美政"之国本应相辅相依,好修自爱和忠信爱国本应相辅相成,但屈原的"好修"与"美政"却遭遇挫折,经受来自楚怀王疏放、顷襄王迁谪、令尹子兰刁难、上官进谗、"国无人莫我知"等各方的压力。面对这些压力,屈原没有选择与世推移、远走他国,而是坚持留在楚国,坚持写诗陈情,坚持求贤谏君,坚持刚正不阿,坚持"美政"信念,这正是屈原拳拳赤子心的体现,是屈原一颗"爱国心"。

"用君之心,行君之意。"(《卜居》)自爱与爱国,作为屈原人格核心要

---

① 毛泽东《纪念白求恩》用"纯粹"之德,赞美白求恩大夫国际共产主义精神:"一个人能力有大小,但只要有这点精神,就是一个高尚的人,一个纯粹的人,一个有道德的人,一个脱离了低级趣味的人,一个有益于人民的人。"该文收入人民出版社编辑《纪念白求恩》,人民出版社,1979年,第1—3页。

素,支配着屈原其人、其诗、其行,就像是两个音符,依托香草美人,弹奏出屈原一生廉贞清醒、挚爱楚国、刚直不阿、嫉恶如仇、上下求索的精神主旋律。

3.屈原精神的文化传承谱系及其接受链

本书首次将屈原精神传承接受的维度分为民间、文人、官方、域外四个层面。关于民间、文人、官方、域外四个传承接受层面彼此之间的关系,本书认为,民间礼祭是最早出现的一个推力。距离屈原约百余年的贾谊作《吊屈原赋》曰"侧闻屈原兮,自沉汨罗","侧闻"就是听闻,即贾谊途经湘水时听闻了屈原自沉汨罗的历史传说。这说明,在文人层面广泛吟咏屈原之前,楚地民间早已口传屈原故事。此后,司马迁也专程来到汨罗民间考察,《史记·屈原贾生列传》曰:"余读《离骚》《天问》《招魂》《哀郢》,悲其志。适长沙,观屈原所自沉渊,未尝不垂涕,想见其为人。"不仅如此,现有证据表明,屈原作品最初是楚地民间传承,现存《楚辞》"不桃之祖"王逸《楚辞章句·叙》总结屈原作品传播概况时,指出"楚人高其行义,玮其文采,以相教传",同书卷七《渔父》解题亦曰"楚人思念屈原,因叙其辞以相传焉",且古楚地民间今天仍有融入屈原楚辞艺术特色的歌谣等口头文学。因此,民间层面是屈原精神传承的开端,现存最早的纪念屈原的文化遗址、近百个时常关联屈原作品《离骚》、《天问》、《九歌》、《哀郢》的民间传说,都充满着对屈原极深厚的情感,直接影响了途经楚地的文人对屈原精神的体认与接受。

随着贾谊《吊屈原赋》、东方朔《七谏》、严忌《哀时命》、刘向《九叹》、王逸《九思》、《史记·屈原贾生列传》、《新序·节士·屈原》等对屈原政治遭遇的书写,汉代文人担负起了屈原精神文人阐发的早期重任,此后,历代拟骚咏屈的诗歌、散文、戏曲、小说、影视创作,不绝于缕。汉代文人在《楚辞》文献整理、保存、研究方面,亦做出了奠基性贡献,刘安、枚乘、邹阳、朱买臣、严助、九江被公等均是屈原辞赋文学的接受者和传播者,《汉书·地理志下》记载:"始楚贤臣屈原被谗放流,作《离骚》诸赋以自伤悼。后有宋玉、唐勒之属慕而述之,皆以显名。汉兴,高祖王兄子濞于吴,招致天下之娱游子弟,枚乘、邹阳、严夫子之徒兴于文、景之际。而淮南王安亦都寿春,招宾客著书。而吴有严助、朱买臣,贵显汉朝,文辞并发,故世传《楚辞》。"此后,历代"楚辞"注释文本层出不穷。屈原精神的文人阐发,正是依托上述两条路径,即:一是以屈原事迹为题材的文学书写,如宋玉《九辩》、贾谊《吊屈原赋》、东方朔《七谏》、司马迁《史记·屈原列传》、刘向《九叹》、王逸《九思》、李白《江上吟》、苏轼《屈原庙赋》、张坚《怀沙记》、郭沫若《屈原》(历史剧)、胡鸿延《屈原诗传四部曲》、余光中《汨罗江神》、吴双等《春秋魂》,等;二是楚辞文献的辑注,如刘安《离骚传》、王逸《楚辞章句》、洪兴祖《楚辞补注》、朱熹《楚辞集注》、汪瑗《楚辞集解》、王夫之《楚辞通释》、林云铭《楚辞灯》、蒋骥《山带阁注楚辞》、戴震《屈原赋注》、闻一多《楚辞校补》、姜亮夫《屈原赋校注》、汤炳正《楚辞今注》、周秉高《楚辞解析》、吴广平《屈原赋通释》、方铭《楚辞全注》,等。建国的楚文化背景,推动了汉代官方对楚辞和屈原的关注,在官方(皇帝)授意下,刘安、刘向、班固、王逸等对屈原作品进行整理注释,此时,屈原精神之"忠"、"清"被阐发,影响至今。

官方正式将祭屈原纳入国家祀典是在唐代,唐玄宗天宝七年(748)颁诏长沙郡县长官,春秋二时择日致祭屈原。自 904 年至 1369 年的五百年间,屈原九次被朝廷敕封:唐末天祐元年(904)屈原祠始封"昭灵侯",天祐二年(905)敕额汨罗屈原庙"昭灵侯";后晋天福二年(937)加封"威显公",洞庭"磊石庙"额据此;北宋元丰三年(1080)封"清烈公",秭归屈原庙额据此;元丰六年(1083)封"忠洁侯",汨罗屈原庙额据此;北宋徽宗政和元年(1111)汨罗和秭归南北两祠庙额统一为"清烈公";南宋宁宗嘉定年间"昭灵"再次用于沅州(今湖南黔阳)屈原庙额;元代成宗大德八年(1304)左右,湖南屈原庙额题仍作"清烈公";元代仁宗延祐五年(1318)加封屈原为"忠节清烈公",元泰定帝致和元年(1328)汨罗屈原祠题额"忠节清烈公"[①];元泰定(1324—1328)、元至正(1341—1368)年间,秭归屈原祠仍袭额"清烈公祠";明太祖洪武二年(1369)敕湖南屈原庙复号"楚三闾大夫屈平氏之神";明天顺五年(1461)前后秭归屈原庙额仍保留宋"清烈公"封号;明代万历四十二年(1614)朝廷下诏各地水府庙配享屈原。清初至清末,秭归屈原祠庙额沿用宋代封号"清烈公"。自唐迄今,各地屈原祠与朝廷关系密切者为汨罗和秭归二祠,朝廷多次资助修缮汨罗、秭归等地的屈原庙,官员作屈原庙记彰显屈原"忠清洁白"之精神。官方敕封屈原,一

---

①被清代地方志文献误记为"忠洁清烈公"。

直延续到元代,明代官方虽然提出去前代封号、还原"三闾大夫之神",但首次确立"岁以五月五日"公祭屈原的制度,首次诏各地水府庙祭祀屈原,屈原作为民间祈福的"水仙神"、"江神",在明代官方推动下家喻户晓,影响到今天的福建和台湾两地的水仙信仰,台湾今存祭祀屈原的水仙宫及"划水仙"信仰。

屈原被官方封崇的中古、近古时期,是民族大融合、南北文化互相吸引的时代,也是屈原作品、事迹引发文人关注和崇敬的时代,是民间端午纪念屈原的民俗意义传播全国、众人安之为俗的时代。官方在屈原精神的传承接受中,整合提炼了民间与文人对屈原精神的信仰与体认,并将其作为一种文治教化的示范楷模推广到了全国。历代封号之"昭灵侯"、"威显公"、"清烈公"、"忠洁侯"、"忠节清烈公"等,凝练了民间礼祭的宗教信仰功用和文人士大夫阶层的伦理政治价值观,自此,屈原精神情铸诗魂、志育民魂、廉范官魂。

至迟公元 4 世纪,依托《史记》、《文选》等传播,屈原作品和故事开始在朝鲜半岛上传播;7 世纪初,日本官方文书中已见楚辞影响;19 世纪初,越南诗人阮攸路过沅湘写诗凭吊屈原;19 世纪中叶,楚辞的英、俄、韩、日、泰等外文译本出现,法国传教士写文章介绍屈原与端午习俗;伴随楚辞作品域外传播,屈原研究成为日本、韩国及欧美汉学研究对象,域外诸多宋明汉文楚辞刊本及现当代研究成果"回流"中国;20 世纪中叶中国官方正式向世界推荐屈原,1953 年屈原被世界和平理事会列入当年的"世界文化名人";1954 年郭沫若历史剧《屈原》在莫斯科、罗马尼亚、芬兰、日本等地公演;20 世纪 70 年代以来,海外华人华文文学与外籍华裔英文文学,创作了丰富的吟咏屈原的诗歌、散文和小说;2009 年包括屈原故里端午习俗和汨罗江畔端午习俗的"中国端午节",录入联合国世界非物质文化遗产名录。自屈原作品《渔父》、《怀沙》伴随《史记》传播到朝鲜半岛后,一千六百多年的域外接受史异彩纷呈,屈原主要呈现三种形象:诗人、文化名人、非物质文化遗产的文化符码。域外官方、文人或民众均表现出对屈原"忠贞之质"的高度认同。

民间、文人、官方、域外对屈原精神的传承接受,各有侧重:民间全面地展示了一位"百姓的贴心人",一位忧国忧民、廉贞独醒的忠臣和多才多艺的诗歌天才;文人层面,侧重于对屈原悲剧政治遭遇的体认,及由此申发的对屈原忠贞人格与处世方式的思考;官方侧重于对屈原"忠清节烈"精神的褒扬;域外接受主要体现在对屈原"爱国"精神的共鸣和对屈原高洁人格的赞美。

两千三百多年来,民间传承的"潜流",与文人接受、官方褒崇的"明流"汇合,由此推动了域外接受。民间、文人、官方、域外四个层面之间,也存在"激流般"巨大回旋力,每一个层面既是屈原精神的"接受主体"又是屈原精神的"传承媒介",彼此交融推进,阐释发掘了屈原精神的多层面的内涵,呈现了一条清晰的屈原精神文化传承谱系及其接受链:民间礼祭、文人阐发、官方褒崇、域外接受的波浪式推进。伴随这一传承谱系及接受链,屈原精神生成、发扬、光大的历史得以呈现。这个过程孕育于先秦、凝练于两汉、发扬于唐宋元明清、强化于近现代、光大于当代。当前,屈原精神的传承接受已经是民间、文人、官方、域外四维一体的格局了,屈原其诗其行亦成为一种民族精神标识,浸润于民族风俗之中。

(二)创新与不足

首先,本书建构了一个完整的全面认识及研究屈原精神传承接受史的理论体系,将屈原精神传承接受问题提升到了一个新的学术层面。本书揭示出了屈原精神的核心要素,及民间礼祭、文人阐发、官方褒崇、域外接受中波浪式推进的文化传承谱系及其接受链,突破了以往屈原接受研究多从文人文学视域着眼的局限,将屈原的接受研究从文学史延展至文化史,对今后相关研究有一定的学术理论价值。

其次,本书挖掘不少有关屈原影响力和传播接受的文献及实证资料,首次系统搜集考证了民间、官方层面的大量史料。在数据统计、图表绘制、史料挖掘等方面有一定创获,如对屈原庙分布的考证、屈原封号的考证、屈原与端午关联史考证、民间屈原歌谣的搜集、域外华人屈原书写资料等,为厘清屈原精神传承接受史提供了有力的实证依据,对今后相关研究有重要的学术文献价值。

第三,本书首次系统钩沉整理了屈原精神传承接受过程中丰富的文化内涵,文献考证与田野调查相结合,文字论述与图表分析相结合,探索了屈原精神在民族凝聚力、文人品格、社会政治、国际文化交流中的历史作用,具有一定资政意义。

最后,本书仍存在许多不足。如,文人层面、域外层面的屈原精神接受史尚未做到全面细微,这两个层面的史料丰富、资料数量庞大,本书期"窥一斑而知全豹",但实际论及的史料仍是沧海一粟,后续有待继续拓展深入。

第一章　屈原精神的界定

作为屈原其人、其诗、其行的"魂魄","屈原精神"自汉代以来就不断被阐释,淮南王刘安赞"其志洁,其行廉……虽与日月争光可也";司马迁说"其存君兴国而欲反覆之,一篇之中三致志焉";王逸说"今若屈原,膺忠贞之质,体清洁之性,直若砥矢,言若丹青,进不隐其谋,退不顾其命,此诚绝世之行,俊彦之英也";唐王茂元称"其忠可以激俗,其清可以厉贪";宋朱熹说"屈原之心,其为忠清洁白";明黄文焕赞"千古忠臣,当推屈子为第一";明末王夫之说屈原为"千古独绝之忠";清林云铭赞叹"屈原全副精神,总在忧国忧民上";清蒋骥云"若屈子者,但见其爱身忧国";近代王国维专文阐发屈子之性格,以为"廉贞"二字尽矣;现代湖南人彭泽陶提倡"屈子爱国精神";当代学界阐发为"爱国主义(或爱国爱民精神)"、"诗学(美学/文学)精神"、"悲剧精神"、"怀疑精神"、"逆反精神"、"崇道精神"、"抗争精神"、"求索精神"、"固持理想精神"、"改革精神"、"理想主义"、"浪漫主义"、"创造精神"、"忠贞精神"、"批判精神"等。这些界定具有鲜明的时代性,体现了后世对屈原其人其诗延展解读的丰富性和深刻性。

应该说,今天,我们提到"屈原精神"这个概念时,其内涵已经至少包括来自三个层面的意义:屈原作品的诗意表达、屈原自身的生命践行、后世对屈原其诗其行的延展解读,可见,"屈原精神"是一个发展的概念。但正如哲学界提出的"马克思主义是从马克思发源的"一样,决定"屈原精神"概念的性质和发展的方向的,仍是屈原。基于此,本章拟先从屈原其诗、其行入手,结合"精神"一词的哲学内涵,剖析界定屈原精神的核心内涵,穷源溯流,探寻屈原精神传承接受的源头。

第一节　屈原精神的哲学内涵

一、精神的哲学内涵

中国古代哲学中,"精神"被阐释为万物生长的根本。《易·乾》:"刚健中正,纯粹精也。"《广韵·下平·清》:"精,明也,正也,善也,好也。"汉戴德《大戴礼记》卷五:"阳之精气曰神;阴之精气曰灵;神灵者,品物之本也。神为魂,灵为魄,魂魄者阴阳之精,有生之本也。及其死也,魂气上升于天为神,体魄下降于地为鬼,各反其所自出也。"这里说"精神"是万物生长的根本,是万物内在的魂魄,贯穿万物生命之终始。"精"是事物最优良的部分,即是万物之"正"、"善"、"好"的部分。

中国古代哲学中,"精神"被描述为形而上的、永生不死的。古人曰:"夫人之生,则精神萃之于身。及其死也,魂气归于天,形魄归于地。"①屈原《九歌·国殇》:"身既死兮神以灵,魂魄毅兮为鬼雄。""身"为国捐躯,但其"神"(魂魄)仍降于地为"鬼雄"。又:"王者之祭祖考,必有庙,庙必有尸主,所以聚祖考之精神,而致其孝享也。"②按,"尸主"又叫"神主",即刻有逝者名字的一尺长的木牌。由此可见,古人建立宗庙、设立牌位祭祀祖先,实际上,是以宗庙、牌位代替"人身"以萃聚祖先之"精神",反映了古代崇尚灵魂不死的生命观。

中国古代哲学中,"精神"还被认为是支配肉体的,若"精神"不聚,则"人"就会昏惑。所谓:"思以一人之精神杂然诱之于前,安得不昏惑哉?"③因而,古人有澡雪以使神志纯正:"汝斋戒,疏瀹而心,澡雪而精神。"④又指出,"精神"集中可办成任何事情:"精神一到,何事不成?"⑤

综上,从哲学层面理解,"精神"即是天地间万物(包括人身)生长发展的支配者和主宰者,决定肉体或物质的状态,并超越物质或肉体而存在。

二、屈原精神的哲学界定

屈原沉江之后,其"精神"却留存下来了。汉代史学家司马迁含泪为之作传记:"余读《离骚》、《天问》、《招魂》、《哀郢》,悲其志。适长沙,观屈原所自沉渊,未尝不垂涕,想见其为人。"(《史记·屈原贾生列传》)⑥

①[宋]胡瑗:《周易口义》卷八下经"萃",文渊阁四库全书本。
②[宋]俞琰:《周易集说》卷十八"象传五",文渊阁四库全书本。
③[宋]史浩:《尚书讲义》卷十,文渊阁四库全书本。
④[战国]庄周撰,[清]王先谦集解:《庄子集解》卷六《知北游》,上海书店出版社,1986年,第139页。
⑤[宋]黎靖德编,王星贤点校:《朱子语类》卷八,中华书局,1986年。
⑥[汉]司马迁撰,[南朝宋]裴骃集解,[唐]司马贞索隐,[唐]张守节正义:《史记》,中华书局,2011年,第2202页。

东汉王逸亦被屈原清雅君子之风折服，作序道："其词温而雅，其义皎而朗。凡百君子，莫不慕其清高，嘉其文采，哀其不遇，而愍其志焉。"（《楚辞章句·离骚经序》）①近代王国维《屈子文学之精神》一文，赞叹其伟大："周、秦间之大诗人，不能不独数屈子也。"②秭归民间端午《招魂歌》唱道："大夫壮志与天齐，人民万代怀念你。你受奸贼多少冤，你受怀王多少屈。为国捐躯投汨罗，船游江心来找你。招你魂魄归故国，招你魂魄归三闾。"③由此可见，人们对屈原精神最初的理解，正是从哲学层面理解的，即屈原肉体虽死，其"精神"、"魂魄"、"正气"却永存："屈原虽死，犹不死也。"④"你的死就是你的不死：你一直活到千秋万世！"⑤由前文关于"精神"的哲学内涵界定，则"屈原精神"即屈原作品里所抒写的"立身之本"，亦是屈原死后留存人间的"正气"。这是本书对屈原精神的基本界定。

在屈原作品中，随时可以读到屈原关于"立身之本"的思考，体会到屈原内心的抗争与信念，感受到其精神的不屈与伟力。

"受命不迁，生南国兮。"（《九章·橘颂》）

"深固难徙，更壹志兮。"（《九章·橘颂》）

"苏世独立，横而不流兮。"（《九章·橘颂》）

"秉德无私，参天地兮。"（《九章·橘颂》）

"纷吾既有此内美兮，又重之以脩能。"（《离骚》）

"岂余身之惮殃，恐皇舆之败绩。"（《离骚》）

"亦余心之所善兮，虽九死其尤未悔。"（《离骚》）

"苟余心其端直兮，虽僻远之何伤！"（《九章·涉江》）

"路曼曼其脩远兮，吾将上下而求索。"（《离骚》）

"民生各有所乐兮，余独好脩以为常。"（《离骚》）

"进不入以离尤兮，退将复脩吾初服。"（《离骚》）

---

①［汉］王逸章句，［宋］宋兴祖补注：《楚辞补注》，中华书局，1983年，第3页。

②洪治纲主编：《王国维经典文存》，上海大学出版社，2003年，第157页。

③张伟权、周凌云：《诗魂余韵——屈原传说及其它》，中国书籍出版社，2009年，第185页。

④［汉］王逸章句，［宋］洪兴祖补注：《楚辞补注》卷一，中华书局，1983年，第50页。

⑤余光中：《淡水河边吊屈原》，《余光中集》第1卷《诗歌》，百花文艺出版社，2004年，第20—21页。

　　"吾不能变心而从俗兮,固将愁苦而终穷。"(《九章·涉江》)

　　"余将董道而不豫兮,固将重昏而终身。"(《九章·涉江》)

　　"宁赴湘流,葬于江鱼之腹中。安能以皓皓之白,而蒙世俗之尘埃乎?"(《渔父》)

　　"知死不可让,愿勿爱兮。明告君子,吾将以为类兮。"(《九章·怀沙》)

第二节　屈原精神的诗性表达

　　诗性表达,即一种艺术化的言说方式,采用比兴象征的具象,言说政治、伦理的价值判断,是感性与理性相统一的朴素言说状态。"道思作颂,聊以自救兮。忧心不遂,斯言谁告兮。"(《九章·抽思》)[1]屈原对楚国内忧外患的局势深感忧虑,对楚国大臣们贪婪嫉妒的风气深感焦虑,对楚国国君被谗言蒙蔽深感担忧,这一切汇聚为满腔惆怅,无所倾诉,于是借助楚地歌辞的形式加以表达,或告以哀怨,或陈述志向,或讽谏君王:"惜诵以致愍兮,发愤以杼情"(《九章·惜诵》),"介眇志之所惑兮,窃赋诗之所明"(《九章·悲回风》)。屈原诗作以香草美人的象征符号和历史与现实交错的艺术构思,反复申述陈情,是我们探寻屈原精神内涵的重要依据。通过这些诗歌,我们得以看到一位战国"普通士人"一步步成长为后世"精神楷模"的心路历程。

一、屈原作品的篇目及其真伪

　　屈原作品是界定屈原精神的第一手材料,但关于屈原作品的篇目及其真伪问题却存在争议。从现存文献看,这一问题的争议,可上溯到东汉,而发生激烈争论则是宋代以后,20世纪80年代甚至引发了一场跨国界的辩论。由于早期楚辞版本的残缺[2],至今仍没有完美的答案。梳理历史上这

---

①本书所引屈原作品均据[汉]王逸章句,[宋]洪兴祖补注《楚辞补注》本,中华书局,1983年。

②《文物》1983年第2期发表的1977年阜阳考古简介中提到:"阜阳简中发现有两片《楚辞》,一为《离骚》残句,仅存四字;一为《涉江》残句,仅存五字,令人惋惜不已。另有若干残片,亦为辞赋之体裁,未明作者。"(阜阳汉简整理组《阜阳汉简简介》,《文物》1983年第2期)

些争论,可以让我们更理性地审视两汉时期的贾谊、司马迁、桓宽、刘向、王逸、班固等关于屈原其人、其诗的记录和判断,对研究屈原精神的诗性表达亦至关重要。因此,作为前提,这里对两千年来屈原作品的篇目及其真伪的相关研究加以疏证,并明确本书采纳和补充的观点。

(一)屈原作品篇目及真伪的争鸣缘起

屈原一生留下多少作品? 东汉班固《汉书·艺文志·诗赋略》载"屈原赋二十五篇",但未列举具体篇名。现存"楚辞不祧之祖"《楚辞章句·天问叙》亦曰:"昔屈原所作,凡二十五篇。"基于班固、王逸的上述记载,今天学界较为公认屈原作品数量即是"二十五篇"。然,之所以后来产生"二十三篇"、"二十六篇"等说法,细究原因,问题还是在班固和王逸这里。因为二十五篇具体篇名目录班固略而未说,而王逸《楚辞章句》中却出现标注"屈原之所作"①的篇目有二十六篇,计为:《离骚》、《天问》、《九章》(九篇)、《九歌》(十一篇)、《远游》、《卜居》、《渔父》、《大招》,合计二十六篇,其中,关于《大招》作者,王逸《大招》解题中说:"屈原之所作也。或曰景差,疑不能明也。"(《楚辞章句》卷十)可见,现存最早的《楚辞》文献中屈原作品篇目及其作者问题已出现分歧、疑惑,这正是后世屈原作品篇目及真伪争鸣的重要缘起之一。而后世在班固、王逸的基础上考订辨伪,更使得屈原作品篇目问题变得复杂起来。

加之,现存"楚辞不祧之祖"《楚辞章句》在流传中版本较多,卷帙颇不一致,所以相关研究的讨论空间就又变大了。汤炳正先生《王逸〈楚辞章句〉本亟待整理》一文曾列举了诸多《楚辞章句》注文乃后人窜改或传写脱误者,指出还原原著之旧貌刻不容缓②。现存三个《楚辞章句》版本(明代刻《楚辞章句》单行本、宋人洪兴祖《楚辞补注》本、唐人李善《文选注》本),三者的诗句、序文、注释的异文有六千多条③,学界为此做了大量疏证

---

① 现存最早的《楚辞》注本东汉王逸《楚辞章句》中,收录屈赋有:"卷一《离骚经》者,屈原之所作也。""卷二《九歌》者,屈原之所作也。""卷三《天问》者,屈原之所作也。""卷四《九章》者,屈原之所作也。""卷五《远游》者,屈原之所作也。""卷六《卜居》者,屈原之所作也。""卷七《渔父》者,屈原之所作也。""卷十《大招》者,屈原之所作也。或曰景差,疑不能明也。"
② 汤炳正:《楚辞类稿》,巴蜀书社,1988 年,第 92—98 页。
③ 参见黄灵庚:《楚辞章句疏证》,中华书局,2007 年。

工作①。而关于屈原作品篇目数量，也出现新说法，《隋书·经籍志》所载王逸注《楚辞》版本卷帙与今通行十七卷本多有不同。《隋书·经籍志》著录有《楚辞》十部、二十九卷，其中王逸注《楚辞》有两种版本：“《楚辞》十二卷并目录，后汉校书郎王逸注”，“梁有《楚辞》十一卷，宋何偃删，王逸注。亡（注：此书隋代已亡，只是存目）”。《隋书·经籍志》并著录：“楚辞者，屈原之所作也。自周室衰乱，诗人寝息，谄佞之道兴，讽刺之辞废，楚有贤臣屈原，被谗放逐，乃著《离骚》八篇。”这个“八篇”之数，显然又抛出了一个需要探究的问题。

又之，学界期待出土文献和文物对屈原作品篇目问题研究的促进，然大量实践表明，现有出土文献文物对这一问题的研究虽有推进，但进展有限。20世纪50年代以来，在战国荆楚版图内（今湖北、湖南、河南、安徽等地）出土了许多战国楚简帛书和秦、汉简帛书②，成为对传世《楚辞》文本某些字句的校订、辩证、阐释的一条有效辅证途径③。如，依据出土的魏晋或

---

① 王逸《楚辞章句》文本字句、注释上有许多已经被学界证明有“异文”，学界也争论其序文及注释是否有补充情况。相关论著有：刘师培《楚辞考异》（宁武南氏校印，1934年）、闻一多《楚辞校补》（国民图书出版社，1942年）、姜亮夫《重订屈原赋校注》（天津古籍出版社，1987年）、黄灵庚《离骚校诂》（中州古籍出版社，1996年）、《楚辞异文辩证》（中州古籍出版社，2000年）、《楚辞章句疏证》（中华书局，2007年）、许声滨《楚辞章句发微》（上海古籍出版社，2011年）、邓声国《楚辞章句考论》（北京图书馆出版社，2011年）、李大明《宋本〈楚辞章句〉考证》（《四川师范大学学报》1995年第1期）、力之《〈文选〉骚类李善注引〈楚辞章句〉小序均非原貌辨——兼与王德华先生商榷》（《河南师范大学学报》2000年第5期）、黄灵庚《关于王逸〈楚辞章句〉的校理》（《中国文化研究》2003年第2期）、力之《〈楚辞〉与中古文献考说》（巴蜀书社，2005年）、黄灵庚《唐宋类书与〈楚辞章句〉校理》（《职大学报》2007年第2期）、邵杰《论王逸注次异于〈楚辞章句〉篇次——兼论〈楚辞章句〉注释的五个阶段》〔《广西师范大学学报（哲学社会科学版）》2015年第5期〕等。

② 如，1951年湖南长沙五里牌406号战国墓出土竹简37枚（中国科学院考古研究所《长沙发掘报告》，科学出版社，1957年）。此后，两湖及周边地区，陆续出土了大量战国、秦汉文献：长沙战国墓竹简，长沙子弹库帛书帛画，长沙马王堆帛书《黄帝四经》，古本《易经》，长沙子弹库楚帛书《四时》、《天象》、《月忌》，郭店楚简《太一生水》、《忠信之道》、《穷达以时》，清华楚简帛《楚居》、《封许之命》、《厚父》、《命训》、《汤处于汤丘》、《汤在帝门》、《殷高宗问于三寿》，慈利县石板村战国楚简，包山楚简，望山楚简，曾侯乙墓竹简，藤店楚简，天星观楚简，九店楚简，秦家咀楚简，鸡公山楚简，德山夕阳坡二号楚墓竹简，新蔡葛陵楚墓竹简，阜阳汉简《离骚》、《涉江》残简，银雀山汉简唐勒赋残简，云梦睡虎地秦简《日书》、《为吏之道》，临沂银雀山《尉缭子》，汲郡古本《竹书纪年》，古本《穆天子传》，香港中文大学购藏楚简，南昌海昏刘贺墓汉简，及包山二号墓、江陵熊家冢、临澧九里楚墓、枝江百里洲春秋铜器，襄阳山湾东周墓、江陵马山楚墓、江陵雨台山楚墓中的大量漆器、木俑、铜器、车马器、丝绸、礼器等。这些文献与《楚辞》创作时间接近，是楚辞产生的重要文化渊源，是打开屈原身世之谜、楚辞文本之谜的重要线索。

③ 黄灵庚：《楚辞与简帛文献·导言》（人民出版社，2011年）：“利用地下的简帛文献以疏通《楚辞》在文字方面历代遗留下来的文字障碍，虽然其作用是有限的，但是，简帛文字材料对传世《楚辞》文本某些字句的校订，确实是一条非常有效的途径。”

北朝文物之"象牙书签",证实六朝时期流传的是"王逸注《楚辞》十一卷"本,其篇目及顺序为:《骚经》(《离骚经》)、《九章》、《九歌》、《九辩》、《远游》、《天问》、《招魂》、《招隐》、《卜居》、《渔父》、《九怀》①。亦推论《隋书·经籍志》著录屈原"《离骚》八篇"之篇目为:《离骚》、《九辩》、《九歌》、《天问》、《九章》、《远游》、《卜居》、《渔父》②。并进一步肯定了屈原《九歌》、《涉江》、《惜往日》、《悲回风》的著作权③。但,出土文献目前主要解决的仍是《楚辞章句》在诗句文字、序文、注释上的校正问题。再则,楚国等六国文献在秦始皇时期曾受到极大破坏④,关于屈原其人、其诗的先秦文献,至今未见其名姓⑤。

基于上述三方面原因,关于屈原作品篇目及其真伪的观点,分歧颇多,以至于《楚辞章句》所收录的屈原作品几乎没有一篇不被怀疑不是屈原的作品。

(二)屈原作品篇目及真伪争鸣的三个阶段

梳理两千多年来屈原作品篇目及真伪的论争,发现大致可以划分为三个阶段。从研究目的看,经历了由"篇目数量之争",升级为"作品著作权之争(屈原作品真伪之争)",进而升级为"屈原其人真实存在性之争"这样三个阶段;从研究方法上看,经历了由"依据作品内证",到"依据文献典籍",再到"依据出土文物"三个阶段。

1. 屈原作品篇目数量之争

屈原作品篇目数量,自《汉书·艺文志》、《楚辞章句》之后,历代书目、诗话,对屈原作品篇目都有自己的推断。"二十五篇说"之外,出现"二十六篇说"、"二十四篇说"、"二十七篇说"、"二十三篇说"、"八篇说"等。

如,宋葛立方(?—1164)撰《韵语阳秋》卷六载:"韩退之诗曰'《离骚》二十五',王逸序《天问》亦曰'屈原凡二十五篇'。今《楚词》所载二十

---

①黄灵庚:《楚辞与简帛文献》,人民出版社,2011年,第50—55页。

②黄灵庚:《楚辞与简帛文献》,人民出版社,2011年,第50—55页。

③黄灵庚:《楚辞与简帛文献·导言》,人民出版社,2011年,第2—19页。

④秦始皇三十四年(前213)丞相李斯提出了焚书的建议:"臣请史官非秦纪皆烧之。非博士官所职,天下敢有藏《诗》《书》百家语者,悉诣守、尉杂烧之。有敢偶语《诗》《书》者,弃市。以古非今者族。吏见知不举者与同罪。令下三十日不烧,黥为城旦。所不去者,医药、卜、筮、种树之书。若欲学法令,以吏为师。制曰'可'。"(《史记·秦始皇本纪》)

⑤当代学者曾提出:《战国策·齐策三·孟尝君出行五国章》中所记"郢之登徒"乃是指左徒屈原。其时为楚怀王十一年(前318)。《战国策·张仪相秦谓昭睢章》"有人"即为屈原(赵逵夫:《屈原与他的时代》,人民文学出版社,1996年,第138页)。

三篇而已。岂非并《九辩》、《大招》而为二十五乎？《九辩》者，宋玉所作，非屈原也。今《楚词》之目，虽以是篇并注屈、宋，然《九辩》之序，止称屈原弟子宋玉所作。《大招》虽疑原文，而或者谓景差作。若以宋玉痛屈原而作《九辩》，则《招魂》亦当在屈原所著之数，当为二十六矣。不知退之、王逸之言，何所据耶？"①这段记载表明，因为时空间隔、版本多样，到了宋代，出现一种《楚辞》版本，其收录屈原作品仅有二十三篇，这引发了葛立方的疑惑，并对《九辩》、《招魂》、《大招》三篇的作者问题进行了讨论，进而怀疑王逸"二十五篇说"的可靠性。宋晁公武（1105—1180）也认为《汉书·艺文志》"二十五篇说"很难与宋代所见《楚辞》版本中的屈原作品篇目数量对应，其《郡斋读书志》卷四载："按《汉书志》'屈原赋二十五篇'，今起《离骚经》至《大招》凡六，《九章》、《九歌》又十八，则原赋存者，二十四篇耳。并《国殇》、《礼魂》在《九歌》之外为十一，则溢而为二十六篇。"其实，宋代这种疑古思潮并不仅仅针对《楚辞》，对儒家经典亦有"以之不足信"的治学倾向，如王安石（1021—1086）《答韩求仁书》说："至于《春秋》三传，既不足信，故于诸经尤为难知。"②然而，宋代"二十六篇说"、"二十四篇说"等都不如汉代"二十五篇说"③影响深远，宋代绝大多数学者并不否定班固、王逸的"二十五篇说"，如，宋王应麟（1223—1296）《汉艺文志考证》卷八载："屈原赋二十五篇，《离骚经》《九歌》《天问》《九章》《远游》《卜居》《渔父》。"

　　但，若把《九歌》之《礼魂》算作一篇，则东汉王逸《楚辞章句》所录屈原作品的篇目实际有二十六篇，于是，出现一种"凑足"二十五篇的"思路"，即或者"剔除"王逸《楚辞章句》中一两篇标注"屈原之所作也"的作品，或者"整合"《楚辞》中标注为屈原作的一些作品，以"凑足"二十五篇之数。"剔除"者，如宋代洪兴祖《楚辞补注》去除《大招》，其曰："屈原赋二十五篇，《渔父》以上是也。《大招》恐非屈原作。""整合"者，如明清学者提出《九歌·礼魂》只可看作前十篇通用的乱辞，明代汪瑗《楚辞集解》曰：

①常振国、降云编：《历代诗话论作家》上篇引《韵语阳秋》，湖南人民出版社，1984 年，第 9 页。唐宋以后版本文献中《楚辞》常被写作《楚词》。
②［宋］王安石著，宁波、刘丽华、张中良校点：《王安石全集》，吉林人民出版社，1996 年，第 772 页。
③东汉班固（32—92）。《汉书·艺文志》"诗赋略"载："屈原赋二十五篇。"东汉王逸（生卒年不详，生活在汉安帝、顺帝时期）《楚辞章句·天问》"后叙"曰："昔屈原所作，凡二十五篇。"

"(《礼魂》)前十篇之乱辞也。"清代王夫之《楚辞通释》曰："此章(《礼魂》)乃前十章所通用,而言终古无绝,乃送神之曲也。"将《九歌》十一篇"整合"为十篇,王邦采、王闿运、梁启超等亦赞成。

剔除、整合王逸《楚辞章句》原来标注为"屈原之所作"的作品篇目,以符合班固、王逸所言"屈原赋二十五篇"之数,延续了千年。今天,这些观点的影响仍存在。其间,屈原作品著作权的问题逐渐凸显。因为要论证为什么剔除,必须论证"作品的作者是否为屈原"这个问题。这样,争鸣升级到第二个阶段——由"数量之争"进入"著作权之辩"。

2. 屈原作品著作权之辩

屈原对《离骚》、《九歌》、《天问》、《九章》等楚辞作品的著作权,几乎都被"怀疑"过。但主要集中于《大招》、《招魂》、《远游》、《天问》、《卜居》、《渔父》等作品的著作权。

以《招魂》的作者问题为例,东汉王逸明确注解《招魂》是宋玉所作:"《招魂》者,宋玉之所作也。"[①]但,此前,西汉司马迁《史记·屈原贾生列传》中有"余读《离骚》《天问》《招魂》《哀郢》,悲其志"之句,明清学者据此认为,司马迁已明确告知《招魂》是屈原所作。当代学者游国恩等亦认可这种说法:"《招魂》的著者本是屈原,其目见于《史记·屈原传·赞》最为无上的铁证。"[②]关于《招魂》作者归属问题,至今仍没有达成一致意见。

历史上,宋代洪兴祖、朱熹,清代戴震等赞同东汉王逸《楚辞章句》的记载,将《招魂》认作宋玉的作品;明代黄文焕,清代林云铭、蒋骥,现当代游国恩、郭沫若、姜亮夫、陈子展、王泗原等学者坚持《招魂》是屈原所作。当代的"文学史"类著作多采纳《招魂》是屈原所作的观点,当代的《楚辞》注本多采纳王逸《招魂》是宋玉所作的观点。

主张"屈原说"的主要依据是司马迁《史记·屈原贾生列传》之"余读《离骚》《天问》《招魂》《哀郢》,悲其志"的陈述。如,清代林云铭《楚辞灯》曰:"王逸茫无考据,遂序于其端……余决其为原自作者,以首尾有自叙、乱词,及太史公传赞之语,确有可据也。"[③]同时,一些学者从礼制上分析,认为《招魂》

---

①[汉]王逸章句,[宋]洪兴祖补注:《楚辞补注》,中华书局,1983 年,第 197 页。
②游国恩:《楚辞概论》,商务印书馆,1979 年,第 175 页。
③[清]林云铭著,彭丹华点校:《楚辞灯》,华东师范大学出版社,2012 年,第 171 页。

中祭祀礼制不应该是王逸《楚辞章句》中所言的"宋玉怜哀屈原"①。如清代方东树认为,《招魂》内容反映的是屈原"招君王"之礼,不可能是宋玉"招师"之礼,"中间所陈荒淫之乐,皆人主之礼体,非人臣所得有也"②。当代主要的几部《中国文学史》采纳《招魂》是屈原所作的观点③。

　　主张"宋玉说"的反驳理由主要是,《招魂》是宋玉悲屈原之志,而司马迁《史记》"读《离骚》《天问》《招魂》《哀郢》"一句,只是连类及之,并没说这些作品一定都是屈原的作品④。大部分《楚辞》注本,多采纳《招魂》是宋玉所作的观点⑤。

　　从上述争鸣可以看出,《招魂》的作者,是宋玉还是屈原,仅从文献记载来勘定,基本各执一词。其实,对于其他屈原作品,虽然王逸《楚辞章

---

①［汉］王逸章句,［宋］洪兴祖补注:《楚辞补注》,中华书局,1983年,第197页。

②［清］方东树:《昭昧詹言》,人民文学出版社,1984年,第346页。

③林庚《中国文学史》:"太史公明明说到《招魂》,这是《招魂》的有力辩护。"(林庚:《中国文学史》,鹭江出版社,2005年,第52—53页)游国恩主编《中国文学史》:"现在应该根据《史记》屈原传赞来纠正王逸以来认为宋玉所作的错误看法。"〔游国恩、王起等主编:《中国文学史》(一、二),人民文学出版社,1963年,第90页。游国恩、王起、萧涤非等主编:《中国文学史》(一)修订本,人民文学出版社,2002年,第104页〕袁行霈主编《中国文学史》:"《招魂》是在怀王死后,屈原为招怀王之魂而作。"(袁行霈主编:《中国文学史》第一卷,高等教育出版社,1999年,第143页)韩兆琦主编《中国文学史》:"王逸《楚辞章句》认为屈原作品有《离骚》、《九歌》(十一篇)、《九章》(九篇)、《天问》、《远游》、《卜居》、《渔父》,篇数虽然与《汉志》所载相符,却把司马迁在《屈原列传》中早已认定的屈原作品《招魂》归于宋玉的名下,而又怀疑《大招》一篇是屈原所作……那么,真正属于屈原创作的诗歌,应该是在王逸标目的基础上删除《大招》、《远游》、《卜居》、《渔父》,再加上《招魂》,总共二十三篇作品。"(韩兆琦主编:《中国文学史》第一册,北京师范大学出版社,1996年,第133—134页)章培恒、骆玉明主编《中国文学史》则采取陈述学界争论介绍《招魂》:"《招魂》在《史记》中列为屈原之作,王逸《楚辞章句》却列在宋玉名下。今人多从司马迁之说。"(章培恒、骆玉明主编:《中国文学史》上,复旦大学出版社,2004年,第154页)

④力之:《〈招魂〉考辩》,《武汉教育学院学报》1997年第1期。

⑤黄灵庚《楚辞集注》中《招魂》作者是"宋玉"。潘啸龙评注《楚辞·招魂》解题:"据汉人王逸所记,《招魂》的创作缘起,是'宋玉怜哀屈原,忠而斥弃,愁懑山泽,魂魄放佚(散失),厥命将落,故作《招魂》,欲以复精神,延其年寿,外陈四方之恶,内崇楚国之美,以讽谏怀王,冀其觉悟而还之(召还屈原)也。'但《史记·屈原列传》后司马迁的论赞中却有'余读《离骚》、《天问》、《招魂》、《哀郢》,悲其(屈原)志'语,故明清以来许多研究者,定《招魂》乃屈原所作,其所招对象应是楚怀王。我以为司马迁时代流传的'《招魂》'起码有两篇,其中传为屈原所作且为太史公提到的,当是后来定名为《大招》的那一篇。倘非如此,读过《屈原列传》的王逸,便不会不顾司马迁提到屈原《招魂》,却仍明确断此篇《招魂》为宋玉所作。"(潘啸龙注评:《楚辞》,黄山书社,1997年,第126页)吴广平《楚辞全解》解题:"有人仅凭《史记·屈原贾生列传》'余读《离骚》、《天问》、《招魂》、《哀郢》,悲其志'一句话,就断定此篇乃屈原所作,似不妥。"(吴广平:《楚辞全解》,岳麓书社,2008年,第333页)

句》中注明了作者，新论①仍是迭出，这也让问题变得更加错综复杂。

屈原作品著作权之辩，至今仍很难达成一致性的学术意见。不仅如此，争论中，屈原其人亦时而遭到"否定"。特别在20世纪前期，新一股疑古思潮②中，伴随屈原作品著作权的质疑，屈原其人遭到"否定"，这股否定潮流先在国内形成争鸣之势，后传播海外，20世纪70年代又从日本"回流"国内，形成所谓"屈原否定论系谱"③。这样，争鸣升级到第三个阶段——由"著作权之辩"进入"屈原否定论之争"。

3. 屈原否定论之争

20世纪前期，1921年胡适在一次读书会的演讲中首先发问"屈原是谁"，并"盼望国中研究《楚辞》的人平心考察"，后整理为《读楚辞》一文，文中提出一系列怀疑"屈原是谁"的理由：

第一，《史记》本来不可靠，而《屈原贾生列传》尤其不可靠。

……

第二，传说的屈原，若真有其人，必不会生在秦汉以前。（子）"屈原"明明是一个理想的忠臣，但这种忠臣在汉以前是不会发生的，因为战国时代不会有这种奇怪的君臣观念。我这个见解，虽然很空泛，但我想很可以成立。（丑）传说的屈原是根据于一种"儒教化"的《楚辞》解释的。但我们知道这种"儒教化"的古书解是汉人的拿手戏，只有那笨陋的汉朝学究能干这件笨事！依我看来，屈原是一种复合物，是一种"箭垛式"的人物，与黄帝、周公同类，与希腊的荷马同类。

……

我想，屈原也许是二十五篇《楚辞》之中的一部分的作者，后来渐渐被人认作这二十五篇全部的作者。但这时候，屈原还不过是一个文学的箭垛。后来汉朝的老学究把那时代的"君臣大义"读到《楚辞》里

---

① 如：何金松编著《屈诗编年译解》一书认为，"从汉语词汇发展史的角度考证《东皇太一》、《少司命》、《湘夫人》、《礼魂》、《思美人》、《惜往日》、《悲回风》、《远游》、《卜居》、《渔父》、《大招》、《九辩》非屈原所作"（何金松编著：《屈诗编年译解》，湖北人民出版社，2014年，第3页）。

② 关于这股疑古思潮，可参见刘梦溪《中国当代学术经典·顾颉刚卷·总序》（河北教育出版社，1996年）。

③ 稻畑耕一郎1977年发表《屈原否定论系谱》（早稻田大学编印：《中国文学研究》1977年第3期）一文，详实论述并评解了廖季平、胡适之、何天行、朱东润四人有关屈原的观点看法，并首次使用"否定论"来概括这几位学者的观点学说。

去,就把屈原用作忠臣的代表,从此屈原就又成了一个伦理的箭垛。大概楚怀王入秦不返,是南方民族的一件伤心的事。故当时有"楚虽三户,亡秦必楚"的歌谣。后来亡秦的义兵终起于南方,而项氏起兵时竟用楚怀王的招牌来号召人心,当时必有楚怀王的故事或神话流传民间,屈原大概也是这种故事的一部分。在那个故事里,楚怀王是正角,屈原大概是配角,——郑袖唱花旦,靳尚唱小丑;——但秦亡之后,楚怀王的神话渐渐失其作用了,渐渐消灭了,于是那个原来做配角的屈原反变成正角,后来这一部分的故事流传久了,竟仿佛真有其事,故刘向《说苑》也载此事,而补《史记》的人也七拼八凑地把这个故事塞进《史记》去。补《史记》的人很多,最晚的有王莽时代的人,故《司马相如列传》后能引扬雄的话;《屈贾列传》当是宣帝时人补的,那时离秦亡之时已一百五十年了,这个理想的忠臣故事久已成立了。[①]

1923年,谢无量《楚词新论》中又提到"屈原是谁"这个问题,并提及其师廖季平对这一问题的看法:

　　"屈原是谁?"这个问题,古来并不发生。现在才仿佛有这个话。我十年前在成都的时候,见着廖季平先生,他拿出他新著的一部楚词新解给我看,说:"屈原并没有这人。"他第一件说《史记·屈原贾生列传》是不对的。细看他全篇文义都不连属。他那传中的事实,前后矛盾。既不能拿来证明屈原出处的事迹,也不能拿来证明屈原作《离骚》的时代……他第二件拿经学的眼光,说《楚辞》是《诗经》的旁支。他那经学上的主见,以为《诗经》本是天学,所讲都是天上的事,自然《楚辞》也是一样,所以有那些远游出世的思想,和关于天神魂鬼的文词。也是适用《诗经》应有的法度……他第三件说《离骚》首句"帝高阳之苗裔",是秦始皇的自序。其他屈原的文章,多半是秦博士所作。《史记》"始皇不乐,使博士为《仙真人诗》,及行所游天下,传令乐人歌弦之",——这是廖先生的根据。[②]

1948年,何天行《楚辞作于汉代考》一书出版,也提出类似观点,认为

---

① 胡适著,姜义华主编,曹伯言编:《胡适学术文集·中国文学史(上)》,中华书局,1998年,第415—417页。
② 谢无量著,王岫庐编辑:《楚词新论》,商务印书馆,1923年,第12页。

《史记》记录屈原资料不可信,继续强化所谓"'屈原'传说"的观点,在胡适等怀疑《史记·屈原贾生列传》的可靠性基础上,提出屈原是《楚辞》编者刘向或刘歆虚构的,《史记·屈原贾生列传》的作者是刘向或刘歆。又进一步考证认为,贾谊《吊屈原赋》、淮南小山《招隐士》、东方朔《七谏》等涉及屈原的作品,都是西汉末年的伪托,考证认为《离骚》作者是淮南王刘安①。

　　胡适、廖季平、何天行等国内学者的"屈原传说"猜疑与考述,在国内因为证据不足,被学界辩驳之后不再有很大影响。但这些观点,在几十年后得到几位日本学者的呼应。铃木修次在主编《中国文学史》时,介绍《离骚》等作品不是屈原所作,屈原只是"传说"人物。日本学者稻畑耕一郎发表《屈原否定论系谱》,系统整理出"屈原否定论系谱"②。

　　然而,1977 年,国内考古发掘出了两片《楚辞》残简③,1983 年公开出版,有力地澄清了"《离骚》作者"的部分问题,推动了楚辞著作权研究的进展,何天行等提出的淮南王刘安创作《离骚》的观点,很快站不住脚④。这批阜阳县双古堆 1 号汉墓的阜阳汉简,出土地点位于古楚国郢都寿春附近,墓主是西汉第二代汝阴侯夏侯灶,卒于汉文帝前元十五年(前 165)。据汤炳正先生考证,其时,刘安不过十四五岁,而《汉书·淮南衡山济北王传》载刘安献《离骚经传》乃在武帝之时⑤。因此,阜阳汉简之《离骚》、《涉江》残句虽未见作者姓名,不能直接证明屈原是《离骚》、《涉江》的作者,但有力地驳斥了"《离骚》是淮南王刘安所作"的观点。

　　与此同时,20 世纪 70 年代末,日本否定屈原的观点"回流"到国内,迅速引起激烈的争鸣。有关这次中、日"屈原否定论"的论争,黄中模《屈原问题论争史稿》(十月文艺出版社,1987 年)、《楚辞研究与争鸣》集刊第一辑(团结出版社,1989 年)、《中日学者屈原问题论争集》(山东教育出版

①何天行:《楚辞作于汉代考》,中华书局,1948 年。
②见早稻田大学编印:《中国文学研究》1977 年第 3 期。
③阜阳汉简整理组:《阜阳汉简简介》,《文物》1983 年第 2 期。
④1977 年国内考古发掘出了两片《楚辞》残简。《文物》1983 年第 2 期发表了这次考古情况的简介:"阜阳简中发现有两片《楚辞》,一为《离骚》残句,仅存四字;一为《涉江》残句,仅存五字,令人惋惜不已。另有若干残片,亦为辞赋之体裁,未明作者。如:'口橐旖(兮)北辰游。'"(阜阳汉简整理组:《阜阳汉简简介》,《文物》1983 年第 2 期)汤炳正先生明确指出这是否定《离骚》为淮南王刘安的证据。
⑤汤炳正:《屈赋新探》,齐鲁书社,1984 年,第 426 页。

社,1990 年)、《与日本学者讨论屈原问题》(华中理工大学出版社,1990 年)、赵逵夫《日本新的"屈原否定论"产生的历史背景与思想根源初探》〔《西北师大学报(社会科学版)》1995 年第 4 期〕、周建忠《当代楚辞研究论纲·学者专论》第十四章"黄中模论"等,已有详细阐述,此不赘述。

目前,全盘否定屈原的论调,已经没有太大说服力。但胡适 20 世纪 20 年代提出的"屈原也许是二十五篇《楚辞》之中的一部分的作者"、"与希腊的荷马同类"的假设,仍被少数学者坚持。如,2011 年福建漳州屈原与楚辞学国际学术研讨会上,日本学者石川三佐男使用"屈原传说"这一名词,他说:"《楚辞·天问》篇成书于春秋末期的可能性非常高,同时与屈原传说无关的可能性也很高。"该文提出,屈原的身份是巫师,且他的诗歌只是对上古楚国歌谣的传达,他说:"屈原是中介传达'帝词'的'巫祝者'身份。"①石川三佐男认为,《楚辞》是集体创作积累型的诗歌;屈原只是传说中的巫祝者,而非个性鲜明的诗人。这一观点与 20 世纪 20 年代胡适的观点,与 20 世纪 70 年代日本学者白川静的《楚辞》为"楚巫集团所作"的论点,基本立场一致。他们提出"屈原'巫祝者'身份"或者"屈原是楚巫集团代言者"或者"箭垛式的人物",似乎承认了历史上有屈原这样一个人,但他是集体智慧的"代言者",即"屈原"被推演成了一个楚国祭祀的"条件角色"——祖先神与楚国国君之间的"中介者"。这种"委婉的屈原否定论",看似客观公正,实际上联想成分偏多,且有意识地否认了屈原的原创著作权。

总体而言,20 世纪的胡适、廖季平、何天行、白川静、铃木修次、三泽玲尔,21 世纪的石川三佐男等日本学者,认为屈原是"传说"、"箭垛"、"巫师角色"等,这些观点在回答"屈原是谁"的问题上做了十分有益的学术探索,但他们的答案却并不一致,而且有些答案已经被证明是谬误。大致而言,所有屈原否定论者都存在同一个问题,即他们虽然否定了屈原对《离骚》等楚辞作品的著作权,但推断出来的"新作者"都不一致。因此,现有"屈原否定论"不可能从根本上否定屈原的历史真实性。

(三)屈原作品篇目及真伪问题的基本结论

梳理历史,我们不难发现,屈原作品篇目及著作权的疑惑,出现于东汉

---

① [日]石川三佐男:《古代楚王国国策与〈楚辞〉各篇及战国楚竹书等文献的关系》,《中国楚辞学》第十九辑,学苑出版社,2013 年,第 3 页。

后期。其时,《渔父》《大招》的作者已经记录了两种说法:"《渔父》者,屈原之所作也……楚人思念屈原,因叙其辞以相传焉。"①"《大招》者,屈原之所作也。或曰景差,疑不能明也。"②宋以后,屈原作品篇目及真伪问题日趋复杂化,出现了各种见解,甚至出现《九辩》作者"并注屈(原)、宋(玉)",见宋葛立方《韵语阳秋》卷六,并有辩证:"《九辩》者,宋玉所作,非屈原也。今《楚辞》之目……以是篇并注屈、宋。"③明清时期,开始否定王逸《楚辞章句》之《招魂》"宋玉之所作"的观点,提出《招魂》是"屈原之作"的观点,以明黄文焕《楚辞听直》、清林云铭《楚辞灯》为代表。20 世纪初,提出"屈原是谁"的问题,否定汉代司马迁和刘向关于屈原的记载,提出了《楚辞》作者或为淮南王刘安,或为秦博士,或为汉初文人司马相如等,并"升级"为"怀疑"屈原其人真实性。20 世纪 70 年代,日本学者"归纳"出"屈原否定论系谱";80 年代,国内学界与日本学者就"屈原否定论"展开深入辩论;90 年代以后,"屈原否定论"基本偃旗息鼓。进入 21 世纪,仍有一些学者将屈原认定为"传说"人物,乃至将其从中学《历史》教材中删除,可以看到,屈原研究又遇到了一股"疑古"思潮。

　　综上,关于"屈原否定论"的来龙去脉已经基本明了④,从中可以看出,仅仅凭着作品内证和间接性历史文献的推论与联想,去否定屈原及其作品的著作权,结论不可靠。笔者认为,目前至少有两方面的材料⑤可证屈原其人真实存在。即:

---

① [汉]王逸章句,[宋]洪兴祖补注:《楚辞补注》,中华书局,1983 年,第 179 页。
② [汉]王逸章句,[宋]洪兴祖补注:《楚辞补注》,中华书局,1983 年,第 216 页。
③ 常振国、降云编:《历代诗话论作家》上篇引《韵语阳秋》,湖南人民出版社,1984 年,第 9 页。
④ 相关综述见:黄中模《屈原问题论争史稿》(北京十月文艺出版社,1987 年)、《中日学者屈原问题论争集》(山东教育出版社,1990 年)、《楚辞研究与争鸣》集刊第一辑(北京团结出版社,1989 年)、《与日本学者讨论屈原问题》(华中理工大学出版社,1990 年)、赵逵夫《日本新的"屈原否定论"产生的历史背景与思想根源初探》(《西北师大学报(社会科学版)》1995 年第 4 期)等。周建忠《当代楚辞研究论纲·学者专论》第十四章《黄中模论》:"黄中模在深入钻研的基础上对 60 年来的'屈原否定论'作了前所未有的全面清理,国内从廖季平《楚辞讲义》、胡适《读楚辞》、许笃仁《楚辞识疑》、何天行《楚辞新考》、卫聚贤《离骚的作者——屈原与刘安》、丁迪豪《〈离骚〉的时代及其它》到朱东润的'《楚辞》探故',日本学者从稻畑耕一郎介绍的'屈原否定论'、铃木修次与三泽玲尔的'屈原传说'与'《楚辞》为"民族歌谣"说'、冈村繁的屈原'仅止于是一位忠臣'论到白川静的《楚辞》为'楚巫集团所作'论,一一予以详细介绍、分析、批驳。"(湖北教育出版社,1992 年,第 472 页)
⑤ 其他材料如赵逵夫《屈原与他的时代》(人民文学出版社,1996 年,第 138 页)提出:"《战国策》中所记'郢之登徒'乃是指左徒。那么,这个左徒是谁呢? 我以为是屈原。"等。

其一,汉初的书面文献"证据链"。约创作于公元前 176 年的贾谊《吊屈原赋》有"侧闻屈原兮,自沉汨罗",贾谊是河南洛阳人;考古发现的约公元前 167 年的《离骚》、《涉江》残简,这批竹简在安徽阜阳;约公元前 104 年董仲舒《悲士不遇赋》有"若伍员与屈原兮,固亦无所复顾",董仲舒是河北景县人;约成书于公元前 91 年的《史记·屈原贾生列传》、《太史公自序》、《报任安书》,其中有"屈原放逐,乃赋《离骚》",司马迁是陕西韩城人;约公元前 81 年桓宽《盐铁论》有"上官大夫短屈原于顷襄"、"夫屈原之沉渊,遭子椒之谗也",桓宽是河南上蔡人。西汉前期百余年间,河南、河北、陕西、安徽等南北不同地域的文献里,都提及了屈原及其所创作的《离骚》等作品,应该不是一种简单的"抄袭"。同时代的洛阳贾谊、广川董仲舒、韩城司马迁、上蔡桓宽等,他们地处不同空间,都提及了屈原,谈及屈原悲剧遭遇亦一致,这样跨地域的"证据链"的出现,绝非"巧合"二字可以解释,因此,这些文献是证明屈原和《离骚》真实存在的重要材料。其后,约成书于公元前 77—前 6 年的《楚辞》、成书于公元 92 年的《汉书·艺文志》、成书于公元 117 年前后的王逸《楚辞章句》等,都进一步保存了屈原作品信息,客观上评价了屈原作品与其生平经历之关系。三人身份分别为光禄大夫、兰台令史、校书郎,亦可证明他们关于屈原及其作品的记录可信度高。因此,"疑古派"以所谓"釜底抽薪"之思路——先否定这些文献以否定屈原——在事实层面和逻辑层面都不能令人信服。

其二,民间关于屈原的口传历史"证据链"。在秭归、沅湘流域、河南、陕西等地区至今流传了大量屈原的民间传说。这类民间传说在 20 世纪 80 年代曾被搜集整理。计有:徐伯青整理《屈原的传说》(少年儿童出版社,1981 年)、湖南人民出版社编《屈原的传说》(湖南人民出版社,1981 年)、宁发新整理《屈原的传说》(中国少年儿童出版社,1983 年)等。民间传说是人民口头的历史,屈原民间传说的地域性,佐证了相关文献的记载:魏晋文献记载屈原故宅在秭归,今天秭归流传的屈原少年、青年时期的故事比较多,如《读书洞》、《照面井》、《楚王井》等;屈原作品《涉江》中提到晚年流放地在沅湘一带,今天这一带关于屈原老年的传说及死后的传说比较多,比如《杜若》、《黄恋坡》、《十二疑冢》等;而在秦楚两国交界的陕西西峡一带,为秦楚要塞,今天流传着屈原叩马谏阻怀王入秦的民间传说。王国维先生曾归纳了"二重证据"法,即利用地下出土的考古资料和传世文献相互验证来论证中国历史问题。20 世纪 90 年代,湖北民俗学界又增一"维":"民俗事象",提出综合运用文献典籍、文物考古、民俗事象三方面的论证材料的"三维论证"①法。"二重证据法"或"三维论证法"积极推动了先秦历史与文学许多问题的研究,对屈原研究启发甚多。所以,在出土完整的《楚辞》书简之前,屈原其人的真实性、王逸《楚辞章句》中确认的屈原作品的著作权,及前所列举两条"证据链"是无法轻易否定的。

因此,虽然现存的多个王逸《楚辞章句》版本在文本字句、序文、注释等方面存在不一致处,某些注释也存在错误,但在收录作品的著作权问题上,《楚辞章句》仍是目前最可靠的文献。由此,本书论述所参照的屈原诗歌篇目为《楚辞章句》归属为屈原的作品,含:《离骚》、《天问》、《九章》(9篇)、《九歌》(11 篇)②、《远游》、《卜居》、《渔父》、《大招》。

二、屈原作品的创作时地

(一)有关屈原作品创作时地的研究简述

时至今日,有关屈原作品创作时地的研究,大致经历了三个时期:

1. 早期:屈原单篇作品创作时地的阐释

西汉司马迁已经开始对屈原单篇作品的创作时地予以描述。关于屈原《离骚》的创作时地,最早见于司马迁《史记·屈原贾生列传》的阐述,其曰:"王怒而疏屈平。屈平疾王听之不聪也,谗谄之蔽明也,邪曲之害公也,方正之不容也,故忧愁幽思而作《离骚》……屈平之作《离骚》,盖自怨生

---

① "在 1995 年首届长江文化暨楚文化国际学术研讨会上《楚俗研究》的副主编之一——鄢维新代表楚俗研究的组织者们发表了《楚俗研究与楚文化》的论文,正式以书面的形式将楚俗学派创立的'三维论证——五维操作法'这一新型的治学之道公之于世,令学者们感到十分的'新鲜'。这是在王国维'二重证'方法的基础上发展、开创的新的治学之道……'三维论证——五维操作法'指的是:在研究人类文化现象时,要善于综合运用文献典籍、文物考古、民俗事象三方面的论证材料;将要上述三种材料首先放在特定的时空轴上进行检验、定位,然后再在时间轴或空间轴上(抑或两轴并用)依序予以立体化的运用,以求显现特定文化现象的个性特征或流变轨迹,发掘出造就其个性特征和流变轨迹的历史文化动因,使人知其源、明其流、识其变、撮其要。"(杨选民、杨昌鑫:《文化人类学的湘西文本:土家族苗族历史文化研究》,湖南人民出版社,2010 年,第312 页)

② 《九歌》中的《礼魂》仅两句,且亦不像其他各篇有"神主",不能算作一篇,笔者同意明清学者的看法,即明汪瑗《楚辞集解》:"(《礼魂》)前十篇之乱辞也。"清王夫之《楚辞通释》:"此章(《礼魂》)乃前十章所通用,而言终古无绝,乃送神之曲也。"王邦采、王闿运、梁启超等赞成。

也。"①《史记·太史公自序》亦言："屈原放逐,著《离骚》。"②司马迁的观点得到后世认同。其后,班固等注释或评论屈原作品时,均采纳了司马迁对《离骚》创作背景的推测。如,班固《离骚赞序》曰:"《离骚》者,屈原之所作也。屈原初事怀王,甚见信任。同列上官大夫妒害其宠,谗之王,王怒而疏屈原。屈原以忠信见疑,忧愁幽思而作《离骚》。"③可见,至少在汉代,屈原被同僚妒害、忧愁幽思而作《离骚》,已为公论。

屈原其他作品的创作背景,汉代学者也多有考述。东汉班固提出,楚顷襄王时放逐屈原,屈原作《九章》,其《离骚赞序》曰:"至于襄王,复用谗言,逐屈原。在野又作《九章》赋以风谏,卒不见纳。"④东汉王逸《楚辞章句》更是在屈原每一篇作品解题中,详细描述各作品的创作时地,如"昔楚国南郢之邑,沅、湘之间,其俗信鬼而好祠……屈原放逐,窜伏其域……因为作《九歌》之曲"⑤,即认为《九歌》是屈原在沅湘一带创作。

上述关于屈原单篇作品创作时地的推断结论,影响深远,成为后代屈原作品阅读的重要参照,并促使人们开始思考屈原作品的创作先后顺序问题。

2. 中期:重编《楚辞》

北宋时期,"楚辞"版本流传中出现了"篇第异序"的问题。先有陈说之重编《楚辞》篇目次序。接着,晁补之受到陈说之启发,依据屈原作品各篇内容与《离骚》之间的关系紧密度,将屈原作品排列为《离骚经》、《远游》、《九章》、《九歌》、《天问》、《卜居》、《渔父》、《大招》。晁补之《重编楚辞·离骚新序》记录道:"天圣中,有陈说之者,第其篇,然或不次序……今迁《远游》、《九章》次《离骚经》在《九歌》上,以原自叙其意,近《离骚经》也。而《九歌》、《天问》乃原既放,揽楚祠庙鬼神之事,以摅愤者,故迁于下。《卜居》、《渔父》其自叙之余意也,故又次之。《大招》古奥,疑原作,非景差辞,沉渊不返,不可如何也,故以终焉。"⑥

宋代《楚辞》版本的"篇第异序"的问题,主要依据仍是作品思想的逻

---

①[汉]司马迁:《史记》,中华书局,2011年,第2184页。

②[汉]司马迁:《史记》,中华书局,2011年,第2858页。

③[汉]王逸章句,[宋]洪兴祖补注:《楚辞补注》,中华书局,1983年,第51页。

④[汉]王逸章句,[宋]洪兴祖补注:《楚辞补注》,中华书局,1983年,第51页。

⑤[汉]王逸章句,[宋]洪兴祖补注:《楚辞补注》,中华书局,1983年,第55页。

⑥[宋]晁补之:《重编楚辞·离骚新序》,潘啸龙、毛庆主编:《楚辞著作提要编目》,湖北教育出版社,2002年,第16页。

辑顺序,这进一步强化了屈原作品与其生平经历之关联性,为后世学者的作品编年提供了借鉴。

3. 后期:屈原作品编年

明清时期楚辞学者黄文焕、蒋骥、林云铭等系统明确地提出了屈原作品编年问题。黄文焕《楚辞听直》提出的顺序为:首《离骚》,次《远游》,次《天问》,次《九歌》,次《渔父》,次《卜居》,次《九章》。

林云铭《楚辞灯》①之《楚怀襄二王在位事迹考》附注屈原生平事迹及其作品编年为:楚怀王十七年(前312)作《惜诵》,楚怀王二十五年作《思美人》,楚怀王二十六年作《抽思》,楚顷襄王二年(前297)作《涉江》、《招魂》,楚顷襄王三年作《大招》,楚顷襄王四年作《卜居》,楚顷襄王七年作《悲回风》,楚顷襄王十年作《哀郢》,楚顷襄王十一年作《渔父》、《怀沙》,"汨罗自沉当在此年"②。

清蒋骥《山带阁注楚辞》论及屈原作品创作次第曰:"初失位,志在洁身,作《惜诵》。已而决计为彭咸,作《离骚》。十八年后,放居汉北,秋,作《抽思》;逾年春,作《思美人》。其三年,作《卜居》,此皆怀王时也。怀王末年,召还郢。顷襄即位,自郢放陵阳。三年,怀王归葬,作《大招》。居陵阳九年,作《哀郢》。已而自陵阳入辰溆,作《涉江》。又自辰溆出武陵,作《渔父》。适长沙,作《怀沙》、《招魂》。其秋,作《悲回风》。逾年五月,沉湘,作《惜往日》。盖查其辞意,稽其道里,有可征者,故列疏于诸篇,而目次则仍其旧,以存疑也。若《九歌》、《天问》、《橘颂》、《远游》,文辞浑然,莫可推诘,固弗敢强为之说云。"③蒋骥推论的屈原作品创作先后次序为:《惜诵》、《离骚》、《抽思》、《思美人》、《卜居》、《大招》、《哀郢》、《涉江》、《渔父》、《怀沙》、《招魂》、《悲回风》、《惜往日》。其中,《九歌》、《天问》、《橘颂》、《远游》,蒋骥没有排序,且将《招魂》归属为屈原作品。蒋骥深感编年问题之难,说"文辞浑然,莫可推诘",所以,虽然他已初步拟出屈原作品创作次序,但为稳妥起见,《山带阁注楚辞》实际出版目录顺序仍遵从王逸

①林云铭认为,《九章》各篇创作时序为《惜诵》、《思美人》、《抽思》、《涉江》、《橘颂》、《悲回风》、《惜往日》、《哀郢》、《怀沙》。《四库全书总目·提要》称林云铭的观点源自明代黄文焕《楚辞听直》:"此说,本明黄文焕《楚辞听直》,亦非其创解也。"(《钦定四库全书总目》卷一百四十八《楚辞灯四卷》提要,文渊阁四库本)
②[清]林云铭著,彭丹华点校:《楚辞灯》,华东师范大学出版社,2012年,第5—10页。
③[清]蒋骥:《山带阁注楚辞》卷首,上海古籍出版社,1984年,第32页。

《楚辞章句》的原目次。

　　当代，关于屈原作品编年的论著较多，但观点仍难以统一。主要成果可分为两类：第一类，屈原年谱中对其部分作品加以系年。如，陆侃如《屈原年表》（见《屈原》，亚东图书馆，1923 年），钱穆《屈原年历》（见《清华学报》1934 年第 3 期），游国恩《屈原年表》（见《读骚论微初集》，商务印书馆，1937 年），孙海波《屈子疑年》（《中国留日同学会季刊》1943 年第 4 号），郭银田《屈原年谱》（《屈原之思想及其艺术》，独立出版社，1944 年），刘永济《屈子行年事迹》（《屈赋通笺》，人民文学出版社，1961 年），孙作云《屈原的生平及作品编年》（《学术研究辑刊》1979年第 1 期），卢文晖《屈原年表》（《辽宁师院学报》1980 年第 2 期），熊诚、莫夫《屈原大传》附录《屈原年谱》（安徽文艺出版社，2012 年），等，均编年了屈原部分诗作。第二类，专力于屈原作品编年系地。如，何金松编著《屈诗编年译解》（湖北人民出版社，2014 年），该书编年作品先后顺序为《东君》、《云中君》、《国殇》、《河伯》、《橘颂》、《抽思》、《怀沙》、《天问》、《大司命》、《招魂》、《惜诵》、《离骚》、《涉江》、《山鬼》、《湘君》、《哀郢》，该书还指出，其他未列入编年的皆非屈原所作。又，周秉高《屈原作品篇第研究》（《职大学报》2016 年第 1 期）一文，整理屈原作品篇第如下：楚怀王五年（前 328）二月作《橘颂》，楚怀王十六年秋季作《惜诵》、《离骚》，楚怀王十七年夏季作《抽思》，楚顷襄王元年（前 298）春季作《思美人》，楚顷襄王二年作《大招》，顷襄王四年春季作《招魂》，顷襄王七年作《卜居》，顷襄王十三年作《哀郢》、《涉江》，屈原到湘西初期作《九歌》，屈原流荡湘西时期作《天问》，屈原流荡湘西后期作《悲回风》，屈原流荡湘西末期作《远游》，屈原行将离开湘西之时作《渔父》，屈原前往汨罗的途中作《怀沙》，屈原绝笔为《惜往日》①。

　　总体而言，当代学界关于屈原作品创作时地研究基本态势是"大致清楚、具体模糊"②。而早期研究如王逸《楚辞章句》、中期阶段如朱熹《楚辞集注》、近期如蒋骥《山带阁注楚辞》对屈原作品创作背景的推论，是当代

①周秉高：《屈原作品篇第研究》，《职大学报》2016 年第 1 期。
②在 2016 年 7 月 15 日至 17 日，内蒙古包头市《职大学报》编辑部专门组织召开了一次学术研讨会"屈原作品篇第研讨会"。与会专家认为，屈原作品篇第"大体清楚、具体模糊"，屈原作品创作时地问题可以落实的不妨落实。

推断的主要依据。王逸《楚辞章句》、朱熹《楚辞集注》、蒋骥《山带阁注楚辞》三者观点，既是后学的"证据"，又是众人的"靶子"，常被引述或批驳，本节在下文中均有详细引用评述，此不赘述。

（二）民间关于屈原作品创作时地问题的描述

不仅学界对屈原作品创作时间和地点存有长达两千余年的推断，而且在秭归、汨罗、桃江一带的民间传说里，也常有关于屈原作品创作时地的不同理解和描述，这些是研究屈原作品传播的一类重要资料，但很少被关注，现统计列表如下：

作品	创作地点	创作时间	民间传说流传地或文献来源
《橘颂》	湖北省秭归县香炉坪颂橘坡	青年时代少年时代	秭归《巴山野老》、《颂橘坡》，宁发新整理《屈原的传说》，中国少年儿童出版社，1983年，第45、50—51页；卢丹主编《屈原传说》，三峡电子音像出版社，2012年，第49—51页
《离骚》	流放途中	老年	秭归《巴山野老》，宁发新整理《屈原的传说》，中国少年儿童出版社，1983年，第45页
《涉江》		晚年	秭归《照面井》，宁发新整理《屈原的传说》，中国少年儿童出版社，1983年，第55页
《抽思》《惜诵》《思美人》	汉水边小土屋	第一次被楚王放逐汉北	秭归《汉北迷雾》，宁发新整理《屈原的传说》，中国少年儿童出版社，1983年，第84—87页
《思美人》《离骚》《抽思》	汉北	第一次被楚王放逐汉北	秭归《屈原辩景柏》，卢丹主编《屈原传说》，三峡电子音像出版社，2012年，第25—28页
《国殇》	秦楚汉北保卫战的战场	流放到汉北已经两年	秭归《郢都路》，宁发新整理《屈原的传说》，中国少年儿童出版社，1983年，第92页
《招魂》	流放中来到辰阳	怀王死在秦国后	汨罗《汨罗泪》，宁发新整理《屈原的传说》，中国少年儿童出版社，1983年，第134页；卢丹主编《屈原传说》，三峡电子音像出版社，2012年，第65—66页

续表

作品	创作地点	创作时间	民间传说流传地或文献来源
《离骚》《涉江》《哀郢》《怀沙》	从辰阳出发,跋涉三天,到了黔中郡溆浦,山边泽畔	屈原年迈体弱,几个月后秦兵攻占了黔中郡的一部分地方	汨罗《汨罗泪》,宁发新整理《屈原的传说》,中国少年儿童出版社,1983年,第135—136页
《卜居》《天问》	湖南省桃江县凤凰山天问台	屈原乘船沿资水顺流而下	桃江《屈原问天公》(曾维纲采录),卢丹主编《屈原传说》,三峡电子音像出版社,2012年,第29—32页

　　从上表可以看出,民间传说中,《橘颂》是屈原少年时期在秭归创作;《离骚》是屈原流放途中所作;《抽思》《惜诵》《思美人》是第一次被楚王放逐到汉北所作;《招魂》是怀王死在秦国后作,民间传说中《招魂》作者是屈原;《涉江》《哀郢》《怀沙》是从辰阳出发,跋涉三天,到了黔中郡溆浦,山边泽畔所作;《卜居》《天问》是在湖南省桃江县凤凰山天问台所作,等。这些可以看作是屈原作品民间传播与接受的口头记忆,与学者理解探讨屈原作品创作时地有一定吻合度。

　　当然,民间不同地域的传说体系中,也有互相矛盾处。如,关于《哀郢》的创作地点,宁发新整理《屈原的传说》中是从辰阳出发跋涉三天到了黔中郡溆浦山边泽畔行吟而作,曾维刚搜集整理的故事中则是屈原来到罗子国思郢而作《哀郢》①。

　　值得注意的是,上述民间传说中大量对屈原作品内容的复述,记录了民间对屈原精神及其诗歌的传承接受情况②,可与东汉王逸所言屈原作品"楚人相传教"互为印证,是屈原其人其诗民间传播的又一实证。

(三)屈原作品创作与思想流变一览表

　　综合历史文献、学者探究,结合屈原作品内蕴,本书梳理的屈原作品的创作时序为:《橘颂》《离骚》《抽思》《远游》《天问》《卜居》《惜诵》《哀郢》《思美人》《涉江》《九歌》《大招》《渔父》《怀沙》《悲回风》《惜往日》。同时,疏证历代屈原作品创作背景的相关阐释,本书提出,《九歌》是屈原晚年流寓于沅湘一带时对长江沿岸及汉北巫风祭祀歌的辑录与

---

① 湖南人民出版社编:《屈原的传说》,湖南人民出版社,1981年,第30—35页。
② 关于这一点,本成果第二章第三节"歌谣传说与屈原精神的民间传承"将详细阐释,此不赘述。

改编;《九章》是屈原临死时将不同时地"陈情君王"的诗篇加以编辑而成。
屈原作品创作时序列表如下:

时间/地点	作品	思想流变
青年时期	《九章·橘颂》	早期,秉德无私、受命不迁、横而不流的志向
被楚怀王疏远后不久	《离骚》	被疏远后,心系美政、好修自爱的陈情
前往汉北途中	《远游》	《离骚》的续篇。诗人感叹人生长勤,鼓励自己端操正气、自强不息,思考该如何继续好修自爱之路
前往汉北途中	《抽思》	前往汉北,回忆反思,谏言君王要"自爱"
汉北居住时期	《卜居》	屈原被怀王放逐汉北初期的思想状态记录,矛盾中抉择,坚持廉贞、难忘君国,决定顺遂本心
汉北居住时期	《天问》	流放汉北后,述往思来,抒发对楚国盛极而衰的担忧
汉北居住时期	《九章·惜诵》	汉北定居,对怀王所作的一篇陈情文
流放江夏时期	《九章·哀郢》《九章·思美人》	江夏流亡时期的"姊妹篇",真实记录了屈原当时的流亡心态:思念君国、忧愤郁结
从江夏流域向沅湘流域进发途中	《九章·涉江》	楚国日渐衰败,屈原又一次陷入绝望。屈原再次产生"仙游昆仑"的想法
沅湘流放期间	《九歌》	"采风"之编,寄托思君爱民。屈原晚年编辑,但各篇最初创作时间不全在沅湘
沅湘流放期间	《大招》	沅湘行吟,魂乎徕归,国家为只
沅湘流域,晚年憔悴忧愤之时	《渔父》	屈原晚年生活的艺术典型化的写照,是其《怀沙》的序曲
在沅湘流域放逐,晚年多病时期,老死在即,盼望北归郢都之时	《九章·怀沙》	屈原晚年盼望北归郢都所创作的作品。天命之年,盼望北归、心向君子。《怀沙》不是"绝笔",是已经知天命的心迹表白,已有坚定的舍生取义的"死志"
沅湘流域,晚年死志确定后的徘徊时期	《九章·悲回风》	当北归无望,有了以死明志的想法后,屈原进一步思考的一个问题就是,如何让君王醒悟,诗中描述了长夜思虑的情景和愁苦

续表

时间/地点	作品	思想流变
汨罗,临死绝笔	《九章·惜往日》	绝笔,谏壅君自爱。屈原自沉前对顷襄王的最后一篇"谏言"
沅湘汨罗一带(临死前编辑整理,但各篇最初创作时间不全在沅湘)	《九章》	"诗谏"之编,抒写忠信忧民与自爱自励之志。《九章》的创作时间大致可以分为两个时期:楚怀王时期,作《橘颂》、《抽思》、《惜诵》;楚顷襄王时期,作《哀郢》、《思美人》、《涉江》、《怀沙》、《悲回风》、《惜往日》

"诗者,志之所之也,在心为志,发言为诗,情动于中而形于言。"(《毛诗序》)屈原诗作,正是屈原心志(精神)的表达。屈原自己也常常流露出"赋诗言志"的感叹,他说:"道思作颂,聊以自救兮。忧心不遂,斯言谁告兮。"(《抽思》)"惜诵以致愍兮,发愤以杼情。"(《惜诵》)"介眇志之所惑兮,窃赋诗之所明。"(《悲回风》)诗歌正是屈原倾诉的途径和化解烦恼的寄托。

三、《橘颂》:秉德无私　受命不迁

(一)《橘颂》作于屈原从政早期或加冠时

关于《橘颂》的写作时间,历代学界的推论,大致可以归纳为"早年说"、"中年说"、"晚年说"。

"早年说",即《橘颂》为屈原青年时代创作的作品。此说认同者比较多,但具体哪一年创作的,学界分歧较大。陈本礼提出《橘颂》是屈原"早年童冠时作"①;郑振铎认为是"未遇困厄之时作"②;吴郁芳据《仪礼·士冠礼》推定《橘颂》是一篇冠颂,但认为作者不是屈原,而是由担任祝宗的"屈原父亲"所作,即是屈伯庸主持屈原冠礼时所致的颂辞③;赵逵夫提出《橘颂》作于楚威王六年(前334)④;周秉高提出《橘颂》作于楚怀王五年

①陈本礼:《屈辞精义》,《续修四库全书》第1302册,上海古籍出版社,2002年。
②郑振铎:《插图本中国文学史》(上),中央编译出版社,2012年,第40页。
③吴郁芳:《〈橘颂〉作者为伯庸考》,《江汉论坛》1985年第4期。
④赵逵夫:《屈原与他的时代》,人民文学出版社,1996年,第103页。

（前323）二月①。

"中年说"，即《橘颂》为屈原在江南时所作。如，或认为《橘颂》是屈原再放江南途中所作②；或认为"是屈子见到了楚怀王的橘树或江陵千树橘有所感触而作的"③。

"晚年说"，即《橘颂》为屈原晚年所作。清蒋骥提出《橘颂》是临死之音，"愀然有不终永年之意焉，殆亦近死之音矣"④。还有学者提出《橘颂》是屈原为楚顷襄王加冠礼而作。

细读文本，可以体会到《橘颂》的创作时间不会太早，其所展示的思考体现了屈原对楚国社会风气较为深刻的认识；但也不会太晚，因为《橘颂》辞气平和，与其被放逐以后的幽愤之语不同。从内容看，《橘颂》应是踏入仕途后心态志向渐趋成熟时所作。文中借橘树咏物言志，感叹"嗟尔幼志，有以异兮"、"苏世独立，横而不流"。试想屈原为何有此感叹？屈原的志向是什么？可以体会到，此时的屈原已隐约意识到楚国政治集团里有一股随波逐流的风气，故而选取"深固难徙"、"横而不流"的橘树，抒发自己与众不同的高洁志向。其中，"秉德无私"、"受命不迁"是屈原对自己的一种人格定位。王逸《楚辞章句》卷四将《橘颂》编排于《悲回风》之前，对"苏世独立，横而不流"句的解释为："言屈原自知为谗佞所害，心中觉悟，然不可变节，犹行忠直，横立自持，不随俗人也。"⑤因此，《橘颂》的写作时期，当是屈原从政早期。或者如很多学者所言，是屈原加冠礼时的祝词，若以楚宣王十七年（前353）戊辰夏历正月二十三日庚寅为屈原生日⑥，则《橘颂》

---

① 周秉高：《屈原作品篇第研究》，《职大学报》2016年第1期。

② 游国恩：《屈原作品介绍》，《游国恩学术论文集》，中华书局，1989年，第225页。

③ 陈子展：《楚辞九章之全面观察及其篇义分析》，《古典文学论丛》，上海人民出版社，1980年，第63页。

④ ［清］蒋骥：《山带阁注楚辞》，上海古籍出版社，1984年，第139页。

⑤ ［汉］王逸章句，［宋］洪兴祖补注：《楚辞补注》卷四，中华书局，1983年，第154页。

⑥ 一、清代刘梦鹏《屈子记略》推为公元前366年，楚宣王四年乙卯夏历正月。

二、清代曹耀湘《屈子编年》推为公元前355年，楚宣王十五年丙寅夏立正月。

三、清代邹汉勋《屈子生卒年月日考》推为公元前343年，楚宣王二十七年戊寅年夏历正月二十一日庚寅。

四、清代陈玚《屈子生卒年月考》推为公元前343年，楚宣王二十七年戊寅夏历正月二十二日。

五、郭沫若《屈原研究》推为公元前340年，楚宣王三十年辛巳夏历正月初七庚寅。

六、胡念贻《屈原生年新考》推为公元前353年，楚宣王十七年戊辰夏历正月二十三（接下页注）

约作于楚威王六年(前334)前后。

(二)《橘颂》主旨:秉德无私、受命不迁的志向

关于《橘颂》意旨,王逸、洪兴祖、朱熹、王夫之、陈子展等历代楚辞学者的看法基本一致,即认为《橘颂》是屈原自比志节。即:"美橘树之有德"、"自喻才德如橘树"、"自比志节如橘"、"言己愿与橘同心并志……长为朋友,不相远离也"①,"旧说屈原自比志节如橘,不可移徙,是也。篇内意皆放此"②,"橘不逾淮,喻忠臣生死依于宗国"、"橘树冬荣,霜雪不凋,志愿坚贞,与岁相为代谢。友四时而无渝,喻己忠贞不改其操"③。《橘颂》所写的是一种性格,这也正是屈原的性格……他是一个乡土观点极重的人……屈原一生的悲剧也因为他对于楚国过分的爱恋。然而这种爱恋是可宝贵的,屈原因此成为中国最伟大的诗人"④。

作为"咏物诗的先例"⑤,诗中从首句"后皇嘉树"至"娇而不丑兮",共八句,均是直接描写和赞美橘树的。"受命不迁,生南国兮。深固难徙,更壹志兮"两句,写橘树的习性:领受天命在南国生延繁息,不能迁徙到别处。根深蒂固难以迁徙,真是意志坚定、志向专一啊;"绿叶素荣,纷其可喜兮"一句,写橘树的树叶和花:翠绿的树叶,雪白的花瓣,缤纷满树,是多么让人喜爱啊。"曾枝剡棘,圆果抟兮。青黄杂糅,文章烂兮"两句,写橘树的树枝和果实:层层叠叠地长满了尖刺的树枝上,挂满了圆圆的橘子,青的黄的

(接上页注)日庚寅。

　七、浦江清《屈原生年月日的推算问题》推为公元前339年,楚威王元年壬午夏立正月十四日庚寅。

　八、林庚《屈原生卒年考》推为公元前335年,楚威王五年丙午夏历正月初七庚寅。

　九、汤炳正《历史文物的新出土与屈原生年月日的再探讨》推为公元前342年,楚宣王二十八年夏历正月二十六日寅。

　十、陈久金《屈原生年考》推为公元前341年,楚宣王二十九年庚辰。

　十一、刘师培《古历管窥》推为公元前343年,楚宣王二十七年戊寅年夏历正月二十一日庚寅。

　十二、姜亮夫《屈子年表》推为公元前343年,楚宣王二十七年戊寅年夏历正月二十一日庚寅。

　十三、陆侃如《屈原》推为公元前343年,楚宣王二十七年戊寅年夏历正月二十一日庚寅。

　十四、任国瑞《屈原年谱》推为公元前353年,楚宣王十七年戊辰夏历正月二十三日庚寅。

①[汉]王逸章句,[宋]洪兴祖补注:《楚辞补注》,中华书局,1983年,第153—155页。

②[宋]朱熹撰,黄灵庚点校:《楚辞集注》,上海古籍出版社,2015年,第124页。

③[明]王夫之注:《楚辞通释》,岳麓书社,2011年,第335—337页。

④林庚:《诗人屈原及其作品研究》,古典文学出版社,1957年,第127—128页。

⑤郭维森:《屈原》,上海古籍出版社,1979年,第71页。

果实在阳光的照耀下五彩斑斓;"精色内白,类可任兮"一句,特写橘树的果实:不仅外表色彩完美,果实内部还有一层洁白的橘白,这一切多像可委以重任的贤人啊。"纷缊宜脩,姱而不丑兮"一句,总赞橘树的美:长得如此茂盛而完美,是多么让人爱好它而不厌恶啊。诗中从"嗟尔幼志"以下十句,写人以赞橘。"愿岁并谢,与长友兮"一句,表达自己愿意与橘树同生共死,长期成为朋友。"淑离不淫,梗其有理兮"一句,赞美橘树外美内贞的品性:真是美好灿烂而不放纵,顽强而不变气节啊。

那么,屈原在章末写到伯夷的用意何在?与赞美橘树有何关联呢?

> 伯夷、叔齐,孤竹君之二子也。父欲立叔齐,及父卒,叔齐让伯夷。伯夷曰:"父命也。"遂逃去。叔齐亦不肯立而逃之。国人立其中子。于是伯夷、叔齐闻西伯昌善养老,盍往归焉。及至,西伯卒,武王载木主,号为文王,东伐纣。伯夷、叔齐叩马而谏曰:"父死不葬,爰及干戈,可谓孝乎? 以臣弑君,可谓仁乎?"左右欲兵之。太公曰:"此义人也。"扶而去之。武王已平殷乱,天下宗周,而伯夷、叔齐耻之,义不食周粟,隐于首阳山,采薇而食之。及饿且死,作歌。

——《史记·伯夷列传》

"行比伯夷,置以为像兮",屈原从伯夷兄弟二人身上看到的品行气节,正类似于橘树之"秉德无私"、"受命不迁"的品格,于是以共所周知的人物申发《橘颂》的意旨,赞美橘树的品格可以成为世之楷模,并从中受到启发而得出了自己人生准则:坚守信诺、受命不迁、秉德无私、不与世俗同流合污。

《橘颂》中,屈原通过赞美橘树的"受命不迁"、"深固难徙"、"秉德无私"、"苏世独立",表达了自己的人格理想。正如前人评价:"屈平见朱橘,而申贞臣之志。"[1]"贞"是肯定屈原的人品,"臣"表明了屈原的社会角色,"贞臣"即是自守贞操气节、保持正直之心、自尊自励的从政者。可以说,橘树是屈原坚持贞洁气节、固守宗国责任的重要精神依托。

同时,《橘颂》还表达了一种强烈的爱国情感,展示了屈原对南方之楚国的深沉爱意。楚国自古就是橘柚之乡,"在江陵望山一号和二号楚墓中,

---

①[晋]傅玄:《菊赋》,《历代赋汇·逸句》卷二,凤凰出版社,2004年,第646页。

发现了……柑桔。"①郦道元《水经注》载,今宜都所在地"橘柚蔽野"②。春秋战国时期,"橘树"已成为楚国的标识。据《论语·八佾》载:"夏后氏以松,殷人以柏,周人以栗。"朱熹集注:"三代之社不同者,古者立社,各树其土之所宜木以为主也。"③即,古代封土为社,各随其地所宜,种植树木,称其为"社木"或"社树","社树"是建国都时必须种植或确立以祭祀土地之神的树木,夏、商、周各代均有自己的社树——松、柏、栗。我们知道,南方树木香草众多,但屈原为何钟情于橘树? 是不是因为橘树与楚国之间有着某种深层的关联? 为何诗人用宗庙祭祀常用的"颂体"来书写一种树木? 或者,橘树就是楚国的"社树"? 从目前文献及民俗考察看,答案是肯定的。一种树木成为"社树",一般具备三个条件:其地所宜之木、不可被迁移、用来命名其地。橘树正好满足这些条件。首先,楚之"社树"必是楚地所宜之木,而橘树正是适宜楚地水土的树木,《禹贡》记载江南橘柚是南方贡品,考古发现在江陵望山一号、二号楚墓中有柑橘;其次,"社树"是不可被迁移的,而橘树正具有不能被迁徙的特点,"逾淮而北即为枳"④。第三,"社树"常命名其地,《周礼·司徒》曰:"各以其野之所宜木,遂以名其社与其野。"⑤据学者考,地名"荆"、"楚"与"橘"双声叠韵,"楚"、"橘"两字是通用的⑥。从文献记载看,当时诸侯国间一般都用"橘"代表"楚",如《战国策·赵策二》载苏秦说服赵王合纵时说:"大王诚能听臣……楚必致橘柚云梦之地。"⑦这里"橘柚云梦之地"即是楚国。第四,民俗实证直接证明故楚地用"社橘"称呼大橘树,见唐李朝威《柳毅传》:"洞庭之阴,有大橘树焉,乡人谓之'社橘'。"⑧综合上述四方面可知,"橘"对于楚人早已不只是一种植物,而是一种文化,一种国家精神⑨。由此可知,屈原写《橘颂》是有着深沉的爱国情怀的。《橘颂》继承《诗经》宗庙祭祀的颂体,表达了诗人

---

①李玉洁:《楚史稿》,河南大学出版社,1988 年,第 293 页。

②[北魏]郦道元注:《水经注》,中华书局,1956 年,第 14 页。

③[宋]朱熹集注,顾美华标点:《四书》,上海古籍出版社,1995 年,第 248 页。

④[汉]刘向撰,向宗鲁校证:《说苑校证》(中华书局,1987 年)卷十二《奉使》中记载齐王移植橘树于江北变为枳的故事:"江南有橘,齐王使人取之,而树之于江北,生不为橘,乃为枳。"

⑤[汉]郑玄注,[唐]贾公彦疏:《周礼注疏》,上海古籍出版社,2010 年,第 335 页。

⑥上述观点,参见吴郁芳:《楚社树及荆、楚国名考》,《求索》1987 年第 3 期。

⑦[汉]刘向集录,范祥雍笺证:《战国策笺证》,上海古籍出版社,2006 年,第 1016 页。

⑧[元]陶宗仪:《说郛》卷一百十三下,台湾新兴书局,1979 年。

⑨参见拙著《三峡橘文化》,武汉出版社,2003 年。

屈原与社橘共存、振兴国祚的祈愿。

纵观屈原一生,他执着求索、忠贞高洁、不离开楚国、狐死首丘的思想精神,与《橘颂》中所赞美的"受命不迁"、"深固难徙"、"秉德无私"、"苏世独立"的橘树品格,是完全一致的。

四、《离骚》:执履忠贞 心系美政

(一)《离骚》创作于楚怀王"中道而改路"之时

《离骚》创作的背景,一般认为是屈原被楚怀王疏远后不久所作。如,司马迁《史记·屈原贾生列传》曰:"屈平疾王听之不聪也,谗谄之蔽明也,邪曲之害公也,方正之不容也,故忧愁幽思而作《离骚》。"①刘向《新序·节士》曰:"屈原逐放于外,乃作《离骚》。"②东汉王逸《楚辞章句叙》曰:"王乃疏屈原。屈原执履忠贞而被谗衺(一作邪),忧心烦乱,不知所愬,乃作《离骚经》。"③清蒋骥《山带阁注楚辞》卷一曰:"盖怀王时,初见斥疏,忧愁幽思而作也。"④等,均是认可《离骚》是楚怀王时屈原遭受谗言后创作的。但,也有称其为"绝笔"⑤,认为是顷襄王时期的作品。

综合分析《离骚》诗句意蕴,应是楚怀王"中道而改路"之时,屈原深感"美政"理想受到搁置而创作了《离骚》。《离骚》诗中写道:"曰黄昏以为期兮,羌中道而改路。初既与余成言兮,后悔遁而有他。余既不难夫离别兮,伤灵脩之数化。""既莫足与为美政兮,吾将从彭咸之所居。"楚怀王最初信任屈原,商量好了各种"美政"改革方案计划,但中途却信谗言而动摇改革决心,这让诗人感叹"国无人莫我知兮",内心孤寂之情溢于言表。

那么,是什么让屈原感叹"国无人"的呢?我们从司马迁和刘向的相关记述中,大致可以推断屈原《离骚》中"国无人莫我知兮"的感叹与楚国当时的内政外交状况密切相关。《史记·屈原贾生列传》记载屈原仅仅因为上官大夫的谗言就遭到楚怀王的疏远,其文曰:"上官大夫与之同

---

① [汉]司马迁撰,[南朝宋]裴骃集解,[唐]司马贞索引,张守节正义:《史记》,中华书局,2011年,第2184页。
② [汉]刘向编著,石光瑛校释:《新序校释》卷七,中华书局,2001年。
③ [汉]王逸章句,黄灵庚疏:《楚辞章句疏证》,中华书局,2007年,第1—2页。
④ [清]蒋骥:《山带阁注楚辞》,上海古籍出版社,1984年,第33页。
⑤ 江立中:《论〈离骚〉是屈原的绝笔诗》,《中国人民大学学报》1995年第3期。

列,争宠而心害其能。怀王使屈原造为宪令,屈平属草稿未定。上官大夫见而欲夺之,屈平不与,因谗之曰:'王使屈平为令,众莫不知,每一令出,平伐其功,(曰)以为"非我莫能为"也。'王怒而疏屈平。"①这段记载表明,当时的楚国政坛基本没有公正公平之良好风气,也没有屈原申辩的空间。但这个原因显然很单薄。此后,刘向《新序·节士·屈原》的一则记载,补充了《史记》的这段记载。《新序》记载说,屈原被上官大夫进谗言,其实是秦国丞相张仪的"外交阴谋":"秦欲吞灭诸侯,并兼天下。屈原为楚东使于齐,以结强党。秦国患之,使张仪之楚,货楚贵臣上官大夫靳尚之属,上及公子兰,司马子椒,内赂夫人郑袖,共谮屈原。"②即,秦国因为痛恨屈原联齐抗秦,派张仪贿赂楚国的上官大夫等人,共同诋毁屈原,导致怀王不再信任屈原。将司马迁和刘向所记载的二则材料联系起来推断可知,屈原被疏远的原因,不是简单的"内政"风气,更大程度上是"外交"策略。当时,秦国想兼并天下,屈原被认为是其最大"阻力",因为屈原正在为楚国出使齐国以联手抵御秦国,秦国对此深感忧虑,便派张仪去"离间"齐楚关系,而齐楚关系的关键人物——屈原,自然是首先必须"除掉"的。于是,张仪到了楚国,做的事情就是贿赂上官大夫、靳尚之属,还有公子兰、司马子椒、夫人郑袖,让他们一起在楚怀王前说屈原的坏话,三人成虎,楚怀王听信谗言并放逐屈原。张仪"离间齐楚"的关键一步阴谋得逞。从这个意义上说,屈原感叹"国无人",正是对楚国君臣被张仪蛊惑而毫无政治远见的忧叹。

　　这样,张仪到楚国的时间,基本可作为屈原创作《离骚》的大致时间段。张仪与楚国的关系,不仅有秦楚"大国"之间的政治竞争,更有"私怨"。《史记·张仪列传》记载:"张仪既相秦,为文檄告楚相曰:'始吾从若饮,我不盗而璧,若笞我。若善守汝国,我顾且盗而城!'"③张仪本是魏国人,曾经在学业有成时投奔楚国的令尹昭阳,一次宴会上,令尹府中的"和氏璧"无翼而飞,大家都怀疑是张仪所为,张仪因此被一顿暴打。这次楚国

---

① [汉]司马迁撰,[南朝宋]裴骃集解,[唐]司马贞索引,张守节正义:《史记》,中华书局,2011年,第2183页。

② [汉]刘向:《新序》,中华书局,1985年,第113—115页。

③ [汉]司马迁撰,[南朝宋]裴骃集解,[唐]司马贞索引,张守节正义:《史记》,中华书局,2011年,第2014—2015页。

的令尹府之辱①让做了秦国丞相的张仪耿耿于怀，约公元前328年，在他发给楚国令尹昭阳的文檄里毫无掩饰地旧事重提，说："当初我并没有偷盗和氏璧，你却不予细查，下令鞭笞我。现在好好地看着你的国家，我会回头来偷盗了！"从张仪发誓"盗"楚后，前十年张仪似乎还无暇顾及楚国，而是被派到魏国兼任丞相，直到公元前319年"借"魏国"助"秦国的阴谋被揭穿，张仪才回到秦国。给张仪"盗楚"机会的是，公元前313年，齐国派兵援助楚国一举攻下了秦国的曲沃。史料记载，秦惠文王派张仪前往楚国讲和。

> 秦欲伐齐，齐楚从亲，于是张仪往相楚。楚怀王闻张仪来，虚上舍而自馆之。曰："此僻陋之国，子何以教之？"仪说楚王曰："大王诚能听臣，闭关绝约于齐，臣请献商於之地六百里，使秦女得为大王箕帚之妾，秦楚娶妇嫁女，长为兄弟之国。此北弱齐而西益秦也，计无便此者。"楚王大说而许之。群臣皆贺，陈轸独吊之。楚王怒曰："寡人不兴师发兵得六百里地，群臣皆贺，子独吊，何也？"陈轸对曰："不然，以臣观之，商於之地不可得而齐秦合，齐秦合则患必至矣。"楚王曰："有说乎？"陈轸对曰："夫秦之所以重楚者，以其有齐也。今闭关绝约于齐，则楚孤。秦奚贪夫孤国，而与之商於之地六百里？张仪至秦，必负王，是北绝齐交，西生患于秦也，而两国之兵必俱至。善为王计者，不若阴合而阳绝于齐，使人随张仪。苟与吾地，绝齐未晚也；不与吾地，阴合谋计也。"楚王曰："愿陈子闭口毋复言，以待寡人得地。"乃以相印授张仪，厚赂之。于是遂闭关绝约于齐，使一将军随张仪。张仪至秦，佯失绥堕车，不朝三月。楚王闻之，曰："仪以寡人绝齐未甚邪？"乃使勇士至宋，借宋之符，北骂齐王。齐王大怒，折节而下秦。
>
> ——《史记·张仪列传》

楚怀王被张仪"一计而三利俱至"的花言巧语所迷惑，只想着"天上掉馅饼"——商於之地六百里，不顾外交政治的全局性和战略性而轻信了张仪，导致齐楚联盟瓦解，也疏远了主张联齐抗秦的屈原。屈原《离骚》中曾感

---

① 《史记·张仪列传》记载了张仪楚国受屈辱的经历："张仪者，魏人也。始尝与苏秦俱事鬼谷先生，学术，苏秦自以不及张仪。张仪已学而游说诸侯。尝从楚相饮，已而楚相亡璧，门下意张仪，曰：'仪贫无行，必此盗相君之璧。'共执张仪，掠笞数百，不服，释之。其妻曰：'嘻！子毋读书游说，安得此辱乎？'张仪谓其妻曰：'视吾舌尚在不？'其妻笑曰：'舌在也。'仪曰：'足矣。'"

叹楚国道路艰险、楚王不辨忠奸:"惟夫党人之偷乐兮,路幽昧以险隘。岂余身之惮殃兮,恐皇舆之败绩。忽奔走以先后兮,及前王之踵武。荃不察余之中情兮,反信谗而齌怒。余固知謇謇之为患兮,忍而不能舍也。指九天以为正兮,夫惟灵脩之故也。"(《离骚》)

综上,依据上述史料所载屈原遭受谗言的前后经过,我们可以初步确定《离骚》创作时间应该在公元前313年张仪"盗"楚前后,这也正是楚怀王"中道而改路"之时。

(二)执忠履贞　心系美政:贯穿《离骚》全文的宗旨

关于《离骚》的创作旨归,西汉司马迁曾提出"怨君说":"屈平之作《离骚》,盖自怨生也。"又提出"忠君说":"其存君兴国而欲反覆之,一篇之中三致志焉。"[1]东汉王逸提出"醒君说":"上述唐、虞、三后之制,下序桀、纣、羿、浇之败,冀君觉悟,反于正道而还已也。"[2]清代蒋骥提出"好修说":"盖通篇以好修为纲领……篇中曰好修、曰修能、曰修名、曰前修、曰修初服、曰信修,修字凡十一见,首尾照应,眉目了然,绝非牵附之见。"(《山带阁注楚辞·楚辞余论》卷上)[3]

细读《离骚》,笔者认为,司马迁之"存君兴国"、蒋骥之"好修"与屈原创作背景较为切合,二人观点,合言之曰:执忠履贞、心系美政。《离骚》全诗写屈原的好修、不遇、求索,怀王的数变、听谗,党人的嫉妒、偷乐。其最终归结于一点,就是品德追求、历史批判、忧心劝谏、时不我待,所有的执着与坚持,都是为了楚王带领楚国实现"美政"。

何谓"美政"?美政者,美人之政。何谓"美人"?"美人"在屈原现存诗歌里出现了七次。《离骚》:"惟草木之零落兮,恐美人之迟暮。"这里代指诗人自己;《九歌·少司命》:"满堂兮美人,忽独与余兮目成。"这里指祭祀少司命的灵巫;《九歌·少司命》:"望美人兮未来,临风怳兮浩歌。"这里指少司命;《九歌·河伯》:"子交手兮东行,送美人兮南浦。"这里代指诗人;《九章·抽思》:"结微情以陈词兮,矫以遗夫美人。""与美人抽怨兮,并日夜而无正。"《九章·思美人》:"思美人兮,擥涕而伫眙。"这里是指诗人

---

①[汉]司马迁撰,[南朝宋]裴骃集解,[唐]司马贞索引,张守节正义:《史记》卷八十四《屈原贾生列传》,中华书局,2011年,第2184、2186页。

②[汉]王逸章句,[宋]洪兴祖补注:《楚辞补注》卷一,中华书局,1983年,第2页。

③[清]蒋骥:《山带阁注楚辞》,上海古籍出版社,1984年,第181、183页。

思念的君王。从诗篇中不难看出,每时每刻,"美人"永远是诗人心中美德与希望的象征,这也是屈原自我人格的定位。这个定位在《离骚》中就已经明确:"纷吾既有此内美兮,又重之以脩能。"内外兼美,这是屈原心中"美人"的基本标准。

"美人"是"美政"的保证。《离骚》:"世溷浊而不分兮,好蔽美而嫉妒。""世溷浊而嫉贤兮,好蔽美而称恶。"屈原认为,楚怀王之所以放弃"美政",耽于淫乐,主要是他身边缺少"美人",多是嫉妒之臣,没有良性的举"美"之风。历史记载表明,春秋战国时代,辅佐君主的近臣对国之兴亡影响甚大。春秋五霸之一的齐桓公因重用"无德"的易牙、开方和竖刁,导致齐国衰败、后继无人。楚国虽然地广物博,但王公大臣"好伤贤以为资,厚赋敛诸臣百姓,使王见疾于民"①,"至于无妒而进贤,未见一人也"②。屈原身处其间,感受颇深。所以,国要富强,必须改变怀王被奸佞包围、谗言迷惑的现状,否则,楚国危矣。因此,屈原强调"执忠履贞"、"好修为常",正是表达了对贤臣的期盼,期盼楚王得贤臣辅佐,以实现"美政"。

执"忠"履"贞",心系美政,是《离骚》一篇的主旨,也是屈原对楚王、对楚国、对天下、对自己、对同僚认同与否的基本标准。执"忠"履"贞"的路径是"好修",这也是屈原反思自己与怀王、党人之间的冲突焦点。屈原选取历史上的圣贤与奸佞对比,《离骚》诗曰:"昔三后之纯粹兮,固众芳之所在。杂申椒与菌桂兮,岂惟纫夫蕙茝?彼尧舜之耿介兮,既遵道而得路。何桀纣之昌披兮,夫唯捷径以窘步。""启《九辩》与《九歌》兮,夏康娱以自纵。不顾难以图后兮,五子用失乎家巷。羿淫游以佚畋兮,又好射夫封狐。固乱流其鲜终兮,浞又贪夫厥家。浇身被服强圉兮,纵欲而不忍。日康娱而自忘兮,厥首用夫颠陨。夏桀之常违兮,乃遂焉而逢殃。后辛之菹醢兮,殷宗用而不长。汤禹俨而祗敬兮,周论道而莫差。"意思是说,三后、尧舜、前王、前圣、汤禹、前修等,都是"好修"的楷模,他们因贤德人品而得天下民心;相反,桀、纣、羿、浞、后辛,康娱自纵、淫游佚畋,导致寿夭而国亡。联系楚国现实,当时"党人"耽于淫乐、放纵自己、颠倒黑白、嫉妒好争、不顾民生、不考虑楚国的兴亡与未来,"灵修"(怀王)放纵自己、相信谗言、疏远

---

① 《战国策》卷十六"楚策三",中华书局,2012年,第440页。
② 《战国策》卷十六"楚策三",中华书局,2012年,第441页。

忠臣、美政之志摇摆不定,屈原心中最担忧的是楚国的衰败,《离骚》写道:"惟夫党人之偷乐兮,路幽昧以险隘。岂余身之惮殃兮,恐皇舆之败绩。"

面对溷浊之世,屈原珍惜时光、努力提升自己的修养,诗曰:"扈江离与辟芷兮,纫秋兰以为佩。汨余若将不及兮,恐年岁之不吾与。""朝搴阰之木兰兮,夕揽洲之宿莽。日月忽其不淹兮,春与秋其代序。""溘吾游此春宫兮,折琼枝以继佩。""老冉冉其将至兮,恐脩名之不立。"(《离骚》)屈原说,每个人都有自己的爱好,我则喜欢以加强自身道德修养为乐;即使粉身碎骨也不动摇,难道我的心会害怕受到惩罚而改变初衷吗?"民生各有所乐兮,余独好脩以为常。虽体解吾犹未变兮,岂余心之可惩。"即使被疏远被惩罚也不会改变、不会伤心,坚持好修,绝不言弃。"苟余情其信姱以练要兮,长顑颔亦何伤?""路曼曼其脩远兮,吾将上下而求索。"(《离骚》)

因为心系"美政",屈原勇于担当,以有德之先君为追随目标:"忽奔走以先后兮,及前王之踵武。"为实现"美政",屈原坚持为国家培养"美人"。《离骚》中写道:"余既滋兰之九畹兮,又树蕙之百亩。畦留夷与揭车兮,杂杜衡与芳芷。冀枝叶之峻茂兮,愿竢时乎吾将刈。"这里用象征艺术书写为楚国"美政"培养众多芳香之花——内外兼美的青年才俊,期待他们成才。屈原这种对宗国的情感,是爱国精神的萌芽。

然而,楚国的"芳草"因为外界环境的污浊而改变了气节,屈原深痛地感叹,都是因为没有注重修养的缘故。屈原《离骚》:"虽萎绝其亦何伤兮,哀众芳之芜秽。""兰芷变而不芳兮,荃蕙化而为茅。何昔日之芳草兮,今直为此萧艾也。岂其有他故兮,莫好脩之害也。"其实,坚持"好脩",与污浊斗争,即会面临孤独和悲剧,屈原是知晓的,他写道:"鲧婞直以亡身兮,终然夭乎羽之野","不量凿而正枘兮,固前脩以菹醢"。但,屈原仍用心坚持,不愿屈服于世俗:"鸷鸟之不群兮,自前世而固然。""伏清白以死直兮,固前圣之所厚。"屈原精神中最独特之处就在这里:明知处境艰难、明知注定会有悲剧人生的结局,仍然坚持"立身之本",不忘初心:"进不入以离尤兮,退将复脩吾初服。"①这与"穷则独善其身"的儒家学者、"道法自然"的道家学派及"朝秦暮楚"的纵横家,均截然不同。可以说,屈原对"道义"的坚持,开创了中国文化人格中的又一种精神风貌和人生信仰。"夫孰非义

----

①本自然段所引屈原诗均出自《离骚》。

而可用兮,孰非善而可服。阽余身而危死兮,览余初其犹未悔。"(《离骚》)屈原认为,放弃"义""善",则德不能立,行不能成,这是不可取的,所以坚持初心,"退将复脩吾初服"。

(三)《离骚》"寻美":求贤共执忠贞

屈原个人坚持道义、坚持好修,这仅仅是屈原心系"美政"的第一层表现。曾经担任楚怀王左徒的屈原,"博闻强志,明于治乱,娴于辞令。入则与王图议国事,以出号令;出则接遇宾客,应对诸侯"[1],这些政治才干,在《离骚》"寻美"的象征性书写中,也有明确的体现。屈原明确地提出,实现"美政"的基础是"美人",《离骚》曰:"昔三后之纯粹兮,固众芳之所在。"王逸《楚辞章句》卷一本句注:"众芳,谕群贤。言往古夏禹、殷汤、周之文王,所以能纯美其德而有圣明之称者,皆举用众贤,使居显职,故道化兴而万国宁也。"[2]因此,"寻美"即求贤共执忠贞,是屈原心系"美政"的又一重要表现。

之所以"寻美",显然是因为楚国没有"美人"。从文献记载可知,楚国贵族政治到了楚威王、楚怀王时期,已经显现出了人才制度的弊端。《战国策·楚策一·威王问于莫敖子华》记载,莫敖子华提到了楚国历史上"不为爵劝,不为禄勉,以忧社稷"的令尹子文、叶公子高、莫敖大心、棼冒勃苏、蒙谷等,但楚威王听了之后,却深感忧心,叹息贤能之臣都是历史人物,今天哪里还能见:"此古之人也。今之人,焉能有之耳?"[3]可见,怀王的父亲——楚威王时,楚国政坛上贤能大臣已很少了。《战国策·楚策三》记载,楚国的官吏如鬼一样贪婪恶劣,楚王像天帝一样难见:"谒者难得见如鬼,王难得见如天帝。"[4]由于贵族政治体制,使得掌控楚国军政财大权的楚国王室宗族,上逼主而下房民,导致楚材晋用、民心涣散,导致楚王见不到一个可以共谋发展的大臣,国家也就自然危险,楚威王因此寝食难安:"寡人自料以楚当秦,不见胜也;内与群臣谋,不足恃也。寡人卧不安席,食不甘味,心摇摇然如县(通假字,即'悬')旌而无所终薄。"(《史记·苏秦

---

[1] [汉]司马迁撰,[南朝宋]裴骃集解,[唐]司马贞索引,张守节正义:《史记》卷八十四《屈原贾生列传》,中华书局,2011年,第2183页。

[2] [汉]王逸章句,[宋]洪兴祖补注:《楚辞补注》,中华书局,1983年,第7页。

[3] [汉]刘向集录,[南宋]姚宏、鲍彪等注:《战国策》,上海古籍出版社,2015年,第300—305页。

[4] [汉]刘向集录,[南宋]姚宏、鲍彪等注:《战国策》,上海古籍出版社,2015年,第316页。

列传》)①楚威王认为,以一个楚国去抵挡秦国,不会胜利;和群臣们商讨计谋,都没有什么稳妥有效的办法。因此,睡不好,吃不好,心里总是慌,心像风中的旗子找不到支撑。由此可见,楚国当时内忧外患之境况。

屈原"美政"改革抓住人才改革正是"对症下药"。面对楚国政坛人才奇缺,屈原有两个改进措施:一是培养"众芳",但"众芳芜秽",所以,屈原决定走另一路径,去寻求"美人"。从《离骚》之"女嬃之婵媛兮"句开始,《离骚》进入"寻美"的叙述。女嬃,一般人理解为屈原的姐姐。王逸《楚辞章句》注:"女嬃,屈原姊也。"女嬃批评屈原独立耿介,希望他能稍微改变自己,融入"并举而好朋"的世俗。但,屈原不想放弃对历史发展必然性的观察和理解,决定前往询问道德的楷模——舜帝,也就是重华:"济沅湘以南征兮,就重华而陈词。"在重华面前,屈原通过夏商周历史兴替的梳理,得出了楚国政治的出路,是选拔贤能、遵循法律:"举贤而授能兮,循绳墨而不颇。皇天无私阿兮,览民德焉错辅。"举贤授能,才能君民一心,立德方能立功,这是"天道"。

与女嬃、重华对话之后,屈原前往天帝、宓妃、简狄、二姚等处,上下"求女",通过幻想方式和象征手法,表达自己"寻美"之过程和担忧楚国政治前途的急切心情。"忠臣之于君也,必进贤人以辅之。"(《战国策·楚策三》)屈原期求和自己一样好修的"美人"共同辅助怀王,改变楚国由来已久的政坛"痼疾"。"余固知謇謇之为患兮,忍而不能舍也。"王逸注:"謇謇,忠贞貌也。"(《楚辞章句》卷一)《离骚》反复表达了屈原坚持三代以来的"纯粹"道德心、执忠履贞的志向。"忠贞"激发了屈原的责任意识,激发了屈原的"寻美"行为,屈原寻求"美人"的执着精神,正体现了屈原一颗"忠贞"之心。

最后,作为一首政治抒情诗歌,屈原创作《离骚》有何深意? 难道仅仅是为了抒发一点"牢骚"吗? 依据汉代来自楚地的贵族喜爱唱楚辞,及朱买臣因善治楚辞获得任用、九江被公被汉宣帝征辟以唱诵楚辞等看,楚地之"辞",与赵、代之"讴"一样,都是可以唱的。且,王逸在整理屈原作品时,梳理其流传脉络时也明确屈原作品最初由楚人传教:"楚人高其行义,

①[汉]司马迁撰,[南朝宋]裴骃集解,[唐]司马贞索引,张守节正义:《史记》,中华书局,2011年,第1998页。

玮其文采,以相教传。"(《楚辞章句叙》)故而,若将屈原创作《离骚》置于楚地浓厚的唱"辞"背景中,可以推断,屈原已有其"辞"被楚王及王室贵族听到的预期,屈原希望怀王听到这首《离骚》,以起到讽谏君王的目的,使楚国上下再次回归"美政"。由此推断,《离骚》的现实深意是屈原希望国君和国人能听听他的"心声",尽早警醒,重回"美政"之路。

五、《远游》:人生长勤　端操正气

(一)《远游》、《离骚》之关联及《远游》的创作背景

细读文本,《远游》与《离骚》两篇诗歌,在内美好修、托配仙贤、忧时伤生、芳草变质、生不遇时、远游帝宫、不忍离楚、自我告诫等方面,有着诸多相似内容。具体详见下表:

《远游》、《离骚》情感困惑相似诗句对比一览表

情感内涵	《离骚》诗句	《远游》诗句
与高阳的关系	帝高阳之苗裔兮,朕皇考曰伯庸。	高阳邈以远兮,余将焉所程?
内美好修	纷吾既有此内美兮,又重之以修能。	内惟省以端操兮,求正气之所由。
	朝饮木兰之坠露兮,夕餐秋菊之落英。	吸飞泉之微液兮,怀琬琰之华英。玉色頩以脕颜兮,精醇粹而始壮。餐六气而饮沆瀣兮,漱正阳而含朝霞。保神明之清澄兮,精气入而麤秽除。
托配仙贤	虽不周于今之人兮,愿依彭咸之遗则。	轩辕不可攀援兮,吾将从王乔以娱戏。
忧时伤生	日月忽其不淹兮,春与秋其代序。惟草木之零落兮,恐美人之迟暮。	春秋忽其不淹兮,奚久留此故居?
	时缤纷以变易兮,又何可以淹留。	

情感内涵	《离骚》诗句	《远游》诗句
芳草变质	虽萎绝其亦何伤兮,哀众芳之芜秽。	微霜降而下沦兮,悼芳草之先蘦。
	余以兰为可恃兮,羌无实而容长。委厥美以从俗兮,苟得列乎众芳。椒专佞以慢慆兮,樧又欲充夫佩帏。既干进而务入兮,又何芳之能祗。固时俗之流从兮,又孰能无变化。览椒兰其若兹兮,又况揭车与江离。	
生不遇时	謇吾法夫前脩兮,非世俗之所服。	悲时俗之迫阨兮,愿轻举而远游。
	怨灵脩之浩荡兮,终不察夫民心。众女嫉余之蛾眉兮,谣诼谓余以善淫。固时俗之工巧兮,偭规矩而改错。背绳墨以追曲兮,竞周容以为度。忳郁邑余侘傺兮,吾独穷困乎此时也。	质菲薄而无因兮,焉托乘而上浮。遭沉浊而污秽兮,独郁结其谁语?
	曾歔欷余郁邑兮,哀朕时之不当。	往者余弗及兮,来者吾不闻。
	怀朕情而不发兮,余焉能忍与此终古。	谁可与玩斯遗芳兮,长乡风而舒情。
	长太息以掩涕兮,哀民生之多艰。	故天地之无穷兮,哀人生之长勤。思旧故以想像兮,长太息以掩涕。
		意荒忽而流荡兮,心愁凄而增悲。神儵忽而不反兮,形枯槁而独留。
远游帝宫	驷玉虬以乘鹥兮,溘埃风余上征。朝发轫于苍梧兮,夕余至乎县圃。	朝发轫于大仪兮,夕始临乎於微闾。召丰隆使先导兮,问大微之所居。集重阳入帝宫兮,造旬始而观清都。
	朝发轫于天津兮,夕余至乎西极。	撰余辔而正策兮,吾将过乎句芒。
	吾令帝阍开关兮,倚阊阖而望予。	命天阍其开关兮,排阊阖而望予。
	路曼曼其脩远兮,吾将上下而求索。	路曼曼其修远兮,徐弭节而高厉。

续表

情感内涵	《离骚》诗句	《远游》诗句
远游帝宫	折若木以拂日兮,聊逍遥以相羊。	
	及荣华之未落兮,相下女之可诒。	
	览相观于四极兮,周流乎天余乃下。 望瑶台之偃蹇兮,见有娀之佚女。	
	欲远集而无所止兮,聊浮游以逍遥。	聊仿佯而逍遥兮,永历年而无成。
	何离心之可同兮,吾将远逝以自疏。 遭吾道夫昆仑兮,路脩远以周流。 扬云霓之晻霭兮,鸣玉鸾之啾啾。	闻至贵而遂徂兮,忽乎吾将行。 仍羽人于丹丘兮,留不死之旧乡。
	路脩远以多艰兮,腾众车使径待。 路不周以左转兮,指西海以为期。	舒并节以驰骛兮,逴绝垠乎寒门。 轶迅风于清源兮,从颛顼乎增冰。
	抑志而弭节兮,神高驰之邈邈。 奏《九歌》而舞《韶》兮,聊假日以媮乐。	内欣欣而自美兮,聊媮娱以自乐。
		张乐《咸池》奏《承云》兮,二女御《九韶》歌。使湘灵鼓瑟兮,令海若舞冯夷。
		泛容与而遐举兮,聊抑志而自弭。 指炎神而直驰兮,吾将往乎南疑。
不忍离楚	陟陞皇之赫戏兮,忽临睨夫旧乡。 仆夫悲余马怀兮,蜷局顾而不行。	涉青云以泛滥游兮,忽临睨夫旧乡。 仆夫怀余心悲兮,边马顾而不行。 思旧故以想象兮,长太息而掩涕。
自我告诫	既莫足与为美政兮,吾将从彭咸之所居。	超无为以至清兮,与太初而为邻。

从上表中可以看出,创作《离骚》与《远游》时,屈原都表达了他所面临的人生困境,那就是君王疏远,政坛嫉妒之风盛行,屈原为之痛苦,致进退失常。但,两篇诗歌中,屈原处理困境的方式已经有所改变。写《离骚》

时,屈原仍能坚持"忠贞"、求索抗争,而作《远游》时,屈原已陷入绝境,"悲时俗之迫阨"、"独郁结其谁语"(《远游》),于是选择抑志自弭、"无为"自守、"泰初"为邻、轻举远游、追求生命本源,这一情感主线显示,《远游》是屈原遭遇长期困顿后,彷徨愁愤而作,其创作时间,在《离骚》之后,与《离骚》接近,是屈原"好脩"而调适心绪之记录。

(二)《远游》主旨:人生长勤 端操正气

关于《远游》的主旨,王逸曰:"《远游》者,屈原之所作也。屈原履方直之行,不容于世。上为谗佞所潛毁,下为俗人所困极,章皇山泽,无所告诉。乃深惟元一,修执恬漠。思欲济世,则意中愤然,文采铺发,遂叙妙思,托配仙人,与俱游戏,周历天地,无所不到。然犹怀念楚国,思慕旧故,忠信之笃,仁义之厚也。是以君子珍重其志,而玮其辞焉。"①即《远游》仍然体现了屈原"忠信"之道。但,宋代洪兴祖曾提出疑问:"按《骚经》《九章》皆托游天地之间,以泄愤懑,卒从彭咸之所居,以毕其志。至此章独不然,初曰'长太息而掩涕',思故国也。终曰'与泰初而为邻',则世莫知其所如矣。"②即,认为《远游》的思想与屈原一贯坚持忠贞之道义有所不同,诗篇终结是进入仙境,追求"无为",这令世人很难理解屈原本意。当代学者称《远游》为"在路上"之美:"'远'作为文学主题的主要审美范畴之一,以'游子'、'远游'、'远方'等主题为核心,蕴含着绵绵无尽的审美意蕴和心灵情趣。从屈原的《远游》篇到描绘近代文人漂洋过海远赴异国求学的《异国》,中国历代文人对于'远方'的遐思是无穷无尽的,所遭遇的人生境遇是多种多样的,形成的文学篇章也是多不胜数的……'远'范畴的第一个美学意义就是关于'远游'和人生追求之美的,尽管这种'在路上'之美有喜剧性的也有悲剧性的。"③这些阐发都有一定道理,焦点亦都在"远游"的不同理解上。

细读作品,屈原之所以要表达"远游"志向,就是因为现实之痛难以解脱。诗歌开篇写道:"故天地之无穷兮,哀人生之长勤。"屈原感叹人生多困苦,正如东方朔《七谏·自悲》所言:"居愁勤其谁告兮,独永思而忧悲。"

---

① [汉]王逸章句,[宋]洪兴祖补注:《楚辞补注》,中华书局,1983 年,第 163 页。
② [汉]王逸章句,[宋]洪兴祖补注:《楚辞补注》,中华书局,1983 年,第 175 页。
③ 郭守运:《"远"范畴的审美空间》,武汉大学出版社,2014 年,第 2 页。

屈原感叹"人生长勤",即"人生永思",即人生之忧愁是长久的、绝对的。屈原接着描述道:"往者余弗及兮,来者吾不闻。步徙倚而遥思兮,怊惝怳而乖怀。意荒忽而流荡兮,心愁悽而增悲。神儵忽而不反兮,形枯槁而独留。内惟省以端操兮,求正气之所由。漠虚静以恬愉兮,澹无为而自得。""高阳邈以远兮,余将焉所程?"(《远游》)个人在宇宙中十分渺小,前代圣贤都不能相遇,后来圣贤又等不及,诗人深感孤独无依、形容枯槁、忧虑难解的人生状态将伴随自己一生而难以解脱,深刻体会到人生运途需要长久保持修身,端操正气,才能恬愉自得,因而感叹"人生之长勤"。

诗人描述了自己"多忧"、"永思"的状态:"夜耿耿而不寐兮,魂茕茕而至曙。""遭沉浊而污秽兮,独郁结其谁语!"(《远游》)彻夜不眠的愁苦之思,令诗人窒息苦闷。诗人忧愁的不仅是"前无古人、后无来者"的哀怨,还有老大无成的愁愤:"恐天时之代序兮,耀灵晔而西征。微霜降而下沦兮,悼芳草之先蘦。聊仿佯而逍遥兮,永历年而无成。"太阳西下、芳草凋零,而人的生命却在永无止境的忧愁中度过,毫无成就。诗人感到人生必须有突破。他首先想到的是"仙游":"轩辕不可攀援兮,吾将从王乔而娱戏!餐六气而饮沆瀣兮,漱正阳而含朝霞。保神明之清澄兮,精气入而麤秽除。顺凯风以从游兮,至南巢而壹息。见王子而宿之兮,审壹气之和德。"(《远游》)远弃五谷,春食朝霞,夏食正阳,纳新吐故,常吞天地之英华。诗人向往着像前人一样乘风登仙:"闻赤松之清尘兮,愿承风乎遗则。贵真人之休德兮,美往世之登仙。与化去而不见兮,名声著而日延。奇傅说之托辰星兮,羡韩众之得一。形穆穆以浸远兮,离人群而遁逸。因气变而遂曾举兮,忽神奔而鬼怪。时髣髴以遥见兮,精皎皎以往来。绝氛埃而淑尤兮,终不反其故都。免众患而不惧兮,世莫知其所如。"(《远游》)赤松、傅说、韩众等,都是传说中的成仙之人。

接着,诗人写了对"道"领悟:"道可受兮,不可传;其小无内兮,其大无垠。"(《远游》)"道"可以心受,不可言传,大小无形。思考了"德"之门:"虚以待之兮,无为之先;庶类以成兮,此德之门。"清代学者甘鹏云在其所著《楚师儒传》中提出楚人先祖鬻熊是儒、道两家的开创者,屈原哲学思想或归其于儒家,或归其于道家,或归其于法家,究其缘由,与楚国先师们的哲学思维密切相关,《远游》中屈原寻觅"道"、"德",正是这方面的体现。

在楚人文化哲学启发之下,屈原逐渐"摆脱"愁思,开启了欢愉的四方

之"游"。到南方："指炎神而直驰兮,吾将往乎南疑。览方外之荒忽兮,沛
罔象而自浮。祝融戒而还衡兮,腾告鸾鸟迎宓妃。张《咸池》奏《承云》兮,
二女御《九韶》歌。使湘灵鼓瑟兮,令海若舞冯夷。玄螭虫象并出进兮,形
蟉虬而逶蛇。雌蜺便娟以增挠兮,鸾鸟轩翥而翔飞。音乐博衍无终极兮,
焉乃逝以徘徊。"一路歌舞升平,令人愉快。到西方："历太皓以右转兮,前
飞廉以启路。阳杲杲其未光兮,凌天地以径度。风伯为余先驱兮,氛埃辟
而清凉。凤皇翼其承旂兮,遇蓐收乎西皇。揽彗星以为旍兮,举斗柄以为
麾。叛陆离其上下兮,游惊雾之流波。时暧曃其曀莽兮,召玄武而奔属。
后文昌使掌行兮,选署众神以并毂。路曼曼其修远兮,徐弭节而高厉。左
雨师使径侍兮,右雷公以为卫。欲度世以忘归兮,意恣睢以担挢。内欣欣
而自美兮,聊媮娱以自乐。"一路星光灿烂,欣然自美。最后,诗人到达仙
境,"超无为以至清兮,与泰初而为邻",获得"漠虚静以恬愉兮,澹无为而
自得"的境界,寻找到了"正气"之源,获得生命动力。

　　因此,从文本可以推断,《远游》的主旨,即记录了屈原解脱愁思的心
路历程:面对人生的愁闷,汲取楚国先祖的哲学与智慧,以"仙游"进入"无
为自得"、"虚静恬愉"的境界,寻找到精神之"正气"。

六、《抽思》:谏君自爱　荪美可完

　　屈原《九章·抽思》："有鸟自南兮,来集汉北。"清代蒋骥曰:"此叙谪
居汉北以后,不忍忘君之意也……汉北,今郧襄之地。"①他说了三个理由,
即:第一,诗中有"有鸟自南兮,来集汉北。好姱佳丽兮,胖独处此异域"句
子,表明其所独处的地域是楚先祖开山之地——汉北;第二,诗中有"昔君
与我诚言兮,曰黄昏以为期。羌中道而回畔兮,反既有此他志"句,意欲与
《离骚》相呼应,表明诗作时间是怀王在位时;第三,诗歌情感念旧,与后期
放逐江南时所作《涉江》、《哀郢》、《惜往日》、《悲回风》诸篇,意旨大相径
庭。其文曰:"此篇盖原怀王时斥居汉北所作也。史载原至江滨,在顷襄之
世。而怀王之放流,其地不详。今观此篇曰'来集汉北',又其逝郢曰:'南
指月与列星',则汉北为所迁地无疑。'黄昏为期'之语,与《骚》经相应,明
指左徒时言,其非顷襄时作,又可知矣。原于怀王,受知有素,其来汉北,或

———————
① [清]蒋骥撰:《山带阁注楚辞》,上海古籍出版社,1984 年,第 124 页。

亦谪宦于斯,非顷襄弃逐江南比。故前欲陈辞以遗美人,终以无媒而忧谁告。盖君恩未远,犹有拳拳自媚之意。而于所陈耿著之词,不惮亹亹述之,则犹幸其念旧而一悟也。视《涉江》《哀郢》《惜往日》《悲回风》诸篇,立言大有径庭矣。"①

　　本书认同蒋骥关于《抽思》创作时地的阐释,《抽思》有很大可能是创作于屈原前往汉北的途中,与《离骚》情感脉络相呼应,属于楚怀王时屈原遭遇疏放时期的作品。屈原《离骚》中已描述了"众女嫉余之蛾眉兮"、"理弱而媒拙兮"的政治境遇,创作《抽思》时,屈原境遇更加艰难,诗曰:"人之心不与吾心同"、"众果以我为患"、"既惸独而不群兮,又无良媒在其侧"(《抽思》)。此时,屈原已在前往汉北楚国发源地的途中,这一路偏远幽静,陈情不能,茕茕夏夜,孤独无助,郢都日远,魂魄萦回。"道卓远而日忘兮,愿自申而不得。望北山而流涕兮,临流水而太息。望孟夏之短夜兮,何晦明之若岁! 惟郢路之辽远兮,魂一夕而九逝。曾不知路之曲直兮,南指月与列星。愿径逝而未得兮,魂识路之营营。何灵魂之信直兮,人之心不与吾心同! 理弱而媒不通兮,尚不知余之从容。"(《抽思》)屈原不愿离开楚王,不愿放弃美政,但没有人在怀王面前为其辩解,自己与楚王之间的距离越来越远。"路远处幽,又无行媒兮。道思作颂,聊以自救兮。忧心不遂,斯言谁告兮。"(《抽思》)道路遥远,住地偏僻,又无志同道合之人举荐和帮助,自己只好作歌长吟,聊以解脱苦闷和忧思,这些想法啊,能告诉谁?

　　在《抽思》中,屈原形象地将郁结心中的忧思如拔蚕丝一般拔出,又将他们编织成一篇锦绣文章,呈送给心中的"美人":"心郁郁之忧思兮,独永叹乎增伤……结微情以陈词兮,矫以遗夫美人。"(《抽思》)

　　春秋战国时代,国与国的竞争是人才之竞争,而人才良莠不齐,靠的是国君圣明的任用,否则群臣相妒、良臣疏远,国家将不攻自破。屈原写道:"善不由外来兮,名不可以虚作。孰无施而有报兮,孰不实而有获?"(《抽思》)似乎在告诉楚王,楚国虽然有强大之名,但是却需要从实际情况出发,踏实推进富国强兵的改革,仅仅依靠虚名(如,怀王曾任六国纵长),是不可能获得天下的。

　　《抽思》中,屈原反复陈述了自己对国君和楚国政坛风气的忧思,流露

---

① [清]蒋骥:《山带阁注楚辞》,上海古籍出版社,1984年,第126页。

出对国君醒悟的深切期盼,直言指出怀王多怒、不诚信、不善听:"昔君与我诚言兮,曰黄昏以为期。羌中道而回畔兮,反既有此他志"、"数惟荪之多怒兮,伤余心之忧忧"、"兹历情以陈辞兮,荪详聋而不闻"(《抽思》)。

攻破郢都的秦将白起曾说:"是时,楚王恃其国大,不恤其政,而群臣相妒,以功谄谀用事。良臣斥疏,百姓心离,城池不修。既无良臣,又无守备。故起所以得引兵深入,多倍城邑。"①白起所描绘的,正是屈原《抽思》中曾担心的。蒋骥由此感叹:"呜呼!国以一人兴,以一人亡,敌国知之矣。"②可见,《抽思》与《离骚》等诸多屈原诗篇虽然大量描述楚国君臣间的"斗争",表达的是一位忠贞之臣的国家担当,而绝不是汲汲于个人恩怨得失的"显露"。

《抽思》全篇以君臣关系为主线,层层铺叙,陈述忧思,期望以诗歌谏君。屈原诗中写道:"结微情以陈词兮,矫以遗夫美人。""何毒药之謇謇兮,愿荪美之可完。望三五以为像兮,指彭咸以为仪。"(《九章·抽思》)按,"荪",一作"荃",代指楚王。屈原作《抽思》旨在谏言怀王,达到"荪美可完",希望楚王以三皇五帝、彭咸的圣德为道德修行的楷模,完善国政。

七、《卜居》:廉洁正直　顺遂本心

《卜居》的创作时地,一般认为是放逐汉北时创作。明末王夫之谈《卜居》写作时间说:"大夫不用,自次于郊以待命,君不赐环,谓之曰放。此盖怀王时,原去位居汉北事。"③清蒋骥亦曰:"此三年未知何时,详其词意,疑在怀王斥居汉北之日也。"④并道:"居,谓所以自处之方。以忠获罪,无可告诉,托问卜以号之。其谓不知所从,愤激之辞也。"⑤即《卜居》意在寻求出路,排解迷惑。

放逐汉北时,困扰屈原的人生难题是"何去何从?"此时的屈原进退维谷,诗歌起句说:"屈原既放,三年不得复见。竭知尽忠,而蔽障于谗。心烦

①[汉]刘向集录,范祥雍笺证:《战国策笺证》卷三十三"中山",上海古籍出版社,2006年,第1878页。
②[清]蒋骥:《山带阁注楚辞》卷首《楚世家节略》,上海古籍出版社,1984年,第28页。
③[明]王夫之:《楚辞通释》卷六《卜居》,岳麓书社,2011年,第366页。
④[清]蒋骥:《山带阁注楚辞》卷五《山带阁注楚辞》卷五"屈原既放,三年不得复见"句注释,上海古籍出版社,1984年,第153页。
⑤[清]蒋骥:《山带阁注楚辞》卷五《山带阁注楚辞》卷五《卜居》解题,上海古籍出版社,1984年,第153页。

虑乱,不知所从。往见太卜郑詹尹曰:'余有所疑,愿因先生决之。'詹尹乃端策拂龟曰:'君将何以教之?'"(《卜居》)按,辞中提到的太卜郑詹尹,当为庙祠中的占卜灵巫。屈原执着忠信于君国,却遭谗言放逐,心迷意惑,于是,至太卜处稽问。

关于屈原为什么要问卜于郑詹尹,学界有四种代表性看法,一是东汉王逸《楚辞章句·卜居解题》提出的屈原"卜己疑"说:"《卜居》者,屈原之所作也。屈原体忠贞之性,而见嫉妒。念谗佞之臣,承君顺非,而蒙富贵。己执忠直而身放弃,心迷意惑,不知所为。乃往至太卜之家,稽问神明,决之蓍龟,卜己居世何所宜行,冀闻异策,以定嫌疑。故曰'卜居'也。"①二是宋人洪兴祖《楚辞补注·卜居章句第六》提出的"释世疑"说:"上句皆原所从也,下句皆原所去也。卜以决疑,不疑何卜。而以问詹尹何哉? 时之人,去其所当从,从其所当去,其所谓吉,乃吾所谓凶也。此《卜居》所以作也。"②洪兴祖将《卜居》文本中的 8 对疑问阐释为屈原对于世俗处世的疑问。三是南宋朱熹《楚辞集注·卜居解题》提出的"警世说":"《卜居》者,屈原之所作也。屈原哀闵当世之人习安邪佞,违背正直,故阳为不知二者之是非可否,而将假蓍龟以决之,遂为此词。发其取舍之端,以警世俗。说者乃谓原实未能无疑于此,而始将问诸卜人,则亦误矣。"③朱熹在洪兴祖"释世疑"说的基础上进一步否定了王逸的"卜己疑"说,提出了警示世俗说。四是清人王夫之《楚辞通释·卜居解题》提出的屈原"章己之独志"说:"《卜居》者,屈原设为之辞,以章己之独志也。居,处也。君子之所以处躬,信诸心而与天下异趋。澄浊之辨,粲如分流;吉凶之故,轻若飘羽。人莫能为谋,鬼神莫能相易。恐天下后世且以己为过高,而不知俾躬处休之善术,故托为问之蓍龟而詹尹不敢决,以旌己志,因穷婫嫠病国之情状,示憎恶焉。而王逸谓其'心意迷惑,不知所为','冀闻异策',其愚甚矣。"④王夫之批评王逸的"卜己疑说",提出了屈原假设占卜之辞来彰显自己与众不同的志向,即"谁知吾之廉贞"。以上四种看法,从不同角度阐释了屈原问卜的动因,对今天理解《卜居》主旨有很大启发。

---

①[汉]王逸章句,[宋]洪兴祖补注:《楚辞补注》,中华书局,1983 年,第 176 页。
②[汉]王逸章句,[宋]洪兴祖补注:《楚辞补注》,中华书局,1983 年,第 177 页。
③[宋]朱熹撰,黄灵庚点校:《楚辞集注》,上海古籍出版社,2015 年,第 143 页。
④[明]王夫之:《楚辞通释》,岳麓书社,2011 年,第 366 页。

　　结合前人阐发,梳理《楚辞·卜居》文脉,可以推知屈原创作的主旨。开篇第一段,起笔,叙述诗人心中"有所疑",其背景是常年流放:"屈原既放,三年不得复见。"其原因是忠信之心被谗言隔绝:"竭知尽忠,而蔽障于谗。"其心理状态是心中烦乱:"心烦虑乱,不知所从。"因而前往占卜于太卜郑詹尹处,希望借助詹尹的智慧来做一个判断,即诗中所言"愿因先生决之"。可见,文本开篇即展示了一个处于困惑中的屈原形象,而诗人"所疑"特指身处政治上"执忠"与"顺非"两种现实抉择的疑惑。"吾宁……乎? 将……乎?"八组两疑句式,从形式上展示了屈原在为政的进取方式(是勤奋力行,还是钻营攀附?)为政态度(是正直敢为,还是苟且奸滑?)和人生志向(是高远宏大,还是平庸世俗?)等方面的两难疑惑与两难抉择:我是应该勤勤恳恳诚信自守,还是应该送往迎来追逐世俗名利? 我是应该去秽锄草勤劳耕种,还是应该曲身事贵戚获得俗名? 我是应该不顾性命谏君不讳,还是应该苟且自安、同流合污得富贵? 我是应该超然世外远走高飞以洁身自爱,还是应该奴颜婢膝奉承那些进谗言的楚王宠臣? 我是应该廉洁正直坚持志向,还是应该随俗加入阿谀奉承者的行列? 我是应该志行高远作一匹才能卓越的千里马,还是应该做一只随波逐流、偷生全躯的水中野凫? 我是应该与贤能之才并驾齐驱任重道远,还是应该与不才之臣和光同尘? 我是应该与鸿鹄比翼齐飞,还是应该与鸡鹜争啄糟糠?

　　其诗曰:

　　　　吾宁悃悃款款朴以忠乎? 将送往劳来斯无穷乎?

　　　　宁诛锄草茅以力耕乎? 将游大人以成名乎?

　　　　宁正言不讳以危身乎? 将从俗富贵以媮生乎?

　　　　宁超然高举以保真乎? 将呢訾栗斯,喔咿儒儿以事妇人乎?

　　　　宁廉洁正直以自清乎? 将突梯滑稽,如脂如韦,以洁楹乎?

　　　　宁昂昂若千里之驹乎? 将氾氾若水中之凫乎,与波上下,偷以全吾躯乎? 宁与骐骥亢轭乎? 将随驽马之迹乎?

　　　　宁与黄鹄比翼乎? 将与鸡鹜争食乎?

　　　　此孰吉孰凶? 何去何从?

　　　　世溷浊而不清,蝉翼为重,千钧为轻;

　　　　黄钟毁弃,瓦釜雷鸣;

谗人高张,贤士无名。

吁嗟默默兮,谁知吾之廉贞!

——屈原《卜居》

"此孰吉孰凶?何去何从?"表现出问卜者"不知所从"、须由神明决断的表象。但是由于作者在八组两疑之问中藏有褒贬笔法,前问"宁……乎"是褒,后问"将……乎"是贬,已经暗示了问卜者潜意识的立场与价值观。因此,可以说,上述八组两相对应的疑问是一场明知故问的对白。屈原"竭知尽忠",心中何尝有疑?只不过假借八个排比疑问,抒发对混浊世道的悲愤与控诉:"世溷浊而不清,蝉翼为重,千钧为轻;黄钟毁弃,瓦釜雷鸣;谗人高张,贤士无名。"进而表明问卜者自己内心的忠贞:"吁嗟默默兮,谁知吾之廉贞!"这是问卜者水到渠成的浩叹,彰显了《楚辞·卜居》的"文心"——廉洁正直,顺遂本心。

詹尹非常尊敬屈原,听了屈原的八组疑问与浩叹之后,詹尹的回答是:"用君之心,行君之意。""用君之心"即是赞赏屈原继续"尽忠","行君之意"即是鼓励屈原不必"惧谗"。"惟郢路之辽远兮,魂一夕而九逝。"(《抽思》)"意荒忽而流荡兮,心愁凄而增悲。神儵忽而不反兮,形枯槁而独留。"(《远游》)"屈原既放,三年不得复见。竭知尽忠,而蔽障于谗。心烦虑乱,不知所从。"(《卜居》)不难看出,政治困境摧残着流放中的屈原,《抽思》、《远游》、《卜居》等诗中所描绘的形容枯槁、心神迷惑的抒情主人公形象,应是屈原流放汉北时真实的自我写照。而神庙中郑詹尹的一句"用君之心,行君之意"(《卜居》),让屈原思虑开始回归本"心"、本"意"。屈原最后选择了"悃悃款款朴以忠"、"正言不讳"、"超然高举以保真"、"廉洁正直以自清"、"昂昂若千里之驹"(《卜居》),坚持了清洁自爱的基本政治品行。虽然这种选择给他后来带来了极大的现实痛苦,但屈原的"本心"也在磨砺中逐渐闪耀出日月般的光芒。

八、《天问》:述往思来　忧国忧民

(一)《天问》文本结构:述往思来

关于《天问》创作时间及创作缘起,探讨颇多。汉代王逸《天问》解题中提出"呵壁说"。即屈原放逐时在楚国先王庙祠壁画里看见了天地山川

神灵,心中愁思苦闷,创作《天问》以舒泻愤懑。其曰:

> 《天问》者,屈原之所作也。何不言问天? 天尊不可问,故曰天问也。屈原放逐,忧心愁悴。彷徨山泽,经历陵陆。嗟号昊旻,仰天叹息。见楚有先王之庙及公卿祠堂,图画天地山川神灵,琦玮僪佹,及古贤圣怪物行事。周流罢倦,休息其下,仰见图画,因书其壁,何而问之,以渫愤懑,舒泻愁思。①

细读文本,《天问》应是在述往思来的语境下产生的。述往,即述古,就是陈述过去。《天问》开篇一句,道出屈原思维之主线:"遂古之初,谁传道之?"人类的过去是怎么一步步走来的,这是屈原贯穿全篇的一条"明线"。清徐焕龙《屈辞洗髓》卷三《天问》注释道:"譬如今人,知己相对,闲评往古。"②屈原从人类未出现之前的宇宙形成开始追述,一口气提出了一百七十多个问题,追问宇宙起源、天地形成、天象变化、时辰划分、星系运行、月球奥秘、鲧治洪水、鲧腹生禹、共工触山、川谷变化、四方距离、奇禽怪兽、后羿射日、三代古史、后羿失妻、古代战争、女娲身世、昭王巡游、幽王之死、齐桓盛衰、后稷之福、殷周更替、申生自杀等历史故事。由《天问》宏大的叙述时空看,诗篇有着极大的政治意义,极大可能是屈原参拜楚先王庙祠有所感发而作。当然,其恢弘境界与屈原早期博闻强志也不无关联,楚地先王庙可能是《天问》创作"灵感"触发的一个最可能的地点。

笔者考察发现,《天问》"述往"之结构与"述古"之内容方面,与世界各民族流传至今的诸多创世神话、洪水神话的结构和内容很相近,均是先叙述天文,后叙述洪水、地理,最后叙述人事。如佤族创世史诗《司岗里》开篇唱道:

第一章　天地开辟万物生
[唱]"我们来自司岗里,嗯哼嗯哼嗯哼哼。
原生的连姆娅、司么迫很古,很古很古。

"我们来自司岗里,嗯哼嗯哼嗯哼哼。
是它们把天地破开成两半,很古很古。

---

①[汉]王逸章句,[宋]洪兴祖补注:《楚辞补注》,中华书局,1983年,第85页。
②[清]徐焕龙撰《屈辞洗髓》,黄灵庚主编:《楚辞文献丛刊》第47册,国家图书馆出版社,2014年,第520页。

"我们来自司岗里,嗯哼嗯哼嗯哼哼。
水时代的司么迫很古,很古很古。

"我们来自司岗里,嗯哼嗯哼嗯哼哼。
是它蘸海水飞扬成雨,很古很古。

"我们来自司岗里,嗯哼嗯哼嗯哼哼。
水时代的帕和匹很古,很古很古。

"我们来自司岗里,嗯哼嗯哼嗯哼哼。
帕擦匹哎匹擦帕,很古很古。

"我们来自司岗里,嗯哼嗯哼嗯哼哼。
水时代的俚和伦很古,很古很古。

"我们来自司岗里,嗯哼嗯哼嗯哼哼。
俚负责磨天,伦负责堆地,很古很古。

"我们来自司岗里,嗯哼嗯哼嗯哼哼。
水时代的列和勒很古,很古很古。

"我们来自司岗里,嗯哼嗯哼嗯哼哼。
列舔出平坝哎勒捏出山,很古很古。

"我们来自司岗里,嗯哼嗯哼嗯哼哼。
水时代的历和弱很古,很古很古。

"我们来自司岗里,嗯哼嗯哼嗯哼哼。
它们是水生动物的种子,很古很古。"[1]

可以看出,屈原《天问》的叙述更书面化,更紧凑。但其开篇,亦是从天地开辟说起:

曰:遂古之初,谁传道之? 上下未形,何由考之?

冥昭瞢暗,谁能极之? 冯翼惟像,何以识之?

明明闇闇,惟时何为? 阴阳三合,何本何化?

圜则九重,孰营度之? 惟兹何功,孰初作之?

---

[1]毕登程、隋嘎编著:《司岗里——佤族创世史诗》,云南人民出版社,2009年,第4—5页。

> 斡维焉系? 天极焉加? 八柱何当? 东南何亏?
>
> 九天之际,安放安属? 隅隈多有? 谁知其数?

王逸曾言:"屈原序其谱属,率其贤良,以厉国士。"①定系世,辨昭穆,屈原创作的"谱属诗"极有可能就是留存至今的《天问》②。"谱属"承载着伦理规范、塑造着人格精神、维系着社会秩序,是楚民明辨世系、尊宗敬祖、寻根留本、承前启后的一种信仰,也是楚国战胜一切困难的精神动力。屈原诗歌《离骚》开篇:"帝高阳之苗裔兮",这既是对自己先祖的一种纪念,又是不忘历史、回归楚先祖的世系、回归黄帝、回归中原华夏族的一种宣示。《史记·楚世家》载:"楚之先祖出自帝颛顼高阳。"③《史记·五帝本纪》载:"自黄帝至舜、禹,皆同姓而异其国号,以章明德。故黄帝为有熊,帝颛顼为高阳,帝喾为高辛,帝尧为陶唐,帝舜为有虞。"④历史记载,舜多次南巡,留下大量遗迹于沅湘,屈原诗歌也明确提及在放逐期间四处探访距离他已经有一千八百多年前的舜的遗迹:"济沅湘以南征兮,就重华而陈词。"重华,即舜。屈原《天问》中花了大量篇幅陈述夏、商、周三代历史。据统计,陈述夏朝约二十四问、商朝约十七问、周朝约十三问⑤。这些问题集中于君王的"家"与"国",如大禹与涂山氏的婚姻、夏后启的天乐与"屠母"等。君王的"家事"影响着"国运",如后羿,"帝降夷羿,革孽夏民。胡射夫河伯,而妻彼洛嫔? 冯珧利决,封狶是射;何献蒸肉之膏,而后帝不若? 浞娶纯狐,眩妻爰谋。何羿之射革,而交吞揆之?"(《天问》)羿弑夏第五代君主,但也被自己的家臣浞夺妻。屈原对人类宇宙、神话传说的哲学问题和有关国家治乱、社会交往的现实问题的深刻反思,表达了屈原对楚国未来能否长久的忧思:"皇天集命,惟何戒之? 受礼天下,又使至代之?""吾告堵敖以不长"(《天问》)。汉代王逸《天问》本句解曰:"堵敖,楚贤人也。屈原放时,语堵敖曰:'楚国将衰,不复能久长也。'"⑥清代徐焕龙说得更为

---

①[汉]王逸章句,[宋]洪兴祖补注:《楚辞补注》,中华书局,1983年,第1—2页。

②《天问》的创作时间,王逸认为是屈原流放时期所做,笔者认为,这样宏大的诗篇,其创作基础应该是屈原担任三闾大夫"序谱属"时已完成的。

③[汉]司马迁:《史记》,中华书局,2011年,第1527页。

④[汉]司马迁:《史记》,中华书局,2011年,第41页。

⑤周秉高:《楚辞解析》,内蒙古大学出版社,2003年,第100页。

⑥[汉]王逸章句,[宋]洪兴祖补注:《楚辞补注》,中华书局,1983年,第118页。

透彻:"告堵敖者,明告子兰也。"①

综上,《天问》的内容反映屈原对历史故事的考察已经超越楚国,体现了屈原期待回归华夏的志向,这应是屈原博闻强识、"序其谱属"的过程中逐渐形成的"世界"观和"家国"观,也是战国末期,"一天下"思想在文化上的折射。

(二)《天问》主旨:寄寓忧国忧民之情

自汉代以来,《天问》研究成果丰硕,专著有二十余部,论文近五百篇②。其中,关于《天问》的创作动机,分析最为丰富。宋代洪兴祖提出"孤愤呼天"说,即屈原借《天问》抒发与众不同的志向,以"天"为知音的一种倾述,"《天问》之作,其旨远矣。盖曰遂古以来,天地事物之忧,不可胜穷。欲付之无言乎? 而耳目所接,有感于吾心者,不可以不发也。欲具道其所以然乎? 而天地变化,岂思虑智识之所能究哉? 天固不可问,聊以寄吾之意耳。楚之兴衰,天邪人邪? 吾之用舍,天邪人邪? 国无人,莫我知也。知我者其天乎? 此《天问》所为作也。太史公读《天问》,悲其志者以此"③。清代王夫之提出"兴亡谏言"说,即屈原借《天问》表达了对楚王"耽乐淫色,疑贤信奸"的一种强烈担忧,"篇内言虽旁薄,而要归之旨,则以有道而兴,无道则丧,黩武忌谏,耽乐淫色,疑贤信奸,为废兴存亡之本"④。西方学者认为,屈原《天问》来自于"壁画铭文的再加工"。1931 年泰东出版社以《中国艺术史上最古老的文献——〈天问〉》为题出版了由 Eduard Erkes 和 Franz Xaver Biallas 整理补充的德国汉学家 August Conrady 的遗著,该书是欧洲汉学史上第一部翻译和研究《天问》的著作,他尝试把考古学引进《天问》研究,探寻《天问》的来源⑤。

《天问》全篇看似"碎片化"的历史情境的"还原",其实有草蛇灰线之妙。这一"暗线"是屈原在《离骚》中经常提及的"修德"与君臣关系问题,在其追问中,包含了对"人心"、"人欲"的正义拷问。其全篇结构,周秉高

①[清]徐焕龙:《屈辞洗髓》,黄灵庚主编《楚辞文献丛刊》第47册,国家图书馆出版社,2014年,第518页。
②史建桥:《天问研究:〈天问〉的思想内容与结构特征》,国家图书馆出版社,2012年,第2页。
③[汉]王逸章句,[宋]洪兴祖补注:《楚辞补注》卷二,中华书局,1983年,第85页。
④[明]王夫之:《楚辞通释》卷三《天问》,岳麓书社,2011年,第273页。
⑤参见陈亮、徐美德:《德国汉学家孔好古的〈天问〉研究》,《中国文学研究》,复旦大学出版社,2010年,第126—134页。

先生《楚辞解析》①辨析甚明了,兹录如下:

《天问》
(共353句,
174问)

一、天文(44句,30问)
- 1. 造化以前(12句,6问)
- 2. 天体形成(12句,9问)
- 3. 日月列星(20句,15问)

二、地理(68句,42问)
- 1. 鲧禹治水(24句,13问)
- 2. 山川地理(24句,15问)
  - ① 水文(6句,4问)
  - ② 幅员(4句,2问)
  - ③ 昆仑(8句,4问)
  - ④ 极地(6句,5问)
- 3. 动植怪异(20句,14问)

三、历史(228句,95问)
- 1. 夏朝(68句,24问)
- 2. 错简一(24句,11问,三组对比)
- 3. 商朝(46句,17问)
- 4. 周朝(32句,13问)
- 5. 错简二(38句,19问)
- 6. 总结规律(20句,11问)
  - ① 世间万事相反相成矛盾对立(错简一)
  - ② 兴亡得失根本在于贤才向背(三组对比)

四、现实(13句,7问)
- 1. 触景生情(4句,4问)
- 2. 劝诫国君(4句,1问)
- 3. 微言刺世(5句,2问)

　　《天问》全篇诗歌从对宇宙演化规律的发问,到对夏、商、周三代王朝兴衰的发问,有关历史兴亡,屈原共计提出九十五个问题,占了整个篇幅一半以上,其核心宗旨应该是因"史"谏"今"。在屈原看来,夏、商、周的兴衰演绎着历史发展的规律,这个规律中,屈原特别关注"德",指出君王品德的贤与愚、大臣的忠与贪,是历史转折的决定因素。《天问》:"皇天集命,惟何戒之? 受礼天下,又使至代之?"皇天青睐夏商周的开创者,为什么给予其统治天下的机会,又让其最终失去天下? 这些追问,体现了屈原对国

①周秉高:《楚辞解析》,内蒙古大学出版社,2003年,第100页。

家兴亡规律的深刻反思。

战国末期的楚国,正处在历史转折期,楚威王打败吴越,统一南方,传给楚怀王的是一个疆域位于"六国之首"的大国。但,楚威王时期显露出来的贤能之才缺乏、国内政治风气贪婪等"痼疾",也同样遗留给了楚怀王。此时的楚国,亟需一位明智果敢的君王和一批审时度势的忠臣,然而,楚怀王优柔寡断、楚国大臣贪婪嫉妒,屈原清醒却被放逐,楚国未来的不确定性,触发了屈原强烈的爱国情感,问天、问地、问人,这些追问背后,体现了屈原对楚国命运的深沉忧虑:"天命反侧,何罚何佑?"(《天问》)"皇天无私阿兮,览民德焉错辅。"(《离骚》)

可见,《天问》主旨与《离骚》一脉相承,寄寓了屈原对楚国的深厚之爱、对楚国未来的深切之忧。

九、《九歌》:采风之编 思君恋国

"九歌"之名见于屈原《离骚》凡两次,即:"启《九辩》与《九歌》兮"、"奏《九歌》而舞《韶》兮"。可知,"九歌"是上古乐曲名,汉人以为乃歌颂"九功(水、火、金、木、土、谷、正德、利用、厚生)之德"。王逸注:"《九辩》、《九歌》,禹乐也……九功之德,皆有次序,而可歌也。"洪兴祖补注缘自"天帝乐":"《山海经》云:夏后上三嫔于天,得《九辩》与《九歌》以下。注云:皆天帝乐名,启登天而窃以下,用之。"①

《九歌》篇名"九",历代注家均有不同说法。一曰,"九"合阳数,王逸据《易》解释"九"乃合天、地、人三才之数,由此得出"讽谏"之文心,《楚辞章句·九辩》解题:"九者,阳之数,道之纲纪也。故天有九星,以正机衡;地有九州,以成万邦;人有九窍,以通精明。屈原怀忠贞之性,而被谗邪,伤君闇蔽,国将危亡,乃援天地之数,列人形之要,而作《九歌》、《九章》之颂,以讽谏怀王。明己所言,与天地合度,可履而行也。"②一曰,"九"乃上古乐曲名。洪兴祖从屈原作品中找到依据,认为"九歌"是沿用上古乐曲而命名,乃楚辞之"体裁",其《九歌》解题曰:"按:《九歌》十一首,《九章》九首,皆以九为名者,取箫韶九成、启《九辩》《九歌》之义。《骚》经曰:奏《九歌》

---

①[汉]王逸章句,[宋]洪兴祖补注:《楚辞补注》,中华书局,1983 年,第 21 页。

②[汉]王逸章句,[宋]洪兴祖补注:《楚辞补注》,中华书局,1983 年,第 182 页。

而舞《韶》兮,聊假日以媮乐。即其义也。宋玉《九辩》以下皆出于此。"①一曰,九类神祇。清代蒋骥记载了其家兄的一种理解,说《九歌》十一章实际是祭祀"九类神祇":"《九歌》本十一章,其言九者,盖以神之类有九而名。两司命,类也;湘君与夫人,亦类也。神之同类者,所祭之时与地亦同,故其歌合言之。此家三兄绍孟之说。"②等等。这些解读从各个不同角度阐发了《九歌》这一乐曲名称所蕴含的深刻丰富的内涵与文化渊源,对读懂屈原《九歌》的创作意图,有重要参考价值。

(一)前人关于《九歌》创作时间、地点和意图的看法

关于《九歌》创作时间、地点和意图,主要有四种说法:

第一种说法,"九歌"是屈原流放南郢之邑、沅湘一带,依据祭神曲而创作的诗歌。王逸《楚辞章句·叙》:"(屈原)遭时闇乱,不见省纳,不胜愤懑,遂复作《九歌》以下凡二十五篇。"③《楚辞章句·九歌》解题:"《九歌》者,屈原之所作也。昔楚国南郢之邑,沅、湘之间,其俗信鬼而好祠,其祠必作歌乐鼓舞以乐诸神。屈原放逐,窜伏其域,怀忧苦毒,愁思沸郁。出见俗人祭祀之礼,歌舞之乐,其词鄙陋。因为作《九歌》之曲,上陈事神之敬,下见己之冤结,托之以风谏。"④《隋书·地理志》记载《九歌》源于荆州敬鬼重祠习俗,《湘中记》载《九歌》作于玉笥山。《管城硕记》对两家推测均有引录:"据甄烈《湘中记》曰:'屈潭之左,玉笥山,屈平之放栖于此山而作《九歌》焉。'《隋地理志》曰:'大抵荆州率敬鬼,尤重祠祀,昔屈原为制《九歌》,盖由此也。'则《九歌》乃原所自作也。"⑤南宋朱熹同意王逸的看法,认为屈原在"巫觋作乐歌"的基础上"更定其词","上以讽谏,下以自慰",指出《九歌》寄托了屈原"忠君爱国、眷恋不忘之意"⑥。

第二种说法,《九歌》作于屈原被怀王疏远后退居汉北时。明末王夫之《楚辞通释》卷二曰:"《九歌》应亦怀王时作。原时不用,退居汉北,故《湘君》有北征道洞庭之句。逮后顷襄信谗,徙原于沅湘,则原忧益迫,且

---

① [汉]王逸章句,[宋]洪兴祖补注:《楚辞补注》,中华书局,1983 年,第 55 页。
② [清]蒋骥:《山带阁注楚辞·楚辞余论》卷上,上海古籍出版社,1984 年,第 195 页。
③ [汉]王逸章句,[宋]洪兴祖补注:《楚辞补注》,中华书局,1983 年,第 48 页。
④ [汉]王逸章句,[宋]洪兴祖补注:《楚辞补注》,中华书局,1983 年,第 55 页。
⑤ [清]徐文靖:《管城硕记》卷十四,文渊阁四库全书本。
⑥ [宋]朱熹撰,黄灵庚点校:《楚辞集注》卷二,上海古籍出版社,2015 年,第 41 页。

将自沉,亦无闲心及此矣。"①清蒋骥驳斥了王夫之《九歌》作于汉北的说法:"洞庭君山,帝二女居之,曰湘夫人。夫山以帝女而名,意必建祠于上,而人于此祠之,洞庭在沅湘之北,故神降有北征之言耳。王姜斋因此谓祀神者为汉北之人,而证原《九歌》皆退居汉北所作,又刻舟之见也。"②

第三种说法,《九歌》作于君臣关系若即若离之时,且未必同时所作,是主祭者与神酬酢之辞。这一派观点以清蒋骥为代表。他认为屈原寄托之意不是其创作的主要旨意,《九歌》是为祀神而创作的。蒋骥认为,《九歌》非作于一时一地:"《九歌》不知作于何时,其为数十一篇,或亦未必同时所作也。"③并认为《九歌》的主要创作动机是专主祀神:"《九歌》皆主祭者与神酬酢之辞"④,"盖《九歌》之作,专主祀神……或谓《九歌》本非以祀神,特假题以寓意。然则《东皇》、《国殇》、《礼魂》,无意可寓者,又安属也?《九歌》之托意君臣,在隐跃即离之际"⑤。

第四种说法,《九歌》是屈原受楚怀王命令所作国家祀典乐章,乃"应制作"。以清马其昶,近代闻一多、孙作云为代表。马其昶认为,《九歌》是屈原"承怀王之命而作"(《屈赋微·读九歌》)⑥。闻一多、孙作云等认为,《九歌》是屈原在楚怀王的命令下所作"楚国国家祀典的乐章",作于怀王前期,"我以为《九歌》是楚国国家祀典的乐章,与平民无关"⑦。

此外,关于《九歌》的创作时间、地点、意图、性质,当代还有是"楚怀王打退秦军而命屈原所作的祭神歌词",或曰"是楚顷襄王时期的郊祀歌"⑧等不同理解。

(二)《九歌》:汉北、江夏、沅湘的"采风"之编

"奏《九歌》而舞《韶》兮"(《离骚》),由屈原将《九歌》与《韶舞》并举,可初步断定,"九歌"之曲必是宏大精深之乐、吉祥安乐之乐,是寄托美好祈愿的音乐。从屈原创作的《九歌》文本看,辞句中多处描述祭祀音乐场

---

①[明]王夫之:《楚辞通释》,岳麓书社,2011年,第243页。
②[清]蒋骥:《山带阁注楚辞·楚辞余论》卷上,上海古籍出版社,1984年,第199页。
③[清]蒋骥:《山带阁注楚辞·楚辞余论》卷上,上海古籍出版社,1984年,第195页。
④[清]蒋骥:《山带阁注楚辞·楚辞余论》卷上,上海古籍出版社,1984年,第196页。
⑤[清]蒋骥:《山带阁注楚辞·楚辞余论》卷上,上海古籍出版社,1984年,第195—196页。
⑥[清]马其昶注:《屈赋微》,广文书局,1967年,第10页。
⑦孙作云:《九歌非民歌说》,清华大学中国文学会《语言与文学》,中华书局,1937年。
⑧何金松编著:《屈诗编年译解》,湖北人民出版社,2014年,第343页。

景。如《九歌·东皇太一》：

> 扬枹兮拊鼓，疏缓节兮安歌，陈竽瑟兮浩倡。
> 灵偃蹇兮姣服，芳菲菲兮满堂。
> 五音纷兮繁会，君欣欣兮乐康。

可以看出，东皇太一的祭祀氛围是热闹愉悦的："五音纷兮繁会。"有佩玉相碰的声音："璆锵鸣兮琳琅。"有木棰击鼓的声音："扬枹兮拊鼓。"有悠扬的歌声："疏缓节兮安歌。"有吹竽鼓瑟声："陈竽瑟兮浩倡。"又如《九歌·东君》：

> 緪瑟兮交鼓，箫钟兮瑶簴。
> 鸣篪兮吹竽，思灵保兮贤姱。
> 翾飞兮翠曾，展诗兮会舞。
> 应律兮合节，灵之来兮蔽日。

屈原《九歌·东君》辞句中详细描绘了奏乐、展诗、会舞祭祀东君的情形：弹瑟，击鼓，吹箫，鸣钟，鸣篪，吹竽，唱诗，以及伴随着节奏优美的歌乐，灵巫们集体舞蹈以娱神。"古者祠天地皆有乐，而神祇可得而礼。"（《史记·封禅书》）在古代，祭祀天神地祇，都会演奏音乐，以符合礼仪，表示接受天命，祈愿太平祥瑞。屈原以上古"天乐之名"命名自己祭神乐歌，应与屈原的祈愿有关，寄托了其美好的祈愿。

从祭祀乐歌的不同祭祀场景描述看，《九歌》反映了汉北、江夏、沅湘等不同时地的神祇，因此，很可能是屈原对上述各地"采风"后的创作。主要理由有三：

首先，楚人有"采风"制度，可证屈原"采风"的可能性大。"古者，太史采风，上自郊庙，下及里巷。政事之得失，性情之邪正，风化之美恶，习俗之贞淫，皆于此觇之"[1]。除地上文献记载，在地下考古发掘方面，我们也发现，采风观俗，真实存在。如，出土的上海博物馆楚简有《采风曲目》与《孔子诗论》[2]。楚文化，特别是楚王族的制度，很大程度上继承商周礼乐制度，加之南北文化交流，所以，上海博物馆楚简《采风曲目》可以佐证"采

---

[1]《御制日讲四书解义》卷十一，文渊阁四库全书本。
[2]参见蔡先金、吴程程：《上海博物馆楚简〈采风曲目〉与〈诗经〉学案》，《合肥学院学报》2013年第6期；马承源：《上海博物馆藏战国楚竹书》，上海古籍出版社，2005年。

风"制度在楚地的流播深远。从这个意义看,《文心雕龙·通变》之"楚之骚文,矩式周人",应该是对屈原诗歌艺术渊源的清醒论断。

其次,楚国水陆交通发达,提供了屈原采风观俗的可能性与可行性。楚国的郢都是一个"国际化"大都市、文化交流的大中心。这里五音繁会,代、秦、郑、卫、赵和楚国的各类乐器、唱法让人耳目愉悦,如屈原《大招》所描述:"代秦郑卫,鸣竽张只。伏戏《驾辩》,楚《劳商》只。讴和《扬阿》,赵箫倡只。"其时,楚国汉水、夏水、长江和湘、资、沅、澧等水系已经联网,内陆航运运输与陆路运输联网,一起构成了一个以郢都为中心的辐射四域的庞大运输网络体系①。屈原被疏远放逐,足迹遍及汉水、长江中下流、淮河、沅湘等水域,所以,采风观俗的可能性与可行性均是存在的。

第三,《九歌》祭祀"神主"地域各别,应是屈原各地"采风"的直接印记。屈原所作乐歌祭祀的神祇,东皇太一,在楚郢都的东郊;湘君、湘夫人在湘水洞庭;山鬼,或在溆浦深山(有学者认为其景物描绘与《涉江》入溆浦后的冥冥淫雨相似),或在三峡秭归,亦有说在玉笥山;云中君,或在云梦之地②;河伯,在黄河,等。根据民间信仰的特点可知,民间祭祀往往祭祀本地之神主或通祀之神,以此推之,《九歌》祭祀的十位神主,应是屈原流放汉北、江夏、沅湘一带所见的各地神祇。而《九歌·礼魂》无神主,很可能是最后编排整理时所加尾声,以卒章显志③。因此,《九歌》很有可能是屈原在不同时期,途径汉北、江夏、沅湘、黄淮等地时,所采录的各地祭祀歌谣,后在一定契机下,整合润色而成。至于契机,一般认为是屈原晚年在汨罗玉笥山时。如唐沈亚之《屈原外传》记载:"(屈)原因棲玉笥山,作《九歌》,托以风谏。"④清徐文靖《管城硕记》引录《湘中记》说:"屈潭之左,玉笥山,屈平之放,栖于此山,而作《九歌》焉。"⑤

①刘玉堂,袁纯富:《楚国交通研究》,湖北教育出版社,2012年,第78页。
②笔者认为[宋]项安世的"云中"乃地名说较为可取。"按《澧阳志》:'五通神出屈原"九歌",今澧之巫祝,呼其父曰"太一",其子曰"云霄五郎"、"山魈五郎",即东皇太一、云中君、山鬼之号也。'刘禹锡《论武陵之俗》亦曰:'好事鬼神',与此正合。且《九歌》多言澧阳、澧浦,则其说盖可信矣。汉谷永言,'楚怀王隆祭祀,事鬼神,欲以获福助。却秦师,而兵破地削,身辱国危。'则原之《九歌》盖为是作欤?"([宋]项安世:《项氏家说》卷八)
③[明]汪瑗集解:《楚辞集解》:"(《礼魂》)前十篇之乱辞也。"[清]王夫之《楚辞通释》:"此章(《礼魂》)乃前十章所通用,而言终古无绝,乃送神之曲也。"王邦采、王闿运、梁启超等赞成。
④[清]蒋骥:《山带阁注楚辞》引,上海古籍出版社,1984年,第21页。
⑤[清]徐文靖:《管城硕记》卷十四,文渊阁四库全书本。

总体看来,《九歌》创作与屈原"采风"有关,在汉代已被提出。汉王逸《楚辞章句·九歌》解题表达的正是这个意思,他说:"《九歌》者,屈原之所作也。昔楚国南郢之邑,沅、湘之间,其俗信鬼而好祠。其祠,必作歌乐鼓舞以乐诸神。屈原放逐,窜伏其域,怀忧苦毒,愁思沸郁。出见俗人祭祀之礼,歌舞之乐,其词鄙陋。因为作《九歌》之曲。"①一般学界由此判断《九歌》的创作时地,但,这段话也可作为《九歌》文本性质为"采风之作"的判断依据。

(三)《九歌》"文心":娱神与思君

王逸、朱熹都认为,《九歌》是屈原假祭神之名以寓君臣关系。清蒋骥认为,《九歌》主要目的是娱神。王逸:"屈原怀忠贞之性,而被谗邪,伤君闇蔽,国将危亡,乃援天地之数,列人形之要,而作《九歌》《九章》之颂,以讽谏怀王。"(《楚辞章句·九辩》解题)朱熹进一步明确寄托之意:"因彼事神之心,以寄吾忠君爱国、眷恋不忘之意。"(《楚辞集注·九歌》解题)蒋骥认为,朱熹之说过于拘泥:"朱子论《九歌》,谓以事神不答而不忘其敬,比事君不答而不忘其忠。斯言误矣……盖《九歌》之作,专主祀神……夫岂特为君臣而作哉?"(《山带阁注楚辞·楚辞余论》卷上)蒋氏并不否认《九歌》寓忠君爱国、眷恋不忘之意。他说:"本祭祀侑神乐歌,因以寓其忠君爱国、眷恋不忘之意。"②"《九歌》之托意君臣,在隐跃即离之际"③。

其实,不仅在《九歌》寄托之主观性与客观性的认识上,学者们存在如此分歧。在文学批评史上这类认知分歧亦十分常见。如,清代常州词派评论《花间集》重寄托,引起众家质疑;再如,关于《红楼梦》"索隐派"要求索出《红楼梦》所隐"本事"或微言大义,等。文学寄托是文人源于自身生活而创作的重要意图,但读者接受时也切忌僵化或牵强附会。就《九歌》而言,朱熹也并不赞成《九歌》寓意阐释的僵化与附会。他说:"《九歌》诸篇,宾主、彼我之辞最为难辩,旧说往往乱之,故文意多不属……《山鬼》一篇,谬说最多,不可胜辩,而以公子为公子椒者,尤可笑也。"(《楚辞集注·楚辞辩证》卷上)④

---

①[汉]王逸章句,[宋]洪兴祖补注:《楚辞补注》卷二,中华书局,1983 年,第 55 页。
②[清]蒋骥:《山带阁注楚辞》卷二《九歌》解题,上海古籍出版社,1984 年,第 51 页。
③[清]蒋骥:《山带阁注楚辞·楚辞余论》卷上,上海古籍出版社,1984 年,第 196 页。
④[宋]朱熹撰,黄灵庚点校:《楚辞集注》,上海古籍出版社,2015 年,第 240—241 页。

但，正如音乐之心源于人心，所有主题和艺术形象都离不开作者"本心"的筛选与创作。所谓"凡音之起，由人心生也。人心之动，物使之然也。感于物而动，故形于声；声相应，故生变；变成方，谓之音；比音而乐之，及干戚羽旄，谓之乐也。乐者，音之所由生也，其本在人心感于物也。"①诗乐创作根基是"人心感于物"，即艾布拉姆斯所言："作品总得有一个直接或间接地导源于现实事物的主题——总会涉及、表现、反映某种客观状态或者与此有关的东西。"②屈原诗作中的不同艺术形象，正是导源于屈原生活中的某些主题，或是风俗信仰，或是政治遭遇，或是身边的某一个人物。由此，采编创作《九歌》，肯定寄托了屈原个人的情感和志向，娱神形式背后肯定蕴含了诗人之"志"。剥离诗人主观心智与客观描述间的自然联系与融合，是不利于理解《九歌》的篇章性质与创作宗旨的，"娱神"与"思君"兼具，是我们理解屈原《九歌》"文心"的出发点。

细读《九歌》这组诗，充满忧愁悲伤。与常见祭祀神曲温柔敦厚、中正典雅之风迥异，《九歌》多慕怨之辞，如"怨"、"愁"、"悲"、"太息"、"怅""忘"、"低徊"、"思"、"悗"、"离忧"等。"思夫君兮太息，极劳心兮忡忡。"（《云中君》）"心不同兮媒劳，恩不甚兮轻绝。""交不忠兮怨长，期不信兮告余以不闲。"（《湘君》）"帝子降兮北渚，目眇眇兮愁予。"（《湘夫人》）"羌愈思兮愁人。愁人兮奈何。"（《大司命》）"悲莫悲兮生别离，乐莫乐兮新相知。""望美人兮未来，临风悗兮浩歌。"（《少司命》）"长太息兮将上，心低徊兮顾怀。羌声色兮娱人，观者憺兮忘归。"（《东君》）"日将暮兮怅忘归。"（《河伯》）"怨公子兮怅忘归……思公子兮徒离忧。"（《山鬼》）等等。这些诗句忧思绵长，"绮靡以伤情"③。感人至深，令人泪目。宋代理学家陆九渊曾高歌《东皇太一》、《云中君》，致使友人"涕泗沾襟"。事见《象山集》："先生一日自歌，与侄孙浚书云：'道之将废，自孔孟之生，不能回天而易命。'又歌《柏舟》诗，松为之涕泗沾襟。少间，又歌《东皇太一》、《云中

①［汉］司马迁撰，［南朝宋］裴骃集解，［唐］司马贞索引，张守节正义：《史记》卷二十四《乐书》，中华书局，2011 年，第 1112 页。

②［美］M.H 艾布拉姆斯著，郦稚牛、张照进、童庆生译：《镜与灯：浪漫主义文论及批评传》，北京大学出版社，1989 年，第 5 页。

③《文心雕龙·辨骚第五》，［南朝梁］刘勰撰，周振甫注《文心雕龙注释》，人民文学出版社，1981 年，第 36 页。

君》，见松悲泣不堪。"①面临"道之将废"、"不能回天而易命"的现实时，陆九渊唱屈原作品《九歌》寄托忧国伤君之情，朋友感发而悲泣。可见，《九歌》蕴含的忧伤，绝非一般娱神祭祀歌谣能比！

　　与此不同，《诗经》中周颂、商颂、鲁颂风格典雅平和。如《诗经·周颂·维天之命》："维天之命，於穆不已。於乎不显，文王之德之纯。假以溢我，我其收。骏惠我文王，曾孙笃之。"②汉代祭祀乐曲亦保持了《诗经》的颂体风格，《汉书·礼乐志》载："至武帝定郊祀之礼，祠太一于甘泉，就乾位也……天子自竹宫而望拜，百官侍祠者数百人皆肃然动心焉。《安世房中歌》十七章，其诗曰：大孝备矣，休德昭清。高张四县，乐充宫廷。芬树羽林，云景杳冥。金支秀华，庶旄翠旌……"③宋代绍兴、淳熙年间，命馆职定撰十七首祭祀神曲，也承续《诗经》温柔敦厚之风。其中之"降神，景安圜钟为宫"曰："上直房心，时惟明堂。配天享亲，宗祀有常。盛德在金，日吉辰良。享我克诚，来格来康。"④元代熊朋来撰《瑟谱》卷五载《孔子庙释奠》乐章，其迎神、送神曲，字句庄敬，情感内敛。迎神（降神之乐）："右文兴化，宪古师经。明祀有典，吉日维丁。盥洗在阼，雅奏在庭。周旋登降，福祉是膺。（原注：右迎神盥洗曲，春秋通用。）"送神："《黄锺宫》：肃庄神缨，吉蠲牲牷。于皇明祀，登荐惟时。神之来兮，盼蠁之随。神之去兮，休嘉之贻。（原注：右送神曲，春秋通用。）"⑤与北方祭祀颂歌相比，屈原的《九歌》风格忧伤怨慕、绮靡伤情、忧思绵长。这进一步表明，屈原创作《九歌》的宗旨不是纯粹的祭祀礼乐，而是熔铸了自己的政治遭遇及思君忧国之情于祀乐之中的。

　　至于，为何名之《九歌》，也是有政治深意的。屈原有"奏《九歌》而舞《韶》兮"（《离骚》），上古舜时有雅乐《韶》，是诗乐舞综合艺术的典范，是"德政"的标识。鲁昭公二十五年（前517），孔子去鲁适齐，在齐国都城临淄曾听闻《韶》而心醉。《论语·述而》记载："子在齐闻《韶》，三月不知肉味。曰：'不图为乐之至于斯也。'"⑥《论语·八佾》："子谓《韶》，尽美矣，

---

① ［宋］陆九渊：《象山集·象山语录》卷二，文渊阁四库全书本。
② ［宋］朱熹：《诗集传》，中华书局，2011年，第298页。
③ ［汉］班固等：《汉书》，中华书局，2007年，第141—142页。
④ ［元］脱脱等：《宋史》，中华书局，2000年，第2095页。
⑤ ［元］熊朋来：《瑟谱》卷五，文渊阁四库全书本。
⑥ ［宋］朱熹集注：《四书》，上海古籍出版社，1995年，第115页。

又尽善也。"①将《九歌》与《韶》舞并举,由此可知,屈原心中的《九歌》亦是宏大精深、安宁祥和的"美善"之乐。上古神乐《九歌》,《左传》、《离骚》、《天问》、《山海经》都提到它是大禹之子启从天上带回人间的宫廷祭祀音乐,而屈原将《东皇太一》等合成《九歌》,与《韶》并举,可见这些诗篇,亦如孔子所闻《韶》乐,是至善至美之音乐,寄托了诗人美好政治愿望,体现了屈原的思君爱国之心。

十、《大招》:荆楚安定　国家为只

楚国历史悠久,文化繁荣,今天考古发现,这里最早用失蜡法或漏铅法铸造青铜器,这里有最早的铁器,最早的金、银币,最早的精美如新的丝绣,最早的竹筷、毛笔、帛画,以及数量最大、器型最多、图案精美的漆器,还有精美的木雕、竹编工艺品和举世无匹的曾侯乙编钟等,一句话,"东周文化的精华大半集中在楚文化里"②。

屈原《大招》开篇用一种轻松的语调呼唤灵魂顺应阳气归来,用"美政"招回远遁的魂魄:"青春受谢,白日昭只。春气奋发,万物遽只。冥凌浃行,魂无逃只。魂魄归徕,无远遥只。"(《大招》)接着,告诉魂魄,东南西北,四方艰险:东有大海,南有炎火,西有流沙,北有寒山。招呼魂魄,四方多害,回归荆楚,心安意足,以延年寿。回归荆楚,这里有美食华屋、有曼妙舞女、有丝竹雅乐;更有举贤授能的国君和宰执;这里世风清雅、崇尚贤士;没有苛政暴政、没有谗言;心端志正、忠直之人皆在显位,国君圣明如夏禹汤文;这里惠泽盛行,举国上下无不被其恩泽。这里正是思君报国的好地方:"魂乎徕归! 尚贤士只。发政献行,禁苛暴只。举杰压陛,诛讥罢只。直赢在位,近禹麾只。豪杰执政,流泽施只。魂乎徕归! 国家为只。雄雄赫赫,天德明只。三公穆穆,登降堂只。诸侯毕极,立九卿只。昭质既设,大侯张只。执弓挟矢,揖辞让只。魂乎徕归! 尚三王只。"(《大招》)

楚国的繁荣景象孕育了屈原和众多楚国人强烈的自豪感和深固难徙的爱国精神:"自恣荆楚,安以定只。"《大招》中,屈原罗列楚国的繁荣景象:这里物产丰富、食物美味。五谷生长茂盛,其穗六仞;菰粱之饭,芬

①[宋]朱熹集注:《四书》,上海古籍出版社,1995 年,第 85 页。
②张正明:《楚文化志序》,张正明主编:《楚文化志》,湖北人民出版社,1988 年,第 1 页。

香柔滑；小鼎镬煮烂的羹，佐以醶酸椒姜，味道甘美；鸧鸽、黄鹄、豺肉，羹味尤美；疆域东到大海的楚国，还可以吃到鲜洁的大海龟羹，调以饴蜜，复用肥鸡之肉，和以酢酪；猪肉吃法多样，或酱伴着狗肉，或细切肉丝伴着青麻的子实和水葵烹饪；飞禽、走兽、水产，烹制方法多样，炙乌鸦、烝野鸭、煮鹑、煎鲫鱼、大锅煮雀羹，皆是可口美味。饮料品种繁多，经过两次或多次重酿的酒，酿熟后味道甘美滑口，饮之醲滑，入口不苦涩；醇醲之酒清香，宜于寒饮，不宜大饮；被楚国征服的吴地的饮食口味也可以尝到，吴地风味的酸蒿蒌，味道不醲不薄，恰到好处；吴地风味的酿醴，和以白米之曲，把它和着楚地的醇酒，过滤以成其清酒，味道尤为醲美。荆楚富饶，珍奇聚积，疆域宽广，政治清明，没有什么地方能与之媲美："自恣荆楚，安以定只。逞志究欲，心意安只。穷身安乐，年寿延只。魂乎归徕，乐不可言只。""魂乎归徕，赏罚当只。名声若日，照四海只。德誉配天，万民理只。北至幽陵，南交阯只。西薄羊肠，东穷海只。魂乎归徕，尚贤士只。发政献行，禁苛暴只。举杰压陛，诛讥罢只。直赢在位，近禹麾只。豪杰执政，流泽施只。魂乎徕归，国家为只。"（《大招》）物产丰富，交通发达，人民安康，政治清明，样样都可以让人流连忘返、安居乐业，正需要贤能之人以国家为重！

　　屈原将自己理想中的"美政"铺陈"赋"写入招魂辞，寄托了自己"国家为只"的强烈爱国情怀。王逸《楚辞章句》卷十《大招》解题："屈原放流九年，忧思烦乱，精神越散，与形离别，恐命将终，所行不遂，故愤然大招其魂，盛称楚国之乐，崇怀、襄之德，以比三王，能任用贤，公卿明察，能荐举人，宜辅佐之，以兴至治，因以风谏，达己之志也。"①可见，《大招》同《九歌》一样，亦有着浓郁的楚巫文化因素，极有可能是屈原放逐时"更定"巫觋祭祀神曲的"再创作"。其所描绘的富饶荆楚，正是屈原"美政"理想的心理折射。

十一、《渔父》：独清独醒　永执清白

（一）《渔父》的文本性质：屈原作品之口头传播版

　　关于《渔父》的篇章性质，前人定性主要有二：一是史学家们（如司马

---

①［汉］王逸章句，［宋］洪兴祖补注：《楚辞补注》，中华书局，1983年，第216页。

迁、刘向等)定之为"实录";二是文学批评家们(如洪兴祖)定位"设词"。宋洪兴祖补注:"《卜居》、《渔父》,皆假设问答以寄意耳。而太史公《屈原传》、刘向《新序》、嵇康《高士传》或採《楚词》、《庄子》渔父之言以为实录,非也。"①朱熹同意洪兴祖的看法:"《渔父》者,屈原之所作也。渔父盖亦当时隐遁之士。或曰,亦原之设词耳。"②蒋骥则认为,很可能是"实录":"或云此亦原之寓言。然太史采入本传,则未必非实录也。渔父有无弗可知,而江潭沧浪,其所经历,盖可想见矣。"③本书认为,《渔父》应是屈原生活的艺术典型化。

关于《渔父》的文本性质,王逸《楚辞章句》卷七《渔父》解题中有看似矛盾的说法:"《渔父》者,屈原之所作也……楚人思念屈原,因叙其辞以相传焉。"④王逸的说法表明,现今流传的《渔父》已不是屈原的"原作",而极有可能是屈原作品的"口头传播版本",全篇以第三人称方式叙述了屈原与渔父的对话,其原文如下:

> 屈原既放,游于江潭,行吟泽畔,颜色憔悴,形容枯槁。渔父见而问之曰:"子非三闾大夫与? 何故至于斯?"屈原曰:"举世皆浊我独清,众人皆醉我独醒,是以见放。"渔父曰:"圣人不凝滞于物,而能与世推移。世人皆浊,何不淈其泥而扬其波? 众人皆醉,何不餔其糟而歠其醨? 何故深思高举,自令放为?"屈原曰:"吾闻之,新沐者必弹冠,新浴者必振衣,安能以身之察察,受物之汶汶者乎? 宁赴湘流,葬于江鱼之腹中。安能以皓皓之白,而蒙世俗之尘埃乎?"渔父莞尔而笑,鼓枻而去,歌曰:"沧浪之水清兮,可以濯吾缨;沧浪之水浊兮,可以濯吾足。"遂去,不复与言。

在屈原其他作品中,也有"对话体"的结构模式⑤,如《离骚》中有诗人与女嬃、灵氛、巫咸的对话。但,《离骚》是以第一人称的方式叙述的。在《渔父》文本中,则是第三人称叙述方式。这表明,现存的《渔父》文本可能是

①[汉]王逸章句,[宋]洪兴祖补注:《楚辞补注》卷七《渔父》解题,中华书局,1983年,第179页。
②[宋]朱熹撰,黄灵庚点校:《楚辞集注》,上海古籍出版社,2015年,第146页。
③[清]蒋骥:《山带阁注楚辞》卷五《渔父》解题,上海古籍出版社,1984年,第156页。
④[汉]王逸章句,[宋]洪兴祖补注:《楚辞补注》,中华书局,1983年,第179页。
⑤一问一答的设词方式,体现了屈原矛盾的心情和精神的苦闷,但却客观上形成了一种艺术结构模式,为汉代辞赋作家模仿,这是屈原在文学艺术上的一种开拓。

屈原作品"口头传播"后的记录本,即王逸所谓"楚人思念屈原,因叙其辞以相传焉"。

(二)《渔父》意旨:独清独醒　永执清白

屈原与渔父的"对话",记录了屈原晚年流放苦闷徘徊与抉择过程。刘勰《文心雕龙·辨骚》:"《渔父》寄独往之才。"[①]屈原不愿抛弃自尊自励、耿介正直,不愿改变对国、对君的责任意识,但现实的失落与绝望吞噬着他的青春、他的形神,掬水自照,"颜色憔悴,形容枯槁"(《渔父》),扪心自问:这一切究竟是为了什么? 为何曾经应对诸侯、出谋划策于朝堂,而今却被疏远流放?

二百余字的《渔父》,以对话为中心,分为"屈原出场——渔父与屈原对话——渔父与屈原不言而别"三个部分,中间主客对话为文本主体部分。通过渔父紧追不舍的两个"何故",彰显屈原与渔父不同的处世态度。诗人借"渔父"的"何故至于斯"、"何故深思高举,自令放为"的层层追问,引出自己的处世态度和价值追求,用文学诗性正义的形式,告诉世人——独清独醒——是其人格的追求。"宁赴湘流,葬于江鱼之腹中。安能以皓皓之白,而蒙世俗之尘埃乎?""新沐者必弹冠,新浴者必振衣。"(《渔父》)屈原的回答,暗示其价值追求不同于"渔父"的哲学认识。就母题来说,屈原《渔父》开创了中国辞赋史上的"士大夫清官为什么不容于世"的言志说理的母题传统。"举世皆浊我独清,众人皆醉我独醒。是以见放。"(《渔父》)屈原固执地苦守着自己年轻时期的人格志向:"横而不流","苏世独立",忠清洁白。

此时的屈原,年近花甲,坚持自己的美政理想,已有二十多个春秋。难道就不能改变一下自己的信仰吗? 难道就不能随波逐流吗? "圣人不凝滞于物,而能与世推移。"(《渔父》)不,屈原不能。

从汉北到江夏到沅湘洞庭,屈原始终盼望君王的醒悟,自己也写诗申述自己的忠信,但昏君不悟。所以憔悴甚或多病的屈原终于作出自己对这一问题的最后选择——保持自己人格的"清白"。而屈原所言"宁赴湘流,葬于江鱼之腹中"的选择背后,从楚人历史文化渊源看也是极富深

---

① [南朝梁]刘勰撰,周振甫注:《文心雕龙注释》,人民文学出版社,1981年,第36页。

意的①。

写下《渔父》后,屈原又写了《怀沙》,从对人生定位与现实挫折的思考看,《渔父》与《怀沙》相互照应,反映了屈原人生后期的精神追求和志向。

十二、《九章》:诗谏之用　忠清之志

(一)《九章》非作于一时一地

《九章》包括《惜诵》、《涉江》、《哀郢》、《抽思》、《怀沙》、《思美人》、《惜往日》、《橘颂》、《悲回风》九篇诗歌。关于这些诗歌的写作时间和地点,主要代表性说法有:"江南"说、"非一地"说、"汉北与江南两地"说。"江南"说者,以王逸为代表,认为《九章》是屈原流放江南时作,《楚辞章句》卷四《九章》解题:"《九章》者,屈原之所作也。屈原放于江南之野,思君念国,忧心罔极,故复作《九章》。"②"非一地"说者,以朱熹为代表,认为《九章》不是作于同一时间,且是后人编辑而成,《楚辞集注》卷四《九章》解题:"《九章》者,屈原之所作也。屈原既放,思君念国,随事感触,辄形于声。后人辑之,得其九章,合为一卷,非必出于一时之言也。"③"汉北与江南两地"说者,以蒋骥为代表,《山带阁注楚辞序》将《九章》各篇创作地点归属于汉北与江南两地。

从诗歌的内容和情感看,《九章》确非作于一时一地,各篇大致创作时间为:《橘颂》作于屈原青年从政初期,《抽思》作于前往汉北途中,其他各篇作于《天问》、《卜居》之后,《思美人》、《哀郢》作于流放江夏时期,《涉江》作于由沅江入溆浦后,《怀沙》作于《渔父》之后,《悲回风》、《惜往日》是屈原临死前所作。

(二)《九章》的创作宗旨:陈情谏君

《九章》是屈原编辑的? 还是后人整理的? 历来说法不一。一说《九章》是屈原编撰并命名的。据现存楚辞文献看,《九章》之名最迟在西汉刘向时已经固定使用了。刘向《九叹·忧苦》:"叹《离骚》以扬意兮,犹未殚

①《山海经·大荒西经》载,颛顼死化为鱼,是为鱼妇,即复苏。屈原《离骚》有"帝高阳(颛顼)之苗裔兮",其中的民族文化背景分析详见本章第三节。
②[汉]王逸章句,[宋]洪兴祖补注:《楚辞补注》,中华书局,1983 年,第 120—121 页。
③[宋]朱熹撰,黄灵庚点校:《楚辞集注》,上海古籍出版社,2015 年,第 92 页。

于《九章》。"东汉王逸《楚辞章句》卷四《九章》解题:"章者,著也,明也。言己所陈忠信之道,甚著明也。"另一说,《九章》是后人编撰并命名的。如,朱熹、蒋骥认为,"章"是篇章的意思。朱熹《楚辞集注》卷四《九章》解题:"后人辑之,得其九章,合为一卷。非必出于一时之言也。"蒋骥《山带阁注楚辞》卷四《九章》解题:"原既得罪,触事成吟。后人辑之,共得九章,合为一卷。非必一时一地之言也。"汤炳正《屈赋新探·〈九章〉时地管见》据楚怀王时《鄂君启舟节》所记录的水路路线,认为《哀郢》、《抽思》、《思美人》、《涉江》、《悲回风》、《怀沙》、《惜往日》七篇联系密切①。

本书认为,《九章》极有可能是屈原临绝前整理的"诗谏"之编。各篇创作时间,以情理及屈原行踪推断,大致可以分为两期:楚怀王时期,作《橘颂》、《抽思》、《惜诵》;楚顷襄王时期,作《哀郢》、《思美人》、《涉江》、《怀沙》、《悲回风》、《惜往日》。

《九章》第一篇《惜诵》,清蒋骥认为《惜诵》是屈原陈情失败后所作:"盖原于怀王见疏之后,复乘间自陈,而益被谗致困,故深自痛惜,而发愤为此篇以白其情也。"②本书认为,《惜诵》约作于《天问》、《大招》之后③,是屈原重新燃起忠信于君国的信心,对怀王的一篇陈情文。

《惜诵》辩论意味浓厚。诗歌中,屈原首先描述了被疏远后心情忧闷,众口铄金,陈情无路,不能与怀王沟通,所以请来五帝、六神、皋陶听取自己的冤屈:"令五帝以枡中兮,戒六神与向服。俾山川以备御兮,命咎繇使听直。"(《惜诵》)全诗主要申辩的是臣子的忠诚。屈原写道:"竭忠诚以事君兮,反离群而赘肬。忘儇媚以背众兮,待明君其知之。"(《惜诵》)自己竭尽忠诚侍奉君王,却遭到群小离间而获罪;自己因为违背小人的意志遭到排斥,只希望国君能明白自己的苦衷。屈原相信,怀王一定会像明君一样,能根据臣子的行动和言论审查其品行:"言与行其可迹兮,情与貌其不变。故相臣莫若君兮,所以证之不远。"(《惜诵》)

诗歌开篇陈述自己的苦闷抑郁:"纷逢尤以离谤兮,謇不可释。情沉抑

---

① 汤炳正:《屈赋新探》,华龄出版社,2010年,第47—67页。
② [清]蒋骥:《山带阁注楚辞》卷五,上海古籍出版社,1984年,第111页。
③ 蒋骥将《惜诵》列为屈原全部二十五篇作品之首,有些欠妥(清蒋骥《山带阁注楚辞》卷四《惜诵》解题说:"《惜诵》,盖二十五篇之首也。自《骚》经言'从彭咸之所居',厥后历怀、襄数十年不变。此篇曰'愿曾思而远身',则犹回车复路之初愿。余固知其作于《骚》经之前,而经所云'指九天以为正',殆指此而言也。")

而不达兮,又蔽而莫之白。心郁邑余侘傺兮,又莫察余之中情。固烦言不可结诒兮,愿陈志而无路。退静默而莫余知兮,进号呼又莫吾闻。”“惜诵以致愍兮,发愤以杼情。”(《惜诵》)即说,自己难忘往日忠信事君,以致愁苦疲倦难以自拔,现在身虽疲病,忠信之心仍不愿放弃,所以发愤提笔,澄清志向,期盼获得怀王的理解。诗末结语,再一次表明心迹:“恐情质之不信兮,故重著以自明。”(《惜诵》)担心自己内心的真实想法不被怀王理解,所以再次著文陈情表白心声。

《惜诵》表现出对怀王的无限忠诚,是屈原作品中用“忠”字最多的一篇诗歌,凡五见:“所作忠而言之兮,指苍天以为正。”“竭忠诚以事君兮,反离群而赘肬。”“思君其莫我忠兮,忽忘身之贱贫。”“忠何罪以遇罚兮,亦非余心之所志。”“吾闻作忠以造怨兮,忽谓之过言。”屈原无可奈何承认了忠臣蒙冤的残酷现实:“晋申生之孝子兮,父信谗而不好。行婞直而不豫兮,鲧功用而不就。吾闻作忠以造怨兮,忽谓之过言。九折臂而成医兮,吾至今而知其信然。”(《惜诵》)历史上申生孝顺父亲被骊姬陷害,鲧耿直被天帝所杀,现在自己多次被误解,“九折臂而成医”,严酷的现实让诗人不得不相信“作忠以造怨”,即耿直忠诚会招来群佞怨恨,导致自己遭受更多的政治打击。正如宋玉感叹:“虽愿忠其焉得? 欲寂寞而绝端兮,窃不敢忘初之厚德。”(《九辩》)汉东方朔亦感叹,屈原内心衷情无法言说,又没有帮助他的人:“言语讷謉兮,又无强辅。”(《七谏》)忠诚被误解,诗人孤寂悲伤,令人叹惜!

《九章》各篇的“陈情”倾向明显。屈原亦明确称自己作诗是向楚王表白,诗中写道:“结微情以陈词兮,矫以遗夫美人。”(《九章·抽思》)“愿陈情以白行兮,得罪过之不意。情冤见之日明兮,如列宿之错置。”(《九章·惜往日》)“介眇志之所惑兮,窃赋诗之所明。”(《九章·悲回风》)“惜诵以致愍兮,发愤以杼情。”(《九章·惜诵》)同时,屈原有以诗谏君的主观意图:“卒没身而绝名兮,惜壅君之不昭。”“谅聪不明而蔽壅兮,使谗谀而日得……不毕辞而赴渊兮,惜壅君之不识。”(《惜往日》)死去不一定能促使顷襄王醒悟,用诗歌向君王表白,也许可以提醒君王。据此推测,屈原很可能将不同时期创作的诗歌合为一编,即《九章》,以此“诗谏”君王。

(四)《九章·哀郢》、《九章·思美人》:思君念国

《哀郢》、《思美人》的创作时间,历来说法不一致。王逸称其作于江南流放时期;王夫之认为《哀郢》作于顷襄王东迁后;蒋骥认为《思美人》作于汉北时期,《哀郢》作于流放江夏后九年①。从行文看,两首诗歌均与"郢"都有关,行程和情感有诸多相似处。

其一,两诗行程都提及"江夏"。《哀郢》:"去故乡而就远兮,遵江夏以流亡。""过夏首而西浮兮,顾龙门而不见。""将运舟而下浮兮,上洞庭而下江。""背夏浦而西思兮,哀故都之日远。""惟郢路之辽远兮,江与夏之不可涉。"《思美人》:"吾将荡志而愉乐兮,遵江夏以娱忧。""江夏"地域,据清蒋骥考证在荆郢之东、夏水入汉水和长江一带,古之云梦,今之沔阳、监利、汉川一带。据此可以推断,二诗的创作均与初期离开郢都相关。结合蒋骥的看法,本书推断,《思美人》作于前往汉北离开郢都时,《哀郢》作于流放江夏后九年。即分别作于屈原第一次被楚怀王疏远流放汉北时和第二次被楚顷襄王流放江南时。

其二,《哀郢》、《思美人》在情感上也有诸多相似处,都表达了对故都的思念和对君王的忠诚及志向难申的郁结忧愤。《哀郢》:"过夏首而西浮兮,顾龙门而不见。心婵媛而伤怀兮,眇不知其所跖……羌灵魂之欲归兮,何须臾而忘反。背夏浦而西思兮,哀故都之日远。"(《哀郢》)即说,离开夏水向西漂流,回望郢都城门早已看不到了。心中愁绪绵绵,前途茫茫,我将行向何方? 顺风漂流,何处为客? 浩浩荡荡的波浪,何处才能停泊? 心中的疑惑难以解开,思虑亦不能舒畅。离开郢城,心中一直想着回去,停留在夏水口,思念西边的故都。"冀壹反之何时? 鸟飞反故乡兮,狐死必首丘。信非吾罪而弃逐兮,何日夜而忘之?"(《哀郢》)《思美人》全篇诗歌亦有"不得再事于君"的忧伤情感,诗歌开篇写道:"思美人兮,临涕而伫眙。媒绝路阻兮,言不可结而诒。"(《思美人》)即说,思念君王啊,我久久凝望故都,忠言郁结不得向君王诉说,思君念国之深情厚谊溢于言表。

《哀郢》写自己遭遇谗言多年流放,内心忧国思君之"忠",因朝中奸邪

---

① "此亦怀王时斥居汉北之辞,盖继《抽思》而作者也。美人,即《抽思》所欲陈词之美人,谓君也。"(《山带阁注楚辞》卷四《思美人》句注)"黄维章谓原死于顷襄十年。林西仲谓死于十一年。皆以《哀郢》有'九年不复'之言故耳。然岂必《哀郢》甫成,即投渊而死哉? 今考《哀郢》在陵阳已九年,其后又涉江入辰溆,由辰溆东出龙阳,遇渔父,遂往长沙,作《怀沙》。其秋,又有《悲回风》'任石何益'之言,后以五月五日,毕命湘水。则在长沙亦非一载也。故约略其死,当在顷襄十三、四年或十五、六年。若王姜斋论《哀郢》,谓指襄王徙陈,则为时太远,未必及见矣。且其时长沙曾为秦取,原尚得晏然安身其地乎?"(《山带阁注楚辞》卷首《楚世家节略》)

阻隔不得申发："忽若不信兮,至今九年而不复。惨郁郁而不通兮,蹇侘傺而含感。外承欢之汋约兮,谌荏弱而难持。忠湛湛而愿进兮,妒被离而鄣之。"流放江夏多年来,自己忠诚之心和为国为君奉献的愿望无法通达天听,被谗人阻难在外。《思美人》亦写没有人引见,满腹忠信无法表达："媒绝路阻兮,言不可结而诒。蹇蹇之烦冤兮,陷滞而不发。申旦以舒中情兮,志沉菀而莫达。愿寄言于浮云兮,遇丰隆而不将。因归鸟而致辞兮,羌宿高而难当。"在荒凉的地区,心中的郁结忧愤只能寄托给浮云、归鸟,可云师远去而不听,归鸟高飞而难遇。

《哀郢》写诗人执着于理想的慷慨及忧郁："心絓结而不解兮,思蹇产而不释。""心不怡之长久兮,忧与愁其相接。"心中的疑惑难以解开,思虑亦不能舒畅,忧愁从内心源源不断侵蚀自己的灵魂。《思美人》:"惜吾不及古人兮,吾谁与玩此芳草?""登高吾不说兮,入下吾不能。固朕形之不服兮,然容与而狐疑。广遂前画兮,未改此度也。"我生未能遇到古时明君,报国之志难以伸展。性情耿直,又难以随俗。我也不想改变自己的态度和追求,将继续恢廓仁义。

综上所述,《哀郢》《思美人》真实记录了屈原两次离开郢都、前往流放地的心态:思念君国,忧愤郁结。

(五)《九章·涉江》:抗志高远

《涉江》应作于屈原从江夏流域向沅湘流域进发途中。其诗中行程清晰:秋冬之际,从鄂渚(今武昌)①的一个江中小岛出发,"旦余济乎江湘。乘鄂渚而反顾兮,欸秋冬之绪风",乘吴船向沅江出发,"乘舲船余上沅兮,齐吴榜以击汰",从洞庭湖水系沅江的下游枉陼出发,到达位于沅江中游的辰阳(今湖南辰溪),一路逆水,船徘徊不进,"船容与而不进兮,淹回水而凝滞。朝发枉陼兮,夕宿辰阳"。最后,到达了沅江上游的支流溆水,在深山丛林之中,屈原倍感孤寂无助,"入溆浦余儃佪兮,迷不知吾所如。深林杳以冥冥兮,猿狖之所居。山峻高以蔽日兮,下幽晦以多雨。霰雪纷其无垠兮,云霏霏而承宇"。溆浦山林之中,云雾缭绕,难见阳光,雨雪纷纷,猿狖悲啼,让屈原顿失方向。现实的迷茫,将屈原的思绪带回了历史:

---

① 王逸《楚辞章句》卷四,本句注:"鄂渚,地名。"洪兴祖《楚辞补注》:"楚子熊渠,封中子红于鄂。鄂州,武昌县地是也。隋以鄂渚为名。"

接舆髡首兮,桑扈臝行。

忠不必用兮,贤不必以。

伍子逢殃兮,比干菹醢。

与前世而皆然兮,吾又何怨乎今之人!

余将董道而不豫兮,固将重昏而终身!

　　　　　　　　　　　　　　——屈原《涉江》

《论语·微子》中记载:"楚狂接舆歌而过孔子曰:'凤兮凤兮!何德之衰?往者不可谏,来者犹可追。已而,已而,今之从政者殆而!'孔子下,欲与之言。趋而辟之,不得与之言。"①接舆是春秋时代楚国著名的隐士,剪去头发,佯狂不仕。桑扈,去衣臝祖,也是古代隐士。屈原在这里取他们与众不同的奇异行为表现,照应了第一层"奇服"的象征意味,自伤不容于世。

伍子逢殃、比干菹醢的历史故事多次出现在屈原作品里,作为品行忠直而遭遇患害的忠臣典型,比干、伍子胥的悲剧故事时时警醒着后人:"忠不必用兮,贤不必以。伍子逢殃兮,比干菹醢。与前世而皆然兮,吾又何怨乎今之人!"(屈原《九章·涉江》)自古忠臣常难容于世,何必抱怨今天的楚国人呢?屈原这种富于悲情色彩的开脱,让我们真切地感受到其内心的痛苦。

屈原思想在痛苦中升华,由自我形象定位的反思,到深刻的社会痼疾的揭示。《涉江》篇末写道:"鸾鸟凤皇,日以远兮。燕雀乌鹊,巢堂坛兮。露申辛夷,死林薄兮。腥臊并御,芳不得薄兮。阴阳易位,时不当兮。怀信佗傺,忽乎吾将行兮!"忠贞之臣都远走高飞,奸滑谗臣却聚集朝政;贤能之士纷纷被陷害放逐边远,贪婪小人却把持朝政;正邪易位,诗人失意失落,怅然伫立。

《涉江》历来有"小《离骚》"之称。从《涉江》原文看,屈原当时是在思君回郢都毫无希望的情况下,决定走这一条涉江南行的路线的。他说:"世溷浊而莫余知兮,吾方高驰而不顾。"(《涉江》)王逸《楚辞章句·涉江》本句注曰:"高行抗志。"洪兴祖《楚辞补注》卷四《涉江》解题:"此章言己佩服殊异,抗志高远,国无人知之者,徘徊江之上,叹小人在位,而君子遇害

―――――――――――

① 《论语·微子》,[宋]朱熹集注:《四书》,上海古籍出版社,1995年,第217页。

也。"①怀抱忠信,变心从俗早已不能,只能孤独远行以申发志向,至少可以保持自己幼年好修自爱的清白。屈原宁愿终身不得官爵,终身愁苦,也不变自己幼年时期好修自爱的志向:"苟余心之端直兮,虽僻远之何伤。""余将董道而不豫兮,固将重昏而终身!""哀吾生之无乐兮,幽独处乎山中。吾不能变心而从俗兮,固将愁苦而终穷。"(《涉江》)

《涉江》是屈原后期思想的一个转折点,现实的流放和楚国日渐衰败的现状,让屈原又一次陷入绝望。楚人的信仰让屈原再次产生"远游昆仑"的强烈愿望,由洞庭湖西行,到达昆仑神山,食玉英与天地兮同寿。"余幼好此奇服兮,年既老而不衰。带长铗之陆离兮,冠切云之崔嵬。被明月兮珮宝璐。世溷浊而莫余知兮,吾方高驰而不顾。驾青虬兮骖白螭,吾与重华游兮瑶之圃。登昆仑兮食玉英,与天地兮同寿,与日月兮同光。"(《涉江》)诗中呈现的诸多文化符码今天已很难透彻理解,但这些极具象征意味的意象记录了屈原南方活动轨迹,也侧面呈现了屈原的"昆仑情结"②,这很可能是屈原选择"沉水"殉志的心迹记录。

(六)《九章·怀沙》:生死思考

《九章·怀沙》,太史公认为是"屈原绝笔之作"。王逸也看到其中的"死志",其对《涉江》"知死不可让,愿勿爱兮。明告君子,吾将以为类兮"句注曰:"言人知命将终,可以建忠仗节死义,愿勿辞让,而自爱惜也。"洪兴祖亦采纳"绝笔"说,"此章言己虽放逐,不以穷困易其行。小人蔽贤,群起而攻之。举世之人,无知我者。思古人而不得见,伏节死义而已。太史公曰:'乃作《怀沙》之赋,遂自投汨罗以死。'原所以死,见于此赋,故太史公独载之"③。但,朱熹认为屈原"绝笔"是《惜往日》《悲回风》,《九章》解题:"《惜往日》《悲回风》又其临绝之音。"④清代蒋骥继承朱熹的看法,提出《怀沙》作于《渔父》之后,不是"绝笔":"(《怀沙》)纾而未郁,直而未激,犹当在《悲回风》《惜往日》之前,岂可遽以为绝笔欤?"⑤"此原遇渔父之

①[汉]王逸章句,[宋]洪兴祖补注:《楚辞补注》,中华书局,1983年,第132页。
②详见本章第三节之"'昆仑'情结与水中转生信仰"。
③[汉]王逸章句,[宋]洪兴祖补注:《楚辞补注》卷四《怀沙》解题,中华书局,1983年,第146页。
④[宋]朱熹撰,黄灵庚点校:《楚辞集注》,上海古籍出版社,2015年,第92页。
⑤[清]蒋骥:《山带阁注楚辞》卷四,上海古籍出版社,1984年,第130页。

后,决计沉湘,而自沅越湖而南之所作也。"①"右《怀沙》,《史记》于渔父问答后,即继之曰,'乃作《怀沙》之赋。'今考,渔父沧浪,在今常德府龙阳县,则知此篇当作于龙阳启行时也。"②

"五十而知天命"(《论语·为政》),古人云,人到五十岁,便不轻易因为穷或达而改变自己的志向了③。屈原作《怀沙》时,应该处在这样的人生阶段。屈原明白,自己端直高洁,世间无有知音。伯乐死了,千里马又还能跑多远?人生有命,各有所持。自己早知天命,何必畏惧呢!其诗曰:"怀质抱情,独无匹兮。伯乐既没,骥焉程兮。民生禀命,各有所错兮。定心广志,余何畏惧兮。曾伤爰哀,永叹喟兮。世溷浊莫吾知,人心不可谓兮。"(《怀沙》)诗人绝望中仍不免鼓励自己:"汤禹久远兮,邈而不可慕。惩违改忿兮,抑心而自强。离愍而不迁兮,愿志之有像。进路北次兮,日昧昧其将暮。舒忧娱哀兮,限之以大故。"(《怀沙》)意思是说,夏禹、商汤已久远不可思慕,抑制自己生不逢时的怨愤,自励自强。自己老病一身,只希望像古代的君子一样行事做人。自己生命如太阳西下,终有一死,只希望国君撤回不得北上郢都的成命④,聊解思君思国的忧伤吧!诗歌结尾亦道:"脩路幽蔽,道远忽兮。"那漫长的路啊被森林遮蔽,归路遥远而恍惚!此时,屈原已经不再希求国君和世俗的理解了,自己最终的选择是向"君子"看齐,与他们一样,注重志向,为之亦可献出生命。他倾诉了对圣人君子的向往之情:"易初本迪兮,君子所鄙。""内厚质正兮,大人所盛。"(《怀沙》)意思是说,改变自己的正直,与世俗妥协,这是"君子"所鄙夷的;保持自己内心的纯粹正直,是君子所看重的。篇末,屈原写道"明告君子,吾将以为类

---

① [清]蒋骥:《山带阁注楚辞》卷四,上海古籍出版社,1984年,第126页。

② [清]蒋骥:《山带阁注楚辞》卷四,上海古籍出版社,1984年,第129页。

③ 梁皇侃义疏:"天命,谓穷通之分也。谓天为命者,言人禀天气而生,得此穷通,皆由天所命也。天本无言,而云有所命者,假之言也。人年未五十,则犹有横企无厓,及至五十始衰,则自审己分之可否也。故王弼云:天命废兴有期,知道终不行也。孙绰云:大易之数五十,天地万物之埋究矣。以知命之年,通致命之道,穷学尽数,可以得之,不必皆生而知之也。此勉学之至言也。熊埋云:既了人事之成败,遂推天命之期运,不以可否系其理治,不以穷通易其志也。"([魏]何晏集解,[南朝梁]皇侃义疏:《论语集解义疏》卷一《论语·为政第一》疏,文渊阁四库全书本)

④ 蒋骥记载了一种观点,即顷襄王时屈原的迁逐地域是大江以南,具体地域听其自便,但不得越过江北:"乃知原虽羁迹陵阳,实亦听其自便。所谓'江与夏之不可涉'者,特逐之江外,不得越江而北耳。"[清]蒋骥《山带阁注楚辞》卷四,上海古籍出版社,1984年,第121页。本书采纳这一观点。

兮",照应篇首"君子"之说。

中华民族一直是尊重生命、但不愿"迫生"的民族。《吕氏春秋·贵生》:"全生为上,亏生次之,死次之,迫生为下。"正代表了战国后期的一种"生死观"——尊重生命,但不愿"迫生"。"所谓迫生者,六欲莫得其宜也,皆获其所甚恶者,服是也,辱是也;辱莫大于不义,故不义,迫生也。而迫生非独不义也,故曰迫生不若死"[1]。战国后期的孟子谈生与死的选择,也谈到"义","义"就是羞耻之心:"生亦我所欲,所欲有甚于生者,故不为苟得也。死亦我所恶,所恶有甚于死者,故患有所不辟也。如使人之所欲莫甚于生,则凡可以得生者何不用也。使人之所恶莫甚于死者,则凡可以辟患者何不为也。由是则生而有不用也,由是则可以辟患而有不为也,是故所欲有甚于生者,所恶有甚于死者,非独贤者有是心也。人皆有之,贤者能勿丧耳。"[2]孟子认为,生命的意义高于活着的状态,所以提出"舍生取义"的观点,赞美"贤者"的坚持。

战国时期的生死观,可以让我们更清晰地理解屈原的自沉:首先,屈原宁死不改变志向,是战国末期一批"贤者"共同的人生态度,所以屈原诗中写道:"知死不可让,愿勿爱兮。明告君子,吾将以为类兮。"(《涉江》)其次,屈原选择死亡归属并非没有根由的选择,中华民族历来反对"迫生"的传统正是屈原选择的历史文化原因。再次,当时很多人都会谈生死问题,这是战国动乱年代的产物。谈到生死问题,并不意味着马上选择去死。因此《怀沙》虽谈到死的志向,但不一定就是"绝笔",只是在思想中有了舍生取义的"死志"。

"生无信仰心,恒被他笑具"[3]。结合战国末期的生死观,屈原宁死不改变志向的做法有着深厚的文化背景,这也是屈原精神被后世接受的文化内驱力。不"迫生"的道理都知道,但能坚持下来的并不多。屈原因此常被人解读为不善于"处世",然而终究有理解屈原的人,"太史公为你的投水太息,怪你为什么不游宦他国。他怎知你若是做了张仪,你不过流为先

---

①[汉]高诱注,[清]毕沅校,徐小蛮标点:《吕氏春秋》,上海古籍出版社,2014 年,第 30 页。
②[宋]朱熹集注:《四书集注》,岳麓书社,1985 年,第 420—421 页。
③[唐]释道世著,周叔迦、苏晋仁校注:《法苑珠林校注》卷九十四,中华书局,2003 年。

秦一说客"①。屈原之所以是屈原,正是由于他坚持了"不迫生"的生命价值观。屈原、孟子等都是关注和坚持信仰的"大丈夫"。

(七)《九章·悲回风》:临绝"悟"君

"回风"即旋风,诗人借用旋风的多变,暗喻时事的多变。而在多变的世道中,屈原坚持不变初志:"惟佳人之独怀兮,折芳椒以自处。"(《悲回风》)这种"孤芳自赏",是屈原不得已的选择,《悲回风》中描述了他辗转反侧、长夜思虑的情景和愁苦:"涕泣交而凄凄兮,思不眠以至曙。终长夜之曼曼兮,掩此哀而不去。"(《悲回风》)涕泪相交,难以入眠,漫漫长夜,居处偏远,反复思量,哀愁难去。而那难消的忧愤,像佩带一样,缠绕着自己,挥之不去,愁苦如编制的内衣贴紧胸膛:"纠思心以为纕兮,编愁苦以为膺。"(《悲回风》)

关于《悲回风》创作时间、旨意的看法,一般认为,诗歌是屈原临死前抒发愤懑之情、著明志向而作。宋洪兴祖:"《悲回风》,此章言小人之盛,君子所忧,故托游天地之间,以泄愤懑,终沉汨罗,从子胥、申徒,以毕其志也。"②宋朱熹:"《惜往日》、《悲回风》,又其临绝之音,以故颠倒重复,倔强疏卤,尤愤懑而极悲哀,读之使人太息流涕而不能已。"③清蒋骥:"此篇继《怀沙》而作。於为彭咸之志,反复著明? 几已死矣,而卒不死,盖恐死不足以悟君,徒死无益,而尚幸其未死而悟,则又不如不死之为愈也。"④

本书认为,《悲回风》中,屈原对于"死志"的反复思索,有极大的政治意义的考虑。蒋骥曾分析,汨罗是熊绎始封之地,且离"郢"不远。在此自沉,可以起到"以死谏君"的目的,这是比较符合屈原那时的心态的。蒋骥说:"原尝自陵阳涉江湘,入辰溆,有终焉之志。然卒返而自沉,将悲愤所激,抑亦势不获已。若《拾遗记》及《外传》所云:'迫逐赴水'者欤? 然则奚不死于辰溆? 曰:原将下著其志,而上悟其君,死而无闻,非其所也。长沙为楚东南之会,去郢未远,固与荒徼绝异,且熊绎始封,实在于此。原既放

---

① 余光中:《淡水河边吊屈原》,《余光中集》第 1 卷《诗歌》,百花文艺出版社,2004 年,第 20—21 页。
② [汉]王逸章句,[宋]洪兴祖补注:《楚辞补注》卷四《悲回风》解题,中华书局,1983 年,第 162 页。
③ [宋]朱熹撰,黄灵庚点校:《楚辞集注》,上海古籍出版社,2015 年,第 92 页。
④ [清]蒋骥:《山带阁注楚辞》卷四《悲回风》解题,上海古籍出版社,1984 年,第 144 页。

逐,不敢北越大江,而归死先王故居,则亦首邱(注:同'丘')之意。"①蒋骥分析有一定道理,屈原主观上确实有"以死悟君"的想法,《悲回风》写道:"吾怨往昔之所冀兮,悼来者之愁愁。浮江淮而入海兮,从子胥而自适。望大河之洲渚兮,悲申徒之抗迹。骤谏君而不听兮,重任石之何益。心絓结而不解兮,思蹇产而不释。"即说,子胥、申徒自沉谏君的历史提醒自己,如果猛然决定以死谏君,抱石自沉也将没有任何益处,只能空悲怨。在屈原心中,伍子胥②直言敢谏,但吴王信谗而赐死子胥,其后,吴国果然如子胥担忧的一样衰败下去。屈原与伍子胥有相同的经历——敢于谏言、但君王不听反信谗疏远他——这应是屈原两次提到伍子胥的重要原因,也是屈原对于"死志"的反复思索的重要原因。稍后的《惜往日》再次提到伍子胥:"吴信谗而弗味兮,子胥死而后忧。"(《惜往日》)可见,在考虑以死谏君的问题上,屈原是十分慎重的,伍子胥的故事,给了屈原诸多启迪。

作为"临绝之音",《悲回风》中还三次提及"彭咸":"夫何彭咸之造思兮,暨志介而不忘。""宁逝死而流亡兮,不忍此之常愁。孤子唫而抆泪兮,放子出而不还。孰能思而不隐兮,昭彭咸之所闻。""愁悄悄之常悲兮,翩冥冥之不可娱。凌大波而流风兮,托彭咸之所居。"《悲回风》三次提及"彭咸",这说明,屈原自沉确实与"彭咸"有关。但,若"彭咸"是王逸所言"殷之直臣",则彭咸与子胥、申徒当为同辈人物,那么,屈原为何只批评子胥、申徒骤然死谏而未能悟君,却向往"彭咸之居"呢?所以,"彭咸"应非一般意义上的"直臣",学界关于"彭、咸"乃"万水之源"昆仑神山之巫彭、巫咸的说法,是一种重要的思路。屈原的"托彭咸之所居"之志与"昆仑情结"(详见本章第三节分析)相辅相成,屈原看重的生命价值已经超越了"自然生命"。

---

① [清]蒋骥:《山带阁注楚辞》卷四,上海古籍出版社,1984年,第129—130页。
② 伍子胥本是楚国人,却为吴国而死,而且曾经带兵攻打楚国,其主要原因是楚平王杀了其父兄。但屈原诗作中多次提及伍子胥是忠臣。由此,许多人认为战国时期无"爱国"一说,屈原心中也没有楚国的概念。对于这一点,有学者认为春秋时期"父"大于"君",故而伍子胥为父报仇符合道义,不能算叛变楚国,且伍子胥并未阻止申包胥救楚国,说明内心深处他也有"君"与"父"之道义。伍子胥(前559—前484)距离屈原(前353—前278)约两百年,此时伍子胥已是吴国历史上的忠臣。今考,清《归州志》载,秭归有伍子胥庙,其文曰:"伍相庙,在州东十五里。"(《中国方志丛书·湖北省归州志》,清光绪八年首刊,成文出版社,1976年)

(八)《九章·惜往日》:绝笔谏君

《惜往日》言辞浅易,直言不讳,蒋骥认为此篇乃"绝笔"①,本书认同。面对浩浩沅江,屈原不禁有赴水自沉的想法:"临沅湘之玄渊兮,遂自忍而沉流。"(《惜往日》)但可怜壅君不会明白他的心啊:"卒没身而绝名兮,惜壅君之不昭。"(《惜往日》)

《惜往日》全篇述往思来,情真意切,可视为屈原自沉前对顷襄王的最后一篇"谏言"。诗歌开篇,以惋惜的语气回忆自己与怀王之间曾彼此信任。自己在与怀王秘密制定改革图新的制度时,从未对外泄密或炫耀,但怀王听信谗言,不调查清楚就怒斥我:"惜往日之曾信兮,受命诏以昭诗。奉先功以照下兮,明法度之嫌疑。国富强而法立兮,属贞臣而日娭。秘密事之载心兮,虽过失犹弗治。心纯庞而不泄兮,遭谗人而嫉之。君含怒而待臣兮,不清澈其然否。蔽晦君之聪明兮,虚惑误又以欺。"(《惜往日》)那时屈原与先王一起改革制定法律制度,国家富强,政治清明有序。然怀王、顷襄王都被谗言蒙住了双眼,花言巧语迷惑了双耳,将屈原迁逐到远方,"弗参验以考实兮,远迁臣而弗思。信谗谀之溷浊兮,盛气志而过之"(《惜往日》)。对楚王不信任自己,屈原感到万分冤屈,他质疑,为什么忠贞无罪却被谤言侵害:"何贞臣之无皋兮,被离谤而见尤。惭光景之诚信兮,身幽隐而备之。"(《惜往日》)屈原直言,国君不自爱、耳不聪、目不明,导致忠贞之臣报国无门:"君无度而弗察兮,使芳草为薮幽。焉舒情而抽信兮,恬死亡而不聊。独鄣壅而蔽隐兮,使贞臣为无由。"(《惜往日》)两代楚王心中都没有明辨是非的原则,贞臣无法靠近君王,楚王亲小人远君子,不调查而偏听谗言:"或忠信而死节兮,或诡谩而不疑。弗省察而按实兮,听谗人之虚辞。"(《惜往日》)屈原痛快淋漓地指责楚国君王昏庸、不识贤愚,语气尖锐,批评深刻。他告诉顷襄王:"芳与泽其杂糅兮,孰申旦而别之。何芳草之早夭兮,微霜降而下戒。谅聪不明而蔽壅兮,使谗谀而日得。自前世之嫉贤兮,谓蕙若其不可佩。妒佳冶之芬芳兮,嫫母姣而自好。虽有西施之美容兮,谗妒入以自代。"(《惜往日》)为什么芳草容易早夭?为什么谗佞日得?主要是因为君王听信了一次谗言,奸邪之臣就会得寸进尺。历史上妒贤嫉能的人往往告诉君王,芳草是不能佩戴的;就如丑妇会自称美,而

---

① [清]蒋骥:《山带阁注楚辞》卷四,上海古籍出版社,1984年,第137页。

说美女西施不美,以便自己取而代之。《惜往日》中屈原反复地耐心地告诉年轻的顷襄王,举贤授能是国家强盛的关键。诗歌中将百里溪、伊尹、姜太公、宁戚的政治成就归功于秦穆公、齐桓王、周武王、商汤的举贤之举,似乎想让顷襄王明白,臣子会将个人政治理想的实现寄托在君王的身上,作为一国之君,在贤愚混杂的情况下,辨清正邪最为关键。屈原告诉顷襄王,要想克服偏听,必须避免谗言遮蔽耳目,必须用法律制度来衡量,而不是主观心治。一个国家没有完善的法度,仅仅凭国君主观喜好来"心治",就如骑马驰骋若没有缰绳控制它,乘船顺流而下若没有船桨和船舵,都是十分危险的。诗曰:"乘骐骥而驰骋兮,无辔衔而自载。乘氾泭以下流兮,无舟楫而自备。背法度而心治兮,辟与此其无异。"(《惜往日》)

《惜往日》称国君为"壅君",幽愤之情溢于言表,死志也已十分明确。"宁溘死而流亡兮,恐祸殃之有再。不毕辞而赴渊兮,惜壅君之不识。"(《惜往日》)宁愿流亡,也不愿再遭受祸殃。但不把该说的话说完,又哀怜昏庸的君王永远难以明白。"愿陈情以白行兮,得罪过之不意。情冤见之日明兮,如列宿之错置。"(《惜往日》)将心中的想法用诗歌加以陈述,若因此受到惩罚也不会在意;行度清白如日月之明,如天上的星宿,这些都是大家看得很清楚的。

《惜往日》用一气呵成的简易言辞,回顾了屈原一生的主要遭际及晚年最为担忧的国政弊病,特别就举贤授能的识人、用人问题向顷襄王进谏,这是屈原临死前对国家忠诚的肺腑之言。"介子忠而立枯兮,文君寤而追求。"(《惜往日》)介子推之死,换来了晋文公的醒悟,可见,屈原主观上对"以死谏君"抱着极大希望,并为这一初衷能够被君王所理解而创作《惜往日》,作为死后呈给顷襄王的"谏言"。可惜,屈原诗谏和自沉未能唤醒被谗言蔽明的楚顷襄王。

综上,屈原二十五篇作品中明晰地展示了其内心的痛苦与抗争:对于自己,坚持好修独醒于溷浊之世道;对于他人和国君,努力用历史兴亡去唤醒。从中我们看到了一个百折不屈的崇高灵魂,也理解了屈原被逼迫赴水结束生命的真正原因——楚国政治制度的弊端。

第三节　屈原精神的生命诠释

对于屈原的死,最早表示不理解的是贾谊,接下来是司马迁,他们不理解,主要是惋惜屈原没有远走他国。到了班固,先是赞美屈原"忠诚之情",后转为严厉的讥讽,说屈原"露才扬己,显暴君过",暴露国君的过错,彰显自己的才华。魏晋时期刘勰也有微词,说屈原人格不完善,过于狂狷;颜之推《颜氏家训》中更是批评屈原迂腐。唐代的白居易、孟郊,宋代欧阳修及元代文人在作品里也时有讥讽,大致是说屈原心理承受能力弱。今天仍有不理解屈原的,甚至否定其真实性的,一些人不敢宣传屈原,认为屈原因为不得志就自沉结束自己生命,属于怀才不遇。

历史上肯定屈原的声音也很强大。西汉刘安称赞屈原"与日月争光"、东汉王逸说屈原是读书人的楷模、近代王国维说他"人格自足千古"、梁启超说凡为中国人者需获欣赏楚辞之能力乃为不虚生此国、印度诗人泰戈尔说他代表一个民族伟大心灵、朝鲜半岛李氏王朝文人以屈原作品为精神支柱、日本文人把酒读《离骚》、郭沫若的历史剧《屈原》在世界各国公演上千场……隋唐至清代中国文学集部之书,更以屈原开创的"楚辞类"文献为总集之祖。

这些评价站在各自立场上,有其特定时代原因和个人原因,但焦点都在"生命",核心问题都集中在对其人格的理解上。梁启超先生曾言:"研究屈原,应该拿他的自杀做出发点。"①秋瑾女士曾言:"芸芸众生,孰不爱生? 爱生之极,进而爱群。"②研究屈原精神,必须思考屈原的生命观。

一、屈原自沉之因

回溯起来,屈原之死究竟为何? 屈原为何选择自沉汨罗? 一些人不理解,一些人批评,更多的人是理解但却惋惜。几个有影响的说法有:学殷臣彭咸"忠谏"死;死于不得志;死于秦国之拔郢;死于谗言之蔽君;"易服救主",为救楚顷襄王而死。学彭咸"忠谏"而死,最早源于东汉王逸,王逸

①梁启超:《屈原研究》,《梁启超古典文学论著》,上海书店出版社,2013 年,第 267 页。
②[清]秋瑾:《光复军起义檄稿》,《秋瑾集》,中华书局,1960 年。

《楚辞章句》注："彭咸,殷贤大夫,谏其君不听,自投水而死。"①洪兴祖《楚辞补注》引颜师古语强化了这一观点:"'吾将从彭咸之所居',盖其志先定,非一时忿怼而自沉也。"②蒋骥明确道:"楚不可留,终归于为彭咸而誓死也。"③"於为彭咸之志,反覆著明?几已死矣,而卒不死,盖恐死不足以悟君,徒死无益,而尚幸其未死而悟,则又不如不死之为愈也,故原之于死详矣。"④此后,学"彭咸"而死,几乎成为"定论",成为解释屈原作品意蕴的重要前提。

但关于"彭咸"的身份,南宋朱熹曾质疑。朱熹指出,王逸和洪兴祖的说法没依据可查:"彭咸,洪引颜师古以为'殷之介士,不得其志,而投江以死'。与王逸异。然二说皆不知其所据也。"⑤清代刘梦鹏提出,"于彭咸独倦倦"之意不是效仿投水之意:"吾观屈子骤谏不听、任石无益之语,且若有不满于申徒、伍胥者,而于彭咸独倦倦焉,宁无谓耶?且此篇作于楚怀王疏出之日,未应便欲水游,可知依则自有在也。"⑥当代,对王逸、洪兴祖称屈原效仿彭咸而死也多有质疑⑦。

屈原死因既然不能简单地解释为效仿"彭咸",那又该如何解释呢?清代蒋骥联系秦国白起攻破郢都提出"秦患"说。史料记载,在今湖南长沙西北有"无假关"、今广西平乐西南有"厉门塞",驻有军队,设有官吏,征收关税。但顷襄二十一年,公元前278年,秦将白起破楚,攻打到了洞庭、五渚、江南等地⑧,这些地方正是屈原晚年流放生活之地,可以想象当时屈原的艰难处境。清蒋骥《山带阁注楚辞序》在"死于效仿彭咸说"基础上补充了上述历史背景,让屈原的死因推断变得更加有说服力。"盖其时谗焰益张,秦患益迫,使原不自沉,固当即死。死等耳,死于谗与死于秦,皆不足

①[汉]王逸章句,[宋]洪兴祖补注:《楚辞补注》卷一,中华书局,1983年,第13页。
②[汉]王逸章句,[宋]洪兴祖补注:《楚辞补注》卷一,中华书局,1983年,第13页。
③[清]蒋骥:《山带阁注楚辞·楚辞余论》卷上,上海古籍出版社,1984年,第182页。
④[清]蒋骥:《山带阁注楚辞》卷四《悲回风》解题,上海古籍出版社,1984年,第144页。
⑤[宋]朱熹撰,黄灵庚点校:《楚辞集注》,上海古籍出版社,2015年,第229页。
⑥[清]刘梦鹏:《屈子章句》,吴平等主编:《楚辞文献集成》第27册,广陵书社,2008年,第19338页。
⑦如任强《屈辞中彭咸意象试析》(《淮北煤炭师范学院学报》2007年第5期)、宋远凌《屈原投江是效法彭咸吗》(《安徽教育学院学报》1997年第3期)、吴淑玲《"从彭咸之所居"——屈原选择的未来之路》(《河北师范大学学报》1992年第3期)、任国瑞《"彭咸"旧说之批判——屈原赋"彭咸"考辨之一》(《云梦学刊》2001年第6期)。
⑧杨宽:《战国史》,上海人民出版社,2016年,第436页。

悟君。君虽悟,亦且无及,故处必死之地而求为有用之死,其势不得不出于自沉而,因而著之曰:'介子忠而立枯兮,文君悟而追求',明揭其死之情以发其君之悟。呜呼!"①面对谗言,屈原是有能力抵制的;但身辱于秦国,是他不能忍受之耻辱。这样,屈原之死的"时间点"是公元前278年秦将白起攻破郢都占领洞庭之前。蒋骥推断:"按原之死,大约在顷襄十五、六年。及二十一年而秦拔鄢郢,取洞庭、五湖、江南,沅湘玄渊,亦为秦有,'祸殃有再'之言,不旋踵验矣。"②即,屈原感受到秦军即将"摧毁"楚国之前,公元前282年左右选择仿效彭咸而死。这样,将屈原的死因归结为主、客观因素的综合作用,较为可信。

到了21世纪,关于屈原的死因,外界客观环境因素被进一步发掘申发,但由于直接相关的史料不多,这个思路还未有重大突破,继续"徘徊"在秦国白起入侵犯楚的历史背景上。如汨罗至今仍流传着《怀沙沉江》的故事:一天,屈原陡然听到一个不幸的消息,楚国的都城郢都被秦国占领了。屈原伤心地昏了过去,等他醒过来后,女婆问道:"郢都被敌国占领,这是怀王、靳尚、郑袖这批卖国之徒做下的罪孽,是早已料到的事,平弟何必焦急得这个模样?"屈原道:"丧国之人如同丧家之犬,而今国家沦亡,人民惨遭浩劫,有一丝爱国之心的人,岂能无动于衷、心安理得?"屈原看着祖国的河山,不住地叹息。他想到自己一心为国而找不到报效的机会,想到做一个忠臣志士而找不到出路,对这个世界再没什么留恋的了。他站在江边,望着长流的江水,以死报国的念头滋生了。他取下头上戴的切云冠,解下腰中佩的宝剑,然后一头扑进了汨罗江。因为他的爱国爱民之心感动了众神,连海龙王也不愿他离开人间。最后屈原怀抱起沙石,遮住了海龙王的眼睛,他才沉下了水③。

近年,又有研究者沿着20世纪90年代一些学者提出的"屈原南征抗秦说"思路,提出"易服救主"说,认为,屈原为救被秦兵追逐的楚王,换了楚王衣服,在追兵眼前自沉汨罗,以掩护楚王逃走④。

从现有文献及相关研究看,屈原"易服救主"的民间传说,与楚顷襄王

①[清]蒋骥:《山带阁注楚辞》卷首,上海古籍出版社,1984年,第3页。
②[清]蒋骥:《山带阁注楚辞》卷四,上海古籍出版社,1984年,第136页。
③徐伯青整理:《屈原的传说》,少年儿童出版社,1981年,第25—28页。这里据原文缩写。
④参见黄丹:《屈原死因新说》,《昆明屈原及楚辞国际学术研讨会会议论文集》,2017年。

迁都的历史记载,与《渔父》所描绘的屈原晚年披发行吟、形容枯槁的形象,及"宁赴湘流,葬于江鱼之腹中","不毕辞而赴渊兮,惜壅君之不识"的心态,反差较大,还有待进一步论证。历史上,"易服救主"的故事并不鲜见。如,"西汉演义故事"里周苛扮演汉高祖刘邦诈降诱敌掩护真主脱离危险,"杨家将故事"里的杨大郎扮演宋太宗掩护太宗逃离敌军围困,等等。可见,"易服救主"的历史故事或民间传说,已经是一种民间故事的类型,表达了民众的一种美好或歌颂愿望,其历史真实性,则需要具体故事去具体考证,不能一概而论。

屈原自沉之因,还有一个说法值得注意,晋王嘉《拾遗记》卷十称屈原之死是"被王逼逐":"屈原以忠见斥,隐于沅湘,披蓁茹草,混同禽兽,不交世务,采柏实以和桂膏,用养心神。被王逼逐,乃赴清泠之渊。楚人思慕,谓之水仙。其神游于天河,精灵时降湘浦,楚人为之立祠。汉末犹在。"①屈原晚年主要诗歌也有含蓄表述,如:"君无度而弗察兮,使芳草为薮幽。焉舒情而抽信兮,恬死亡而不聊。独鄣壅而蔽隐兮,使贞臣为无由。"(《九章·惜往日》)国君不去体察臣子的忠心,相信谗言,逼迫忠臣走向死亡的边缘。"临沅湘之玄渊兮,遂自忍而沉流。""宁溘死而流亡兮,恐祸殃之有再。不毕辞而赴渊兮,惜壅君之不识。"(《惜往日》)意思是,死亡和流放没有什么可怕,担心的是楚国再遭受到国都灭亡的危险。国君的逼迫没有什么可怕,担心的是自己陈情谏君不讲透彻,愚蔽的国君不明白治国之要害。

那么,楚王逼促屈原自杀的可能性有多大?四点理由可以看出其概率极高。首先,春秋战国时期,各国国君逼大臣自杀,时有发生,楚国也有。楚成王曾逼着打了败仗的成德臣(子玉)自杀。屈原诗歌里提到的伍子胥,也是被吴王夫差逼迫自杀的。其次,楚国历史上迁都不止一次,郢都被攻占也并不代表楚国灭亡,白起破郢对屈原自沉的影响不宜作为核心背景。此前,楚平王时伍子胥带兵拔郢都,楚庄王时也曾经失去过郢都,但楚国东山再起,并没有灭亡,楚国民族精神中没有因为害怕外族入侵而自杀的,有的是全国一心的抗争。《战国策·楚策》记载:

　　昔吴与楚战于柏举,三战入郢。寡君身出,大夫悉属,百姓离散。

───────────────

①[晋]王嘉撰,孟庆祥、商微姝译注:《拾遗记译注》,黑龙江人民出版社,1989年,第287页。

棼冒勃苏曰："吾被坚执锐,赴强敌而死,此犹一卒也,不若奔诸侯。"于是赢粮潜行,上峥山,逾深溪,蹠穿膝暴,七日而薄秦王之朝。雀立不转,昼吟宵哭。七日不得告。水浆无入口,瘨而殚闷,旄不知人。秦王闻而走之,冠带不相及,左奉其首,右濡其口,勃苏乃苏。秦王身问之:"子孰谁也?"棼冒勃苏对曰:"臣非异,楚使新造蓺棼冒勃苏。吴与楚人战于柏举,三战入郢,寡君身出,大夫悉属,百姓离散。使下臣来告亡,且求救。"秦王顾令不起:"寡人闻之,万乘之君,得罪一士,社稷其危,今此之谓也。"遂出革车千乘,卒万人,属之子满与子虎。下塞以东,与吴人战于浊水而大败之,亦闻于遂浦。故劳其身,愁其思,以忧社稷者,棼冒勃苏是也。[①]

屈原担任过王族教师,曾"续谱属"(对王族历史予以梳理),对申包胥等楚国历史上的英雄自然是很熟悉的。且屈原诗歌经常提及与申包胥同时期的伍子胥。所以,郢都破,屈原死,不仅不太符合一般楚国人的生命价值观和爱国精神,更不符合屈原诗歌中呈现的抗争精神。第三,屈原"绝笔"诗歌里写到死时,更多的是对"楚王"的绝望,而不是写郢都失陷的绝望。且,当时屈原应该徘徊了很久,仍在感叹自己不忍沉流:"临沅湘之玄渊兮,遂自忍而沉流。"(《惜往日》)感叹壅君不会明白他的心:"卒没身而绝名兮,惜壅君之不昭。"(《惜往日》)细想,若不是被楚王逼迫其自沉,屈原是不会在临死前如此犹豫、矛盾与困苦的。第四,汉代、唐代屈原传记里也多描绘屈原生命中遭遇谗言、抵抗世俗的故事,屈原因"绝望"而自沉的可能性小。原文如下:

> 屈原者,名平,楚之同姓大夫。有博通之知,清洁之行,怀王用之。秦欲吞灭诸侯,并兼天下。屈原为楚东使于齐,以结强党。秦国患之,使张仪之楚,货楚贵臣上官大夫靳尚之属,上及公子兰,司马子椒;内赂夫人郑袖,共谮屈原。屈原遂放于外,乃作《离骚》……怀王子顷襄王,亦知群臣诡误怀王,不察其罪,反听群谗之口,复放屈原。屈原疾闇王乱俗,汶汶嘿嘿,以是为非,以清为浊,不忍见于世,将自投于渊,渔父止之。屈原曰:"世皆醉,我独醒;世皆浊,我独清。吾独闻之,新

---

①[汉]刘向集录,[宋]姚宏、鲍彪等注:《战国策》,上海古籍出版社,2015年,第302页。

浴者必振衣,新沐者必弹冠。又恶能以其冷冷,更世事之嘿嘿者哉?
吾宁投渊而死。"遂自投湘水汨罗之中而死。

——刘向《新序·节士》①

　　尝游沅湘,俗好祀,必作乐歌以乐神,辞甚俚,原因栖玉笥山,作
《九歌》,托以风谏。至《山鬼》篇成,四山忽啾啾若啼啸,声闻十里外,
草木莫不萎死。又见楚先王庙及公卿祠堂……呵而问之。时天惨地
愁,白昼如夜者三日。晚益愤懑,披蓁菇草,混同鸟兽,不交世务,采柏
实,和桂膏,歌《远游》之章,托游仙以自适。王逼逐之,于五月五日遂
赴清冷之水。

——沈亚之《屈原外传》②

屈原作品里书写了大臣谗言和君王昏聩,然而屈原并不怕谗言,反而坚持
清白,坚持抗争,上下求索,所以,屈原绝不会因为绝望而自沉。一定是"某
些外力"促使他不得不选择自沉,这个"外力",很可能是魏晋以来的文献
中多次提及的"楚王逼逐"。即,屈原自沉极可能是楚王逼迫。屈原诗句
有:"知死不可让兮,愿勿爱兮。"(《怀沙》)对于死,屈原有过抗争,但最终
明白无法逃离,确实有被逼迫的因素在里面。

二、"昆仑"情结与水中(鱼腹)转生信仰

　　各类屈原死因的探讨促进了人们对屈原人格特质的深入思考:屈原心
理上是否有些自恋? 或者说屈原的自我调适能力是否比较差? 一个有个
性的诗人,一个博闻强识的政治家,屈原的信仰有哪些? 楚文化对屈原有
哪些影响? 等,这些问题的解答都会论及屈原的沉水。

　　阅读屈原作品,会发现屈原喜爱"水"。"夕揽洲之宿莽"、"饮余马于
咸池兮"、"遵赤水而容与"、"指西海以为期"(《离骚》),"乘舲船余上沅
兮,齐吴榜以击汰"(《涉江》),"游于江潭,行吟泽畔"(《渔父》),最后自
沉,"临沅湘之玄渊兮,遂自忍而沉流"(《惜往日》)。屈原诗歌提及的水域
地名有:江、河、沅、湘、澧、洞庭、夏水、沧浪、汉、淮、洛、白水、赤水、西海等,
他一生的足迹都没有离开水。

---

①[汉]刘向:《新序》,中华书局,1985年,第113—115页。
②[清]蒋骥:《山带阁注楚辞》卷首,上海古籍出版社,1984年,第21页。

屈原诗歌中有密集的"水"意象：

水中之神——湘君、湘夫人、河伯等。水神是屈原的引路者："历玄冥以邪径兮,乘间维以反顾。召黔嬴而见之兮,为余先乎平路。"(《远游》)按:"水正为玄冥。""黔嬴也,天上造化神名。或曰水神。"①屈原常写"我"和水中之神离别时依依不舍:"捐余玦兮江中,遗余佩兮醴浦"(《湘君》),"捐余袂兮江中,遗余褋兮醴浦"(《湘夫人》),王逸《楚辞章句》本句注:"屈原托信与湘夫人共邻而处。""波滔滔兮来迎,鱼邻邻兮媵予。"(《河伯》)《博物志·异闻》:"水神乘鱼龙。"②王逸本句注:"媵,送也。言江神闻己将归,亦使波流滔滔来迎,河伯遣鱼邻邻侍从,而送我也。"洪兴祖本句补注:"屈原托江海之神送迎己者,言时人遇己之不然也。"③这些"水神"及其"座驾"鱼龙,都是屈原"神游"艺境中的知音。

传说中的治水英雄——鲧。鲧与屈原是同族之人,屈原自称是"帝高阳之苗裔",鲧为高阳帝颛顼之子。《史记·夏本纪》:"禹之父曰鲧,鲧之父曰帝颛顼。"④鲧死于治水,《山海经·海内经》记载:"洪水滔天,鲧窃帝之息壤以堙洪水,不待帝命。帝命祝融杀鲧于羽郊。鲧复生禹,帝乃命禹卒布土以定九州。"⑤鲧盗窃天帝的息壤去治理洪水,违反了天帝命令而被杀,这有点像希腊神话中违反宙斯意志盗取火种的普罗米修斯,为了人类的文明和幸福而甘愿牺牲自己。诗中,屈原钦佩这位同宗的耿直,诗歌中多次提到他:"鲧幸直以亡身"(《离骚》),"鸱龟曳衔,鲧何听焉? 顺欲成功,帝何刑焉? 永遏在羽山,夫何三年不施? 伯禹愎鲧,夫何以变化? 纂就前绪,遂成考功。何续初继业,而厥谋不同? 洪泉极深,何以窴之? 地方九则,何以坟之? 河海应龙,何尽何历? 鲧何所营? 禹何所成?"(《天问》)

两位"投于河"者——伍子胥、申徒狄。"浮江淮而入海兮,从子胥而自适。望大河之洲渚兮,悲申徒之抗迹。"(《悲回风》)王逸本句注:"申徒狄也。遇闇君遁世离俗,自拥石赴河。"洪兴祖补注:"《越绝书》曰:子胥死,王使捐于大江……《庄子》云:申徒狄谏而不听,负石自投于河。"⑥子胥

①[汉]王逸章句,[宋]洪兴祖补注:《楚辞补注》卷五,中华书局,1983年,第174页。
②[晋]张华撰,范宁校证:《博物志校证》卷七,中华书局,1980年,第83页。
③[汉]王逸章句,[宋]洪兴祖补注:《楚辞补注》,中华书局,1983年,第78页。
④[汉]司马迁:《史记》,中华书局,2011年,第45页。
⑤[晋]郭璞注:《山海经》,上海古籍出版社,2015年,第401页。
⑥[汉]王逸章句,[宋]洪兴祖补注:《楚辞补注》卷四,中华书局,1983年,第161页。

被抛尸于水,申徒拥石自沉,屈原对他们十分痛惜:"骤谏君而不听兮,重任石之何益?"(《悲回风》)

七次提到的"彭咸"。"虽不周于今之人兮,愿依彭咸之遗则。""既莫足与为美政兮,吾将从彭咸之所居。"(《离骚》)"望三五以为像兮,指彭咸以为仪。"(《抽思》)"独茕茕而南行,思彭咸之故也。"(《思美人》)"夫何彭咸之造思兮,暨志介而不忘!""孰能思而不隐兮,昭彭咸之所闻。""凌大波而流风兮,托彭咸之所居。"(《悲回风》)"彭咸"是谁,多有争议,但从"凌大波而流风兮,托彭咸之所居"可知,需渡过大河,乘风而上,方能到达彭咸的居所。这说明,彭咸的居所与水相依,故而"彭咸"也可归属于屈原诗歌之"水"意象群里。

多次提及万水之源——"昆仑":"遭吾道夫昆仑兮,路脩远以周流。"(《离骚》)"登昆仑兮四望,心飞扬兮浩荡。"(《河伯》)"昆仑县圃,其凥安在?"(《天问》)"冯昆仑以瞰雾露兮,隐岷山以清江。"(《悲回风》)"登昆仑兮食玉英,与天地兮同寿,与日月兮同光。"(《涉江》)文献记载"昆仑"是水之灵府,是万水之源,是盛产玉石的地方。《山海经图赞》:"昆仑月精,水之灵府,惟帝下都,西老之宇。"[1]故而"昆仑"也可归属于屈原诗歌之"水"意象群里。

屈原想通过"水"意象告诉我们什么?"宁赴湘流,葬于江鱼之腹中。"(《渔父》)屈原为什么会选择"江鱼之腹"结束生命呢?他不热爱生命吗?显然不是。屈原自始至终珍爱生命,作品中惜时、珍惜青春的诗句俯拾皆是,如:"汩余若将不及兮,恐年岁之不吾与","吾令羲和弭节兮,望崦嵫而勿迫","吾令凤鸟飞腾兮,继之以日夜","及荣华之未落兮,相下女之可诒","及余饰之方壮兮,周流观乎上下","老冉冉其将至兮,恐脩名之不立"(《离骚》),"时不可兮再得"(《湘君》),"时不可兮骤得"(《湘夫人》),"往者余弗及兮,来者吾不闻"(《远游》)等。但屈原为何自沉呢?他完全可以远走他乡,如贾谊所言:"历九州而相其君兮,何必怀此都也?"[2]除去楚王逼逐的客观原因,屈原自沉有没有主观原因?屈原书写"水",提及"昆仑",这些与屈原选择自沉,究竟是偶然巧合,还是信仰促成?

①[晋]郭璞注,张宗祥校录:《足本山海经图赞》"昆仑丘",古典文学出版社,1958年,第9页。
②[汉]贾谊著,王洲明注评:《新书》附《贾谊赋》,凤凰出版社,2011年,第129页。

（一）"神鱼送尸"与楚人水中（鱼腹）转生信仰

楚人早有水中（鱼腹）转生的信仰。上古传说，楚人祖先颛顼死后从鱼腹复生。《山海经·大荒西经》载，颛顼死化为鱼，是为鱼妇，即复苏。"有鱼偏枯，名曰鱼妇，颛顼死即复苏。风道北来，天乃大水泉，蛇乃化为鱼，是为鱼妇，颛顼死即复苏"①。又见《山海经·海内东经》："汉水出鲋鱼之山，帝颛顼葬于阳，九嫔葬于阴，四蛇卫之。"②颛顼是楚国先祖，"楚之先祖出自帝颛顼高阳"（《史记·楚世家》），屈原自称颛顼之远末子孙，"帝高阳之苗裔兮"（《离骚》）。那么，高阳鱼腹复生与屈原"宁赴湘流，葬于江鱼之腹中"（《渔父》），有没有联系呢？

考古发掘发现，长江秭归一带大溪文化遗址，距今约六千年前已经普遍用鱼随葬："用鱼随葬很普遍，如 M3（中年男性）口咬两条大鱼尾，鱼分两边放在身上。"③墓葬体现了人们对死者的尊重和民间灵魂信仰，这一"用鱼随葬很普遍"发现，应为"借鱼腹转生"信仰的考古实证。

而现存活的口头文学中，也可以见到楚人水中（鱼腹）转生信仰的集体记忆。关于屈原自沉汨罗，湖北秭归有一个很著名的传说——"神鱼送尸"。相传屈原自沉汨罗后，姐姐女嬃在长江边招魂，一天，江边突然游来一条大鱼，大鱼徘徊不前，鱼在石头上碰破肚子，里面露出一副血红色的棺材，"女嬃和姊妹们一起扑了上去，揭开红棺一看，里面躺着的正是屈原！"④接着，"只见神鱼凭空跃起，首尾一蹶，嘴向天空吐了一口长气。屈原的遗体象生了翅膀一样向江天飞去。这会儿，正遇上一群白鹤飞过，鹤群就如白云一样，把屈原轻轻驮起，缓缓向天边飘去"⑤。秭归《神鱼送尸》的传说中，屈原升天的过程是神鱼运尸、鱼腹重生、白鹤引升，这个过程寓意十分明显，在秭归民间信仰中，屈原与老祖先（颛顼）一样从水中（鱼腹）转生而获得永生。

有关楚人水中（鱼腹）转生信仰，在长沙东郊陈家山战国楚墓出土的

①［晋］郭璞注，［清］毕沅校：《山海经》，上海古籍出版社，1989年，第113页。
②［晋］郭璞注，［清］毕沅校：《山海经》，上海古籍出版社，1989年，第98页。
③林向：《大溪文化与巫山大溪遗址》，《中国考古学会第二次年会论文集》，文物出版社，1982年，第126页。
④梁友芳编著：《三峡的传说》，大众文艺出版社，1999年，第109页。
⑤梁友芳编著：《三峡的传说》，大众文艺出版社，1999年，第113页。

《人物龙凤图》和长沙马王堆楚墓子弹库 1 号墓出土的《人物御龙帛画》（两图现藏湖南省博物馆）中,亦得到印证。《人物御龙帛画》中人物手握缰绳,站在龙躯干之上,龙首龙尾上翘,犹如龙舟。龙尾上站着一只正仰首向天鸣叫的白鹤。龙身下前方有一条鲤鱼,与龙并行向前。图中,人、龙、鱼面向画面前方,鱼的位置在人物和龙之下前方,有着引导之意。对于这些出土帛画的性质和作用,学界基本有两种观点:一种是"引魂升天",一种是招魂安魂。据载,两幅帛画出土时,《人物龙凤图》折叠于竹笥上,放置于棺椁旁;《人物御龙帛画》出土时在椁盖板下面的顶板上。又据考古发现,在湖南马王堆出土类似帛画有十一件之多①。显然,帛画的主题寓意是鱼龙引导墓主人的灵魂登天升仙,就如秭归神鱼运尸、鱼腹重生、白鹤引升、屈原升天一样,鱼、龙是灵魂引导者。

上古颛顼帝化渔妇(鱼腹)重生,秭归传说沉水后的屈原被神鱼从肚中吐出、白鹤托举飞升上天,及长沙马王堆墓主人的灵魂由鱼、龙、鹤导引升仙,历史文献记载、民间传说与出土文物,三者对灵魂升仙的表述如此一致,绝非巧合,它表明水中(鱼腹)转生信仰在楚地是一种较普遍的民间信仰。

楚人水中(鱼腹)转生信仰,也解释了端午龙舟竞渡祭祀屈原的民俗意义。北方礼制,水死之人不祭祀,《礼记·檀弓上》:"死而不吊者三:畏、厌、溺。"②但,在南方,楚人相信屈原灵魂已升天成仙,每年都会祭祀,《隋书·地理志》载龙舟竞渡祭奠屈原在南方尤为盛行。1994 年版《湖南省志·体育志》:"近百年来湖南省 90%以上的县,在史料中均有龙舟竞渡的记载。全省境内约有 400 个龙舟竞渡点,其中湘江流域 170 个,资江流域 70 个,沅江流域 100 个,澧水流域 35 个,洞庭湖一带 25 个。"③今天,湖南民间端午竞渡会,龙舟上悬挂招魂幡,民俗传承千年不衰,形成地域特色,这也证明,楚人潜意识中仍保存了上古水中(鱼腹)转生信仰。也就是说,龙舟竞渡在楚人集体无意识里存在祭祀导引屈原灵魂升仙的祈愿!

(二)屈原"昆仑"情结与水中转生信仰

昆仑是万水之源,屈原在诗歌中多次提到"昆仑",这与楚人的水中

---

①梁培先:《画外霓赏名画中的社交礼仪》,文化艺术出版社,2012 年。

②[清]阮元主编:《十三经注疏》之《礼记注疏》卷六,中华书局影印本,1980 年。

③殷兆安编著:《我们的传统节日》,中南大学出版社,2013 年,第 152 页。

（鱼腹）转生信仰是否密切关联呢？

屈原的"昆仑"情结，在汉代已被注意。他们认为"昆仑"是屈原游观之处，也是屈原自我人格修养升华的地方。如《楚辞·惜誓》："驰骛于杳冥之中兮，休息虖昆仑之墟。"王逸本句注："言己虽驰骛杳冥之中，修善不倦，休息昆仑之山，以游观也。"①又如庄忌《哀时命》将昆仑作为屈原志向不得伸展而泄愁之所："居处愁以隐约兮，志沉抑而不扬。道壅塞而不通兮，江河广而无梁。愿至昆仑之悬圃兮，采钟山之玉英。"王逸本句注："钟山，在昆仑山西北……言己自知不用，愿避世远去，上昆仑山，游于悬圃，采玉英咀而嚼之，以延寿也。"②刘向《九叹》将昆仑作为屈原自我人格得到尊重的地方："登昆仑而北首兮，悉灵圉而来谒。"王逸本句注："灵圉，众神也。言己设得道轻举，登昆仑之上，北向天门，众神尽来谒见，尊有德也。"③文献记载，"昆仑"是众神所在的地方。见《山海经·海内西经》："昆仑之虚，方八百里，高万仞……百神之所在。"④《太平御览》卷三十八引《葛仙公传》："昆仑山，一曰县圃台，一曰积石瑶房，一曰阆风台，一曰华盖，一曰天柱，皆仙人所居。"亦有人死后灵魂先去昆仑集会的说法，如《太平御览》卷三十八引《十六国春秋》记载，东平王刘约魂游昆仑，看见"诸王公卿将死者，悉在焉"。"昆仑"还是天地之中心，《艺文类聚》卷七引《龙鱼河图》云："昆仑山，天之中柱也。"⑤昆仑山还以产玉闻名，是有名的玉山，古人以为服玉可以长生不老，这种认识在战国时期已十分流行，屈原《九章·涉江》已道："登昆仑兮食玉英，与天地兮同寿，与日月兮同光。"《山海经·西次山经》记载，昆仑之阳"其中多白玉，是有玉膏，其原沸沸汤汤，黄帝是食是飨……天地鬼神，是食是飨"⑥。

如何前往昆仑呢？我国地势西高东低，大多河流流向都是自西向东的，但屈原选择自沉的汨罗江的流向却是自东向西的。《水经注》："汨水又西为屈潭，即汨罗渊也。屈原怀沙自沉于此，故渊潭以屈为名。"⑦民间

---

① [汉]王逸章句，[宋]洪兴祖补注：《楚辞补注》卷十一，中华书局，1983年，第228页。
② [汉]王逸章句，[宋]洪兴祖补注：《楚辞补注》卷十四，中华书局，1983年，第260页。
③ [汉]王逸章句，[宋]洪兴祖补注：《楚辞补注》卷十六，中华书局，1983年，第309页。
④ [晋]郭璞注，[清]毕沅校：《山海经》，上海古籍出版社，1989年，第93页。
⑤ 《太平御览》《艺文类聚》均参用文渊阁四库本。
⑥ [晋]郭璞注，[清]毕沅校：《山海经》，上海古籍出版社，1989年，第24—25页。
⑦ [北魏]郦道元原注，陈桥驿注释：《水经注》卷三十八"郦注"，浙江古籍出版社，2001年，第593页。

传说，屈原自沉汨水后，为送回屈原尸体，汨水便倒流了，显然有些附会了。客观看，屈原这种选择可能与屈原心向西方"昆仑"有关。《山海经·海内西经》载，西北有昆仑："海内昆仑之虚，在西北，帝之下都。"①可见，昆仑在西北方，屈原的"昆仑"之游情结可能是触发选择自东而西的汨水的原因之一，屈原似乎期望因之而到达西方的万水之源——昆仑。

屈原多次提及"从彭咸之所居"，这与"昆仑"有何联系？昆仑十巫中有"巫彭"和"巫咸"，是否就是屈原作品里提到的"彭咸"？屈原作品中七次提到"彭咸"，计：《离骚》二次、《抽思》一次、《思美人》一次、《悲回风》三次。有关"彭咸"的身份，历代争讼颇多，大致可分为"贤臣彭咸"、"介士彭咸"、"圣者彭咸"、"仙人彭咸"。"贤臣彭咸"，见王逸《楚辞章句》，《离骚》"愿依彭咸之遗则"句，王逸注曰："彭咸，殷贤大夫，谏其君不听，自投水而死。"②据此，人们得出屈原有效仿彭咸水死的志向，此说得到较为广泛的认同。"介士彭咸"，见宋代洪兴祖《楚辞补注》，洪兴祖与王逸说法稍有不同，彭咸是不得志而死的耿介正直的人，洪兴祖补注："颜师古云：彭咸，殷之介士，不得其志，投江而死。按屈原死于顷襄之世，当怀王时作《离骚》已云'愿依彭咸之遗则。'又曰：'吾将从彭咸之所居。'盖其志先定，非一时忿怼而自沉也。《反离骚》曰：弃由、聃之所珍兮，摭彭咸之所遗。岂知屈子之心哉！"③南宋朱熹对王、洪二人的解释提出质疑，认为二人说法不同、依据也不明："彭咸，洪引颜师古以为'殷之介士，不得其志，而投江以死'，与王逸异。然二说皆不知其所据也。"（《楚辞辩证》卷上）④到了明代又有"圣者彭咸"的理解，见汪瑗《楚辞集解》，汪瑗认为彭咸应是与三皇五帝地位相当的圣人，其曰："夫彭咸果投水之人，屈原又安得轻与三皇五帝而并言耶？"⑤按，屈原《抽思》有"望三五以为像兮，指彭咸以为仪"。除了"贤臣彭咸"、"介士彭咸"、"圣者彭咸"的理解，当代学界还提出"仙人彭咸"

---

① [晋]郭璞注，[清]毕沅校：《山海经》，上海古籍出版社，1989 年，第 93 页。
② [汉]王逸章句，[宋]洪兴祖补注：《楚辞补注》，中华书局，1983 年，第 13 页。
③ [汉]王逸章句，[宋]洪兴祖补注：《楚辞补注》卷一"愿依彭咸之遗则"句补注，中华书局，1983年，第 13 页。
④ [宋]朱熹集注，黄灵庚点校：《楚辞集注》，上海古籍出版社，2015 年，第 229 页。
⑤ [明]汪瑗撰，熊良智等点校：《楚辞集解》，上海古籍出版社，2017 年，第 500 页。

说,认为"彭咸"是灵山上的巫彭、巫咸①之合称。笔者认为,"仙人彭咸"说对解释屈原作品多次提及的"彭咸"有一定合理性。据《山海经·大荒西经》载:"大荒之中,有山名曰丰沮玉门,日月所入。有灵山,巫咸、巫即、巫盼、巫彭、巫姑、巫真、巫礼、巫抵、巫谢、巫罗十巫,从此升降。"②即,彭、咸是灵山之神巫,其职责是宣神旨、达民情。据文献,巫彭、巫咸所居,乃是产玉的地方,是日月出入之所,是众神之所,是众水之源。又,屈原描述前去彭咸居所走的是水路:"凌大波而流风兮,托彭咸之所居。"(《悲回风》)屈原游天的第一站就是"悬圃灵琐":"驷玉虬以乘鹥兮,溘埃风余上征。朝发轫于苍梧兮,夕余至乎县圃。欲少留此灵琐兮,日忽忽其将暮。"(《离骚》)王逸注:"县圃,神山,在昆仑之上。"③屈原从苍梧出发,来到昆仑之悬圃,在这里度过了一个夜晚。综合分析屈原上下求索的路线,"昆仑"是一个重要的途经地。由此,"从彭咸之所居"、"依彭咸之遗则"可理解为,屈原希望到"昆仑"之悬圃会众神,以寄托现实的失意与彷徨。或托昆仑"十巫"之彭、咸,上达天听,祈福楚国。由此,屈原的"彭咸之志"亦是其"昆仑情结"的体现之一。

综上,屈原选择"江鱼之腹"结束生命的寓意就明白了。他寓意着屈原对死亡的理解——回到祖先灵魂会聚之所"昆仑"山上去。葬身"江鱼之腹"很可能就是楚人日常对"死"的一种含蓄表达,是楚人旷达生死观的集体无意识在日常"口语"中的自然遗存。屈原也深知"江鱼之腹"背后的文化内涵,所以,用它隐喻回到祖先颛顼那里去,在与渔父对话时自然道出,潜意识里表达了自己对"死"毫不畏惧的态度。

同时,屈原选择"江鱼之腹"结束生命,在信仰上也可以宽慰那些关心自己的人们,告诉他们,自沉江水是和老祖先一样鱼腹(水中)转生去了,这样关心自己的人自然就不至于太过悲伤了。所以,除了前面秭归"神鱼送尸"的民间传说外,《太平广记》引晋王嘉《拾遗记》也记载,沅湘一带有屈原自沉化为"水仙"的故事:"屈平以忠见斥,隐于沅、澧之间。王迫逐不

---

①唐兰《中国文字学》(上海古籍出版社 1949 年):"屈原说'吾将从彭咸之所居',就是指巫彭和巫咸。"等。

②[晋]郭璞注,[清]毕沅校:《山海经》,上海古籍出版社,1989 年,第 111 页。

③[汉]王逸章句,[宋]洪兴祖补注:《楚辞补注》,中华书局,1983 年,第 26 页。

已,乃赴清冷之渊。楚人思慕之,谓之水仙。"①这一信仰也传到了台湾,郁永河《裨海纪游》记载:"水仙王者,洋中之神? 莫详姓氏。或曰:帝禹、伍相、三闾大夫……屈子怀石自沈,宜为水神。"②这些其实是上古"水中转生"信仰对人们叹惋屈原的一种慰藉。

今天,汨罗、沙市、福建、台湾等地仍有把屈原作为水仙或江神祭祀的习俗。而汨罗、秭归、福建等地端午祭祀屈原,多在江边举行,都应是上古先民相信"水"可通往仙界的信仰遗存。

三、赴水:屈原自爱与爱国的生命践行

屈原赴水自沉有激情的一面,但有更多理性的思考。屈原诗中写道:

> 临沅湘之玄渊兮,遂自忍而沉流。卒没身而绝名兮,惜壅君之不昭。(《惜往日》)
> 宁溘死而流亡兮,恐祸殃之有再。不毕辞而赴渊兮,惜壅君之不识。(《惜往日》)
> 骤谏君而不听兮,任重石之何益。心絓结而不解兮,思蹇产而不释。(《悲回风》)

可以看出,屈原热爱生命、热爱楚国,选择"自沉"他十分犹豫,临渊自沉前,他仍在思考生命的价值与意义。而赴水自沉前写下这些"显君过"(班固语)的作品,其实是屈原最后一次救国的呐喊。屈原这些诗句,也向后世传达了他放弃生命的真正原因,具体而言:

(一)以死明志

世俗社会的随波逐流,朝廷上下的谀言献媚,君王的昏聩,加上《离骚》等诗歌创作中批评楚国君臣昏聩的言论,子兰的进谗③,顷襄王对屈原的流放与命其自裁逼逐④,现实让屈原明白,自己若想坚持清白,只有自沉。诗歌中,屈原表现出对志向的坚强捍卫:"知死不可让,愿勿爱兮。"

---

① [宋]李昉等编撰:《太平广记》卷二百三,文渊阁四库全书本。
② 郁永河:《裨海纪游》,台湾《文献丛刊》第44种,1999年,第60页。
③ 关于《离骚》引发诗祸,金道行:《论〈离骚〉诗祸》(《三峡大学学报(人文社会科学版)》2010年第5期)可备一说。
④ 关于这一点详见本书本节"屈原自沉之因的讨论"。

（《怀沙》）"宁赴湘流，葬于江鱼之腹中。安能以皓皓之白，而蒙世俗之尘埃乎？"（《渔父》）"定心广志，余何畏惧兮。"（《怀沙》）确如文怀沙先生所言"屈原认为活着的理由比活着更重要"①。

现实社会境遇及渔父所唱表达与世推移态度的《沧浪歌》，反而促使屈原更深刻地反思其人格追求。保持自己的耿介清白，早已是屈原人格理想信仰的有机组成，所以，屈原对"死"的毫无畏惧，正体现了屈原对志向的捍卫。

（二）以死谏君

先秦时期，"陷谏"（以死谏君）是士大夫的重要方式②，屈原《惜往日》中提到伍子胥以死谏吴王，介子推死后晋文公顿悟，均属于此类③。不过，屈原并不冲动，其《悲回风》曰："望大河之洲渚兮，悲申徒之抗迹。骤谏君而不听兮，任重石之何益。"像申徒狄负石自沉，若不能让君主醒悟，又有什么作用呢？"不毕辞而赴渊兮，惜壅君之不识。"（《惜往日》）屈原也担心楚王不知其死谏的苦心。可见，屈原在自沉前，考虑更多的是如何让君王醒悟。

以死谏君，此时已经是屈原思考的生命意义之所在了。《后汉书·李云传》："礼有五谏，讽为上。"唐李贤注："讽谏者，知患祸之萌而讽告也。顺谏者，出辞逊顺，不逆君心也。窥谏者，视人君颜色而谏也。指谏者，质指其事而谏也。陷谏者，言国之害，忘生为君也。"④被楚王疏远的早期，屈原一直坚持"讽谏"，但最后，因为各种复杂因素（前文已分析，此不赘述），不得不选择"忘生为君"的"陷谏"方式。屈原死后五十多年，楚国被秦国所灭。很多人惋惜屈原的死，宋代洪兴祖曾有更深层次的分析："或问：古人有言：杀其身有益于君则为之。屈原虽死，何益于怀、襄？曰：忠臣之用心，自尽其爱君之诚耳。死生、毁誉，所不顾也。故比干以谏见戮，屈原以放自沉……余观自古忠臣义士，慨然发愤，不顾其死，特立独行，自信而不回者，其英烈之气岂与身俱亡哉？……屈子之事，盖圣贤之变者。使遇孔

---

① 文怀沙采访视频，《屈原》第二集，CCTV2，央视网 20140531。
② ［汉］班固《白虎通·谏诤》："人怀五常，故有五谏，谓讽谏、顺谏、窥谏、指谏、陷谏。"
③ "吴信谗而弗味兮，子胥死而后忧。介子忠而立枯兮，文君寤而追求。"（屈原《惜往日》）
④ ［南朝宋］范晔撰，［唐］李贤等注：《后汉书》卷八十七，中华书局，1965 年。

子当与三仁同称雄,未足以与此。"①对于屈原,忠诚于自己的国君和国家,就是生命价值之所在。

(三)屈原殉志殉国的感召力

在当代珍爱生命、预防自杀的背景下,谈屈原赴水自沉的感召力,是较易被误会的。但,前文已经明确,屈原自沉的原因复杂,有其特定的历史背景。而要界定屈原精神,理性客观分析其"死因",是十分必要的。梳理历史上的相关讨论,可以促进人们更深刻地思考生命价值观。

就屈原而言,其生命价值观——为国家、为公正而死,得到历史和人民的肯定。先看湖湘地区,屈原"知死不可让,愿勿爱兮"、"伏清白以死直兮"、"虽九死其犹未悔"的人格精神,激励了一代又一代湖湘英杰。《湖南省志》写道:"中国近代史上不乏湖南的慷慨悲歌之士,革命运动中少不了湖南人抛头颅洒热血的壮举。一些壮志未酬的仁人志士如杨毓麟、陈天华、易白沙、夏寿华、姚宏业、郑家溉等,他们杀身成仁、以死殉道都选择了怀石投水,体现了一种与屈原有惊人相似之处的死亡价值观。"②"维新变法"时,"戊戌六君子"之一的谭嗣同(1865—1898),在可以逃离危险的情况下,坚持用自己的生命警醒国人,为变法慷慨赴死:"各国变法,无不从流血而成。今中国未闻有因变法而流血者,此国之所以不昌也。有之,请自嗣同始!"③谭嗣同常自称"生于骚国"④,以屈原自比:"帝子遗清泪,湘累赋远游。汀州芳草歇,何处赋离忧?"⑤再看中华民族发展史上,屈原精神激励着多灾多难的人们奋勇抗争。南宋文天祥出生于端午前三日,即五月初二出生,在生日祈愿中,文天祥不求长生,但求不愧对国家,表现要跟随屈原的志向:"我欲从灵均,三湘隔辽海。"(《端午即事》)"莫作长生祝,吾心在首丘。"(《生朝(自注:五月二日)》)⑥"首丘"典出屈原《哀郢》,表达

---

① [汉]王逸章句,[宋]洪兴祖补注:《楚辞补注》卷一,中华书局,1983年,第50—51页。
② 湖南省地方志编纂委员会编:《湖南省志·民俗志·概述》,五洲传播出版社,2005年,第5页。
③ 梁启超:《谭嗣同传》,[清]谭嗣同:《谭嗣同全集》附,生活·读书·新知三联书店,1954年,第524页。
④ 光绪十六年(1890)春,谭嗣同在浏阳作《湘痕词八篇并叙》:"生于骚国,流连往躅,水绝山崩,靡可拟似。成挽歌八章,命曰《湘痕词》。""雁声吹梦下江皋,楚竹湘舲起暮涛。帝子不来山鬼哭,一天风雨写《离骚》。"(谭嗣同《画兰》)
⑤ 《洞庭夜泊》,[清]谭嗣同:《谭嗣同全集》,生活·读书·新知三联书店,1954年,第468页。
⑥ [宋]文天祥:《文山集》卷二十,文渊阁四库全书本。

了诗人对国家的一片赤胆忠心。南宋末年另一位爱国词人林景熙①，亦赞美屈原虽死犹生，其《端午次韵怀古》小序云："或疑屈原、曹娥死非正命，是不知杀身成仁者也。并为发之。"其诗曰："湘江沉忠臣，越江沉孝子。沉骨不沉名，清风两江水。或云非正命，是昧舍生理。归全岂发肤，所惧本心毁。哭父天为惊，忧君国将毁。于焉偷吾生，何以立戴履。修短在百年，芳秽垂千纪。之人死犹生，滔滔真死矣。"②一般人批评屈原自沉、孝女曹娥投江救父都不是正常的生命轨迹，但诗人追问，父死不孝，国毁不忧，苟且偷生，就是正道吗？

"砍头不要紧，只要主义真。杀了我一个，自有后来人。"（夏明翰《就义诗》）"张眼望，这人世，几家夫妻偕老有百年。抛头颅，洒热血，明翰早已视等闲。'各取所需'终有日，革命事业代代传。"（《给妻子的遗书》）"我一生无遗憾，认定了共产主义这个为人类翻身解放造幸福的真理，就刀山敢上，火海敢闯，甘愿抛头颅，洒热血！"（《给大姐》）③1900年农历八月，夏明翰出生在湖北秭归。夏明翰的父亲曾做过秭归知县，1901年又钦加三品衔、署理归州知州，夏明翰童年是在湖北、江西等地度过的。1912年，全家回衡阳，住在衡阳市湘江东片的杨家花园里④。屈原、夏明翰，两位出生秭归，又生活于湘江边的诗人，他们所诠释的生命价值和意义何其相同：生命是应该珍惜的，但为了大多数人更好地生活和享受生命的伟大，必须革命的时候，他们选择牺牲自己的生命，鼓励后来人继续前行以实现美好的社会理想。屈原的理想是"举贤授能"、富国强兵；夏明翰的理想是"各取所需"的共产主义社会。两位用生命书写的诗篇深得后来人的认同，屈原诗作的《离骚》被唐代陈士康写成琴曲《离骚谱》；夏明翰的《就义诗》被谱曲为《就义歌》。

"自古皆有死，先生死忠清。"⑤"有的人活着，他已经死了；有的人死了，他还活着。""有的人把名字刻入石头想不朽；有的人情愿作野草，等着

①林景熙，咸淳七年（1271）太学释褐，宋亡不仕。诗集名《白石樵唱》。
②［宋］林景熙：《白石樵唱》三，《霁山文集》卷三，文渊阁四库全书本。
③夏明翰烈士的两封遗书，载于江河编著：《中外名人遗书精编》，中国文史出版社，2010年，第285页、第286页。
④张明林编：《奉献中国：100位为新中国成立作出突出贡献的英雄模范人物》，中共党史出版社，2010年，第261页。
⑤［宋］王十朋：《题屈原庙》，《梅溪后集》，文渊阁四库全书本。

地下的火烧……把名字刻入石头的,名字比尸首烂得更早。只要春风吹到的地方,到处是青青的野草。"①屈原、文天祥、谭嗣同、夏明翰……至今留给我们的,是他们一颗颗热爱生命的火热的心和一个个执着于理想的高尚灵魂。

不仅在我们民族有这样的为理想执着追求不怕牺牲的价值取向,在世界各民族范围内,也有类似的生死观。1849 年 7 月 31 日,匈牙利诗人裴多菲·山陀尔(Petogfi Sandor)在一次激战中献出了年仅 26 岁的生命。他的传世佳作记录了他对生与死的感悟:"生命诚宝贵,爱情价更高。若为自由故,二者皆可抛。"②

从司马迁"死有重于泰山",到秋瑾"爱生之极,进而爱群",臧克家"有的人死了他却活着",古今一理,屈原、文天祥、谭嗣同、夏明翰,牺牲自我以警醒国民的精神,在中华民族保家卫国、舍生取义的正义之路上迸发光芒,激励着后人珍惜生命,珍惜公平,珍惜和平,珍惜富强,保家卫国。这正是屈原精神的生命形态,其特定特殊的价值意义铸就了中华民族的一位"精神楷模"。

第四节　屈原精神的核心要素

上述解读展示了屈原精神内涵的厚度与宽度,但描述越丰富,对屈原精神的把握越困难,因此,有必要分析其核心要素。

一、屈原的哲学观

屈原的行为志向,与屈原对于宇宙、国家及人生的理解,密不可分。

(一)屈原的宇宙论

何谓"宇宙"?"天地四方曰宇,往古来今曰宙。"(《尸子》)③宇宙就是以人为中心而界定的一个无穷的时空。"宇宙"二字,较早见于《荀子·解

---

① 臧克家:《有的人》,《中国当代名诗人选集·臧克家》,人民文学出版社,2006 年,第 249 页。
② [匈牙利]裴多菲(Petőfi Sándor),殷夫译:《自由爱情》,郑克鲁编选:《外国文学作品选》,复旦大学出版社,2000 年,第 101 页。
③ 转引自《张岱年全集》第四卷,河北人民出版社,1996 年,第 514 页。

蔽篇》:"经纬天地而材官万物,制割大理,而宇宙里矣。"①《荀子·赋篇》:"圆者中规,方者中矩。大参天地,德厚尧禹。精微乎毫毛,而大盈乎大寓。"②注:"寓与宇同。"

关于宇宙,从屈原作品可以看出,其基本观点是,宇宙由天、地、人、神四界构成。关于天,无论是空间位置,还是道德评价,屈原认可"天"是宇宙的最高统治者。诗歌中描述的天是圆形、居上、九重:"圜则九重"(《天问》),天是最公正无私的:"皇天无私阿兮。"(《离骚》)关于地,"地"分东、南、西、北、中,楚国是地的中央,北地严寒,南方炎热,东方多水,西方多流沙,只有中方荆楚最适宜居住,"自恣荆楚,安以定只"(《大招》),这与北方的"中原"观点不一样,是屈原将宇宙观与国家观结合后的结论。关于人,主要是历史和当代的,屈原将他们分为正、邪两类,如历史上的尧、舜、周文王属于正,夏桀、商纣属于邪,屈原对于正、邪的区分界线明晰,他不赞同渔父的"不凝滞于物,而能与世推移"的处世态度;屈原感受到人生之不易:"惟天地之无穷兮,哀人生之长勤。往者余弗及兮,来者吾不闻。"(《远游》)天地无穷,人生长勤。关于神,他们有的生活在天上,包括天帝、《九歌》里的几位天神;有的生活在山川里,其中,最有名的山是天地间的昆仑悬圃的众神。神,是屈原心灵深处的寄托,是屈原灵魂的朋友,屈原对他们是礼赞的。

屈原将天、地、人、神四界看成一个整体,他的思维常在天、地、人、神四界里驰骋翱翔。"览相观于四极兮,周流乎天余乃下。"(《离骚》)"登九天兮抚彗星。"(《少司命》)"……展诗兮会舞。应律兮合节,灵之来兮蔽日。青云衣兮白霓裳,举长矢兮射天狼。操余弧兮反沦降,援北斗兮酌桂浆。撰余辔兮高驰翔,杳冥冥兮以东行。"(《东君》)"指苍天以为正。令五帝以析中兮,戒六神与向服。俾山川以备御兮,命咎繇使听直。"(《惜诵》)"吾与重华游兮瑶之圃。登昆仑兮食玉英,与天地兮同寿,与日月兮同光。"(《涉江》)"凌大波而流风兮,托彭咸之所居。上高岩之峭岸兮,处雌蜺之标颠。据青冥而摅虹兮,遂儵忽而扪天。"(《悲回风》)屈原诗歌里这些在天界神游的浪漫主义表达,正是源于屈原的"天、地、人、神一体"的宇

---

①[战国]荀况撰,[清]王先谦集解:《荀子集解》,中华书局,1988年,第397页。
②[战国]荀况撰,[清]王先谦集解:《荀子集解》,中华书局,1988年,第474页。

宙观。

如果将屈原宇宙论与战国后期到汉朝初期的宇宙观比较，可以看出，屈原的宇宙观是楚人宇宙观的典型代表。屈原《天问》里提出的许多问题，在由故楚地人所编纂的《淮南子·天文训》里一般可以找到答案。如屈原在《天问》中问宇宙究竟是如何生化而成的："上下未形，何由考之？冥昭瞢闇，谁能极之？冯翼惟像，何以识之？明明闇闇，惟时何为？阴阳三合，何本何化？"对这一问题，《淮南子·天文训》解释道："道始于虚霩，虚霩生宇宙，宇宙生气。气有涯垠，清阳者，薄靡而为天；重浊者，凝滞而为地。清妙之合专易，重浊之凝竭难，故天先成而地后定。天地之袭精为阴阳，阴阳之专精为四时，四时之散精为万物。积阳之热气生火，火气之精者为日，积阴之寒气为水，水气之精者为月，日月之淫为精者为星辰。天受日月星辰，地受水潦尘埃。"①《淮南子》一书是分封寿春的淮南王刘安及其门客集体编写的，这里曾是楚国末期的郢都，因此，其中关于宇宙的认知与屈原诗歌中的描述有许多相近乃至切合处，如：屈原说"圜则九重"（《天问》）②，《淮南子·天文训》亦言"天有九重"；屈原说天是最公正无私的："皇天无私阿兮"、"指九天以为正兮"（《离骚》），《淮南子·天文训》亦言人事顺天："举事而不顺天者，逆其生者也。"总体而言，宇宙论影响着屈原的思维模式，屈原在宇宙思考与观察中，预测楚国的政治走向。

（二）屈原的国家论

屈原对楚国的感情十分深厚。在屈原心中，国家就是"南国"、"荆楚"。《橘颂》中称赞橘树"受命不迁，生南国兮"，《大招》中描绘的东南西北都是环境恶劣，唯有荆楚大地适宜安居，提出"魂乎徕归，国家为只"；虽然灵氛告诉屈原不必留恋故国，但屈原最终还是没有离开楚国：

---

① [汉]刘安著，[汉]许慎注，陈广忠校点：《淮南子》，上海古籍出版社，2016年，第54页。
② 关于九重天，王逸《楚辞章句》卷一解释："九天，谓中央八方也。"《明史·天文志》结合西洋天文学解释："楚词言'圜则九重，孰营度之。'浑天家言，天包地如卵裹黄，则天有九重，地为浑圆，古人已言之矣。西洋之说，既不背于古，而有验于天。故表出之。其言九重天者，曰：最上为宗动天，无星辰，每日带各重天自东而西左旋一周。次曰列宿天，次曰填星天，次曰岁星天，次曰荧惑天，次曰太阳天，次曰金星天，次曰水星天，最下曰太阴天。自恒星天以下，八重天皆随宗动天左旋，然各天皆有右旋之度，自西而东，与蚁行磨上之喻相符。其右旋之度，虽与古有增减，然无大异，惟恒星之行，即古岁差之度，古谓恒星，千古不移。"

"陟陞皇之赫戏兮,忽临睨夫旧乡。仆夫悲余马怀兮,蜷局顾而不行。"
(《离骚》)

　　屈原的国家意识,决定了他的很多行为方式。在朝秦暮楚的战国时代,屈原执着地依恋楚国,始终坚持"受命不迁,生南国兮。深固难徙,更壹志兮"(《橘颂》)。屈原毕生追求的是为楚国"美政"而上下求索、九死不悔。屈原心中的"美政",即举贤、授能、国富、法立、军强。国家之内,君臣廉洁自律、公正无私,经济繁荣、民众富裕,法制完备、执行公平,军队强大、肩负保卫国家的重任和使命;国家之外,抵御侵略,关市繁荣,文化互补。如屈原在诗中所言"举贤而授能兮,循绳墨而不颇"(《离骚》),"带长剑兮挟秦弓,首身离兮心不惩。诚既勇兮又以武,终刚强兮不可凌"(《国殇》)。据考古发掘的"鄂君启节"等历史文物可知,楚怀王时,境内大型商船往来频繁,水陆交通发达,郢都尤其繁荣,确实曾呈现出"美政"气象:"明法度之嫌疑","国富强而法立"(《惜往日》)。

　　在治理国家方面,屈原认为,关键在人才。所以积极培养人才:"余既滋兰之九畹兮,又树蕙之百亩……冀枝叶之峻茂兮,愿竢时乎吾将刈。"(《离骚》)但楚国政坛贪婪风气,使得人才变质:"兰芷变而不芳兮,荃蕙化而为茅。"(《离骚》)面对现状,屈原深感痛苦:"已矣哉,国无人莫我知兮,又何怀乎故都? 既莫足与为美政兮,吾将从彭咸之所居。"(《离骚》)屈原所言"国无人",绝不是站在自己角度而发的牢骚。所谓"国无人",即"官失其能"、大小臣子"不任国"、"不以官为事",只追求自己或家庭的功名富贵,不关心君王和国家发展前景,《管子·明法》曾描述"国无人"的政坛特点:"属数虽众,非以尊君也;百官虽具,非以任国也。此之谓国无人。国无人者,非朝臣之衰也,家与家务于相益,不务尊君也;大臣务相贵,而不任国;小臣持禄养交,不以官为事,故官失其能。"①屈原所言"国无人",正是管子所言"百官不任国"。屈原诗中描述了楚国"国无人"的情形:"惟夫党人之偷乐兮,路幽昧以险隘。""众皆竞进而贪婪兮,凭不厌乎求索。羌内恕己以量人兮,各兴心而嫉妒。""世溷浊而不分兮,好蔽美而嫉妒。"(《离骚》)楚国政坛嫉妒成风,缺乏举贤授能风气,缺乏责任担当的精神,屈原批评党人苟且偷乐,痛心"芳草"变质合

---

① 姚晓娟、汪银峰注译:《管子》,中州古籍出版社,2010年,第241—242页。

污,批评时风纵欲淫乐,愤懑时俗背直追曲。他写道:"固时俗之工巧兮,偭规矩而改错。背绳墨以追曲兮,竞周容以为度。""謇吾法夫前脩兮,非世俗之所服。""何昔日之芳草兮,今直为此萧艾。"(《离骚》)屈原所培养的青年才俊在"国无人"的环境影响下,也逐渐随波逐流、改志变节,这正是屈原感叹"国无人"的根本原因。

可以看出,在当时的楚国,屈原的国家观念是超前的。楚国没有可以"任国"的大臣,这是屈原最为担忧的。"岂余身之惮殃兮,恐皇舆之败绩。"(《离骚》)屈原站在国家立场上的忧患意识,展示了他对自己的国家根深蒂固的爱。屈原的美政理想自成体系,他对个人与国家的关系的理解也超出同时代的张仪、苏秦等纵横家,甚至超过了其身后一百多年的汉代人,贾谊、司马迁也不理解,并从不理解到叹息,从叹息到敬佩。但,今天已赢得世界各国人民的尊敬与纪念。

(三)屈原的主体论

何谓主体?哲学上讲,是与客体对立的自我。心理学上也称为"欲望者"、"最强有力的生命能量"的携带者。屈原生活的战国时期,是士阶层"主体性"最活跃的时代,其代表作品《离骚》是一篇主体性色彩浓烈的自传体政治抒情诗。前人曾评价:"《离骚经》首章,上陈氏族,下列祖考;先述厥生,次显名字,自叙发迹,实基于此。"①《离骚》全诗用了55个"余"、26个"吾"、4个"朕",这个抒情主人翁"我",详细叙述了"我"的出生、辅政、遭谗、远游、望乡等人生经历,勾勒出多彩多层面的历史及传说,但却始终没有忘却对"美政"的追求,这些正是屈原主体性最鲜明的反映。

屈原诗歌的个性化特色,源于其对"主体"的深刻理解。屈原认为,主、客体间关系的信任与友善,有助于集体或团体目标的实现,反之则会阻碍。他认为,每一个主体在整个社会道德系统中最重要的,直接关系到整个社会的稳定,关系国家的未来。因此,提出个体应有内外兼修、敢为天下先的人生追求:"纷吾既有此内美兮,又重之以脩能。""乘骐骥以驰骋兮,来吾道夫先路。"(《离骚》)

①[唐]刘知几:《史通》卷九《序传》,上海古籍出版社,2008年,第187页。

《离骚》前半篇人物关系图

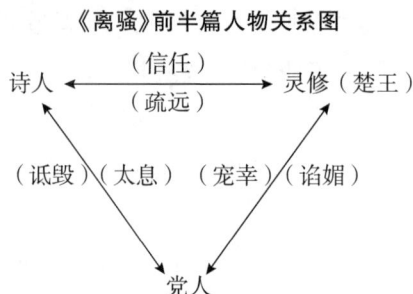

上图展示了《离骚》前半篇的矛盾冲突。诗人、灵修与党人三者，互为主客体关系，牵动着楚国的命运。诗人与灵修之间曾彼此信任："初既与余成言兮"、"曰黄昏以为期兮"；但，因党人的诋毁："众女嫉余之蛾眉兮，谣诼谓余以善淫"，导致诗人失去灵修的信任："羌中道而改路"、"伤灵修之数化"，"荃不察余之中情兮，反信谗而齌怒"。当诗人作为能动性主体的意义和作用被忽视时，诗人主体作用便会遇到挫折，面对挫折，诗人决心保持忠贞高洁的人生志向，自我维护极富象征意义的"身着荷衣"的形象："进不入以离尤兮，退将复修吾初服。制芰荷以为衣兮，集芙蓉以为裳。"（《离骚》）

屈原特别看重"主体能动性"，但并不否定"历史必然性"。当主体遭遇挫折和困难时，他想到了寻求历史的必然规律。其诗歌《卜居》、《天问》、《离骚》等，都不约而同，追问历史必然性，并通过对历史的反思和对现实的研判，形成问题的解决思路。如，《天问》追问历史兴亡的规律性："周幽谁诛？焉得夫褒姒？天命反侧，何罚何佑？"《卜居》书写人生疑惑后的选择："夫尺有所短，寸有所长，物有所不足，智有所不明，数有所不逮，神有所不通。用君之心，行君之意。"《离骚》后半篇，自"女嬃之婵媛兮"至篇末，诗人围绕"路曼曼其脩远兮，吾将上下而求索"，借助历史、神话材料，继续诗人主体内心对未来前途的思索与探求。

《离骚》后半篇的人物关系图

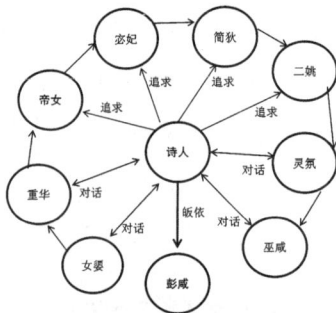

女嬃——（女嬃之婵媛兮,申申其詈予,曰:鲧婞直以亡身兮,终然夭乎羽之野。汝何博謇而好修兮,纷独有此姱节?)——诗人——(依前圣以节中兮,喟凭心而历兹。济沅湘以南征兮,就重华而陈词)——重华——(跪敷衽以陈辞兮,耿吾既得此中正。驷玉虬以椉鹥兮,溘埃风余上征)——帝女——(吾令帝阍开关兮,倚阊阖而望予。及荣华之未落兮,相下女之可诒。吾令丰隆椉云兮,求宓妃之所在)——宓妃——(虽信美而无礼兮,来违弃而改求……望瑶台之偃蹇兮,见有娀之佚女)——简狄——(及少康之未家兮,留有虞之二姚)——二姚——(世溷浊而嫉贤兮,好蔽美而称恶。闺中既以邃远兮,哲王又不寤。怀朕情而不发兮,余焉能忍与此终古。索琼茅以筳篿兮,命灵氛为余占之)——灵氛——(欲从灵氛之吉占兮,心犹豫而狐疑。巫咸将夕降兮,怀椒糈而要之)——巫咸——(和调度以自娱兮,聊浮游而求女。及余饰之方壮兮,周流观乎上下。灵氛既告余以吉占兮,历吉日乎吾将行……何离心之可同兮,吾将远逝以自疏。邅吾道夫昆仑兮,路修远以周流)——诗人(回归主体)——(陟陞皇之赫戏兮,忽临睨夫旧乡。仆夫悲余马怀兮,蜷局顾而不行……既莫足与为美政兮,吾将从彭咸之所居)——彭咸

上图中诗人展开了与女嬃、重华、灵氛、巫咸的系列对话,及诗人单方面追求帝女、宓妃、简狄、二姚、彭咸的过程。女嬃批评屈原耿介,劝他融入世俗,"世并举而好朋兮,夫何茕独而不予听?"面对女嬃的劝说,屈原陷入一种人格矛盾状态,于是,前往询问重华:"依前圣以节中兮,喟凭心而历兹。济沅湘以南征兮,就重华而陈词。"与舜帝的对话中,屈原通过夏商周历史兴替的梳理,得出了楚国政治的出路——打破贵族政治的"痼疾"[①],"举贤才而授能兮,循绳墨而不颇"(《离骚》),明确了"美政"理想。屈原所说的"美",包含着人格的"内美"与"修能",指内有耿介纯粹之德,外有行法安民之能。于是,参照这个"标准",屈原前往天帝处求"美人",但守门人"倚阊阖而望予",不开天门,没有求得天帝之女,屈原决定到洛水去求宓妃,但宓妃"无礼",不符合内外兼美的"美人"要求,屈原主动放弃,前往有娀氏求简狄,但去迟了,已被帝喾娶走。于是屈原快马加鞭,想在少康之前求得"二姚",可惜"理弱而媒拙"。屈原上下求索,但结果却一无所获,于是前往灵氛处占卜,占卜结果是远走他乡,"勉远逝而无狐疑"。可屈原仍有犹豫,前往

---

①楚国政治一直是宗法贵族制度,十分不利于出身卑下而有才能的人去施展抱负。楚材晋用,不仅是战国士阶层朝秦暮楚文化使然,而且与楚国用人制度的保守密切相关。

祷告于巫咸,仍然是让屈原远走他乡"求矩矱之所同"。

屈原在与女嬃、重华、帝、宓妃、简狄、二姚、灵氛、巫咸的交流中,逐渐完成了主体的复归与升华。屈原认为,"美政"需要"美人"来实现,君王有德,贤能会聚,则国是大兴。如,尧、舜、禹、汤、文王:"彼尧舜之耿介兮,既遵道而得路。""昔三后之纯粹兮,固众芳之所在。"(《离骚》)屈原批评了许多亡国的君主,如,有穷国的后羿好田猎而荒废国是,最后妻子也被他人抢走,"羿淫游以佚畋兮,又好射夫封狐。固乱流其鲜终兮,浞又贪夫厥家"(《离骚》)。显然,国君之德关乎社稷,有"德"之君是德之所聚,无"德"则会亡国。仔细分析,羿的故事里,还隐含了"国"与"家"的关系,"国"的繁荣离不开"家"风肃正。

屈原主体性及其思想行为的形成,经历本真、偏离、复归、升华四个阶段。当抱着赤子之心的屈原期待着"道夫先路"之时,他得到的却是楚怀王的怀疑和疏远,屈原对此打击有过自我维护时的偏激情绪,但也开始了自我反省的理性思考。屈原主体性的成长中所积淀的人格精神,激励了后世文人主体性的形成,如,唐代"大历十才子"之一的钱起写诗赠友:"名宦无媒自古迟,穷途此别不堪悲。荷衣垂钓且安命,金马招贤会有时。"[1]"荷衣"由屈原诗句"制芰荷以为衣,集芙蓉以为裳"而来,其寓意就是主体受到挫折时应保持赤子之心,等待时机再去实现抱负。

综上,屈原的宇宙论,是其世界观和人生观的认知基础,在此基础上,延伸出屈原对国家、对主体的认知。宇宙论、国家论、主体论,"三论"一起构成屈原精神体系里的认知基础,驱动其行其言,属于屈原精神体系的深层结构。屈原精神体系的表层结构,即屈原在"三论"认知基础上的行为实践,包括主体人格的实践——"好修"、国家理想的实践——"美政"、宇宙思考的实践——"求索"。宇宙思考的探索,主体人格和国家理想的实践,铸就了屈原精神体系的核心要素(真理)——"自爱"和"爱国",即:屈原精神的核心要素,是屈原在认知和实践基础上,对天、地、人、神世界真理的信仰。屈原《卜居》有言:"用君之心,行君之意。"屈原行为所呈现出来的自爱与爱国精神,正是屈原经过反复探寻后坚持一生的"本心"。

---

[1]《送邬三落第还乡》,[唐]钱起著,王定璋校注:《钱起诗集校注》,浙江古籍出版社,1992年,第84页。

屈原精神的结构及要素示意图如下：

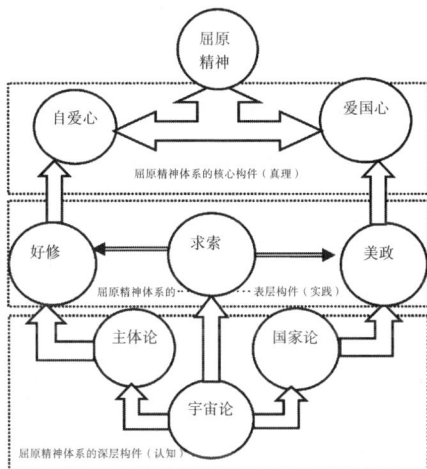

二、自爱:独醒好修于溷浊众醉之世

所谓"自爱"即为政者要自守贞操气节、保持正直之心,是先秦以来治国者首先必备的道德心。"自爱"是一个历史概念,其政治哲学内涵萌发于尧舜、成熟于周代、光大于汉宋。"自爱",在战国文献里,可寻先例。如《荀子·子道》:"仁者自爱。"①

屈原虽不曾直言"自爱",但其所言"纯粹"、"好脩"实际已有"自爱"的内涵。"昔三后之纯粹兮,固众芳之所在"(《离骚》)。屈原在诗歌中反复提及尧、舜,称赞夏禹、殷汤、周文王以"纯粹"美德吸引贤才,明确地显示了他注重从政者的个人修养。屈原反复强调,国之君臣的道德心与国家的繁荣发展密切相关,呼吁国之辅臣和楚王应该"好修":"兰芷变而不芳兮,荃蕙化而为茅。何昔日之芳草兮,今直为此萧艾也。岂其有他故兮,莫好脩之害也。""纷吾既有此内美兮,又重之以脩能。""苟中情其好脩兮,又何必用夫行媒。"(《离骚》)

"好脩",成为屈原识人的一把"尺子",成为他终身追求的人格境界。在政治生涯受到挫折、得不到楚国君臣和世人的理解时,屈原不放弃对高洁品行的坚持:"余幼好此奇服兮,年既老而不衰。"(《九章·涉江》)"进

①[战国]荀况撰,[清]王先谦集解:《荀子集解》,中华书局,1988年,第533页。

不入以离尤兮,退将复脩吾初服。”“民生各有所乐兮,余独好脩以为常。”(《离骚》)在世道溷浊中,不与世同流合污:“苏世独立,横而不流兮。”(《橘颂》)“世溷浊而莫余知兮,吾方高驰而不顾。”(《九章·涉江》)“举世皆浊我独清,众人皆醉我独醒。”(《渔父》)即使被流放他乡,仍坚持秉承清白,牺牲仕途,乃至于以生命为代价,保持志向:“伏清白以死直兮,固前圣之所厚。”(《离骚》)“苟余心其端直兮,虽僻远之何伤。”“吾不能变心以从俗兮,固将愁苦而终穷。”(《九章·涉江》)“宁赴湘流,葬于江鱼之腹中。安能以皓皓之白,而蒙世俗之尘埃乎?”(《九章·渔父》)在屈原看来,“自爱”,即不同流合污、不耽于享乐、珍惜时光、完善美德,为楚国“美政”付出生命而不悔。

　　自爱,对于屈原而言,即独醒好修于溷浊众醉之世。这个“溷浊众醉之世”曾让楚威王寝食不安,也曾让苏秦、白起等人尖锐批评。苏秦曾对楚威王说,当时楚国“王难得见如天帝”,“无妒而进贤,未见一人也”①。攻破楚纪南城的秦将白起感叹:“是时,楚王恃其国大,不恤其政,而群臣相妒,以功诮谀用事。良臣斥疏,百姓心离,城池不修。”②苏秦、白起所谈的楚国政坛现象极其相似,即:楚王被谗言遮蔽,群臣好蔽美而嫉妒。这些正是屈原的诗歌里所大量描写的,如楚王处深宫而被迷惑:“荃不察余之中情兮,反信谗而齌怒。”“怨灵脩之浩荡兮,终不察夫民心。”“闺中既邃远兮,哲王又不寤。”(《离骚》)群臣妒贤嫉能:“众女嫉余之蛾眉兮,谣诼谓余以善淫。”“世溷浊而不分兮,好蔽美而嫉妒。”“世溷浊而嫉贤兮,好蔽美而称恶。”(《离骚》)由此可见,屈原关于朝廷中“众女”嫉妒之描绘,是楚国群臣的真实状态。屈原批判的立场不是个人得失,而是站在国家盛衰立场,希望能警醒楚王改革现状。屈原所担忧的是楚国的前途,而不是个人的成败:“岂余身之惮殃兮,恐皇舆之败绩。忽奔走以先后兮,及前王之踵武。”“指九天以为正兮,夫唯灵脩之故也。”可以看出,屈原坚持“好脩”,是看到了楚国政坛的真正弊端——“好嫉妒”之风。

　　“彼尧舜之耿介兮,既遵道而得路。”“汤禹俨而祇敬兮,周论道而莫差。”(《离骚》)尧、舜、禹、汤、文等以个人美德吸引贤才会聚而得助于天下。好修自爱与屈原所向往的“美政”关联紧密,君臣有了自爱,楚国就能

①〔汉〕刘向集录,〔宋〕姚宏、鲍彪等注:《战国策》,上海古籍出版社,2015年,第315页。
②〔汉〕刘向集录,〔宋〕姚宏、鲍彪等注:《战国策》,上海古籍出版社,2015年,第722页。

凝聚民心,吸引人才,国富民强的"美政"就会越来越近。从这个意义看,屈原的诗作是深刻揭示楚国朝政弊端的政治诗。

屈原"自爱"的深层情怀和出发点是忧国忧民。《论语·宪问》:君子"修己以敬"、"修己以安人"、"修己以安百姓",君子修养自身,情怀深处是为了国家,为了百姓的安乐。屈原的忧乐情怀与先秦儒家基本一致,诗歌写道:"明告君子,吾将以为类兮。"(《怀沙》)屈原的行动和诗歌,展示了他深沉的忧乐情怀。

三、爱国:忧国忧民于众竞贪婪之国

"魂乎徕归,国家为只"(《大招》),"受命不迁,生南国兮"(《九章·橘颂》),"岂余身之惮殃兮,恐皇舆之败绩"(《离骚》),"操吴戈兮被犀甲,车错毂兮短兵接。旌蔽日兮敌若云,矢交坠兮士争先""带长剑兮挟秦弓,首身离兮心不惩。诚既勇兮又以武,终刚强兮不可凌。身既死兮神以灵,魂魄毅兮为鬼雄"(《九歌·国殇》)等等,屈原用诗歌记录了自己忧国忧民的急切之情和为国献身的满腔激情。

在"众皆竞进而贪婪兮"的楚国政治环境下,强烈责任感让屈原以维护国家利益为己任,以"九死不悔"的精神,以中流砥柱般的毅力,拯救逐渐走向衰落的楚国。"亦余心之所善兮,虽九死其犹未悔。"(《离骚》)在楚国上下持国权者纷纷苟且偷安、耽于享乐时,屈原以秉德无私之心前后奔走,希望怀王能醒悟,向有德的先王们学习:"秉德无私,参天地兮。"(《橘颂》)"忽奔走以先后兮,及前王之踵武。"(《离骚》)在世道贪婪不满足之时,在朝纲被奸邪小人把持、没有同道之人之时,屈原心焦如焚,担心楚国政权因为朝政的荒废、政风的贪婪享乐而最终颠覆:"众皆竞进以贪婪兮,凭不厌乎求索。""惟夫党人之偷乐兮,路幽昧以险隘。"(《离骚》)在国家衰败、百姓流离失所、饱受战争饥寒交迫时,屈原为之哀伤欲绝:"民离散而相失兮,方仲春而东迁。""望长楸而太息兮,涕淫淫其若霰。"(《九章·哀郢》)在众人诋毁屈原之时,他仍坚持自己的救国主张和美政理想,"岂余身之惮殃兮,恐皇舆之败绩"(《离骚》),王逸注:"皇,君也。舆,君之所乘,以喻国也。"[①]无论何时何地,屈原都不愿违背本心而与党人同流合污,更

---

①[汉]王逸章句,[宋]洪兴祖补注:《楚辞补注》,中华书局,1983年,第8页。

不愿意离开楚国,"数惟荪之多怒兮,伤余心之忧忧。愿摇起而横奔兮,览民尤以自镇"(《九章·抽思》)。意思是说:每当想到好发怒的君王,真让我伤心痛苦够了;本想无所顾及,一走了之,但看到处在煎熬中的楚国人民便又止住了。执着好修,热爱南国,秉承天地正气,这是屈原一生坚持的"本心"。

综上,屈原精神的核心要素可以概括为:自爱和爱国。这两大要素,就像是两个音符,借助香草美人,弹奏出屈原一生廉贞清醒、挚爱楚国、刚直不阿、嫉恶如仇、上下求索的精神主旋律。自爱和爱国,不仅是屈原生前的信仰与支柱,而且是屈原死后激励后世爱国忧民、正直高洁行为的一种正气,成为民族精神的重要内容。

第五节　屈原精神的文化渊源

任何一种民族精神都是民族历史实践所造就的。恩格斯曾经指出,在现代社会中人们只能得出这样的结论,人们自觉地或不自觉地归根到底总是从他们阶级地位所依据的实际关系中、从他们进行生产交换的经济关系中吸取自己的道德观念[1]。以爱国和自爱为内核的屈原精神,是中华民族精神形成的重要源头之一,而其自身也有着深广的历史、民俗及文化源头。

一、"我蛮夷也":屈原精神的历史基因

楚国本是高阳(颛顼)的后代,到了炎帝时,高阳之孙重黎被命为祝融,司火之职,主掌火政。在伐共工之战中,重黎失败,炎帝便杀了他,由其弟弟吴回接任祝融。吴回有六个儿子,六子季连,姓芈,楚国就是他的后代。周文王时,季连的后代有一支名叫鬻熊,侍奉过文王。周成王时提举文王、武王的功臣后嗣,鬻熊的后代熊绎因此被封"子男"爵位,居于丹阳。事见《史记·楚世家》:当周成王之时,"封熊绎于楚蛮,封以子男之田,姓芈氏,居丹阳"[2]。

据出土的楚国竹简及《史记·楚世家》等文献资料可知,早期楚国王族在诸侯中地位低下,周天子祭祀时,熊绎主要负责火种的看护。这种

---

①［德］马克思、恩格斯著,中共中央马克思恩格斯列宁斯大林著作编译局译:《马克思恩格斯全集》第 23 卷,人民出版社,1972 年,第 133 页。

②［汉］司马迁:《史记》,中华书局,2011 年,第 1529 页。

处境无疑激发了楚人的自尊心,他们筚路蓝缕,在与南方土族部落的斗争与融合中,渐渐强大。到楚庄王时期,已经成为综合实力强大、"中分天下"的军事与经济强国。是时,疆域中分天下:"楚之地,南卷沅湘,北绕颍泗,西包巴蜀,东裹郯巫,颍汝以为洫,江汉以为池,垣之以邓林,绵之以方城,山高寻云,溪肆无景……丈地计众,中分天下。"①自弱变强的历史,铸就了楚民族强烈的民族自信心和自豪感,学者称之为"我蛮夷也主义"②。

"我蛮夷也"③,是对楚国先人开创足迹的铭记。与中原姬姓诸侯国彼此间血缘姻亲关系不同,楚国是异姓小国,封地五十里。《周礼·夏官司马》曰:"凡制军,万有二千五百人为军。王六军,大国三军,次国二军,小国一军。"④可见楚国一开始何等弱小。《左传》昭公十二年记载,楚武王言"昔我先王熊绎,辟在荆山,筚路蓝缕,以处草莽。跋涉山林,以事天子"⑤。但,到了战国中后期,约公元前600年左右,楚国已经自己发展为一个威震天下的强国。《战国策·楚策一》:"楚,天下之强国也……楚地西有黔中、巫郡,东有夏州、海阳,南有洞庭、苍梧,北有汾陉之塞、郇阳,地方五千里。"⑥此时,楚国的五千里国土,不是天子敕封的,而是靠实力开拓的,楚武王希望周天子能"尊吾号"但并未成功,于是怒曰:"王不加尊,我自尊耳。"楚国王室筚路蓝缕的建国历史,激发了楚贵族及百姓对国家炽热的爱。历史上屈完、申包胥等楚人面对诸侯入侵,挺身而出挽救国家于危难;钟仪做了战俘仍带着楚冠、操南音以明"不背本"之志,这些楚人的爱国传统正是屈原精神生成的历史基因。

屈原生活在楚威王(前340—前329年在位)、楚怀王(前329—前299年在位)、顷襄王(前298—前263年在位)三朝,是楚国盛极而衰的一个转

---

① 《淮南子·兵略训》,[汉]刘安著,许慎注,陈广忠校点:《淮南子》,上海古籍出版社,2016年,第366页。

② 钱穆:《国史大纲》,商务印书馆,1940年,第43页。

③ 《史记·楚世家》载:"熊渠曰:'我蛮夷也,不与中国之号谥。'乃立其长子康为句亶王,中子红为鄂王,少子执疵为越章王。"又:楚武王讨伐随国,"随曰:'我无罪。'楚曰:'我蛮夷也。今诸侯皆为叛相侵,或相杀。我有敝甲,欲以观中国之政,请王室尊吾号。'"

④ [汉]郑玄注,[唐]贾公彦疏:《周礼注疏》,上海古籍出版社,2010年,第1074页。

⑤ 《左传译注》,上海古籍出版社,2004年,第1032页。

⑥ [汉]刘向集录,[宋]姚宏、鲍彪等注:《战国策》卷十四,上海古籍出版社,2015年,第291页。

折点。以楚怀王当政时期看,大的战争就有四次,每一次楚国都被打败①。现实危机激发了屈原强烈的爱国情感。屈原思考楚国的历史、现在和未来,提出"美政"改革以扭转乾坤,他多次指出楚国政治的主要弊端有二:一是,楚怀王、顷襄王政治决策上的失误和优柔寡断、任人无信:"初既与余成言兮,后悔遁而有他。余既不难夫离别兮,伤灵修之数化。"(《离骚》)二是,楚国贵族政治的内讧和腐败,文武百官"竞进以贪婪"、"兴心而嫉妒"(《离骚》)。屈原回忆早年政治经历时写道:"惜往日之曾信兮,受命诏以昭诗。奉先功以照下兮,明法度之嫌疑。国富强而法立兮,属贞臣而日娭。"(《惜往日》)屈原这种强烈的振兴楚国的志向与执着求索精神,正是对楚武王"我蛮夷也"的历史回响。

二、橘:屈原精神的民俗记忆

屈原诗歌提及了许多香草芳木,但惟有橘树,单独名篇,且用"颂体"。屈原为什么用颂体描绘橘树?橘树与屈原精神的生成是否有某种关联?

首先,从人类思维发展演变角度看,《橘颂》人格化地描写橘树,是人类历史上对自然力认识的必然体现。恩格斯《反杜林论》:"每个宗教不是别的,正是在人们日常生活中支配着人们那种外界力量在人们头脑中之幻想的反映。在这反映中,人间的力量,采取了非人间力量的形式。在历史的初期这样被反映的,首先是自然的力量;在往后的演变中,自然的力量获得各种不同的复杂的人格化……"②

其次,从文学比兴角度来看,橘树是诗人的化身,是"横而不流"、"淑离不淫"、"秉德无私"、"廓其无求"、"独立不迁"的人格代码。东汉王逸《楚辞章句·橘颂》解读为:"屈原自喻才德如橘树。"③《文心雕龙·颂赞》:"三闾橘颂,情采芬芳,比类寓意。"④屈原盛赞橘树恋土重迁、热爱南国、意志坚定、修行高洁:"受命不迁,生南国兮"、"深固难徙,更壹志兮"、"精色内白,类可任兮""秉德无私,参天地兮"。橘树高洁的品质,可与伯

---

① 公元前312年,秦楚战于丹阳,秦大败楚军。又战于蓝田,楚又败。韩、魏乘机偷袭楚国的后方。公元前303年,齐、韩、魏共伐楚。公元前300年,秦复攻楚,杀了楚将景缺。

② [德]恩格斯:《反杜林论》,生活·读书·新知三联书店,1954年,第410页。

③ [汉]王逸章句,[宋]洪兴祖补注:《楚辞补注》,中华书局,1983年,第153页。

④ [南朝梁]刘勰著,周振甫注:《文心雕龙注释》,人民文学出版社,1981年,第95页。

夷、叔齐不食周粟相比,堪称楚人的楷模:"行比伯夷,置以为象兮。"屈原咏橘明志,暗示自己的志向将如橘树"受命不迁"、"横而不流"、"秉德无私"。《橘颂》托物言志,被称为"赋物之祖"。明顾炎武《颜神山中见橘》诗:"黄苞绿叶似荆南,立雪凌寒性自甘。但得灵均长做伴,颜神山下即江潭。"[1]纵观屈原一生,他执着求索,孤独高洁,以死殉志,正是他从政初期所歌颂的"受命不迁"、"深固难徙"、"秉德无私"的橘树品格,屈原就是一株生长在楚国的橘树,"《橘颂》中所赞美的橘之精神——'苏世独立''深固难徙'的品格——也成为他一生的信仰和精神支柱。所以,屈原的精神可以阐释为橘的精神"[2]。

第三,从文化学角度看,《橘颂》昭示了屈原精神产生的民俗根源。橘在屈原生活的楚国早已有丰富的民俗意义。从历史、民俗、文物、文献四维考察,橘树极有可能是楚国的社树。古代封土为社,各随其地所宜种植树木,称社树。橘树极有可能是楚国部分社区(注《周礼·考工记》:"二十五家为社")的社树[3],体现着家、社、国之精神,影响着社人、国人的精神。《橘颂》开篇"后皇嘉树,橘徕服兮",王逸注:"后,后土也。"《左传·昭公二十九年》曰:"后土为社。"故而,屈原很有可能以"橘树"为社树而创作《橘颂》的。

柑橘对于楚人早已不是一种植物,而是一种文化[4]、一种国家精神。这里仅仅举《晏子春秋》中记载的一则楚庄王时期与柑橘有关的外交故事,以见橘在楚国浓郁而深厚的文化意蕴:

> 晏子将至楚,楚闻之,谓左右曰:"晏婴,齐之习辞者也,今方来,吾欲辱之,何以也?"……吏二缚一人诣王。王曰:"缚者曷为者也?"对曰:"齐人也,坐盗。"王视晏子曰:"齐人固善盗乎?"晏子避席对曰:"婴闻之,橘生淮南则为橘,橘生于淮北则为枳,枝叶徒似,其实味不同,水土异也。今民生长于齐不盗,入楚则盗,得无楚之水土使民善盗邪?"王笑曰:"圣人非所与熙也,寡人反取病焉。"(《晏子春秋·内篇

①[清]顾炎武撰,刘永翔校点:《亭林诗文集 诗律蒙告》,上海古籍出版社,2012年,第414页。
②参见拙文:《橘与屈子精神——重读〈橘颂〉》,《三峡大学学报(人文社会科学版)》2002年第4期。
③参见吴郁芳:《楚社树及荆、楚国名考》,《求索》1987年第3期。
④参见拙著:《三峡橘文化》,武汉出版社,2003年。

杂下》)①

故事中,晏子以"橘生于淮北则为枳"巧妙地回敬了楚庄王对齐人(国)的讥讽,不愧为"习辞者";而楚庄王轻描淡写的一句"寡人反取病也"也体现了这位春秋霸主的自信与大度。与这则故事密切相关的还有一则,楚庄王用橘招待晏子,晏子居然不剖皮而食之,楚庄王很奇怪,难道晏子不知橘柚要剖皮? 晏子答道:"赐人主前者,瓜桃不削,橘柚不剖。"可见,当时习俗有客人不剖橘皮表示对主人的一种尊敬礼节。另,西汉刘向《说苑·奉使篇》记载了齐王移橘事:"江南有橘,齐王使人取之而树之于江北,生不为橘乃为枳。"②《战国策·赵策二》记载苏秦说服赵王合纵时说:"大王诚能听臣,燕必致毡裘狗马之地,齐必致海隅鱼盐之地,楚必致橘柚云梦之地。"③由此可见,楚人、齐人等当时大小诸侯国都认为橘是楚国的象征,楚国的强大使橘可以成为他人垂涎的珍品,但她的衰亡也将会使橘成为代表臣服的土贡。

《文心雕龙·颂赞》解释"颂"称:"四始之至,颂居其极。颂者,容也,所以美盛德而述形容也。"④在楚国由盛转衰的楚怀王时期,屈原提笔写下了《橘颂》,用最尊敬的颂体形式,歌颂赞美在他心中烙下深深文化印记的橘树,用橘树的品质激励自己和国人。屈原从橘树身上看到了楚国优秀的民族精神,所以,决定与橘树永为朋友:"愿岁并谢,与长友兮。"(《橘颂》)

不同于陶渊明的"菊",也有别于周敦颐的"莲",更不同于清高远遁的"松"、"竹"、"梅"。在屈原心目中,橘树是故乡的、楚国的象征,橘树具有受命不迁、"行比伯夷"的品格。《橘颂》已经隐约暗示屈原将来的政治结局与文化意义,一个政治上执着自沉的橘魂,一个文化上永放魅力的诗意橘魂。

第六节　屈原精神与中国国魂

1903 年《浙江潮》第 1 期、第 3 期、第 7 期连载飞生的《国魂篇》;1903

---

①[清]孙星衍校,黄以周校:《晏子春秋》,上海古籍出版社,1989 年,第 43—44 页。

②[汉]刘向撰,向宗鲁校证:《说苑校证》,中华书局,1987 年,第 305 页。

③[汉]刘向辑,缪文远等译注:《战国策》,中华书局,2012 年,第 533 页。

④[南朝梁]刘勰著,周振甫注:《文心雕龙注释》,人民文学出版社,2002 年,第 95 页。

年《江苏》第 7 期、第 8 期连载《民族精神论》;1919 年《东方杂志》第 16 卷 12 号载隐青《民族精神》,等等,这些文章探索民族精神和国魂的铸造,是民族存亡的关键时期人们发出的"国魂"的呐喊。

国魂,乃民族国家立于世界之支撑,她源于国家历史、国家英雄,并影响着社会的方方面面。"一民族而能立国于世界,则必有一物焉,本之于特性,养之以历史,鼓之舞之以英雄,播之于种种社会。挟其无上之魔力,内之足以统一群力,外之足以吸入文明与异族抗。其力之膨胀也,乃能转旋世界而鼓铸之;而不然者,则其族必亡。兹物也,吾无以名之,名之曰国魂"①。

国魂,是一个国家独立于世界之民族精神。民族精神,首先是一个民族在共同血统、生活、语言、宗教、风俗的背景下日积月累而形成的历史传统精神;其次,民族精神并非抽象的,而是由无数个民族的"脊梁式"人物支撑起来的,屈原就属于其中之一。

一、屈原之"自爱"与中华民族之修身文化

"自爱"的政治意义,在周代已见端倪。《尚书·无逸》中提出为君应"无逸"。"无逸",勿逸,不要耽于享乐,因为耽于享乐就不能体味百姓的艰辛,就可能丧生亡国:"立王,生则逸! 生则逸! 不知稼穑之艰难,不闻小人之劳,惟耽乐之从。自时厥后,亦罔或克寿,或十年,或七八年,或五六年,或四三年。"②《尚书》中"勿逸"思想,成为后世阐发"自爱"政治哲学体系——君主自爱、臣民自爱,国家为治——的基础。如宋代《增修东莱书说》阐发《无逸》说:"大抵守身之本,自天子至于庶人,惟先知自爱,不失其身,然后万事自此次第而举起。"③又说:"累于灭亡之祸,必其心未知自爱而然。"④对天子来说,"自爱"是为政的根基、万事兴旺的起点;对庶人而言,"自爱"是国民的一种道德规范,民众懂得自爱其名誉、身体,就不会以身试法,社会亦会以德而治:"民既自爱,岂有轻其身而犯有司之法哉!"⑤

---

① 飞生:《国魂篇》,《浙江潮》1903 年第 1 期。
② [清]孙星衍:《尚书今古文注疏》卷二十一,中华书局,2004 年,第 433 页。
③ [宋]时澜:《增修东莱书说》卷二十五《无逸》,文渊阁四库全书本。
④ [宋]时澜:《增修东莱书说》卷二十八,文渊阁四库全书本。
⑤ [宋]陈经:《尚书详解》卷三,文渊阁四库全书本。

　　春秋战国时期,"自爱"的哲学探讨,已经较为普遍。《孟子·离娄下》:"仁者爱人,有礼者敬人。爱人者人恒爱之,敬人者人恒敬之。"①《荀子·子道》:"仁者自爱。"②《大学》:"自天子以至于庶人,壹是皆以修身为本。"③《大学》:"尧舜帅天下以仁,而民从之。"④可见,"自爱"是"爱人"、"治国"的前提。只有先修好身,才有"齐家、治国、平天下"的事功。《大学》中总结为格物、至知、诚意、正心、修身、齐家、治国、平天下:"古之欲明明德于天下者,先治其国;欲治其国者,先齐其家;欲齐其家者,先修其身;欲修其身者,先正其心;欲正其心者,先诚其意;欲诚其意者,先致其知。致知在格物。格物而后知至,知至而后意诚,意诚而后心正,心正而后身修,身修而后家齐,家齐而后国治,国治而后天下平。"⑤这种强调格物、至知、诚意、正心、修身的哲学,被后世政治家和哲学家不断阐发和重视。如汉代扬雄说:"人必其自爱也,而后人爱诸;人必其自敬也,而后人敬诸。自爱,仁之至也;自敬,礼之至也。未有不自爱敬而人爱敬之者。"(《法言·君子》)⑥一个人只有自爱自敬,自尊自励,才有人爱他敬他,"自爱,仁之至也"。孙中山先生评价这一修身自爱的哲学理论时曾感叹:"像这样精微开展的理论,无论外国什么政治哲学家都没有见到,都没有说出,这就是我们政治哲学的知识中独有的宝贝……何以中国要退步呢? 就是因为受外国政治经济的压迫,推究根本原因,还是由于中国人不修身。不知道中国从前讲修身。"⑦所以,注重为政者个人品行修养,洁身自爱,已融入中华民族的血液里,影响着中国社会和国家治理。

　　国之君臣的道德心(自守贞操气节、保持正直之自爱)与国家的繁荣发展密切相关,所以,屈原在诗歌中常常提到自己的"精神偶像"——"前圣":"伏清白以死直兮,固前圣之所厚。"(《离骚》)"伯夷":"行比伯夷,置以为像。"(《橘颂》)夏禹、殷汤、周文王:"昔三后之纯粹兮,固众芳之所在。""彼尧舜之耿介兮,既遵道而得路。""汤禹严而祗敬兮,周论道而莫

①[宋]朱熹集注,顾美华标点:《四书》,上海古籍出版社,1995年,第345页。
②[战国]荀况撰,[清]王先谦集解:《荀子集解》,中华书局,1988年,第533页。
③[宋]朱熹集注,顾美华标点:《四书》,上海古籍出版社,1995年,第8页。
④[宋]朱熹集注,顾美华标点:《四书》,上海古籍出版社,1995年,第14页。
⑤[宋]朱熹集注,顾美华标点:《四书》,上海古籍出版社,1995年,第8页。
⑥[汉]扬雄撰,韩敬注:《法言注》卷第十二,中华书局,1992年,第326页。
⑦孙文:《三民主义·民族主义》第六讲,《孙中山全集》,三民公司编辑,1927年,第86页。

差。"(《离骚》)君臣自守贞操气节,保持正直之心,自尊自励,就会心存敬畏;心存敬畏,就会自检不端行为;君臣有了自爱,楚国就能凝聚民心、吸引人才,国富民强的"美政"就会越来越近。

屈原精神里最先为后代文人所感动的,正是诗歌中高洁的志向和言辞。西汉淮南王刘安《离骚传》评:"蝉蜕浊秽之中,浮游尘埃之外,皭然泥而不滓。"①"皭然"是对屈原精神最恰当的评价,得到后人的"共鸣"。汉司马迁《史记·屈原贾生列传》引用了这段话:"推此志也,虽与日月争光可也。"②北宋文豪苏轼《答谢民师书》:"屈原作《离骚经》,盖《风》《雅》之再变者,虽与日月争光可也。"③南宋理学家朱熹《楚辞后语》卷二的批语:"屈原之心,其为忠清洁白,固无待于辩论而自显。"④等。今天,秭归屈原纪念馆成为了廉政文化教育基地,屈原被奉为廉政文化的"鼻祖"⑤。

屈原好修自爱之心与中华民族深厚的"修身"之志,是一脉相承的。墨家有《修身篇》,强调品行为人处事之根本:"士虽有学,而行为本焉。"(《墨子》卷一)⑥儒家有《论语·述而》:"子以四教,文、行、忠、信。"⑦秦蕙田《五礼通考》卷一百七十:"孔门之教,文行忠信。文,即六艺也。行,即六行也。忠信,即中和,而所谓至德者是也。"⑧《周礼·地官·大司徒》:"六行:孝、友、睦、姻(姻)、任、恤。"⑨《论语》中提倡一日三省:"曾子曰:'吾日三省吾身:为人谋而不忠乎? 与朋友交而不信乎? 传不习乎?'"⑩清李毓秀《弟子规》依据《论语·学而篇》提出"入则孝,出则悌,谨而信,泛爱众,而亲仁,行有余力,则以学文"⑪,强调子弟在家、外出、待人、接物和学

---

① 原文佚,今存于班固《离骚序》、司马迁《史记》等汉代文献中。"昔在孝武,博览古文。淮南王安叙《离骚传》,以'《国风》好色而不淫,《小雅》怨悱而不乱,若《离骚》者,可谓兼之。蝉蜕浊秽之中,浮游尘埃之外,皭然泥而不滓;推此志,虽与日月争光可也'"(《楚辞补注》,中华书局,1983年,第49页)。

② [汉]司马迁:《史记》,中华书局,2011年,第2184页。

③《答谢民师书》,[宋]苏轼著,李之亮笺注:《苏轼文集编年笺注》第6册,巴蜀书社,2011年,第335页。

④ [宋]朱熹撰,黄灵庚点校:《楚辞集注》,上海古籍出版社,2015年,第218页。

⑤ 谭家斌:《屈原廉政文化内涵的挖掘与利用》,《三峡大学学报(人文社会科学版)》2015年第3期。

⑥ [清]毕沅校注,吴旭民校点:《墨子》,上海古籍出版社,2014年,第5页。

⑦ [宋]朱熹集注,顾美华标点:《四书》,上海古籍出版社,1995年,第119页。

⑧ [清]秦蕙田:《五礼通考》卷一百七十,文渊阁四库全书本。

⑨ [汉]郑玄注,[唐]贾公彦疏:《周礼注疏》,上海古籍出版社,2010年,第370页。

⑩ [宋]朱熹集注,顾美华标点:《四书》,上海古籍出版社,1995年,第62页。

⑪ [清]李毓秀:《弟子规》,河南人民出版社,2007年。

习上应持修养之道，"六行"做好，才去"学文"。

二、屈原之"爱国"与中华民族之"新国魂"

20世纪80年代中期，有一些学者否定屈原有爱国的动机，用战国时代苏秦、张仪、伍子胥的复仇与游宦史实去旁证屈原主观上没有"爱国动机"，又以列宁"爱国主义"的概念内涵对屈原的"忠"持否定态度，认为"忠"证明屈原只是对楚国王族或宗室的态度①。

"国家"一词，在春秋战国文献中已经比较常见。《周易·系辞下》："是故君子安而不忘危，存而不忘亡，治而不忘乱，是以身安而国家可保也。"②《荀子·修身篇》："故人无礼则不生，事无礼则不成，国家无礼则不宁。"③《孔子家语·始诛》："国家必先以孝。"④《孔子家语·儒行解》："苟利国家，不求富贵。"⑤先秦时期，"国家"常与"天下"并举。天下包括"众国家"，即众封国或诸侯国，这是当时较为通行的概念。如"政令法，举措时，听断公，上则能顺天子之命，下则能保百姓，是诸侯之所以取国家也"（《荀子·荣辱篇》）⑥，"不知壹天下、建国家之权称……是墨翟、宋钘也"（《荀子·非十二子篇》）⑦。到了汉代，由于诸侯分封制的延续，国家与天下并举仍在使用，如"二帝三王之治，其变固殊，其法固异，而其为国家天下之意，本末先后，未尝不同也"（刘向《战国策·原序》）⑧。文献记载表明，战国时期的政治家、思想家习惯称己方为"国"或"国家"，称对方为"诸侯"。《战国策·秦一》："寒泉子曰：'不可。夫攻城堕邑，请使武安子；善我国家使诸侯，请使客卿张仪。'秦惠王曰：'敬受命。'"⑨按，"善我国家"，寒泉子所指就是对我们秦国好的意思，可见当时诸侯国大臣之间已经有了一种强烈的"国家意识"，而"善"中既有

①有关这次"屈原爱国主义"争鸣详情，参阅周建忠：《屈原"爱国主义"研究的历史审视》，中国屈原学会：《中国楚辞学》第一辑，学苑出版社，2002年。
②[魏]王弼，[晋]韩康伯注，[唐]孔颖达疏：《周易注疏》，中央编译出版社，2013年，第390页。
③[战国]荀况撰，[清]王先谦集解：《荀子集解》，中华书局，1988年，第23页。
④薛恨生标点：《孔子家语》，上海新文化书社，1934年，第6页。
⑤薛恨生标点：《孔子家语》，上海新文化书社，1934年，第18页。
⑥[战国]荀况撰，[清]王先谦集解：《荀子集解》，中华书局，1988年，第59页。
⑦[战国]荀况撰，[清]王先谦集解：《荀子集解》，中华书局，1988年，第92页。
⑧[汉]刘向编集：《战国策》篇首，中华书局，2012年。
⑨[汉]刘向编集：《战国策》卷三，中华书局，2012年，第72页。

偏爱之情了。可见，爱国之情，早在周代已伴随"国家"（封国、诸侯国）产生而产生。

爱国之情、国家意识的产生，首先，缘于"国"在某种程度上是民众精神与物质上的归依。如《诗经·硕鼠》："逝将去女，适彼乐国。乐国乐国，爱得我直。"①其次，伴随外族入侵、诸侯争霸而产生保家卫国的精神。如《诗经·采薇》写战士们忍饥挨饿、戍守边关："忧心烈烈，载饥载渴。我戍未定，靡使归聘。"②《诗经·无衣》写秦国士兵团结一致，同仇敌忾："岂曰无衣？与子同袍。王于兴师，修我戈矛，与子同仇。"③屈原也有类似战歌："旌蔽日兮敌若云，矢交坠兮士争先。"（《九歌·国殇》）屈原作品《国殇》以"国"命名，将年轻将士的牺牲称为"国之殇"，整首诗洋溢着强烈的爱国激情和以身许国、奋勇当先的战斗精神：手持吴戈，身穿皮甲，战车交错，短兵搏斗。旌旗蔽日，敌人如云，飞箭交坠，士卒争先。犯我阵地，践踏行伍，左骖已死，右骖被伤。两轮陷落，四马被绊。玉槌敲打，战鼓轰鸣。天发威，神灵怒，全军被覆弃原野。出征不回，前去未返。原野空旷，归途遥远。佩长剑，挟强弩，首身分离，不改壮心。诚勇威武，无人敢犯。身已死去，然精神永不死，魂魄鬼中亦英雄！楚国将士的大无畏精神，正是中华民族爱国精神的早期代表。

汉魏以后，"爱国"一词开始普遍使用。如："周君岂能无爱国哉？恐一日之亡国，以忧大王也。"④"不能大通，则各私其党而求利焉。楚人亡弓，不能亡楚。爱国愈甚，益为它灾。"⑤"上下一心，爱国如家，视百姓如子。"⑥等。

屈原精神早已是楚国之魂。"未怕黄州鬼，唯忧楚国魂"⑦。"楚国之魂"屈原、"黄州之鬼"苏轼，即屈原和苏轼之精神。"黄州鬼"缘于苏轼被贬黄州喜人谈鬼故事以寄托抒怀，所谓"情类黄州，喜人谈鬼"⑧。"楚国

①[宋]朱熹集注：《诗集传》，中华书局，2011年，第85页。
②[宋]朱熹集注：《诗集传》，中华书局，2011年，第138页。
③[宋]朱熹集注：《诗集传》，中华书局，2011年，第100页。
④[汉]刘向编集：《战国策》卷一，中华书局，2012年，第41页。
⑤[魏]王弼，[晋]韩康伯注，[唐]孔颖达疏，[唐]陆德明音义：《周易注疏》，中央编译出版社，2013年，第106页。
⑥[清]严可均辑：《全晋文》卷四十，商务印书馆，1999年，第407页。
⑦[宋]赵蕃：《淳熙稿》卷十一《二月初二日二首》，文渊阁四库全书本。
⑧[清]蒲松龄：《聊斋志异·聊斋自志》，中华书局，2004年，第1页。

魂"指屈原："端阳时节雨纷纷,追念屈原楚国魂。"①"自制离骚一曲存,流传千古尚含冤。有人为赋投湘水,知否难回楚国魂。"②"有楚一代有灵均③,无君则无楚国魂。"④没有屈原,就没有"楚国魂",这是对屈原最高的礼赞。

屈原精神亦是近代制造"新国魂"之"药料"。将屈原与中国新国魂直接联系的文献,现知是1903年《江苏》第1期刊发的文章《国民新灵魂》。文中直接仿照楚辞《招魂》、《大招》呼唤国民之魂："学湘累大夫之吟,招之使复。升屋以呼,焚符以降,曰:中国魂兮归来乎!"按,湘累,即屈原。著名诗人柳亚子、高旭、陈去病等发起"南社"时亦仿照楚辞《招魂》、《大招》悲歌："国魂乎! 盍归来乎! 抑竟与唐虞、姬姒之版图以长逝,听其一往不复返乎?"(《南社启》)⑤可见,屈原精神,作为"国魂之象征",曾激发起近现代文人重造"新国魂"的热望。

在屈原的时代,是士阶层最活跃的黄金时期。如果受到政治打击和一国之内缺乏知人善任的君主时,很多士大夫会选择远走他乡。如卫之商鞅、魏之吴起,都是在他国建立勋业的。屈原在《离骚》中也曾以"灵氛"、"巫咸"的口吻表达,远走他国寻找"众芳所在"也是一条不错的出路,《离骚》曰："两美其必合兮,孰信脩而慕之? 思九州之博大兮,岂唯是其有女?""曰勉远逝而无狐疑兮,孰求美而释女? 何所独无芳草兮,尔何怀乎故宇?"但,屈原内心深处"受命不迁"、"深固难徙"的橘树记忆,让他终于放弃远游。正如梁启超先生曾言,"国魂"的要素在于"爱国"与"自爱"："中国魂者何? 兵魂是也。有有魂之兵,斯为有魂之国。夫所谓爱国与自爱者,则兵之魂也……人民以国家为己之国家,则制造国魂之药料也。"⑥屈原自豪是楚国的子民,称自己为"帝高阳之苗裔兮","以国家为己之国家",他的心已经在自己国家生根了。

---

① 《怀念屈原》,陈三华:《夏日作坊》,大众文艺出版社,2009年,第139页。
② 《屈原》,全台诗编辑小组编撰:《全台诗》第23册,台湾文学馆,2012年,第76页。
③ 屈原自称名字为正则、灵均:"名余曰正则兮,字余曰灵均。"(《离骚》)
④ 《附:楚歌》,郭军编:《文心与诗魂》,华南理工大学出版社,2010年,第112页。
⑤ 高旭《南社启》,1909年10月17日《民吁日报》。
⑥ 梁启超:《中国魂安在乎?》,鄢晓霞选编:《梁启超散文》,上海科学技术文献出版社,2013年,第112页。原刊1899年12月23日《清议报》。

第二章　屈原精神的民间礼祭

屈原精神的传承接受,始于民间。汨罗、荆州、福建、台湾等地"屈原是水仙"的信仰,沅湘洞庭水系、长江中下游水系、台湾海峡两岸约五十市(县/区)分布的屈原纪念建筑,秭归、汨罗、汉寿、南阳等地有关屈原的歌谣与传说,秭归农民诗社、汨罗诗词之乡及各地端午诗会……二千三百多年来,以端午祭祀、屈原庙(祠)、屈原传说为代表的民间纪念,展示了普通民众对屈原及其精神的景仰,并通过不同的时空路线,浸润到不同社会层面和群体的精神领域,形成了一条时间跨度两千多年,空间分布以长江、汉水、洞庭湖、鄱阳湖为核心分布区,以台湾海峡两岸及东南亚、东亚、欧美地区为辐射区的民间屈原精神传承接受链。

第一节　端午祭屈与屈原精神的民间信仰

"民间信仰一方面有它们的传承性,一方面它们也随时间、地域、经济等因素而变。不同的社会阶层也会产生不同的民间信仰。反映这些信仰而最容易为研究者所直接观察到的是民间的习俗"①。本节主要选取乐平里端午祭祖,玉笥山"朝庙"仪式,荆州、佛昙、洲美等地端午"水神"祭祀和各地端午诗会等历史悠久、影响深远的端午纪念屈原的民间习俗,探寻屈原精神的民间信仰。

据中国各地方志的记载,端午节有端阳节、重午节、天中节、浴兰节、女儿节、小儿节、夏至节、龙船节、游龙节、诗人节等多种称谓,原是一个"驱邪除毒"岁时节日。"端午"作为一个岁时节日,是何时何地与屈原关联的?端午纪念屈原的民俗意义又是通过什么媒介和路线传播至全国乃至全球

---

①王秋桂:《中国民间信仰资料汇编·前言》,原刊于《民俗曲艺》2000年第128期。转引自王甲辉、过伟主编:《台湾民间文学》,上海文艺出版社,2005年,第285页。

的？屈原与端午"关联史"的探讨，是研究屈原精神传承接受不可"绕过"的，目前，学界相关研究大致可分两类：

一类是对屈原与端午的密切关系、文化意义、精神价值的研究。这类研究①经历了一个"历史的选择——多元精神意义——突出爱国精神"的过程，在20世纪90年代中后期形成了一个较为一致的看法，即认为屈原之所以成为端午"主角"是一个历史选择。"最终只有屈原一人成为端午节的主角；而且，屈原传说之久远深入，家喻户晓，几乎完全湮灭了端午节日的本来意义，乃至于闻先生要作《端午考》加以发明。这就使屈原与端午的传说成为一种历史现象而具有了意义"②。学者提出，正是屈原的爱国精神、人格力量让历史"认同"了他："屈原爱国、忧民，成为中华民族的千古楷模，可以说，在中国历史上没有第二个诗人像屈原那样被人们热爱过，这种热爱的前提来自屈原对人民、对国家的强烈热爱之情。在爱国忧民前提下寄希望于君王的忠臣形象也适合了统治者的心态，在封建权力话语系统和民众话语系统中都占据着显著的地位。"③"端午节的源起不在屈原，而早于屈原，历史上的中国人民把这样一个重要的节日转让给屈原，足见屈原的人格力量。"④

另一类是还原端午节俗文化的"原味"意义研究，这类研究⑤认为，中

①如《屈原与龙舟文化》(《云梦学刊》1993年第1期)、《屈原与端午龙舟》(《统一论坛》1994年第2期)、《端午节与屈原——屈原爱国主义思想新探》(《湘潭师范学院学报》1994年第2期)、《端午与屈原考释》〔《湖北大学学报(哲学社会科学版)》1997年第3期〕、《端午节文化意义的淘汰与选择》(《荆州师范学院学报》1999年第3期)、《端午与屈原》(《宗教与神话论集》，立绪文化有限公司，1999年)、《屈原、端午与龙舟文化》(《邵阳学院学报》2003年第1期)、《屈原与五月五日——端午的渊源及意义》〔《三峡大学学报(人文社会科学版)》2003年第4期〕、《端午民俗与屈原精神》(《邵阳学院学报》2009年第5期)、《论端午民俗中的屈原形象》(《湖南社会科学》2009年第2期)、《从屈原到老舍——也谈端午节与人文精神》〔《湖北民族学院学报(哲学社会科学版)》2010年第4期〕、《端午与屈原及屈原精神》〔《湖北民族学院学报(哲学社会科学版)》2010年第6期〕等。
②蒋方：《人民的选择——屈原与端午再考》，《三峡文化研究丛刊》2002年，第87页。
③孟修祥：《端午节文化意义的淘汰与选择》，《荆州师范学院学报》1999年第3期。
④梁永琳：《"风俗如狂重此时"——中国民间文艺家协会副主席罗杨谈端午节文化》，2008年6月5日《人民日报》(海外版)。
⑤如《端午节非因屈原考》(《齐鲁学刊》1982年第1期)、《端午节起源于伍子胥考》〔《苏州科技学院学报(社会科学版)》2004年第4期〕、《端午送瘟神——传承端午原初主题的西塞神舟会》〔《今日湖北(理论版)》2007年第2期〕、《端午节研究：传统、国家与文化表述》(中央民族大学博士学位论文，2007年)、《早期端午龙舟竞渡原生文化解读》〔《陕西理工学院学报(社会科学版)》2009年第4期〕、《大端午节与逐疫》〔《湖北民族学院学报(哲学社会科学版)》2010年第5期〕等。

国端午习俗是一幅丰富而绵长的画卷，从古老的夏至节和避恶风俗，发展至多方位的驱瘟辟邪、强身健体的隆重节日，随着时间的推移和人群的迁徙、文化的碰撞与融合，在中华大地上散播流布，活跃而多样。由此，"端午起源说"被揭示出十多种：纪念越王勾践、纪念伍子胥、纪念介子推、纪念曹娥、纪念马援、纪念钟馗……这类研究的基本宗旨，是考察与还原端午节俗文化的"原味"意义。主要观点是，认为纪念屈原是一个"特定地方的纪念性内容"、"政治性的功利目的"，对追悼屈原之死的政治学传统功能提出异议，甚至认为纪念屈原会抹杀端午的"原味"："端午节如果只是一个纪念爱国诗人屈原的节日，未免过分强调了特定地方的纪念性内容，夸大了利用其政治性的功利目的，这从整体上冲淡并损害了一个全民共享的祝福祝寿、期盼吉祥的美好节日，应当抢救并保护端午节原汁原味的文化形态。"①提出一种新"逻辑"——官方节日与民间传统的二元结构论，由此认为，端午节渊源于民间的祭神、祈福与送灾，是一种民间生活祭典，而非官方的政治祭典。这一论点得到一些台湾学者的支持②。此类研究，还衍生出了跨文化比较研究，主要是汉字文化圈内端午风俗的比较。在2004—2005年韩国"江陵端午祭"申请世界非物质文化遗产的过程及成功之后的这段时期，探寻端午的起源、重新阐释相关文献记载，成为国内学界端午研究的焦点之一，学界还原"端午"面貌，考证、研究、整理中国与日本、韩国端午习俗的联系与区别等，提出多种学说；但，与此同时，在反思"韩国端午祭申遗"这一文化现象的警示、着眼"中国端午节"的挖掘与保护中，屈原不惜以身殉国的爱国精神再次被重视，纪念屈原为主的汨罗江畔端午习俗和秭归屈原故里端午习俗成为"中国端午节"申遗的重要组成部分，屈原精神被融入端午文化乃至社会主义核心价值体系之中，从而完成了中华民族独特的"端午文化价值体系"建构③；国内学术界还将视野扩展到日本和

①转引自李红琼等：《端午节俗文化研究回顾与展望》，《湖南农业大学学报》2010年第2期。

②李红琼等：《端午节俗文化研究回顾与展望》，《湖南农业大学学报》2010年第2期。

③如黄丽云《龙舟文化等同政权符号——屈原崇拜与竞渡之国际比较》（《云梦学刊》2010年第4期）、邱春华《浅析端午节传统的文化内涵——仅以端午节与屈原投汨罗江的文化渊源为例》（《文学界》2010年第4期）、蒋芝芸《从屈原到老舍——也谈端午节与人文精神》〔《湖北民族学院学报（哲学社会科学版）》2010年第4期〕、孙适民《端午民俗与屈原精神》（《邵阳学院学报》2009年第5期）、陆赛飞《屈原与端午习俗的由来》（《语文天地》2006年第10期）、任志强《韩国端午"申遗"成功警示录——留住我们的文化之根》（《广西党史》2006年第2期）等。

韩国端午习俗特色的研究①。

　　应该承认,端午节"驱邪除毒"的风俗意义,原本有着悠久的历史,具有普遍性,这是"端午"作为一个岁时节日最原始的意蕴。然而,在汉魏以来诸种文献,如《风俗通》、《抱朴子》、《风土记》、《续齐谐记》、《荆楚岁时记》等民俗文献记载中,开始有了端午起源于"某一人物"的各种生动传说,这也是民间习俗自发发展的结果。若研究证明端午早在屈原之前就已存在,已不再是问题;若是为了推翻约定俗成的端午纪念屈原的民俗意义,研究也矫枉过正。故而,深挖屈原为何被端午选择、梳理端午习俗中屈原精神传承接受的实证及踪迹等,是目前本领域的一个重要拓展方向。

一、端午风俗与屈原关联时空考

(一)屈原与端午关联至少已有1800年历史

　　学界一般推断,屈原与端午关联的时间,是汉末至南北朝期间。具体而言,一是"东晋南朝说":"魏晋以后,朝廷不祀端午,节日之盛在民间,与此同时,与节日有关的人物传说也逐渐兴起。东晋南朝时期,经过人民的传讲与文人的选择记录,屈原成为端午节日的主角,纪念活动逐渐兴盛。"②二是"汉末南北朝说":"在汉末至南北朝时期,北方厌胜之术与南方救屈原结合起来,才形成了完整的端午节风俗。"③学界得出的这个时间段是大致不错的。

　　但,一则《风俗通义》的佚文表明,文献可考的端午纪念屈原的民俗意义生成时间,可进一步向前推至"汉灵帝前":

　　　　五月五日,以五彩丝系臂者,辟兵与鬼,令人不病瘟,亦因屈原。④

---

①如对日本端午的特色考察,《日本端午习俗考》(《日本成果》1992 年第 3 期)、《关于日本端午习俗的历史考察》(《贵州教育学院学报》1993 年第 4 期)、《论端午节在日本的变异——明治以前日本端午的特色》(《日语学习与研究》2006 年第 4 期)、《从韩国端午祭中遗看中韩文化遗产保护》(《作家》2007 年第 12 期)、《韩国端午祭的特征》(《2007 年楚辞学国际学术会议论文集》)、《中国端午节与韩国端午祭比较研究》(西北民族大学硕士论文,2007 年)、《由韩国端午祭看中国端午节的民俗传承》(2008 年 6 月 7 日《解放日报》)等。
②蒋方:《端午与屈原考释》,《湖北大学学报(哲学社会科学版)》1997 年第 3 期。
③都春屏:《屈原与五月五日——端午的渊源及意义》,《三峡大学学报(人文社会科学版)》2003 年第 4 期。
④转引自[唐]欧阳询:《艺文类聚》卷四,上海古籍出版社,2013 年,第 139 页。

此段文字解释,民间端午系"五彩丝"的习俗,有解释是缘于屈原的。查今存应劭《风俗通义》十卷本①无该条记录。但,唐欧阳询撰《艺文类聚》卷四、宋李昉等撰《太平御览》卷三十一"时序部"十六、清《御定渊鉴类函》卷十九"岁时部"八,均有引用。而应劭《风俗通义》原书三十卷、附录一卷,今仅存十卷,所以,这段文字基本可以确定为其佚文。

考,应劭(约 153—196),生活于东汉灵、少、献帝年间。《后汉书》卷四十八《杨李翟应霍爰徐列传·应劭》曰:"劭字仲远。少笃学,博览多闻。灵帝时举孝廉,辟车骑将军何苗掾……(中平)六年,拜太山太守……(建安)二年,诏拜劭为袁绍军谋校尉。时始迁都于许,旧章埋没,书记罕存。劭慨然叹息,乃缀集所闻,著《汉官礼仪故事》,凡朝廷制度,百官典式,多劭所立……撰《风俗通》,以辩物类名号,释时俗嫌疑。文虽不典,后世服其洽闻。凡所著述百三十六篇。又集解《汉书》,皆传于时。后卒于邺。"②从史传记载可知,应劭博览多闻,对当时风俗典章的了解甚为广博。又且,应劭撰《风俗通》的目的正是"考辩物类名号,释时俗嫌疑",即事物的分类、名号,解释当时流行于民间的风俗缘由及疑惑。可以说,应劭《风俗通》是我们了解当时习俗的"权威"文献。因此,若非民间已有端午系"五彩丝"为纪念屈原的习俗意义,他是不会在《风俗通》中记载"亦因屈原"的。因此,这则《风俗通》佚文,是研究端午与屈原关联时间的重要证据材料。

由此观之,端午风俗(五彩丝为例)与屈原的关联时间,可以上溯到应劭生活时代,即公元 153—196 年间,东汉灵帝以前,最迟也是应劭去世那年,即东汉献帝之前,距今约有一千七百八十六至一千八百六十一年。所以,文献可考的端午纪念屈原的民俗意义生成时间,距今至少有 1800 年历史。

除了端午系五彩丝与屈原关联外,还有两个重要的端午习俗,"吃粽子"和"赛龙舟",这些习俗又是何时何地与屈原关联在一起的呢?

较早记载"竞渡纪念屈原"的文献,有晋葛洪(283—363)《抱朴子》、梁吴均(469—520)《续齐谐记》等。隋唐《北堂书钞》卷一百三十七"水车水

---

①[汉]应劭:《风俗通义》,上海古籍出版社,1990 年。
②[南朝宋]范晔:《后汉书》,中华书局,2007 年,第 473—475 页。

马"条引晋葛洪《抱朴子》文曰：

> 屈原投汨罗之日，人并命舟楫以迎之，至今以为竞渡。或以水车为之，谓之飞凫，亦曰水马。州将士庶悉观临之。①

又，梁吴均《续齐谐记》曰：

> 楚大夫屈原遭谗不用，是日投汨罗江死，楚人哀之，乃以舟拯救。端阳竞渡，乃遗俗也。②

综合两则记录，至少晋葛洪生活的时代，公元283—363年间，端午"竞渡"已被赋予了"舟楫拯救屈原之遗风"的民俗阐释。因此，端午"竞渡"包含了纪念屈原的意义至少有1700年的历史。

吃粽子纪念屈原的传说，可上溯到东汉光武帝时期，文献记载可考距今约1500年。第一则传说，是东汉光武帝建武（25—56）年间，长沙一个叫区曲（一作欧回）的人，在白天突然见到一士人，自称"三闾大夫"，对他说：谢谢他每年端午投米祭祀，但所投食物常被水中蛟龙抢走。若以后端午投食，可用楝树叶裹米，用五色丝缠好，这样蛟龙害怕就不会来争抢了。区曲将这些告诉了人们，五月五日包粽子的习俗就这样流传开来了。事亦见南朝吴钧《续齐谐记》：

> 屈原五月五日投汨罗水，楚人哀之，至此日以竹筒子贮米，投水以祭之。汉建武中，长沙区曲，忽见一士人，自云三闾大夫，谓曲曰："闻君尝见祭，甚善，常年为蛟龙所窃。今若有惠，当以楝树叶塞其上，以彩丝缠之，此二物蛟龙所惮也。"曲依其言。今人五日作粽，并带楝叶、五花丝，遗风也。③

这个传说的时间起点是建武（25—56）年间，传说的地点是长沙。

第二则传说，屈原妻子祭食皆为蛟龙所夺，屈原托梦，说龙畏五色丝及竹，希望妻子用竹筒装米为粽，用五色丝线缠好，再投入江中祭祀。见唐代《襄阳风俗记》：

---

① ［隋］虞世南：《北堂书钞》，天津古籍出版社，1988年，第601页。
② 今本《续齐谐记》存十七则，无此条记载。此转引自《太平寰宇记》。
③ ［南朝梁］吴钧：《续齐谐记》，中华书局，1991年，第5页。

屈原五月五日投汨罗江,其妻每投食于水以祭之。原通梦告妻,
所祭食皆为蛟龙所夺,龙畏五色丝及竹,故妻以竹为粽,以五色丝缠
之。今俗其日皆带五色丝食粽,言免蛟龙之患。①

襄州襄阳,郡治襄阳县(今湖北襄阳),这一传说中,将吃"筒粽"起源的时
间上溯到战国屈原妻子生活时期,地点就是水边祭祀。

从两则传说看,2000 年前已有了粽子纪念屈原的传说。而从文献源
头看,至少吴均(469—520)《续齐谐记》、唐代《襄阳风俗记》之前,即 1500
年前,端午"吃粽子"已被赋予纪念屈原的民俗阐释。

综上所述,屈原与端午关联的确切时间,至少可以上推到 1500 至 1800
年前。

(二)屈原与端午故事"滚雪球式"的演变及其关联空间

屈原与端午关联时空,据文献相关记载统计如下:

屈原与端午关联时空一览表

关联时间	公元纪年(年)	关联地点	结论	文献依据	文献出处
东汉永兴元年至建安元年	153—196	河南②	五彩丝亦因屈原	汉末应劭《风俗通义》:"五月五日,以五彩丝系臂者,辟兵与鬼,令人不病瘟,亦因屈原。"按,应劭,汝南郡南顿县(今河南项城市南顿镇)人	[汉]应劭《风俗通义》。查今存《风俗通义》虽无此文,但应劭《风俗通义》原书三十卷、附录一卷,今仅存十卷,所以这段文字或为该书佚文。考,[宋]李昉等撰《太平御览》卷三十一"时序部"十六、清《御定渊鉴类函》卷十九"岁时部"八,均引此段文字

---

① 《襄阳风俗记》已佚,约唐人撰。刘纬毅辑:《汉唐方志辑佚》,北京图书馆出版社,1997 年,第 428 页。
② 《风俗通义》作者应劭,汝南郡南顿县(今河南项城市南顿镇)人。

续表

关联时间	公元纪年（年）	关联地点	结论	文献依据	文献出处
晋元帝建武元年	317	汨罗；江苏	今端午竞渡与屈原自沉汨罗众人舟楫拯救相关	[晋]葛洪《抱朴子》："屈原投汨罗之日，人并命舟楫以迎之，至今以为竞渡。或以水车为之，谓之飞凫，亦曰水马。州将士庶悉观临之。"按，葛洪，丹阳郡句容（今江苏句容县）人	隋唐《北堂书钞》转引晋代葛洪《抱朴子》佚文
南朝梁	502—557	长沙；浙江	端午吃角黍纪念屈原，始于汉建武（25—56）间长沙屈原托梦区曲（一作欧回）	[南朝梁]吴钧《续齐谐记》："屈原五月五日投汨罗水，楚人哀之，至此日以竹筒子贮米，投水以祭之。汉建武中，长沙区曲，忽见一士人，自云三闾大夫，谓曲曰：'闻君尝见祭，甚善，常年为蛟龙所窃。今若有惠，当以楝树叶塞其上，以彩丝缠之，此二物蛟龙所惮也。'曲依其言。今人五日作粽，并带楝叶、五花丝，遗风也。"按，吴均（469—520），吴兴故鄣（今浙江安吉）人	[南朝梁]吴钧《续齐谐记》
隋代	581—618	南郡；襄阳	端午竞渡缘于屈原自沉汨罗众人舟楫拯救。南郡、襄阳盛行	《隋书·地理志》："屈原以五月望日赴汨罗，土人追至洞庭，不见，湖大船小，莫得济者，乃歌曰：'何由得渡湖？'因而鼓棹争归，竞会亭上，习以相传为竞渡之戏。其迅楫齐驰，棹歌乱响，喧振水陆，观者如云。诸郡率然，而南郡、襄阳尤甚。"	《隋书·地理志》

续表

关联时间	公元纪年（年）	关联地点	结论	文献依据	文献出处
隋末唐初	581—618前后	汨罗	"端午竞渡"的三种缘起说：汨罗地区拯救屈原，东吴纪念伍子胥，越地起于勾践练水军	《荆楚岁时记》："是日，竞渡、采杂药。""按，五月五日竞渡，俗为屈原投汨罗日，伤其死所，故并命舟楫以拯之。舸舟取其轻利，谓之飞凫，一自以为水车，一自以为水马，州将及土人悉临水而观之。盖越人以舟为车，以楫为马也。"	［唐］杜公瞻注：《荆楚岁时记》
唐玄宗天宝元年前后	742前后	襄州以南	端午竞渡源于屈原自沉汨罗众人舟楫拯救。襄州以南盛行	"俗五月五日为竞渡戏，自襄州以南所尚。相传云，屈原初沉江之时，其乡人乘舟求之，意急而争前后，因为此戏。"	［唐］刘餗《隋唐嘉话》
唐玄宗天宝七载	748	长沙郡	公祭屈原始自唐玄宗天宝七年	天宝七载"其忠臣义士、孝妇烈女，史籍所载德行弥高者，所在宜置祠宇，量事致祭……楚三闾大夫屈原（长沙郡）……并令郡县长官，春秋二时择日，准前致祭"	［宋］王溥：《唐会要》卷二十二"社稷"
唐宪宗元和元年至九年	806—814	沅江	湖南沅江端午"竞渡"船只上人们互相呼喊"何在？"似在招屈原之魂	《竞渡曲序》说："竞渡始于武陵，至今举楫而相和之音咸呼'何在？'招屈之义也。"	［唐］刘禹锡著，陶敏、陶红雨校注：《刘禹锡全集编年校注》

续表

关联时间	公元纪年（年）	关联地点	结论	文献依据	文献出处
唐昭宗朝	888—904	西安	端午之缘起为屈原	文秀《端午》："节分端午自谁言，万古传闻为屈原。"按，文秀昭宗时居长安（今陕西西安），为文章供奉	［唐］诗僧文秀《端午》
唐	618—907	襄阳	端午吃角黍纪念屈原，始于屈原托梦妻子	《襄阳风俗记》："屈原五月五日投汨罗江，其妻每投食于水以祭之。原通梦告妻，所祭食皆为蛟龙所夺，龙畏五色丝及竹，故妻以竹为粽，以五色丝缠之。今俗其日皆带五色丝食粽，言免蛟龙之患。"	《襄阳风俗记》（已佚），引自刘纬毅著《汉唐方志辑佚》
唐	618—907	襄阳	端午竞渡源于屈原自沉汨罗众人舟楫拯救	《襄阳风俗记》："原五日先沉，十日而出。土人于水次迅楫争驰，棹歌乱响，有凄断之声，喧震川陆。遗风迁流，遂有竞渡之戏。"（《太平寰宇记》一四五引）	《襄阳风俗记》（已佚），引自刘纬毅著《汉唐方志辑佚》
后晋高祖天福二年	937	岳州洞庭	后晋"端午"敕封屈原开启了端午公祭屈原的先河	《旧五代史·晋书·高祖纪》：天福二年夏五月"丙辰……磊石庙旧封昭灵侯，进封威显公。"按，磊石庙（今岳阳洞庭湖有磊石山）	《旧五代史·晋书·高祖纪》
宋初	960	荆楚	朝廷一度以"废业耗民"禁止荆楚竞渡	［宋］乐史《太平寰宇记》："五月五日竞渡戏船，楚俗最尚。废业耗民，莫甚于此。皇朝有国以来，已革其弊。"按，乐史，宜黄霍源村（今属江西）人	［宋］乐史《太平寰宇记》卷一百四十六

续表

关联时间	公元纪年（年）	关联地点	结论	文献依据	文献出处
宋景德四年至熙宁五年	1007—1072	开封	端午吃角黍纪念屈原	宋代欧阳修《端午帖子》道："楚国因谗逐屈原，终身无复入君门。愿因角黍询遗俗，可鉴前王惑巧言。"按，大臣向皇帝敬奉《端午帖子》是宋初以来汴京(今河南开封)皇城内的一种习俗	[宋]欧阳修撰《文忠集》卷八十三，文渊阁四库全书本
宋宝元元年至元符二年	1038—1099	江苏高邮	高邮人孙升提出端午吃粽子的来源。质疑屈原与蛟龙争角黍	清厉鹗撰《宋诗纪事》卷二十三引孙升《屈原宅》句："若与蛟龙争角黍，应同渔父啜糟醨。"孙升(1038—1099)，升字君孚，高邮人	[清]厉鹗撰《宋诗纪事》卷二十三引。按《宋史》卷三百四十七有《孙升传》："孙升，字君孚，高邮人。第进士，签书泰州判官。哲宗立，为监察御史。"
宋淳熙元年至淳熙十六年	1174—1189	全国	宋代以后端午纪念屈原由楚地传播全国	《淳熙三山志》："楚人以吊屈原，后方以为故事。"	[宋]梁克家《淳熙三山志》卷四十
宋绍兴三年至淳熙元年	1134—1173	鄂州	屈原有儿女，在屈原沉江后亦双双沉江。端午节，武昌郡百姓竞渡时于龙舟上用粽子迎神	薛季宣《二女篇》："武昌郡人，以五月五日竞渡，投角黍，迎神舟上……盖闻楚灵均，汨罗陈死证。二子终孝慈，双玉澄江暎。当初黄鄂人，荡桨追游泳。端午化成俗，龙舸长犇竞。事神微有道，角黍劳将迎。非鬼且非仙，世士凭谁侦。"按，薛季宣(1134—1173)，绍兴三十年任鄂州武昌令	[宋]薛季宣撰《浪语集》卷十一。按，《宋史》卷四百三十四《薛季宣传》："薛季宣字士龙，永嘉人……年十七，起从荆南帅辟书写机宜文字……卒年四十。"

关联时间	公元纪年（年）	关联地点	结论	文献依据	文献出处
南宋孝宗之后	1167—1247	浙江台州	浙江台州端午节吃粽子、喝酒,挂艾蒿	戴复古《扬州端午呈赵帅》:"榴花角黍斗时新,今日谁家不酒樽。堪笑江湖阻风客,却随蒿艾上朱门。"按,戴复古(1167—1247后)天台黄岩(今浙江台州)人	[宋]戴复古撰《石屏诗集》卷六
明太祖洪武二年	1369	汨罗市	明太祖朱元璋时,朝廷便有圣谕"岁以五月五日"致祭屈原	《明一统志》:"屈原庙,在湘阴县北六十里。原事楚王被谗见疏,投汨罗江以死。唐封昭灵侯,宋封忠洁侯,本朝复其号曰:楚三闾大夫屈平氏之神。命有司岁以五月五日。"按,今汨罗市,春秋时为罗子国都城,秦置县,南北朝设州,唐代并入湘阴县。解放后分置,1987年撤县建汨罗市。所以唐以后至解放前的文献记载中,所提及的"湘阴县屈子祠"即是今"汨罗市屈子祠"	[明]李贤等撰《明一统志》卷六十三"屈原庙"注
南明郑成功治台期	1661—1683	台湾	每年端午节及农历10月10日祭祀屈原	"每年端午节及农历10月10日大拜拜,可说是本地区的全民运动,代代相传,从未间断,至今已有200多年的历史,以'田园稻花开,屈宫粽香飘,端午扒龙船,洲美永传承'四句,该是最贴切的叙述。"	台湾苏慧霜《从游仙到水仙——屈原生命意象的自觉超越与永恒信仰》,《三峡论坛》2010年第5期

续表

关联时间	公元纪年（年）	关联地点	结论	文献依据	文献出处
清康熙年间	1662—1722	永州	清康熙对永州地区"竞渡"之风亦有过禁止令	[清]康熙《永州府志》："三闾大夫以五月五日投汨罗江，楚人哀之，每至此日……以龙舟拯之，至今竞渡，是其遗俗……康熙间，太守刘公道着禁之，历年既久，复竞争。嘉庆间，太守锡龄示禁，人遂革心。"	《永州府志》清康熙三十三年刻本
清康熙年间	1662—1722	长江	楝叶包米作角黍，投江中祭屈原	[清]《钦定续通志》："蛟龙畏楝，故端午以楝叶包米作角黍，投江中祭屈原也。"	《钦定续通志》
清道光二十四年	1844	四川省金堂县	四川省金堂县，端午吃角黍，闹龙舟，吊屈平	[清]道光《金堂县志》："亲友或以角黍相馈遗，近水居民则为龙舟竞渡。相传屈原以是日沉江，故为角黍、龙舟以吊之。"	四川省《金堂县志》清道光二十四年杨得质补刻本
清同治六年	1867	四川省巴县	四川省巴县，端午吃角黍，闹龙舟，吊屈平	[清]同治《巴县志》："至设角黍，闹龙舟，吊屈平，楚俗也。蜀楚接壤，亦如之。"	四川省《巴县志》清同治六年刻本
民国十四年	1925	贵州省都匀县	贵州省都匀县，以糯米磨粉和肉蒸鲊食之，以祀屈原	民国十四年《都匀县志稿》记载："以糯米磨粉，和肉蒸鲊食之，相传以祀屈原，免鱼龙争食。"	贵州省《都匀县志稿》民国十四年铅印本

续表

关联时间	公元纪年（年）	关联地点	结论	文献依据	文献出处
民国三十年（抗战中期）	1941	重庆	在重庆,诗人们决定每年"端午"为中国"诗人节"	中华全国文艺界抗敌协会《诗人节缘起》:"我们决定诗人节,是要效法屈原的精神,是要使诗歌成为民族的呼声,是要了解两千年来中国诗歌艺术已有的成就,把古人的艺术经验,作为新诗的创作途中的养料,是要现代的诗人们互相检阅,互相砥砺,以育成中国诗歌的伟大将来,是要向全世界高举起独立自由的诗艺的旗帜,诅咒侵略,讴歌创造,赞扬真理,中华民族新生的朝气在飘荡,中华民族独立自由的精神在飞扬,中国新的诗艺术的光芒,将永远在宇宙中辐射。"	原载 1941 年 5 月 30 日《新华日报》。转引自文天行等编《中华全国文艺界抗敌协会资料汇编》,四川省社会科学院 1983 年
当代	1949 年至今	秭归	屈乡粽子讲究有棱有角,象征屈原大义凛然的精神,白糯米象征屈原廉洁,红枣象征屈原的爱国心	秭归粽子歌:"有棱有角,有心有肝。一身洁白,半世煎熬。"	秭归县人民政府,www.hbzg.gov.cn

据上表初步统计,屈原与端午故事传播的地域空间,按照关联时间先后依次为:河南(文献记录者的籍贯)、汨罗、江苏、长沙、浙江、南郡、襄阳、襄州以南、长沙郡、沅江、西安、荆楚、开封、高邮、鄂州、秭归、台州、台湾、永

州、四川省金堂县、四川省巴县、贵州省都匀县、重庆等。显然，长江流域是端午纪念屈原习俗意义的核心区域，在这个核心区域内，又以河南、湖南、湖北为端午纪念屈原的习俗意义最早的传播地域。

从上述文献记载看，自东汉永兴元年至建安元年，端午习俗纪念屈原的意义，已经生成。其中几个关键时间节点如下：其一，端午系五彩丝习俗，东汉末应劭《风俗通义》成书前，端午系五彩丝已经与屈原关联，并传播到河南省内；到了南朝梁（502—557）《续齐谐记》成书前后，五彩丝成为包裹粽子的丝线，并被赋予避蛟龙祭祀屈原灵魂的民俗意义。其二，端午竞渡习俗，晋元帝建武元年（317），即葛洪的《抱朴子》成书前后，有了"屈原自沉汨罗、众人舟楫拯救"的习俗解读，隋代（581—618）及唐以后，这一民俗文化内涵开始广泛传播。其三，端午吃角黍纪念屈原，传说有了两千多年的历史。据南朝梁（502—557）《续齐谐记》文献记载，始于汉建武（25—56）间长沙屈原托梦区曲（一作欧回）；据唐代（618—907）《襄阳风俗记》文献记载，始于屈原托梦妻子。

屈原与端午的故事，就像一个雪球，越滚越大，越滚越厚实；屈原与端午的关系，也越来越紧密，越来越生动。

先看屈原与端午系五彩丝、吃粽子相关联的民间传说"滚雪球式"演变历程。生活于东汉桓帝、灵帝时期的应劭记载屈原与端午五彩丝习俗之关系只有简短的四个字"亦因屈原"；到了南朝梁《续齐谐记》，记载不仅有故事情节，而且有具体人物、细节和对话等；到了唐代演化为一个类似的传说，将吃粽子、五彩丝的习俗起源推溯到了战国屈原妻子水边抛米祭祀。唐宋以后，端午用五彩丝缠粽子以纪念屈原的故事被广泛引用、传播，如宋代《太平寰宇记》等地理总志、清代《永州府志》《钦定续通志》等都转载这类故事。南宋绍兴年间，在湖北鄂州武昌郡，民间传说屈原有两个女儿，在屈原沉江后亦双双沉江，武昌郡百姓竞渡时于龙舟上用粽子迎接父女三人的神灵①。如今，"端午节"吃粽子纪念屈原，已家喻户晓，遍及大江南北、

① 见薛季宣（1134—1173）诗歌《二女篇》："武昌郡人，以五月五日竞渡，投角黍，迎神舟上……盖闻楚灵均，汨罗陈死证。二子终孝慈，双玉澄江暎。当初黄鄂人，荡桨追游泳。端午化成俗，龙舸长犑竞。事神微有道，角黍劳将迎。非鬼且非仙，世士凭谁侦。"薛季宣绍兴三十年为鄂州武昌令。

九州内外,被编入小学语文教辅书①。

　　再看屈原与端午竞渡相关联的民间传说"滚雪球式"演变历程。晋代只有一句话,"屈原投汨罗之日,人并命舟楫以迎之,至今以为竞渡"(晋葛洪《抱朴子》);到了隋代,就增加了诸多细节,还补充了习俗流行地域,《隋书·地理志》:"诸郡率然,而南郡、襄阳尤甚。"到了唐代,大诗人刘禹锡称湖南沅江端午"竞渡"的船只上,人们互相呼喊"何在",似在招屈原之魂。屈原与端午竞渡相关联的问题,在不断补充情景、细节;同样,唐宋以后,端午竞渡纪念屈原的故事也被不断地引用、传播。

　　当然,屈原与端午的故事,也曾被文人怀疑。如北宋时监察御史兼诗人孙升,就质疑端午吃粽子的来源,"若与蛟龙争角黍,应同渔父啜糟醨"②,意思是屈原个性孤高,不与渔父同醉,更不会与蛟龙争祭品,意指民间传说屈原托梦把祭品做成角黍以免蛟龙争食一事,不可信。这一点与中国历史上诸多著名传说故事传承特点也有共通性,许多民间故事按照逻辑根本不可能发生,如牛郎织女的故事,天上真有一个织女下凡吗?民间故事传说寄托了民间的美好愿望,端午吃粽子的传说也主要是湖湘地区百姓对屈原深厚思念的寄托。

　　综上,端午纪念屈原的故事与中国历史上诸多传说故事的传承特点有共通性,如孟姜女的传说、梁祝故事、西厢故事等,这些故事都是在长期流传中积累和丰富细节的,且均具有超现实性。这一方面源于传承人主观创新性,另一方面也是民间集体智慧的积极反馈与创造。可以预见,"屈原与

────────────

①如"传说吃粽子,是为了纪念古代爱国诗人屈原。屈原一生写过许多著名的爱国诗篇,提出过许多爱国的政治主张,但是国君不予采纳。后来国土沦丧,他满怀忧愤,跳江自尽。人民怀念他,崇敬他。两千多年来,每年端午节,人们把粽子投入江中,作为敬献给诗人的祭品——这就是粽子的由来。老人们说,吃粽子时,可要学习屈原的崇高品格和爱国精神"(徐伟健主编:《小学语文阅读题库与冲刺训练》,吉林教育出版社,2001 年,第 625 页)。其他,还有:语文出版社和十二省小学语文教材编委会共同编写的《语文》教材(小学四年级下册)课文《端午节的由来》,《粽子和龙船》(罗俊杰主编:《新课标小学语文知识套餐·故事篇》,江西高校出版社,2007 年,第127—128 页)、《粽子》(冯辛、张汇编写:《小学语文阅读训练·三年级》,浙江少年儿童出版社,2001 年,第 13 页)、《粽子》(徐伟健主编:《小学语文阅读题库与冲刺训练》,吉林教育出版社,2001 年,第 625 页)、《屈原投江》(江苏教育报刊编:《小学语文课本中的名人故事》,书海出版社,2002 年,第 81—83 页)、《端午》(孙骏毅主编:《语文实用全书·小学语文实用全书》,江苏文艺出版社,2007 年,第 583 页)等。
②[宋]刘延世编:《孙公谈圃》,金沛霖主编:《四库全书子部精要》(下),天津古籍出版社,1998年,第 695 页。

端午"的故事仍会不断地讲述下去。

(三) 食粽、竞渡习俗的传播与民间屈原信仰的传承线路

食粽、竞渡,是端午的两个重要习俗。考察这两个习俗的传播路线,可进一步明确民间屈原信仰的传承线路。

1. 端午食粽习俗与民间屈原信仰的辐射性传播

端午吃粽子习俗纪念屈原,初步可以判断起源于汨罗。因为所有传说故事中叙述吃粽子纪念屈原发生的地点都指向汨罗、长沙一带。

从前文《屈原与端午关联时空一览表》"文献依据"一栏可知,至少东汉灵帝前端午食粽纪念屈原的民俗意义已流传至河南,河南人应劭《风俗通义》记载了"亦因屈原"。唐代已盛行于湖北襄阳、陕西西安。北宋中前期已盛行于河南开封。清代雍正朝仍盛行于北京。同时,清代贵州都匀、四川等地的方志文献中已有端午吃粽子纪念屈原的民俗记载,如,清贵州省都匀县志中记载:"以糯米磨粉,和肉蒸鲊食之,相传以祀屈原,免鱼龙争食。"①清《钦定续通志》解释"楝":"蛟龙畏楝,故端午以楝叶包米作角黍,投江中祭屈原也。"②这表明,五彩丝、楝树叶裹粽子以纪念屈原的传说已流传至西南地区了。元明清时期,朝鲜半岛民间歌谣有"满船竹枝楚国人,且将饭筒投江水。云是离骚屈大夫,五月五日沉水死"③。谁"云(传说)"?向谁"云(传说)"? 显然,是满船的楚国人"云",朝鲜当地人不理解"将饭筒投江水"的习俗有何意义,询问船上正在抛洒竹筒饭(粽子)的楚地移民,楚人告诉他们,是为了纪念屈原,屈原在五月五日沉江殉国了,所以大家将米饭撒到水中祭祀他。由此可知,端午用粽子祭屈原的民俗,在元明时期已伴随楚地移民传播到了域外。

综上可知,楚地是民间屈原信仰的重要发源地,楚人是最重要的传播者,随着"角黍"向全国各地传播,一条较为清晰的屈原精神民间传承线路呈现出来。其北传线:湖南汨罗、长沙—湖北襄阳—陕西西安—河南开封—北京—全国各地;其东北线:湖南汨罗、长沙—湖北襄阳—陕西西安—东南亚汉字文化圈;其西南线:湖南汨罗、长沙—四川—云南、贵州—南亚

---

① 《都匀县志稿》,丁世良、赵放主编:《中国地方志民俗资料汇编·西南卷(下卷)》,北京图书馆出版社,1991 年,第 434 页。
② 《钦定续通志》卷一百七十六,文渊阁四库全书本。
③ 转引自杨昭全:《中国朝鲜·韩国文化交流史Ⅱ》,昆仑出版社,2004 年,第 512 页。

汉字文化圈。应该肯定,唐朝的长安、宋朝开封、清朝北京,作为各朝各代的都城,助推了端午吃粽子纪念屈原民俗意义的传承。

2.端午竞渡与屈原精神的辐射性传播

各地竞渡风尚在战国时期已经流行。考古发现"河南汲县(今卫辉市)山彪镇战国墓中出土的铜鉴、四川成都出土的战国时的'嵌错赏功宴乐铜壶'上都刻有竞舟图案"①。但,湖南、湖北民间是端午"竞渡"纪念屈原的民俗意义生成地。隋代端午竞渡已遍及全国,最热衷的地区还是南郡、襄阳(今湖北、湖南)。《隋书·地理志》载:"屈原以五月望日赴汨罗,土人追至洞庭,不见,湖大船小,莫得济者,乃歌曰:'何由得渡湖?'因而鼓棹争归,竞会亭上,习以相传为竞渡之戏……诸郡率然,而南郡、襄阳尤甚。"②唐代诗人刘禹锡在湖南沅江过端午时发现,武陵地区"竞渡"船只上的人们互相呼喊"何在?"似在招屈原之魂,其《竞渡曲序》说:"竞渡始于武陵,至今举楫而相和之音咸呼'何在?'招屈之义也。"③其诗曰:"沅江五月平堤流,邑人相将浮彩舟。灵均何年歌已矣,哀谣振楫从此起。扬桴击节雷阗阗,乱流齐进声轰然。蛟龙得雨鬐鬣动,螭蜒饮河形影联。刺史临流褰翠帏,揭竿命爵分雄雌。"又,唐代刘𫗧《隋唐嘉话》:"俗五月五日为竞渡戏,自襄州以南所尚。相传云,屈原初沉江之时,其乡人乘舟求之,意急而争前后,因为此戏。"④

"竞渡"纪念屈原的民俗信仰,以湖南、湖北最盛,宋代朝廷一度不得不以"废业耗民"禁止楚地民间龙舟竞渡。"五月五日竞渡戏船,楚俗最尚。废业耗民,莫甚于此。皇朝有国以来,已革其弊"⑤。清康熙、嘉庆时,亦有对中南地区的永州和清泉县下达"竞渡"禁止令:"三闾大夫以五月五日投汨罗江,楚人哀之,每至此日……以龙舟拯之,至今竞渡,是其遗俗……康熙间,太守刘公道着禁之,历年既久,复竞争。嘉庆间,太守锡龄

①黄金贵主编,汪少华副主编:《中国古代文化会要图文修订本》,浙江大学出版社,2015 年,第 1004 页。

②[唐]魏徵等:《隋书》,中华书局,1973 年,第 869 页。

③[唐]刘禹锡著,陶敏、陶红雨校注:《刘禹锡全集编年校注》,岳麓书社,2003 年,第 181 页。

④[明]陈耀文:《天中记》卷五引,文渊阁四库全书本。

⑤[宋]乐史:《太平寰宇记》卷一百四十六,中华书局,1985 年影印版。

示禁，人遂革心。"①"自初一日至初五日，龙舟竞渡，相传为拯屈原，不竞即有疫，往往斗伤至死。近严禁之，虽有龙舟而不竞渡"②。宋、清禁令颁布，主要因为民间因竞渡争胜斗伤致死，从一个侧面反映了"竞渡"在南方民间的盛行。时至今日，湖南民间竞渡大赛前均要求参赛队保证不械斗的管理制度。湖南岳阳当地仍流传"令荒一年田，不输半年船"的俗语。

"因勾践以成风，拯屈原而为俗。"③到了唐代，竞渡纪念屈原的民俗意义向北方广泛传播。唐代《襄阳风俗记》载："原五日先沉，十日而出。楚人于水次迅楫争驰，棹歌乱响，有凄断之声，意存拯溺，喧震川陆，遗风迁流，遂有竞渡之戏。"④从汨罗传播到襄州，又继续向北方地区传播。唐代以后，"竞渡"纪念屈原的民俗意义被频繁记载于各地方志。涉及的地方有湖北荆州、江西鄱阳、云南、四川等地。宋《方舆胜览》："竞渡之戏，《隋志》：荆州尤重淫祀，屈原为制《九歌》，盖此由也。原以五月五日赴汨罗，土人追至洞庭，不见，湖大船小，莫得见者，乃歌曰'何由得竞渡'，因此争归竞会亭上，习以相传为竞渡。"⑤宋《太平寰宇记》卷一百七"江南西道·饶州鄱阳县"载："（饶州鄱阳县）怀蛟水，在县南二百步，江中流石际有潭。往往有蛟浮出，时伤人马。每至五月五日，乡人于此江水以船竞渡。俗云：为屈原禳灾。郡守悬彩以赏之，刺史张栖贞以人之行莫大于孝，悬《孝经》标竿上赏之，而人知劝俗，竞谓怀蛟水，或曰孝经潭。"⑥宋朱鉴撰《岁时广记序》："彼仲夏之重五，季秋之重九，岂天之气候然也，而人实为之。使微考订，孰知竞渡之繇楚灵均，登高之因费长房乎？"⑦清《御定月令辑要》卷十"五月令"："竞渡，原《荆楚岁时记》：'五月五日竞渡。'注：俗为屈原投汨罗日，故并命舟楫以拯之，舸舟取其轻利谓之飞凫。一自以为水车，一自

①《永州府志》清康熙三十三年（1694）刻本，丁世良、赵放主编：《中国地方志民俗资料汇编·中南卷》下卷，北京图书馆出版社，1991年，第575页。

②《清泉县志》清乾隆二十八年（1763）刻本，丁世良、赵放主编：《中国地方志民俗资料汇编·中南卷》下卷，北京图书馆出版社，1991年，第548页。

③宋高承撰《事物纪原》卷八："《楚传》云起于越王勾践。《荆楚岁时记》曰，五月五日为屈原没汨罗，人伤其死，并将舟楫拯之，因以为俗。《岁华纪历》曰因勾践以成风，拯屈原而为俗也。"

④《太平寰宇记》一四五引，刘纬毅辑：《汉唐方志辑佚》，北京图书馆出版社，1997年，第428页。按，《襄阳风俗记》已佚，唐人撰。

⑤[宋]祝穆：《方舆胜览》卷二十七"湖北路江陵府"，上海古籍出版社，2012年，第266页。

⑥[宋]乐史：《太平寰宇记》卷一百七"江南西道五饶州鄱阳县"，文渊阁四库全书本。

⑦[宋]陈元靓：《岁时广记》卷首，文渊阁四库全书本。

以为水马。州将及土人悉临水而观之。"①

由此可见,端午竞渡纪念屈原,也是首先流传于湖南、湖北地区,在隋代开始遍及全国,但始终以南方楚地最盛。正所谓"楚人以吊屈原,后四方以为故事"②。

3. 基本结论

通过考察屈原与端午习俗产生联系的时空及传播路线,我们可以得出四个主要结论:

其一,屈原与端午联系时间,至迟在东汉永兴元年至建安元年(153—196)。文献记载表明,东汉永兴元年至建安元年(153—196),民间端午系五彩丝,除了有辟兵与鬼、令人不病瘟等上古文化信仰元素外,已提及端午系"五彩丝"与屈原相关。

其二,端午纪念屈原诸多生活习俗的传播路线,以汨罗、长沙为中心向北经过襄阳后,辐射性传播至全国。端午纪念屈原诸多习俗的传播路线,以汨罗、长沙为中心,先向接壤的湖北襄阳,接着是四川、云南、贵州传播,同时向北方政治中心,如长安、开封、北京等地传播,因之以向东部沿海传播。或者,直接由楚地移民传播到朝鲜半岛等域外汉字文化圈。

端午吃粽子纪念屈原的民俗意义北传,在唐代长安宫廷演化为娱乐之戏——"射粉团角黍";北宋汴京朝廷,有端午赐粽的惯例,并有了提倡学习屈原爱国忠君的祈愿;清代北京朝廷,仍有端午赐粽给大臣的惯例。

端午"竞渡"纪念屈原的风俗意义,魏晋前盛行于湖南汨罗、武陵及湖北江陵地区,隋代开始遍及全国,但仍以南方最盛行;且北方竞渡举行时间并不以端午节为主,其习俗目的多为娱乐或军事训练;宋、清两代,官方曾下令禁止荆楚地区的竞渡,今天,竞渡之戏已遍及全球。

端午习俗与屈原产生联系的发源地,各类文献都不约而同指向了湖南汨罗、长沙等荆楚地区。湖南汨罗,最先成为文人贾谊写赋悼念屈原的地方;湖南长沙郡屈子祠,最先成为唐玄宗、明太祖朱元璋下诏公祭屈原处,唐玄宗颁诏祭祀时间在春、秋两祭,明太祖颁诏"岁以五月五日"③。所以,基本可以肯定,端午祭祀屈原民俗的传承源头是湖南汨罗一带。

---

① 《御定月令辑要》卷十,文渊阁四库全书本。
② [宋]梁克家:《淳熙三山志》卷四十,文渊阁四库全书本。
③ 官方封崇祭祀典制,详见本书第四章第三节。

其三,民间信仰与士阶层的悼念、官方的公祭共同助推了端午祭祀屈原习俗意义的传播。通过考察屈原与端午习俗产生联系的过程,我们看到,民间对屈原的纪念,最初是灵魂不死信仰下自发的招魂祭祀,即屈原死后,在屈原自沉的江中抛洒时令食品——五彩丝缠的角黍(粽子)——祭奠,竞渡招魂。民间对屈原的纪念,早于士阶层悼念、官方公祭。但士阶层的文字记录、官方的公祭,助推了这一习俗意义的传播。

其四,端午纪念屈原的民俗信仰,可为屈原死于五月五日的民俗旁证。民间祭祀的纪念日的选择,往往与所纪念人物的生卒年月日相关。如,苏州端午纪念曹娥,因曹娥五月五日救父溺水而死。见《荆楚岁时记》引东汉邯郸淳《曹娥碑》:"五月五日,迎伍君,逆涛而上,为水所淹。"所以,端午纪念屈原,亦可为屈原五月五日自沉的民俗证据。

其五,民俗信仰里,端午祭祀屈原逐渐与原始社会遗留下来的自然神(江神、水仙)信仰合一。如,清严青《重修江渎宫记》载:"沙头旧有佑德琳宫,即江渎宫也。相传为三闾大夫故宅。""江渎",四渎之一。荆州沙市区江汉南路东侧的"江渎宫"被南宋大诗人陆游称之为"最为典祀之正者"①,宫中配享屈原。再如,福建、台湾民间"水仙尊王"主祀屈原。关于这一点,详见后文分析,此不赘述。

二、乐平里端午祭祖与屈原精神的民间传承

乐平里(今属湖北秭归县屈原镇)是文献较早明确记录为屈原出生地的地方。《后汉书·郡国志》刘昭注引盛弘之《荆州记》记载:"(秭归)县北一百里,有屈平故宅,方七顷,累石为屋基。今其地名乐平,宅东北六十里有女媭庙。"②《水经注·江水》引袁山松《宜都记》:"东北数十里有屈原旧田宅,虽畦堰廛漫,犹保原田之称也。县北一百六十里,有屈原故宅,累石为室基,名其地曰乐平里。宅之东北六十里有女媭庙,捣衣石犹存。故《宜都记》曰:秭归盖楚子熊绎之始国,而屈原之乡里也。原田宅于今具存。"③唐代元和十五年(820)归州刺史王茂元在城东五里建屈原祠,作《楚三闾大夫屈先生祠堂铭并序》称祠堂正建于"旧宅之址"上。宋邵博《闻见

---

①[宋]陆游撰,黄立新、刘蕴之编注:《〈入蜀记〉约注》,中国文联出版社,2004年,第176—177页。
②钱林书编著:《续汉书郡国志汇释》,安徽教育出版社,2007年,第217页。
③[北魏]郦道元著,陈桥驿注:《水经注》,浙江古籍出版社,2013年,第449—450页。

后录》载:"归州屈沱,屈原故居也。上有屈原祠、墓。"①直到今天,乐平里人都以屈原故里人的身份讲述传承着屈原精神,保持着朴素而强烈的屈原文化传承的责任意识,"吉日兮辰良,五月五兮端阳。芳菲菲兮乐平里,骚客聚兮归乡。屈公庙里设灵堂,先人灵魂回故乡……对联艾叶挂满堂,传承习俗记心上"②。

(一)赛龙舟招魂祭忠臣

"时维五月兮,节届端阳……竞渡龙舟兮,吊古忠良。"③秭归民众心中,屈原是他们的亲人,是为国而死的忠良。所以,端午龙舟赛前的祭屈仪式宏大庄重。2010年6月16日,在秭归县国家龙舟训练基地徐家冲港湾,随着三声礼炮响,"招魂"民歌《我哥回》④响起:"太阳月亮呼唤你呀/我哥回/我哥回/长江黄河呼唤你呀/我哥回/我哥回/"⑤伴随着童声齐念"我哥回",只见所有参赛龙舟分两路纵队,向祭祀屈原的大龙舟(招魂舟)划来,场面壮观而震撼,观众情绪高涨。祭祀屈原的大龙舟上竖着三面黄色幡旗,中央一面黄色的招魂幡上写着"三闾大夫魂兮归来"八个黑色大字。一身穿白色楚服的男子扮演屈原,迎风立在大龙舟上,饰演"屈原"者大声朗诵:"吾令凤鸟飞腾兮,继之以日夜;路曼曼其修远兮,吾将上下而求索。"随后集体童声"我哥回"响起,近二十艘参赛龙舟在祭祀屈原的大龙舟旁形成两条直线,并慢慢变换队列,形成内外两个圆圈,围绕江中祭屈的大龙舟。岸边,插着土黄色和黑色镶黄边的幡帜迎风招展,江堤上站着、坐着的,是来自江边的秭归百姓和各地游客,男女老少,大家静静地看着江中的主祭龙船。当所有的竞赛龙舟围绕江中祭屈的大龙舟排成一个圆圈时,一声铜锣敲响,一个男中音用秭归当地方言领唱《招魂曲》响起:

　　　三闾呀大夫哦,嘿呦/听我讲哦,嘿呦/

①[宋]邵伯温,邵博撰,王根林校点:《邵氏闻见录·邵氏闻见后录》,上海古籍出版社,2012年。
②诗作作者屈原村二组农民诗人谭国山,转引自《在泥土的芬芳中传承屈原文化》,2010年6月16日《三峡晚报》。
③骚坛诗社的副社长徐正端诗作:"时维五月兮,节届端阳;蒲艾高悬兮,驱邪迎祥;楚天默哀兮,素冠素裳。竞渡龙舟兮,吊古忠良;争投角黍兮,遍撒江湘;饫餐水簇兮,圣体勿伤;年年此日兮,大地茫茫;骚人墨客兮,萃聚一堂;笔呼墨号兮,洒洒篇章。"(《民族文学》2007年第8期)
④当地传说屈原有一个妹妹叫屈幺姑,所以招魂曲称呼屈原为"我哥"。
⑤雷子明作词,周曼丽作曲:《我哥回》,获第十四届全国群星奖。

你的呀美名哦,嘿呦/传四方哦,嘿呦/

年年呀一到哦,嘿呦/五月五哦,嘿呦/

招你的呀魂魄哦,嘿呦/回故乡哦,嘿呦/

三闾呀大夫哦,嘿呦/听我讲哦,嘿呦/

故里呀相亲哦,嘿呦/怀念你呦,嘿呦/

年年呀一到哦,嘿呦/五月五哦,嘿呦/

招你的呀魂魄哦,嘿呦/回故乡哦,嘿呦/

同赏呀故里哦,嘿呦/好风光啊咦哦,嘿呦

——湖北秭归县民歌

"你的呀美名哦,嘿呦/传四方哦,嘿呦/",家乡人为屈原忠贞美名深感自豪,希望屈原灵魂能回到家乡,同享故里政治清明、人民安乐的"新风光"。家乡美,爱家乡,屈原《大招》中曾描绘的美好社会已成现实;屈原的爱国精神与美政理想,早已融入家乡后裔的精神和灵魂里。

(二)千年"骚坛"颂忠良

"爱国忠烈屈原祠,泥巴诗人崇楚辞。"每年端午,在屈原祠里,"骚坛"成员聚坐在屈原像前的丹樨上,神情肃穆地朗诵自己创作的骚体诗歌以纪念屈原。

"骚坛"活动兴起于明末清初,至今已有九百多年历史,中间虽有间断,但当地农民爱好诗歌、吟诵屈原的传统一直保存。每年五月端午,秭归乐平里农民诗人会相聚屈原祠,以朗诵屈原作品和自由吟诗的形式交错进行,用当地方言吟唱诗歌,凭吊屈原。或将楚辞原文和生僻字的读音注解写在一起,书写工整的楚辞读本,装订成册,供人翻阅。

秭归"骚坛"社员以爱好诗歌的农民为主,目前骚坛诗社社员有60人。俗称"泥巴腿子诗社",与"骚坛",一俗名,一雅称,没有一点不妥,相反,更见秭归人对屈原精神传承的自觉性。据统计,骚坛诗社保存下来的明清时期诗稿约1000首,自1982年恢复骚坛后,社员共写诗填词约4500多首,出版《吊屈原专集》等骚坛专集10本。2009年4月,宜昌市人民政府将"秭归骚坛诗"列入第二批非物质文化遗产名录①。

①《诗乡端午诗香浓　屈原故里看"骚坛"》,2009年5月30日《三峡日报》。

"骚坛"诗歌内容以凭吊屈原、讴歌时代为主题。如："户户门上悬青艾,家家蒲酒吊忠魂。""屈公见放亦何辜,殉国不甘浊世葬。"(清谭起福《谒屈原庙》①)"洞口珠帘凭浪挂,面罗古井见清真。"(清向鸿鑫《三闾八景合题》②)"清芬千载仰高风,世界诗人只数公。洒洒文章魁宇内,翩翩才思盖寰中。冤遭奸佞千般毁,辜负灵均一片忠。"(杜青山《端午吊屈原》③)"清操垂千古,忠义霭楚峰。"(徐正端《吊屈公》④)等,屈原精神之"忠(爱国)"、"清(自爱)",是农民诗人笔下吟诵最多的。千年来,骚坛农民诗人吟诗祭忠魂,一代代传承着屈原做忠良、爱国家的精神。

(三)端午比年大与屈原精神的民间信仰

"端午比年大"是秭归端午习俗的又一特色。端午除了吃粽子、赛龙舟、饮雄黄酒、挂香袋外,还会蒸粑粑⑤,挂艾蒿,挂红灯笼,舞龙,贴上"欢庆端午节"的大横条幅,家家户户门上还会像过春节一样贴对联,如:"去秽除邪,千户门前悬虎艾;尊贤吊古,万人江岸观龙舟。""包粽子,举国欢宴聚亲友;赛龙舟,把酒吟诗慰圣贤。""年年角黍长江祭奠诗魂,代代龙舟乡人缅怀屈子。"一些在外打工的人,也会回家看老人、孩子,参加端午赛龙舟、端午诗会,节日气氛十分浓烈。在秭归人的心中,屈原就是自己的亲人,所以,在农历五月五清晨,秭归家家户户会用自己的方式,神情肃穆地祭祀屈原,或全猪、全羊,或猪头、羊头,或发几个粑粑、煮一盘粽子,或上几柱香、烧几张黄表纸,用传统民俗表达对这位老先生的敬重和怀念。祭祀地点也因地制宜,或到屈原祠、江神庙进三牲水果粽子,或到屈原沱等有水的地方水祭。

秭归还是屈氏后裔⑥的文化圣地。2010 年 6 月 16 日、2011 年 6 月 6

①中国人民政治协商会议秭归县委员会文史资料研究委员会编:《秭归文史资料》第 4 辑,1986年,第 52 页。
②中国人民政治协商会议秭归县委员会文史资料研究委员会编:《秭归文史资料》第 4 辑,1986年,第 52 页。
③蒋金流等主编:《屈原颂》,湖南文艺出版社,1991 年,第 151 页。
④芦元灼主编:《屈原故里骚坛诗》,湖北秭归县文联,1995 年,第 40 页。
⑤传说屈原早年读书时,母亲为他作粑粑带着上学当午饭吃。所以乐平里端午节都吃粑粑,粽子是后来传进当地的。
⑥2009 年,《三峡日报》和秭归县举行了首次屈原后裔寻访活动,寻访足迹遍及 11 个省市,探访屈氏后裔近 2000 人。"根据寻访了解和初步统计,全国 25 个省市自治区 184 个县(市)273 个村有屈姓居住,屈姓居住最多的省是河南省,有 28 个县 56 个村,四川次之,26 个县(市)36 个村,(接下页注)

日,"中华屈氏宗亲会"两次在秭归举行祭祖仪式,共同纪念屈原,传承屈原精神。《三峡日报》报道:来自全国各地的 50 多名屈氏后裔研究"中华屈氏宗亲会"五年发展大计,未来五年,将建立中华屈氏宗亲会数据库,编撰印刷屈氏家谱并报送国家图书馆,建设屈原文化产业园和爱国主义教育基地,打造屈氏产业链,完善"中华屈氏宗亲网",编印《屈原诗歌》并免费赠送给中小学生,建立"屈原"诗歌奖励基金和中华屈氏宗亲会基金①。屈氏后裔的"归属感",实际体现了他们对屈原精神的认同感:"认定了老家,也就找到了魂之所系、梦之所绕的根,这种认祖归宗的归属感是无法代替的。"②家祭屈原,已成秭归绵延千年的习俗。屈原是伟大的爱国忠臣,其人格高尚,这让屈氏后人倍感自豪,他们不远千里就为参加一次不到一个小时的家祭典礼,目的就是凝听祖先的功德,寻找精神的依归。

祭祖仪式对于民间精神构建的功用是不言而喻的。首先,"道之以德,齐之以礼"(《论语·为政》),道德廉耻往往通过仪式,使人们将某种信念内化为自身需要的情感和认知。"仪式行为不能简单地说他是一种迷信的表现,因为,仪式行为有它正面的功能,如它往往能给予当事者一种希望,化解忧虑,增加当事者信心;而集体性的仪式行为更能够促进群体的团结,减少内部纠纷……这些传统(指仪式)反映出绝大部分中国人的生活形态、信仰关系、价值观念和艺术成就,以及这些在历史上的演变及在地域上的发展"③。其次,仪式所营造的神圣氛围,有助于群体的心理融合。"始祖崇拜对于宗族社会具有精神维系的枢纽作用。宗族始祖以下的祖先之祭,分别对房族、家庭起整合作用。在始祖之祭的统领下,这些层级性的整合,也促进宗族的凝聚。祭祖是宗族最重要的仪式,在与祖先'沟通'的仪式中,实际进行的是以祖先为核心符号的宗族成员的信息交流。这种交流在仪式营造的神圣氛围里产生了特殊的群体心理融合"④。再次,随着两

(接上页注)湖南、湖北、陕西、河北、山东、重庆等地屈姓居住的村落也比较多,屈姓总人口超过 130 万人,多数屈姓奉屈原为始祖,为屈原后裔"(郑之问:《屈原后裔探考》,《职大学报》2010 年第 1 期)。正是这次寻访活动,激起了屈氏后裔们回乡看看的热情。

①《屈原后裔寻访活动激起"归乡热"》,宜昌市人民政府门户网站,www.yichang.gov.cn。

②《屈原后裔寻访活动激起"归乡热"》,宜昌市人民政府门户网站,www.yichang.gov.cn。

③王秋桂"仪式、戏剧与民俗国际学术研讨会"之"会议宗旨",原刊于《民俗曲艺》2000 年第 128 期。引自王甲辉等主编:《台湾民间文学》,上海文艺出版社,2005 年,第 285 页。

④郭志超、林瑶棋主编:《闽南宗族社会》,福建人民出版社,2008 年,第 166—167 页。

岸文化交流的频繁和人民生活水平的提高,海峡两岸暨香港、澳门的屈氏后裔到秭归屈原祠祭祀屈原,也渐成传统。如,2009 年"端午"以"传承屈原精神　促进两岸合作"为主题的"海峡两岸屈原文化与旅游产业合作发展论坛"在湖北宜昌举行①。屈氏认祖归宗,是中华民族厚土重迁、修身齐家治国平天下情怀的呈现,是中国重文化、重精神以及爱国为民等传统的必然发展。屈原精神的共鸣促进了海峡两岸政治经济文化的交流。血浓于水的民族命脉,因为一个伟大的名字"屈原"而更加亲密。

"五月端午花盛开,喜迎八方贵客来。龙舟飞渡悼忠魂,高峡平湖龙头抬。"②每年的端午,都会有四面八方的慕名而来的游客,屈原忠贞爱国的精神,在龙舟的号子声里、门户上的对联里、端午诗会的吟诵声里、祭祀祖先的仪式里、海峡两岸端午民俗交流里,浸润着每一个到秭归过端午的人。

三、玉笥山"朝庙"仪式与屈原精神的民间信仰

每年五月初四前,汨罗各个龙舟队都要到屈子祠前敬奉屈大夫,称"朝庙"。汨罗端午节的龙头"朝庙"仪式,虔诚肃穆。据当地文化部门实地拍摄的录像③,屈原庙"朝庙"仪式沿袭清代礼制。猪头、羊头各一,角黍、包子各一,水果四盘。主祭一人,礼宾、执事各二人,司鼓、司金、司力炮各一人,鼓乐若干人。仪式开始,东礼宾宣布内外肃静,众礼宾出班,全场肃立,向三闾大夫神位鞠躬。主祭宾就位,陈设香案、酒梅、果仪、盥洗、鼓乐、读文、祭联、彩虹诸所;执事焚香、燃烛、赞香、赞烛、捻鼓、鸣金各三,大乐、小乐各三。接着,金鼓交奏,礼炮齐鸣,小乐声中,主祭宾盥洗,礼宾祝盥洗,主祭宾于香案前初献、初进,行叩首之礼。主祭宾祝初献,乐奏《浪淘沙》歌曰:"佳节正端午,肃捧蒲觞,汨罗江畔吊忠良,夫子有灵长不昧,来格来尝。"主祭宾于香案前礼行亚献、亚进。亚献礼毕,启椟授文,乐止,礼宾读诵(祭文)。其声韵高亢洪亮,其调悲壮深沉,充满对屈原的尊敬和缅怀之情。诵毕行礼,主祭宾进彩进酌,金鼓齐鸣,鸣炮奏乐。全体肃立,向上鞠躬,礼成后焚祭文。接着,竞赛龙舟的龙头,由人肩扛,列队进庙,朝拜屈

---

①章良:《"海峡两岸屈原文化与旅游产业合作发展论坛"在宜举行》,2009 年 5 月 11 日《三峡日报》。

②陈永久词,付承旭曲:《高峡平湖赛龙舟》,湖北电视台制作。

③[视频]《千古江流屈子魂》,汨罗市屈原纪念馆 2011 年 12 月 27 日提供。

原,祈求竞渡平安,祈求风调雨顺。

汨罗"朝庙"仪式中积淀了当地传统"水仙"信仰。屈原被楚人称为"水仙",从现有文献看,至少已经有一千七百多年的历史。晋王嘉(？—约390)《拾遗记》卷十:"屈平以忠见斥,隐于沅湘……被王逼逐,乃赴清泠之水。楚人思慕,谓之水仙。"①今天,在"朝庙"前龙舟下水时,站在两边的划手齐唱:"端午竞渡吉祥歌,汨罗江里龙舟梭;屈原本是神仙辈,大显威严保山河。"②可见,汨罗民间信仰中,与秭归民众将屈原视为"亲人"不同,他们认屈原为"水神"。

水神,是民间敬畏之神。清薛福成《庸盦笔记》"水神显灵"道:"鬼神为造化之迹,而迹之最显者,莫如水神。"③所以,屈原是"水仙"信仰在洞庭湖水系的存在,是很自然的。这表明,民间屈原信仰具有自由性、自发性、开放性与实用性。水,是关系农业和国家民生的重要生态条件。"水仙"信仰与祭祀屈原合二为一,成为一种祈祷风调雨顺的民间仪式。其正面的功能,就是能给予当事者一种希望,化解忧虑,增加当事者信心。客观上,"朝庙"仪式偈颂中描述了屈原的忠贞爱国精神,促进了民间对屈原精神的理解。如,2004年汨罗城郊乡杨氏龙舟队在屈子祠举行朝庙仪式,其《龙舟朝庙告文》④中包含了朴素的祈求,希望屈夫子保佑比赛平安得胜,也继承了历代祭文的基本精髓,赞颂屈原贤良,感叹竞渡在当今盛世远播重洋。《汨罗市志》载:"屈原忧国忧民、勇于求索的精神对汨罗人民有着直接而深远的影响。"⑤

在汨罗,民间对屈原在这一带的文治教化的深远影响也记忆深刻。一般书院都会挂孔子像和修建文庙,但在汨罗的屈子书院,尊屈原为祖师。这是自古以来当地形成的传统。屈原在汨罗当地被称作是"文曲星",学

①[晋]王嘉撰,孟庆祥、商微姝译注:《拾遗记译注》,黑龙江人民出版社,1989年,第287页。
②余先志主编:《中国端午习俗》,长江出版社,2010年,第55页。
③[清]薛福成:《庸盦笔记》,文渊阁四库全书本。
④任远《汨罗屈子祠当代祭屈原文梳理》引:"维岁甲申仲夏月上浣之朔日,汨罗城郊乡杨氏龙舟队首士杨敏谦率全体队员等,谨备礼之仪,恭告于故楚三闾大夫屈公平夫子之座前而述,曰:时维仲夏兮,节届蒲觞。惠风和畅兮,万物呈祥。汨江两岸兮,百卉芬芳。缅怀夫子兮,俎豆蒸尝。龙舟竞渡兮,世代弘扬。以资告慰兮,日月之光。今逢盛世兮,国际公彰。定期大赛兮,远播重洋。全球同颂兮,一大文昌。溯我杨氏兮,世袭家邦。长崇竞渡兮,源远流长。尤今国策兮,乐奔小康。大兴竞渡兮,夫子贤良。龙神降福兮,天地元黄。惟冀夫子照鉴兮,万古留香。长施暗佑兮,杨氏安康。恭呈文告兮,其乐无央。凯歌高奏兮,得胜还乡。健儿奋力兮,大振洪刚。夫子不昧兮,来格来飨。伏维尚飨。"(《职大学报》2013年第1期)
⑤汨罗市志编纂委员会编:《汨罗市志》,方志出版社,1995年,第3页。

生上学都拜屈原。当地传说,清乾隆年间汨罗江两岸的文人学士,为了纪念屈原,在玉笥山南麓修起了一栋青砖青瓦、前后两厅的寺庙,叫作"寿星台"。每年正月二十一屈原生日这一天,四面八方的读书人纷纷赶到这里来祭祀屈原。将一张写着《离骚》字样的纸烧成灰,洒入酒缸,每人喝上一碗,叫作吃"骚酒"。酒后,各人朗读自己讴歌屈原的诗文,然后相互切磋,常常要延续两三天才散。这种集会,当时叫作"文章会"。据说,那些有志气、有理想、刻苦读书的人,喝了这"骚酒",能得到屈原大夫写文章的"真传",从此文思敏捷,落笔不凡,可以写出漂亮的诗文来。而那些平日不肯用功读书,这时却装出一副读书人模样混进文章会来的人,喝了这"骚酒",不但毫无长进,反而会变得蠢里蠢气,痴痴呆呆①。今天重修的汨罗屈子书院里仍然保持这一传统,当代大学学位授予仪式也时常选址在屈子祠举行,让大学生们感受屈原爱国求索精神。汨罗当地人民政府将传承屈子诗歌和学术列为地方社会文化建设的重要"抓手"。

　　不仅仅是汨罗,在洞庭湖一带各县市的人们心中,屈原是"教书先生"的形象尤为深刻。如清顺治七年(1650),澧县人龚之茗《延光书院记》曰:"澧之先,屈、宋尚已读书博雅……其光可延,是宜名延光。"②意思是,屈原、宋玉在此读书教学,其精神光耀着后人前进。清光绪末年,澧州学正李瀚昌《澧阳书院学约》文中赞:"澧故屈、宋游眺地,子弟秀美而文。"③今天澧县修建了屈原公园、九歌台。屈原居住的新墙河北岸有一座山脉,山脉西面连接着新墙河冲积平原并延伸至洞庭湖平原,山的东北则绵延至伏羲祖地幕阜山脉,因三座主峰形似笔架,加之屈原这位相公曾在此居住过,当地便传说那是屈原当年搁笔所用之物,取名"笔架山"。"兰草还生此地曾留夫子迹;楚王何在至今犹道相公家。"岳阳县新墙镇南纪念屈原的"相公庙"遗址的对联,是民间肯定屈原对湖湘文治教化贡献的又一明证。曾国藩(1811—1872)将屈原视为开拓湖南文学和文明的宗祖,在《湖南文征序》中说:"湖南之为邦,北枕大江,南薄五岭,西接黔蜀,群苗所萃,盖亦山国荒僻之亚。然周之末,屈原出于其间,《离骚》诸篇为后世言情韵者所祖。""楚南文献第一人"、"湘学复兴之导师",邓显鹤(1777—1851)赞美屈

---

① 本社编:《屈原的传说》,湖南人民出版社,1981年,第130—136页。
② 王荫槐编著:《嘉山风情》,湖南美术出版社,1998年,第51—52页。
③ 邓洪波编著:《中国书院学规》,湖南大学出版社,2000年,第187页。

原开天下文章之辉煌,其《沅湘耆旧集叙》说:"《离骚》振《风》、《雅》之衰……靡不自我作祖,以待来兹,天下文章,莫大于楚矣。"而清目录学家叶德辉(1863—1927)《答友人书》更是明确提出屈原是促进湖湘之学术文章成熟的标识性人物:"湘学肇于鬻熊,成于三闾。""三闾"即屈原。正是屈原在汨罗民间深远的历史记忆及其以"水仙"、"文曲星"与"忠臣"为代表的民间信仰符号,启发了文人对屈原精神的领悟,屈原成为"文化偶像"。2005 年中国国际龙舟节上,汨罗江边,台湾诗人余光中亲手将专门从台湾带来的粽子抛入江中,祭奠屈原。开幕式上,30 万群众齐诵余光中专为此次活动创作的诗作《汨罗江神》。祭奠屈原,场面壮观,激起了在场中国人的浓浓华夏情①。2009 年,汨罗江畔端午习俗、秭归端午习俗,入选世界非物质文化遗产名录②,伴随端午习俗的传播,屈原精神传播时空拓展到了全球。总体而言,汨罗素有"端午源头,龙舟故里"之称,其民间纪念屈原的习俗最正宗。和秭归一样,汨罗是当代屈原精神民间传承的重要源流地。

四、荆州、佛昙、洲美"水仙"信仰与屈原精神的民间传承

明清文献中,常见江南一带供奉"水仙"屈原的记载,且这一习俗在湖北、福建、台湾等地,延续至今。突出者,有荆州、佛昙、洲美三地,考述如下:

(一)荆州"江渎宫"配享屈原:祈求船只平安、风调雨顺

荆州"江渎宫"地处交通要道,清道光十八年(1838)严青《重修江渎宫记》称"西至巴蜀,东至吴会,而社庙之崇,独在沙津"。"沙津",即今沙市江汉南路原古龙门河与长江交汇处的渡口,是"江渎宫"所在地。在南宋嘉定六年(1213)、清乾隆五十三年(1788)、嘉庆八年(1803)、道光十八年(1838)多次重修或扩建"江渎宫"。南宋诗人陆游曾登舟到庙中祭祀,称之为"最为典祀之正者":"二十六日,修船始毕,骨肉入新船。祭江渎庙,用壶酒、特豕。庙在沙市之东三四里,神曰'昭灵孚应威惠广源王',盖四渎之一,最为典祀之正者。"③按,此处"昭灵孚应威惠广源王"有误,应为"昭灵孚应威烈广源王",乃宋高宗绍兴三十一年(1161)十一月所册封。

①《30 万人共祭屈原》,2005 年 6 月 12 日《长沙晚报》。
②2009 年 9 月 30 日,联合国教科文组织保护非物质文化遗产政府间委员会第四次会议审议并批准"中国端午节"列入"人类非物质文化遗产代表作名录"。
③[宋]陆游撰,黄立新、刘蕴之编注:《〈入蜀记〉约注》,中国文联出版社,2004 年,第 176—177 页。

事见《建炎以来系年要录》卷一百九十四:"绍兴三十有一年十有一月……诏礼部太常寺讨论,已而太常寺言,江渎已封广源王,欲特增加六字,拟昭灵孚应威烈广源王。"①

　　相传,江渎宫原为屈原在荆州的居所。清严青《重修江渎宫记》道:"沙头旧有佑德琳宫,即江渎宫也,相传为三闾大夫故宅。"明末孔伯麾《江陵志余》也曾记载:"三闾大夫祠,旧配享江渎宫。"据荆州文物部门考察:"江渎观(宫)南宋建炎、绍兴间建,初名江神庙,陆游《入蜀记》曾说泊船庙旁。嘉定间重修改名佑德琳宫,旁三义河东岸,内祀江神广源王,并以投江而死的楚国大诗人屈原配祀。"②今存"江渎宫"为1990年在原址重建③。

　　荆州"江渎宫"配享屈原,首先与"地缘"有关。江渎宫遗址,相传原为屈原故居,见前引清严青《重修江渎宫记》。由名人宅改为庙观,历史上很多,如孔庙、大相国寺等。其次与"时缘"有关。古礼,"立夏祭江渎"④,这与端午纪念屈原,时间上邻近。荆州当地的"端午节"又称作"夏至"⑤节,这与"立夏"祭"江神"屈原,应有直接关联。炎暑将至,雷雨增多,阴阳之气交,毒虫害增多,多发"端阳水"⑥,所以,古人十分重视"立夏"、"夏至"时禳灾。"立夏"祭祀江神与"端午"祭祀屈原,时间相近,自然合二为一了。而祭祀屈原,也被当地民众赋予了"祈求船只平安、风调雨顺"的意义。第三,民间信仰中"诸神杂祀"是普遍的现象。如,在世界非遗"中国端午节"习俗中,"湖北黄石西塞神舟会"所在地,有一座"神州宫",宫里居中有一座全身黑色的屈原像,两边的神龛则供奉各类菩萨像。在其他地区,这种"诸神杂祀"也十分常见。

　　荆州地区的"江神"屈原信仰,也伴随"信人"传播到屈原故里秭归。据《秭归县志》"大事记"记载:"嘉靖十六年(1537)商人曹端福捐资,请匠

①［宋］李心传:《建炎以来系年要录》卷一百九十四,上海古籍出版社,1992年。

②朱翰昆:《荆楚研究杂记》,湖北省荆州行署地方志办公室印,1994年,第310页。

③中国人民政治协商会议湖北省荆州市委员会学习文史委员会编:《荆州文史资料》第4辑《荆州名胜》,内刊,2002年,第81页。

④［宋］陈旸:《乐书》卷一百九十二《乐图论·吉礼》,文渊阁四库全书本。

⑤古时荆楚一代,端午又称"夏至"节。见《荆楚岁时记》:"夏至节日,食粽。"又［明］孙毂编《古微书》卷二十七《孝经纬》载:"斗指东南维为立夏。立夏后十五日,斗指乙为小满。后十五日,斗指丙为芒种。后十五日,斗指午为夏至。"(文渊阁四库全书本)

⑥唐代诗人李白《荆州歌》有"白帝城边足风波,瞿塘五月谁敢过"的诗句,就是指长江"端阳水"后行船艰难。所以,长江三峡沿岸水神庙很多。

人陈伯伏镌雕屈原石像一尊,置于兵书宝剑峡南岸小青滩'屈大夫庙'(为国内今存最早的屈原石雕像,1982 年移入秭归'屈原祠')。"①这座"屈大夫庙"本为一座纪念江神的"江渎庙",始建于南宋,陆游《入蜀记》卷四载:"十四日,留驿中,晚以小舟渡江南,登山至江渎南庙,新修未毕。有一碑,前进士曾华旦撰。"明嘉靖十六年商人曹端福镌雕屈原石像一尊置于该江渎庙。这尊石像头戴楚冠,身穿楚袍,明目短须,抱手端坐,高 103 厘米,重400 多斤,已收藏于凤凰山新屈原祠内。像座铭文曰:"荆州府归州桐油沱信人曹端福、善同妻朱氏四(子),发心舍造屈原相公一尊,入于白狗峡庙中。永镇此方,保安家犬。明嘉靖十六年丁酉三月吉旦。同男:田中、执中、秉中、守中立。匠人陈伯伏。"②铭文记载,明嘉靖十六年(1537)桐油沱"信人"曹端福所驾船只在白狗峡沉没,但他与四个儿子幸运获救,他认为是有屈原的保佑,就和妻朱氏及四子田中、执中、秉中、守中,请匠人陈伯伏造屈原相公一尊,供奉江渎庙,"永镇此方,保安家犬"。"信人者,人未必尽诚,己则独诚矣。"(《菜根谭》)曹端福自称"信人",可知他深信屈原保佑了全家平安,所以将屈原塑像配享于岸边原有的"江渎庙",以示感恩与虔诚信仰。此后,这座江渎庙被称为"屈大夫庙",估计与这尊屈原像有关。今天秭归屈原祠内,保留了迁建复原的"江渎庙",铜像则已收藏于他处。

民间信仰中,许多神祇往往会逐渐具体联系到一些地方历史人物。诗人屈原成为民间神灵,由"一姓祖先神"扩展为"四方保护神"正是民间屈原精神的一种自发传承现象。当代文献介绍荆州"江渎宫",仍在继续讲屈原的故事③。

(二)福建"屈原公屿"敬屈原:祈求出海平安、崇拜忠烈

历史上,南方各地"水仙庙"很多,所祭祀的神主亦不一。如昆山县水仙庙祭祀大禹,无锡市南水仙庙祀明代知县王其勤,无锡市西水仙庙祭祀

①湖北省秭归县地方志编纂委员会编:《秭归县志》,中国大百科全书出版社,1991 年,第 12 页。
②湖北省秭归县地方志编纂委员会编:《秭归县志》,中国大百科全书出版社,1991 年,第 12 页。
③譬如《中国历史文化名城》记载:"城东今属沙市市辖地的江渎宫,原为古龙门河与长江交汇处,相传是诗祖屈原被贬后居住和吟读的地方。南宋嘉定六年(1213)于前代旧址上重建宫殿,殿内立有《重修江渎宫记》石碑,称:此宫相传为三闾大夫故宅。屈原从 25 岁任'左徒'算起,担负楚国要职达 20 年,其一生主要活动在郢都。《橘颂》、《天问》、《九歌》诞生于此,《哀郢》又是对郢都陷落的深沉描写,古城北门外西隅,原有'三闾大夫祠',俗称'屈原庙'。"(荣斌、徐世典主编:《中国历史文化名城》,山东友谊出版社,1996 年,第 1145 页)

无锡县令刘五纬、明嘉靖何五路等忠义烈士 36 位,苏州胥江水仙庙祭祀南宋平江知府陈汉(一作闵),湛江市赤坎水仙庙供奉炎帝和河帝,吴县东丰圻胥口香山水仙庙供奉替龙女传书的柳毅,等等。延续至今,将屈原明确尊为"水仙尊王"祭祀的,主要在福建厦门地区和台湾地区。当代学者曾考察记载:"台湾、福建还有水仙信仰,水仙庙中供奉的是大禹王、伍子胥、屈原、王勃、李白,都是一些历史上的杰出人物。"①

　　福建漳州芗江俗语曰:"不拜龙王敬水仙。"在福建漳州马洲村,"水仙尊王"主祀屈原。"谈到端午节龙舟,福建漳州的马洲村过端午节划龙船很具特色,祭祀的即为水仙尊王主祀屈原"②。在福建省厦门市同安区有"水仙宫"遗迹。文献记载,这座"水仙宫"建于明代,祭祀屈原等水仙,端午节龙舟竞渡前必先到此演剧鼓棹。清嘉庆《同安县志》载:"水仙宫,在望高石下,明建,祀大禹、伍大夫、屈大夫、西楚霸王、鲁公输子,闽俗称水神。"③按,同安县,西晋置县,1973 年归属厦门市。清道光《厦门志》卷二《分域略·祠庙》载:"水仙宫,在莱妈街后,背城面海,端午节龙舟必先到此演剧鼓棹,名曰'清水'。"④当代文献也有记述:"明中叶建,以奉祀大禹、伍员、屈原、楚霸王、公翰子五水神……1928 年,筑鹭江堤岸,庙宇拆除,神像移奉溪岸东岳庙。今遗'水仙路''水仙宫码头'等地名。"⑤

　　在福建佛昙镇,民众以出海捕鱼为生,"水仙"屈原的信仰,则一直延续至今。祭祀活动开始,主祭官手执黄卷祭文,面江宣读:"大哉屈子,浩气长存,一曲离骚,万古传唱……"读毕,献爵,敬酒,古筝响起,众人齐诵屈原名篇《九歌》,并向屈原行三拜礼。随后,将手中的粽子投向江中,礼毕⑥。

　　在福建佛昙镇,还有一个岛屿被称为"屈原公屿"。小岛上流传着十一个关于屈原的故事,有一块清朝嘉庆年间岛上举行龙舟赛的事的石刻碑文。史料及当地人的叙述证明,这个岛唐朝时称作"鸿儒屿",宋朝末称"屈原公

①上海社会科学院东亚文化研究中心编:《东亚文化论谭》,上海文艺出版社,1998 年,第 127 页。
②斯军、王元林:《论水仙花与水仙信仰——从宋元江浙到明清闽台》,《农业考古》2010 年第 4 期。
③[清]周凯、凌翰等纂:道光《厦门志》卷二《分域略·祠庙》,中国地方志丛书影印本,台湾成文出版社,1967 年。
④[清]周凯修,凌翰等纂:道光《厦门志》卷二《分域略·祠庙》,中国地方志丛书影印本,台湾成文出版社,1967 年。
⑤厦门市公用事业管理局编:《厦门市政公用事业大观》,内部印刷,1988 年,第 197 页。
⑥《投粽子　诵名篇　赠香囊——闽江边市民古礼祭屈原》,2008 年 6 月 8 日《福州晚报》。

屿",清朝称"屈原岛",20世纪初以来至今称"屈原公屿"。宋末到明初这段时间,佛昙人民已将屈原视为保护神加予祭拜,尤其渔船出海途经此处,都要停航登岛,点香添油,祈求平安和多捕鱼。当地人要到东南亚和台湾的,都要去屈原岛上带一棵植物或一包土、一块小石头,再放供果、烧纸钱,拜上三拜,才出行。如今,上岛祭拜的人很多,有求让孩子变得聪明会读书的,有求让儿子孝顺父母的,有夫妻俩来求子的,他们就对着一块石头,很虔诚地拜着①。岛上,村民自发捐款建了屈原像和忠烈亭。屈原雕像屹立于屈原公屿中央。《海峡导报》报道:漳浦县佛昙镇第五届屈原文化节,超过10万名渔民及渔民后代轮流登船,渡江来到屈原公屿,祭拜屈原,祈求平安。无论老人小孩,只要在附近居住的村民,每年端午节都会到江边来祭拜。自从屈原公屿上竖起屈原雕像之后,每年到此祭拜的民众就更多了②。

福建民间"水仙"屈原信仰融汇古与今、民俗与儒教、海神与忠臣、平安与爱国,以"屈原公屿"为代表,民俗活动盛行至今,是民间自觉传承屈原精神的又一生动实证。

(三)台湾"水仙宫"祭祀屈原:祈求平安、寄民族情

在台湾每年有两次祭祀屈原的活动,一是端午节,农历五月五日屈原祭日;一是农历十月十日"水仙"诞辰日。

台湾"水仙宫"位于台南市中西区神农街1号西定坊五条港中央的南势港头。清黄叔璥撰《台海使槎录》卷二载:"水仙宫,并祀禹王、伍员、屈原、项羽,兼列羿,谓其能溾舟也。庙中亭脊,雕镂人物花草,备极精巧,皆潮州工匠为之。"③据记载,"水仙宫"为清康熙四十二年(1703)里民同建,祀夏禹、寒羿、项羽、伍员、屈平五位水仙。清康熙五十七年(1718),泉漳商人敛金改建,雍正十一年(1733)遭遇火灾,乾隆六年(1741)陈逢春等捐赀重建,台湾光复后重建天井而成为今日的形制。

除了"水仙宫",台湾台北北投和士林的交界处的洲美小区还有一座主祀屈原的"屈原宫"。近年来,台北端午文化节、端午文化季都在此举办。除了传统水上龙舟,地方也举办陆上行舟、端午节吟诗活动。每年端

①张文艺:《厦门花甲老人找到漳浦屈原岛》,2010年6月21日《闽南日报》。
②林江琳:《喜!十万人祭屈原祈平安》,2009年5月29日《海峡日报》。
③[清]黄叔璥:《台海使槎录》卷二,中华书局,1985年,第41页。

午节,当地人都会虔诚地把屈原神像从"屈原宫"中请出,由八人抬轿巡游街道后,抬到附近的双溪河边坐上龙舟,称之为"请神显江",然后热闹的龙舟赛才开始。洲美"屈原宫"管理委员会副主委林文雄表示,这座屈原主神是由一位郭先生从大陆福州迎来,多年来已成为当地人居民信仰中心,婚嫁、入厝、动工等事几乎都会来此求平安顺利。传说屈原也都会保佑居民、消灾解厄,相当灵验①。

　　台湾"水仙"屈原信仰与福建民间"水仙屈原"信仰联系紧密,一般通过"分灵(将神像请上船入台)"、"漂流(神像因偶然因素漂流到台湾)"等途径,传承到台湾。按民间传统说法,台湾屈原宫的"水仙尊王"屈原神像,是两百多年前福建郭姓先贤"分灵"带到当地的②。

　　台湾"水仙尊王"信仰源于福建,而规模远胜福建。当地的水上交通和水上作业频繁,民众信仰屈原,祈求保护的祭典也十分盛大。"昔时,海上交通不大完全,各地郊商为祈求水仙王的保护,每年农历十月十日水仙王诞辰,都要盛大举行祭典。现在本省的水仙王庙,计有十一座,以澎湖四座为最多"③。

　　又据传说,大陆到台湾的民众在海上遇险,会"划水仙"。"在移民过程中,人们为避船难发生,求救于水仙神,即'划水仙',这些移民也随之把水仙信仰带到台湾,并得到蓬勃发展,而且规模远远超过大陆"④。这种民俗历史悠久,清康熙年间,黄叔璥巡视台湾撰《台海使槎录》,就记载了船民划水仙的仪式:"复出大洋,浪击舵折。舟师曰:'惟有划水仙,求登岸免死耳。'众口齐作钲鼓声,人各挟一匕箸,虚作棹船势,如午日竞渡状,船果近岸,得不溺。"⑤从记载可知,"划水仙"是民间海上遇险的一种自救方式。整个仪式类似竞渡:众人口中作锣鼓钲声,每个人拿着一匕箸,假作棹努力划船。可见,特殊的海上生活环境,让民间屈原信仰由"江神"演化为"海神"信仰。

　　今天,台湾"水仙尊王"信仰,还饱含浓浓的同胞情。据《台湾史料研究》第26期刊载赖恒毅《水仙尊王与台北屈原宫》一文核实,屈原宫内共有五尊水仙,其中当初随先民渡台而来的屈原神像失踪,后以"分灵"仪式

①郭嘉琳:《主祀水仙尊王北投屈原庙》,台湾旅游网 tw. tranews. com2010 年 6 月 2 日。
②苏慧霜:《从游仙到水仙——屈原生命意象的自觉超越与永恒信仰》,《三峡论坛》2010 年第 5 期。
③姜义镇编著:《台湾的民间信仰》,武陵出版社,1985 年,第 61 页。
④斯军、王元林:《论水仙花与水仙信仰——从宋元江浙到明清闽台》,《农业考古》2010 年第 4 期。
⑤[清]黄叔璥:《台海使槎录》卷一,中华书局,1985 年,第 11 页。

从汨罗屈子祠重新塑一尊屈原像迎回台湾屈原宫安置①。"分灵"仪式表明台湾"水仙尊王"信仰的根在大陆。两百多年来"水仙屈原"亦维系着海峡两岸民众共同的血浓于水的同胞情和文化命脉。

(四)民间水仙信仰与屈原精神的浸润

将屈原尊为水仙,祈求风调雨顺,是上古以来祭祀祈雨(止雨)的政事活动的民俗遗迹。三代以来,祭祀"四渎",祈求风调雨顺、国泰民安,是国家大典。"五岳四渎,名山大川,神明所居,风雨是主,宜委中书门下,分使致祭,以达精诚"②。"四渎"即江、河、淮、济(长江、黄河、淮河、济水)之神明,均属"水仙"。清《江西通志》卷一百九《饶州府》载,当地屈原庙俗名水府庙:"屈原庙,在鄱阳崇德乡,俗名水府庙,每旱祷立应。"鄱阳湖地区信奉屈原,当地甚至将屈原的三儿子奉为神,供奉于福主庙:"每逢水神的祭日,必定要举行盛大的祭祀活动……村中有座福主庙建在山坡上。站在门前望去,万顷碧波尽在眼底,庙内祀奉的却是包大人和三大人,庙里的老人告诉我,那位三大人是屈原的三儿子。"③

楚人立国于丹、淅,崛起于江、汉、雎、漳,鼎盛于江、淮、河、湘、沅、资、闽等江南水域。水与楚国发展密切相关,水神自然成为楚人的祭祀对象。娥皇、女英因为寻夫自沉洞庭,被尊为湘水水神;屈原殉志殉国沉身汨罗,按照湖湘民间信仰,自然也被尊为"水仙":"屈原以忠见斥,隐于沅湘,披蓁茹草,混同禽兽,不交世务,采柏实以合桂膏,用养心神;被王逼逐,乃赴清泠之水。楚人思慕,谓之水仙。"④

从目前文献和民俗考察看,民间信奉屈原为"水仙"早期具有自发性,起源于长江中游的洞庭湖周边,如汨罗、荆州,波及鄱阳湖周边村落。屈原是水仙,也是忠臣,是诗人,民间一方面尊屈原是"忠烈"楷模(政治、伦理意义);另一方面相信屈原化为"水仙"(宗教意义)。"忠良报国楚大夫永垂千古,烈士壮志诗离骚留芳万秋。"福建屈原公屿"忠烈亭"的对联,概括了百姓对屈原其人其诗的高度赞誉。据说,每年端午这里都会有学生来,绘画岛上的屈原像,屈原公屿上的《忠烈亭碑记》记载:"鸿儒江下游有一巨石,

---

① 《台湾史料研究》第26期(半年刊),吴三连台湾史料基金会出版,2005年,第32—48页。
② [清]秦蕙田:《五礼通考》卷四十七《吉礼》,文渊阁四库全书本。
③ 刘华:《刘华写江西》,长江文艺出版社,2015年,第113页。
④ [晋]王嘉撰,孟庆祥、商微姝译注:《拾遗记译注》,黑龙江人民出版社,1989年,第287页。

俗称屈原公屿，其状有若游龟……每当农历五月初五、初六，屈原公屿上，虔诚凭吊者如潮。"百姓向屈原祈福已经变得十分自然，这解释了一个现象：许多人虽读不懂屈原作品，却能认同和敬仰屈原的忠贞爱国和清廉正直。民间水仙信仰使得不同社会阶层、不同文化水平的人，都能在祭祀仪式中，找到自己的精神寄托。屈原精神亦在民俗活动中自发浸润人们的灵魂。

五、各地端午诗会与屈原精神的民间传承

屈原被尊为"中华诗祖"或"诗宗"，虽然屈原作品难读，但在楚地，农民也会诵读屈原诗歌，会写诗缅怀屈原。各地端午节民俗中，诵读屈原诗歌遍及社区、公园、校园，这些民俗生活现象，是屈原民间信仰考察不可忽视的。这里以端午诗会为例来阐发。

（一）端午诗会的时空分布与屈原精神的传播时空

民间端午纪念屈原的诗会活动，现知最早应是 900 多年前的秭归农民骚坛诗社的端午吟唱活动。每年五月端午，秭归乐平里农民诗人相聚屈原祠，用当地方言吟唱自己所创作的诗歌，凭吊屈原。这就是秭归代代相传的屈原故里端午诗会。

近现代，端午诗会曾是民间文化人过端午的一项"时尚"文化活动。1925 年五月初五，广东省海丰县城郊龙山准提阁，举行了纪念楚国诗人屈原的端午诗会："悼三闾大夫庆咏端阳，论五月形势讴歌农会。"[①]发起者聂绀弩，通过钟敬文、马醒等人邀请全县约 10 多位文学爱好者到他所住宿和工作的农讲所在地——龙山准提阁，举办诗会。"思君不见人空老，骚卷长撑天地间。"[②]聂绀弩当时是农讲所的老师，主讲革命文学，主要培训农运宣传员。对屈原，聂绀弩有一种很深切的情感，不同时期不同地点，共写了四首吟咏屈原的诗：《雨中瞻屈原像》《屈原像下》《端午节陶然亭诗会因病未赴率成一律》《诗人节吊屈原题黄永玉画天问篇》。

1941 年，在重庆的一次诗歌座谈会上，由诗人方殷提出倡议，由郭沫若、老舍、严辰、高兰等诗人及作家发起组织，决定每年屈原忌日"端午"为

---

① 《汕尾文史》2001 年第 11 辑。
② 聂绀弩《端午节陶然亭诗会因病未赴率成一律》，侯井天句解详注集评：《聂绀弩旧体诗全编注解集评》（下），山西人民出版社，2009 年，第 795 页。

中国诗人的节日。在40年代,"中国诗人节"举行过多次庆祝活动和颇有规模的诗歌朗诵会,并在抗日战争中起到了团结教育人民、打击敌人的积极作用。

此后,全国各地都有了不同规模的端午诗会。粗略统计,"诗词之市"常德市两年一届,定位为诗人的节日、艺术家的节日、人民的节日。城市的文化盛会①、江苏盐城中学班会活动·端午诗会、东莞香港诗词学会第七届中国诗人节、福建漳浦县第五届诗人节、深圳·诗魂国魂民族魂——深港澳第二届中国诗人节大会、北京郭沫若故居端午诗会、重庆市"纪念屈原弘扬抗战进步文化传统诗歌朗诵会"、北京中华诗词(青年)峰会、"和谐之声"2005上海端午诗会、天津第四届端午诗会、南京市作家协会主办端午诗会、宜昌夷陵端午诗会、江陵端午诗会、鹰潭市爱华、马年、乙亥、丙子金猫端午诗会、北京北海公园端午诗会、台湾诗人节等,更多的则是民间文化爱好者、大中小学生自发开展的端午诵诗会。如,2011年6月4日上午9时,在武汉东湖听涛景区屈原纪念馆前,来自武汉大学国学院的64名学生举行古礼祭祀大典,以缅怀爱国主义诗人屈原,祝者高诵祭文,盛赞屈子的爱国主义情操,尽述敬仰缅怀之情;来自童学馆的20多个小朋友身着汉服朗诵《离骚》、斗草和赛诗,现场气氛十分热闹②。端午诗会,在某种程度上已经发展成一个城市的文化名片。2003年9月17日至19日,湖南常德市政府举办"首届中国·常德诗人节暨首届髡残诗书画艺术节"③。2011年6月2日,重庆市政府办公厅、重庆国际文化交流中心主办,重庆师范大学海峡两岸诗歌研究所、重庆巴渝名匾文化艺术博物馆承办了纪念"中国诗人节"在重庆诞生七十周年暨以纪念屈原弘扬爱国精神为主题的诗歌朗诵会,来自新加坡,中国台湾、香港、成都及重庆的120多位诗人参加了纪念会④。由此,端午民俗意义更加丰富,传统"恶月"⑤驱邪祈福的民俗意义

①记者高玲:《本届诗人节:特色凸显的文化盛会——第三届诗人节暨旅游促销会总结大会召开》,2006年6月14日《常德日报》。武翩翩纳杨《第三届中国·常德诗人节暨首届华夏诗词奖颁奖大会举行》,2006年6月6日《文艺报》。记者胡秋菊:《亮出文化名片》,2010年5月29日《常德日报》。记者周瑜:《市领导在中国常德·诗人节筹备工作调度会上强调把第六届诗人节办出特色办出水平》,2012年5月9日《常德日报》。
②图文:莘莘学子雨中祭屈原赏民俗牙牙稚子诵《离骚》抹雄黄》,2011年6月5日《楚天都市报》。
③萧湘:《沅芷澧兰诗坛盛会——首届中国·常德诗人节侧记》,2003年12月17日《中华诗词》。
④《重庆隆重纪念中国诗人节在渝诞生七十周年(1941—2011)》,《中外诗歌研究》2011年第3期。
⑤"恶月",古代称农历五月为恶月。南朝梁宗懔《荆楚岁时记》:"五月俗称恶月,多禁。"

中,又被逐渐丰富了诸多彰显中华民族的爱国精神和屈原诗性情怀的新风尚。

据不完全统计,端午诗会纪念屈原,以弘扬中华民族爱国精神、传承中国诗歌国度特有的诗歌艺术魅力为主题,其分布北到牡丹江、南到台湾海峡沿岸,时间上从九百年前开始至今不衰,端午节诗会已经成为近现代文化、休闲、旅游生活中的一部分。各地"端午诗会"时空分布统计如下:

"端午诗会"时空分布统计表

举办时间	举办地点	举办形式	举办主体	具体活动描述	信息来源
明代始立,1982 年 5 月 5 日恢复	秭归	端午诗会	骚坛诗社	"屈原诞生地乐平里诗风特盛,明清时代有好诗者的结社'骚坛'。每逢端午前后,好诗者邀约相聚,饮酒赋诗,述志抒怀,蔚为风气。民国初年,一批颇有影响的诗人先后辞世,骚坛名存实亡,活动中断。1982 年 5 月 5 日,农民诗人谭光沛、杜青山发起成立秭归县三闾骚坛诗社。中共湖北省委宣传部副部长、作家李晓明到会祝贺,并赋诗一首。《中国农民报》《文汇报》《湖北日报》《新观察》《瞭望》《诗刊通讯》等报刊先后刊登消息、照片和介绍文字。"	湖北省秭归县地方志编纂委员会编:《秭归县志》,中国大百科全书出版社,1991 年,第 337 页
				"骚坛是屈原故里秭归县首个农民诗社,始成立于明代,初名为'三闾骚坛',清代时更名为'骚坛诗社',建国后一度由于种种原因解散,1982 年由当地农民谭光沛等人发起恢复诗社,沿用清代'骚坛诗社'名称。从成立至今有谭光沛、王明德、黄琼三任社长,20 余年来,骚坛成诗 4000 多首,编辑整理诗集 9 册。"	杨柳:《"骚坛诗社"更名"三闾骚坛"》,2011 年 10 月 17 日《三峡晚报》

举办时间	举办地点	举办形式	举办主体	具体活动描述	信息来源
1925 年	海丰	纪念楚国诗人屈原的端午诗会	文学爱好者	"是年五月初五,聂绀弩通过钟敬文、马醒等人邀请全县 10 多位文学爱好者到他所住宿和工作的农讲所在地——龙山准提阁,举行纪念楚国诗人屈原的端午诗会。并为诗会撰写一联云:'悼三闾大夫庆咏端阳,论五月形势讴歌农会。'"	《汕尾文史》第 11 辑,2001 年
1941 年	重庆	"中国诗人节"诗歌朗诵会	由诗人方殷提出倡议,由郭沫若、老舍、严辰、高兰等诗人、作家发起组织	1941 年,在重庆的一次诗歌座谈会上,由诗人方殷提出倡议,由郭沫若、老舍、严辰、高兰等诗人作家发起组织,决定每年屈原忌日为中国诗人的节日。在 40 年代,"中国诗人节"举行过多次庆祝活动和颇有规模的诗歌朗诵会,并在抗日战争中起到了团结教育人民、打击敌人的积极作用	孟宪平,刘修海:《节日大观》黄河出版社,1998 年,第 28 页
1955 年 6 月 24 日	台南	台南诗人大会		于右任《在台南诗人大会上的讲话》:"我是发起诗人节之一人,我们为什么以端午节为诗人节,当然是纪念屈原的。所谓纪念屈原,一是纪念其作品的伟大,一是纪念其人格的崇高……学人忧国,死生之。"	刘延涛:《于右任先生年谱》
1957 年	台北	诗人节		1957 年于右任在台湾诗人节上的致辞:"所谓诗者,是大众言志的工具,而不是一部分人的怡情玩具。"	许有成:《于右任传》,百花文艺出版社,2007 年,第 187 页;霍松林:《诗人节与于右任在台湾诗人节大会上的演说》,《中华诗词》2011 年 8 月 5 日

续表

举办时间	举办地点	举办形式	举办主体	具体活动描述	信息来源
1973 年 6 月 15 日	台北	台湾诗人节		1973 年 6 月 15 日,台湾诗人节庆祝大会在台北举行,本年度优秀青年诗人奖颁给晴夜、余中生、蓝俊	张健主编,王金城、袁勇麟本卷主编:《中国当代文学编年史·第 10 卷·港澳台文学(上)·1949—2007》,山东文艺出版社,2012 年,第 315—316 页
1984 年 6 月 20 日	北京	端午诗会		《端午诗会即兴(因想念诗人屈原而作)》:"曾因悲愤赋离忧,去国沉湘志未酬。抱璞谁知开卞玉,行吟何似作顽酋。谗言偏信臣民患,美德未彰百姓羞。角黍每投端午节,临流岂止故人愁。——1984 年 6 月 20 日于北海公园。"	柳倩:《柳倩诗词选》,辽宁大学出版社,1988 年,第 232 页
1985 年 6 月 20 日	台北	台湾诗人节		6 月 20 日,1985 年台湾诗人节大会在台北举行并颁奖。获诗教奖的有周树声、丁治磬、杨亮功;获诗运奖的有王大任、亚薇、钟雷、墨人、殷张兰熙;获优秀青年诗人奖的是林燿德、庄云惠、雨弦等人	张健主编,王金城、袁勇麟本卷主编:《中国当代文学编年史·第 10 卷·港澳台文学(上)·1949—2007》,山东文艺出版社,2012 年,第 493 页
1985—2000 年	鹰潭	爱华、马年、乙亥、丙子金猫端午诗会		"1985—2000 年,先后在市区、贵溪、余江、龙虎山等地举办谷雨诗会 15 次,爱华、马年、乙亥、丙子金猫端午诗会 4 次。"	胡宪主编:《鹰潭市志》(下),方志出版社,第 1892 页

举办时间	举办地点	举办形式	举办主体	具体活动描述	信息来源
1988 年	盐城	班会活动·端午诗会	盐城中学高一(1)班	"高一(1 班)在端午节举行端午诗会,既纪念伟大的爱国主义诗人屈原,对学生进行爱国主义教育,又培养和锻炼了学生的表达能力。"	陆云翔:《改革学校管理工作初探》,《交通中专教育》编辑部:《育人文选》,1988 年,第 223 页
1988 年 6 月 18 日	江陵	端午诗会		陈略《江陵端午诗会即兴(一九八八年)》:"更从何处觅风流,雅集江陵识所由。屈子有知如赴会,也应含笑却牢愁。"(刊《楚都诗词》)	陈略:《诗论诗联彙钞》,2008 年,第 179 页
				陈适《江陵端午诗会(1988.6.18)》:"诗坛雅士聚江陵,清咏低回兴倍增。泼墨挥毫流韵展,讴今怀古激情凝。黄钟瓦釜当能识,竖子佳人亦有凭。南橘风生薰大地,龙舟竞渡浪千层。"	陈适:《中华诗丛》第 1 辑第 7 卷《磊冰斋吟稿》,北京燕山出版社,1998 年,第 106 页
1989 年 6 月 8 日	台北	台湾诗人节		6 月 8 日,台湾诗人节大会在台北举行并颁发诗歌奖。诗运奖为李升如、蓝海文;优秀青年诗人奖为杨平、张国治、刘玲珠、洪嘉君、朱少甫、孙维民	张健主编,王金城、袁勇麟本卷主编:《中国当代文学编年史·第 10 卷·港澳台文学(上)·1949—2007》,山东文艺出版社,2012 年,第 564—565 页

续表

举办时间	举办地点	举办形式	举办主体	具体活动描述	信息来源
1990 年 5 月 28 日	台北	台湾诗人节		5 月 28 日,台湾诗人节庆祝大会在台北中山堂举行。获诗教奖的有周邦道、吴宏一、陈焙焜等 11 人;获诗运奖的有翁一鹤、杨华康、刘菲等 12 人;获优秀诗人奖的有林玉华、徐望云、吴玉龙、罗秀珍等 18 人;获纪念奖的是王志堃	张健主编,王金城、袁勇麟本卷主编:《中国当代文学编年史·第 10 卷·港澳台文学(上)·1949—2007》,山东文艺出版社,2012 年,第 577 页
1990 年	宜昌	端午诗会		《夷陵端午诗会(1990.3. 25)》:"夷陵胜地聚英贤,神女多情揽谪仙。"	陈适:《中华诗丛》第 1 辑第 7 卷《磊冰斋吟稿》,北京燕山出版社,1998 年,第 131 页
1990 年	南京	端午诗会	南京市作家协会	"市作协……与有关单位联合举办了'追踪纪实征文大赛'、'扬子诗歌笔会'、'端午诗会'以及'金陵儿童文学作品评奖'等活动,促进诗歌、报告文学、儿童文学创作。"	《南京年鉴》,江苏古籍出版社,1991 年,第 509 页
1990 年	秭归	全国屈原端午诗会		"5 月秭归全国屈原端午诗会。"	卫衍翔:《马年吟》,《梦中诗·诗中梦》,华龄出版社,1991 年,第 103 页

续表

举办时间	举办地点	举办形式	举办主体	具体活动描述	信息来源
1991—2007年	海林	端午诗会	海林市文学艺术界联合会	"1991—1998年,海林市文学艺术界联合会组织参与了多届端午诗会。""海林端午诗会连续17年,共举办了16届。不仅在牡丹江地区成为文化品牌,还被省作协誉为'海林现象'。"	曲伟、荣利彬、马里主编:《北方生态明珠城:海林卷》,社会科学文献出版社,2010年,第435页、第302页
1993年	北京	端午诗会		吴荫越《端午诗会(生查子)》(一九九三年六月):"北京多俊才,雅聚临端午。盛世颂卌平,艺苑传箫鼓。皇皇诗国民,代有中流柱。还我少年狂,奋力追前伍。"	红叶诗社编:《红叶老战士诗词丛书》第10辑,解放军文艺出版社,1994年,第163页
1998年5月30、31日	天津	端午诗会	天津和平、东丽、汉沽文化馆、赤土中学	"1998年5月30、31日,正是端午之日……共70余人,相聚在东丽湖畔的赤土中学,举办了全市业余诗人的首次端午诗会。"	韩武喜:《端午诗情——天津端午诗会回眸》,《女儿要远行》,中国社会出版社,2008年,第67—68页
2001年6月5日	天津	端午诗会		"5日,举办大型端午诗会纪念建党80周年,这是天津市诗歌近20年的一次盛会。"	郭凤歧主编:《天津区县年鉴》,方志出版社,2002年,第312页
2001年6月25日	天津	"颂歌献给党端午诗会"	天津市作家协会、东丽区文化局	"2001年6月25日(端午节),天津市作家协会与东丽区文化局决定举办'颂歌献给党端午诗会'……第二届诗会共有60余人参加。"	韩武喜:《端午诗情——天津端午诗会回眸》,《女儿要远行》,中国社会出版社,2008年,第69页

举办时间	举办地点	举办形式	举办主体	具体活动描述	信息来源
2002 年 6 月 7—9 日	天津	"九顶山天津端午诗会"	天津市作家协会、《天津日报》文艺周刊、蓟县文化局	"2002 年 6 月 7 至 9 日，市作协与《天津日报》文艺周刊、蓟县文化局联合举办'九顶山天津端午诗会'，会期三天。本次诗会共邀请全市诗人近 80 余人。"	韩武喜:《端午诗情——天津端午诗会回眸》,《女儿要远行》,中国社会出版社,2008 年,第 69 页
2003 年	常德	第一届中国·常德诗歌节	《常德日报》	2003 年 9 月 17 日至 19 日,湖南常德市政府举办的首届中国·常德诗人节暨首届髡残诗书画艺术节在湖南常德市隆重开幕。中华诗词学会积极参与了诗人节的筹备工作和学术活动	萧湘:《沅芷澧兰诗坛盛会——首届中国·常德诗人节侧记》,《中华诗词》2003 年 12 月 17 日
2004 年 6 月 19 日	天津	第四届端午诗会	东丽区旅游局、文化局、东丽旅游职专	"第四届端午诗会于 2004 年 6 月 19 日端午节在东丽湖举办……望着波光粼粼的湖水,怀念屈原、吟咏《离骚》,朗诵诗作。"	韩武喜:《端午诗情——天津端午诗会回眸》,《女儿要远行》,中国社会出版社,2008 年,第 69 页
2005 年 6 月 10 日	上海	"和谐之声 2005 上海端午诗会"	上海市作家协会诗歌委员会、上海市虹口区精神文明建设委员会、上海炎黄文化研究会、新民晚报社	"区文化局、市作家协会诗歌委员会、上海电台文艺频道和上海朗诵艺术家沙龙承办,是一次面向社会的公益文化活动。"(《虹口年鉴》,百家出版社,2006 年,第 48 页)"在中华的史册上,有一个扬天长歌的民族骄子,他的泣血引吭如雷似电,如号似鼓,催动龙舟竞渡;他代表着我们民族不朽的风骨,他化作了祖祖辈辈的谆谆叮嘱。请听《让屈原走进音乐频道》……2005 上海端午诗会。"	《上海文化年鉴》,2006 年,第 216—217 页;《虹口年鉴》,百家出版社,2006 年,第 48 页;陆澄:《诗歌朗诵艺术》,上海人民出版社,2009 年,第 267、291 页

举办时间	举办地点	举办形式	举办主体	具体活动描述	信息来源
2006年	天津	端午诗会	天津作家协会	"2006年端午节,天津作家协会在美丽的翠屏湖畔再一次举行诗会。"	韩武喜:《诗人的节日》,《女儿要远行》,中国社会出版社,2008年,第71页
2006年	上海	端午诗会		"2006年上海端午诗会以弘扬爱国主义精神和传统荣辱观为主题,作品选自我国著名诗人屈原和古代各时期的名家经典……一颗根深叶茂、美丽多姿的参天大树,巍巍然挺立在中华民族的精神家园之中,数千年来,她吐纳天地之气,阅尽世间沧桑,练就铮铮傲骨。她质朴不奢,乐施无私,慎独守纪,诚信专一,知荣知耻,尽善尽美。让我们以景仰爱慕之心,永世为你放声歌颂! 请欣赏《橘颂》……,这是朗诵会朗诵最后一首诗《橘颂》前的串联词。其中'质朴不奢,乐施无私,慎独守纪,诚信专一,知荣知耻,尽善尽美'等用语,是对'橘树'品质的概括,它对这首作品本身的导读以及整个朗诵会主题的凸显起到了关键的作用。"	陆澄:《诗歌朗诵艺术》,上海人民出版社,2009年,第265页
2008年	北京	中华诗词(青年)峰会		"端午节到北京参加了2008中华诗词(青年)峰会,友谊宾馆友谊宫聚英厅,来了约百名写作者。"	胡晓明:《古典今义札记》,海天出版社,2013年,第142页

续表

举办时间	举办地点	举办形式	举办主体	具体活动描述	信息来源
2008 年	中山	端午诗会	中山市	《詹海林卷·端午诗会》："我会记住 2008 端午这个日子/我在伟人故里中山市/见到了屈原和诗歌/……/端午的夜晚灯光有些迷离/照见一个个从龙舟下来的汉子/他们的手上恭敬地捧着祖国/脸上透出庄严和肃穆/舞台上演绎着 2000 年前或后的诗歌/像一缕缕清爽的海风/吹进我积聚了云雾的心间/在我返回长江水库的路上/我看到风吹过的视野寂寥而宽阔。"	谯达摩主编：《智者喜宴：第三条道路经典诗人作品集》，九州出版社，2013 年，第 437 页
2010 年 6 月 16 日	秭归	端午诗会	秭归县文联等	"6 月 16 日，一百多位屈学专家、十多位台湾诗人、学者，四十多位来自全国的著名诗人，来到了端午诗会的朗诵大厅……余光中登上朗诵台，他将朗诵为此次秭归之行所作的百句长诗《秭归祭屈原》……他说了：'我曾说过，蓝墨水的上游是汨罗江，屈原汨罗投江，秭归出生，秭归当在上游的更上游。'"	梅子：《我的梦树开满了花》，湖北长江出版集团·湖北人民出版社，2011 年，第 217—218 页
2011 年 6 月 2 日	重庆	纪念屈原、弘扬抗战进步文化传统诗歌朗诵会	由重庆市政府办公厅重庆国际文化交流中心主办，重庆师范大学海峡两岸诗歌研究所和重庆巴渝名匾文化艺术博物馆承办	2011 年 6 月 2 日，由重庆市政府办公厅重庆国际文化交流中心主办，重庆师范大学海峡两岸诗歌研究所和重庆巴渝名匾文化艺术博物馆承办的纪念"中国诗人节"在重庆诞生七十周年暨以纪念屈原、弘扬爱国精神为主题的诗歌朗诵会在重庆人民大礼堂酒店隆重举行。来自新加坡、台湾、香港、成都及重庆等地的 120 多位诗人参加。重庆师范大学海峡两岸诗歌研究所的黄中模教授代表主承办方介绍了本次纪念	《重庆隆重纪念中国诗人节在渝诞生七十周年(1941—2011)》，《中外诗歌研究》2011 年第 3 期

续表

举办时间	举办地点	举办形式	举办主体	具体活动描述	信息来源
				活动及朗诵会的筹办情况和"中国诗人节"的来历。他说,在那抗日烽火熊燃的时代里,于1941年端午节,由郭沫若、冰心、老舍等四百余名进步诗人、作家签名发起、在重庆成立的诗人节,值得永远珍惜。为了弘扬以屈原为代表的优秀文化与抗战进步文化传统,发扬爱国精神,将诗人节打造成为重庆的一张新文化名片,特发起举办2011诗人节(端午)"纪念屈原、弘扬抗战进步文化传统诗歌朗诵会"。五十余位诗人或诗歌朗诵者登台朗诵了屈原及先辈们讴歌抗战爱国的作品和诗人们特为"诗人节"创作的作品	
2011年6月2日	北京	端午诗会	《中国作家》杂志社、郭沫若纪念馆、中央人民广播电台中华之声	"6月2日下午……'端午诗会'在北京郭沫若故居举行……在京诗人、评论家、编辑及台湾作家等近200人出席了活动。"	白桦:《2011中国文坛纪事》,人民文学出版社,2012年,第457页
2011年6月4日	武汉	端午诗会	武汉大学国学院的64名学生	2011年6月4日上午9时,在武汉东湖听涛景区,屈原纪念馆前礼乐大作,来自武汉大学国学院的64名学生举行古礼祭祀大典,以缅怀爱国主义诗人屈原。屈原纪念馆内,来自童学馆的20多个小朋友身着汉服朗诵《离骚》、斗草和赛诗,现场气氛十分热闹	《图文:莘莘学子雨中祭屈原赏民俗牙牙稚子诵〈离骚〉抹雄黄》,2011年6月5日《楚天都市报》

举办时间	举办地点	举办形式	举办主体	具体活动描述	信息来源
2011 年 6 月 7 日	深圳	诗魂　国魂　民族魂——深港澳第二届中国诗人节大会	由香港诗词学会主办,深圳市书画家协会、深圳市戏剧家协会、中华诗词网协办	2011 年 6 月 7 日"诗魂　国魂　民族魂——深港澳第二届中国诗人节大会":"屈子壮山河,诗魂昭日月。"为纪念屈原与诗歌,以"诗魂　国魂　民族魂"为主题的"深港澳第二届中国诗人节大会暨弘扬中华文化特殊贡献奖颁奖典礼"在深圳文艺会堂举行。活动包括"善缘杯"诗词书画作品邀请展、诗歌朗诵会、颁奖仪式三部分。香港诗词学会副会长陈兴说:"在当下的时代,作为诗人,应该以诗教弘扬正道,有益世道人心,才无愧为屈子的传承者。"	《深港澳第二届中国诗人节举行》,《深圳特区报》2011 年 6 月 7 日;《深港澳三地诗人共聚"第二届中国诗人节大会"》,2011 年 6 月 7 日《深圳商报》C02"文化广角"
2015 年 6 月 26 日	漳浦	第五届诗人节	新死亡诗派	6 月 19 日,由福建省作家协会、中共漳浦县委宣传部、漳浦县文联、漳浦县旧镇镇政府主办,天读民居书院、漳浦县作家协会、《漳浦文学》编委会承办的漳浦县第五届诗人节在旧镇天读民居书院开幕。此次的漳浦县诗人节主题是"行进的节奏——在漳浦大地上"大型诗歌朗诵会,同时举办"新死亡诗派重要作品及漳州部分诗人作品"研讨会	《福建漳浦县第五届诗人节"新死亡诗派主要作品"研讨会摘要》,《诗歌月刊》2015 年 9 月 1 日
2016 年 11 月 14 日	东莞	香港诗词学会第七届中国诗人节纪念孙中山诞辰 150 周年大会	香港诗词学会	香港诗词学会第七届中国诗人节纪念孙中山诞辰 150 周年大会在东莞清溪文广中心开幕。中国诗人节,1941 年由方殷、郭沫若、老舍等在重庆创建,以诗歌形式纪念屈原、唤起中华民族团结。香港诗词学会本着"弘扬中华优秀传统文化,建设民族共有精神家园"的宗旨,于 2009 年重新举办诗人节,首届在深圳举行	《香港诗词学会第七届诗人节开幕》,2016 年 11 月 14 日《深圳特区报》

(二)爱国与爱诗:屈原精神的传承

"屈原已经成为中华儿女的诗魂、民族之魂,成为人们心目中高洁的象征。在当下的时代,作为诗人,应该以诗教弘扬正道,有益世道人心,才无愧为屈子的传承者。"①全国各地不同形式和规模的诗人节活动,是屈原精神在民众中鲜活的传承。

"忧国赋离骚,抱石怀沙江作证。荡胸歌大雅,抚今追昔韵为媒。"这幅曾于"深港澳第一届中国诗人节大会"舞台两边悬挂的对联,写出了所有"端午诗会"与会人士的心声:屈原忧国而作《离骚》等诗篇,两千年来有他的诗歌作证;今日屈原身后诗人和民众亦以诗歌为媒,以端午写诗、诵诗的方式,寄托对爱国诗人屈原的怀念,传承诗人忠贞爱国的丹心。近年来,各地"诗人节"越来越多,如内蒙古通辽科尔沁诗人节、香港诗词学会诗人节,这些活动并不一定在端午这天举行,或许淡化了纪念屈原的意义,但传达的仍然是中华诗歌的凝聚力。

"《诗》可以兴,可以观,可以群,可以怨;迩之事父,远之事君;多识于鸟兽草木之名。"(《论语·阳货》)②诗歌的功能与社会担当,浸染着每一位读诗或听诗的人。作为中国第一位伟大的爱国诗人,屈原的诗作及其精神引发了诸多诗歌爱好者的共鸣,各地端午诗会纪念的形式多样,或创作,或吟诵,或独自一人,或集体聚会,有名的,无名的,不分职业、不分年龄,在端午时节,总会想着以诗歌的形式纪念屈原,有时或许是为了一个城市的文化名片,但折射出来的是中华民族爱国与爱诗的自发信仰。

六、屈原民间信仰的文化功能

一个祈福辟邪的节日,为什么会加入纪念屈原的元素? 20世纪40年代,闻一多先生《端午的历史教育》、《端午考》考证了"端午"习俗的文化意义,其考证的目的,不是要推翻民间两千年端午纪念屈原的已有传统,而是进一步说明屈原在人民心目中伟大的位置:"惟其端午是一个古老的节日,'和中国人民同样的古老',足见它和中国人民的生活如何不可分离,惟其中国人民把他们这样一个重要的节日转让给屈原,足见屈原的人格,在他

①《深港澳三地诗人共聚"第二届中国诗人节大会"》,2011年6月7日《深圳商报》C02"文化广角"。
②《论语》卷九,[宋]朱熹集注:《四书》,上海古籍出版社,1995年,第210—211页。

们的生活中,起着如何重大的作用。也惟其远在屈原死后,中国人民还要把他的名字,嵌进一个原来与他无关的节日里,才足见人民的生活里,是如何的不能缺少他。端午是一个人民的节日,屈原与端午的结合,便证明了过去屈原是与人民结合着的,也保证了未来屈原与人民还要永远结合着。"①民众在其生产生活实践中按照自己的需求与想象创造了"神",并且随着社会的变迁,民众也在调整、改造着"神",以适应新的形势和需要。于是,出现了众多端午民俗纪念的历史人物:勾践、介子推、伍子胥、曹娥、屈原、白娘子、钟馗……这些历史人物被"神"化,展示了不同阶层民众精神和物质的需求。而每一种"神"的产生,都有其历史必然,并发挥着一定社会文化功能。

（一）民众的生活需求与精神寄托

端午祭屈,时间最早上溯到东汉灵帝以前,空间源头在湖南汨罗、长沙。屈原死后化"水仙"的传说亦起于汨罗,后传播各地;明代万历二十四年(1596)下诏各地"水府庙"以屈原配享;民间端午纪念屈原习俗,至少在公元 2 世纪已在湖湘一带蔚然成风。

民间信仰一般具有多元性、随意性、实用性,其信仰的神灵,多是自造的。端午各类祭祀屈原的习俗,亦表现出多元性、实用性、自发性的特点,成为民众的生活需求与精神寄托。在各地民间祭祀中,屈原大致有三种身份:一是儒化的屈原,体现爱国修身精神,通过祠庙楹联、祭祀文诰、端午诗会等语言文字精确概括传承下来;一是神化的屈原,体现有求必应的神灵信仰,通过江神、水仙、海神祭拜等民俗仪式传承下来;一是祖先屈原,通过屈原出生地秭归及各地屈氏后裔,以端午招魂等祭祖仪式传承下来,属于祖先神信仰,如,为了凝聚宗亲之间的感情与力量,台湾屈氏后裔的特殊"恋祖情结"直接促成了屈家村"泰和宫"的修建②。可以说,各地端午节纪念屈原的民俗活动和仪式,源自信仰者自身生活的需要。

从祖先崇拜、江神信仰、水仙尊王信仰,从圣贤祖先,到江南地方水神,再发展成闽台之间具有影响力的海神,这些信仰民俗,如大多数民间信仰一样,浸润到人们的生活中,自然、朴素、真挚,传承久远,与民众生活联系紧密。

---

①闻一多:《闻一多全集》卷五《人民的诗人——屈原》,湖北人民出版社,1993 年,第 28 页。
②罗文玲:《彰化屈家村的文化及其时代精神》,《三峡论坛》2011 年第 2 期。

（二）乡风民风的净化

民间信仰的神灵，往往是百姓依据需要造出的。而民间信仰一旦获得，人们往往"必然地执着于某种神灵的信仰。不仅对其深信不疑，而且还以各种方式表现在自己的言行举止（如崇拜、祭祀）中"①。乡风民风，也在信仰中净化。

江南地区及台湾地区"水仙"屈原的信仰民俗，在发展中成为一种极具民族传统特色的文化元素。据调查，在台湾，每逢举行端午纪念屈原的大型传统文化活动，主办方都会进入台湾的大中小学校园进行宣传，台湾很多年轻人都会积极参与，大学生说"这种传统的东西都特别吸引人"，"现在西方的节日都比较商业化，中国传统的节日还是比较有精神的"②。

屈原精神在民众祭祀习俗中被讲述，在端午祭祀屈原的一篇篇祭文、一副副对联、一场场诗会、一次次龙舟竞渡中被传承；民众则在习俗参与中，感受了快乐，获得了希望，懂得了虔诚，净化了灵魂，有了信心去寻找、开拓自己的生活。

（三）推动了文人、官方对屈原精神的接受与褒扬

"民间信仰和基于此种信仰表现的行为一直被视为下层文化。但事实上，上层阶级的知识分子自古以来亦多有浸淫于此种文化者"③。民间端午习俗亲切、自然、历史悠久，具有全民参与性，在这一平台上，民间、文人、官方，乃至域外社会各阶层，常因屈原而聚集。

民间对屈原的诸多崇敬与精神寄托，伴随端午食粽、竞渡、公祭、划水仙等民俗，传播到了更多层次的社会群体中。文人参与后，将儒家忠君思想与屈原精神之忠清洁白相关联，"驱五毒"的端午节，因文人的提倡成为一个专门纪念屈原的"诗人节"。端午祭祀屈原的习俗、民间屈原信仰的信息传播到各朝各代的政治文化中心皇都（唐代长安、宋代汴京、元代大都、明代南京和北京、清代北京）后，推动了文人、官方对屈原精神的接受与褒扬。此后，1953 年屈原被评为世界文化名人，2009 年"中国端午节"被认

---

① 金泽：《中国民间信仰》，浙江教育出版社，1995 年，第 7 页。
② 《台湾屈原宫举行盛大祭奠》，2010 年 6 月 16 日湖南电视台"都市一时间"驻台湾记者聂胜强报道。
③ 王秋桂：《中国民间信仰资料汇编·前言》，原刊于《民俗曲艺》2000 年第 128 期。又见《仪式、戏剧与民俗国际学术研讨会论文集》（一），第 2—3 页。

定为人类非物质文化遗产。

端午祭屈习俗成为历史悠久、影响面广的"最接地气"的屈原精神"载体"。民间端午祭祀中屈原的三种身份——水仙、爱国忠臣、祖先神,让屈原精神得到社会各阶层的信仰与关注,百姓祈福,文人寄意,官方褒扬,屈原因此成为了促进地方治理的精神楷模与文化名人。

第二节　屈原庙与屈原精神的民间传习

屈原沉江后,楚人始建庙纪念。唐玄宗时首次将长沙郡屈原庙纳入国家祭祀典制,明太祖明确端午公祭屈原于汨罗庙,明万历年间皇帝下诏各地水府庙供奉屈原,清代官方春、秋二祭汨罗屈原庙,今天汨罗屈子祠、秭归屈原祠已成为全国爱国主义教育基地、世界非遗"中国端午节"的传承地。如果说,端午祭祀屈原的各种习俗是屈原精神民间传承的"非物质文化载体",那么,纪念和祭祀屈原的场所——屈原庙——无疑是民众习得传承屈原精神的"实体物质媒介"。因此,厘清两千年来屈原庙的时空分布、修建契机、传承现状,是考察屈原精神传承接受又一必不可少的民间视域。

一、屈原庙的时空分布与屈原精神民间传习的深广度

屈原庙的地域分布和变迁,可以说是屈原精神的民间传承广度和深度的重要实证。据屈原作品描述,清代蒋骥绘制出楚辞图①,大致反映了屈原生前的活动范围主要集中于长江中下游的汉水、鄱阳湖、洞庭湖流域,相当于今天的湖北、湖南大部,安徽南部,江西北部及四川东部,这些是考察屈原庙分布的重要地域。又,据 2009 年秭归县委宣传部及《三峡日报》联合组织的"屈原后裔寻访"报道,屈原后裔所在省域主要是重庆、四川、陕西、湖南、江苏、山西、安徽、河南、湖北、北京等省市,屈氏后裔尊祖是屈原庙修建的第二个社会历史原因②,故屈原后裔所在省域是考察屈原庙分布的辅助地域。福建厦门和台湾的屈原庙,与明代移民的水仙信仰密切相关,是考察屈原精神民间传习的参考地域。

①蒋骥《山带阁注楚辞》卷首有依据屈原作品《抽思》、《思美人》、《涉江》、《哀郢》、《渔父》、《怀沙》所制屈原流放地图。
②如安徽东至、河北唐山屈原纪念馆均是屈氏后裔筹建,并纳入全社会传承屈原文化的体系。

通过详细考证①，全国 11 省市（地区）50 县市区有至少 65 座屈原庙（祠）（如图）。

全国屈原庙（祠）时空分布图

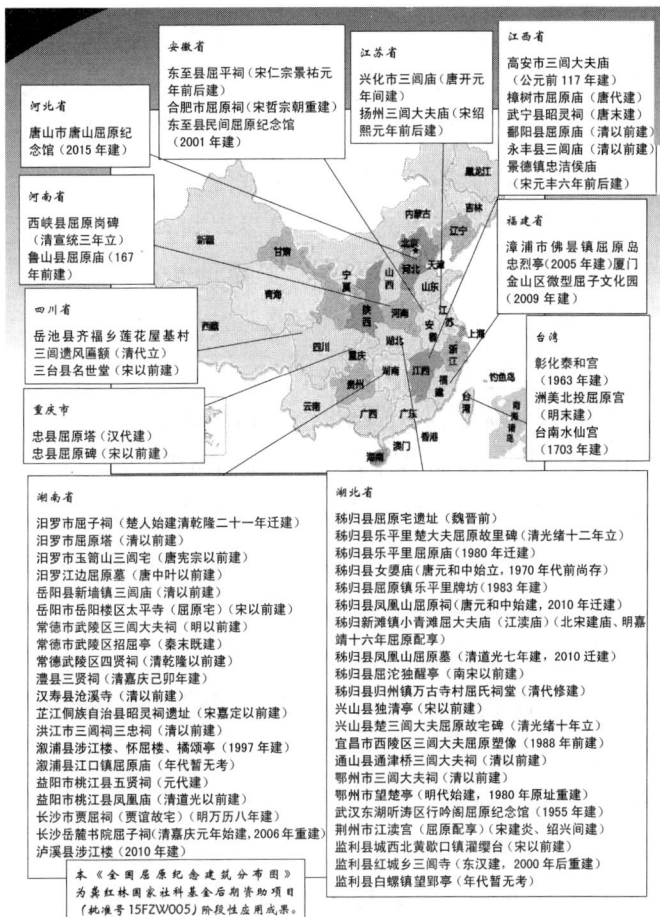

安徽省
东至县屈平祠（宋仁宗景祐五年前后建）
合肥市屈原祠（宋哲宗朝重建）
东至县民间屈原纪念馆（2001 年建）

江苏省
兴化市三闾庙（唐开元年间建）
扬州三大夫庙（宋绍熙元年前后建）

江西省
高安市三闾大夫庙（公元前 117 年建）
樟树市屈原祠（唐代建）
武宁县昭灵祠（唐末建）
鄱阳县屈原庙（清以前建）
永丰县三闾庙（清以前建）
景德镇忠洁侯庙（宋元丰六年前后建）

河北省
唐山市唐山屈原纪念馆（2015 年建）

河南省
西峡县屈原岗碑（清宣统三年立）
鲁山县屈原庙（167 年前建）

福建省
漳浦市佛昙镇屈原岛忠烈亭（2005 年建）厦门金山区微型屈子文化园（2009 年建）

四川省
岳池县齐福乡莲花屋基村三闾遗风匾额（清代立）
三台县名世堂（宋以前建）

台湾
彰化泰和宫（1963 年建）
洲美北投屈原宫（明末建）
台南水仙宫（1703 年建）

重庆市
忠县屈原塔（汉代建）
忠县屈原碑（宋以前建）

湖南省
汨罗市屈子祠（楚人始建清乾隆二十一年迁建）
汨罗市屈原塔（清以前建）
汨罗市玉笥山三闾宅（唐宪宗以前建）
汨罗江边屈原墓（唐中叶以前建）
岳阳县新墙镇三闾庙（清以前建）
岳阳市岳阳楼区太平寺（屈原宅）（宋以前建）
常德市武陵三闾大夫祠（明以前建）
常德市武陵区招屈亭（秦末既建）
常德武陵区四贤祠（清乾隆以前建）
澧县三贤祠（清嘉庆己卯年建）
汉寿县沧溪寺（清以前建）
芷江侗族自治县昭灵祠遗址（宋嘉定以前建）
洪江市三闾祠三忠祠（清以前建）
溆浦县涉江楼、怀屈楼、橘颂碑（1997 年建）
溆浦江口镇屈原庙（年代暂无考）
益阳市桃江县五贤祠（元代建）
益阳桃江县凤凰庙（清道光以前建）
长沙市贾屈祠（贾谊故宅）（明万历八年建）
长沙岳麓书院屈子祠（清嘉庆元年始建，2006 年重建）
泸溪县涉江楼（2010 年建）

湖北省
秭归县屈原宅遗址（魏晋前）
秭归县乐平里楚大夫屈原故里碑（清光绪十二年立）
秭归县乐平里屈原庙（1980 年迁建）
秭归县女嬃庙（唐元和中始立，1970 年代前尚存）
秭归县乐平里镇乐平里牌坊（1983 年建）
秭归县凤凰山屈原庙（宋元和中始建，2010 年迁建）
秭归新滩镇小青滩屈大夫庙（江渎庙）（北宋建庙、明嘉靖十六年屈原配享）
秭归县凤凰山屈原墓（清道光七年建，2010 迁建）
秭归县屈沱独醒亭（南宋以前建）
秭归县归州屈氏祠堂（清代修建）
兴山县独清亭（宋以前建）
兴山县楚三闾大夫屈原故宅碑（清光绪十年立）
宜昌市西陵区三闾大夫屈原塑像（1988 年前建）
通山县通羊桥三闾大夫祠（清以前建）
鄂州市三闾大夫祠（清以前建）
鄂州市望屈亭（明代始建，1980 年原址重建）
武汉东湖听涛区行吟阁屈原纪念馆（1955 年建）
荆州市江渎宫（屈原配享）（宋建炎、绍兴间建）
监利县城西北黄歇口镇濯缨台（宋以前建）
监利县红城乡三闾寺（东汉建，2000 年后重建）
监利县白螺镇望郢亭（年代暂无考）

本《全国屈原纪念建筑分布图》为龚红林国家社科基金后期资助项目（批准号 15FZW005）阶段性应用成果。

① 本章内容的具体考证，参看拙著：《屈原庙史料通考》，湖北人民出版社，2014 年；拙著：《屈原文化版图考》，南京大学出版社，2017 年。其中，部分结论本书有修订，如，关于《后汉书·延笃传》中屈原庙的位置，笔者《屈原庙史料通考》采纳"西峡说"。2015 年 7 月在江苏省淮安市参加"2015 年中国淮阴屈原及楚辞学国际学术研讨会暨中国屈原学会第十六届年会"，会上分组讨论时大家再次聚焦《后汉书·延笃传》记载的屈原庙的位置之所在。安徽池州钱征先生给我介绍了他的一篇文章《对〈后汉书·延笃传〉所载屈原庙遗迹的历史考察》（《云梦学刊》2015 年第 4 期），文中认为"古南阳"屈原庙当在河南平顶山市鲁山县："古雉县，在今鲁山县境内。也就是说，最早的屈原庙遗迹，在今河南省平顶山市鲁山县境内。"考，唐李贤注："雉，音昌猶反。故城在汝州鲁山县东南也。"即今河南平顶山市鲁山县，比照河南地图，发现西峡与鲁山两县地理位置一东一西，相隔较远，所以本书修订屈原庙在今平顶山市鲁山县张官营一带。

（一）时间维度：纪念屈原的建筑最早可上溯至"秦末"

1.招屈亭（汉高祖之前建）——文献提及的最早的纪念屈原建筑

从时间角度看，目前可知，文献提及的最早的屈原纪念建筑是湖南常德"招屈亭"。宋祝穆撰《方舆胜览》卷三十"常德府"："招屈亭，在城南。相传三闾大夫以五月五日，由黔中投汨罗，土人以舟救之，为'何由得渡湖'之歌，其名咸呼云'何在？'"又，楚霸王项羽曾在"招屈亭"前弑楚义帝①："项羽遣英布弑义帝，武陵人哭于招屈亭下。高祖闻而义之，号其郡为义陵。"（明董斯张《广博物志》卷七②）这里提到故楚地的武陵人在"招屈亭"下哭悼被项羽所杀的楚义帝，可见，其建筑历史可以推到项羽时期。案，项羽卒于公元前202年，故武陵（今湖南常德市）"招屈亭"的建筑时间应该在公元前202年前。

2.年代最早的屈原庙位于汨罗、鲁山、高安三地

现存"屈原庙"中，文字记载年代最早的位于汨罗、鲁山、高安三地：

一是楚人始建的汨罗屈原庙。魏郦道元《水经注》卷三十八载："汨水又西为屈潭，即汨罗渊也。屈原怀沙，自沉于此，故渊潭以屈为名。昔贾谊、史迁，皆尝径此，弭楫江波，投吊于渊。渊北有屈原庙，庙前有碑。又有《汉南太守程坚碑》，寄在原庙。"③晋王嘉《拾遗记》卷十亦载："屈原以忠见斥，隐于沅湘……被王逼逐，乃赴清泠之水。楚人思慕，谓之水仙。其神游于天河，精灵时降湘浦。楚人为之立祠，汉末犹在。"④

二是河南平顶山市鲁山县史载东汉以前已有屈原庙。《后汉书·延笃传》："延笃，字叔坚。南阳犨人也……永康元年卒于家，乡里图其形于屈原之庙。"（《后汉书》卷六十四⑤）即汉代清官延笃（字叔坚）死后，乡里人把他画像放在屈原庙里配享祭祀。延笃的家乡在哪呢？"犨"，唐李贤注："犨，音昌犹反。故城在汝州鲁山县东南也。"（《后汉书》卷六十四⑥）汝州鲁山县，即今河南平顶山市鲁山县。这表明汉桓帝永康元年（167）以前，

---

①名熊心，楚怀王熊槐之孙。

②［明］董斯张：《广博物志》，上海古籍出版社，1992年，第141页。

③［北魏］郦道元撰，陈桥驿点校：《水经注》，浙江古籍出版社，2001年，第593—594页。

④［晋］王嘉撰，孟庆祥、商微姝译注：《拾遗记译注》，黑龙江人民出版社，1989年，第287页。

⑤［南朝宋］范晔撰，［唐］李贤等注：《后汉书》，中华书局，1965年，第2103页。

⑥［南朝宋］范晔撰，［唐］李贤等注：《后汉书》，中华书局，1965年，第2103页。

当地已建有屈原庙。

此外,明清文献记载,西汉时,建成侯刘拾建瑞州府(今江西省高安市)"三闾大夫庙"。清《江西通志》卷一百八《祠庙》"瑞州府":"三闾大夫庙,在高安县东金沙台,祀楚屈原。汉长沙王子拾,封建成侯,后免爵,徙家台上,立庙祀之。"①案,西汉元朔二年(前127)汉武帝封长沙定王刘发之子刘拾为建成侯,元鼎二年(前115),刘拾免,建成侯国除。由此,江西省高安三闾大夫庙应建于元鼎二年(前115)左右,该庙今已不存。

其他各地屈原祠(庙)建立的时间一般在清代之前。以湖南为例,清《湖广通志》记载湖南域内屈原祠庙计有:长沙县:"屈贾二公祠,在大西门内,祀楚大夫屈原、汉太傅贾谊。即谊故宅,明李东阳有记。"湘阴县:"汨罗庙,在汨罗江上,祀楚屈原。"益阳县:"五贤祠,在县城南,祀楚屈原,汉诸葛亮,宋张咏、张栻、胡寅。"东安县:"三闾大夫庙,在县斜溪源。"巴陵县:"三闾大夫庙,在城南。"平江县:"三贤祠,在县治右,祀屈原、王旦、唐介。""屈原庙,在县城南。"武陵县:"三闾祠,在县东二里。""四贤祠,在府学前,祀屈原、马援、唐介、岳飞。"沅州:"昭灵庙,在州南五里,祀三闾大夫,宋嘉定中赐额。"黔阳县:"三忠祠,在县北,祀屈原、马援、关帝。"桂东县:"三闾祠,在县城南。"(《湖广通志》卷二十五②)

3.纪念屈原的建筑或遗址的变迁

秦汉时期纪念屈原的建筑:湖南省常德市武陵区三闾大夫祠和招屈亭(秦末既建)、湖南省汨罗市屈子祠(楚人始建)、湖北省监利县红城乡荒湖亳口区三闾寺(172年前建)、江西省高安市三闾大夫庙(前117年建)、重庆市忠县屈原塔(又名:汉代无名阙遗址)、河南省南阳市鲁山县屈原庙(167年前)等。唐代所建屈原庙有:唐元和年间王茂元所建秭归三闾大夫祠(820年建)、唐何德龄建临江府(在今江西省樟树市临江镇)屈原庙等。宋代以前建的屈原庙多见于《元丰九域志》、《舆地纪胜》等文献:荆州市沙市区江渎宫屈原配享(南宋建炎、绍兴间建)、秭归县屈沱独醒亭(南宋以前建)、秭归县屈原镇女嬃庙(宋以前建)、江西省景德镇忠洁侯庙(宋元丰六年前后建)、怀化市芷江侗族自治县昭灵祠(宋嘉定前建)等。总体而

---

① 《江西通志》,文渊阁四库全书本。下文所引此书均用此版本。
② 《湖广通志》,文渊阁四库全书本。下文所引此书均用此版本。

言,各地屈原祠(庙)兴衰更替情形考证结论如下①:

古代建筑保存至今的各地纪念屈原的建筑(遗址)有:

常德市武陵区三闾大夫祠和招屈亭(秦末既建)

常德市澧县三贤祠(清嘉庆二十四年建)

监利县城西北黄歇口镇濯缨台(宋以前建)

监利县城南的荒湖毫口区"离湖读骚"(清以前建)

监利县白螺镇望郢亭(年代无考)

荆州市沙市区江渎宫屈原配享(南宋建炎、绍兴间建)

秭归县屈沱独醒亭(南宋以前建,今存秭归城北水田坝凉风垭遗址)

秭归县屈原镇女媭庙(宋以前建,20 世纪 70 年代坍塌,遗址在葛洲坝希望小学向南百多米的岭包上)

江西省景德镇忠洁侯庙(宋元丰六年前后建)

怀化市芷江侗族自治县昭灵祠(宋嘉定前建,遗址应是"杨溪云树"所在地)

溆浦县大江口镇老街屈原庙(年代无考)

益阳市桃江县五贤祠(元代建,遗址在益阳县学西北)

益阳市桃江县凤凰庙(清道光年间庙毁,今存遗址)

益阳市桃江县古天问阁遗址、花园洞(明以前,今存遗址)

长沙市岳麓区贾屈祠,即贾谊故宅(明代建)

秭归县归州镇万古寺村屈氏祠堂(清代修建)

"楚三闾大夫屈原故宅"碑(清光绪十年建,今沉三峡水库底)

河南省南阳市西峡县屈原岗碑(清代立)

重庆市忠县屈原塔,又名:汉代无名阙遗址(汉代建)

四川广安岳池县齐福乡莲花屋基村"三闾遗风"匾额(清代遗存物)

泰州兴化市三闾遗庙(唐代开元年间建)

洲美北投屈原宫(明末建)

历史上修建、今天重建的各地纪念屈原的建筑有:

汨罗市屈子祠(楚人始建,今存为清同治八年建筑,1956 年列为省级文物保护单位)

汨罗市屈子书院(宋代始建,2017 年重建)

---

①具体考证过程,参见拙著《屈原文化版图考》,南京大学出版社,2017 年。

秭归县凤凰山屈原祠（唐代始建，2010 年迁建）

秭归县凤凰山屈原墓（清道光七年建，2010 年迁建）

新滩镇小青滩屈大夫庙，原为江渎庙（北宋建庙，明嘉靖十六年屈原配享，2010 年移出屈原雕像）

江苏省泰州兴化市三闾遗庙（唐代开元年间建，1996 年重建）

监利县红城乡荒湖毫口区三闾寺（172 年前建，2000 年重建）

鄂州市望楚亭（明代始建，1980 年原址重建）

秭归县乐平里屈原庙"屈原故里牌坊"（明清始建，2010 年迁建）

长沙岳麓书院屈子祠（清代始建，2006 年重建）

台湾彰化宝部里屈家村泰和宫（明代供奉，1963 年重建）

台南水仙宫（清康熙四十二年建，1945 年后修复）

当代新建的各地纪念屈原的建筑有：

武汉东湖听涛区行吟阁（1955 年建）

溆浦县涉江楼、怀屈楼、橘颂亭（1997 年建）

安徽省池州市东至县民间屈原纪念馆（2001 年建）

福建省漳浦市佛昙镇屈原岛"忠烈亭"（2005 年建）

怀化市溆浦县涉江楼（2005 年建）

福建省厦门金山区微型屈子文化园（2009 年建）

湖南湘西自治州吉首市泸溪县涉江楼（2010 年建）

河北唐山市古冶区唐山屈原纪念馆（2015 年建）

历史上各地纪念屈原的建筑，今已不存，仅见文献记载的：

四川省绵阳市三台县名世堂（宋以前建）

重庆市忠县屈原碑（宋以前建）

鄂州市三闾大夫祠（清前建）

咸宁市通山县通津桥三闾大夫祠（清代以前建）

兴山县北三闾大夫祠（清以前建）

兴山县北独清亭（宋代以前建）

怀化市三闾祠、三忠祠（清以前建）

岳阳市岳阳楼区太平寺（宋以前建）

汨罗市屈原塔（清以前建）

汨罗市玉笥山三闾宅（唐宪宗以前建）

安徽合肥市屈原祠(宋哲宗朝重建)

江苏扬州三闾大夫庙祠(宋绍熙元年前后建)

江西省高安市三闾大夫庙(前117年建)

江西省樟树市屈原庙(唐代建)

江西省武宁县昭灵祠(唐末建)

江西省鄱阳县屈原庙(清代以前建)

江西省永丰县三闾庙(清代以前建)

河南省鲁山县屈原庙(167年前建)

历代屈原纪念建筑数目变化曲线图如下:

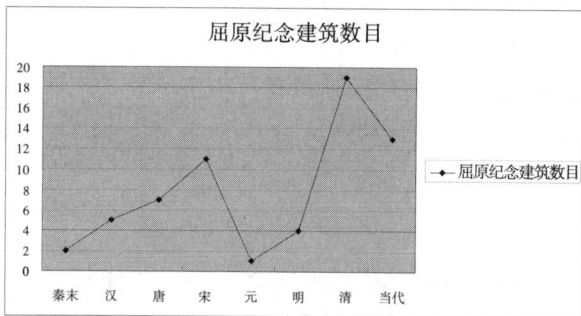

上述曲线图形象地呈现了民间屈原信仰的历史走向与波动趋势。唐宋以前,数目是上升趋势,这是屈原民间信仰愈变愈浓的趋势;此后曲线走向低谷,元代为"谷底",这时确实是屈原民间信仰的停滞时期,如,元代虽有封秭归屈原庙,但影响并不大,其封号常被误写。明代开始复苏,清代达到峰值;近代以后,科学精神觉醒,加之战争破坏,民间庙宇数目开始回落;当代修建以屈子文化园或供大众游览的亭台楼阁和纪念馆为主要类型,不再有庙宇修建,但会保护迁建一些历史庙宇,如秭归屈原祠。

　　屈原庙的修建与社会道德风尚的发展密切相关。具体而言,秦汉时期出现上升趋势,应和汉代官方楚辞学兴盛、民间百姓对屈原的记忆有密切关系,这也证明了屈原存在的真实性。宋代出现一个峰值,与唐天宝七年(748)正式将屈原作为忠臣写入官方祭祀制度①、唐末五代屈原受到官方

①《唐会要》中明确记载,对屈原等圣贤忠臣"春秋二时择日致祭":"其忠臣义士、孝妇烈女,史籍所载,德行弥高者,所在宜置祠宇,量事致祭……楚三闾大夫屈原(长沙郡)……并令郡县长官,春秋二时择日准前致祭。"([宋]王溥:《唐会要》卷二十二"社稷",中华书局,1985年)

封崇有密切关系。清代的峰值数目最高,原因主要有二:一是部分建筑未明确其建筑年代的,本统计依据所载文献时间是清代而直接统计在清代;二是清代对屈原故里、屈原遗迹的关注及立碑建庙的实际数目本身就多。当代屈原纪念建筑数目仅次于清代的原因,一方面与文物保护重建有关,另一方面与各地重视城市文化形象,重视历史文化名人挖掘,重视旅游文化产业等优秀传统文化复兴有关。

(二)空间维度:屈原庙集中分布于洞庭湖、鄱阳湖流域,远至台湾海峡

通过史海钩沉、历代考论、尚存实物等多角度参考[①],自战国末期到今天,全国所建屈原庙的空间分布明晰呈现。考察发现,屈原庙(祠)主要分布于湖南沅湘洞庭水系、湖北和安徽长江中下游水系、福建台湾海峡两岸。这些历史建筑和遗址,是屈原精神民间传承接受的珍贵实物数据,记录了屈原精神民间信仰的深广度。

湖北省历代纪念屈原的庙祠或纪念建筑有:秭归屈原宅(魏晋前),秭归乐平里"楚大夫屈原故里"碑(清光绪十二年立),秭归乐平里屈原庙(1980年迁建),秭归乐平里女嬃庙(唐元和中始立,1970年代前尚存,今废),秭归乐平里"屈原故里"牌坊(1983年建),秭归县凤凰山屈原祠(唐代始建,2010年迁建),秭归新滩镇小青滩屈大夫庙(原江渎庙)(北宋建庙,明嘉靖十六年屈原配享,2010年迁建凤凰山,移出屈原像),秭归县凤凰山屈原墓(清道光七年建,2010迁建),秭归县屈沱独醒亭(南宋以前建),秭归县归州镇万古寺村屈氏祠堂(清代修建),兴山县独清亭(宋代前建),兴山县"楚三闾大夫屈原故宅"碑(清光绪十年立,今因存疑已沉入三峡水库),宜昌市西陵区"三闾大夫"塑像(1988年前建),咸宁市通山县通津桥三闾大夫祠(清代以前建),鄂州市三闾大夫祠(清以前建),鄂州市望楚亭(明代始建,1980年原址重建),武汉东湖听涛区行吟阁(1955年建),荆州市江渎宫(南宋建炎、绍兴间建),荆州市监利县黄歇口镇濯缨台(宋以前建),监利县荒湖毫口区三闾寺(东汉建,2000年后重建),监利县荒湖毫口区"离湖读骚",监利县白螺镇望郢亭(年代无考)等。文献资料和文物留存表明,湖北的荆州市、监利县、通山县、鄂州市等江夏流域、云梦地区

[①]具体考述见拙著:《屈原庙史料通考》,湖北人民出版社,2014年;拙著:《屈原文化版图考》,南京大学出版社,2017年。

清乾隆以前都有屈原庙遗址,但随着时光流逝,有些遗址仅仅记载于文献中。秭归县的屈原庙遗址最多,据当地方志记载,乐平里先后建有四座屈原庙:一座位于乐平里西南的香炉坪,明代始建,清光绪十五年(1889)重修;一座位于乐平里西北边北峰村界限垭,清康熙四十二年(1703)归州知州魏国璘建①,后废;一座位于乐平里西边的墓岭,1980年修建,后废;一座屈原庙位于乐平里北边的降钟山麓。

湖南省历代纪念屈原的庙祠或纪念建筑有:汨罗市屈子祠(楚人始建),汨罗市屈原塔(清以前建),汨罗市玉笥山三闾宅(唐宪宗以前建),汨罗江边屈原墓(唐中叶以前建),岳阳县新墙镇三闾庙(清以前建),岳阳市岳阳楼区太平寺(宋以前建),常德市武陵区三闾大夫祠,常德市武陵区招屈亭(前202年以前建),常德市武陵区四贤祠(清乾隆以前建),常德市澧县三贤祠(清嘉庆己卯年建),常德市汉寿县沧溪寺(清以前建),怀化市芷江侗族自治县"昭灵祠"遗址(宋嘉定前建),怀化洪江市三闾祠(清以前建),怀化洪江市三忠祠(清以前建),溆浦县涉江楼、怀屈楼、橘颂亭(1997年建),溆浦县大江口镇老街屈原庙(年代待考),益阳市桃江县五贤祠(元代建),益阳市桃江县凤凰庙(清以前建),长沙市岳麓区贾屈祠(明万历八年建),长沙岳麓书院内屈子祠(清嘉庆元年始建,2006年重建),湘西自治州吉首市泸溪县涉江楼(2010年建)等。文献资料和文物留存表明,湖南纪念屈原的建筑最早可上溯至秦末,延续两千多年,直到今天仍然重修不断。其中,湖南省汨罗屈子祠(楚人始建)、常德市"招屈亭"(前202年已建)是现有文献记载湖南最早的纪念屈原遗址。除此,常德市有6县(市区)均有屈原庙遗址,市内主要县域不仅有屈原祠庙的历史遗址,当代纪念屈原的建筑亦不少;湖南益阳当地纪念屈原的遗址众多,"天问台"(古天问阁遗址)、"花园洞"、"屈女秀英墓"、"屈子祠"(凤凰庙)、"屈子钓台"、"三闾桥"、"五贤祠"等;湖南怀化市芷江、黔阳、溆浦县、长沙市、湘西自治州吉首市泸溪县等亦自宋代以来就有屈原庙宇。

河南省域屈原庙遗址有:南阳市西峡县"屈原岗"碑(清宣统三年立),西峡屈原庙(清代建筑,今屈原岗小学院内),河南省鲁山县屈原庙(167年

---

① 《秭归县志》载:清康熙四十二年(1703)归州知州魏国璘修建。实际,应该是维修改造屈原庙。魏国璘写有《三闾八景》诗:"伏虎降钟啸天来,响鼓岩连播鼓台;照面井寒奸伝胆,读书洞储离骚才,丘生玉米扬清烈,连滴珍珠荡俗埃;回龙锁水吟泽畔,三闾八景胜蓬莱。"

前建)等。

河北省唐山市 2015 年建成"长江以北第一座屈原纪念馆"。据《中华姓氏全书》[1]，屈姓郡望主要有临海郡和河南郡，堂号主要有三闾堂、汨罗堂，唐山市屈氏后裔郡望为临海郡。

重庆市、四川省域屈原纪念建筑有：重庆市忠县屈原塔又名"汉代无名阙遗址"(汉代建)，重庆市忠县屈原碑(宋以前建)，四川广安岳池县齐福乡莲花屋基村"三闾遗风"匾额(清代题)，四川绵阳三台县名世堂(宋以前建)。从文献记载看，忠县屈原塔，北宋以来一直流传是纪念屈原的[2]。可见，即使是将汉代无名阙"附会"为纪念屈原的，也符合长江三峡一带民众对屈原的情感，有深厚的民间信仰背景。

江西汉代就已经有屈原祠：江西省高安市三闾大夫庙(前 117 年建)，江西省樟树市屈原庙(唐代建)，江西省武宁县昭灵祠(唐末建)，江西省鄱阳县屈原庙(清代以前建)，江西省永丰县三闾庙(清代以前建)，江西省景德镇忠洁侯庙(宋元丰六年前后建)。文献记载，公元前 117 年，长沙移民汉长沙王刘拾建屈原庙。其后，唐代通判何德龄亦在江西省樟树市临江镇建屈原庙。现仅存景德镇忠洁侯庙，目前已成为著名的历史文化街区——"三闾庙古街"。按，鄱阳湖地区有一些关于屈原的传说。当地将屈原的三儿子奉为神供奉于福主庙："过去，渔民在岁末收船靠岸时、年后第一次出船时，都要去祀奉水神的庙宇烧香朝拜……庙内祀奉的却是包大人和三大人，庙里的老人告诉我，那位三大人是屈原的三儿子。"[3]又，《江西通志》卷一百九"饶州府"载当地屈原庙俗名水府庙："屈原庙，在鄱阳崇德乡，俗名水府庙，每旱祷立应。"这应是明代万历年间诏令各地水府庙配享屈原像的遗存。

安徽省域历代屈原纪念建筑有：池州市东至县屈平祠(宋仁宗景祐元年前后建)，合肥市屈原祠(宋哲宗朝重建)，池州市东至县民间屈原纪念

---

[1] 鸿雁主编：《中华姓氏全书》，中国华侨出版社，2015 年，第 244 页。

[2] 北宋苏轼、苏辙兄弟均有《屈原塔》诗，苏轼注："在忠州，原不当有碑、塔于此。意者，后人追思，故为作之。"诗曰："楚人悲屈原，千岁意未歇。"具体关于"忠州屈原塔"的考证，见拙著：《屈原文化版图考》，南京大学出版社，2017 年，第 135—138 页。苏轼有一首《竹枝歌并序》描述了楚人对屈原的深切感情，诗曰："屈原已死今千载，满船哀唱似当年。海滨长鲸径千尺，食人为粮安可入。招君不归海水深，海鱼岂解哀忠直。吁嗟忠直死无人，可惜怀王西入秦。秦关已闭无归日，章华不复见车轮。君王去时箫鼓咽，父老送君车轴折……"(〔宋〕苏轼撰，〔清〕王文诰辑注：《苏轼诗集》卷一，中华书局，1982 年，第 24 页)

[3] 刘华：《刘华写江西》，长江文艺出版社，2015 年，第 113 页。

馆(2001年建)等。相传,2000多年前,屈原出使齐国,路经寿春,来往都经过天堂寨,仰目楚天,忧愤交加,便写下了名篇《天问》,然后摔碎笔架,抛笔而去①。安徽,属于古楚国。楚顷襄王二十一年(前278),纪南城(郢)失陷,迁都陈(今河南淮阳);楚考烈王十年(前253)迁都巨(钜)阳(今安徽省太和县城东北宫集镇);楚考烈王二十二年(前241)迁都寿春(今安徽寿春)。安徽的屈原文化遗迹较多。据吴孟复著《梅尧臣年谱》载,梅尧臣北宋仁宗景祐元年至五年(1034—1038)任建德县(安徽省东至县)令,因为禁止竞渡,曾作文祈祷于屈原祠②。1977年在安徽阜阳县双古堆一号汉墓里出土了《离骚》与《涉江》的残简,《离骚》中残句是"惟庚寅吾以降"中的"寅吾以降"四字,《涉江》中残句是"船容与而不进兮,淹回水而凝滞"二句中的"不进旖,奄回水"六字,简本"旖""奄"与今本不同,考"兮"在楚简中常作"旖"、"呵",均是楚声③。

　　江苏省域屈原庙有:泰州兴化市三闾遗庙(唐代开元年间建),扬州三闾大夫庙祠(宋绍熙元年前后建)。兴化的三闾大夫庙,大约建于唐代开元年间(713—741),在清代几经变迁,"中国兴化"网介绍道:清嘉庆年间(1796—1820),兴化县税务所,设立在三闾大夫庙,因此在殿内增设财神像;清道光十五年(1835),兴化知县龚思善,将屈原塑像,由三闾大夫庙内,移至增建在拱极台上的"景贤祠"内,而屈原胞姐女媭的塑像仍留在原处;清道光十九年(1839)知县周际华将城内北小街净莲庵改建为忠孝节烈总祠,遂将女媭塑像移往总祠前室,并配以神龛供奉;清道光三十年(1850),屈原塑像又由景贤祠内移至儒学街文昌阁内;清同治九年(1870),知县俞麟年再次修建拱极台,将景贤祠改为屈子祠,又将屈原塑像由文昌阁移入屈子祠。20世纪40年代,三闾大夫庙和文昌阁、拱极台均毁于战火。1996年兴化市人民政府重建拱极台,将屈原画像供奉在海光楼东侧屈子祠中。

　　福建省域屈原纪念建筑有:漳浦市佛昙镇屈原公屿忠烈亭(2005年建),厦门市金山区微型屈子文化园(2009年建)。福建省北与浙江省毗

---

① 《屈原问天》,http://www.ttzly.com/display.asp? id=35。
② 吴孟复:《吴孟复安徽文献研究丛稿·梅尧臣年谱》,黄山书社,2006年。
③ 参见阜阳汉简整理组:《阜阳汉简简介》,《文物》1983年第2期;阜阳汉简整理组:《阜阳汉简〈楚辞〉》,《中国韵文学刊》1987年创刊号。

邻,西与江西省接界,南与广东省相连,东与台湾岛相望。战国时期与楚国交往较密切。汉末以后,黄河、长江流域百姓多迁徙到此。今天九龙江附近的漳州、厦门,端午祭祀屈原的氛围浓,与楚国移民有直接关系。屈原在明代万历年间被封为水府"大帝"①,各地祭祀,亦是福建端午祭拜水仙屈原的一个重要历史原因。同时,忠贞报国是中华民族的共同精神,"水仙"与爱国两者结合,便出现了福建民间对屈原热烈的信仰。

台湾屈原庙宇有:彰化宝部里屈家村泰和宫(1963年建),洲美北投屈原宫(明末建),台南水仙宫(清康熙四十二年建)。彰化西临台湾海峡,与福建相望。彰化市宝廊里十二邻,有三十多户屈姓人家,号为屈家村,屈氏后裔的特殊"恋祖情结"促成了"泰和宫"的修建。相传,洲美北投屈原宫(明末建)是明末福建移民带入屈原神像后建立的。

(三)屈原庙与民间屈原信仰核心区域的凸显

屈原庙的修建兴废与民间信仰有着重要关系。虽然由早期民间自发立庙祭祀屈原,后期发展到主要由官方提倡与投资立庙,但立庙的前提,往往与当地的民间信仰密切相关。如果没有民间信仰基础,所立庙宇也不会存在太久;如果有民间信仰基础,其他名头建立的庙宇也会演化为主要祭祀屈原。

一是正面例证,在湖北秭归纪念屈原的庙宇很多,其中最著名的"屈子祠"屡废屡兴,元、明、清三朝的官员都曾主持修葺,有庙记可查者,如:元至正四年(1344)黄清老《清烈公庙记》、明万历二十五年(1597)胡稳《重修三闾大夫祠记》、清康熙九年(1670)王景阳《重修屈公祠记》、清乾隆四十六年(1781)吴省钦《修楚屈左徒庙碑记》、清嘉庆二十二年(1817)李炘《重修楚左徒屈大夫祠记》、清道光七年(1827)王赠芳《重封屈清烈公墓碑记》,等。元代,还流传一个感人的修祠故事。故事说,官民齐心协力修葺秭归屈原祠,诚心似乎感动苍天,一夜之间,不劳民、不伤财,江水送来数十根大樟树,以助修建屈原祠的门堂。事见元代黄清老的《清烈公庙记》:"至正壬午,郡长穆尔哈玛奉议,始议新之。出廪禄以倡,助者云合。既撤江,忽暴涨,巨樟蔽中流而下,募善水者致之,得柏木数十,大者以为梁栋,小者以为榱桷,门堂寝室咸资其用,坚贞雄壮,文理芳洁,于神居,甚宜。民欢呼

---

① "万历四十二年,遣司礼李恩捧旒袍,封大帝水府庙为屈平大夫,各处祠之。"([明]方以智:《通雅》卷二十一)

曰：'我侯兴土木，财不伤，民不扰，神输鬼运，阴或相之，苏壁紫坛，桂栋兰橑，无以加也。'"①直到今天，秭归凤凰山"屈原祠"屡次迁建，越建越好。这里面，重要原因就是当地民间信仰基础厚实。再如，湖南汨罗、安徽东至县等地，因为民间深厚的屈原记忆，因为屈氏后裔的繁衍生息，被毁的屈原祠，仍被继承下来并不断修缮。

一个是反面例证，没有民间信仰基础，官方修建的屈原庙宇，不久便被民众废弃，如扬州屈原庙。宋代地方官郑兴裔到任扬州后，奏请朝廷建三闾大夫屈原庙，其年谱载："公知扬州时，毁境内淫祠，奏建楚令尹昭阳、三闾大夫屈原……诸庙祠。"②然而史料载郑兴裔在其为官的安徽、江苏所建屈原庙都没有保存下来。如前所言，安徽屈原庙因屈氏后裔得以屡废屡建。这说明，屈原精神传承中，民间信仰和民间意识的认同，是必不可少的重要传承条件。又如文献记载监利县白螺镇屈原涉江处有"望郢亭"，笔者电话采访当地村委会两位工作人员，他们均没听说有个"望郢亭"，反而说：研究屈原，屈原的家乡在秭归嘛？！可见，除了文献的记忆，当地一般人对屈原流放到此处的这段历史早已经遗忘了。村委会干部告诉我，当地山上有个圣母庙，许多乡民每年都去祭拜。可见，祭祀庙宇的修建兴废，一定程度地反映出民间信仰的历史演变与依存逻辑。

通过全国屈原庙（祠）、屈原纪念遗址的考察，我们不难发现，屈原祠分布地域与清蒋骥屈原楚辞地图考察的大致地域是一致的。屈原精神在民间信仰的时间长度和空间广度，主要是故楚国，其核心区域又以湖南、湖北最为突出。湖南纪念屈原的建筑可上溯至秦末，延续两千多年，直到今天仍然新建不断，分布地区主要是洞庭水系。其中，汨罗市屈子祠历史悠久，影响深远，参与海峡两岸或世界屈原精神文化交流成效显著。湖北纪念屈原的建筑最早可上溯到汉代监利县荒湖亳口区"三闾寺"，该寺庙为东汉熹平元年（172）前始建，2000 年后重建③。唐代以后，湖北屈原纪念建筑集中于秭归、兴山一带，江夏流域在清代以前的屈原庙遗址不下二十余

①《湖广通志》卷一百七《艺文志·记》引，文渊阁四库全书本。
②［宋］郑兴裔：《郑忠肃奏议遗集》附年谱，文渊阁四库全书本。
③据当地人说，此庙系东汉太傅胡广（91—172）捐钱修建，庙内塑屈原金身。遗憾的是寺庙毁于战火，仅存残垣断石。《后汉书》卷四十四："胡广字伯始，南郡华容人也……试以章奏，安帝以广为天下第一，旬月拜尚书郎，五迁尚书仆射。"

处(不含各地民间屈原塑像及诗词碑廊)。其中,凤凰山屈原祠,是秭归最著名的一座官修屈原祠,影响深远,为中华屈氏宗亲会所在地,与湖南汨罗屈子祠一样,在海峡两岸或世界屈原研究与文化交流中,发挥着重要的作用。可以说,两千多年的历史、大半个中国,屈原庙的时空分布,客观地反映了民间对屈原精神的传承接受的时间长度和空间广度。

二、屈原庙修建契机与民间屈原信仰的丰富性

屈原庙是两千年民间信仰呈现的"真实痕迹",从修建的契机看,全国屈原庙可以分为家族型、纪念型、信奉型、旌表型,以及包含了纪念、信奉、家族或旌表等多重因由的综合型。即,有的是纯粹的纪念,有的是一种信奉与祈福,有的是为了旌表彰显道德价值观,有的是家族对先祖的崇拜,还有的则是综合诸种因由,呈现了民间屈原信仰的丰富性。详见下表:

全国屈原庙(祠)修建契机一览表

省域	区、县 (乡镇)	现存屈原纪念遗址名称(年代)	建庙契机
湖北省	秭归县屈原镇 (乐平里)	屈原庙(明清始建,1980年迁建)	纪念型
		女嬃庙(宋以前建,20世纪70年代坍塌)	纪念型
		"楚大夫屈原故里"碑(清光绪十二年立)	纪念型
		"屈原故里牌坊"(1983年建,2010年迁凤凰山)	纪念型
	秭归新县城凤凰山	屈原祠(清烈公祠,唐元和十五年建,2010年迁建)	旌表型
		屈原墓(明代以前建)	纪念型
		屈原墓(清道光七年建,2010年迁建)	纪念型
	秭归县新滩镇	屈子桥(2010年迁建)	纪念型
	秭归县新滩镇	归仁寺(清中叶建)	纪念型
	秭归新滩镇小青滩	屈大夫庙(江渎庙)(北宋建庙,明嘉靖十六年屈原配享。2010迁建凤凰山,移除屈原像)	信奉型
	秭归老县城屈沱清烈公祠前	独醒亭(南宋以前建,清代犹存)	旌表型
	秭归县归州镇万古寺村	屈氏祠堂(明清时建)	家族型
	秭归县相公岭	遗迹在今三峡水库底	纪念型

续表

省域	区、县 （乡镇）	现存屈原纪念遗址名称（年代）	建庙契机
湖北省	兴山县峡口镇	独清亭（宋以前建，遗迹无考，仅见于文献记载）	旌表型
		三闾大夫祠（遗迹无考，仅见于文献记载）	纪念型
		"楚三闾大夫屈原故宅"碑（清光绪十年立，今沉入三峡水库底）	旌表型
	荆州市沙市区	江渎宫（南宋建炎、绍兴间建）	信奉型
	荆州市监利县城西北黄歇口镇	濯缨台①（宋以前建）	纪念型
	监利县红城乡荒湖亳口区	三闾寺（东汉建）	信奉型
		屈子祠（2000年建）	旌表型
	监利县城南的荒湖亳口区	"离湖读骚"（清以前建）	纪念型
	监利县白螺镇	屈原涉江处"望郢亭"（年代待考）	纪念型
	咸宁市通山县通津桥	三闾大夫祠（清以前建，今不存）	纪念型
	鄂州市	"三闾大夫祠"（清前建，今不存）	纪念型
		"望楚亭"（明代始建，1980年原址重建）	纪念型
	武汉东湖听涛区"行吟阁"	行吟阁（屈原纪念馆，1955年建）	纪念型
湖南省	汨罗市②	屈子祠（楚人始建）	综合型（纪念、信奉、旌表）
	岳阳县新墙镇	三闾庙（宋以前建，抗战前存）	信奉型
	常德市	招屈亭（前202年已建） 屈原祠③（唐以前建）	信奉型
	常德武陵区	"四贤祠"（清乾隆以前建）	旌表型

①故址在大兴镇古井村。

②屈子祠所在的汨罗市，春秋时为罗子国都城，秦置县，南北朝设州，唐代并入湘阴县。文献中"湘阴县"，旧属长沙府，1966年划出湘阴县5个区建汨罗县（后改汨罗市），两县分置。所以唐以后至1966年文献记载中，所提及的"湘阴县屈子祠"即是今"汨罗市屈子祠"。

③位于常德市城东日铁街闸口。

续表

省域	区、县 （乡镇）	现存屈原纪念遗址名称（年代）	建庙契机
湖南省	常德澧县	屈原祠（宋以前建，今不存）	纪念型
		三贤祠①〔清嘉庆己卯年（1819）建〕	旌表型
	常德市汉寿县	屈原遗址众多	纪念型
		沧溪寺（清以前建）	纪念型
	澧州桂东	三闾祠（清前建，今不存）	纪念型
	长沙市岳麓区	贾屈祠（明代设于贾谊故居内）	旌表型
	长沙岳麓书院	屈子祠（清代始建，2006 年重建）	旌表型
	怀化市溆浦县	怀屈楼（1997 年建）	纪念型
		涉江楼（1997 年建）	纪念型
	怀化市芷江侗族自治县	昭灵祠（宋嘉定前建，遗址应是"杨溪云树"所在地）	旌表型
	怀化市洪江市	三忠祠（清以前建）	旌表型
		三闾祠（清以前建）	纪念型
	益阳市桃江县	凤凰庙遗址（清道光年间庙毁，今存遗址）	纪念型
		天问阁遗址（清以前建）	纪念型
		五贤祠（元代建，遗址在益阳县学西北）	旌表型
	湘西自治州吉首市泸溪县	涉江楼（2010 年建）	纪念型
	东安县	三闾大夫庙	纪念型
	平江县	三贤祠（明嘉靖十四年建） 三闾庙（明正德间建）	旌表型
河北省	唐山市古冶区	唐山屈原纪念馆（2015 年建）	家族型
重庆市	忠县	屈原塔（汉代建）	信奉型
		屈原碑（宋以前建，今不存）	纪念型
四川省	广安岳池县齐福乡莲花屋基村	"三闾遗风"匾额（清初建）	家族型
	绵阳市三台县	名世堂（宋以前建，明清时期遗迹犹存）	旌表型

①三贤祠以供屈原、车胤、范仲淹而得名。为常德市重点文物保护单位。

省域	区、县 (乡镇)	现存屈原纪念遗址名称(年代)	建庙契机
河南省	鲁山县	屈原庙(167年前建)	纪念型
	西峡县	屈原庙(清代建筑,今存)	纪念型
		"屈原岗"碑(清宣统三年立)	纪念型
安徽省	池州市东至县	屈原纪念馆(2001年建)	家族型
	庐州(安徽合肥)	屈原祠(宋哲宗朝重建)	旌表型
江西省	景德镇	忠洁侯庙(今存"三间古栅"拱门,建于清光绪三十四年六月)	旌表型
	宜春市高安市	三闾大夫庙(前117年建,今不存)	信奉型
	武宁县	昭灵祠(唐代建,今不存)	旌表型
	永丰县	三闾庙(清代以前建,今不存)	信奉型
	樟树市临江镇	屈原庙(唐代建,今不存)	旌表型
	鄱阳县	屈原庙(清代以前建,今不存)	信奉型
江苏省	泰州兴化市	三闾遗庙(唐代开元年间,1996年重建)	纪念型
	扬州市	屈原祠(宋绍熙元年,1190年前后建,今不存)	旌表型
福建省	漳浦市佛昙镇	屈原公屿(宋末命名)	信奉型
		忠烈亭(2005年建)	综合型
	厦门市金山区	微型屈子文化园(2009年建)	综合型
台湾	彰化宝部里屈家村	泰和宫(1963年建)	综合型
	洲美北投	屈原宫(明末建)	信奉型
	台南	水仙宫(清康熙四十二年,即1703年建)	信奉型

上述五种建庙契机,体现了屈原民间信仰的丰富性。具体而言:

(一)设为宗祧,远迩教民:家族型屈原庙的文化功能

家族型屈原庙最典型的是湖北秭归县归州镇万古寺村现存的清代修建的屈氏宗祠。现存的屈氏祠堂有三间半,大门山墙上,书写着一个"忠"字。80岁的屈志玉老人说,记得的始祖叫屈长庚,到目前的"永"字辈已是第25代人,最先的始祖共有四兄弟,改为屈、李、熊、黄四姓,落户此地。屈氏村民仍保存着 1924 年刊印的《屈氏宗谱》①。

家族型屈原庙延续得很好的还有安徽东至县。东至县屈原祠,据明朝万历二十年(1592)《荆桥屈氏重修宗谱序》,是屈原第三子季敏孝思公之后裔——黄荆屈氏始祖"千六公"所建。东至县家族型"屈原纪念馆"是经县文化局批准,由东至县的屈家村、屈湾村、屈墩村的屈氏后裔筹资兴建,2001 年11 月 3 日落成。大门正上方悬挂"屈原纪念馆"、"三闾大夫"匾额,大门对联曰:"公去两千年踏芳草忆美人望湘水森茫泽畔行吟追圣迹;馆修新世纪读离骚索宪令看皖山苍翠荆桥施礼吊忠魂。"堂内,屈原肖像上方悬挂"美政流芳"匾额,两旁对联曰:"三闾忠洁千秋颂,一卷离骚万代传。"②安徽曾是楚国王族在纪南城攻破后的迁居地,有屈原后裔,可信度较高。

将家族文化传承融入当代社会主义精神文明建设的家族型屈原纪念建筑,还有河北唐山屈原纪念馆。唐山屈原纪念馆 2015 年 8 月竣工,修建者为屈原第七十一代后裔。总占地面积 2700 平方米,总建筑面积 780 平方米,有主殿和东西配殿。据其负责人介绍,纪念馆以屈原文化和屈原的爱国精神为主题,开展爱国主义教育,举办笔会、书会、诗会、赛龙舟等文化活动,充分发挥文化展馆的"公益性、服务性、教育性"的社会功能③。

台湾彰化市宝廍里十二邻屈家村的"泰和宫"亦属于家族型屈原庙。村里有三十多户屈姓人家,为了凝聚宗亲之间的感情与力量,修建了"泰和宫",奉祀"屈大夫尊王"。据台湾学者介绍,每年端午节屈家子孙会自各地回到彰化这里祭拜,还会将屈原神像迎回值年炉主家中供养④。

秭归屈氏祠堂大门山墙上书写"忠"字,安徽东至县庄严肃穆的屈原肖像上方的"美政流芳"匾额,唐山屈原纪念馆弘扬中华传统文化的爱国精神,台湾屈氏后裔维系宗亲情结等家族传统,昭示了家族型屈原庙的修建既是家族荣耀的传承,又体现了屈氏后裔心里时刻装着为社会、为国家的情怀,这正是"设为宗祧,远迩教民"的三代以来宗庙祭祀制度的民间遗存。屈氏后裔传承屈原精神,既是"家风"传承,亦是"远迩教民"的担当。

---

① 《万古寺:屈原故里屈氏第一村》,2009 年 11 月 9 日《三峡日报》。
② 《走进民间屈原纪念馆》,2009 年 11 月 4 日《三峡日报》。
③ 唐山屈原纪念馆负责人 2017 年 4 月 9—10 日提供的媒体报道文献。
④ 罗文玲:《彰化屈家村的文化及其时代精神》,《三峡论坛》2011 年第 2 期。

（二）灵魂安慰，祈福避灾：信奉型屈原庙的生命活力

就现存文献推断，汨罗屈子祠最初修建应属"水仙信奉"。晋王嘉《拾遗记》卷十："屈原以忠见斥，隐于沅湘……被王逼逐，乃赴清泠之水。楚人思慕，谓之水仙。其神游于天河，精灵时降湘浦，楚人为之立祠，汉末犹在。"①这段记述说明，汨罗当地人认为屈原死后灵魂化为"水仙"，其"精灵"时常在湘水边停留，于是立祠。今天汨罗本地人常说屈原是"文曲星"下凡，一些家长会带着上学的学生娃娃去拜祭屈原墓。有一次在屈子祠参观，看见一位约七十岁婆婆让怀里一岁左右的娃娃给厅堂内"楚三闾大夫屈平氏之神"的牌位连连鞠躬，嘴里还轻轻念叨，表情愉悦而虔诚。这表明，今天仍有一些民众心里认可屈原是"神灵"——可以护佑自己，可以通过虔诚祭祀表达美好的祈愿。

秭归新滩明代有一座"江渎庙"，被习惯地称呼为"屈大夫庙"，也属于"信奉型"屈原庙。如今，这座"江渎庙"迁建于三峡大坝旁"屈原故里"风景区内，内祀"广源顺济"镇江王，已将屈原石像移出。分析这一现象不难发现，庙宇性质的界定及供奉神像都是以民间信仰为基础的，一般秭归人更接受屈原是忠臣，而不是江神。所以，迁建后，"江渎庙"被"还原"为江神庙，屈原像被移出来了。其实，屈原被作为江神、水仙来祭祀，与"端阳水患"有关，明代万历四十二年（1614）朝廷曾下诏各地水府庙都需要配享屈原②，使得这一信仰深入长江边渔民或船民心中。但，当代长江一带水患明显减少，所以这个原本屈原与江神"二而一、一而二"的江渎庙被"还原"为单一的江神庙了。

一般而言，信奉型屈原庙，在有水患的地方比较多。如《江西通志》载，当地屈原庙俗名"水府庙"："屈原庙，在鄱阳崇德乡，俗名水府庙，每旱祷立应。"③再如，宋末到明初这段时间，佛昙人已将屈原公屿视为保护神祭拜，尤其渔船出海途经此处，都要停航登岛，点香添油，祈求平安。当地人要到东南亚和台湾的，都要去屈原公屿上带一棵植物或一包土、一块小石头，再放供果、烧纸钱，拜上三拜才出行。"现在无论老人小孩，只要在附近居住的村民，每年端午节都会到江边来祭拜"④。

①［晋］王嘉撰，孟庆祥、商微姝译注：《拾遗记译注》，黑龙江人民出版社，1989年，第287页。
②"万历四十二年，遣司礼李恩捧旒袍，封大帝水府庙为屈平大夫，各处祠之。"（［明］方以智《通雅》卷二十一）
③《江西通志》卷一百九"饶州府"，文渊阁四库全书本。
④张文艺：《厦门花甲老人找到漳浦屈原岛》，2010年6月21日《闽南日报数字报》。

　　当代信奉型屈原庙最典型的是台湾的两座宫庙:一是明末始建的台湾洲美"屈原宫",宫中供奉"水仙尊王"屈原神像。据说,这是明末郭姓先贤自福建漳州府龙溪县家乡随身奉祀带到台湾的。此后,洲美地区每年端午都有祭祀屈原仪式和龙舟竞渡①。二是清康熙四十二年(1703)建的台南"水仙宫":"水仙宫,并祀禹王、伍员、屈原、项羽,兼列焉,谓其能荡舟也。庙中亭脊雕镂人物花草,备极精巧,皆潮州工匠为之。"②"水仙宫"建于府城水陆交通必经之地,受到从事贸易、商业的人士的信奉。

　　灵魂安慰、祈福避灾,是"信奉型"屈原庙修建的主要契机,但也不排除部分地方民众因将屈原想象为"恶神"而被迫信奉的。如,宋代,江西一带百姓传说,不竞渡屈原就会降灾难。吴孟复著《梅尧臣年谱》载,北宋仁宗景祐元年至五年(1034—1038),梅尧臣任建德县(安徽省东至县)令,因为需要禁止竞渡,不得不作文祈祷于屈原祠③,以便屈原神灵"理解苦衷"不至于降下灾难。梅尧臣之友刘敞《屈原嘏辞并序》记载了相关事情的来龙去脉,他说:"梅圣俞在江南,作文祝于屈原,讥原好竞渡。使民习尚之,因以斗伤溺死。一岁不为,辄降疾殃,失爱民之道。其意诚善也,然竞渡非屈原意,民言不竞渡则岁辄恶者,讹也。故为原作嘏辞,以报祝,明圣俞禁竞渡得神意。"④"嘏辞",古代祭祀时执事人"祝",为受祭者"尸"致福于祭祀主人之辞。这篇"嘏辞"是梅尧臣(祝),代表屈原(尸),向当地百姓(祭祀主人)的致辞,说明当地百姓所言"不竞渡则岁辄恶者"是错讹之言,从而完成朝廷诏令禁止端午竞渡的目的。宋代"竞渡"导致民间械斗或者荒废正业,所以朝廷颁令禁止。《太平寰宇记》载:"五月五日竞渡戏船,楚俗最尚,废业耗民,莫甚于此。皇朝有国以来,已革其弊。"⑤清康熙、嘉庆时对"竞渡"之风亦有过禁止令。嘉庆时,湖南省南部潇、湘二水汇合处的永州,"端午竞渡"也曾因为民众争强好胜而被太守禁止。《永州府志》载:"三闾大夫以五月五日投汨罗江,楚人哀之,每至此日……以龙舟拯之,至今竞渡,是其遗俗……康熙间,太守刘公道着禁之,历年既久,复竞争。嘉

①《风骚千古屈原宫》,2001年6月15日《人民日报》(海外版)。
②[清]黄叔璥:《台海使槎录》卷二,中华书局,1985年,第41页。
③吴孟复:《吴孟复安徽文献研究丛稿·梅尧臣年谱》,黄山书社,2006年。
④[宋]刘敞:《公是集》卷三,商务印书馆,1937年。
⑤[宋]乐史:《太平寰宇记》卷一百四十六,中华书局,1985年。

庆间,太守锡龄示禁,人遂革心。"①衡州府清泉县(今属湖南)因为竞渡"斗伤至死",官府不得不严加禁止。《清泉县志》载:"自初一日至初五日,龙舟竞渡,相传为拯屈原,不竞即有疫,往往斗伤至死。近严禁之,虽有龙舟而不竞渡。"②上述禁令从一个侧面反映了"竞渡"在长江、湘江流域的民间根基深厚。而"不竞渡则岁辄恶"也许就是老百姓面对朝廷禁止令的一套说辞,并非真正认为屈原是"恶神",所以梅尧臣只好"顺势"说出,"故为原作暇辞以报祝,明圣俞禁竞渡得神意",代表屈原说明不会"降下灾难",从而达到朝廷禁止竞渡之目的。这也说明,江西一带信奉屈原根深蒂固,地方官员也不得不敬畏尊重当地信仰,以便政令顺畅实施。

还有一些地方,信奉比较复杂。重庆忠县"无名阙遗址",俗称"屈原塔",建于汉代,"阙为石质仿木结构,重檐庑殿式,通高 5.85 米,用 10 块石料迭砌而成。阙身右侧隐现白虎浮雕,正面层中刻一怪兽,上部四角各有一裸体角神。腰檐以上的阙楼,正面刻有怪兽头部浮雕,背面刻有怪兽尾部浮雕,似阙楼镇住怪兽。楼上部刻有半拱承托斜脊顶。为了保护历史遗物,地方政府于 1974 年在阙上建保护亭"③。在今秭归凤凰山屈原祠内展厅有该屈原塔照片。北宋大文豪苏轼早期曾作诗,名为《屈原塔》,并自己注释说:"在忠州,原不当有碑、塔于此。意者,后人追思,故为作之。"④苏轼考察认为,屈原塔不应该出现在当地,应是后来信奉佛教的人追思屈原而造,其诗曰:"南宾旧属楚,山上有遗塔。应是奉佛人,恐子就沦灭。此事虽无凭,此意固已切。"这里面信奉因素既复杂也简单,苏轼认为事虽无凭,但信仰已深入民心。再如,湖北黄石"神州宫"里,有一尊全身黑魆魆的屈原像,上方匾额"精忠报国"。但,同样放在"神州宫"内的"神舟"——送"瘟神"的船上又有纸制屈原像,这艘"神舟"最后会被推进长江,任其被水流冲击,直到解体消失,表示"瘟神"被赶走了。那么,屈原是"瘟神"?还是"忠臣"?还是押送"瘟神"的神舟"保护神"?可见,民间屈原信仰的多

---

① 《永州府志》清康熙三十三年(1694)刻本,丁世良、赵放主编:《中国地方志民俗资料汇编·中南卷》下卷,北京图书馆出版社,1991 年,第 575 页。

② 《清泉县志》清乾隆二十八年(1763)刻本,丁世良、赵放主编:《中国地方志民俗资料汇编·中南卷》下卷,北京图书馆出版社,1991 年,第 548 页。

③ 《中国长江三峡大辞典》编委会编:《中国长江三峡大辞典》,湖北少年儿童出版社 1995 年,第 41 页。

④ [宋]苏轼撰,[清]王文诰辑注:《苏轼诗集》,中华书局,1982 年,第 22 页。

元性与非逻辑性，只为精神有所寄托，内心有祈愿。

（三）历史保护，文化自信：纪念型屈原庙与屈原精神的民间认可

屈原庙及相关建筑中，有一部分是纯粹为纪念屈原的某一经历而修建的。这些建筑一般修建于屈原放逐途经的地区或屈原诗歌里写到的地方。如鄂州市"望楚亭"，监利县"望郢亭"、濯缨台，溆浦涉江楼、怀屈楼和橘颂阁，南阳市西峡县"屈原岗"碑，各地屈原纪念广场等，均属于这类建筑。

监利县黄歇口镇西北面的古井村，有一半月形鱼池，水深丈许，池畔一株斑驳老柳，柳下有条青石斜埋池中。《监利地名志》载，夏水北岸，现黄歇口镇古井村附近，故河道旁一土阜，即为"濯缨台"。据说，屈原当年是蹲在这石上洗的帽带，因而叫作"濯缨台"，以表达人们对屈原的怀念。宋祝穆《方舆胜览》卷二十七"湖北路·江陵府·监利"载："濯缨台，在监利东三里，屈原濯缨处。"①明代崔桐曾寻访此遗迹，并写诗《濯缨台》："监利千山风雨多，濯缨台下涨寒波。停舟细问灵均迹，更有清流是汨罗。"②

溆浦县涉江楼位于溆浦县城北防洪大堤中段的官码头，其旁边还有怀屈楼、橘颂阁。"涉江楼"前的防洪堤墙上有《屈原入溆图》，再现了屈原当年在溆浦的生活创作情景③。屈原《涉江》有"入溆浦余僔侗兮，迷不知吾所如"，一般认为，"溆浦"县名缘于屈原诗句。又据传说，屈原投江的消息农历五月十五才传到溆浦，因此当地每年五月十五日过端午以纪念屈原。

湖南益阳县"凤凰庙"祀屈原与屈原夫人，每端阳竞渡辄祀之。《钦定大清一统志》卷二百七十七"长沙府"载："益阳县西南界，又有凤凰庙，亦祀屈原。相传此地为原作《天问》处。"④清《益阳县志》载："相传屈原作《天问》于益阳之桃花江。考屈原放逐江南，作《九歌》于玉笥山中，山在湘阴，则《天问》作于此间，不为无据。"⑤

湖北宜昌市滨江公园屈原像景区，栽植《楚辞》中香木香草，以屈原像为中心，选用《楚辞》诗歌中的特色植物桂花、辛夷（紫玉兰）、橘树、柚树、松、竹、荪（菖蒲）等，实境呈现"杂橘柚以为囿兮，列新夷与椒桢"、"饮石泉

①〔宋〕祝穆：《方舆胜览》卷二十七"湖北路·江陵府·监利"，上海古籍出版社，2012年，第267页。
②蒋金流等主编：《屈原颂》，湖南文艺出版社，1991年，第39页。
③肖军、王继云：《溆浦将举办屈原文化节》，2007年9月7日《湖南日报》。
④《钦定大清一统志》，文渊阁四库全书本。
⑤转引自文化部文物局主编：《中国名胜词典》，上海辞书出版社，1984年，第786页。

兮荫松柏"等楚辞中的意境,并搭配宜昌乡土植物麦冬、鸢尾、葱兰、蚊母等造景,打造了一个具有鲜明屈原文化和宜昌地方特色的"楚辞植物苑"①。屈原塑像就耸立在一片茂密的橘林之中,塑像高7米,面江向立,作低头凝思状。塑像底座周围塑有彪悍的守猎者、抚琴起舞的歌女,和行走赤豹、文狸。塑像临江的一面是一个小型的供人们锻炼身体、观光游玩的青石广场。整个建筑面积为48平方米。

　　各地纪念型建筑的兴废,与历史文物古迹保护有关,更与民间认可度密切相关。若是认可,便会被世代保护;若是不被认可,就会任其自生自灭。湖北兴山和秭归的"屈原故里碑"的不同"命运",证明了建筑需要文化灵魂的维护。清光绪十年(1884),兴山知县黄世崇,考察认为屈原宅在屈家铺,并在当地立一石碑:"楚三闾大夫屈原故宅"(光绪《兴山县志》)。按,屈家铺就是今天的峡口镇,目前该碑已沉入三峡水库底。两年后,清光绪十二年(1886),又一官员确定,湖北省秭归县屈原镇屈原村是屈原故里,立"楚大夫屈原故里"碑以示纪念。与兴山县的那块"楚三闾大夫屈原故宅"碑被沉水底不同,秭归"楚大夫屈原故里"碑则被当地政府迁至凤凰山屈原故里风景区内,立于郭沫若1965年10月25日所题"屈原故里"牌坊的右侧。可见,纪念型建筑折射了百姓对纪念对象及纪念事实依据的认可度,民众早已相信屈原是秭归人,所以迁移保存;相反,兴山县不是大家心目中的屈原故里,所以听任其自生自灭。同理,今天全国各地修建了许多纪念屈原的文化广场、雕塑、亭台楼阁等建筑,显示的也正是当地民众对屈原精神的认可和自觉传承。

(四)学堂先贤,士人楷模:旌表型屈原庙与屈原精神的人格浸润

　　学校教育机构里在汉代开始祭祀孔子②。但,万历二十五年(1597)秭归当地除专修祠堂祭祀孔子外,学宫之中亦祭祀屈原③。

　　学堂祭祀屈原,虽没有像孔子那样普遍,但出现在湖南、湖北、四川等地。据宋代文献记载,潼川府治郪县(今四川省三台县)府治中,有供奉屈原等八位历史名人画像的"名世堂"。宋《方舆胜览》载,潼川府治郪县"堂亭":"名世堂,在府治。画司马相如、王褒、杨雄、严君平、屈原、陈子昂、李太白、苏子

---

① 《滨江"楚辞植物苑"端午亮相》,2016年5月31日《三峡日报》。
② 孔祥林等编著:《世界孔子庙研究》,中央编译出版社,2011年,第14页。
③ [明]胡稳:《重修三闾大夫祠记》,湖北省秭归县地方志编纂委员会编:《秭归县志》,中国大百科全书出版社,1991年,第563页。

瞻，八人。"①宋李石《名世堂铭》明确传习圣人之道是修建"名世堂"的初衷："堂堂吾道，隶乎益尊。圣人不作，谁习其传。名之翘之，吾诗可弦。"②

　　元代益阳县尹李忠在县东二里龟台山（或称益阳县学西北，或称在县城南）建了"五贤祠"，其中一"贤"是屈原。后该县学祠庙由五贤增至十九贤，其建庙动机很明显就是奖掖旌表这些忠臣贤才，助力地方学风建设。事见《大明一统志》卷六十三"长沙府·祠庙"："五贤祠，在益阳县学西北，元县尹李忠建。以祀屈原、诸葛亮、张咏、张栻、胡寅。"③清《湖广通志》卷二十五"益阳县"仍之。又据《钦定大清一统志》载，明代曾增入十四贤才为"十九贤祠"："五贤祠，在益阳县东二里龟台山，祀楚屈平，蜀汉诸葛亮、宋张咏、胡寅、张栻。元县令李忠建。明益以蒋信，改为六贤，后又增入汉贾谊、关忠义，晋陶侃、谢安，唐褚遂良、裴休、杜甫，宋唐介、朱子、真德秀、岳飞、李芾、辛弃疾为十九贤祠。"④

　　清代，常德府府学泮宫前，有祭祀屈原等先贤的"四贤祠"。事见清代《钦定大清一统志》"常德府"："四贤祠，在府学泮宫前，祀楚屈原，汉马援，宋唐介、岳飞。"⑤"府学泮宫"是常德府的最高学府，在其前修建"四贤祠"，无疑有旌表先贤以教育青年一代的目的。

　　屈原形象千古传诵，家喻户晓，不仅是一地方之乡贤，更是具有历史或民族意义的。屈原曾经担任楚国的三闾大夫，这是一个专门培养楚国王族子弟的教学官员。屈原在诗歌里曾描述道："余既滋兰之九畹兮，又树蕙之百亩。畦留夷与揭车兮，杂杜衡与芳芷。冀枝叶之峻茂兮，愿竢时乎吾将刈。"(《离骚》)屈原形象地用种植香草，来比拟为国家培养人才，并等待有一天这些人才成长起来能为国家服务。今天我们常常把教师比作"园丁"，这本身就是和屈原精神相通的。

　　以屈子作为榜样，学堂或府治旁建庙祭祀，屈原精神对青年学子的人格浸润得到人们认同。今湖南长沙岳麓书院内既有孔子文庙，又有屈子祠，"岳麓书院自古就有祭祀先贤，以推崇学统、标榜学派、见贤思齐，对生

① [宋]祝穆撰，[宋]祝洙增订，施和金点校：《方舆胜览》卷六十二"潼川府路"，上海古籍出版社，2012年，第534页。
② [宋]李石：《方舟集》卷十四"铭"，文渊阁四库全书本。
③ [明]李贤等：《大明一统志》卷六十三，第8册，台联国风出版社，1977年，第3932页。
④《钦定大清一统志》卷二百七十七"长沙府"，文渊阁四库全书本。
⑤《钦定大清一统志》卷二百八十，文渊阁四库全书本。

徒进行模范教育的传统。重建屈子祠,一是恢复古代书院学子忧患天下,活水清源延道脉的学统,让古代书院文化的精神与建筑永存。二是借古鉴今,缅怀先贤,激励人们继往开来效民报国,做祖国栋梁之才"①。又,今天湖南平江县,当地人亲切称呼屈原为"相公"(老师),当地中学是在一座屈原庙遗址上建成的:"新墙三间庙原址,现已建成新墙中学,据当地人说,抗日战争前,庙内还香火不断,中央供奉'故三闾大夫屈公讳平之神主位',其楹联曰:'兰草还生此地曾留夫子迹;楚王何在至今犹道相公家。''相公'是古时当地人对品德高尚的读书人的敬称。此联中的'相公'即指屈原。"②"兰草还生此地曾留夫子迹;楚王何在至今犹道相公家",正是民间对屈原坚守道义的最朴实的旌表。

(五)忠清节烈,社会伦理:综合型屈原庙与民间屈原信仰

目前,依据历代屈原庙记及其他历史资料判断,今存汨罗屈子祠和秭归屈原祠已经逐渐演化为综合型祭祀庙宇,有信奉、有纪念、有旌表等多重意蕴,已经成为屈氏后裔、普通民众、港澳台胞,乃至全球华人的精神家园之一。

前文已提及,汨罗屈子祠,一开始属于水仙信奉。此后,因为文人、官方的祭祀,屈子祠被多次修缮。清乾隆二十一年(1756)因为"屈潭"原址水患频繁,由湘阴知县陈钟理迁址至今玉笥山重建③。今存屈子祠是清同治八年(1869)的建筑,是全国唯一一座完整的屈原庙古建筑。今天的屈子祠,不仅仅是全国重点文物保护单位,而且是全国爱国主义教育基地、岳阳市求索精神教育基地、大学生实践教育基地等。

翻阅文献可知,汨罗屈子祠至少重修七次:唐哀宗天祐二年(905)马

---

① 黄金华、肖凤叶、李璀:《岳麓书院成为国内第一个教育专题博物馆,2006年10月10日《湖南经济报》。
② 江立中:《岳阳川芎茶、椒子茶与屈原作品》,《云梦学刊》1998年第1期。
③ 清陈钟理《重修汨罗三闾大夫祠记》:"甲戌春,奉天子命,来令湘阴。公余,访三闾沉渊故处,旧有祠,为湖水浸啮,垣瓦仅存,榱桷将圮。噫嘻!忠贞之祀,风化之源,何任其荡析堕废一至于斯乎……余咨嗟久之,爰与诸生登玉笥,四山啾啾,犹闻啼啸声。乡士告余曰:此当年作《九歌》地也,盍迁祠而祀于此?遂属周生富榜、黄生齐植、高生峻、杨生茂根等董其役,鸠工一千有奇,伤工庀材,徙三闾祠而新之,宏而甚丽也。其前为骚坛,又其前为独醒亭、招魂亭,又其前为濯缨桥。经始乾隆甲戌八月,竣工乾隆乙亥九月。庙成,诸生丐余言,志其颠末。"(此文载《湘阴县图志·艺文志》)

殷重修,有萧振《楚三闾大夫昭灵侯庙记》①;宋理宗淳祐八年(1248),因屈子祠资产长期被当地强横霸道的豪民侵占,奉议郎知湘阴县事胡哲,重修庙宇,详载图志,刻碑载籍,作《经理汨罗庙记》;元晋宗泰定元年(1324)及二年,湘阴知州宋仲仁、孙天才相继修缮汨罗屈原祠,广置墓田,有元刘行荣《重建忠洁清烈公庙记》;明洪武(1368—1398)初,知县黄思让,曾重建汨罗屈原祠,此次重建碑文目前未见,事见《钦定大清一统志》:"汨罗庙,明洪武初知县黄思让重建,并于庙前建濯缨桥畔,建独醒亭。"②明世宗嘉靖二十年(1541),湘阴县事戴嘉猷,重修汨罗屈子祠,作《重修汨罗庙记》;明思宗崇祯二年(1629),湘阴县事余自怡,重建三闾祠,七年(1635)秋立碑,撰《重建三闾祠碑记》;清乾隆二十年(1755)八月,因原屈子祠湖水浸啮,仅存垣瓦,知县陈钟理,将屈潭上的三闾祠拆除,用其材料运来玉笥山重建屈原庙,二十一年(1756)九月竣工,作《重修汨罗三闾大夫祠记》。

伴随反复的修缮,汨罗屈子祠的文化功能也悄然有所变化,由纯粹之水仙信奉,演化为对屈原忠清节烈等社会伦理教化浸润功能的认同。汨罗现存最早的庙记是唐蒋防《汨罗庙记》,文中以倡导君臣至理为主线,赞美三代及唐代的君明臣忠,惋惜范蠡、鲁连及屈原等人不遇明君,希望祠庙祭祀让忠臣"魂归于泉,尸归于坟,灵归于祠"。结语道:"屈碑立兮,谗人泣兮,屈碑推兮,谗人哈兮。碑兮碑兮,汨之隈兮,天高地阔,孤魂魄兮。"③

唐玄宗时汨罗屈子祠成为官方祭祀屈原之最正典,其修缮之宗旨也逐渐纳入儒家礼教体系。后梁萧振《楚三闾大夫昭灵侯庙记》赞屈原"怀忠履洁,忧国爱君";元刘行荣《重建忠洁(按,应为"节")清烈公庙记》赞屈原"大夫之忠,馨诸金石";元黄清老《清烈公庙记》赞屈原,"事君尽忠,修

①湖南省地方志编纂委员会编:《湖南省志》第二十八卷《文物志》,湖南出版社,1995年,第511—512页。《庙记》先叙述了马殷重修屈原庙的两个原因:一是作为有德明主,马殷有感于屈原"忠魂";二是屈原灵魂福佑地方平安十分灵验,既可以振兵威,又可克饥饿和疾病的恶气。所以,马殷上书请求敕封"昭灵侯",旌表屈原护佑地方安宁的功劳。最后,铺陈描绘了修缮后的屈原庙新貌。虽然,马殷是在唐哀宗天祐二年(905)六月奏请封赐屈原"昭灵侯"的,但后梁开平元年(907)三月,马殷被后梁太祖朱全忠封为楚王,都于潭州(今长沙)。故而,后梁开平元年(907)十月二十五日,萧振在庙记中,称马殷时任最高官职"大尉中书令楚王"。因为改朝换代后不能还称其前代官职。《湘阴县图志》断定屈原"梁开平元年封为昭灵侯",可能是受到这个庙记的误导。在此指出,以免以讹传讹。
②《钦定大清一统志》卷二百七十七"长沙府二·祠庙",文渊阁四库全书本。
③周绍良主编:《全唐文新编》第3部第4册卷七百一十九,吉林文史出版社,2000年,第8245—8246页。

词明仁”:“坚贞雄壮,文理芳洁”、“事君尽忠,死而不二”、“其所述作,托物
以寓讽谏,修词以明仁义”;明戴嘉猷《重修汨罗庙记》赞屈原“忠洁清烈”
之高风;明余自怡《重建三闾祠碑记》赞屈原,“先生之忠,故万世臣鹄也”、
“先生忧谗畏讥而忠不衰”;清陈钟理《重修汨罗三闾大夫祠记》称祭祀屈
原乃“忠贞之祀,风化之源”,等,屈子祠重修契机显然主要是“旌表”之意。

　　秭归屈原祠修建,初衷应是“纪念”和“旌表”,唐元和十五年(820)王
茂元《三闾大夫屈先生祠堂铭并序》道:“元和十五年,余刺建平之再岁也。
考验图籍,则州之东偏十里,而近先生旧宅之址存焉。爰立小祠,凭神土
偶,用表忠贞之所诞,卓荦之不泯也。”①修建三闾大夫屈先生祠堂,主要是
当地有屈原宅旧址,但还没有屈原庙宇,为向世人旌表屈原忠贞之质、卓荦
之才,考图索迹,在屈原故居遗址建立庙祠。王茂元盛赞屈原的忠君忧国
和清醒浊世这两种品行:“其忠可以激俗,其清可以厉贪。”(《三闾大夫屈
先生祠堂铭并序》)国家文物事业管理局主编《中国名胜词典·湖北省》
载:“屈原祠一名清烈公祠……1978年迁至今地复建,计有山门、大殿、左
右配房等建筑。山门为牌楼式,高14米,四柱三楼,正中门额题‘清烈公
祠’四字。”②宋王十朋有诗歌《谒清烈庙登独醒亭》:“我醉亦如众,亭惭登
独醒。惟知慕清节,首为绘仪形。”自注曰:“夔府十贤堂,以清烈为首。”③

　　此后,历代文献可查,秭归屈原祠修缮情况为:元朝有两次修缮秭归屈原
“清烈公庙”,一次是泰定初(1324—1328),州尹王图古勒巴哈尝修之;一次
是元至正壬午(1342),郡长穆尔哈玛出俸禄倡议修秭归宋遗存的“清烈公
祠”,事见元黄清老《清烈公庙记》④。明万历二十四年(1596)因岁久倾圮,
雅不称崇奉,经一年筹资修复,作《重修三闾大夫祠记》⑤。清康熙九年
(1670)因祠宇倾圮捐资建祠,且使春秋修其常祀,事见王景阳《重修屈公
祠记》⑥。清雍正十三年(1735)前后,官员捐修屈原祠,见向治《凌学院捐

①转引自[宋]李昉等编:《文苑英华》卷七百八十六“塔庙下”,中华书局,1966年。又载湖北省秭
　归县地方志编纂委员会编:《秭归县志》,中国大百科全书出版社,1991年,第562页。
②国家文物事业管理局主编:《中国名胜词典·湖北省》,上海辞书出版社,1981年,第757页。
③[宋]王十朋:《梅溪后集》卷十五,文渊阁四库全书本。
④《湖广通志》卷一百七《艺文志·记》,文渊阁四库全书本。
⑤湖北省秭归县地方志编纂委员会编:《秭归县志》,中国大百科全书出版社,1991年,第563页。
⑥湖北省秭归县地方志编纂委员会编:《秭归县志》,中国大百科全书出版社,1991年,第563—564页。

修屈公祠记》①。清乾隆四十六年（1781），修缮改名"屈左徒庙"，见吴省钦《修楚屈左徒庙碑记》②。清嘉庆二十二年（1817）归州知州李炘修缮定名"楚左徒屈大夫祠"，事见《重修楚左徒屈大夫祠记》③。

秭归屈原祠，今天已是世界上最大的屈原纪念建筑。其文化功能也早已超越和提升，今天祠内展列内容主要有四部分：（1）序厅（即前殿）主要介绍了屈原祠的历史沿革，有三峡石刻制《前言》，陈列有历代屈原祠建筑模型、碑刻。（2）屈原生平展，由六个展厅组成，以屈原爱国精神为主线，展陈屈原伟大的一生。其中有屈原作品碑刻、屈原生平连环画、研究屈原的古今文献、反映屈原生活背景的出土文物、反映屈原流放路线和屈原忧国忧民爱国投江的电子动画。（3）祭祀厅，门悬"万世景仰"，"顶风徐步"的屈原塑像屹立于大殿正中，殿内招魂幡、巨幅壁画庄严肃穆。（4）影响展，亦由六个展厅组成，以屈原对后世的影响为主线，展示古今人们的敬仰情怀。有复原的与屈原相关的景物，龙舟竞渡、骚坛诗会、端午习俗等图版、雕塑，刻制的历代吟诵屈原的诗词碑廊，历代画家笔下的屈原画像，以屈原为题材的戏剧、戏曲、影视作品等。2010 年祠内成立了"中华屈氏宗亲会"，屈原祠又成为屈姓后裔的祭祖地。

（六）小结：民间屈原信仰

祭祀是诸礼俗中最严肃的。《礼记·祭统》："凡治人之道，莫急于礼。礼有五经，莫重于祭。"④《管子·牧民》："顺民之经，在明鬼神，祗山川，敬宗庙，恭祖旧……不明鬼神则陋民不悟，不祗山川则威令不闻，不敬宗庙则民乃上校，不恭祖旧则孝悌不备。"⑤屈原庙祠的修建契机，体现了民间屈原信仰的严肃性、丰富性和生动性：

一是屈氏子孙对远祖的崇敬。如安徽省池州市东至县 2001 年建的"屈原纪念馆"，其中的展品，历史文化含量之高之有特色，不亚于秭归、汨罗屈原祠。一方面，他们充分关注到屈原在中国历史上的忠臣楷模形象，高度浓缩的展品突出历朝历代官方对屈原爱国忠君的肯定；一方面，他们为祖先的高

---

①湖北省秭归县地方志编纂委员会编：《秭归县志》，中国大百科全书出版社，1991 年，第 564 页。
②湖北省秭归县地方志编纂委员会编：《秭归县志》，中国大百科全书出版社，1991 年，第 564—565 页。
③湖北省秭归县地方志编纂委员会编：《秭归县志》，中国大百科全书出版社，1991 年，第 566 页。
④杨天宇译注：《礼记译注》，上海古籍出版社，2004 年，第 631 页。
⑤《管子》，上海古籍出版社，1989 年，第 9 页。

洁品行和万世流传的文才而骄傲,展品突出了屈原对后世文人的深远影响。东至县历史上有屈原祠,据说是屈原第三子的后代、黄荆屈氏始祖"千六公"所建。明朝万历二十年壬辰岁(1592)秋月《荆桥屈氏重修宗谱序》载,黄荆屈氏始祖是"千六公",其为屈原第三子季敏孝思公之后裔,在宋哲宗元祐年间(1086—1094),归隐黄荆,繁衍生息,立屈原祠(又称三闾大夫庙)。

二是出于文化自觉,传承屈原爱国、求索、独醒等精神,旌表屈原,服务当代社会文化建设。如,湖南人盛运昌在厦门湖里区金山社区建立全国首个微型"屈子文化园",当被问及为什么对屈子文化这样痴迷时,盛运昌说,从小妈妈就给他讲屈原的故事,无论是他参军,还是退伍后从事小区工作,屈原的爱国情怀、严格自律精神一直深深鼓舞着他。他将这种精神引入金山小区,传播屈原的爱国情怀、严格自律精神,现已将该社区打造成了"厦门市品牌社区"[①]。又如,湖南省汨罗屈子祠,现为中共中央宣传部"全国爱国主义教育示范基地"(2009年5月公布),湖北省秭归县屈原祠,现为湖北省廉政教育基地(2012年9月挂牌,中纪委等六部委曾联合下发文件,要求"注重挖掘各类历史文化名胜、旅游景点中蕴含的廉政资源,使之成为弘扬廉政文化的重要场所")。

三是华夏情浓与历史信仰的沉淀。如,台湾屈原信仰的源头是福建漳州、潮州移民,洲美北投"屈原宫"明末修建,是台北市龙舟赛发祥地。宫中供奉"水仙尊王"屈原神像,据说是明末一郭姓先贤自福建漳州府龙溪县家乡带去的随身奉祀之保护神,后便留在洲美地区供人参拜,每年端午都会有祭祀屈原仪式和龙舟竞渡。大殿的堂柱上挂满了书写有"湘水忠魂"、"风骚千古"、"正气流芳"、"离骚一卷楚水无情葬烈士,社稷千秋蓬壶有幸祀诗人"等内容的大小匾额,传递着台湾同胞对历史文脉相连的尊崇,体现了文化同根同源的华夏情。洲美当地人说,三闾大夫因爱国忧民、愤世嫉俗而投汨罗江殉国,深得这里百姓爱戴,参加纪念他的活动,大家都很积极[②]。

总体而言,首先是长江洞庭流域的汨罗、常德等地建祠祭祀,此后,江淮流域、台湾海峡两岸建庙纪念。历时两千多年,各地屈原庙或旧址复修,或迁址重建,或新建扩建,至今仍是屈原精神的民间传习地。

---

①魏伟:《让"屈子文化园"进驻厦门的华容人》,2010年6月21日《岳阳晚报》。
②《风骚千古屈原宫》,2001年6月15日《人民日报》(海外版)。

三、屈原庙与屈原精神的传习

屈原庙既包含物质的,也包含非物质的文化资源,表现形态上有建筑文化,还有风俗文化、历史文化等等,屈原庙对屈原研究的学术价值、对屈原精神的传习功能已逐渐被学界关注和认可。

首先,屈原庙对"屈原否定论"提出了客观质疑。

在战国文献资料中,与屈原相关的记载,目前见之甚少,乃至 20 世纪初、20 世纪 70 年代、近年,国内外学术界间断性地出现"屈原否定论调"。但在民间,我们看到,屈原死后不久,祭祀他的庙宇矗立了两千多年。屈原庙的存在,及由此产生的诸多不同时空的屈原庙宇文学作品,在一定意义上质疑了"屈原否定论"的臆想,具有文学史料学价值。

其次,屈原庙高度凸显了屈原忠贞爱国和好修自爱之精神。

屈原庙,作为传承屈原精神的民间平台、载体,其丰富的历史文献和文物,是屈原精神民间传承的重要见证。以今秭归凤凰山屈原祠为例,当代屈原庙至少从四个层面传承了屈原精神。

(一)传承屈原爱国精神

在秭归屈原祠的山门上,除"光争日月"、"孤忠"、"流芳"这些自清代以来就留存的匾额外,在山门左边墙壁上还有多块匾额:"屈原故里爱国主义教育基地,湖北省人民政府 1995 年 3 月 24 日"、"重庆邮电大学大学生实践基地"、"湖北省廉政教育基地,中共湖北省纪委、湖北省监察厅"、"人文历史教育基地,中国人民解放军"。在"情洒诗魂"展厅前言写道:"古往今来,屈原的爱国精神及其辉煌作品激励着中华儿女。"屈原祠所在的山坡上是片片橘树林,亦传达着屈原《橘颂》诗歌里所表达的"受命不迁,生南国兮"的爱国志向。

(二)传承屈原好修自爱精神

在祠内展厅,有复原的"照面井"、"读书洞"及相关传说的大幅文字照片展示,它们所传达的是屈原青少年时代勤奋刻苦的好修上进的形象。这与屈原诗歌中"余独好脩以为常"的自爱精神是一致的。据文献载,宋代秭归屈原庙还有一座"独醒亭"①。"独醒亭"源于屈原诗句:"众人皆醉而

---

① "独醒亭:在归州东,《范成大集·早发周平驿还过清烈祠,祠下有独醒亭》。"《钦定大清一统志》卷二百七十三"宜昌府",文渊阁四库全书本。

我独醒。"正是传承屈原苏世独立、横而不流的自爱精神。

（三）传承屈原诗性精神

"屈原故里"入口处石山上阴刻的《归州赋》曰："诗祖屈子,伟辞逸响。""情怀诗祖"展厅前言写道："屈原的故乡秭归,怀念屈原之情尤盛,传承诗祖之风尤浓。"展厅墙上挂满了秭归农民诗社"骚坛"的活动的老照片。不过,其他关于骚坛具体活动内容、历史沿革、诗歌作品等具有秭归特色的文化内容展出较少。笔者前往考察时,听当地学者说,后续将进一步调整展厅内容,新增一些最新的屈原研究成果。可以看到,秭归屈原祠传承创新弘扬屈原文化精神的自觉意识。

（四）传承屈原世界文化名人的影响

凤凰山屈原祠"逸响千秋"展厅,以图片形式,展出了宋代帝王封赐屈原"清烈公"、"忠洁侯"及1953年屈原被世界和平理事会评为"世界文化名人"的相关文献;陈列了各地纪念屈原的建筑物、遗址的照片,主要有:武汉东湖行吟阁、荆州屈原像、汨罗屈子祠、溆浦涉江楼、溆浦屈原庙、万州屈原塔等。这些图片形象地传达了屈原巨大的文化影响力。

第三,屈原庙是民间、文人、官方共同传承接受屈原精神的见证。庙宇祭祀曾是朝廷"化成天下"的重要仪式。从民间自发立祠祭祀,到文人题诗凭吊,到地方官员致力于庙宇修葺,历史上,官方组织、文人凭吊、民间祈福,每年端午公祭屈原,成为各地屈原祠（庙）最重要的"精神盛会"。而屈原庙内楹联、碑廊、画像等陈列,犹如一部生动鲜活的教科书,形象地展示了社会各阶层对屈原主要经历、突出贡献、历史影响的认识与观点。而诸多展示已经很难分清哪些活动是绝对民间的、官方的、文人的传承了。

第三节　歌谣传说与屈原精神的民间传承

歌谣传说,属于"人民的口头创作",承载人民的知识或人民的智慧。民间口传文学在民族精神研究中的重要性已被中外学者所重视。"任何一个民族都有两种哲学:一种是学术性的,书本上的,庄严而堂皇;另一种是日常的,家常的,平凡的。这两种哲学,往往或多或少地互相关联着,谁要描绘社会,那就得熟悉这两种哲学,而研究后者尤为必要"①。民间文学"是大众文化的一部分,是民族文化的胎记。我们的哲学基础、社会认知、道德行为等等都可以从中找到答案。它是研究我们民族文化的简便入口,也是探询民族文化的根本,叩问民族精神的本源所不能绕过的一座长青的山脉"②。可见,要全面了解屈原精神的民间传承,考察以传说和歌谣为代表的民间口传文学,亦是十分必要的。

一、屈原题材歌谣的分布与屈原精神的民间承递空间

"歌谣"一词,较早见于《诗经·魏风·园有桃》:"心之忧矣,我歌且谣。"《毛诗古训传》:"曲合乐为歌,徒歌为谣。"歌谣是人民口头创作的短篇韵文作品,凝聚着民众的道德意识、智慧启迪、历史知识、人生观、世界观等。"它们不仅是上乘的文学艺术精品,是诗人、作家、艺术家的乳汁,也是诗学、人类学、社会学、民俗学、语言学、历史学、民族学、考古学、美学等学科的异常珍贵的资料"③。同样,屈原题材的歌谣也是考察屈原精神民间传承的珍贵资料。

"思之于心,发之于口。"④内容真切、情感真挚、好学、好记,是歌谣的共性。"先生教书还有本,民歌无本句句真","花儿本是心上语,不唱是由不得自家,刀刀拿来头割下,不死了还这个唱法","学会三字起头歌,开口一唱歌成河,你会开头我结尾,好比织锦线跟梭",民间歌谣是一种反映人们心声的大众文艺形态。

(一)屈原题材歌谣的数据分布一览表

歌谣虽主要为口头传播,但中古以来,一般民间艺人都有唱本,本书作者也看到或间接查阅到一些清末流传下来的屈原题材的歌谣抄本,但目前主要还是当代整理本。2015年10月,在中国幕阜山文化研修期间,湖北通山县民俗学者邮件传递给我一篇屈原题材歌谣词电子版,篇名《屈原空中下凡尘》。2016年9月,笔者前往咸宁湖北科技学院鄂南文

①［俄］普希金(Александр, Сергеевич, Пушкин)撰,梦海译:《普希金的童话诗》,新文艺出版社,1954年,第5页。
②朱国成:《阅读大运河·运河韵事》,新蕾出版社,2010年,第328页。
③贾芝:《中国歌谣集成·总序》,中国社会科学出版社,1992年。
④［美］J.梅西著,熊建编译:《文学简史珍藏插图版》,中国友谊出版公司,2005年,第1页。

化研究中心查阅了该中心收藏的 20 世纪出版的完整版《中国歌谣集成》，后来又得该中心教授传给我的民间叙事长诗《中华史歌》中描绘屈原的书页照片。2017 年 5 月，笔者在"屈原文化传承与区域文化创意产业发展高峰论坛"上，遇见一位汨罗打倡师傅，后来通过微信视频聊天看到了他个人收藏的一些近代歌谣手抄本和汨罗打倡的物件。通过交流，他主动把描绘屈原的打倡词发给我了，有的是文字，有的是民间唱本照片。其中，有几页歌谣唱本照片显示，全是毛笔楷书写就，并用红色毛笔标出了句读。像这样将口传文学用书面保存，为歌谣传承和田野调查提供了很大便利。当然，极其珍贵的还是汨罗、秭归当地至今还口头传唱的打倡辞和招魂曲。

依据考察交流及对《中国歌谣集成》的检索，笔者统计到口头或书面保存下来的屈原题材歌谣共计 30 余首①，现列表如下：

①2016 年 9 月在调研查阅歌谣过程中，湖北科技学院鄂南文化研究中心何岳球教授、咸林区党校胡明霞老师曾陪伴我两天，给与我鼎力支持和帮助。由于时空限制，还有未采入的歌谣，敬请方家补正。

屈原题材歌谣空间分布一览表

省市	歌谣名	歌谣全文	传唱者或口述者	采录者	采录时间	采录地点	备注
湖南汨罗市	三闾大夫是屈原	杉木船子溜溜尖，龙船划向前。三闾大夫是屈原，投江在今天。我和你来划龙船，河里捞屈原。粽子撒向深水处，捞丁两千年。	彭新亮	彭新亮	未标注	未标注	《中国歌谣集成·湖南卷》，中国 ISBN 中心，1999 年，第 696 页。
湖南岳阳市	划龙船歌	端午节，划龙船。汨江两岸笑语喧。赛龙船，吊屈原。屈原投江在今天，粽子撒向水深渊。划起龙船来竞赛，招来英魂返人间。	任正磊	周志民	1991.6	岳阳市群艺馆	《中国歌谣集成·湖南卷》，中国 ISBN 中心，1999 年，第 697 页。
湖南湘阴县	吊屈原（四首）	一：大水茫茫，眼泪汪汪，淹死孤王，莫淹忠良。屈原忠良，朝拜顶香，孤王俄死，仁义天长。二：五月五日是端阳，龙船下水闹罗江。朝拜屈原一炉香，年年五合用船装。三：咚咚当，划龙船，龙船走长，中间坐着刘船郎。龙船跑得快，趁走水妖怪。龙船跑得欢，捞取楚忠良。	徐稍青		1959	1959 年版《湖南民间歌谣选》	《中国歌谣集成·湖南卷》，中国 ISBN 中心，1999 年，第 697—698 页。

续表

省市	歌谣名	歌谣全文	传唱者或口述者	采录者	采录时间	采录地点	备注
		四:五月五来是端阳,大姐出阁去劝郎,见郎且把哀情表,声声打动我情郎。儿多好人刀下死,儿多忠良命不长。我的哥呃,莫学怀王贪色酒,听信谗言害忠良。					
湖南汨罗市	屈原殉国泪罗江	屈原殉国汨泪罗江,倒流三十有龙帮。两岸乡亲泪汪汪,南寿河①边哭断肠。	孙浩	龚红林	2017.6.3	岳阳	2017年5月29日"屈原文化传承与区域文化创意发展高峰论坛"上见面交流,后,孙浩师傅通过"微信"提供WORD文档。
湖南汨罗市	安民护国同大夫	安民护国同大夫,不分贫富救良民。身穿官服飘王带,手捧朝简震乾坤。华夏大地一尊神,春秋敬奉到如今。自从屈原登龙地,汨罗江上赛龙舟。个个许下龙舟愿,威震华夏万年春。	孙浩	龚红林	2017.6.3	岳阳	2017年5月29日"屈原文化传承与区域文化创意发展高峰论坛"上见面交流,后,孙浩师傅通过"微信"提供WORD文档。

① 这首歌谣流传于屈原投江倒流三十里的南寿河,今罗江镇南寿村。

续表

省市	歌谣名	歌谣全文	传唱者或口述者	采录者	采录时间	采录地点	备注
湖南汨罗市	长夏日光红	……长夏日光红，绿柳阴浓。汨罗江上鼓咚咚。魂招屈子归来矣，剩有蕙风。叹人生，莫辞长夏醉长筒。①	孙浩	龚红林	2017.6.4	岳阳	2017年5月29日"屈原文化传承与区域文化创意发展高峰论坛"上见面交流，后，孙浩师傅通过"微信"提供手抄本照片。
湖南汨罗市	龙船咒	云在楚国怀王事，误听绝（谗）言咬屈源（原）。屈源（原）夫子家遭难，七十二口倒床眠。上去留神不应，下去服药药不灵。周一文王占一卦，卦头落地说根源。一古北岳少坐位，二古南岳少坐烟。三古出衡山县，洞洲河里少龙船……②	孙浩	龚红林	2017.6.4	岳阳	2017年5月29日"屈原文化传承与区域文化创意发展高峰论坛"上见面交流，后，孙浩师傅通过"微信"提供手抄本照片。

①汨罗打倡（猖）（猖）师傅孙浩解释："这段的意思是汨罗江年年划龙舟，招屈魂没看到屈原，只有屈原路曼曼其修远兮，吾将上下而求索的精神还在。"
②民国手抄本。有些别字保持原抄本，括号内是作者修订。

续表

省市	歌谣名	歌谣全文	传唱者或口述者	采录者	采录时间	采录地点	备注
湖南汨罗市	数载寒窗读	数载寒窗读,忠心石研穷。只为人民事,赤胆见忠言。楚王贤不实,屈子望南言。古罗城之小,隐居一大贤。离骚一枭怨,无处见青天。诗人怀怨恨,官江立场坚。楚风天抗街,日无酒醉青天。失足金衔渡,命运皆如此,当无救人权。何木神山全,留到青山显。隐,修道向神仙。文才如是化,众人修居庙,古今中外传。端午作悼念,留记后人传。几子难葬父,一女抱金头。罗裙抱土葬,黑鱼岭山前,楚塘面计大,三十六担田。不是顺口说,源远古人传。现今塘坟在,一目可丁言。	孙浩	龚红林	2017.6.11	岳阳	2017年5月29日"屈原文化传承与区域文化创意发展高峰论坛"上见面交流,后,孙浩师傅通过"微信"提供WORD文档。

续表

省市	歌谣名	歌谣全文	传唱者或口述者	采录者	采录时间	采录地点	备注
湖南汨罗市	汨罗江的民俗抛粽子祭江神唱词	千人翻翻到江边,寻屈催动法神仙。自古人生谁无死,那个招魂不悲屈子,一朝二岁多伶俐,三朝四岁满堂堂,五朝六岁上学堂,七岁跟书到十五,万难世界到天光。安民护国间大夫,不分贫富救良民,身穿官服飘飘带,手捧朝简震乾坤,华夏大帝一真神,春秋救救奉祀如今。自从屈原登龙地,汨罗江上赛龙舟,个个许下龙舟愿,威震华夏万年春。	孙浩	龚红林	2017.10.11	岳阳	2017年5月29日"屈原文化传承与区域文化创意发展高峰论坛"上见面交流,后,孙浩师傅通过"微信"提供WORD文档。
湖南汨罗市	汨罗打倡迎屈原神的唱词	五月五,法生神。霞光休浴,血满星庭。诸神能有几,沉落水中吐精神。屈子神,同大夫,不惜王位救苦救难救良民。魔天姑问原因,屈子神有善歌,守忠诚。	孙浩	龚红林	2017.10.12	岳阳	2017年5月29日"屈原文化传承与区域文化创意发展高峰论坛"上见面交流,后,孙浩师傅通过"微信"提供WORD文档。
安徽合肥市	三皇五帝立朝纲	屈原被逐楚怀王,五月五日去投江……	贾得云	朱锡海	1989年	合肥市市郊	贾芝、王体效等:《中国歌谣集成·安徽卷》,中国ISBN中心出版,2008年,第865页。

续表

省市	歌谣名	歌谣全文	传唱者或口述者	采录者	采录时间	采录地点	备注
安徽蚌埠市	正月里玩花灯	五月里,是端阳。汨罗江,吊大夫屈死。屈大夫留佳誉,忠心报国人颂扬,千秋万代写楚王。	冯国佩	金明	1987.5	蚌埠市灯场	贾芝、王体效等:《中国歌谣集成·安徽卷》,中国ISBN中心,2008年,第882页。
江西高安县	写龙船（龙船调）	祭神:赈灾船赈灾祈福保平安……屈原相以祭端午,刘七郎造下采莲船。辞神:去归去,去归去,屈原打马转回家。神夜又夜,屈原辞神回屋下。载禾妥,正好辞神回屋下。	朱细毛	刘敏涛			《中国歌谣集成·江西卷》,中国ISBN中心,2003年,第609—611页。
河南南召县	十二月花开（旱船调）	五月里什么花开子像珍珠？什么人投江后人纪念过端午？五月里石榴花开子像珍珠,楚屈原投江后人纪念过端午。	吕春合	乔明宪	1986.5	留山乡关坡村	《中国歌谣集成·河南卷》,中国ISBN中心,2003年,第523页。

续表

省市	歌谣名	歌谣全文	传唱者或口述者	采录者	采录时间	采录地点	备注
湖北秭归县	招魂歌（龙船调）	起桨:我哥回哟！我哥回哟！三闾大夫听我讲:你的魂魄不可向东方,东方有魔鬼高数丈,人到那里心受伤。三闾大夫听我讲,你的魂魄不可向西方,西方有流沙千万里,流沙滚滚人遭殃。三闾大夫听我讲,你的魂魄不可向南方,南方有大蛇和大蟒,虎豹豺狼把人伤。三闾大夫听我讲,你的魂魄不可向北方,北方有冰雪盖大地,草木不生万物丧。三闾大夫听我讲,安安然然回故乡。故乡百姓敬重你,永世伴您度时光。游江(之一):大夫报国泪罗江,归州百姓痛断肠。招你魂魄回故里,永保太平万年长。游江(之二):屈原本是楚大夫,忠心报国世间无。当门扬眉三炮响,纪念五月五日午。游江(之三):大夫生平有志气,万古流芳怀念你。你受怀王多少冤,襄王不幸少屈你。游江(之四):泪罗江,船到江心来找你,找你尸体回故乡,找你魂魄归故里。	胡振浩 向玉魁	喻成功 熊辉纯 许心珍	1989.5	城关镇江边	《中国歌谣集成·湖北卷》,中国 ISBN 中心,2009 年,第 167—168 页。

续表

省市	歌谣名	歌谣全文	传唱者或口述者	采录者	采录时间	采录地点	备注
湖北秭归县	游江（龙船号子）	年年有个五月五，划龙船来敲锣鼓，人人都过端午节，纪念屈原楚大夫，忠心报国世间无，当门扬眉三炮响，承念五月五日午。	王文德 谢继缘	许心珍			《中国歌谣集成·湖北卷》，中国ISBN中心，2009年，第242页。
湖北云梦县	龙舟会歌（龙船小调）	端午节，五月五，敲锣又打鼓。龙舟会上划龙船，一划锣划到龙官府。划到龙官府，万人呼：屈原大夫上岸来，龙舟接你回故土。	张万里	江幼村	1985.2	辛店乡秦湖村	《中国歌谣集成·湖北卷》，中国ISBN中心，2009年，第242页。
湖北监利县	屈原之歌（小调）	秦国诱骗楚怀王，三闾大夫有主张。昏王不听忠臣言，轻信谗言贬忠良。鄂都皇皇吾得屈，南后郑袖与子兰，屈原遭流放，奔满湖，下洞庭，灌灌夏水到容城。监利修起三闾庙，民间流传到如今。	李汝廷	柳如梅	1987年	汪桥镇李湖村	《中国歌谣集成·湖北卷》，中国ISBN中心，2009年，第458页。

续表

省市	歌谣名	歌谣全文	传唱者或口述者	采录者	采录时间	采录地点	备注
湖北监利县	造船歌①	龙舟非是无来去，荆州渡口为屈原。屈原相公因救病，一乡人物被瘟缠。自把周易来卜卦，五瘟说法，一便把周易来造船。屈原造龙船……屈原相公船头座，游江龙船。五娘劳把舵。杨泗将军船上座，七十二侯坐此船……船上诸神少言语，人人齐奉楚江秋，奉送神王归仙境，永保一坊乐悠悠。	三间村农民魏能武演唱	柳如梅	1999年	红城乡	柳如梅编著：《三闾大夫屈原故事》（鄂荆图内字第027号），1999年，第64—69页。
湖北宜昌市	黄鱼驮尸	屈原泪水害，黄鱼驮尸来。楚人悲哀，好不伤怀。才把龙船划，孤魂转回家。		陈彪	1989年	市区	《中国歌谣集成·湖北卷》，中国ISBN中心，2009年，第458页。
湖北秭归	迎春花开	迎春花开格外香，屈原《离骚》传四方，汨罗江上忠魂在，世代纪念过端阳。		刘世新等	1992年	秭归	刘世新等编：《三峡民间歌谣精鉴》，陕西旅游出版社，1992年，第169页。

① 《造船歌》送瘟疫斋醮仪式所唱。相传楚国三闾大夫屈原第一次流放到容城（今监利县），见湖滨渔村瘟疫流行，于是挥剑驱瘟，救活了众多渔民。

续表

省市	歌谣名	歌谣全文	传唱者或口述者	采录者	采录时间	采录地点	备注
湖北秭归县	游江	年年（罗）有个（呀也火哦）五（啊）月的五（啊也火哦）划龙（啊）船来（哟也火哦）敲（啊）锣（的）鼓（啊哟也火哦也火哦）人人（哪）都过（哟也火哦）端（哪）午（的）节（呀也火哦也火哦）纪念（罗）屈原（罗）啊火哦也罗也火哦）楚（啊）大（的）夫（啊）也火哦也火哦也火哦也火哦也火哦）屈原（哪）本是（呀也火哦）楚（啊）大（的）夫（啊也火哦也火哟火哦也火哦也火哦也火哦也火哦）忠心（哪）报国（哟也火哦）世（的）间（的）无（啊也火哦也火哦也火哟火哦）扬眉（呀也火哦）三（哪）炮（的）响（啊啊也火哟呀呀哦火哦也火哦）承念（哪）五月（的）午（呀也火哦）五（的）日（啊）午					《中国歌谣集成·湖北卷》，中国ISBN中心，2009年，第652—654页。

续表

省市	歌谣名	歌谣全文	传唱者或口述者	采录者	采录时间	采录地点	备注
湖北秭归	招魂	（啊也火哦也火哟火也火哦也火哟也火哦呀哦也火哟也火哟火也哦火哦）哭一声哟一把泪，姊妹心儿已哭碎！屈原我的亲兄弟哟，忠魂孤鬼几时归？		宁发新	1983年		宁发新搜集整理：《三峡的传说》，上海文艺出版社，1983年，第108—113页。
湖北秭归	招魂曲序歌	大夫壮志与天齐，人民万代怀念你。你受奸贼多少冤？怀王多少屈？为国捐躯投汨罗，船游江心来找你，招你魂归故国，招你魂魄归三间。		张伟权 周凌云	2009年		张伟权，周凌云：《诗魂余韵——屈原传说及其它》，中国书籍出版社，2009年，第185页。
湖北秭归	屈原故里	洞里读书不记秋，井传照面古今留，珍珠本是悬崖挂，玉米单从坬内收。伏虎降钟山对峙，回龙锁水浪回头，岩前革鼓摧奸胆，擂破石台逐屈愁。		刘世新等	1992年	秭归	刘世新等编《三峡民间歌谣精鉴》，陕西旅游出版社，1992年，第169页。
湖北秭归	唱古人	正月建寅寅属虎，楚国有个屈大夫，沉落江中把身误，忠心报国天下书。		刘世新等	1992年	秭归	刘世新等编《三峡民间歌谣精鉴》，陕西旅游出版社，1992年，第170页。
湖北秭归	粽子歌	有棱有角，有心有肝；一身洁白，半生煎熬。				乐平里	

续表

省市	歌谣名	歌谣全文	传唱者或口述者	采录者	采录时间	采录地点	备注
湖北秭归	招魂曲	三闾呀大夫哎,嘿呦/听我讲哎,嘿呦/你的呀美名哎嘿呦/传四方哎/嘿呦/嘿呦一到哎,嘿呦,回故乡哎,嘿呦,回故乡哎,嘿呦/嘿呦三闾呀大夫哎,嘿呦/听我讲哎,嘿呦/故里呀相亲哎,嘿呦/怀念你哎,嘿呦/年年呀一到哎,嘿呦/五月五哎,嘿呦/嘿呦五月五哎,嘿呦/招你的呀魂魄哎,嘿呦/回故里哎,嘿呦/回故里哎,嘿呦/嘿呦招你的呀魂魄哎,嘿呦/同赏呀故乡哎,嘿呦/好风光啊哎,嘿呦/嘿呦				秭归	2010年龙舟赛表演歌谣。
湖北远安	赞屈原	衡岳与天齐,湘流长,三闾大夫遭水乡。一时不返遗孤芳,作《离骚》,日月齐光。		刘世新等	1992年	远安	刘世新等编:《三峡民间歌谣精鉴》,陕西旅游出版社,1992年,第170页。
湖北通山	屈原空中下凡尘	炉中啊香烟哟飘粉罗罗粉哟,香烟缥缈透天门哟,透得呀个天门四边哟凡哟尘哟。透得呀个天门四边哟凡哟尘哟,屈原空中下凡尘哟。打马啊扬州哟诸木罗匠哟,请			2015年		《文化通山》2015年6月,第10页。

续表

省市	歌谣名	歌谣全文	传唱者或口述者	采录者	采录时间	采录地点	备注
		来鲁班并张郎哟，鲁班呀个前边哟墨打哟啊哟，张郎后边把迟来量哟，鲁班呀个前边哟墨量来打啊哟，张郎后边把迟来量哟，打马啊扬州哟到河边哟，请来锯匠哟请锯罗匠哟，要锯锯啊万万千啊哟，长板呀板要锯啊万万千哟，长板呀，短板要锯万万千哟，短板哟个要锯万万千啊哟，要锯锯啊万万千哟，要锯洞庭哟湖中罗过哟，变只黄龙飞上天哟，短期哟，短期哟个造起三个啊月哟，长期造起一周哟年哟。					
湖北崇阳县	中华史歌	楚国怀王自有错，屈原忠谏反抱过。谪贬江南气不和，故作《离骚》《九章》歌。行到长沙过汨罗，投江死后美名多。屈原死得太冤枉，世世代代受祭享。彩船划在汨罗江，角黍专诚吊忠良。敲锣击鼓唱哀腔，至今遗俗在端阳。	清代铁匠陈兆端传唱	黎时忠收集整理注释	1992 年		黎时忠收集整理注释：《中华史歌》编辑部印刷，1992 年，第36 页。
台湾洲美		田园稻花开，屈宫粽香飘，端午扒龙船，洲美永承传。			2010 年		苏慧霜：《从游仙到水仙——屈原生命意象的自觉超越与永恒信仰》，《三峡论坛》2010 年第 5 期。

（二）屈原精神的民间承递空间

如上表统计,屈原题材民间歌谣流传分布空间主要在湖南、湖北、江西、安徽、河南、台湾的部分县市,其中,湖北县市分布最广,有秭归、云梦、监利、宜昌、远安、通山等。数量上,湖南汨罗、湖北秭归流传歌谣最多。安徽的合肥市、蚌埠市是汉代淮南王国封地;江西高安市,旧属九江郡,汉高祖初改九江郡为淮南国,亦属淮南国;且合肥市、蚌埠市、高安市三地均属于楚国末期的政治中心区域,因而当地流传了屈原题材的歌谣。又,楚迁都寿春以前,曾迁都陈(今属河南),河南省南召县古时曾经是"北扼洛阳、南控荆襄"的军事交通要地,也是文化交流交融的重要地域,因而河南也是屈原题材歌谣的重要传播地域。由此可见,有关屈原的歌谣流传区域主要是楚国境内,且与全国屈原庙的分布地域一致。这再次印证了屈原精神的核心传播区域为今湖南、湖北,辐射圈为紧邻省份河南、安徽、江西,而波及台湾,应与楚地移民有关。屈原题材的民间歌谣分布及传播的自发性,是屈原真实存在的又一民间记忆,由此屈原题材歌谣传播分布空间,实质也是屈原精神的民间传承空间。

（三）各地屈原题材歌谣的内容特色

民间歌谣的分布与歌谣传唱者的价值观,一般是同步的。歌谣原本是寓教于乐,更是民众心声的真实记录:"唱歌不为当歌仙,唱起凡间出青天。唱尽皇帝功和过,唱尽人间苦和甜。"(湖南民歌)在我国古代,《诗经》"饥者歌其食,劳者歌其事",汉乐府"感于哀乐,缘事而发",可以说,歌谣是劳动人民最喜爱、最方便的教育娱乐工具,是人民生产生活中的独特伴侣、阶级斗争中的精神武器,也是各项民俗(如,岁时节令、游艺民俗、信仰礼仪、居食民俗等)活动中增进民众情感交流的主要载体之一。

各地屈原题材民间歌谣内容各有特色。湖北秭归歌谣主要是以屈原家乡人的身份,结合楚地"招魂"习俗,在端午节时歌谣里,表达了家乡人对屈原悲剧遭遇的同情:"屈原汨水害,黄鱼驮尸来。楚人悲哀,好不伤怀。才把龙船划,孤魂转回家。"湖北秭归民间招魂歌谣把屈原当作家人,不同于其他地区民间敬重屈原为水神,这或可为屈原故乡在秭归的又一佐证。

湖北荆州、湖南汨罗的歌谣主要是以屈原殉国汨罗江及龙舟竞渡抢救屈原的传说为主要内容,一方面是把屈原尊为水神,希望他保佑,如:"朝拜屈原一炉香,年年五谷用船装。"一方面把他尊为忠臣,如:"龙船跑得欢,捞取楚忠良。"

两湖地区围绕端午节日活动、龙船竞渡仪式所唱的歌谣,与民间民俗活动联系紧密。如:"起桨:我哥回哟! 我哥回哟! 游江(之一):三闾大夫听我讲:你的魂魄不可向东方,东方有魔鬼高数丈,人到那里心受伤。三闾大夫听我讲,你的魂魄不可向西方,西方有流沙千万里,流沙滚滚人遭殃。三闾大夫听我讲,你的魂魄不可向南方,南方有大蛇和大蟒,虎豹豺狼把人伤。三闾大夫听我讲,你的魂魄不可向北方,北方有冰雪盖大地,草木不生万物丧。三闾大夫听我讲,安安然然回故乡。故乡百姓敬重你,永世伴你度时光。"

屈原文化辐射圈的河南、安徽、江西三省的歌谣,从演唱背景看,与"端午节"习俗仪式的关联并不紧密,多为"十二月调"。如,安徽蚌埠市《正月里玩花灯》:"五月里,是端阳。屈大夫屈死汨罗江。三闾大夫留佳誉,忠心报国人颂扬,千秋万代骂楚王。"河南南召县《十二月花开(旱船调)》:"五月里什么花开结子像珍珠? 什么人投江后人纪念过端午? 五月里石榴花开结子像珍珠,楚屈原投江后人纪念过端午。"这些歌谣主要是"楚屈原投江、后人纪念他而过端午"的知识传播,而从情感分析,河南、安徽、江西三省的歌谣对屈原理性的历史评价高于情感上的叹惋。这些特征亦表明湖南、湖北是屈原精神民间传承的核心区域,安徽、河南、江西为辐射外围区域。

二、招魂曲与屈原家国情怀的民间传承

屈原生前曾创作《大招》这样的"招魂体式"诗歌;屈原死后,民间也流传多首招引屈原魂魄的《招魂曲》;在秭归,至今有屈原衣冠冢,属于楚地招魂虚葬的习俗[①]。其流传的招魂曲有:"哭一声哟一把泪,姊姊心儿已哭碎! 屈原我的亲兄弟哟,忠魂孤鬼几时归?"[②]"大夫壮志与天齐,人民万代怀念你。你受奸贼多少冤? 你受怀王多少屈,为国捐躯投汨罗,船游江心

[①] 无尸招魂虚葬习俗,在楚地较为流行,如孙叔敖、关羽在楚地均有衣冠冢。
[②] 宁发新搜集整理,中国民间文艺研究会湖北分会编:《三峡的传说》,上海文艺出版社,1983 年,第 108—113 页。

来找你,招你魂魄归故国,招你魂魄归三闾。"①这些歌谣是秭归人对屈原爱戴和怀念的民间记忆。2010 年,台湾诗人余光中创作《秭归祭屈原》,仍然延续了这种楚地"招魂曲"的传统,采用铺陈手法,描绘了东南西北四方的恶劣环境,劝说屈原魂灵"安安然然回故乡"。

从宋玉《招魂》、秭归《龙船调·招魂》到余光中《秭归祭屈原》,这一套招魂曲的体式结构是继承不变的,如下表:

宋玉《招魂》 (节选)	秭归民歌 《招魂曲》	秭归民歌 《龙船调·招魂》	余光中《秭归祭屈原》 (节选)
魂兮归来! 去君之恒幹, 何为四方些? 舍君之乐处, 而离彼不祥些! 魂兮归来! 东方不可以托些。 长人千仞, 惟魂是索些。 十日代出, 流金铄石些。 彼皆习之, 魂往必释些。 归来兮! 不可以托些。 魂兮归来! 南方不可以止些。 雕题黑齿, 得人肉以祀, 以其骨为醢些。 蝮蛇蓁蓁, 封狐千里些。 雄虺九首, 往来倏忽, 吞人以益其心些。 归来兮! 不可以久淫些。	我哥哟,回哟, 嗬,嘿嗬哟! 三闾大夫哟,听 我说哟,嘿嗬哟 天不可上啊! 上有黑云万里。 地不可下啊! 下有九关八级。 东不可往啊, 东有漩流无底。 南不可去啊, 南有豺狼狐狸。 西不可向啊, 西有流沙千里。 北不可游啊, 北有冰雪盖地。 唯愿我大夫, 快快回故里。 衣食无须问, 楚国好天地。 你应回故里, 你应回故里。	三闾哟大夫哦(齐 和),听我讲哦(齐 和),你的呀魂魄 哟(齐和),不可向 东方哦(齐和),东 方啊有魔鬼哟(齐 和),高数丈哦吷 (齐和),人到啊那 里哟(齐和),必受 伤哦(齐和),(以 下每段歌词领唱及 和唱的声调如前) 三闾大夫听我讲, 你的魂魄不可向 西方,西方有流沙 千里,流沙滚滚人 遭殃; 三闾大夫听我讲, 你的魂魄不可向 南方,南方有大蛟 和大蟒,虎豹豺狼 把人伤; 三闾大夫听我讲, 你的魂魄不可向 北方,北方有冰凌 和雪霜,草木不生 万物丧;	秭归秭归,之子不归 怀王不返,秦兵不退 帝遣巫阳下界来招魂 魂兮归来,东方不可以 徘徊 江湖满地,下游更阻于 沧海 魂兮归来,南方不可以 流连 南溟浩渺,天低鹘没 让韩愈和苏轼去放贬 魂兮归来,西方不可以 迁延 流沙千里,丝路漫漫 昆仑嵯峨,冰封崦嵫的 鸟道 绝域让张骞和玄奘去 探险 魂兮归来,北方不可以 逍遥 戈壁无边,沙尘卷暴 让苏武去牧羊,昭君去 和番

①张伟权、周凌云:《诗魂余韵——屈原传说及其它》,中国书籍出版社,2009 年,第 185 页。

宋玉《招魂》 （节选）	秭归民歌 《招魂曲》	秭归民歌 《龙船调·招魂》	余光中《秭归祭屈原》 （节选）
魂兮归来！ 西方之害， 流沙千里些。 旋入雷渊， 靡散而不可止些。 幸而得脱， 其外旷宇些。 赤蚁若象， 玄蜂若壶些。 五谷不生， 藂菅是食些。 其土烂人， 求水无所得些。 彷徉无所倚， 广大无所极些。 归来兮！ 恐自遗贼些。 魂兮归来！ 北方不可以止些。 增冰峨峨， 飞雪千里些。 归来兮！ 不可以久些。 魂兮归来！ 君无上天些。 虎豹九关， 啄害下人些。 一夫九首， 拔木九千些。 豺狼从目， 往来侁侁些。 悬人以娭， 投之深渊些。 致命于帝， 然后得瞑些。 归来！往恐危 身些…… 魂兮归来！ 反故居些。		三间大夫听我讲， 安安然然回故乡， 故乡百姓敬重你， 永远伴你度时光。	魂兮归来，上天或下地 都非你耿耿之所甘 你的归宿是三楚才心安 心挂在故国隐隐的雉堞 …… 从汨罗江畔你披发投水 到秭归家门你赤体投胎 从国士吞恨到啼婴发声 把一生的悲愤倒收起来 来你的庙前行礼祭拜 蒲剑抖擞，犹似你的气节 角黍峥嵘，岂非你的傲骨 两千三百多年前，你奋身 一纵 成清流，上游一直到下游 江水浩浩因你而清浏 …… 你却永远在我们前头 不懈的背影高冠巍巍 为我们引路，引渡，告诉 我们，切莫随众人共浊 合污 你才是天问的先知，年年 踏波为我们带路，指路 你早已修练成不朽的 江神 不再是落魄的三间大夫 问所有的樵夫，渔父， 所有的尖粽，所有的艾草 所有的选手，所有的龙舟 这已是无人不信的民俗 问所有的水族，所有的 荇藻 所有的芙蓉与兰桨桂棹 乱曰 秭归秭归，魂兮来归 ……

　　民间《招魂曲》描绘的"楚国好天地",寄托了人民对美好生活的向往,描绘了他们衣食无忧的生活理想:"衣食无须问。"呼唤屈原回归故里,体现了百姓安土重迁的家国情怀。台湾诗人余光中《秭归祭屈原》化用屈原《大招》、宋玉《招魂》中的典故,采用传统招魂曲的结构与语言,表达了对屈原的理解与敬重:"帝遣巫阳下界来招魂/魂兮归来,东方不可以徘徊/江湖满地,下游更阻于沧海/魂兮归来,南方不可以流连/南溟浩渺,天低鹘没/……/魂兮归来,西方不可以迁延/流沙千里,丝路漫漫/昆仑嵯峨,冰封崦嵫的鸟道/……/魂兮归来,北方不可以逍遥/戈壁无边,沙尘卷暴/……/魂兮归来,上天或下地/都非你耿耿之所甘/你的归宿是三楚才心安。"塑造了一位傲骨铮铮的烈士和永不屈服的孤臣形象:"屈平其名,铮铮傲骨却不平/永不屈服是正则的脊椎/他佩的是长剑之陆离/戴的是高冠之崔嵬/他手捻兰花,翩然两袂/乱发长髯,任江风拂吹/眼神因不胜远望而受伤/迢迢望断郢都的方向。"复活的屈原,遥望郢都,"招魂曲"已超越了一般招魂辞纯粹的生命敬畏与心理安慰,融入了一位台湾游子感同身受的远离国都的寂寥情怀,这正是对屈原家国情怀的由衷赞美与传承。

　　"灵魂不死"观,在人类历史上普遍存在,因而,"招魂"习俗在中西方文化中都是存在的。英国学者弗雷泽曾说道:"睡眠或睡眠状态是灵魂暂时的离体,死亡则是永恒的离体。如果死亡是灵魂永恒的离体,那么预防死亡的办法就是不让灵魂离体,如果离开了,就要想法保证让它回来。未开化的人们为达到这种目的而采取的预防措施就是某些形式的禁忌规戒,其目的不是别的,只是为了确保灵魂继续留在体内或者离去后还再回来。"[1]弗雷泽提到"想法保证让它回来",实质就是"招魂"。

　　一般而言,"招魂"主要是为活人招生魂和为死人喊魂两种方式。《金枝》里记述,在马来半岛,巫师诱捉人们生魂,巫师想要叫哪位女郎发狂,就摄住她的灵魂,他的做法如下:月亮刚刚从东方地平线上升起,看上去像一团红球似的,这时候走到屋外,站在月亮下,右脚大趾放在左脚大趾上,右手握作话筒形放在嘴唇边,朗朗念诵下面这些话:

　　　　咯,咯,咯!某某某的灵魂啊,

---

① [英]弗雷泽著,徐育新、张泽石、汪新基译:《金枝》(上),新世界出版社,2006年,第181页。

来,跟我一起走吧,

来,跟我坐在一起吧,

来,跟我并枕同眠吧,

咯,咯,咯!魂呀魂![①]

我国先秦古籍中关于"招魂"的记载类似,人刚死时登上屋顶大喊他的名字,"某某回来吧"以待其"回生","复"礼就是招魂。见《礼记·礼运》:"及其死也,升屋而号,告曰'皋某复!',然后饭腥而苴孰。故天望而地藏也,体魄则降,知气在上。故死者北首,生者南乡,皆从其初。"[②]

湘西苗族有"叫魂词":

东方有高脚鬼的关魂牢,魂魄啊不能去呀,归来归来;

南方有毒蛇精的关魂牢,魂魄啊不能去呀,归来归来;

西方有旋风鬼的关魂牢,魂魄啊不能去呀,归来归来;

北方有散毒鬼的关魂牢,魂魄啊不能去呀,归来归来。

在中九虎九豹设有中牢;

在地九鬼九妖设有地牢,

魂魄啊不能去呀,

归来归来。

科尔沁民歌有《招魂曲》:

将杜松树的枝杈,

弄直来造祭祀的箭。

用十彩的薄丝绸,

装饰祭祀用的箭。

我亲爱的孩子哟,

虽然你已牺牲了;

纯洁的灵魂我召唤:

回来吧,回来吧,乌拉乌拉!

---

① [英]弗雷泽著,徐育新、张泽石、汪新基译:《金枝》(上),新世界出版社,2006 年,第 189—190 页。

② [元]陈澔注,金晓东校点:《礼记》卷四,上海古籍出版社,2016 年,第 251 页。

将山丁子的枝杈，

分节来造祭祀的箭。

用九彩的薄丝绸，

装饰祭祀用的箭。①

陕西佳县的丧葬仪式上也唱《招魂曲》：

玉音仙花下瑶台，

童玉传言地狱开。

苦海波涛皆息浪，

铁床炉碳化寒灰。

真符告下罗鄷去，

冥府引将带魂来。

惟望亡灵承诏告，

三涂五苦免轮回。

召亡功德不思议，

追魂摄召大天尊。②

可以看出，马来半岛那里巫师诱捉人们灵魂的诵词、湘西苗族叫魂词等，与《楚辞·招魂》、《楚辞·大招》结构思路均相同。歌谣有极强的精神疏泄功能，如《劳号》(卢氏县)所唱："山歌本是古人留，留给后人解忧愁。三天不把山歌唱，七岁玩童白了头。"③招魂曲是面对死亡与疾病的一种抗争，是人与神灵的对话与沟通，显示了人们对生命的敬畏和对家乡亲人的依恋，与许多宗教仪式活动一样，具备一定的精神治疗力量。

招魂，古称"复"，是丧礼上表达对逝者之怀念的一种礼仪形式，期待通过招魂使逝者起死回生，《礼记·檀弓下》载："复，尽爱之道也，有祷祠之心焉。"④楚地流传的屈原题材的招魂曲表达了对屈原其人的怀念不舍，彰显了民间对忠臣的敬仰，抒发了对屈原家国情怀的传承决心。

---

①曾胡、撒仁其木格编选，曾胡译：《蒙古民歌精粹：汉语、蒙古语》，中国书籍出版社，2014 年，第
　　248 页。
②霍向贵编著：《陕北风俗民歌》，陕西人民出版社，2014 年，第 250—251 页。
③李长法演唱，方岚搜集：《山歌本是古人留》，杜玉峰主编：《中国民间歌谣集成·河南卢氏县
　　卷》，1989 年，第 5 页。
④[元]陈澔注，金晓东校点：《礼记》卷二，上海古籍出版社，2016 年，第 104 页。

三、历史歌谣与屈原精神的民间颂扬

以谣为镜,知得失。历史歌谣是以历史为题材的歌谣,是劳动大众对某些历史事件、历史人物发表看法、作出评价的方式之一,一般在集体劳作或祭祀活动中传唱,今天还被应用于中小学历史课程教学[1]。作为一位忠臣、诗人、端午节纪念的核心人物,屈原是民间歌谣传唱的著名历史人物之一。如,清代铁匠陈兆瑞传唱《中华史歌》[2]:

> 楚国怀王自有错,屈原忠谏反抱过。
> 谪贬江南气不和,故作《离骚》《九章》歌。
> 行到长沙过汨罗,投江死后美名多。
> 屈原死得太冤枉,世世代代受祭享。
> 彩船划在汨罗江,角黍专诚吊忠良。
> 敲锣击鼓唱哀腔,至今遗俗在端阳。

这首歌流传于鄂南崇阳县,是一首以中华五千年历史为背景的叙事长诗中的一节。其中,关于战国时代的叙述,选取了孟子、屈原、晋文公、介子推四人,以他们的人生遭际来展示战国风云。唯有对屈原着墨最多,评价了屈原之死,赞美其忠谏耿直的品格,描述世世代代祭祀屈原的民间习俗,体现了崇阳民间对屈原悲剧人生的深切同情,表达了对屈原高尚品格的由衷敬佩。

口耳相传的民间歌谣,以质朴、健康的现实主义和浪漫主义传统,传唱着屈原高大的形象。如,湖北远安歌谣《赞屈原》:"衡岳与天齐,湘流长,三闾大夫遭水乡。屈原啊,一时不返遗孤芳。作《离骚》,日月齐光。"这首歌以衡山与湘水起兴,写屈原的流放生涯及沉水悲剧,情绪极悲凉,一句"屈原啊,一时不返",悲凉到极点! 接着,情绪转为高亢,赞美其诗歌《离骚》与日月同放光芒。质朴的歌谣善于洞鉴历史本质,有益于沉淀前代的思想与精神,传承厚重的文化意蕴,"作《离骚》,日月齐光"与汉代以来文人评价屈原"推此志也,虽与日月争光可也"(《史记·屈原列传》)一致,体

---

[1] 如:"楚国诗人叫屈原,上了世界名人篇,抒情长诗有《离骚》,思想艺术传千年。"(人教版《初中历史歌谣》)
[2] 黎时忠收集整理注释:《中华史歌》,《党校教育研究》编辑部印刷,1992 年,第 36 页。

现了民间口传艺人对历史文献记载的吸纳,也说明了民间、文人、官方传承屈原精神是互相影响的。

各地历史歌谣将屈原生命中辉煌的事迹、个性中最高贵的品格,用通俗的韵语传唱,促进了民间百姓对屈原品行的了解,使得关爱百姓、廉洁自律、敢于抗争的屈原形象深入人心,家喻户晓,成为百姓的历史常识。如湖北监利:"秦国诱骗楚怀王,三闾大夫有主张。昏王不听忠臣言,轻信谗言贬忠良。郢都皇宫起风浪,南后郑袖与子兰,害得屈原遭流放。奔漓湖,下洞庭,濯濯夏水到容城。监利修起三闾庙,民间流传到如今。"①安徽蚌埠:"五月里,是端阳。屈大夫屈死汨罗江。三闾大夫留佳誉,忠心报国人颂扬,千秋万代骂楚王。"②湖北秭归:"有棱有角,有心有肝;一身洁白,半生煎熬。"③湖南汨罗:"杉木船子溜溜尖,龙船划向前。三闾大夫是屈原,投江在今天。我和你来划龙船,河里捞屈原。粽子撒向深水处,捞了两千年。"④"大水茫茫,眼泪汪汪;淹死孤王楚怀王,莫淹忠良。"⑤等等。

民间历史歌谣,以口语化的特征、活泼隽永的风格和巨大的语言包容力(如,一语双关、比兴等艺术手法,不断地集纳不同民族不同地区不同方言不同时代的语言)生动传唱着屈原故事,是屈原精神民间传承的珍贵实证。

四、屈原传说的搜集整理与出版

屈原传说,是与屈原相关的历史事件、地方古迹、自然风物、社会民俗故事,属于口头叙事文学,往往是真人真事的艺术化。传说创作的一般规律是依物赋形、随类赋彩,如有关屈原的《三星对半月》、《照面井》、《读书洞》、《玉米三丘》等传说,均与秭归乐平里的地形、地貌、物产的特征相关联,寄寓了家乡人们对少年屈原的深切喜爱与颂扬。传说的民族心理基础是有相对稳定的民族共同信仰、相对固定的大大小小的传说圈,往往蕴涵着劳动人民朴素的历史观和历史情感,体现了劳动人民的生活和生产智慧,表达了劳动人民对真善美的由衷向往和赞美。基于

---

①《中国歌谣集成·湖北卷》,中国 ISBN 中心,2009 年,第 458 页。
②《中国歌谣集成·安徽卷》,中国 ISBN 中心,2008 年,第 882 页。
③秭归民谣。
④《中国歌谣集成·湖南卷》,中国 ISBN 中心,1999 年,第 696 页。
⑤《中国歌谣集成·湖南卷》,中国 ISBN 中心,1999 年,第 697—698 页。

此,现存被纳入国家级非遗的"秭归屈原传说",还有湖南、河南、安徽、福建、台湾及长江、淮河流域等地的屈原传说,是我们考察屈原精神民间传承的重要口传资料。

(一)屈原传说的整理与出版

在 20 世纪 80 年代、20 世纪末及 21 世纪"中国民间文化遗产抢救工程"中,屈原传说的搜集整理成效显著。具体情况如下:

20 世纪 80 年代,整理出版的屈原传说专集有三:

一是,湖南人民出版社(长沙)编《屈原的传说》(1981),收入屈原传说共 27 个:《金镐掘井》、《擂鼓退敌》、《灵牛献绸》、《纱帽垛子》、《玉米田》、《问天公》、《游罗城》、《南阳庙》、《月亮光光》、《送寒衣》、《濯缨桥》、《独醒亭》、《夜读〈离骚〉》、《别有洞天》、《五月端阳》、《汨罗江上水倒流》、《望爷墩》、《仙匠铸金头》、《十二疑冢》、《血染剪刀池》、《神鱼》、《"我哥回"》、《招魂》、《金鸡岭》、《江潭无草》、《文章会》、《贪官"祭"屈》。

二是,少年儿童出版社(上海)徐伯青整理《屈原的传说》(1981)收录 21 个:《冤屈》、《杜苦洲和杜苦草》、《"秭归"的来历》、《拜墓遇仙》、《独醒亭》、《水淹南阳寺》、《女婆劝弟》、《一卷〈离骚〉山鬼哭》、《怀沙沉江》、《一女打金头》、《十二疑冢》、《罗裙负土葬爷坟》、《祭礼》、《端午澡》、《金鸡的故事》、《阴龙船》、《粽子和龙船》、《招魂》、《寿星亭》、《磨剪池的故事》、《女婆和娘娘庙》。

三是,中国少年儿童出版社(北京)宁发新整理《屈原的传说》(1983)收录 30 个:《读书洞》、《米仓口》、《三星照半月》、《珍珠岩》、《女婆砧》、《灵牛》、《巴山野老》、《颂桔坡》、《照面井》、《三件宝》、《金粳稻》、《雷劈石》、《楚王井》、《夺稿》、《汉北迷雾》、《郢都路》、《拦驾》、《花神》、《濯缨泉》、《玉米田》、《擂鼓台》、《九畹芝兰》、《云游》、《宝石鱼》、《汨罗泪》、《神鱼》、《么姑鸟》、《菖蒲剑》、《纱帽翅》、《石像》。

此外,中国民间文艺研究会湖北分会、湖北省群众艺术馆编《三峡的传说》(1983)收录"屈原的传说"3 个:《三星对半月》、《灵牛》、《屈原砣》。祁连休《中国历代文化名人珍闻录》(上海文艺出版社,1989 年)收录了 8 个屈原故事:《米仓口》、《灵牛》、《金粳稻》、《独醒亭》、《一卷〈离骚〉山鬼哭》、《天问台》、《十二疑冢》、《粽子和龙船》。沙铁军编文,蔡延年绘画

《屈原的传说画册(汉英对照)》(湖北少年儿童出版社,1991年)收录《照面井》、《"我哥回"》两个故事。

20世纪末,各地整理出版的屈原故事有:湖北监利柳如梅编著《三闾大夫屈原故事》(1999),作者在后记里写道:监利县移民新镇三闾寺村得名缘于纪念屈原,屈原流放到监利有六年之久。该书搜录了故事背景发生在秭归、兴山、监利一带的屈原故事18则:《三闾新村名显天下》、《屈原与古容城》、《三闾城的来历》、《胡广太傅始建"三闾寺"》、《凤凰堤》、《读书洞》、《女媭砧》、《伏虎降钟》、《灵牛不要绳》、《屈原智考举人》、《照面井》、《濯缨泉》、《玉米田》、《神皇鱼》、《菖蒲剑》、《纱帽翅》、《屈原庙》、《三闾寺》。又,梁友芳编著《三峡的传说》(大众文艺出版社,1999年)收录"屈原的传说"7个:《流米洞》、《濯缨泉》、《珍珠岩》、《楚王井》、《照面井》、《屈原庙》、《金粳稻》。

21世纪以来,屈原传说被收入各类民间文学作品集。计有:周凌云主编《中国民间故事全书·湖北秭归卷》(知识产权出版社,2007年)收录屈原的传说48个:《伯庸保住将军石》、《天降灵均延屈宗》、《伏虎哺屈原》、《读书洞》、《米仓口》、《三星照半月》、《女媭砧》、《伏虎降钟》、《照面井》、《眼皮子岩》、《回龙锁水》、《仙女湖》、《珍珠岩》、《巴山野老》、《橘颂坡》、《金粳稻》、《三件宝》、《雷劈石》、《楚王井》、《夺稿》、《汉北迷雾》、《拦驾》、《花神》、《灵牛》、《擂鼓台》、《濯缨泉》、《玉米田》、《九畹芝兰》、《远游》、《宝石鱼》、《汨罗泪》、《幺姑鸟》、《神鱼》、《菖蒲剑》、《纱帽翅》、《石像》、《情侣峰》、《问天简》、《望夫石》、《巨鱼坊》、《砚窝台》、《我哥回》、《红漆棺材》、《易服救主》、《链子岩》、《五子杉》、《千年古藤》、《女媭庙》。屠一鸣、王钻《中外名人童年的故事(双色珍藏版)》(百花文艺出版社,2008年)收录故事:《小屈原送粮米仓口》。舒新宇著《破解屈原溆浦之谜》(东方出版社,2007年)一书中提到了溆浦屈原传说《原登岩(屈原操练水兵的指挥台)》和民谣《造船歌》。禹经安编《屈原在溆浦》(中国文史出版社,2007年)收录了屈原在溆浦的十多个传说:《犁头嘴》、《正本潭的传说》、《屈子峡的传说》、《三闾滩》、《溆水屈》、《芦潭渔唱》、《桔花园的传说》、《吐钱岩山的传说》、《鹿鸣山的传说》、《明月洞与山鬼的传说》等。又如,《汉寿屈原故里考》(中国文史出版社,2014年)收录古今传说三十多则:《屈原的恋情三部曲》、《望桔乡的来历》《正龙池的传说》《凤凰村里的传说》《屈原遇渔父的故事》《屈原与濯缨桥》等。张俊伟主编《屈原南阳诵歌》（河南人民出版社，2012年），收录屈原岗的传说、大小端午的传说、屈原扣马岗传奇故事及屈原拜师，等。卢丹主编《屈原传说》（长江出版社，2012年）再次从秭归和汨罗152个屈原故事中选编了59个，分人物、风物、习俗、景观四类，包括《伯庸保住将军石》《伏虎哺屈原》《巴山野老》《屈原巧断家产》《屈原智斗靳尚》《屈原拦驾》《花神护屈原》《屈原辩景柏》《屈原问天公》《幺姑鸟》等。又据新闻报道，福建厦门盛运昌先生搜集包括屈原公屿在内的全国各地的屈原传说183个，有待付梓①。

（二）民间屈原传说的当代传承

随着印刷术、电子数据技术的发展，当代民间屈原传说主要通过口头、书面及网络三种方式传承。秭归、汨罗等地至今口耳相传着屈原故事；一些文人学者艺术家的作品中，常常复述、改编屈原传说②传播到世界各地。2008年，"屈原传说"列入国家级第二批非物质文化遗产名录。

屈原传说的分布区域，以湖南、湖北、河南等楚国腹地为重点区域。湖南汨罗、溆浦、汉寿，湖北秭归，河南南阳等地最有活力。这些故事，主要是与屈原相关的地方山水名胜、地名由来的传说，民间风俗习惯的来历等，民间传说承载着民间对屈原精神的理解与同情。

屈原传说，有与现实时空照应的地点、有曲折的故事情节、有逼真的细节描写、有生动的人物塑造，有烘托、有直笔、有反衬等突出主题的叙述方式，有壮美、优美、神奇的审美特征，有通俗易懂、生动形象、各具特色的方言口语。这些流传各地的屈原传说，常常被改编、重述、转引、出版，渐渐深入人心，极富地域文化和民间朴素信仰特征。初步统计，最有影响的屈原传说主要是：读书洞、照面井（金镐掘井）、灵牛、女媭砧、米仓口、颂橘坡、擂鼓退敌、夺稿、拦驾、与郑詹尹的对话、与渔父对话、汨罗泪、我哥回、端午龙舟粽子传说等，其各自被引用改编的频次见下表：

---

① 魏伟：《让"屈子文化园"进驻厦门的华容人》，2010年6月21日《岳阳晚报》。
② 如，瞿明刚《三峡诗学》（齐鲁书社，2006年）有一节"读书洞出离骚才：诗祖与三峡"，传播了屈原读书洞的故事；再如，芜眠著《立于文化之巅的巨人：屈原》（昆仑出版社，2008年）也将民间读书洞、照面井、擂鼓退敌的故事，改写为"年少苦读，博闻强记"、"以水为镜，洁净心灵"、"保卫家乡，热爱故土"等内容。

当代屈原传引用"民间屈原传说"频次表

民间屈原传说	汤化编著《屈原》（海天出版社1999年）	羌眠编著《屈原》（昆仑出版社2007年）；羌眠编著《诗家之绝唱——屈原》（企业管理出版社2012年）	王健强《屈原传》（湖北人民出版社2008年）	孙玉堂著《屈原》（光明日报出版社2009年）	吴继路著《中华诗祖屈原》（首都师范大学出版社2010年）	熊诚、莫夫著《屈原大传》（安徽文艺出版社2012年）	曹睿著《思美人：屈原传》（石油工业出版社2017年）	罗文娟编著《屈原》（团结出版社2013年）	窦学欣著《大地悲歌：屈原传》（中国华侨出版社2014年）	白芷寒著《众人皆醉我独醒——屈原传》（北京工业大学出版社2017年）
秭归屈原沱、神鱼、三星对半月、珍珠潭、汨罗屈原墓、烈女岭			童蒙时代		故里·祠亭					
读书洞	年少苦读，博闻强记（"读书洞"）		童蒙时代	童年				苦读诗书	石洞读书 少年郎	辩才：擅思而感言
灵牛			童蒙时代	童年						

续表

篇目	主旨	时代阶段		情节		精神
照面井（金镐掘井）	以水为镜，洁净心灵（"照面井"）	童蒙时代		智掘"照面井"	玉树临风美少年	善念：尘世中走出的少年
女媭砧				巧移洗衣帖		
巴山野老			巴山野老读书与视野		巴山野老的造访	
米仓口		童年		石头缝里出来的大米	哀民生之多艰	
颂橘坡	礼赞橘树，托物言志		以橘言志笃定爱国	咏橘明志	橘林赋诗表心迹	橘林：咏颂他物而言内心
擂鼓退敌	保卫家乡，热爱故土			擂鼓却敌	先天下之忧而忧	锋芒：文雄之武略
夺稿	严守变法秘密	阴夺密稿		才高惹人妒	当理想化为泡影	执念：妥协比失败难堪
拦驾	劝阻怀王赴秦之武关会盟	屈原劝阻		梦断郢都	怀王的最终结局	梦断：空有一腔壮志

续表

濯缨										
与郑詹尹的对话	楚山诗囚，汨罗忠魂	探寻真理，敢于怀疑			汉北·离骚	沧浪问卜			举世皆浊我独清	
与渔父对话	楚山诗囚，汨罗忠魂	与渔父的对话，自杀殉国	渔父"相面"	渔父"相面"	故里·祠亭	泪罗忠魂	荒凉之地众人皆醉我独醒		江边孤守的骄傲，举世皆浊我独清	等待：心灵苍老
汨罗泪	楚山诗囚，汨罗忠魂	与渔父的对话，自杀殉国	渔父"相面"	饮恨投江	故里·祠亭	泪罗忠魂		饮恨沉江	一颗巨星的陨落	
我哥回（乡姑鸟）								我哥回的传说		
端午龙舟粽子传说				饮恨投江	端午·龙舟			饮恨沉江	端午龙舟为君争	追忆:人间感念与传承

"人民不仅是创造一切物质价值的力量,人民也是精神价值的唯一的永不枯竭的源泉,无论就时间、就美、还是就创作天才来说,人民总是第一个哲学家和诗人:他们创作了一切伟大的诗歌……"①屈原精神在两千多年后家喻户晓,与民间文学的贡献密不可分。这些民间传说不仅提供给作家文学素材,而且影响作家文学的价值观,是屈原精神民间传承"唯一的永不枯竭的源泉!"民间屈原传说被不断书写的较多题材,集中于读书洞、照面井、橘颂、夺稿、渔父等内容,这些内容传达了中华民族勤奋进取、清洁自律、耿介正直、忠贞爱国的精神追求,传承了屈原高尚的人格和智慧。下文拟选取部分流传深广的屈原传说,分类分析。

五、读书洞、三星对半月与勤奋好学的屈原形象

(一)"真诗在民间"——《读书洞》与屈原民间关怀、勤奋好学精神

中国文化,朝政好"文德"②,普通民众信"万般皆下品,唯有读书高",民间"读书洞"的传说甚多。有文献记载的读书洞,现知最早的是春秋末期位于陕西省渭南市合阳县的"子夏读书洞"。此后,历代名人"读书洞"的遗迹屡见记载,如,江西省庐江县有毛公读书洞,乃汉代毛义读书处,石凳、石窗犹存;又,终南山有后汉古文经学家马季常读书洞;山西省太平县万王里(今襄汾县南贾镇万王村),有隋王通读书洞;陕西永寿县,有宋韩桐读书洞;四川省富顺县,有宋隐士李见(一作李晛)读书洞(又名"读易洞"),等。

与屈原相关的读书洞有二:一是湖北秭归乐平里读书洞;一是湖南桃江"花园洞"。在湖北秭归乐平里响鼓溪左岸,有一个山洞,洞高约两米,洞外是悬崖峭壁,藤萝蔓缠。洞室内有石凳、石桌、石几等物,传说是屈原少年时代读过书的地方,人们称它为"屈原读书洞"。相传,小时候,屈原十分爱好读书,偶然间发现了这个地方。从此,屈原每天放学就来到这里,支好石桌石凳,把塾师不准在书房里读的"野书"《巫风》《断尾虎》《小脚神》之类拿出来,时而低声吟咏,时而放声朗读,慢慢屈原悟出"真诗在

---

① [俄]高尔基:《论文学》续集,人民文学出版社,1979年,第54页。
② 高闾《上安边表》:"为国之道,其要有五:一曰文德,二曰武功,三曰法度,四曰防固,五曰刑赏。"
　　([北齐]魏收:《魏书》卷五十四列传第四十二《高闾传》,文渊阁四库全书本)

民间"的艺术真谛。就这样,屈原常常去找栈夫、猎户、渔翁、蚕女、巫师、庙祝,向他们采集民间歌谣,又在小溪畔的石洞里记录、整理、吟诵。勤奋出天才,屈原吸收了大量民间文学的营养,使他创造出了对后世文学有深远影响的骚体诗,成为我国历史上第一个伟大的爱国诗人。乡里人为了纪念屈原、学习他小时候苦读勤学的精神,便把小溪边的石洞取名"读书洞"①。

另外,在湖南桃江县城关,有一个"花园洞",传说,那里是屈原晚年流放沅湘时读书的地方。清同治《益阳县志》记载:"林壑幽邃,有石鼓数座,莫知所自,传为屈原读书处,有屈女绣英墓,洞口有三闾桥。"②

秭归读书洞故事,首先表达了一个道理:伟大的天才往往谦虚勤奋敢创新、会尽力创造条件学习、主动向民间学习。故事中说:"屈原吸收了大量民间文学的营养,就'书楚语,作楚声,纪楚地,名楚物',创造出了对后世文学有深远影响的骚体诗,成为我国历史上第一个伟大的爱国诗人。"③故事要传达的另一个道理是:苦读勤学是会被万世景仰的。故事中说:"乡里人为了纪念屈原小时候苦读勤学的精神,便把小溪边的石洞取名'读书洞'。说也奇怪,千百年来,秭归三闾的乡人们都有这么一个感觉:每逢皎洁的月夜,就听见从读书洞里传出了读书声;这声音时隐时显,时高时低,比歌声还动人,比琴声还好听,传说这是屈原正在读书洞里刻苦夜读呢。"④

与读书洞故事的核心内涵相照应,宁发新整理《屈原的传说》中还搜集了秭归当地《巴山野老》的传说。传说,屈原小时候在家温习晚课,一位自称巴山野老的老爷爷,胡子拉碴的,在一个雪夜向屈原求宿。晚上,老汉在屈原家睡觉时,嘴里"哩哩嗡嗡"地哼着,好像赶路疲劳了发出的叹息,又像是喝醉了在说胡话。屈原听了一会儿,渐渐听出这位怪人是在哼什么曲子了,像是哪朝哪代的古调。屈原几次想插嘴询问,都搭不上话儿。又听了一会,屈原品出这曲子的韵味很浓、文辞优美。这些优美动人的曲子,使屈原觉得荡气回肠,新鲜无比。野老临走时将一个棕口袋留给屈原,一

①宁发新整理:《屈原的传说》,中国少年儿童出版社,1983年,第3—8页。
②李树良:《人文荟萃桃花江》,李树良主编,中国人民政治协商会议湖南省桃江县委员会编:《桃江文史(第九辑)——桃花江旅游文化专辑》,2001年,第33页。
③宁发新整理:《屈原的传说》,中国少年儿童出版社,1983年,第8页。
④宁发新整理:《屈原的传说》,中国少年儿童出版社,1983年,第8页。

打开,里面尽是书帛简策。其中一块竹简上刻着两句话:"书山千仞志为梯,学海万里勤是舟。"屈原翻开竹简帛卷一看,正是晚上巴山野老哼吟的《巫阳曲》《灵氛调》《夔子歌》《神女赋》《彭咸传》《伯夷传》……从此,他如饥似渴地刻苦学习着这些曲子,照巴山野老指出的用"志"梯来登万仞书山,用"勤"舟来渡万里学海①。故事中"巴山野老"是无数不知名的民间艺术传承人的代表,他们是屈原诗歌创新的艺术源泉;故事中"书山千仞志为梯,学海万里勤是舟"的格言,传递了中华民族勤奋好学的优良传统,是屈原少年时代志于学的信念源泉。人民群众教育了屈原,屈原的精神与智慧源于民间;同时,屈原又认真践行,将这种智慧和精神传承下来。

秭归"屈原读书洞"的故事,1995 年被改编成少儿励志故事的动画片②,2007 年收入儿童故事书③;屈原读书洞的遗迹,也被编入《中国名胜词典·湖北湖南分册》(国家文物事业管理局主编,1983 年)。今天,你去2010 年落成的迁建秭归凤凰山屈原祠,可以看到内有"读书洞"原景的复制,相关的传说文字被摄成巨幅照片悬挂于展厅内墙壁上……屈原关怀民间、勤奋好学的精神又回归民间,在鼓励着华夏儿女关怀民生、勤奋好学。屈原与人民之间的联系是十分紧密的,这正是屈原诗歌千年传诵和屈原精神万世景仰的根本原因。

"《教子语》:人生至乐无如读书。"④"饥读之以当肉,寒读之以当裘,孤寂而读之以当朋友,幽忧而读之以当金石琴瑟。"⑤乐读书,勤读书,苦读书,常读书,通过读书获得精神的充实,获得前人的智慧,是屈原读书洞故事流传千古的历史文化背景。《史记》说屈原"博闻强志",屈原自己亦说:"民生各有所乐兮,余独好脩以为常。"(《离骚》)"余幼好此奇服兮,年既老而不衰。"(《九章·涉江》)屈原诗歌所体现的与众不同的艺术趣味,屈原志向中所表现的苏世独立的人格追求,与《读书洞》《巴山野老》《花园洞》等民间传说中屈原形象是一致的,屈原一生积极上进、勤奋好学、勇于创新、虚心向老百姓学习、虚心研究民间曲调,这是屈原"自爱"精神在民

---

① 宁发新整理:《屈原的传说》,中国少年儿童出版社,1983 年,第 38 页。
② 沈寿林、冯健男导演:达嘉编剧:《屈原读书洞》(动画视频),上海美术电影制片厂,1995 年出品。
③ 如:《屈原"读书洞"》,王修智主编:《"八荣八耻"的故事》上,山东人民出版社,2007 年;《读书洞》,《今日小学生(B 版)》2006 年第 10 期。
④ [宋]刘清之:《戒子通录》卷六,文渊阁四库全书本。
⑤ [明]胡应麟:《少室山房笔丛》卷四引,文渊阁四库全书本。

间层面的形象传达。

（二）"为什么不能在月光下读书呢?"——《三星对半月》与屈原珍惜时光、勤奋好学的形象

在秭归还流传着《三星对半月》的风景传说。故事是这样的:屈原从小刻苦学习。早晨,他比太阳起得早;晚上,他比别人睡得晚,总是勤奋读书。一天夜里,屈原见姐姐在月下纺线,就想自己为什么不能在月光下读书呢? 于是,每当月夜,等姐姐睡了以后,他又悄悄地披衣起床,推开窗子,让明亮的月光照着书案继续读书。可是,不是天天都有好月光。有一次,他听老师讲了古时后羿射九日的故事,心想:人家后羿将天上九个太阳都射了下来,我怎么不能把一个月亮拴住呢? 屈原用风筝线把月亮钩住,挂在窗外柳树梢上,自己高高兴兴地回屋读书。这下天上的玉帝奇怪了,派众神四处寻找月亮。众神找了半天,才发现月亮被一个小孩拴在香炉坪的柳树上了。玉帝马上命哮天犬去取回月亮。正在月光下读书的屈原,突然感到月光摇晃不定,抬头一望,正见天狗纵身跳起,一口咬住了月亮。他立即高声叫喊:"不好! 天狗吃月亮了!"这一叫惊醒了姐姐,也惊动了香炉坪的人们。大家连忙敲钟鸣锣聚集拢来。那天狗吓得夹紧尾巴往天上蹿,谁知用力过猛将月亮咬破了。它只叼走了一半,另一半儿掉在屈原门口的平坝上,摔得粉碎。在南天门等候天狗归来的王母娘娘,见月亮咬破,怕玉帝震怒,急忙回房拿出一面大圆镜,挂在空中,代替月亮。她又见屈原小小年纪这么好学,十分感动,就顺手摘下三颗明亮的星星,丢在屈原家对面的松柏岭上,让灿烂的星光照着他读书①。今天,香炉坪前,有一个半月形的水田,就是那掉下来的半个月亮,被称为"半月"田,对面松柏岭上有三个并列的山峰,就是王母娘娘扔下的三颗星星,名叫三星堡,据说这就是当年小屈原把月亮钩住挂在窗外柳树梢上惹怒了玉帝留下来的遗迹,"三星对半月"的故事由此传播开来。

民间传说屈原月光下读书、山洞里勤奋刻苦的好学精神与屈原《离骚》等诗歌中的珍惜时光的形象是一致的! 屈原诗中写道:"汩余若将不及兮,恐年岁之不吾与。""日月忽其不淹兮,春与秋其代序。惟草木之零

---

① 张力、徐廉明搜集整理,中国民间文艺研究会湖北分会湖北省群众艺术馆编:《三峡的传说》,上海文艺出版社,1983年,第103—105页。

落兮,恐美人之迟暮。""老冉冉其将至兮,恐脩名之不立。""欲少留此灵琐兮,日忽忽其将暮。""吾令羲和弭节兮,望崦嵫而勿迫。""吾令凤鸟飞腾兮,继之以日夜。"(《离骚》)强烈的时间意识和生命感悟,迫使屈原总是停不下自己求索前进的脚步,只争朝夕:"朝搴阰之木兰兮,夕揽洲之宿莽。""朝饮木兰之坠露兮,夕餐秋菊之落英。"(《离骚》)秭归民间《三星对半月》的传说虽然附会风景而来,但对小屈原珍惜时光的刻画还是符合历史真实性的。

六、照面井、濯缨泉与清洁自律的屈原形象

屈原在诗歌里写自己"好脩为常"(《离骚》),西汉刘安、司马迁,东汉王逸,宋代朱熹,清代王夫之、蒋骥,近代王国维等,都对屈原"好脩"、"纯粹"之德予以阐发与继承,民间也流传着许多屈原清洁自律的故事。

(一)"不只照人面的美丑,还要照人心的美丑!"——《照面井》与屈原清洁自律精神的传承

"照面井"的传说,是民间屈原传说中最为有名的一个。稍作统计,现在公开出版的有关历史人物传说类书籍中,如中国少年儿童出版社《屈原的传说》(1983)、大众文艺出版社《三峡的传说》(1999)等均收录了《照面井》的故事。另,湖南人民出版社文学艺术编辑室《屈原的传说》(1981)中的《金镐掘井》(宋克顺整理)亦是照面井传说的异文。

若将秭归流传的《照面井》与湖南流传的《金镐掘井》比较,我们会发现,虽然,照面井产生的背景不同:秭归当地流传的是屈原的照面镜落地而成,湖南流传的是屈原用金镐挖掘而成。不过,两地传说中,关于井的作用则是相同的:以井水照面、照心,培养了少年屈原端正的品行。

《照面井》(宁发新搜集整理)①的传说:屈原少年时代,身上珍藏着一个用青铜铸制的照面小镜。有一次,屈原在读书洞内苦读简策,读着读着,因为时间太长,有些昏昏欲睡了。"此时读不完有彼时,今日记不住有明日",他便疲倦地打起瞌睡来。忽然一个东西从他的袖筒里跳了出来,"当"地一声把屈原惊醒了,睁眼一看,原来是他那面小铜镜。镜中屈原斥

---

① 《照面井》(宁发新搜集整理),梁友芳编著:《三峡的传说》,大众文艺出版社,1999年,第184—187页。

责道:"屈原,你好大胆,竟敢面对先圣之书无精打采?"于是,屈原如梦乍醒,精神十倍百倍地集中,不多一会,手中的简文便铭肺刻心,融会贯通了。又一次,屈原在"玉米三丘"耕田,耕着耕着,已是精疲力竭,饥渴难忍了。"吃不完在锅里,做不完在坡里",他便停下犁头,准备丢下没耕完的田回家去。忽然"当"地一声,小镜跳了出来。镜中屈原斥责道:"屈原,先人为我们开拓之地,竟要荒芜于你辈之手?"于是,屈原精神一振,力量十倍百倍地集中,"玉米三丘"转瞬就耕完了。还有一次,屈原在九畹溪畔培育芝兰。他一边扯草,一边培土,忽然后面"扑哧"一声,他回头一看,发现一只香獐倒在兰花丛中。"野的就是家的,拣的就像买的",他放下手中的鹤嘴锄,立即回身捉住这个"山珍",准备带回家去。就在他弯腰去拾香獐的时候,小铜镜又跳出他的袖筒,把他吓了一跳。恰这时,山头传来了一个粗门大嗓的喊声:"我打的香獐,请勿带走!"屈原又羞又愧地把小动物拱手还给追来的猎人,然后再去瞧他的小铜镜:屈原正憨厚地向他哧哧地傻笑呢!就这样,小镜成了少年屈原亲密的"小伙伴",成了开拓他的思路、端正他的德行、激发他的力量的一面珍贵的镜子。屈原一日三照小宝镜,他的品德、才智、体魄日渐成熟,当屈原刚踏入青年时代,楚怀王就召他入朝了。故事的发展是这样的:才智横溢、忠贞效国的屈原就要告别父母乡亲,告别女嬃、香录姊妹和他的少年朋友,告别生育他的秭归故土,去京城郢都帮助楚王管理国事了。在依依惜别的时候,屈原感慨万端,用什么来报答乡里父老兄妹的深情厚谊呢? 他皱眉凝思了片刻,然后从自己的衣袖里掏出一个东西,双手捧着,递到乡里人的面前,声音微微地颤抖说:"亲人们,请收下我这颗心吧!"一不小心,小宝镜从他的手里抖落到地上,好不奇怪,恰巧又滚进一个小石缝里去了。屈原和乡亲们赶紧挖,结果挖出一个小石坑也没有看见那面小铜镜。但,那个小石坑里一会儿就注满了晶莹玉洁的泉水,成了一口小小的水井,好像一块嵌在绿林中的美玉。屈原深情地说:"亲人们,照面镜已经变成了照面井。但愿照面井,不只照人面的美丑,还要照人心的美丑!"从此之后,照面井就远近闻名了。相传,好心人和坏心人,只要井边一照,就泾渭分明了。那些奸臣贼子,不敢上照面井。这就是人们常说的:照面井寒奸佞胆!《照面井》(宁发新搜集整理)的传说中"照面镜"是屈原成长中的自律自强的形象写照,而由镜变化而来的"照面井"则是屈原身后其精神在民间乡风的浸润与影响的形象反映。

《金镐掘井》(宋克顺搜集整理)①的传说,与前《照面井》传说大同小异,亦将照面井作为鉴别鞭策人心的井。故事说:屈原用白发仙翁送的金镐掘出了一眼水井,水清如镜,水面映照着一个面貌清秀、衣冠整齐、举止端庄的少年。从此,屈原每天清早起来,都跑到井边梳头洗脸。梳洗完毕,就在井边坐下来,回想前一天的行为举止,检查自己的心灵是不是沾有了灰尘。乡亲们也一个个跑到井边来照面照心。据说,那善良的人们来到井边,越洗越白净,越照越英俊。后生子照了更加人品端正,聪明伶俐;妹子们照了更加贤淑大方,心灵手巧。而那些心地肮脏的坏人,只要往井边一站,水面上就立刻现出一个牛头马面、鼠脸猴腮的丑相来,一个个吓得屁滚尿流,掉头逃开。为了纪念屈原,百姓们动手把水井整修了一番,还立着一块大石碑。石碑中央刻着"照面井"三个大字,旁边刻着两行小字:"此系屈公遗井,特遵神教重新整顿,以后切勿荒秽。倘有故违,定遭天谴!"②

无论是屈原家乡的百姓,或是外来的游人,对照面井都特别敬仰。两个传说用朴实的语言叙述了屈原少年时代时时处处规鉴自己行为的故事,叙述了乡村百姓向屈原学习端正自己品行的愿望和朴素的乡风,传承的正是屈原"好脩为常"、自律自爱的精神,折射出人们对正心诚意、"日三省吾身"的道德修养传统的认同。

今天,我们看到的秭归照面井,井口直径 80 厘米,井深 60 厘米,此井虽小,但其传承的屈原"好脩"精神却千载长流。秭归县屈原镇的鲁承新有《吟照面井》诗:"参天古树兮护守,四季清冽兮可口,善辩忠奸兮美丑,千载长流兮不朽。"可以看到,照面井的传说影响着人们对真善美的判断,诗句中对屈原照面故事的赞美表达了对屈原精神的认同。如今,照面井的影响已经通过网络媒介传播到全国各地主流文化媒体,稍作统计,便会看到,照面井及其承载的屈原精神,出现在思政教育类、旅游文化类网站。网页搜索"照面井"找到约 25,200,000 条结果,如:

央视网"我的祖国·爱国主义教育基地网上展馆":秭归"照面

---

① 湖南人民出版社文学艺术编辑室编:《屈原的传说》,湖南人民出版社,1981 年,第5—6页。

② 照面井的碑文是清朝三闾乡百姓所刻,其原文为:"预白遐迩人等,此系屈公遗井,特遵神教重新整顿,以后切勿荒秽。倘有故违,定遭天谴。此株青树永世勿得砍伐。三闾合坛弟子同修,皇清咸丰十年七月十二日立。"

井"照片及简介。

　　时代先锋网红色阅读·浙江时代先锋农村版·党员读红书,《智掘"照面井"》全文。

　　大众传媒网—创业人生—人物观点,《屈原——照面井》。

　　龙源期刊网《小学生导刊》2009 年第 1 期《金镐挖出照面井》。

　　知网空间全文数据库,《水利天地》1987 年第 4 期刊登有:张立先《照面井——屈乡拾韵》。

　　吾喜杂志网《风景名胜》1998 年第 9 期刊有:向剑君《屈原故里照面井》。

　　秭归县文化旅游局主办的秭归文化旅游网刊登了屈原的大部分传说,包括《照面井》。

　　中华民俗节庆网《屈原的传说——照面井、我哥回》。

　　秭归县人民政府门户网站《照面井读书洞原样复制屈原祠》。

　　湖北省图书馆《照面井》。

　　……

　　媒体传播现象表明,屈原的高洁灵魂与照面井的传说,在当代社会主义核心价值观培育中亦是很接地气、很生动的"教科书"。云南省丘北县文学艺术界联合会季成炳有一文《从屈原的"照面井"说起》,说道:"古人写下了'照面井寒奸妄胆'的诗句。美哉,在现实中,如果也有这样一口泉水井,那该有多好啊!"

　　(二)"老夫只求洁白一身!"——《濯缨泉》与民间百姓对屈夫子发自内心的圣洁赞美

　　《濯缨泉》(宁发新搜集整理)①的故事:相传,被楚王放逐、颠沛流离十余载的屈原,经姐姐女婆苦苦劝说,答应回一趟秭归故里。两人好不容易越过古峡,顺山势,沿着小路,向前慢慢地走着,只要再翻一座大山,就可以到乐平里了。这时,饥渴不断地袭来,嗓子眼儿里冒着青烟。时隐时显的水声,一下就抓住了屈原姊弟的心。刚转过一个小山包,豁然听到哗哗的泉水声,女婆连忙解下雕花葫芦,直向深涧奔去……"不能喝,这是混泉!"突然山上传来一个妇人的喊声。女婆把捧在手中的泉水一看,哎呀,全是

---

①梁友芳编著:《三峡的传说》,大众文艺出版社,1999 年,第 134—137 页。

带泥含砂的混浊水。他们甚是怪异,这三峡一带原是"有水皆清泉",为何这个地方独出一股混水? 妇人含泪诉说起来:"哎呀,过路君爷,你们不知这混泉的来由! 我们这一方的水土,养育了一个贤明的忠良,这就是当今楚国人人知晓的屈原大夫。他为人刚直,才智过人,不畏权贵,治国有力,帮助国君把楚国振兴强大起来。可是,朝廷出了奸佞,诬陷他,他被放逐了。就在他离开京城郢都这一天,这股龙泉突然变混浊了,峡中父老乡亲一传十,十传百,很快就传扬开了。都说当今君王昏庸,忠良远游,坏人当道,世道乱了,清泉也变混了,加之秦兵如虎狼,年年战乱,国破家亡,人们可苦了,甘泉也成哑泉了,唉,这哑泉水喝不得呀,连洗衣浆衫也嫌混浊,只能洗一洗泥巴腿,牛粪脚!"屈原听了这一番话,独自长叹道:"举世皆浊她独清,众人皆醉她独醒!"那妇人循声看去,这位过路君爷,似觉身熟面亲,啊呀,是离乡十余年的屈老夫子! 妇人急忙拉屈原和女婆到她家里去。不料,这么一拉,竟把屈原未结缨的"切云高冠"弄掉到混泉里去了,妇人满面愧色,惊慌地对屈原说:"贱妇有罪,您的'切云高冠'本是一尘不沾,怎么能入混泉?!"屈原道:"老夫只求洁白一身!"屈原话音刚落,陡然之间,泉水中混浊的泥沙,尽往下坠。不一会儿,浊浪滚滚的混泉,竟然变成了白亮亮、蓝晶晶的清泉了! 从此以后,这股泉水再也没变混过了。人们把它取名"濯缨泉"。如今,濯缨泉还在秭归城东十里的地方淙淙地流淌。千百年来,它不息长流,洗涤着人间的污秽!

关于秭归"濯缨泉",文献中多有记载。明李贤等《明一统志》卷六十二"荆州府"载:"濯缨泉,在归州东南,内有神蛇,人秽其水,蛇辄见。"清《湖广通志》卷十《山川志》"直隶归州"亦载:"濯缨泉,在归州东十里,《寰宇记》相传为屈原濯缨处,内有神蛇,人秽其水,即见。""濯缨泉,州东南十里,内有神蛇,人秽其水,蛇辄见。"[1]

缨,本是古人的服饰之一,代表一种社会身份。《礼记·玉藻》载:"玄冠,朱组缨,天子之冠也。缁布冠,缋緌[2],诸侯之冠也。玄冠丹组缨,诸侯之齐冠也。玄冠,綦组缨,士之齐冠也。"[3]《礼记》这段话表明,缨的颜色——朱色、丹红、青黑色(綦)——分别代表了天子、诸侯、士的社会身份

---

① 《钦定大清一统志》、《明一统志》、清《湖广通志》,均用文渊阁四库全书本。
② [宋]陈祥道:《礼书》卷五:"顺颐而下结之谓之缨,缨之垂者谓之緌。"(文渊阁四库全书本)
③ [元]陈澔注,金晓东校点:《礼记》,上海古籍出版社,2016年,第341—342页。

地位。可见,缨是一种文化符号,是自我认同、社会认同的文化标志。因此,缨在古代士人的心中,代表的是自己的品格与地位,如:"眩惑名位,濯缨弹冠。"①濯缨,就是士人自尊自信的一种行为语言。屈原是一个十分自尊自爱的人,所以他一日三濯缨②。在湖南汨罗屈子祠前,有一座"濯缨桥",传说屈原好洁成癖,自幼有一日三濯缨的良好生活习惯,他见这条小溪水洁如镜,就常在桥下洗帽子。看着这条无名小溪,屈原又想起在郢都城也有一条小溪,叫沧浪河。眼前这条无名小溪与郢都的沧浪河一模一样,平时水清如镜,一夜暴雨,水就浑浊了,不过一两天,水又清了,屈原思念自己的故都,便将这条小河也叫作沧浪河。这个河名一直沿用到清末,见清光绪《湘阴县图志》卷四:"有沧浪河,在古罗城南,汨水支津径古罗城,名沧浪河……有屈原故宅,在翁家洲,今为南阳寺。"③近年改称李家河,河口有座小桥,后来就叫"濯缨桥",取名正缘于屈原当时经常在桥下洗涤帽缨。据《湘阴县图志》载,"濯缨桥"原为木质结构,明洪武二年(1369)知县黄思誏重建,嘉靖二十一年(1542)知县戴嘉猷又建,清乾隆二十年(1755)知县陈钟理改建为石桥,名"濯缨桥"。

与"读书洞"一样,全国"濯缨泉"不止一处。文献记载,四川、山东、云南、北京等地均有濯缨泉。如汉州什邡县(今四川什邡市)、山东曲阜县濯缨泉,澄江府河阳县(今云南澄江县)濯缨泉,顺天府昌平州(今北京市昌平区)濯缨泉。这些泉的命名与屈原关联不大,但都是以"濯缨"寓意超脱世俗,高洁自爱。

与屈原同时代的孟子,曾以"濯缨"来谈人生抉择智慧。"有孺子歌曰:'沧浪之水清兮,可以濯我缨;沧浪之水浊兮,可以濯我足。'孔子曰:'小子听之:清斯濯缨,浊斯濯足矣。自取之也。'"(《孟子·离娄上》)④孟子讲的这个故事告诉我们,濯缨、濯足代表了两种人生选择。"缨"代表的是士人清高的一面,"足"代表的士人随俗的一面。"濯缨、濯足,盖与世推移之意。"(清蒋骥《山带阁注楚辞》卷五《渔父》)⑤一会儿看水清就选择濯

① [魏]曹植:《释愁文》,《曹子建集》卷九,文渊阁四库全书本。
② [唐]沈亚之《屈原外传》:"屈原瘦细美髯,丰神朗秀,长九尺,好奇服,冠切云之冠,性洁,一日三濯缨。"
③ [清]郭嵩焘纂修:《湘阴县图志》,岳麓书社,2018年,第198页。
④《孟子》卷四,[宋]朱熹集注:《四书》,上海古籍出版社,1995年,第326页。
⑤ [清]蒋骥:《山带阁注楚辞》卷五,上海古籍出版社,1958年,第157页。

缨,一会儿看水浑浊了就选择濯足,这是与世无争之辈或渔父们的选择。故事中的孔子的话很有意思,他告诉他的学生,听听这"沧浪歌",自己选择吧。

儒家与世推移的人生哲学,对屈原影响不大。"苏世独立"、"横而不流"的屈原,选择了"濯缨"。他说:"吾闻之,新沐者必弹冠,新浴者必振衣。安能以身之察察,受物之汶汶者乎? 宁赴湘流,葬于江鱼之腹中,安能以皓皓之白,而蒙世俗之尘埃乎?"(《渔父》)"濯缨"代表不与世推移,代表高洁的操守。

对屈原的选择,后世文人有的质疑惋惜,如晋陆云《九愍·悲郢》:"俟沧浪之濯缨,悲余寿之几何。愧褊心之叹渝,恨尔谒之莫和。捐江鱼之言志,营玄寝于汨罗。苟怀忠而死节,岂有生之足嘉。"①有的自愧不如,如近代启蒙思想家魏源曾有"尘容愧濯缨"(《武夷九曲诗》)②的感叹。而秭归濯缨泉的民间传说,则将屈原"只求洁白一身"的志向传达得明白易懂,表达了民间对屈老夫子清洁自律精神的认同和赞美,寄托了百姓对清官的向往,寄托了民间对屈原的怀念、对洗涤人间污秽的美好愿望。

七、米仓口、珍珠岩、杜若草与爱民亲民的屈原形象

屈原是百姓心目中的"好官"、"清官",他像大多数百姓一样,不仅热爱劳动,而且有超人的远见和才能。他对自己要求严格,但对乡里乡亲却十分友善,总是积极地想办法帮助大家。在秭归和汨罗等地流传着许多屈原关心民生的故事。

(一)"对大家都有好处的东西才是宝"——屈原爱民为民的心声

在秭归流传一个《米仓口》的传说:长江南岸小新滩江边有块巨石,看上去像一座米仓,巨石下面有一个豁口,像个漏斗,人们管它叫米仓口③。每逢灾荒年月,米仓口里就会流出米来。后来,一个贪心的人想多接点米,把豁口凿大了一点,接回去一看,全是沙子。从此,米仓口再也不流米了。有一年大灾,许多人因没有吃的而饿死。小屈原看到这种情景心里非常难

①［晋］陆云:《陆士龙集》卷七,文渊阁四库全书本。
②［清］魏源:《魏源集》,中华书局,1976年,第635页。
③故事《米仓口》,宁发新整理:《屈原的传说》,中国少年儿童出版社,1983年,第9—14页。

过。怎么办呢? 屈原想了一个办法,每天夜里将自己家里的米背一小袋倒进米仓口的豁口里。米仓口又流米了,人们奔走相告,米虽然少,但大家可以匀着吃。屈原虽然出身于旧贵族,家里并不十分富裕。一天,父亲发现仓里的米少了许多,就暗中观察,结果发现是屈原干的。屈原的父亲并没有责难他,反而抚摸着他的头说:"平儿,你没有错,济困扶危乃仁人君子所为;可是,楚国之大,啼饥号寒的人何止千万,凭咱们那小小的米仓救得了他们吗? 你要立下大志,好好读书,将来担当大任,救人民于水火之中,解百姓于倒悬之苦!"屈原听了,默默地点了点头。

秭归《珍珠岩》的传说,也是一个屈原小时候的助人故事。故事中的小屈原不仅读书用功,而且热爱劳动,每日读书后都会上山割草喂牛,是一个典型的农家"好娃娃"。屈原的妹妹小香录,和屈原一样热爱劳动,而且很懂事能干。为了不耽误哥哥的学习,她愿意一个人承担割草的任务。一天,香录发现了滴水岩下有一株神奇的珍珠草,大冷的天,却是青草。这蔸草,看上去足有碗口粗,半人高,闪烁着绿茵茵的光泽,非常茂盛鲜嫩。割完后,把青草往背笼里一放,刚一转身,这个草蔸又齐刷刷地长了起来。香录知道这个秘密后,一直藏在心里,不愿告诉别人。结果这个秘密被细心的屈原知道了,他又惊又喜,把这个"密秘"告诉了村里的小朋友们,因为屈原认为"对大家都有好处的东西才是宝"。结果惹恼了妹妹,她把仙草拔走了,后来在屈原的耐心劝导下,香录也明白了这个道理,重新将珍珠草种活了。屈原家乡的人们为了纪念乐于助人的小屈原,就把滴水岩叫珍珠岩①。

《米仓口》、《珍珠岩》,都描述了少年屈原无私帮助乡亲们的故事。小屈原对他妹妹说的一句话"对大家都有好处的东西才是宝",体现了屈原关爱百姓利益的博大情怀。民间传说里描述的屈原高尚品德,与屈原在《九章·橘颂》中托物言志、借橘树自励的"秉德无私"志向,是一致的。

(二)"杜若草"——屈原爱民、关心百姓生活的象征

屈原关心百姓、爱护百姓的传说还有很多。如汨罗地区流传的椒盐茶、杜枯草与杜苦洲,都是描述屈原爱民亲民的故事。《杜枯草与杜苦洲》是一个发生在屈原流放汨罗、住在玉笥山时的故事。那时,每逢江里涨水,

---

① 《珍珠岩》(宁发新搜集整理),梁友芳编著:《三峡的传说》,大众文艺出版社,1999 年,第84—88 页。

屈原就想起被洪水冲毁的河洲，为渔人们的生存担忧。偶然一次，屈原发现在一条小溪的中间，一个小土堆上长着一棵青油油绿郁郁的无名小草，小草挺拔有劲，长着小草的小土堆也没被水流冲走。屈原想，要是把这棵草移栽到玉笥山下的洲岛上，让全洲都长满这样的草，那不就会保住这个洲吗？于是他跳入溪水，采摘下草种，没想到一阵风把小草吹跑了。奇妙的是，没几天，玉笥山前的洲岛上，如屈原所想，长出了绿油油的嫩草。洲上自从有了这种草，洲土再也没有被洪水冲塌过，渔人们季季都能在洲上捕鱼，年年都得到丰收。后来还知道，这种草还能治百病，大家越发感激屈原，便把这种草叫作"杜苦草"，这洲也就叫"杜苦洲"。那意思是，屈原为他们移栽的这种草，从此把苦难的生活"杜绝"了。后来经过了百年辗转流传，群众为了避讳那个"苦"字，"杜苦洲"喊成了"杜若洲"，"杜苦草"喊成了"杜若草"[1]。

杜若草，"叶似姜，味辛"（《山带阁注楚辞》卷二）[2]。在屈原的诗歌里，杜若是一种长在水中小岛上的香草，他常用它来赠人礼神和修饰自己。如："采芳洲兮杜若，将以遗兮下女。"（《九歌·湘君》）又如："搴汀洲兮杜若，将以遗兮远者。"（《九歌·湘夫人》）王逸注曰："言己虽欲之九夷绝域之外，犹求高贤之士，平洲香草以遗之，与共修道德也。"（《楚辞章句》卷二）[3]再如："山中人兮芳杜若，饮石泉兮荫松柏。"（《山鬼》）王逸注释说，屈原"言己虽在山中无人之处，犹取杜若以为芬芳，饮石泉之水，荫松柏之木，饮食居处，动以香洁自修饰也"（《楚辞章句》卷二）[4]。可见，"杜若草"不仅是屈原爱民、关心百姓生活的心灵的物化表现，而且是屈原诗歌里自比清洁好修精神的香草意象。

屈原来自百姓，百姓爱戴屈原，屈原与百姓间有着真挚的友情。"相传屈原遭故放逐来到汨罗，最初是住在江边的南阳寺里。每天傍晚，他总是披散着头发，从南阳寺走出来，在汨罗江边散步。一边散步，一边吟诵自己写的诗篇。遇到江边打渔的渔夫，就和渔夫们一起谈天说地。时间长了，他就这样结识了许多捕鱼的父老。渔夫们又都喜欢接近他，有事都愿意和

---

①徐伯青整理：《屈原的传说》，少年儿童出版社，1981年，第5—8页。

②［清］蒋骥：《山带阁注楚辞》，上海古籍出版社，1958年，第55页。

③［汉］王逸章句，［宋］洪兴祖补注：《楚辞补注》，中华书局，1983年，第68页。

④［汉］王逸章句，［宋］洪兴祖补注：《楚辞补注》，中华书局，1983年，第81页。

他谈,把屈原看作自己家里人一样;老人小孩都尊敬地称他三闾大夫"(《独醒亭》)①。可见,民间传说中的屈原始终是一个关心民生、亲切朴实的亲民形象。

八、擂鼓台、楚王井、纱帽垛子与爱国进取的屈原形象

屈原有着远大的政治抱负,有强烈的使命感和责任担当意识。"乘骐骥以驰骋兮,来吾道夫先路"、"余固知謇謇之为患兮,忍而不能舍也"、"余既滋兰之九畹兮,又树蕙之百亩"(《离骚》),就是他的自我表白。史书记载屈原有极强的内政外交的才能:"博闻强志,明于治乱,娴于辞令。入则与王图议国事,以出号令;出则接遇宾客,应对诸侯。王甚任之。"②在民间,秭归、汨罗等地的传说故事中也大量谈及屈原政治、军事、外交、教育方面的才能,屈原是百姓心目中最受信赖的"好官"。这与东汉以后出现的文人批评屈原不适合"做官"的论调形成鲜明对比,是民间屈原形象的突出特点。

(一)擂鼓退敌——能文能武、有勇有谋的屈原形象

《擂鼓退敌》(宋克顺搜集整理)③记录了青年屈原保卫家乡的故事。传说,一小股秦兵经常到乐平里一带骚扰,烧杀抢夺,无恶不作,老百姓吃尽了苦头。一天,几个年长的乡邻来找屈原商量对策。屈原平时爱读兵书,懂得战略战术,加上身体强壮,臂力过人,练就了一手好剑法,所以人们都很钦佩他。屈原听了大家的忧虑,提出兵来将挡、水来土掩的战略,认为要制止秦兵的侵扰就得给他点厉害尝尝。不几日,屈原把全村青壮年召集起来,组织了平寇队。秦兵果然又来了,三通战鼓,屈原组织的平寇队员,个个英猛,打得秦兵亡魂丧胆。后来,楚怀王听说屈原能文能武,有勇有谋,他的祖先又和楚王同姓,就要他到京城郢都做官,辅佐朝廷。乡亲们为了纪念屈原有勇有谋的退敌事迹,把他擂鼓指挥战斗的地方取名"擂鼓台"。

这个故事中的屈原,爱读兵书,懂得战略战术,身体强壮,臂力过人,还

---

① 徐伯青整理:《屈原的传说》,少年儿童出版社,1981年,第14页。

② [汉]司马迁撰,[南朝宋]裴骃集解,[唐]司马贞索引,张守节正义:《史记·屈原贾生列传》,中华书局,2011年,第2183页。

③ 宋克顺搜集整理:《擂鼓退敌》,湖南人民出版社编:《屈原的传说》,湖南人民出版社,1981年,第8—10页。

练就了一手好剑法,这与文人笔下"白发诗人"、"行吟泽畔"的憔悴形象[1]反差极大。一个保家卫国的"阳光男孩"形象留在了民间记忆里,当地的老人说,每年元宵节的后半夜,站在擂鼓台上,还能隐隐约约听见擂鼓的声音。

(二)"不要只享用先王留下来的一点甘露"——爱国进取、勇于开创的屈原形象

《楚王井》(宁发新搜集整理)[2]是关于屈原任左徒时期关心民生的一个传说。它记录了民众心目中一位热爱祖国、关心民众、平易近人的正直官员形象。故事说,屈原任左徒时,有一次来到西陵峡中的楚王城南边的楚王井边,谒拜先王。正伏身井旁,照面怀古,捧水思源,突然看见一群城内百姓,背桶挑担,涌到井边,争着来到井畔汲水,有的索性跳进井里,爬到石龙嘴处,用瓢接水,灌进桶里。原来是百姓"岁旱祈雨"。场面触动了左徒的心思,他想:从楚王熊绎到现在,几百年的历史,千户楚王城,河山依旧,连饮水也只用先人遗下的这口楚王井,几天不下雨,百姓连一口清水也没喝的,哪里还谈得上吃穿住呢?世世代代的官府都在做什么?想到这里,屈原心中不乐,便叫随从去把楚王城里的州官请来。正在州府里饮酒作乐的州官,一听说左徒有请,连忙斥退歌妓,扔下金盏,跑到屈原面前叩头请罪。屈原便带着州官来到楚王井边一起看城民在井里抢泥巴混水的混乱场面。屈原从一个百姓手里拿过一瓢混水,自己咕嘟咕嘟先喝了半瓢,然后递到州官面前。州官知道这是左徒要他"与民同苦",只好硬着头皮,伸长脖子喝了下去。屈原又带着州官在城内看了"岁旱祈雨"活动,百姓们宁肯自己渴死,也要用缸里的水来浇水龙,以祈天降甘露。屈原对州官说:"不要只享用先王留下来的一点甘露,为了故里百姓,你要在四个城门外,各打水井一口。"州官打拱作揖,连声允诺。最后,屈原带着州官,走出东门,来到州东一里的青龙岭下。屈原"呼"地一声抽出闪闪发光的陆离长剑往地下猛地一戳,一道强光闪过之后,只听山崩地裂一声巨响,长剑入地三尺。大家一看,屈原戳剑的地方,咕嘟咕嘟冒出碗口粗一眼清泉,银花花,清亮亮,直往外喷,后来人们叫它戳剑泉。又因为这股泉水像青龙跃

---

①明弘治戊午(1498)刻历代名人像赞本,屈原赞曰:"深思高举洁白清忠,汨罗江上万古悲风。"
②梁友芳编著:《三峡的传说》,大众文艺出版社,1999年,第182—184页。

出,也叫它"跃龙泉"。州官和百姓深受鼓舞,一夜间在四门外打了四口水井。楚王城的人,这才吃喝不愁了。现在,这四口水井虽然经过二千多年的沧桑变故,已不复存在,但楚王井和戳剑泉(跃龙泉)依然留在楚王城旁边,淙淙流淌,供人们饮用,激励着人们的创业精神。

屈原曾问国运由什么决定:"天命反侧,何罚何佑?""皇天集命,惟何戒之。受礼天下,又使至代之?"(《天问》)《楚王井》的故事告诉了我们答案,关心民生和开创基业,而不是"睡在"祖宗的基业上享用,这是国家长治久安之道!

(三)"污辱归州,就是污辱大王的祖先;涂炭黎民,就是毁我堂堂楚国"——爱国爱乡的屈原形象

归州城的纱帽垛子,据说是按照屈原的切云冠的样子修成的。各国文武官员来到城下,文官需下轿,武官要下马。原来,屈原左徒一次来归州了解民情,百姓闻讯,纷纷出城迎接,向他诉说歪鼻子奸臣拆毁归州城墙抢劫百姓的罪恶。屈原一听,眼里直冒火星,气得切云冠像要冲起来了,第二天就返回郢都。金銮殿上,屈原向怀王启奏歪鼻子一伙洗劫归州城一事。怀王听罢,又惊又气。屈原又道:"归州乃我楚王先朝古国——夔子国所在之地。自先祖在丹阳建都,距今已有好几百年。污辱归州,就是污辱大王的祖先;涂炭黎民,就是毁我堂堂楚国。"怀王觉得屈原说的很有理,当即拨款重修归州城墙,严禁贪官污吏闯入城内。转眼一年,崭新的归州城墙砌得高高的了。一天,修城的父老兄弟姊妹们聚集在新城门下,讨论城墙修个什么式样的垛子,忽见郢都来了个差役,传来楚王的旨意:"为表彰屈左徒治国有功,特批准归州按郢都纪南城城垛样式修造。"百姓听得,奔走相告,喜笑颜开。石匠、泥瓦匠拿出最精湛的手艺,把花岗岩雕琢成乌纱帽似的垛子,牢固地镶嵌在城墙上沿。百姓们张灯结彩,设坛欢庆,齐声赞颂屈左徒又为黎民百姓办了一桩好事[①]。

《纱帽垛子》故事中,屈原是一位可以为百姓伸张正义的清官,屈原是百姓心目中的好官、清官、正直的官,只要是涉及楚国百姓、楚王的利益,屈原一定会不顾性命,直言敢谏。百姓也希望楚怀王像百姓一样信任屈原,

---

①啸海、符号搜集整理:《纱帽垛子》,湖南人民出版社编:《屈原的传说》,湖南人民出版社,1981年,第17—21页。

纳谏如流,给予屈原应得的尊重和表彰。屈原的正直敢谏的担当意识和爱国爱乡的崇高情感,是秭归人民的自豪! 就像故事里说的,"归州的百姓望着这高耸的城墙,就像看到了屈原那高大的身影;望着纱帽垛子,就像见到屈原那巍峨的切云冠,端端庄庄地放在归州城上"。千年来,秭归百姓心中的屈原形象始终是正直而高大的。

九、一卷《离骚》山鬼哭与悲壮爱国的屈原形象

"惟夫党人之偷乐兮,路幽昧以险隘。岂余身之惮殃兮,恐皇舆之败绩。"(《离骚》)屈原在诗歌里说得十分明白,自己心中最忧虑的是党人偷安、国君昏庸,最担心的是楚国的前途。可楚国君王不体察屈原的良苦用心,将他疏远,乃至流放。"荃不察余之中情兮,反信谗而齌怒。"(《离骚》)民间流传的屈原传说,也记录了诗人悲壮的中晚年生活。

(一) 九畹芝兰香——屈原的报国志与爱国情

屈原诗中曾用象征手法描写自己为楚国"美政"努力培养人才的情形:"余既滋兰之九畹兮,又树蕙之百亩。畦留夷与揭车兮,杂杜衡与芳芷。冀枝叶之峻茂兮,原竢时乎吾将刈。"(《离骚》)

《九畹芝兰》①是秭归至今流传的屈原开馆讲学的故事。故事说:西陵峡南岸有条小溪名叫九湾溪,相传屈原曾在此开馆讲学。屈原受南后郑袖、上官大夫靳尚的陷害,被楚怀王解除了左徒职务,任命他做了主管三姓教育事务的三闾大夫。阳春三月,屈原告别郢都,带着一帮弟子去到九湾溪,见这里风景奇秀,气候宜人,百花争芳斗艳,百鸟宛转争鸣,林木郁郁葱葱,溪水哗哗啦啦,还有西陵峡这道天然屏障,乌烟瘴气、尘世喧嚣都被挡在峡门之外。屈原决定在九湾溪为楚国培养治国贤才,把希望寄托在下一代。他一边教授昭、屈、景三姓子弟,一边招了些下层百姓的子弟入学,率领学生在学馆周围种植了九畹芝兰,百亩香蕙,启发学生不仅要学好知识,还要做一个道德、情操高尚的人,学馆内外洋溢着一片浓郁的馨香。楚怀王客死于秦后,楚顷襄王继位,郑袖的儿子子兰做了令尹,子兰听说屈原在九湾溪讲学,十分不信任,就出主意让顷襄王召屈原进宫议事。屈原不知是计,以为他终于等到了这一天,不觉喜上眉梢。他带上几盆亲手培植的

───────────

①邓新华、张道葵编:《三峡景观传说美寻》,陕西旅游出版社,1992 年,第 108 页。

兰花,连夜写了一篇《谏议书》,陈述他的政治主张,希望引起顷襄王的重视,调整楚国的内外政策,重振江山。谁知一到郢都,跨进楚宫,几盆兰花像被大火烧焦,形同枯草。子兰大怒,说屈原借此发泄不满情绪,诬蔑楚国新政权即将衰败没落。顷襄王读了屈原的《谏议书》,将其摔得粉碎,怒斥屈原"火烧芭蕉心不死",将屈原流放江南。

楚国教育体系,一般分王室子弟教育、贵族子弟教育、庶民分业教育①。东汉王逸《楚辞章句·离骚经序》解释屈原"三闾"之职具体包括:整理三大家族的世系及繁衍历史,带领三个家族中的贤能优秀之辈,激励国中才能最优秀的人:"仕于怀王,为三闾大夫。三闾之职,掌王族三姓,曰昭、屈、景。屈原序其谱属,率其贤良,以厉国士。"②两千多年后,清湖湘学者、目录学家叶德辉在《答友人书》中肯定屈原对洞庭湖与湘水沿岸教育的贡献:"湘学肇于鬻熊,成于三闾。"③即,湖湘之学从鬻熊开始萌芽,到了三闾大夫屈原这里走向成熟。屈原投身教育、开启民智的贡献是被各个阶层认可的。西陵峡南岸九湾溪畔至今流传着诸多传说和遗迹④,屈原死后,乡亲们把屈大夫办的学堂改建为"芝兰庙"了。

(二)汨罗江边山鬼哭——爱国爱民的忠臣

传说汨罗江边的"骚坛"就是屈原作《离骚》的地方。屈原常常边写边吟诵,一天夜晚,巫山的山鬼从这里路过,偶然听到三闾大夫在吟诵《离骚》,就站住脚听了一会儿。屈原对楚国的忠心、爱民如子的感慨,使山鬼感动了。想想自己,真枉做了一个神女;想想楚国前途,真愁人啊!就是因为少了屈原这样的贤臣,楚国才落到今天这个地步,不禁放声哭了起来⑤。

"一卷《离骚》山鬼哭",山鬼的感动,正是汨罗百姓的心声。他们看见晚年放逐江南的屈原成天在江边徘徊低吟,很心疼!《女嬃劝弟》的故事就是这一心态的反映。故事开头道:"屈原在汨罗放逐的年月里,不断从楚国的都城郢都传来不幸的消息。屈原听到消息,忧心得饭吃不下,觉睡不

---

① 冯家钦、刘欣森、孟湘砥主编,周秋光、张传燧、胡国副主编:《湖南教育简史》,岳麓书社,2004年,第9页。
② [汉]王逸章句,[宋]洪兴祖补注:《楚辞补注》,中华书局,1983年,第2页。
③ [清]苏舆编:《翼教丛编》,上海书店出版社,2002年,第176页。
④ 相关传说考察情况,详见张伟权、周凌云:《诗魂余韵——屈原传说及其它》,中国书籍出版社,2009年。
⑤ 徐伯青整理:《屈原的传说》,少年儿童出版社,1981年,第23—24页。

着,人一天比一天瘦了。与他朝夕相处的女婆,看在眼里,疼在心里。她安慰屈原说:'世人尽皆如此,你又何不随俗?'屈原说:'世人皆昏,我何不能独醒?'女婆听了,也想不出什么办法说服。"①

百姓无法改变楚国衰亡的命运,也无法化解屈原心中的忧虑,他们只能默默地关心屈原的生活。《水淹南阳寺》讲的是汨罗江百姓冒着洪水救屈原的故事:一夜汨罗江发了洪水,好在各家各户都有木船,大家连夜搬迁。当大家都搬到安全的山上时,猛然发现南阳寺里还亮着油灯。想起屈原和他女儿一定还不知道河里涨水了。于是,几个勇敢的船民冒着倾盆大雨,抬着木船,扛着桡子,狂跑到南阳寺。一见屈原,连声高喊:"三闾大夫,你受惊了,快快上船。"这时,屈原也发现南阳寺很快会被洪水淹没,一见乡亲们冒险来救,又喜又急。喜的是在这紧急关头,百姓并没有忘记他,大伙冒着生命危险,前来搭救他;急的是洪水这样凶,眼看要把南阳寺吞没,如果为了搭救他,让父老乡亲遭难,那就心里不安了。于是忙上前致谢道:"感谢众父老对我们的关怀,不过,洪水十分凶猛,各位还是自保性命要紧。"众父老哪里肯依? 忙说道:"三闾大夫,你是我们楚国爱国爱民的忠臣,楚国少了你就没有了希望! 我们情愿自己让洪水卷走,也不能让你三闾大夫受一点惊吓。"屈原感动得连忙致谢,立即招呼家人上了船,安全地脱了险。

汨罗江畔流传了至少三十七个屈原的传说,屈原忧心忡忡、忠君爱国、关心百姓的形象,铭刻于民间记忆的深处。《拜墓遇仙》故事的结尾道:"以后人们传说,因为三闾大夫屈原是一个爱国爱民的忠臣,他走到哪里,哪里都有神明保佑他。"②

十、怀沙、灵牛、招魂、疑冢与民间怀念

屈原传说寄托了人们的怀念和敬仰。湖南人民出版杜《屈原的传说·前言》:"湖南沅江、湘江、汨罗等地,一直流传着许多关于屈原的故事。以奇妙的情节,朴素的语言,虚构、幻想的手法,描述了屈原的命运、遭遇以及与人民的血肉关系,歌颂了屈原忧国爱民、刚正不阿的高尚品德,寄托了人

①徐伯青整理:《屈原的传说》,少年儿童出版社,1981年,第21页。
②徐伯青整理:《屈原的传说》,少年儿童出版社,1981年,第25—26页。

民群众对屈原的崇敬和怀念之情。"①

（一）怀沙沉江千年祭祀

汨罗至今流传《怀沙沉江》的传说：一天，屈原陡然听到一个不幸的消息，楚国的都城郢都被秦国占领了。屈原伤心地昏了过去，等他醒过来后，女嬃问道："郢都被敌国占领，这是怀王、靳尚、郑袖这批卖国之徒做下的罪孽，是早已料到的事，平弟何必焦急得这个模样？"屈原道："丧国之人如同丧家之犬，而今国家沦亡，人民惨遭浩劫，有一丝爱国之心的人，岂能无动于哀，心安理得？"屈原看着祖国破碎的河山，不住地叹息，想到自己一心为国而找不到报效的机会；想到做一个忠臣志士而找不到出路；站在江边，望着长流的江水、以死报国的念头滋生了②。他取下头上戴的切云冠，解下腰中佩的宝剑，然后一头扑进了汨罗江。因为他的爱国爱民之心感动了众神，连海龙王也不愿他离开人间，屈原被水神托举，无法沉水。最后，屈原怀抱起沙石遮住了海龙王的眼睛，他才能沉下水③。

"万古汨罗深，骚人道不沉。"④"一心报国入流云，歌罢《离骚》江自沉。唯有汨罗容量大，能容屈子作长吟。"⑤今天汨罗还流传一首歌谣："大水茫茫，眼泪汪汪。淹死孤王，莫淹忠良。屈原忠良，朝拜顶香。孤王饿死，仁义天长。"⑥屈原死后，人民把流传已久的端午节习俗的意义重新阐发，赋予民众对屈原命运的同情及运舟争先抢救等多种内涵，以此纪念屈原悲壮的自沉。

《隋书·地理志下》载：

> 大抵荆州率敬鬼，尤重祠祀之事，昔屈原为制《九歌》，盖由此也。屈原以五月望日赴汨罗，土人追至洞庭不见，湖大船小，莫得济者，乃歌曰："何由得渡湖！"因而鼓枻争归，竞会亭上，习以相传，为竞渡之戏。⑦

---

① 湖南人民出版社文学艺术编辑室编：《屈原的传说·前言》，湖南人民出版社，1981年，第1—2页。
② 屈原自沉的原因本书第一章第三节有详细论述，这里尊重民间传说的原始面貌，不再辩析。
③ 徐伯青整理：《屈原的传说》，少年儿童出版社，1981年，第25—28页。
④ [唐]王鲁复：《吊灵均》，《全唐诗》卷四百七十。"王鲁复，字梦周，连江人。从事邕府。诗四首。"
⑤ 《屈原》，张喜海：《大张人诗词集——大张人吟稿》（上），三秦出版社，2013年，第161页。
⑥ 徐伯青整理：《屈原的传说》，少年儿童出版社，1981年，第19—20页。
⑦ [唐]魏徵：《隋书》卷三十一，中华书局，2000年，第609页。

唐代《北堂书钞》转引晋葛洪《抱朴子》佚文云:

> 屈原投汨罗之日,人并命舟楫以迎之,至今以为竞渡。或以水车为之,谓之飞凫,亦曰水马。州将士庶悉观临之。[1]

怀沙自沉的民间解释主要有两点值得注意:一是以死报国,二是怀抱石头遮住海龙王眼睛。这表明了民间对屈原之死的正面肯定和善良猜想,这种正面和善良的温和态度,与部分文人站在各自角度讥讽屈原自沉的态度是截然相反的。民间怀念与不舍之情,使得屈原精神逐渐演化为端午习俗的重要文化内核,人们愿意把一个节日送给冤屈而死的爱国忠臣,用一种习俗保存着民族的文化根脉,这正是民间层面传承屈原精神历史中最突出的贡献。

(二)传忠良,"护匾"屈原庙

在秭归还流传着百姓保护屈原庙匾额的传说,故事梗概如下:

> 屈大夫汨罗含恨投江的消息,很快传到了故乡乐平里,乡亲们为了悼念这位忠良,大家一个个凿石垒基,砌窑烧砖,锯树刨梁,忙了六十六个日夜,终于在屈宅西南边的两眼龙眼泉上头,建起了一座庄严威武的大庙。
>
> 新庙落成的时候,大伙特地请来了出名的匾匠,制了一块黑漆大匾,上书"屈原庙"三个金字,端端正正地挂在庙门上头。
>
> 从此,四乡的百姓,都翻山越岭,前来烧香供烛,朝拜祈祷。每年端午节,庙里更要做三天三夜的大斋。男女老少,聚集在庙里喝雄黄酒,吃粽子;歌手诗人还要在庙里办起"骚坛",吟诗作赋,赞颂屈原的功德。乡亲们平日从不在庙跟前放牛,不在庙周围柯枝。娃娃们做错了事,都被大人牵着,来到金字匾下,让屈大夫廉洁的品性,来感召教化;成年人做了邪事歪事,乡邻们也要规劝到屈原庙来,跪在金字匾下,反省自问,洗心革面。这些风俗后来都成了屈原故乡高尚的遗风,一代一代地流传下来。
>
> 光阴如水,转眼到了清朝康熙年间,乐平里出了一个绅士谭晋禄,排行第八,外号就叫谭老八,这老八脸皮刮瘦,颈子特长,特别是心肠歹毒,乡里种田人背地里又叫他吊颈鬼。这吊颈鬼在乡里重租收稞,

---

重利盘剥,强占民财,强奸民女,专干伤天害理的事,他自己也晓得,他的所作所为,定为屈大夫的凛凛正气所不容;所以他有一个最大的心病,最恨的是屈宅西南龙泉上那座屈原庙,最怕见的就是屈原庙上那块金字黑漆大匾;一见那三个光闪闪的金字,谭老八就如万针扎心,头晕目眩。他咬牙发誓,不毁掉这座屈原庙决不善罢甘休。

怎么毁呢? 拆庙吧,百姓不容,众怒难犯;一把火烧了吧,还可重建。吊颈鬼扯起颈子,翻起白眼想呀想呀,一连想了三天三夜,到底想出了一个馊主意。什么主意呢? 换匾改名……主意已定,吊颈鬼眉飞色舞,细颈子几扯几扯,连夜从外乡请来了匾匠,用好酒好肉招待,偷偷制起了一块"双泉寺"的红漆大匾……吊颈鬼的把戏很快叫乐平里的百姓看穿了,大伙一听,又急又气,气的是这家伙心肠太歹,手段太毒;急的是离七月半只有二天日期,一下不知如何是好。大伙当夜聚拢在香炉坪,商量对付的法子,一直商量到鸡叫头遍,才想出一个好主意……就叫"以匾换匾,将计就计"。你借天意换匾,我顺天意还匾;你想当众改名,我叫你当众出丑。大伙儿连夜伐楠木,割生漆,调金粉,描字样,从峡外悄悄请来老匾匠,熬了三个通宵,暗中赶制了一块"屈原庙"金字大匾,比谭老八的那块更亮更气派。[1]

屈原的廉洁是百姓喜爱的,却是地主恶人不爱的,但最终邪恶还是难以摧毁百姓心中"定心丹"。屈原精神是乐平里教化乡民的宝贵精神财富,就像故事的叙述者所说:娃娃们做错了事,都被大人牵着,来到金字匾下,让屈大夫廉洁的品性来感召教化;成年人做了邪事歪事,乡邻们也要规劝到屈原庙来,跪在金字匾下,反省自问,洗心革面。这些屈乡遗风,一代一代地流传下来。秭归《屈原庙》传说描述乐平里农民与地主之间因为"屈原庙换匾额"而展开的斗争,隐含深意,那就是,屈原在乐平里百姓心中的神圣地位是任何居心不良之人所无法改变的;同时,民间百姓需要屈原精神去净化一代代后人的心灵、培养廉洁正直的忠良人才。

(三)女婴招魂,神鱼送尸

在秭归,祭奠屈原的招魂活动延续至今。在西陵峡屈原沱流传着女婴

---

[1] 啸海符号搜集整理:《屈原庙》,梁友芳编著:《三峡的传说》,大众文艺出版社,1999年,第221—224页。

招魂、神鱼送尸的传说。相传,女婆得知弟弟投江后,梦见一条大鱼把屈原从汨罗江驮回西陵峡江边。于是在江边捣衣时,唱着哀歌,召唤屈原的孤魂回到家乡:"忠魂孤鬼几时归?"忽然间,江心一个浪头打来,女婆定神细看,原来是一条大鱼。她觉得这条大鱼非常神奇,便打着"啊嗬"召唤着弟弟屈原。不料这大鱼像知人情一样,摇摇摆摆地向她游来。女婆立即想起昨晚做的那个梦,现在江边果然游来一条大鱼,大鱼在岸边石头上划开鱼肚,流出了一口棺材。女婆和姊妹们一起扑了上去,揭开一看,里面躺着的正是屈原! 霎时,天昏地暗,姊妹们伏在屈原的红棺材上,呜呜咽咽地失声痛哭起来。一个渔家妹子提醒女婆说:"姊姊呀,这是一条神鱼,快把鱼肚缝好放生吧!"众姊妹这才一齐动手,很快把鱼肚缝好,然后将大鱼从石头上抬到江边。这块石头所在的地方就叫作"屈原砣"了。相传这条神鱼"一岁一来游",上不过泄滩,下不过青滩,经常在这一段大江里游动①。

屈乡百姓虽为屈原高洁的品格感到自豪,但屈原沉江的悲剧结局也是他们心中最不能接受的,"神鱼送尸"的传说就是用感天动地、万物有灵的感应,寄托民间对屈原深切的怀念。

(四)十二疑冢葬忠臣

汨罗江西边大约五六里有一座烈女岭,岭上有十二座大坟冢,每座坟冢前竖一块石碑,上面都写着"楚三闾大夫之墓"。相传,公元前278年端午节屈原忧愤地在汨罗江投江殉国,历经十天才将遗体打捞上来。一边脸,已被鱼吃掉,他女儿在乡亲们的帮助下,给他配上了半个金头。但这打金头的消息很快就传开去了,并且,传到了楚国的一些乱臣贼子的耳朵里。他们听说以后,就叫嚷着要来盗棺。屈原的女儿听说后,不知怎么办才好,乡亲们你一言、我一语地就商量起来。人多智谋广,到后来终于想出了个好办法:在埋葬屈原的真坟附近,再设下无数疑冢,来个"鱼目混珠",就不致被坏人盗棺了。于是,亲邀亲,邻邀邻,几千名百姓一夜工夫就葬了十二座疑冢。等楚国朝廷那些想发横财的贼子们赶到的时候,十二座疑冢已经巍然耸立在一个小岭上了(这岭后来就叫"烈女岭")②。

---

①宁发新搜集整理:《屈原砣》,中国民间文艺研究会湖北分会湖北省群众艺术馆编:《三峡的传说》,上海文艺出版社,1983年,第108—113页。
②徐伯青整理:《屈原的传说》,少年儿童出版社,1981年,第32—34页。

　　汨罗江边的屈原墓,历代都有修葺:"屈原墓:《通典》:'罗江有屈原冢。'《明一统志》:'屈原墓在汨罗山上。'汨罗山,即今烈女岭,在汨水东北。元致和元年,知县孙天才买田三十六亩,州士彭翼飞输田五亩,益之为墓田……国朝康熙六年,知县唐懋淳有《三闾墓田蠲税记》,后墓田为庙僧鬻去。康熙四十六年,邑人黄道升捐金赎归墓田四石三斗八升。同治六年,邑人黄世崇有《重立楚三闾大夫墓碑记》。"(清光绪《湘阴县图志》卷二十六)①2002 年,台湾老人陈之迈捐资九百多万元修缮成屈原墓陵园②,该墓陵园是在清代屈原墓故址修缮基础上完成的。陵园广场两旁石柱上雕刻着对联:"读离骚吟九歌屈原汨水留傲骨,观渔父颂天问诗人宇宙贯英名。"陵园东侧有座"世坤格",黑色大理石碑上是镏金的《屈原列传》以及屈原《离骚》和《天问》,附近碑林镌刻着《湘君》、《湘夫人》、《渔父》、《怀沙》等十四篇屈原作品。

　　自古及今,千年时空跨越,虽然无法证实哪座墓真的就是屈原墓,但民间都在以自己的努力保护着屈原墓,以此怀念屈原。目前,十二疑冢是湖南省重点文物保护单位。

(五)爱忠臣,灵牛献绚

　　秭归"灵牛"的传说影响颇大。据清《归州志·俗尚》载:"耕牛不加绳索,转环听使,驯如也。凡牛穿鼻,用小横木加绳于右,耕者以右手顺势导之,方无越畔。此乡牛不需绳引,如售至别乡,亦仅三日,自后非用绳不利;如他乡牛入三闾之境,过三日后亦不必引绳,而自然帖服。噫!屈公忠可格天,诚能动物,至今二千余载矣!"③

　　关于秭归耕牛不用牛鼻绳的传说流传归州两千余年,《灵牛》(啸海、符号搜集整理)④的故事梗概如下:

　　　　屈原做了楚国的左徒官,为了体察百姓的疾苦,每次从郢都回故乡,船到青滩,总不愿抄水路走香溪去乐平里,却要在青滩下船起旱,

①[清]郭嵩焘编撰:《郭嵩焘全集》第 7 册《湘阴县图志》,岳麓书社,2012 年,第 1117—1118 页。
②范亚湘、陈国忠:《八旬台湾老人在汨罗修屈原墓陵园独守 7 年(图)》,星辰在线—长沙晚报,http://news.163.com/09/0626/03/5CN29A6B00011229.html。
③转引自杨尚聘主编:《三峡颂》,新华出版社,1992 年,第 123 页。
④中国民间文艺研究会湖北分会湖北省群众艺术馆编:《三峡的传说》,上海文艺出版社,1983 年,第 105—108 页。

爬向王寨山,走三星岩、伏虎山,绕北风垭,一路访问三老,请教耕樵,问饥问寒,倾听民情。有一次,屈原回老家只住了七天,就要起身赶回郢都。女婴挽留他也留不住,便默默地去为弟弟收拾行装。说是行装,其实主要是满满一担书简……走到屈原耕种过的"玉米丘",他们停下脚步,讲起玉米的收成来。突然,扁担一闪,"哗啦"一声,将绳儿闪断了,竹简散落在田埂上。两人正在作难,在玉米丘里耕田的老农夫看见了,急忙喊道:"这牛鼻子上的绳索,又结实又耐用,快解去吧!"老农夫话刚落音,他使的那头大黄牯乖乖地伸出鼻子,好像是请主人快解下鼻绳……伏虎山上耕田的农民,把牛鼻绳送来了。三星岩上的老农夫,把牛鼻绳送来了。北风垭上的放牛娃,也把牛鼻绳送来了……两千多年来人称屈乡的牛是"灵牛"。

《灵牛》传说在湖南还有异文《灵牛献绹》(宋克顺搜集整理)①,故事梗概与《灵牛》(啸海、符号搜集整理)大致相同。

家乡的一草一木乃至一畜,都会被联想到受到了屈原高洁精神的感召,而有了灵气,这是所有关于屈原的风物传说的共同之处。原因何在?因为屈原在人民心中的地位很崇高,人民把屈原看作自己的贴心人、保护神,正如《灵牛》传说结尾所言,屈原在汨罗江殉国后,他借去的牛鼻绳,乘紫云从郢都过来过峡江,飞向屈乡,落在伏虎山、三星岩、北风垭和王寨山的悬崖绝壁上,变成千万根葛蔓藤条,成了当地老百姓取之不尽、用之不竭的财宝!"取之不尽用之不竭"的又何尝只是葛蔓藤条呢?屈原精神最是百姓心灵深处的"财宝"。

"皇天无私阿兮,览民德焉错辅。"(《离骚》)"皇天之不纯命兮,何百姓之震愆。"(《九章·哀郢》)屈原为政注重"好修",依从"民德",强调"秉德无私",诗歌中反复提醒楚国君臣关注百姓生活,强调百姓之命运与国家命运联系紧密。上述民间传说,让我们看到,屈原的心与百姓相通,屈原心里装着百姓,百姓心里亦忘不了屈原。廉洁自律,爱国爱民,是民间传说中的屈原形象的最大特点,也是历史上屈原其诗其人的最大特点,二者是一致的。

汉初以来,文人叹息,委婉批评屈原不擅于"与世推移"(具体见后文

①湖南人民出版社文学艺术编辑室编:《屈原的传说》,湖南人民出版社,1981年,第11—16页。

第三章分析），但，民间传说中百姓几乎全是正面褒扬，善意理解，把屈原看作有勇有谋、文武双全的清官和百姓保护神。可以说，民间记忆为世人保留住了屈原精神的精髓。

十一、歌谣传说：屈原精神的民间口碑

"在相当长的时期内，人类任何知识能够得以代代相传，唯一的途径是口传"①。从人类历史发展的角度来看，民间歌谣和民间传说，是一种极其重要的文化传承介质。读书洞、三星对半月、笔架山传承着屈原奋发向上的民间形象，照面井、濯缨泉、诚实稻则表现了屈原清洁自律的高洁品格，珍珠岩、椒盐茶让历史记录了屈原关心民生、亲切朴实的形象，擂鼓台、楚王井、纱帽垛子展示了屈原爱国进取的报国风采，等等。

从现有整理出版的民间歌谣、传说看，用什么样的语言及如何组合各类大同小异的故事细节、表达什么含义，已形成了一种具有共性思维的印记和约定俗成的价值判断——对屈原灵魂与人格的肯定与赞美。现存屈原歌谣及传说分布浓密地区为湖北秭归、监利，湖南汨罗、溆浦，河南西峡。任何一个小地名或小风景，如乐平里、颂橘坡、玉米三丘、珍珠岩、九畹溪、濯缨泉、读书洞、照面井、屈子祠、屈潭、望爷墩、笔架山、楚塘、剪刀池、烈女桥等，都有与屈原相关联的传说。屈原的事迹和品行，经过漫长的流传后，依托现有风俗或景观，浸润培育着民族精神。

司马迁《史记》中关于屈原步入仕途前的经历是"留白"的。但，综合湖北、湖南、河南等地的民间叙述，我们可以完整地了解屈原人生各个阶段的生活：少年时期，屈原对自己要求严格，勤奋好学，热爱农业劳动，诚实善良，乐于助人；青年时期的屈原，显露出卓越的军事、政治、外交才能；中年时期，屈原是一位廉洁的清官，关心民生，惩治贪官恶霸，是百姓的贴心人；晚年流放中的屈原，十分孤苦，但始终没有忘记自己的祖国，他和百姓一起劳动，关心流放地百姓的生活，除了日常劳作，还讲学授业，创新生产生活方式，整理和创作诗歌，向君王进谏，关心楚国命运前途。这些传说和歌谣广泛分布在全国各地，但每一个传说、每一首歌谣所描绘的屈原形象，与屈原诗歌的自白，在精神上有着惊人的一致性。因此，可以肯定，屈原在今天

---

① ［美］墨菲（Murbhy，Robert F.）：《文化与社会人类学引论》，商务印书馆，1991年，第9页。

成为端午节"主角"绝非偶然。屈原精神来自人民，又融入到人民中去，你中有我，我中有你，这就是民间层面传承屈原精神的特点。

今天，屈原歌谣、传说，伴随着楚地移民和屈氏后裔的迁徙、伴随世界非物质文化遗产、伴随现代传播技术，已经流传到全国各地。2008 年"屈原的传说"列入国家级"非遗"。屈原，至今仍在相应的某些民间仪式歌谣中被传唱，如湖北通山造船神歌《屈原空中下凡尘》，即是将屈原尊为船神，造船祭祀时吟唱：

> 炉中啊香烟哟飘粉罗粉哟，香烟缥缈透天门哟，透得呀个天门四边啊开啊哟，屈原空中下凡哟尘哟。透得个天门哟四边哟开哟，屈原空中下凡哟尘哟。

> 打马啊扬州哟请木罗匠哟，请来鲁班并张郎哟，鲁班呀个前边哟墨打啊哟，张郎后边把尺来量哟。鲁班呀个前边哟墨打啊哟，张郎后边把尺来量哟。

> 打马啊扬州哟请锯罗匠哟，请来锯匠到河边哟，长板呀个要锯啊千千啊万啊哟，短板要锯万万啊千哟。长板呀个要锯啊千千啊万啊哟，短板要锯万万啊千哟。

> 飞到啊洞庭哟湖中罗过哟，变只黄龙飞上天哟，短期呀个造起三个啊月哟，长期造起一周哟年哟。①

本书作者在汨罗采风时遇见的汨罗打倡传承人，保留着近代以来当地打倡歌谣的手抄本。其中，《造船咒》提及屈原：

> 云在楚国怀王事，误听绝（注：谗）言贬屈源（注：原）。屈源（注：原）夫子家遭滩，七十二口倒床眠。上去留神神不应，下去服药药不灵。周一文王占一卦，卦头落地说根源。一占南岳少坐位，二占北岳少香烟。三占占出衡山县，泗洲河里少龙船。②

民间歌谣、传说等屈原题材的人民口头文学作品，是屈原精神传承永不枯竭的清流。考察中，发现汨罗、秭归、溆浦、监利、南阳、厦门、台湾等地民间文学传承人与屈原学研究人员，一直坚持着对屈原歌谣传说搜集整

①通山县文化体育与新闻出版局主办：《文化通山》2015 年第 6 期。
②民国手抄本。有些别字保持原抄本，括号内是本书作者注释。

理,互动交流,传承发展,努力讲好屈原故事。当代立体交叉传播网络、传统与现代的传播方式,促进了民间屈原传说和歌谣的广泛传播,使得屈原精神在民间有了更广泛的传承接受群体,也孕育出一大批新的屈原文艺作品,重塑着民族文化的自信力。而这些促发文人屈原情结和创作机缘的民间屈原歌谣传说,也成为以屈原为青少年榜样的书籍的重要题材之一①。

民间屈原歌谣、传说,蕴涵着劳动人民朴素的历史观和情感,隐含着民间对屈原精神的阐释,表达着对屈原精神的景仰,表达着劳动人民对美政的向往,表达着人民对真善美的追求,是屈原精神传承接受中一种富有意味的形式,是承载了两千年来民间对屈原自爱与爱国形象景仰的口碑。

民间屈原形象的建构,直接影响着文人对屈原的再认识。屈原死后百余年,贾谊来到湘水,写道:"恭承嘉惠兮,俟罪长沙。侧闻屈原兮,自沉汨罗。造托湘流,敬吊先生。"(《吊屈原赋》)可见,促使贾谊创作《吊屈原赋》的直接原因,是到了当地听闻屈原自沉于汨罗江。又是一百多年,司马迁来到汨罗,拜谒屈原沉身处,亦潸然泪下,写道:"适长沙,观屈原所自沉渊,未尝不垂涕,想见其为人。"(《史记·屈原贾生列传》)斯人已去精神在,汨罗江上古愁。正是"鲜活"的民间记忆,让文人在《离骚》、《天问》、《九歌》等楚辞文本之外,可以清晰地感受屈原高洁不屈的人格力量,感受屈原爱国爱民的博大胸怀。

屈原精神的民间礼祭,激发强化了文人接受,并因势利导了官方褒崇、域外传播。基于前文考证,我们发现,端午祭祀屈原的习俗、屈原庙宇修建、民间歌谣传说等民间记忆,三者的传承空间基本"吻合"。汨罗、秭归、溆浦、汉寿、南阳、池州、通城、佛昙、台湾等地民间留存的歌谣及传说彼此呼应,所呈现的屈原精神民间传承的地域空间,与本书考察到的屈原庙(祠)纪念建筑时空分布版图,与学术界考证的屈原作品传播路线基本一致。同时,本书考证的端午祭祀屈原的分布、屈原题材民间歌谣分布地域、屈原庙宇分布区域,和楚国政治版图及楚人迁移路线十分吻合。这些一致性,应该不是偶然的巧合,而是屈原存在真实性的民间历史记忆,是屈原及其精神存在真实性的有力实证。

---

①这里有:孙侃:《世界名人传记丛书:屈原》(浙江少年儿童出版社,2006 年);阎耀明著,朱自强编:《中国孩子的好榜样:爱国诗人屈原》(吉林文史出版社,2009 年);王艳娥:《榜样的力量:屈原的故事》(北方妇女儿童出版社,2010 年),等。

　　总体而言,屈原精神的民间礼祭,时间可以上溯到战国末期,空间谱系具体为:湖南、湖北是屈原精神民间传承的核心区域,安徽、江西、河南是其外延拓展区域,魏晋以后传播到全国,唐代以后传播到东亚、南亚、东南亚地区。

第三章　屈原精神的文人阐发

从中国文学、文化发展史看,屈原精神的文人阐发存在两条路径:一是文学书写,如宋玉《九辩》、贾谊《吊屈原赋》、司马迁《史记·屈原列传》、刘向《九叹》、王逸《九思》、李白《江上吟》、苏轼《屈原庙赋》、张坚《怀沙记》、郭沫若《屈原》(历史剧)、胡鸿延《屈原诗传四部曲》、余光中《汨罗江神》、吴双等《春秋魂》;二是以屈原作品或《楚辞》为对象的笺注图绘,如刘安《离骚传》、王逸《楚辞章句》、释道骞《楚辞音》、洪兴祖《楚辞补注》、朱熹《楚辞集注》、王夫之《楚辞通释》、萧云从《离骚全图》、蒋骥《山带阁注楚辞》等。本章拟从取材于屈原生平思想或楚辞意象的汉代拟骚作品、汉唐屈原传记、唐代咏屈诗、宋代咏屈诗文、清代屈原戏、屈原诗歌题材图绘、历代楚辞辑注等切入,点面结合,梳理屈原精神在文人阶层的传承接受轨迹。

第一节　汉代拟骚作品:屈原之"穷"的审美体验

汉代是屈原精神传承接受的关键时期,不仅整理保存了后世传承接受的文献基础,而且出现了一批模仿屈赋、主题以屈原生平思想为内容的汉代骚体作品。汉代拟骚作品主要保存在汉成帝时刘向编辑的《楚辞》①中,其篇目有:贾谊《惜誓》、淮南小山《招隐士》、东方朔《七谏》、严忌《哀时命》、王褒《九怀》、刘向《九叹》等。王逸《楚辞章句》在此基础上,增入《九思》。其后,南宋朱熹《楚辞集注》虽有删减,但又增加了贾谊《吊屈原》、扬雄《反离骚》。这些均为汉代拟骚代表作。

与民间层面从社会劳苦大众利益看屈原不同,作为文人或官员的汉代拟骚赋作者群体,往往惺惺相惜,更多地从士人人生价值实现的角度,描述

---

①"初,刘向裒集屈原《离骚》、《九歌》、《天问》、《九章》、《远游》、《卜居》、《渔父》,宋玉《九辩》、《招魂》,景差《大招》,而以贾谊《惜誓》,淮南小山《招隐士》,东方朔《七谏》,严忌《哀时命》,王褒《九怀》,及向所作《九叹》,共为楚辞十六篇,是为总集之祖。"(《钦定四库全书总目》卷一百四十八《楚辞章句》十七卷"提要")

评议屈原。汉代拟骚作品往往以第一人称抒情方式、感同身受的情感基调来写作，常引用或化用屈原诗句，以"我"的自叙语气，叙述屈原报国之路不通及流放在外的忧郁，以抒发对世俗谗言的痛恨，书写对屈原怀才不遇的同情叹惋。这其中的审美体验，怎一个"苦"字了得！

一、楚宋玉《九辩》：汉代拟骚的"前奏"

若将《九辩》与《离骚》、《九歌》、《九章》对读，会发现，宋玉《九辩》在语言文字和意境上仿写或改写屈原作品的痕迹明显，对屈原作品中表述的惜时、不遇等内容（见"屈原作品与宋玉《九辩》辞句相承一览表"）予以呼应和强化。

屈原作品与宋玉《九辩》辞句相承一览表

屈原作品	宋玉《九辩》	在心为志发言为诗
嫋嫋兮秋风，洞庭波兮木叶下。（《湘夫人》）	悲哉秋之为气也！萧瑟兮草木摇落而变衰……燕翩翩其辞归兮，蝉寂漠而无声。雁雝雝而南游兮，鹍鸡啁哳而悲鸣……皇天平分四时兮，窃独悲此廪秋。	悲秋伤怀
悲秋风之动容兮，何回极之浮浮。（《抽思》）		
吾令帝阍开关兮，倚阊阖而望予。（《离骚》）	岂不郁陶而思君兮？君之门以九重。猛犬狺狺而迎吠兮，关梁闭而不通。	君臣不遇
心郁邑余侘傺兮，又莫察余之中情。固烦言不可结诒兮，愿陈志而无路……曰君可思而不可恃。（《惜诵》）	愿一见兮道余意，君之心兮与余异。	
思美人兮，擥涕而伫眙。媒绝路阻兮，言不可结而诒。蹇蹇之烦冤兮，陷滞而不发。申旦以舒中情兮，志沉菀而莫达。（《思美人》）	悲忧穷戚兮独处廓，有美一人兮心不绎。	
心郁郁之忧思兮，独永叹乎增伤。思蹇产之不释兮，曼遭夜之方长。（《抽思》）	去白日之昭昭兮，袭长夜之悠悠。	
何灵魂之信直兮，人之心不与吾心同。理弱而媒不通兮，尚不知余之从容。（《抽思》）	欲循道而平驱兮，又未知其所从。然中路而迷惑兮，自压桉而学诵。性愚陋以褊浅兮，信未达乎从容。	

续表

屈原作品	宋玉《九辩》	在心为志 发言为诗
欲高飞而远集兮,君罔谓汝何之?(《惜诵》)	闵奇思之不通兮,将去君而高翔。心闵怜之惨凄兮,愿一见而有明。	不忍逃离
哀吾生之无乐兮,幽独处乎山中。吾不能变心而从俗兮,固将愁苦而终穷。(《涉江》)	窃美申包胥之气盛兮,恐时世之不固。何时俗之工巧兮?灭规矩而改凿。独耿介而不随兮,愿慕先圣之遗教。处浊世而显荣兮,非余心之所乐。与其无义而有名兮,宁穷处而守高。食不媮而为饱兮,衣不苟而为温。	愤世嫉俗
固时俗之工巧兮,偭规矩而改错。背绳墨以追曲兮,竞周容以为度。忳郁邑余侘傺兮,吾独穷困乎此时也。(《离骚》)		

通过对比可知,宋玉"悲哉秋之为气也"与屈原所书写的经典悲秋意境一脉相承。唐代诗人李白《临江王节士歌》化用屈、宋二人诗歌中的悲秋意境成诗,曰:"洞庭白波木叶稀,燕鸿始入吴云飞。吴云寒,燕鸿苦。风号沙宿潇湘浦。节士悲(一作感)秋泪如雨。白日当天心,照之可以事明主。壮士愤,雄风生。安得倚天剑,跨海斩长鲸。"①屈、宋笔下的洞庭波、落叶、燕鸿、潇湘浦,在李白笔下融汇为一幅"洞庭潇湘深秋图":忠信君主的节士、怀才不遇的壮士,独立潇湘浦,寒袖当风。

宋玉生活在屈原稍后的楚顷襄王时期,朝堂之上亦常常被奸佞进谗,亦是一个怀才不遇的文人。晋习凿齿《襄阳耆旧传》"宋玉"条记载:"宋玉者,楚之鄢人也。故宜城有宋玉冢。始事屈原,原既放逐,求事楚,友景差,景差惧其胜己,言之于王,王以为小臣。玉让其友……友谢之,复言于王。玉识音而善文,襄王好乐爱赋,既美其才,而憎之似屈原也。曰:'子盍从俗,使楚人贵子之德乎?'对曰:'昔楚有善歌者,始而曰《下里》《巴人》,国中属而和之者数百人;既而曰《阳春》《白雪》,《朝日》《鱼离》,国中属而和之者不至十人;含商吐角,绝伦赴曲,国中属而和之者不至三人矣。其曲弥高,其和弥寡。'"②"曲高和寡"的寓言表明楚顷襄王与宋玉亦非知遇君臣,这应是《九辩》从士人境域赋写屈原的根本原因,也是其接受屈原精神的感情基础。作为与屈原生活时代最接近的文人,宋玉深刻地感受到屈原最

---

①[唐]李白著,[清]王琦注:《李太白全集》卷四,中华书局,1977年,第247页。
②[晋]习凿齿原著,舒焚、张林川校注:《襄阳耆旧记校注》,荆楚书社,1986年,第15—16页。

大的苦痛——生不遇时或者曲高和寡,故而辞中发出"慕归尧舜之圣明"的感叹!

《九辩》叹惋屈原悲剧的一生,主要是从两个方面来赋写:

一是对屈原作品中所流露出的悲秋惜时、时不我待的情志的继承和赋写。在宋玉看来,屈原的悲凉人生,主要是谗言惑君,君臣不遇,屈原在漫长等待中一事无成。他写道:"时亹亹而过中兮,蹇淹留而无成。""岁忽忽而遒尽兮,恐余寿之弗将。悼余生之不时兮,逢此世之俇攘。""岁忽忽而遒尽兮,老冉冉而愈弛。"(《九辩》)年岁逝往匆匆,生不逢时,世道艰险,抗争中时间生命流逝,年已过半,仍然一事无成。

季节变化预示着生命时间的流逝,文人墨客,尤其是怀才不遇者,往往会在时间飞逝的观察中,流露出不遇的幽愤。此后,"悲秋"成为中国文学的重要"母题"。如:"万里悲秋常作客"(杜甫《登高》)[1]、"夫秋,刑官也,于时为阴;又兵象也,于行为金。是谓天地之义气,常以肃杀而为心"(欧阳修《秋声赋》),在万物发展中,秋风令草木衰败,失去生机:"草拂之而色变,木遭之而叶脱。其所以摧败零落者,乃一气之余烈。"(欧阳修《秋声赋》)[2]等等。

二是对屈原君臣不遇的幽愤苦闷的撰述与深切同情。《九辩》围绕奸佞误国、贫士失志的主题,铺采摛文、体物写志。"悲忧穷戚兮独处廓,有美一人兮心不绎。去乡离家兮徕远客,超逍遥兮今焉薄?专思君兮不可化,君不知兮可奈何。蓄怨兮积思,心烦憺兮忘食事。愿一见兮道余意,君之心兮与余异。车既驾兮朅而归,不得见兮心伤悲。倚结軨兮长太息,涕潺湲兮下沾轼。忼慨绝兮不得,中瞀乱兮迷惑。私自怜兮何极,心怦怦兮谅直。"(《九辩》)孤寂忧郁的美人,流放在外,心中思君念主,废寝忘食,希望见君王一面解释自己的心意,但楚王与之心灵不通。道路隔塞,只能伏车重轼而号泣,中情悲恨,思念迷茫,哀戚命薄。谏君无门,愤念蓄积,充盈胸臆:"闵奇思之不通兮,将去君而高翔。心闵怜之惨凄兮,愿一见而有明。重无怨而生离兮,中结轸而增伤。岂不郁陶而思君兮?君之门以九重。"(《九辩》)

---

①[唐]杜甫著,[清]杨伦笺注:《杜诗镜铨》,上海古籍出版社,1981年,第842页。
②[宋]欧阳修:《欧阳修诗文集校笺》卷十五,上海古籍出版社,2009年,第477—479页。

《九辩》强化和突出了屈原"不遇之苦",为汉代接受屈原作品和屈原精神开了先导,奠定了文学史上拟骚书写的情感基调与摹写范式。同时,这种接受也奠定了宋玉的文学地位,魏晋以来至今,在楚辞艺术成就方面,能与屈原并称的唯有宋玉:"屈宋逸步,莫之能追。"(《文心雕龙·辨骚》)①"屈平联藻于日月,宋玉交彩于风云。观其艳说,则笼罩雅颂。"(《文心雕龙·时序》)②

二、贾谊《吊屈原赋》:屈原"逢世不祥"的追伤与自喻

《文心雕龙·时序》:"爰自汉室,迄至成哀,虽世渐百龄,辞人九变,而大抵所归,祖述楚辞,灵均余影,于是乎在。"③据学者考证,西汉初年"楚辞"已经在多个地域得到较为广泛的传播了,在长安、洛阳一带,对于楚风的兴趣与爱好,已在朝廷文士中荡漾开来。用这种新的文学体式,摹拟其特定的语言、情调,成为流行的文学时尚④。

屈原自沉汨罗后,百余年,汉初骚体抒情赋的开创者贾谊因被权贵进谗言而谪为长沙王太傅。约汉文帝前元三年(前177),贾谊途经湘水,为赋吊屈原:"恭承嘉惠兮,俟罪长沙。侧闻屈原兮,自沉汨罗。造托湘流兮,敬吊先生。"⑤

与宋玉一样,贾谊亦体味到了屈原人生志向曲高和寡的"苦":"嗟苦先生兮,独离此咎。"屈原《涉江》中吟唱道:"吾不能变心而从俗兮,固将愁苦而终穷。"屈原作品中围绕"穷(报国之志不能实现)"所申发的心志,贾谊都十分准确地写进《吊屈原赋》中,以此抒发自己对屈原的哀悼,并自悼类似的苦痛遭遇(见下表)。

---

① [南朝梁]刘勰撰,周振甫注:《文心雕龙注释》,人民文学出版社,1981年,第36页。
② [南朝梁]刘勰撰,周振甫注:《文心雕龙注释》,人民文学出版社,1981年,第477页。
③ [南朝梁]刘勰撰,周振甫注:《文心雕龙注释》,人民文学出版社,1981年,第476页。
④ 李中华:《"楚辞"在汉代的传播与接受》,王兆鹏、尚永亮主编:《文学传播与接受论丛》,中华书局,2006年。
⑤ [汉]贾谊:《贾谊集》,上海人民出版社,1976年,第209页。

屈原《离骚》、《九章》与贾谊《吊屈原》辞句相承一览表

屈原心志	屈原《离骚》	屈原《九章》	贾谊《吊屈原赋》
陈志无路	"惟党人之偷乐兮，路幽昧以险隘。""謇吾法夫前脩兮，非世俗之所服。虽不周于今之人兮，愿依彭咸之遗则。""已矣哉，国无人莫我知兮，又何怀乎故都？既莫足与为美政兮，吾将从彭咸之所居。"	"心郁邑余侘傺兮，又莫察余之中情。固烦言不可结诒兮，愿陈志而无路。退静默而莫余知兮，进号呼又莫吾闻。申侘傺之烦惑兮，中闷瞀之忳忳。"（《惜诵》）"世溷浊而莫余知兮，吾方高驰而不顾。""哀南夷之莫吾知兮，旦余济乎江湘。"（《涉江》）"人之心不与吾心同！理弱而媒不通兮，尚不知余之从容。"（《抽思》）"夫惟党人鄙固兮，羌不知余之所臧。""怀瑾握瑜兮，穷不知所示。""文质疏内兮，众不知余之异采。材朴委积兮，莫知余之所有。""世溷浊莫吾知，人心不可谓兮。"（《怀沙》）	"已矣，国其莫吾知兮，独埋郁其谁语？"
世俗溷浊	"众女嫉余之蛾眉兮，谣诼谓余以善淫。""世溷浊而不分兮，好蔽美而嫉妒。""世溷浊而嫉贤兮，好蔽善而称恶。""羌内恕己以量人兮，各兴心而嫉妒。"	"吾谊先君而后身兮，羌众人之所仇。专惟君而无他兮，又众兆之所雠。""行不群以巅越兮，又众兆之所咍。纷逢尤以离谤兮，謇不可兮又蔽而莫之白。"（《惜诵》）	"远浊世而自藏。"
方正倒置	"荃不察余之中情兮，反信谗而齌怒。""曰黄昏以为期兮，羌中道而改路。初既与余成言兮，后悔遁而有他。余既不难夫离别兮，伤灵脩之数化。""固时俗之工巧兮，偭规矩而改错。背绳墨以追曲兮，竞	"竭忠诚以事君兮，反离群而赘肬。"（《惜诵》）"忠湛湛而愿进兮，妒被离而鄣之。"（《哀郢》）"媒绝路阻兮，言不可结而诒。蹇蹇之烦冤兮，陷滞而不发。申旦以舒中情兮，志沉菀而莫达。"（《思美人》）"众口其铄金兮"、"晋申生之孝子兮，父信谗而不好。行婞直而	"鸾凤伏窜兮，鸱枭翱翔。阘茸尊显兮，谗谀得志。圣贤逆曳兮，方正倒植。谓随夷溷兮，谓跖蹻廉；莫邪为钝兮，铅刀为铦。吁嗟嚜嚜兮，生之无故。斡弃周鼎，宝康瓠

屈原心志	屈原《离骚》	屈原《九章》	贾谊《吊屈原赋》
	周容以为度。""世幽昧以眩曜兮,孰云察余之善恶。民好恶其不同兮,惟此党人其独异。户服艾以盈要兮,谓幽兰其不可佩。"	不豫兮,鲧功用而不就。吾闻作忠以造怨兮,忽谓之过言。九折臂而成医兮,吾至今而知其信然。"(《惜诵》)"忠不必用兮,贤不必以。""鸾鸟凤皇,日以远兮。燕雀乌鹊,巢堂坛兮。露申辛夷,死林薄兮。腥臊并御,芳不得薄兮。阴阳易位,时不当兮。"(《涉江》)"巧倕不斲兮,孰察其拨正。玄文处幽兮,矇瞍谓之不章。离娄微睇兮,瞽以为无明。变白而为黑兮,倒上以为下。凤皇在笯兮,鸡鹜翔舞。同糅玉石兮,一概而相量。"(《怀沙》)	兮,腾驾罢牛,骖蹇驴兮。骥垂两耳,服盐车兮。章甫荐屦,渐不可久兮。"
苦不遇时	"忳郁邑余侘傺兮,吾独穷困乎此时也。""曾歔欷余郁邑兮,哀朕时之不当。揽茹蕙以掩涕兮,沾余襟之浪浪。""怀朕情而不发兮,余焉能忍与此终古。"	"哀吾生之无乐兮,幽独处乎山中。吾不能变心而从俗兮,固将愁苦而终穷。""余将董道而不豫兮,固将重昏而终身。"(《涉江》)"路远处幽,又无行媒兮。道思作颂,聊自救兮。忧心不遂,斯言谁告兮。"(《抽思》)"重华不可遻兮,孰知余之从容。"(《怀沙》)"惜吾不及古人兮,吾谁与玩此芳草?"(《思美人》)	"遭世罔极兮,乃殒厥身。呜呼哀哉兮,逢时不祥。"
困思九州	"思九州之博大兮,岂唯是其有女。曰:勉远逝而无狐疑兮,孰求美而释女?何所独无芳草兮,尔何怀乎故宇?"	"欲高飞而远集兮,君罔谓汝何之。"(《惜诵》)"与前世而皆然兮,吾又何怨乎今之人。""怀信侘傺,忽乎吾将行兮。"(《涉江》)"愿摇起而横奔兮,览民尤以自镇。结微情以陈词兮,矫以遗夫美人。"(《抽思》)	"历九州而相君兮,何必怀此都也。"

通过上述比较,可以看出,屈原诗歌里表达的举世皆浊、"荃不察余之

中情"的申诉,在贾谊《吊屈原赋》里成为其全文的感情主线。贾谊在说明了《吊屈原赋》写作缘起后,第一句感叹就奠定了全篇的情感基调:"遭世罔极兮,乃陨厥身。呜呼哀哉,逢时不祥。"即,感叹屈原的悲剧是世俗与时政逼迫的。接下来,贾谊铺陈描述一个方正倒置的世俗社会,再一次感叹:"嗟苦先生,独离此咎兮。"对屈原仕途不遇与不幸的价值判断,贾谊用一个反问、一个比喻表达:"历九州而相其君兮,何必怀此都也? 凤凰翔于千仞之上兮,览德辉而下之。"显然,贾谊不太认同屈原自沉汨罗的行为,认为屈原可以远走他国,择良木而栖,这实际是委婉地批评屈原面对"不遇"仍执着本初之心的选择。

分析原因,贾谊与民间百姓看屈原的视角不同,前文我们考察民间层面都是赞美和崇敬屈原的,因为百姓理解屈原之死是责任和担当;而贾谊很明显是站在个体价值层面,强调个人际遇的幸与不幸,因此质疑屈原之死的必要性。从屈原作品全貌及民间屈原传说看,爱国爱民、廉贞清醒、刚直不阿、嫉恶如仇、上下求索精神是屈原精神的主旋律,屈原揭露楚国世俗黑白颠倒、君王昏庸、谗佞当道,绝不是站在个人价值或利益得失基础上的愤慨,而是出于对国家的关心,其诗写道:"岂余身之惮殃兮,恐皇舆之败绩。"(《离骚》)"秉德无私,参天地兮。""行比伯夷,与长友兮。"(《九章·橘颂》)"带长剑兮挟秦弓,首身离兮心不惩。诚既勇兮又以武,终刚强兮不可凌。身既死兮神以灵,子魂魄兮为鬼雄。"(《九歌·国殇》)屈原的心与楚国百姓的心在一起,"皮之不存,毛将焉附?"屈原关心的不是自己,而是楚国。但,贾谊《吊屈原赋》一文中屈原爱国爱民、廉洁自爱的诗句并没有被再现或化用,可见,与宋玉一样,贾谊的解读是站在个体价值自我实现层面的阐发,是相对片面的,不是屈原人格精神的全部。

作为汉初屈原接受第一人,贾谊《吊屈原赋》在文人群体里传播深远。司马迁《史记》全文辑录了《吊屈原赋》,刘向编选《楚辞》时录入了"与《吊屈赋》词指略同"的《惜誓》[①],朱熹将《吊屈原赋》增入《楚辞》总集。此后,明张凤翼《楚辞合纂》十卷、清吴世尚《楚辞疏》八卷、清邱仰文《楚辞韵解》八卷、清强望泰《楚辞初学读本审音》十卷、当代马茂元《楚辞选》(1958)、

---

① 王逸《楚辞章句》注:"《惜誓》者,不知谁所作也。或曰贾谊,疑不能明也。"朱熹《楚辞集注》卷八解题:"独洪兴祖以为期间数语,与《吊屈赋》词指略同,意为谊作无疑者。今玩其辞,实亦瑰异奇伟,计非谊莫能及,故特据洪说,而并录传中赋,以备家之言云。"

金开诚《楚辞选注不分卷》(1980)、聂石樵《楚辞新注不分卷》(1980)、赵浩如《楚辞译注》(1986)等楚辞读本,均选入贾谊《吊屈原赋》。

　　"一切文化的接受活动,都是接受者对文化对象的二度创造,都依照'形象—情趣—机理—智思'的逻辑序列而次第展开和整体贯通"①。《吊屈原赋》在语言、结构等艺术层面上,虽与屈原作品有着极强的渊源关系,但在思想境界、精神追求层面上更多的是贾谊自身人生感悟的抒发。

　　首先,可以肯定,贾谊在来到湘水前曾阅读过屈原作品。案,贾谊,洛阳人,地处秦地。秦汉建国早期,曾特意将楚地大族迁入陕西政治腹地。《汉书·地理志》:"汉兴,立都长安,徙齐诸田,楚昭、屈、景及诸功臣家于长陵。后世世徙吏二千石、高訾富人及豪杰并兼之家于诸陵。"②又《汉书·刘敬传》:"'臣愿陛下徙齐诸田,楚昭、屈、景,燕、赵、韩、魏后,及豪杰名家,且实关中。无事,可以备胡;诸侯有变,亦足率以东伐。此强本弱末之术也。'上曰:'善。'乃使刘敬徙所言关中十余万口。"③据这些记载可知,汉高祖采纳了大臣刘敬的建议,迁徙了楚大族昭氏、屈氏、景氏及齐赵等地约十余万口入关中。由此推断,贾谊接受"楚辞"的媒介,很有可能是迁往秦地的楚人。又据《史记》载,贾谊十八岁做过河南守吴廷尉的门客,因能诵诗书倍受喜爱,荐给汉文帝召为博士,一年多后因为卓异才学迁太中大夫,事见《史记》贾谊本传④。又考,贾谊在长安为博士时交往之人中有楚人:"司马季主者,楚人也。卜于长安东市。宋忠为中大夫,贾谊为博士,同日俱出洗沐,相从论议,诵易先王圣人之道术,究遍人情,相视而叹。"⑤占卜之术及占卜之书,是楚地巫文化的历史遗存,屈原《离骚》有提及请灵氛、巫咸占卜,贾谊后来到长沙亦翻阅占卜之书查阅鵩鸟入舍主何吉凶而作《鵩鸟赋》。故,接触楚地占卜之人司马季主等,可能是贾谊熟悉屈原作品的又一个途径。

---

①丁峻、崔宁:《审美教育心理新探》,生活·读书·新知三联书店,2015年,第272页。

②[汉]班固:《汉书》卷二十八《地理志》,中华书局,2007年,第306—307页。

③[汉]班固:《汉书》卷四十三《郦陆朱刘叔孙传》,中华书局,2007年,第455页。

④"贾生名谊,雒阳人也。年十八,以能诵诗属书闻于郡中。吴廷尉为河南守,闻其秀才,召置门下,甚幸爱……贾生年少,颇通诸子百家之书。文帝召以为博士……孝文帝说之,超迁,一岁中至太中大夫。"(《史记》卷八十四《屈原贾生列传》)

⑤[汉]司马迁撰,[南朝宋]裴骃集解,[唐]司马贞索引,张守节正义:《史记》卷一百二十七《日者列传》,中华书局,2011年,第2787—2788页。

其次,贾谊自身的仕途际遇是贾谊深入思考屈原命运遭际的重要现实机缘。贾谊年少得志,锐意改革,深得文帝信任,但因权贵进谗言被迁谪至长沙。事见《史记·屈原贾生列传》:

> 诸律令所更定,及列侯悉就国,其说皆自贾生发之。于是天子议以为贾生任公卿之位。绛、灌、东阳侯、冯敬之属尽害之,乃短贾生曰:"雒阳之人,年少初学,专欲擅权,纷乱诸事。"于是天子后亦疏之,不用其议,乃以贾生为长沙王太傅。贾生既辞往行,闻长沙卑湿,自以寿不得长,又以适去,意不自得。及度湘水,为赋以吊屈原。①

从少年得志到遭谗被贬,与屈原极为相似的仕途遭际,让贾谊感同身受,路过屈原沉身地,便十分真切地理解了屈原的悲剧遭遇。《吊屈原赋》开篇即道:"恭承嘉惠兮,俟罪长沙。侧闻屈原兮,自沉汨罗。造托湘流兮,敬吊先生。"班固记载:"谊追伤之,因以自谕。"(《汉书·贾谊传》)"伤",悲伤,耗费精神,贾谊此赋主要是抒发自己不遇之苦痛,抒发自己被谗言伤害的幽愤:"遭世罔极兮,乃陨厥身。呜呼哀哉,逢世不祥。"是非颠倒、谄谀得志、忠直被疏、贤愚倒置,是贾谊感到幽愤的不良政治生态,"鸾凤伏窜兮,鸱枭翱翔。阘茸尊显兮,谗谀得志。圣贤逆曳兮,方正倒植"(《吊屈原赋》)。从现存文献看,贾谊是开启后世思考"屈原之死"的第一人。"嗟苦先生,独离此咎兮。"贾谊的"嗟叹",除了敬佩,也明显带有些许迷惑,乃至不认同的成分。我们看到,贾谊同情屈原"逢时不祥"之时,又批评了屈原为何不走出楚国去寻找明君,"历九州而相君兮,何必怀此都也?"(《吊屈原赋》)在贾谊看来,与汉代大一统后的时代不一样,战国时代士人可以自由游走他国,屈原完全可以远走他国,但屈原却固执自沉,怎能不令人惋惜?

第三,"贾生曾吊屈,余亦痛斯文。"②贾谊最早用文字记录关于"屈原之穷"的深思,后代文人也几乎都没有绕开这个问题,由屈原悲苦命运反思生命意义与处世智慧,从"遇与不遇"的视角思考屈原故事,形成了屈原精神文人层面接受的一个特点。贾谊之后,西汉司马迁一开始通过阅读《楚

---

① [汉]司马迁:《史记》卷八十四《屈原贾生列传》,中华书局,2011 年,第 2192 页。
② [唐]孟浩然著,徐鹏校注:《孟浩然集校注》卷三《晓入南山》,人民文学出版社,1989 年,第 213 页。

辞》,惋惜屈原不遇明君,感叹国君圣明才是臣子的福气:"其存君兴国而欲反覆之,一篇之中三致志焉。然终无可奈何,故不可以反,卒以此见怀王之终不悟也……王之不明,岂足福哉!"①但,读了贾谊《吊屈原赋》后,司马迁也认为屈原是没有必要自沉的,楚国国君不圣明,完全可以远走他国去实现美政理想:"及见贾生吊之,又怪屈原以彼其材,游诸侯,何国不容,而自令若是。"②可以说,贾谊《吊屈原赋》的接受倾向孕育了屈原精神文人层面接受的一条主线,如何理解阐发屈原之"穷",成为后代文人评价屈原的出发点。

三、《七谏》、《哀时命》:屈原"生不遇时"的深思

屈原多次表达对圣明君主的渴望、对风清气正的向往,曾感叹三皇五帝的时代自己没赶上,身后的圣主贤君也不可能看见,只能终日终夜忧郁伤怀:"遭沉浊而污秽兮,独郁结其谁语。夜耿耿而不寐兮,魂茕茕而至曙。惟天地之无穷兮,哀人生之长勤。往者余弗及兮,来者吾不闻。"(屈原《远游》)对屈原诗歌中"生不遇时"的孤独感,东方朔和严忌是早期阐发者。

(一)"穷"与"达":东方朔《七谏》

距离屈原自沉后约一百四十年左右,汉武帝征召天下贤良方正和文学之士,二十二岁的东方朔前去应征,这一年是公元前140年。第二年,即公元前139年,淮南王刘安献《内篇》给汉武帝,汉武帝收下后就给了淮南王一个新任务——作《离骚传》,"传"就是传述、解释,也就是给《离骚》做注释。上之所好,下必甚焉。东方朔此时正寄寓长安城,对刘安注《离骚》之事及汉武帝爱读楚辞,他应该是清楚的。这应是东方朔认真研读屈原作品的重要时代背景。

就个人境遇看,此时的东方朔应该是处在欲"达"的前期。史书记载,他上书三千牍夸赞自己,占用了汉武帝两个月业余时间阅读。《史记·滑稽列传》载:"朔初入长安,至公车上书,凡用三千奏牍。公车令两人共持举其书,仅然能胜之。人主从上方读之,止,辄乙其处,读之二月乃尽。诏

---

① [汉]司马迁撰,[南朝宋]裴骃集解,[唐]司马贞索引,张守节正义:《史记》卷八十四《屈原贾生列传》,中华书局,2011年,第2186页。
② [汉]司马迁撰,[南朝宋]裴骃集解,[唐]司马贞索引,张守节正义:《史记》卷八十四《屈原贾生列传》,中华书局,2011年,第2202页。

拜以为郎,常在侧侍中。数召至前谈语,人主未尝不说也。时诏赐之食于前……人主左右诸郎半呼之'狂人'。人主闻之,曰:'令朔在事无为是行者,若等安能及之哉!'"①一篇吸引汉武帝读了两个月的自荐信,常常在君王面前就餐,这些交流机会,东方朔都把握得恰到好处,赢得了汉武帝对他的赏识,诔言似乎也被汉武帝"挡回去"了。

　　但是,东方朔好像并不是特别"达"。众博士常讥讽他"官不过侍郎,位不过执戟"。东方朔答:"太公躬行仁义七十二年,逢文王,得行其说,封于齐,七百岁而不绝。此士之所以日夜孜孜,修学行道,不敢止也。"②意思是,东方朔现在官位不高,但只要修身,终会如姜太公,有"遇时"的一天。可见,当时,东方朔并不"顺达",他也自嘲为"朝廷隐士":"朔曰:'如朔等,所谓避世于朝廷间者也。古之人,乃避世于深山中。'"③在皇帝面前,东方朔并不能参议重大国事,扮演的是学识渊博、要吃、要田舍、常娶妻自乐的喜剧角色。但临死前,他还是忍不住对汉武帝说出了一句"愿陛下远巧佞,退谗言"。《史记》卷一百二十六《滑稽列传》载:

　　　　至老,朔且死时,谏曰:"诗云:'营营青蝇,止于蕃。恺悌君子,无信谗言。谗言罔极,交乱四国。'愿陛下远巧佞,退谗言。"帝曰:"今顾东方朔多善言?"怪之。居无几何,朔果病死。④

东方朔一直带着一种喜剧人物的"面具"生活,而临终谏言"愿陛下远巧佞,退谗言",演示了汉代文人"穷途"忧国的悲壮情怀,他内心的孤寂与屈原又何其相似!

　　综上,从东方朔接受屈原作品的主、客观背景看,东方朔创作《七谏》,哀悼屈原之"穷",实际有借屈原"浇"自己心中的"块垒"之义。东汉王逸曰:"谏者,正也,谓陈法度以谏正君也。古者,人臣三谏不从,退而待放。屈原与楚同姓,无相去之义,故加为《七谏》……或曰:七谏者,法天子有争臣七人也。东方朔追悯屈原,故作此辞,以述其志,所以昭忠信、矫曲朝也。"(《楚辞章句》卷十三《七谏》解题)⑤《七谏》大量化用、引用屈原诗句。

---

①[汉]司马迁:《史记》卷一百二十六《滑稽列传·东方朔》,中华书局,2011年,第2777—2778页。
②[汉]司马迁:《史记》卷一百二十六《滑稽列传·东方朔》,中华书局,2011年,第2779页。
③[汉]司马迁:《史记》卷一百二十六《滑稽列传·东方朔》,中华书局,2011年,第2778页。
④[汉]司马迁:《史记》卷一百二十六《滑稽列传·东方朔》,中华书局,2011年,第2780页。
⑤[汉]王逸章句,[宋]洪兴祖补注:《楚辞补注》,中华书局,1983年,第236页。

如,"往者不可及兮,来者不可待。悠悠苍天兮,莫我振理"(《七谏·初放》),来自屈原《远游》中"往者余弗及兮,来者吾不闻"。意思是,那"前我"的时空,尧舜圣君,早已经与"我"无缘;"后我"的时空,因生命有限,亦难以等待。"尧舜圣已没兮,孰为忠直?"(《初放》)时代早已不是尧舜时代,谁还会坚持忠直的人生准则?"窃怨君之不寤兮,吾独死而后已"(《初放》)。忠贞于君,君不知,冤屈无人听,君王惑于群小终不觉寤,"我"唯一的路是独抱忠信死于山野之中?!《七谏》将屈原《离骚》、《远游》、《惜往日》等篇的诗意融汇在一起,每一个段落(《初放》、《沉江》、《怨世》、《怨思》、《自悲》、《哀命》、《谬谏》)均以屈原作品中的意象和素材结构成文,用第一人称方式,细腻地再现了屈原个人命运之"穷",抒发了一位忠臣内心的绝望与抗争。

《七谏》开篇用一种反讽、甚至"自黑"的方式描述了"平"(屈原)的形象:"平生于国兮,长于原壄。言语讷譅兮,又无强辅。浅智褊能兮,闻见又寡。数言便事兮,见怨门下。王不察其长利兮,卒见弃乎原壄。"(《初放》)屈原之"穷"境,体现有二:"言语讷譅"①,意味着思想表达受阻;"又无强辅"②,意味着同行中没有人帮他。这两者也是屈原仕途不顺——"穷"的根本原因。"举世皆然兮,余将谁告?斥逐鸿鹄兮,近习鸱枭。斩伐橘柚兮,列树苦桃。"(《初放》)"众人莫可与论道兮,悲精神之不通。"(《谬谏》)"居愁勤其谁告兮,独永思而忧悲。"(《自悲》)意思是,身处在是非颠倒之世,执着于用尧舜举贤授能劝谏君王,可惜无人理解,现实面前,只能孤独前行。"苦众人之妒予兮,箕子③寤而佯狂"(《沉江》),箕子领悟到纣王已经无法进谏,于是装疯卖傻,保全性命,到了周朝被封侯。因此,面对仕途困境,与宋玉、贾谊提出屈原应该离开故国寻求他国知音的策略不同,东方朔更赞赏箕子之狂狷策略。《史记》记载东方朔公车上书、大隐金门、舌战博士、建章索赐的故事背后,何尝没有箕子的"影子"?李白有诗《玉壶吟》:"世人不识东方朔,大隐金门是谪仙。西施宜笑复宜嚬,丑女效之徒

---

① 王逸注:"出口为言,相答曰语。讷者,钝也。譅者,难也。"(《楚辞章句》卷十三《七谏》)
② 王逸注:"质性忠信,不能巧利辞令,言语讷钝,复无强友党辅,以保达己志也。"(《楚辞章句》卷十三《七谏》)
③ 王逸注:"箕子,纣之庶兄。见比干谏而被诛,则被发佯狂,以脱其难也。"(《楚辞章句》卷十三《七谏》)

累身。君王虽爱蛾眉好,无奈宫中妒杀人。"可见,东方朔关于屈原仕途之"穷"的思考及其自身命运遭际,强化了后世文人对"谗言"、"不遇"主题的关注①。

总体而言,《七谏》在传播屈原作品的思想意蕴中,加入东方朔的审美体验和人生经验,其所提炼的"怨世"、"怨思"、"自悲"、"哀命"等词,刻画了一个孤独无助的屈原形象,影响了后世对屈原性格的理解。同时,在艺术上,《七谏》用第一人称手法铺叙了屈原从流放到自沉之间的情感波动,在语言和意象上继承屈原作品颇多,类似"复述",又似"缩写",开创了汉代拟骚赋的基本结构章法模式。

(二)时与命:严忌《哀时命》

严忌《哀时命》醒目提出"时"、"命"二字,表现出对屈原政治悲剧的深切同情。"时",时间、四季,是宇宙的经。《诗经》中有"日之西矣,牛羊下来"(《诗经·君子于役》),"昏以为期,明星煌煌"(《诗经·东门之杨》),诗句中对时间流动变化的感悟,让我们看到的是古人"观乎天文以察时变"(《易经》),包揽宇宙万物的心灵痕迹。上古时期人们按"时"(季节)安排自己的日常学习生活:"鸡鸣而起,孳孳为善,终日乾乾,夕犹惕若者,常德行也。春夏教以礼乐,秋冬教以诗书。春蒐、夏苗、秋狝、冬狩,习教事也。朝以听政,昼以访问、夕以修令、夜以安身,皆是物也。德行之有常,教事之时习,能如水之所至,不失其时。"②随着农业文明飞速发展,人们逐渐从繁重的体力劳动中解脱,有了更多时间来思考,但"时间的烦恼"随之而来,"子在川上,曰:逝者如斯夫,不舍昼夜!"(《论语·子罕》)"吾生也有涯,而知也无涯。"(《庄子·内篇·养生主》)时间长河里,个体生命是渺小而短暂的。

屈原作品中表达"惜时"的诗句亦很多:"汨余若将不及兮,恐年岁之不吾与。朝搴阰之木兰兮,夕揽洲之宿莽。日月忽其不淹兮,春与秋其代序。惟草木之零落兮,恐美人之迟暮……老冉冉其将至兮,恐脩名之不立。朝饮木兰之坠露兮,夕餐秋菊之落英。"(《离骚》)"春秋忽其不淹兮,奚久留此故居?""微霜降而下沦兮,悼芳草之先零。"(《远游》)人的生命是时

---

①[唐]李白著,[清]王琦注:《李太白全集》卷七,中华书局,1977年,第377页。
②[宋]林栗:《周易经传集解》卷十五《坎离》,文渊阁四库全书本。

间的总和,而生命的价值在于有限的时间内创造相对永恒的价值。严忌对屈原反复书写时间及"惜时"背后的志向,表现出强烈的认同。《哀时命》之中,常化用屈原《离骚》、《远游》、《九章》中因生命垂老而担忧的诗句,如:"老冉冉而逮之"、"白日晼晚其将入兮,哀余寿之弗将"(《哀时命》)等。

关于《哀时命》的主旨,一说是屈原代言体,一说是严忌借屈原自哀。从全文行文看当属于后者。王逸《楚辞章句·哀时命》解题曰:"忌哀屈原受性忠贞,不遭明君而遇暗世,斐然作辞,叹而述之,故曰'哀时命'也。"①《哀时命》在构思、语言、意象上多化用屈原作品,但艺术上创新性有限,思想境界上也未能达到屈原的高度。辞曰:"时饫铁而不用兮,且隐伏而远身。聊窜端而匿迹兮,嗼寂默而无声。独便悁而烦毒兮,焉发愤而抒情。时暧暧其将罢兮,遂闷叹而无名……太公不遇文王兮,身至死而不得逞。怀瑶象而佩琼兮,愿陈列而无正。生天墬之若过兮,忽烂漫而无成。邪气袭余之形体兮,疾憯怛而萌生。愿壹见阳春之白日兮,恐不终乎永年。"(《哀时命》)意思是说,身处不被任用的时代,退身远逝隐伏山林;自甘寂寞缄口无声,人生稍纵即逝无功无名;伯夷守节饿死首阳山,终默默而死无显无荣;吕望如果不遇周文王,至死也不会成就志向;怀抱美玉愿进献,却无正道可行;人生天地之间匆匆而过,却一事无成;邪气不断侵袭我的形体,使我忧伤痛苦;渴望一见阳春白日,却担扰短命寿夭。可见,严忌心中关注的是时运,期待君臣知遇,表达的主要是怀才不遇的内心苦闷和抗争。这显然与屈原的惜时心志有所不同,屈原珍惜时光,感叹齐桓、周文之事,立足点在国家的"美政"。

严忌同样敬仰屈原坚持"忠信"、"内直"、"清白",敬仰屈原面对溷浊现实而选择自沉汨罗:"子胥死而成义兮,屈原沉于汨罗。虽体解其不变兮,岂忠信之可化? 志怦怦而内直兮,履绳墨而不颇。执权衡而无私兮,称轻重而不差。摡尘垢之枉攘兮,除秽累而反真。形体白而质素兮,中皎洁而淑清。"(《哀时命》)但与民间层面站在社会治理角度尊重屈原是"好官"不一样,文人更多联系自身政治遭遇关注屈原政治仕途的悲剧性——时也? 命也?《哀时命》开篇亦化用屈原《远游》诗句"往者余弗及兮,来者吾不闻"曰:"哀时命之不及古人兮,夫何予生之不遭时。往者不可扳援

①[汉]王逸章句,[宋]洪兴祖补注:《楚辞补注》,中华书局,1983 年,第 259 页。

兮,俟者不可与期。"(《哀时命》)感叹时空的阻隔,既不能探寻前代圣帝,又不可等待后世的明王。此后,以"我"为中心关照宇宙时空,以抒发怀才不遇的苦闷之情,渐渐成为中国文学的重要"母题"。唐代陈子昂不遇之时,化用屈原诗句,写出《登幽州台歌》:"前不见古人,后不见来者。念天地之悠悠,独怆然而涕下。"[1]李白不遇之时,登高赋诗:"弃我去者,昨日之日不可留。乱我心者,今日之日多烦忧。"[2]显然,严忌所理解的屈原是一位生不逢时、命运多舛的悲剧人物。

此外,东方朔和严忌均化用《远游》中的诗句写屈原,可为《远游》作者是屈原之一证据。

四、"九体":屈原政治悲剧的凝练与反思

"九体",指模仿屈原作品、九段成篇的拟骚赋。代表作主要有:王褒《九怀》、刘向《九叹》、王逸《九思》等,这三篇作品在接受屈原故事的过程中,都以屈原政治遭遇为主题,围绕屈原悲剧的两大原因——国君昏醉,佞臣谗谀——展开,并联系自身感遇,思考屈原政治悲剧的根源,探索心智解脱的路径。且情感上,三篇作品有明显递进关系,由期待君王自己醒悟——"孰能若兮愿为辅"(《九怀》),到主动投入改革风气——"拨谄谀而匡邪"(《九叹》),到坚定地与屈原站在一起——"崇忠贞兮弥坚"(《九思》);从同病相怜的怀念,到深感痛心的叹惋,到痛恨楚王的理性反思,三篇继承关系明显,呈现了屈原忠贞精神对汉代文人人格的影响。

(一)《九怀》:"孰能若兮愿为辅"的使命感

王褒《九怀》包含九章[3],主题也是"君臣知遇"问题。其"乱曰:皇门开兮照下土,株秽除兮兰芷睹。四佞放兮后得禹,圣舜摄兮昭尧绪,孰能若兮愿为辅"(《九怀》)。即说,君王耳聪目明,方能辨识贤愚;佞臣被放逐,贤臣才会出现在身边;如果有似尧舜的君王再世,自己愿意去辅佐!

---

①[清]彭定求等修纂:《全唐诗》卷八十三,中华书局,1960年。后文所引《全唐诗》均为此版本,仅注明卷数。
②[唐]李白:《宣州谢朓楼饯别校书叔云》,《李太白全集》卷十八,中华书局,1977年,第861页。
③"《九怀》者,谏议大夫王褒之所作也。怀者,思也。言屈原虽见放逐,犹思念其君,忧国倾危而不能忘也。褒读屈原之文,嘉其温雅,藻采敷衍,执握金玉,委之污渎,遭世溷浊,莫之能识,追而愍之,故作《九怀》,以裨其词。史官录第,遂列于篇。"(《楚辞章句》卷十五《九怀》解题)

　　王褒将个人对圣君明主的期盼及现实失意的困苦,与身处溷浊之楚国的屈原命运相对照,分九章:匡机、通路、危俊、昭世、尊嘉、蓄英、思忠、陶壅、株昭,以组诗形式再现屈原作品中的意境,特别选取了屈原政治命运的困厄,刻画了一位悲苦的屈原形象。

　　《九怀》开篇即写"我"陷在艰难痛苦或无法摆脱的"困穷"中,"极运兮不中,来将屈兮困穷"(《匡机》)。接着,描述"我"悲壮的远行。远行或许是脱离困厄的一种方式,但心里对故国故君的思念则是刻骨铭心不能忘怀的,"抚槛兮远望,念君兮不忘"(《匡机》)。这种身心不一致的选择,违背了"我"的志向,"悲哉于嗟兮,心内切磋"(《株昭》)。屈原放逐后曾作《思美人》,寄托情怀于浮云飞鸟,表达对怀王的思念,王褒《九怀》对此作了详细深化,反复描述了"我"登楼远望郢都思念怀王的忧伤:"抚槛兮远望,念君兮不忘。怫郁兮莫陈,永怀兮内伤。"(《匡机》)"毕休息兮远逝,发玉轫兮西行。惟时俗兮疾正,弗可久兮此方。瘴辟摽兮永思,心怫郁兮内伤。"(《思忠》)"将离兮所思。浮云兮容与,道余兮何之?"(《通路》)等等。

　　屈原《离骚》《涉江》中描述了黑白颠倒的溷浊社会,《九怀》中亦多处赋写世俗社会颠倒黑白的情形,寄托"我"的孤独、幽愤与感伤。"谁可与兮寤语。痛凤兮远逝,畜鹍兮近处。鲸鲕兮幽潜,从虾兮游渚。乘虬兮登阳,载象兮上行。"(《通路》)"瓦砾进宝兮,捐弃随和。铅刀厉御兮,顿弃太阿。骥垂两耳兮,中坂蹉跎。蹇驴服驾兮,无用日多。修洁处幽兮,贵宠沙劙。凤皇不翔兮,鹑鹦飞扬。乘虹骖蜺兮,载云变化。鷦鹏开路兮,后属青蛇。步骤桂林兮,超骧卷阿。"(《株昭》)世俗溷浊,黑白倒置,贤愚不辨,这既是屈原悲剧命运的政治生态环境,也是王褒对汉代社会的一些感受。

　　"伊思兮往古,亦多兮遭殃。伍胥兮浮江,屈子兮沉湘。"(《尊嘉》)王褒叹惋屈原的自沉,这悲壮的叙述,隐含的正是对现实溷浊世俗的无可奈何,也抒发了王褒期翼改革的呐喊:"皇门开兮照下土,株秽除兮兰芷睹。"(《乱曰》)澄清吏治啊,那时贤德才可以被君王瞩目。明代杨慎《王子渊祠》诗曰:"伟晔灵芝发秀翘,子渊摛藻谈天朝。汉皇不赏贤臣颂,只教宫人咏洞箫。"[1]赞誉王褒才华,也惋惜不得用,讽刺西汉中兴之主汉宣帝只是看中了王褒《洞箫赋》。由此可见,《九怀》亦属于借屈原的酒杯浇自己

---

①[明]杨慎:《升菴全集》卷三十四,商务印书馆,1937年,第326页。

心中的块垒,唯此时汉宣帝多修武帝故事,是一个有"明君"潜质的皇帝,故而王褒还心存期冀:"孰能若兮愿为辅。"(《乱曰》)

(二)《九叹》:"拔谄谀而匡邪"的使命感

比王褒小约十二岁的刘向,是现存《楚辞》的最早编撰定稿者。在前人编撰基础上加入自己创作的《九叹》,正式确定了《楚辞》十六卷。王逸序曰:"而屈原履忠被谮,忧悲愁思,独依诗人之义而作《离骚》,上以讽谏,下以自慰。遭时闇乱,不见省纳,不胜愤懑,遂复作《九歌》以下凡二十五篇。楚人高其行义,玮其文采,以相教传。至于孝武帝,恢廓道训,使淮南王安《离骚经章句》,则大义粲然。后世雄俊,莫不瞻慕,舒肆妙虑,缵述其词。逮至刘向,典校经书,分为十六卷。"①清代《四库全书总目·提要》曾赞其"定名"之功:"哀屈宋诸赋,定名《楚辞》,自刘向始也。"②刘向编撰的《楚辞》为现知"楚辞"的最早"定本",从这个层面看,刘向是楚辞文献传承史上当之无愧的"大功臣",而通过刘向汇集,屈原作品由楚人单篇或口头传承到集中书面传播,无疑促进了屈原精神的文人接受,《隋书》之后,历代书目名专列"楚辞类"于集部之首。

刘向创作的《九叹》亦含九章内容:逢纷、灵怀、离世、怨思、远逝、惜贤、忧苦、愍命、思古,每章后均有"叹曰",共九"叹":叹高洁忠贞之孤寂不遇;叹屈原遭倾危之世而遇患祸不可复救,写屈原身处其间长叹歔欷而涕滂流不止;叹屈原怀德不用,譬若蛟龙潜于川泽,写屈原希望奋竭智谋以辅事贤君、流恩百姓;叹屈原被放深险之地、放逐远行忧愁无极,而众人皆佞谀不可与语忠信,写屈原怀忧含戚、怅然佗傺而失意,等。"九叹"表达了刘向对屈原高洁忠贞之孤寂不遇的深刻同情,也抒发了汉代文人希望"拔谄谀而匡邪"的志向。

《九叹》中关于"君臣知遇"主题的思考,围绕"谗言之邪害"展开。开篇《逢纷》即写屈原不幸的遭遇,志向高洁,却不得明君,以致抱负难申;《灵怀》则围绕怀王与屈原之间的关系,怀王的不听不闻,是屈原悲剧遭遇的现实根源之一;《离世》描绘屈原所处朝政与历史上的溷浊世界相似,叙述了屈原悲剧遭遇的现实根源之二;《怨思》写屈原对不遇之控诉,全章化

---

① [汉]王逸章句,[宋]洪兴祖补注:《楚辞补注》,中华书局,1983年,第48页。
② [清]永瑢等:《四库全书总目》,中华书局,1965年,第1267页。

用《离骚》、《河伯》等诗歌,续写屈原水死之后的"神游",并代屈原抒发其内心的忠贞正直的情怀;《远逝》化用屈原《远游》诗句,抒写屈原坚持自己的志向,"悲余性之不可改兮,屡惩艾而不迻"(《远游》);《惜贤》化用《离骚》等诗句,写历史上君臣知遇之事例,揭示了个人在君臣知遇政治环节中无可奈何的渺小状态;《忧苦》写屈原对郢都的思念,描绘了被疏远的臣民思乡的苦痛,"思念郢路兮,还顾睞睞。涕流交集兮,泣下涟涟"(《忧苦》);《愍命》正反对比叙述明君在世则贤才并举、昏君在位则谗佞当道的历史故事,叹惋屈原不逢明君;《思古》写山中徘徊涕泣的不遇者与历史上贤愚颠倒的不遇者,表达了对"谗言之邪害"悲剧反复出现的悲叹。

刘向自己称《九叹》的创作目的就是"拨谄谀而匡邪",他说:"览屈氏之《离骚》兮,心哀哀而怫郁。声嗷嗷以寂寥兮,顾仆夫之憔悴。拨谄谀而匡邪兮,切涕涩之流俗。"(《惜贤》)即说,《离骚》及屈原其他大部分诗歌都是围绕屈原忠贞不遇而抒写,屈原诗歌所传达的"哀哀而怫郁"、"嗷嗷以寂寥"的孤独,令刘向读后叹息流涕,所以决定"匡邪"以警醒世人,除谗言之邪害,去贪涩之流俗,使世风清净。

(三)《九思》:"崇忠贞兮弥坚"的使命感

姜亮夫先生在《楚辞通故·叙目》中提出:"王逸章句本《楚辞》,为汉世肄习之籍……为楚辞不祧之祖。"[1]因此,王逸《楚辞章句》是最为众人知晓的楚辞文献传承"功臣"。王逸在刘向编辑《楚辞》基础上分章分句注释,并入自己创作的《九思》而成《楚辞章句》十七卷。《九思》分逢尤、怨上、疾世、悯上、遭厄、悼乱、伤时、哀岁、守志九个诗章,描述了诗人屈原孤苦、求索、坚强的一生:

第一章,熔铸屈原《离骚》、《怀沙》等诗歌中报国无门的悲剧形象,铺陈描绘屈原因怀才不遇而终日忧愁的困苦:"天生我兮当闇时,被谗潜兮虚获尤。"(《逢尤》)即说,天生我于昏君时代,生不逢时,时代昏暗,为佞人所伤害。"握佩玖兮中路踬,羡咎繇兮建典谟……愍余命兮遭六极,委玉质兮于泥涂。"(《逢尤》)即说,怀有美玉而不能进献,受阻仿徨于中途,只能羡古贤臣咎繇得遇明君而有所建树,"我"则如美玉深陷污泥中。

第二章,熔铸屈原《离骚》、《九章》等作品中的意象,批判现实。批评

①姜亮夫:《楚辞通故》,云南人民出版社,2000年,第11页。

随波逐流的政治风气:"令尹兮謷謷,群司兮譨譨。哀哉兮溷溷,上下兮同流。"(《怨上》)将屈原诗歌中虚化象征的"众女嫉余之蛾眉"之"众女",具象为楚国的"令尹"和"群司(各级管理部门官员)"的多言,上下同流合污。在这种风气下,"我"孤独无依:"哀吾兮介特,独处兮罔依。"批评君王毫无辨识人才的能力:"碔紫兮杂乱,曾莫兮别诸……将丧兮玉斗,遗失兮钮枢。"(《怨上》)国君志向不明,朝纲不正,导致国家失去方向。

第三章,仿写《离骚》"求女"情节。"周徘徊兮汉渚,求水神兮灵女。嗟此国兮无良,媒女诎兮谄谀。"(《九思·疾世》)徘徊在汉水诸岛上,求见水神和灵(巫)女。国无良材,无人可依,望着国土而伤怀:"忧不暇兮寝食,吒增叹兮如雷。"(《疾世》)

第四章,细致描绘了屈原的孤独处境。"贪枉兮党比,贞良兮茕独。"贪婪之人组成朋党,贞洁之人独自忧愁。"蹉跚兮寒局数,独处兮志不申,年齿尽兮命迫促。魁垒挤摧兮常困辱,含忧强老兮愁不乐。须发苧顇兮颜鬓白。"(《悯上》)独自无人帮助,志向难以申发。时间流逝,两鬓苍苍,命运局促,志向不得实现。

第五章,写屈原面对的不仅是孤独,还有谗言的攻击。"士莫志兮羔裘,竞佞谀兮谗阅。"(《遭厄》)士人们竞相阿谀奉承,谗害他人。诗人被排挤,打算离开故都,但登高远眺鄢郢旧宇,心中便不忍:"攀天阶兮下视,见鄢郢兮旧宇。意逍遥兮欲归,众秽盛兮杳杳。思哽饐兮诘诎,涕流澜兮如雨。"(《遭厄》)离开污秽,本打算逍遥而游,离开楚国,但,心中不忍。一面是奸佞当朝,一面是难以割舍的故都,进退两难,"我"不禁涕泪满面。

第六章,融合屈原《远游》《大招》及宋玉《招魂》、司马迁《报任安书》,各类围绕"士不遇"的思考,将意蕴排比,深入描绘了屈原的处境。"仲尼兮困厄,邹衍兮幽囚。伊余兮念兹,奔遁兮隐居。将升兮高山,上有兮猴猿。欲入兮深谷,下有兮虺蛇。"(《悼乱》)历史上孔子、邹子,均曾遭遇困厄,如今,"我"亦如此:"哀我兮寡独,靡有兮齐伦。"(《悼乱》)

第七、八章,《伤时》《哀岁》,感伤贤才被困,时间流逝。"愍贞良兮遇害,将夭折兮碎糜。"(《伤时》)"岁忽忽兮惟暮,余感时兮凄怆。"(《哀岁》)

第九章,融化屈原《离骚》《远游》作品意境,写"我"早上从鄢郢出发,吃饭时分到达天河增泉,忠贞之志更加坚定。"朝晨发兮鄢郢,食时至兮增泉。绕曲阿兮北次,造我车兮南端。谒玄黄兮纳贽,崇忠贞兮弥坚。"(《守志》)

　　作为故楚地人,王逸悼念屈原遭受厄运、沉身湘水之时,也由此感叹楚国溷浊政治状况"迄乎今"不变:"悼屈子兮遭厄,沉玉躬兮湘汨。何楚国兮难化,迄于今兮不易。"(《遭厄》)

　　随着时空距离逐渐的遥远,西汉文人对屈原的接受,逐渐由"同情屈原",到"反思自我",到"寄托时事",再到"敬佩屈原",屈原的悲剧,成为文人观察现实、革新政治的一种参照。汉代文人"九体"之摹写,虽曾被朱熹批评为"无病呻吟",但作为有汉一代现存拟骚典范,真实记录了当时文人对屈原精神的理解。

五、汉代拟骚:屈原作品的审美体验与文化接受

　　"不遇时"并非屈原作品的唯一主题,这在本书第一章已经分析。但,宋玉、贾谊、东方朔、严(庄)忌、刘向、王逸等对屈原的"不遇"却特别关注。为什么"不遇"倍受汉代文人关注? 现代心理学研究表明,人的需要是人的思想和行为的基本动力或原动力。美国心理学家马斯洛(Abraham H. Maslow)认为,人类的需要分为五个层次,由低到高分别是:生理需求、安全需求、社交需求、尊重需求、自我实现,这五个层次又可按照人类价值体系分为两类:一类是沿生物谱系上升方向逐渐变弱的本能或冲动,称为低级需要和生理需要;一类是随生物进化而逐渐显现的潜能或需要,称为高级需要。先秦是"士"活跃的时代,冯谖长铗弹、毛遂自荐等战国"士"阶层的自我推荐与自负的言语,都属于"自我实现"的最高层次的需要。历史上士与君的风云际会的故事,为人们津津乐道,正从一个侧面反映了文人对"君臣知遇"的期盼。正如唐代诗人周昙所感叹的:"不识囊中颖脱锥,功成方信有英奇。平原门下三千客,得力何曾是素知?"(《毛遂》①)"磷磷谁为惑温温,至宝凡姿甚易分。自是时人多贵耳,目无明鉴使俱焚。"(《卞和》②)"美酒浓馨客要沽,门深谁敢强提壶。苟非贤主询贤士,肯信沽人畏子狐。"(《管仲》③)然而,千里马常有,伯乐不常有。现实社会,人才怀才不遇,实在太普遍。汉代虽是我国封建时代的"鼎盛"时期,但汉高祖之于韩信、汉景帝之于晁错等诸多臣子的政治悲剧,让汉代文人在知遇于君王时,

①《全唐诗》卷六百七十九。
②《全唐诗》卷六百七十九。
③《全唐诗》卷六百七十九。

如何不岌岌自危? 吟咏屈原仕途之"穷",也正是在文化接受中的自我觉醒,拟骚文学作品的作者将这种精神苦闷很自然地借屈原来寄托和抒发。

战国的士,可往来于各个诸侯国,以寻找实现抱负的际遇,但屈原却选择深深扎根楚国,宁可自沉也要保持志向,屈原面对"穷"途的选择,令汉代文人叹惋,也令他们不解。一些文人在惋惜声中委婉甚至尖刻地批评屈原露才扬己、沉身轻命。如,扬雄《反离骚》讥讽批评屈原不能隐德而自取祸:"闺中容竞淖约兮,相态以丽佳,知众嫭之嫉妒兮,何必飏累之蛾眉? 懿神龙之渊潜,俟庆云而将举,亡春风之被离兮,孰焉知龙之所处? 愍吾累之众芬兮,飏爎爎之芳苓,遭季夏之凝霜兮,庆夭颔而丧荣。"①即说,众士争能犹众女之竞容,以丽佳相胜,何不认清这一形势,而自举其眉使众憎嫉啊!? 应该潜龙勿用,潜居待云再举。又如班固批评屈原露才扬己、不符合儒家处世哲学:"今若屈原,露才扬己,竞乎危国群小之间,以离谗贼。然责数怀王,怨恶椒、兰,愁神苦思,强非其人,忿怼不容,沉江而死,亦贬絜狂狷景行之士。多称昆仑、冥婚宓妃虚无之语,皆非法度之政,经义所载。"②汉代这些批评观点,在魏晋六朝时期也得到一些"呼应",如刘勰《文心雕龙·辨骚》:"依彭咸之遗则,从子胥以自适,狷狭之志也。"③颜之推《颜氏家训·文章》:"自古文人,多陷轻薄:屈原露才扬己,显暴君过。"④

汉代拟骚作品专注于"穷"、"时"、"命"的主题探讨及情感表达,留给后世无限思考的空间。面对困厄不遇,屈原保持"初服"、坚持"壹志"、等待国君醒悟、依念楚国,这是汉代文人拟骚赋中常描绘的屈原困厄出游、最终登高回顾故国的情形。对此,汉代文人"惜贤"、"疾世"、"愍命"、"忧苦",叹惋屈原忠贞之节,悼伤屈原不遇明主,但就在汉代文人反思生命价值、叹惋屈原之死"值与不值"之时,其自身人生观的局限也"暴露"无遗。"屈原放逐,乃赋《离骚》"(司马迁《报任安书》),作为迁谪文学之源头,屈原之"穷"成为后世文人的人性觉醒的动力,在文人叹息、不解声中,一个为文人"可望不可及"的人格精神标杆正在慢慢凸显,并随着时空的延伸而愈加珍贵。

---

① [汉]班固:《汉书》卷八十七上《扬雄传》引,中华书局,2007年,第860页。
② [汉]班固:《班孟坚序》,[汉]王逸章句,[宋]洪兴祖补注:《楚辞补注》引,中华书局,1983年,第49—50页。
③ [南朝梁]刘勰撰,周振甫注:《文心雕龙注释》,人民文学出版社,1981年,第36页。
④ [北齐]颜之推著,王利器集解:《颜氏家训集解》,上海古籍出版社,1980年,第221页。

第二节 汉唐屈原传记:屈原风范的理性认识

早期文人接受传承屈原精神,经历了由"感"而"知"、由关注屈原作品到探寻屈原身世的过程。汉唐时期的三部屈原传记《史记·屈原列传》、《新序·节士·屈原》、《屈原外传》,就属于"探寻屈原身世"的重要记录,尤其是汉代的史学家或学者对屈原生平事迹的记载,成为除屈原作品、汉代拟骚赋之外,后代文人阐发屈原精神的重要文本载体。这些传记概括、分析、综合了各类与屈原相关的史料,比汉代拟骚赋的审美体验更能全面展示屈原的精神风范。

一、《史记·屈原列传》:屈原精神的首次凝练

《史记》的编撰者司马迁采纳先秦史料,依据屈原的诗歌,结合自己到长沙郡的实地考察,撰写了现存的第一篇屈原传记。司马迁的开创性工作,为我们保存了一份宝贵的精神财富,为屈原精神的传承发展做出了前无古人后无来者的历史性贡献。公元前 212 年,秦始皇采纳李斯的建议,烧毁了六国史书,事见《史记·秦始皇本纪》:"臣请史官非秦记皆烧之。非博士官所职,天下敢有藏《诗》、《书》、百家语者,悉诣守、尉杂烧之。"①秦人之火让楚国等六国史料化为灰烬,也让屈原身世生平扑朔迷离,厘清屈原生平自然成为一个史学问题。汉初,世代为"太史公"之职位的司马迁得客观之便利条件,从十岁开始学习籀文,并在其父亲的教导下,继承父亲职业志向,着手搜集自孔子去世后的史料,立志完成一部恢弘的《史记》。其《太史公自序》言:"太史公执迁手而泣曰:'余先周室之太史也……余死,汝必为太史;为太史,无忘吾所欲论著矣。且夫孝始于事亲,中于事君,终于立身。扬名于后世,以显父母,此孝之大者……自获麟以来四百有余岁,而诸侯相兼,史记放绝。今汉兴,海内一统,明主贤君忠臣死义之士,余为太史而弗论载,废天下之史文,余甚惧焉,汝其念哉!'迁俯首流涕曰:'小子不敏,请悉论先人所次旧闻,弗敢阙。'"②这段话的意思是,自孔子序

---

① [汉]司马迁:《史记》卷六,中华书局,2011 年,第 218 页。
② [汉]司马迁:《史记》卷一百三十,中华书局,2011 年,第 2854 页。

《春秋》鲁哀公十四年以来,史记放绝,续写其后历史,弘扬大汉神威,润色鸿业,鉴往知来,是司马谈最大理想。司马谈知道自己死后,司马迁按惯例一定会做太史令,于是嘱托儿子一定完成父亲撰写史记的夙愿,司马迁答应了父亲的嘱托。司马氏家族的荣誉感和敬业精神,决定了《史记》的编撰质量,汉代班固曾评价《史记》道:"其文直,其事核,不虚美,不隐恶,故谓之实录。"①由此推断,在距离屈原死后一百七十余年,司马迁继承其父亲的事业和精神,完成《史记》,其中特别为楚国诗人屈原做了第一篇传记②,这是关于屈原的最早的官方传记,其珍贵的历史价值不言而喻。但也正是因为其唯一性和不可替代性,一些否定屈原者,首先从质疑司马迁《史记·屈原列传》的历史真实性入手以否定屈原其人的真实存在③。对此,已有学者辩驳④,此不赘述。

(一)《史记》中一则屈原生平事迹的考辩

《史记》一书中关于屈原生平事迹有一则记载出现了"矛盾",即关于劝阻怀王不去秦国的这位臣子是"屈原"还是"昭雎",出现不同的记载。楚怀王三十年(前299),秦昭王约楚怀王武关会盟,"劝说者"出现了"两个不同版本":《楚世家》中劝说者是"昭雎",《屈原列传》记载劝说者是"屈原"。对此,可以理解为,他们同时都劝说过怀王。但,考察昭、屈二人的外交理念:昭雎属于"纵横皆可",而屈原是坚决"联齐抗秦"。因此,谁最可能说"秦虎狼之国,不可信,不如毋行"这句话,值得推敲。且考辨如下,以

---

① [汉]班固:《汉书》,中华书局,2007 年,第 622 页。

② 《史记·屈原贾生列传》:"自屈原沉汨罗后百有余年,汉有贾生,为长沙王太傅。过湘水,投书以吊屈原。"贾谊(前 200—前 168),公元前 177—前 173 年间,任长沙王太傅。据此,屈原约卒于公元前 277—前 273 年。郭沫若先生推断在公元前 278 年。司马迁正式着手编写《史记》是公元前104 年左右,距离屈原死后一百七十余年。

③ 如,20 世纪 20 年代,胡适在《努力周刊》增刊《凑书杂志》第 1 期发表了他的《读楚辞》,在"《史记》本来不可靠,而《屈原列传》尤其不可靠"的大胆设想下,对《屈原列传》提出了五大疑点;20世纪三、四十年代,许笃仁、何天行、卫聚贤、丁迪豪等人试图将胡适等人的推测证明为事实,有何天行:《楚辞作于汉代考》(中华书局,1948 年)、卫聚贤:《〈离骚〉的作者——屈原与刘安》。

④ 如《〈史记·屈原列传〉岂容否定?——驳胡适的"五大可疑"论》(卢文晖,《四川师范学院学报》1984 年第 3 期),《〈离骚〉决不是刘安的作品——再评何天行〈楚辞作于汉代考〉》(汤炳正,《求索》1984 年第 3 期),《〈离骚〉确为屈原所作论——对何天行"内证"的考辨》、《〈离骚〉确为屈原所作论——对何天行"内证"的考辨之二》(邓光礼,华南师范大学中国古文献研究所、华南师范大学岭南文化研究所编《中国传统文化研究》第 1 辑,广东高等教育出版社,1994 年),等。

明屈原当时艰难"护国"的大背景及《离骚》篇尾所言"国无人"之真实意义。

《史记·屈原列传》载：

> 时秦昭王与楚婚，欲与怀王会。怀王欲行，屈平曰："秦虎狼之国，不可信，不如毋行。"怀王稚子子兰劝王行："奈何绝秦欢！"怀王卒行。①

《史记·楚世家》载：

> 三十年，秦复伐楚，取八城。秦昭王遗楚王书……楚怀王见秦王书，患之。欲往，恐见欺；无往，恐秦怒。昭雎曰："王毋行，而发兵自守耳。秦虎狼，不可信，有并诸侯之心。"怀王子子兰劝王行，曰："奈何绝秦之欢心！"于是往会秦昭王。②

昭雎，楚怀王时的重臣，特别是与秦国外交军事斗争中甚被倚重，曾出使秦国，但被秦相张仪欺骗，反而回国游说楚王逐出了昭过、陈轸两位能臣。事见《战国策·楚策一》：

> 张仪相秦，谓昭雎曰："楚无鄢郢汉中，有所更得乎？"曰："无有。"曰："无昭过、陈轸，有所更得乎？"曰："无所更得。"张仪曰："为仪谓楚王，逐昭过、陈轸，请复鄢郢汉中。"昭雎归报楚王，楚王说之。③

可见，昭雎是楚国对秦政策的主要智囊团队成员，楚怀王对他很信任。

但昭雎是一位"纵横家"。如《战国策·楚策二》记载，昭雎曾让出使齐国的景翠用"秦楚联盟"迫使"齐楚签约"：

> 齐秦约攻楚，楚令景翠以六城赂齐，太子为质。昭雎谓景翠曰："秦恐，且因景鲤、苏厉而效地于楚。公出地以取齐，鲤与厉且以收地取秦，公事必败。公不如令王重赂景鲤、苏厉，使入秦。秦恐，必不求地，而合于楚。若齐不求是，是公与约也。"④

这里似乎有"联齐抗秦"的意图，但时局势力的变化后，昭雎又倾向于"联

①［汉］司马迁：《史记》卷八十四《屈原贾生列传》，中华书局，2011 年，第 2186 页。
②［汉］司马迁：《史记》卷四十《楚世家》，中华书局，2011 年，第 1557 页。
③《战国策》卷十四，中华书局，2012 年，第 415 页。
④《战国策》卷十五，中华书局，2012 年，第 426—427 页。

秦以抗东方诸侯",如燕、赵、魏军事威胁楚国,昭雎又打出"秦、楚之合"的外交牌,事见《战国策·楚策二》:

> 四国伐楚,楚令昭雎将以距秦。楚王欲击秦,昭雎不欲。桓臧为昭雎谓楚王曰:"雎战胜,三国恶楚之强也,恐秦之变而听楚也,必深攻楚以劲秦。秦王怒于战不胜,必悉起而击楚,是王与秦相罢而以利三国也。战不胜秦,秦进兵而攻。不如益昭雎之兵,令之示秦必战。秦王恶与楚相弊而令天下秦可以少割而收害也。秦、楚之合,而燕、赵、魏不敢不听,三国可定也。"①

昭雎的这种"纵横"思维,使其成为楚国对秦政策的主要联络人。所以,楚怀王放了张仪后,就派昭雎前往秦国游说。事见《战国策·楚策三》:"楚王令昭雎之秦,重张仪。未至,惠王死,武王逐张仪。楚王因收昭雎以取齐。"这再次证明,昭雎是一个常往来秦、楚两国的纵横家。

因此,《史记》一书中"王毋行,而发兵自守耳。秦虎狼,不可信,有并诸侯之心"这句话,不太符合昭雎的外交理路。由此,《史记·楚世家》关于大臣劝阻怀王不去秦国的这位臣子,更应该是一贯主张联齐抗秦的屈原,而不是纵横家、且常往来于秦楚两国间、曾帮助楚王缔结"秦、楚之合"的昭雎。而从楚怀王多次倚重昭雎这类"纵横家"可以看出,屈原生活的政治生态是一个"纵横家"最得势的时代,也可看出楚怀王的统一天下意志是不坚定的,这些都是屈原美政理想的最大客观障碍,是屈原政治悲剧的时代根源,是屈原诗歌感叹"哀朕时之不当"(《离骚》)的社会大背景。

(二)《史记·楚世家》及《张仪列传》中屈原事迹的梳理

除《屈原列传》外,司马迁在《楚世家》、《张仪列传》中亦记载了屈原的相关事迹,其文字内容与《屈原列传》有的互相重复、有的互相补充、有的稍有不同,有学者曾以各则资料之重复而否定《史记》的史学价值。因此有必要一一梳理,以全面了解司马迁对屈原精神的基本认知。

《史记·楚世家》提及屈原主要事迹是公元前311年,屈原出使齐国后回到楚国,谏言楚怀王杀了张仪。

---

①《战国策》卷十五,中华书局,2012年,第428—429页。

　　　　屈原使从齐来,谏王曰:"何不诛张仪?"怀王悔,使人追仪,弗及。
　　是岁,秦惠王卒。①

《史记·楚世家》上述记载与《屈原列传》中的记载大致相似,具体细节可
以互为补充。《史记·张仪列传》对该事件的记录,较之《楚世家》、《屈原
列传》,更为详细。《张仪列传》中相关记载如下:

　　　　于是楚王已得张仪而重出黔中地与秦,欲许之,屈原曰:"前大王
　　见欺于张仪,张仪至,臣以为大王烹之;今纵弗忍杀之,又听其邪说,不
　　可。"怀王曰:"许仪而得黔中,美利也。后而倍之,不可?"故卒许张仪
　　与秦亲。②

这段记载与《楚世家》里不同之处:没有提及屈原出使齐国的事情,也没有
提及怀王后悔、追张仪一事。究其原因,可能与材料来源于秦国记录资料
有关。由此可见,《张仪列传》、《楚世家》与《屈原列传》提到屈原的文献资
料,细节互为补充。这种互为补充是《史记》叙事常用的"互见法"③。

　　而据《史记·秦始皇本纪》看,始皇焚书后,仅仅"秦纪"保留下来,因
此,从信息源来推断,《张仪列传》的相关史料来自"秦纪",司马迁客观实
录,故而与来自楚国的史料在记录细节上不一样。这种"不一样",却是珍
贵的,再次说明《史记》首次概括、分析、综合了各类与屈原相关的史料,其
关于屈原生平事迹的记载具有不可否认的史料价值。

(三)"屈贾"合传与对屈原"不遇"的深刻反思

　　《史记》将两位相距百年的人物——屈原与贾谊——合传,这一方面
是《史记》的叙事通例——"以类相从"④;另一方面,也显示了其价值评判。
前半部分《屈原列传》,后半部分是《贾谊列传》,其间过渡自然:"自屈原沉
汩罗后百有余年,汉有贾生,为长沙王太傅,过湘水,投书以吊屈原。"⑤这

①[汉]司马迁:《史记》卷四十《楚世家》,中华书局,2009年,第267页。
②[汉]司马迁:《史记》卷七十《张仪列传》,中华书局,2009年,第437页。
③中国史记研究会编:《史记教程》,商务印书馆,2011年,第112页。
④"以类相从的类例思想,并非始自范晔,司马迁《史记》、班固《汉书》都已体现,尤其是类传的
　设立。司马迁的《史记》撰有循吏、儒林、酷吏、游侠、佞幸、滑稽、日者、龟策、货殖、刺客十组类
　传,概括了深广的社会内容。"(吴怀祺主编:《中国史学思想通论·历史编纂学思想卷》,福建人
　民出版社,2011年,第200页)
⑤《史记·屈原贾生列传》,[汉]司马迁:《史记》,中华书局,2009年,第507页。

表明,司马迁在处理相关素材时是经过深思熟虑的,而以贾谊贬谪长沙一事衔接二人传记,实际体现了司马迁对屈、贾二人命运关注的焦点在"不遇"。

战国时期,冯谖客孟尝君、毛遂自荐等故事,体现了士人自我价值实现的需求与觉醒。到了汉代,"楚材晋用"①之路径因国家"大一统"的政局而自然消失,"屈意从人"(《士不遇赋》)②的痛苦,让许多人选择退隐官场。司马迁作《悲士不遇赋》感叹"士阶层"的处境,一方面才能出众、克己复礼,另一方面世道乖戾、天道微妙,两者之间的"排斥"导致了士阶层心理上的困惑与痛苦:

> 悲夫! 士生之不辰,愧顾影而独存。恒克己而复礼,惧志行而无闻。谅才韪而世戾,将逮死而长勤。虽有形而不彰,徒有能而不陈。何穷达之易惑,信美恶之难分。时悠悠而荡荡,将遂屈而不伸。使公于公者,彼我同兮;私于私者,自相悲兮。天道微哉,吁嗟阔兮。(司马迁《悲士不遇赋》)

从董仲舒到司马迁直接用"士不遇"为题深刻反思文人的命运,这是汉代文人面临社会转型时的共同遗恨,也是司马迁融裁史料作《屈原列传》时贯穿的一种理性认识③。屈原和贾谊,才能出众,却遭遇"不遇"之困境。屈原《卜居》:"宁廉洁正直以自清乎? 将突梯滑稽,如脂如韦以洁楹乎?"《九章·惜诵》:"事君而不贰兮,迷不知宠之门。忠何罪以遇罚兮,亦非余之所志也。行不群以巅越兮,又众兆之所咍。纷逢尤以离谤兮,謇不可释。"贾谊《鵩鸟赋》:"予去何之? 吉乎告我,凶言其灾。淹速之度兮,语予其期。"④逆境中坚定与彷徨、幽怨与信心,始终牵引着屈原与贾谊的人生,锤炼着两人的人生智慧与个人品格。司马迁《报任安书》中写道:"盖西伯拘而演《周易》;仲尼厄而作《春秋》;屈原放逐,乃赋《离骚》;左丘失明,厥有《国语》;孙子膑脚,《兵法》修列;不韦迁蜀,世传

①《左传·襄公二十六年》:"晋卿不如楚,其大夫则贤,皆卿材也。如杞梓、皮革,自楚往也,虽楚有材,晋实用之。"
②[汉]董仲舒:《士不遇赋》,[唐]欧阳询:《艺文类聚》卷三十,文渊阁四库全书本。
③司马迁《史记》中引用淮南王刘安语:"屈平正道直行,竭忠尽智以事其君,谗人间之,可谓穷矣。"一"穷"字道出了汉代文人对屈原"不遇"命运的叹惜。
④[汉]贾谊:《贾谊集》,上海人民出版社,1976年,第211页。

《吕览》；韩非囚秦，《说难》、《孤愤》；《诗》三百篇，大氐贤圣发愤之所为作也。此人皆意有所郁结，不得通其道，故述往事，思来者。"①文王、孔子、屈原、孙子等，均是有大智慧和大担当的人，在遇到志向难申时，他们仍然不轻易放弃，而是用文字记录志向，坚持施展抱负，留给后世一笔宝贵的精神财富。"屈原既死之后，楚有宋玉、唐勒、景差之徒者，皆好辞而以赋见称；然皆祖屈原之从容辞令，终莫敢直谏。其后楚日以削，数十年竟为秦所灭。自屈原沉汨罗后百有余年，汉有贾生，为长沙王太傅，过湘水，投书以吊屈原"②，司马迁认为，屈原的"不遇"悲剧，锻造了其"刚直敢谏"的性格，并直接促成其辞赋特有的精神内核，"作辞以讽谏，连类以争义，《离骚》有之。作《屈原贾生列传》第二十四"③。屈原的辞赋与《周易》、《春秋》具有同样的文化地位。

　　基于上述认识，一篇一千五百余字的《屈原列传》，仅仅六十余字写屈原高贵的出生和曾经辉煌的经历④，大量笔墨是陈述屈原的悲剧遭遇和屈原郁结心情下的辞赋创作。《屈原列传》开篇，先介绍屈原创作《离骚》的背景：

　　　　屈原者，名平，楚之同姓也。为楚怀王左徒。博闻强志，明于治乱，娴于辞令。入则与王图议国事，以出号令；出则接遇宾客，应对诸侯。王甚任之。上官大夫与之同列，争宠而心害其能。怀王使屈原造为宪令，屈平属草稿未定。上官大夫见而欲夺之，屈平不与，因谗之曰："王使屈平为令，众莫不知，每一令出，平伐其功，曰以为'非我莫能为'也。"王怒而疏屈平。屈平疾王听之不聪也，谗谄之蔽明也，邪曲之害公也，方正之不容也，故忧愁幽思而作《离骚》。⑤

司马迁的人物列传叙述很生动，原因之一就是他善于融裁，且常常是开篇定基调。如《酷吏列传·张汤传》、《李斯列传》都写了他们与老鼠的故

①［汉］司马迁：《报任安书》，［汉］班固：《汉书》，中华书局，2007年，第621页。

②［汉］司马迁：《史记》卷八十四《屈原贾生列传》，中华书局，2011年，第2191—2192页。

③［汉］司马迁：《史记》卷八十四《屈原贾生列传》，中华书局，2011年，第2870页。

④即"屈原者，名平，楚之同姓也。为楚怀王左徒。博闻强志，明于治乱，娴于辞令。入则与王图议国事，以出号令；出则接遇宾客，应对诸侯。王甚任之"（《史记·屈原贾生列传》）。

⑤［汉］司马迁：《史记》，中华书局，2011年，第2183—2184页。

事①,生动的叙述让两人的精神风貌跃然纸上。《屈原列传》以"发愤著骚"开篇,并在叙述了《离骚》创作背景后,司马迁自然引入淮南王刘安《离骚传》对屈原人品"与日月争光"的评定。其所引《离骚传》如下:

> 离骚者,犹离忧也。夫天者,人之始也;父母者,人之本也。人穷则反本,故劳苦倦极,未尝不呼天也;疾痛惨怛,未尝不呼父母也。屈平正道直行,竭忠尽智以事其君,谗人间之,可谓穷矣。信而见疑,忠而被谤,能无怨乎? 屈平之作《离骚》,盖自怨生也。
>
> 《国风》好色而不淫,《小雅》怨诽而不乱。若《离骚》者,可谓兼之矣。上称帝喾,下道齐桓,中述汤武,以刺世事。明道德之广崇,治乱之条贯,靡不毕见。其文约,其辞微,其志洁,其行廉,其称文小而其指极大,举类迩而见义远。其志洁,故其称物芳。其行廉,故死而不容。自疏濯淖污泥之中,蝉蜕于浊秽,以浮游尘埃之外,不获世之滋垢,皭然泥而不滓者也。推此志也,虽与日月争光可也。②

这段话出自淮南王刘安《离骚传》,已从班固《离骚传序》③和刘勰《文心雕龙·辨骚》④的文献获得旁证,司马迁引录于此,综合各类史料和前人评价,首次凸显屈原精神"与日月争光",成为《屈原列传》的一篇之骨,其观点影响至今。笔者认为,《诗》《骚》对比,是司马迁有意识地将屈原与历史上周文王、孔子"诗教"宗旨并列,是对屈原"发愤著骚"的高度肯定,也是正史中对屈原精神的首次凝练。

　　而就司马迁个人而言,他亦曾从屈原身上汲取了强大的精神力量。《史记》是一部凝聚了司马迁父子两代人心血的历史著作,司马迁最初编

---

① 《史记·酷吏列传·张汤传》:"张汤者,杜人也。其父为长安丞,出,汤为儿守舍。还而鼠盗肉,其父怒,笞汤。汤掘窟得盗鼠及余肉,劾鼠掠治,传爰书,讯鞫论报,并取鼠与肉,具狱磔堂下。其父见之,视其文辞如老狱吏,大惊,遂使书狱。父死后,汤为长安吏。"《史记·李斯传》:"李斯者,楚上蔡人也。年少时,为郡小吏,见吏舍厕中鼠食不洁,近人犬,数惊恐之。斯入仓,观仓中鼠,食积粟,居大庑之下,不见人犬之忧。于是李斯乃叹曰:'人之贤不肖譬如鼠矣,在所自处耳!'乃从荀卿学帝王之术。"

② 〔汉〕司马迁:《史记》,中华书局,2011年,第2184页。

③ 班固《离骚赞序》:"昔在孝武,博览古文,淮南王安《叙离骚传》,以《国风》好色而不淫,《小雅》怨诽而不乱,若《离骚》者,可谓兼之。蝉蜕浊秽之中,浮游尘埃之外,皭然泥而不滓,推此志,与日月争光可也。斯论似过其真。"

④ 《文心雕龙·辨骚》:"昔汉武爱《骚》,而淮南作《传》,以为:'《国风》好色而不淫,《小雅》怨诽而不乱,若《离骚》者,可谓兼之;蝉蜕秽浊之中,浮游尘埃之外,皭然涅而不缁,虽与日月争光可也。'"

撰《史记》,其意义是"子承父业,显父之名,乃天下之大孝",但经过"李陵"事件①后,《史记》已不是一部简单的史书了,而是史书中的抒情"诗"。司马迁《报任安书》中写道:"草创未就,适会此祸,惜其不成,是以就极刑而无愠色。仆诚已著此书,藏之名山,传之其人,通邑大都,则仆偿前辱之责,虽万被戮,岂有悔哉!"②屈辱的经历与史官的担当,造就了司马迁清醒的历史观,使其对屈原作品所流露的幽愤、贾谊吊屈原的痛苦自悼,都有了深刻理解,并从中领悟出"发愤抒情"的文章观与逆境造就个人成长"亮点"的人生观,以此激励自己完成《史记》。鲁迅先生称《史记》为"无韵之离骚",实得其精神真谛。

二、《新序·节士·屈原》:屈原"不以辱生"的正臣风范

司马迁之后约七十余年,汉成帝阳朔元年(前24),刘向奉命编辑完成的历史故事集《新序》③,其中《节士·屈原》有五百余字。

> 屈原者,名平,楚之同姓大夫,有博通之知,清洁之行,怀王用之。秦欲吞灭诸侯,并兼天下,屈原为楚东使于齐,以结强党。秦国患之,使张仪之楚,货楚贵臣上官大夫、靳尚之属,上及公子兰、司马子椒,内赂夫人郑袖,共谮屈原。屈原遂放于外,乃作《离骚》。张仪因使楚绝齐,许谢地六百里。怀王信左右之奸谋,听张仪之邪说,遂绝强齐之大辅。楚既绝齐,而秦欺以六里。怀王大怒,举兵伐秦,大战者数。秦兵大败楚师,斩首数万级。秦使人愿以汉中地谢怀王,不听,愿得张仪而甘心焉。张仪曰:"以一仪而易汉中地,何爱仪?请行。"遂至楚,楚囚之。上官大夫之属共言之王,王归之。是时怀王悔不用屈原之策,以至于此,于是复用屈原,屈原使齐,还闻张仪已去,大为王言张仪之罪,怀王使人追之,不及。后秦嫁女于楚,与怀王欢,为蓝田之会。屈原以为秦不可信,愿勿会。群臣皆以为可会,怀王遂会,果见囚拘,客死于

---

① 天汉三年(前98),司马迁辱受宫刑,其时《史记》尚未完成。

② [汉]司马迁:《报任安书》,[汉]班固《汉书》引,中华书局,2007年,第622页。

③《新序》原书三十卷,今传本十卷。《隋书·经籍志》著录三十卷,至北宋时已残缺,曾巩辑校为十卷,即今之传本。收入《刘氏二书》《汉魏丛书》《广汉魏丛书》《秘书几种》《四库全书》《增订汉魏丛书》《子书百家》《四部丛刊》等丛书。清卢文弨有《新序校补》一卷,收入《抱经堂丛书》。《新序》亦传播域外,韩国藏有17种版式的《新序》,现存最早为1735年刊本(闵宽东、陈文新、刘僖俊:《韩国所藏中国文言小说版本目录》,武汉大学出版社,2015年,第26页)。

秦,为天下笑。怀王子顷襄王亦知群臣诏误怀王,不察其罪,反听群谗之口,复放屈原。屈原疾阍王乱俗,汶汶嘿嘿,以是为非,以清为浊,不忍见于世,将自投于渊,渔父止之。屈原曰:"世皆醉,我独醒;世皆浊,我独清。吾独闻之,新浴者必振衣,新沐者必弹冠,又恶能以其泠泠,更事之嘿嘿者哉! 吾宁投渊而死。"遂自投湘水汨罗之中而死。①

与司马迁《屈原列传》中重点关注屈原"立言"(发愤著骚)稍异,《新序·节士·屈原》将屈原归入"节士",关注其"立德"。何谓"节士"? 即有节操的人。《韩诗外传》卷十:"吾闻之,节士不以辱生。"②《新序·节士篇》记述了屈原、季札、申包胥、郑相、石奢、申徒狄、袁旌目、程婴、公孙杵臼、苏武等人的故事。这些历史上的"节士",品行高尚,都是心中有信仰和信念的人,屈原亦是其中的典型。汉王充《书虚篇》:"屈原怀恨,自投湘江,湘江不为涛;申徒狄蹈河而死,河水不为涛。"③刘向《新序·节士篇》将屈原与申徒狄等人并列为"节士"群体像,突出了屈原"不以辱生"、舍生取义的精神风范。

刘向是一位学识恢宏、志行纯洁、倾向于以史为鉴的学者和士大夫。其德政思想与屈原的美政理想,有许多相通之处。屈原"美政"就是上下齐心、遵循法度、举贤授能、修身好德、澄浊求清。刘向也很赞同,认为"德"与国家兴亡的关系密切,提出统治者应修身积德,节欲除贪:"夫人臣犹贵仁,况于人主乎! 故桀纣以不仁失天下,汤武以积德有海土,是以圣王贵德而务行之。"④"凡人之性,莫不欲善其德,然而不能为善德者,利败之也;故君子羞言利名,言利名尚羞之,况居而求利者也。"(《说苑·贵德》)在刘向看来,上之所好,下必行之,"天子好利则诸侯贪,诸侯贪则大夫鄙,大夫鄙则庶人盗,上之变下,犹风之靡草也"(《说苑·贵德》)⑤,等。"贵德"是刘向《新序·节士》熔裁对屈原生平事迹的指导思想,他将屈原死因明确为"疾暗主"、"远污世"。

①[汉]刘向:《新序》,中华书局,1985年,第113—115页。
②[汉]韩婴撰,许维遹校释:《韩诗外传集释》卷十第十三章,中华书局,1980年,第353页。
③[汉]王充著,高苏垣集注:《论衡》,商务印书馆,1947年,第24页。
④[汉]刘向撰,卢元骏注:《说苑今注今译》,台湾商务印书馆,1977年,第135页。
⑤[汉]刘向撰,卢元骏注:《说苑今注今译》,台湾商务印书馆,1977年,第152页。

刘向《说苑·臣术》篇①中曾提出"人臣之行"有六正、六邪。"六正",即"圣臣"、"良臣"、"忠臣"、"智臣"、"贞臣"、"直臣";"六邪",即"具臣"、"谀臣"、"奸臣"、"谗臣"、"贼臣"、"亡国之臣"。显然,屈原是楚怀王的"圣臣"、"良臣"、"忠臣"、"智臣"、"贞臣"、"直臣",《新序》对屈原高洁忠贞表现出深切同情,叙述了屈原坚决抵御张仪及楚国"亲秦派"的抗争过程。刘向在《节士篇》中除去"屈原遂放于外,乃作《离骚》"一句及末段化用屈原《渔父》诗外,无一字评价屈原诗文,这表明刘向是将屈原定位为一位"六正"之臣,关注的是屈原为臣的风范意义,所要传达的是屈原"不以辱生"的正臣风范。

三、《屈原外传》:文人对民间屈原形象的接受与传承

(一)《屈原外传》作者考

据考,全文载录《屈原外传》并署名其作者为"沈亚之"的,是清蒋骥《山带阁注楚辞》一书,但未注明出处。查阅现存《沈下贤②集》③《沈下贤文集》十二卷本④,均无《屈原外传》,查考宋以来至今所传各种版本的《沈下贤集》和《全唐文》亦未见收录《屈原外传》⑤,因此关于《屈原外传》的作者是否为沈亚之,仍有学者提出质疑。

但,现存《沈下贤文集》收录的赋有三篇,均是骚体赋;其中提及屈原、宋玉楚辞作品名称的有一篇,即杂文《〈湘中怨〉解》,其文曰:"号曰汜人,能颂楚人《九歌》、《招魂》、《九辩》之书。亦尝拟其调,赋为怨句,其词丽绝,世莫有属者。"⑥由此可知,沈亚之对屈原及楚辞是有较深了解的。究其缘由:一是楚地为官提供了接触屈原及楚辞的客观条件。史料记载,沈亚之曾为郢州掾,郢州治所在今湖北钟祥,是故楚地也是屈原身前活动地域,在此为官,自然为沈亚之搜集屈原的传说提供了客观条件,所以现存《屈原外传》中有大量楚地民间传说。二是自身美学志趣决定其关注屈原

---

①[汉]刘向撰,卢元骏注:《说苑今注今译》,台湾商务印书馆,1977年,第44页。
②沈亚之,字下贤。
③即肖占鹏、李勃洋校注:《沈下贤集校注》,南开大学出版社,2003年。
④即《沈下贤文集》,四部丛刊本。
⑤陈钧:《沈亚之与〈屈原外传〉》,《盐城师范学院学报》2008年第5期。
⑥肖占鹏、李勃洋校注:《沈下贤集校注》卷二,南开大学出版社,2003年,第21页。

故事的"传奇"角度。沈亚之是传奇小说家,其创作的传奇小说《秦梦记》流传较广①,文学史上,"沈亚之的作品比李公佐还多,可以说是唐代传奇的一个大作家"②。传奇小说创作的特长及志趣促使他完成了有关屈原传奇故事的编撰。因此,依据沈亚之的知识体系及客观条件推测,其创作《屈原外传》可能性是很大的。

关于沈亚之其人,宋代以来的文献多有记载。沈亚之,字下贤,吴兴人,一说长安人。有《沈亚之集》、《沈下贤集》、《〈湘中怨〉解》、《异梦录》、《秦梦记》等作品著录或传世。唐文宗太和三年(829)沈亚之曾参加朝廷攻打叛臣李同捷的战争,其后因失职被贬南康尉。事见宋代计有功的《唐诗纪事》:"沈亚之,字下贤,吴兴人。登进士第。太和初,李同捷反……授柏耆德利行营诸军计会使,亚之以殿中侍御史为判官谕旨……诛同捷。诸将嫉其功,比奏攒诋文宗不获已,贬耆循州司户参军,亚之南康尉。"③

又,沈亚之与韩愈、杜牧、李商隐等交游颇深,当时名辈亦多称许。如,晚唐诗人杜牧有诗追悼:"斯人清唱何人和?草径苔芜不可寻。一夕小敷山下梦,水如环佩月如襟。"④李商隐有《拟沈下贤》诗:"千二百轻鸾,春衫瘦着宽。倚风行稍急,含雪语应寒。带火遗金斗,兼珠碎玉盘。河阳看花过,曾不问潘安。"⑤等。

(二)《屈原外传》与屈原仙化"传奇"

《屈原外传》是根据民间传说和历史文献连属而成的传奇性作品,汇聚了唐以前杂纪、方志的几个主要故事,包括:屈原一日三濯缨、痛哭吟《离骚》、泪溅玉米田、玉笥作《九歌》、楚王逼逐五月五日赴水、楚人祭祀、屈原化为水仙、楚人五月五日以筒米祭屈原、屈原魂托曲回、民间兴起楝叶五彩丝包粽子,颜珏见屈原魂、秭归女嬃庙及捣衣石,等。

作者在叙述屈原故事的出发点是补正史之"缺"。开篇道:"太史公因之以入《史记》。外有二三逸事,见之杂纪、方志者尤详。"⑥全篇将晋王嘉

①李剑国:《唐五代志怪传奇叙录》(上),南开大学出版社,1993年,第445页。
②程毅中:《唐代小说史》,人民文学出版社,2011年,第171页。
③[宋]计有功辑撰:《唐诗纪事》卷五十一,上海古籍出版社,2013年,第774页。
④[唐]杜牧:《沈下贤》,吴在庆校注:《杜牧集系年校注》,中华书局,2016年,第286页。
⑤[唐]李商隐:《拟沈下贤》,[清]朱鹤龄笺注:《李商隐诗集》,上海古籍出版社,2015年,第96页。
⑥[清]蒋骥:《山带阁注楚辞》,上海古籍出版社,1958年,第21—22页。

《拾遗记》、梁吴均《续齐谐记》等材料中关于屈原的各类民间传说整合连属为一部传奇,如,关于屈原之死,民间传说是被楚王逼迫的,"被王逼逐,乃赴清泠之渊"(晋王嘉《拾遗记》);屈原是一个忠臣,更是一个冤臣,为了告慰屈原的冤屈,楚人立祠祭祀,尊为"水仙"①;民间祭祀时所用祭品很有南方鱼米之乡的特色:一是装祭品的用具是竹筒,"竹"四季常青、外有节、内虚心,人们常以"竹"代表人的耿直气节;二是祭品是南方常见农作物"米",屈原魂托长沙人,用楝叶和五彩丝包裹"祭米"以驱走鱼龙。等等。《屈原外传》引录了这些民间传说,渲染屈原"显灵托梦"的"神性",记录了屈原死后仍然护佑地方百姓的传奇事迹。

沈亚之采录《江陵志》、《拾遗记》、《续齐谐记》中所记载的"堕泪处独产白米如玉"、"山鬼哭"、"精灵时降湘浦"、托梦曲回等奇异故事,记录了一位充满神灵之气的"千古忠魂",是文人有意识概括、综合各类民间屈原传说而成的一篇传奇性传记。这与唐代民间端午纪念屈原的民俗意义传播全国、众人安之为俗的时代背景有关,是屈原精神传承接受中民间层面和文人层面交融的实证。

综上,司马迁《史记·屈原列传》、刘向《新序·节士·屈原》、沈亚之《屈原外传》,汉、唐屈原"三传",既有一脉相承之处,又有互相补充之处,为后世多维度传承屈原精神提供了重要"蓝本"。而作为正史之祖,《史记》传播影响最为深远,其笔下的博闻强志、忠君爱国、行吟泽畔、幽愤自沉的屈原形象也深入人心。现当代屈原的各类传记书写中的青少年时期的屈原形象很多,但总无法改变《史记》描述的中老年屈原形象在人们心中的经典地位。至今,"屈子行吟"成为中国文人画的重要题材②。

---

① 关于民间将屈原作为"水仙"祭祀流传至今,见本成果第二章第一节"四荆州、佛昙、洲美端午'水仙'祭祀与屈原精神的民间信仰"。

② 初步统计印刷发行的《屈子行吟图》不下一千幅,最有名的是明末陈洪绶、现代傅抱石的《屈子行吟图》。十九岁的陈洪绶在作《楚辞》插图时,画下了一位晚年屈原的"经典"形象——独行江边、面容憔悴、傲骨嶙峋。另,现当代画作中有傅抢石《屈子行吟图》。郭沫若先生题诗曰:"屈子是吾师,惜哉憔悴死。三户可亡秦,奈何不奋起?"(石理俊主编:《中国古今题画诗词全璧》,商务印书馆,2007年,第1295页)

第三节 唐代咏屈诗:屈原独醒与悲剧的形象定格

唐代文人在《楚辞》辑注方面的文献保存下来的不多①。但对屈原作品艺术方面的承传已经达到相当深广的层次。李白、杜甫对屈原辞赋之才推崇备至,李白赞"屈平辞赋悬日月"(《江上吟》),杜甫亦"窃攀屈宋宜方驾"(《戏为六绝句》)②。贬谪江南的刘禹锡也以屈原为艺术楷模,大胆采纳民间文艺形式创作,学习民谣创作《竹枝词九首》,并记叙道:"昔屈原居沅湘间,其民迎神,词多鄙陋,乃为作《九歌》。到于今,荆楚歌舞之。故余亦作《竹枝》九篇,俾善歌者飏之。附于末,后之聆巴歈,知变风之自焉。"③"初唐四杰"王勃道:"南国多才,江山助屈平之气。"④余知古《渚宫旧事》将屈原列入"文章"之首:"儒学则观射父、右尹、然丹、左史、倚相、子期、铎椒、沈尹华;文章则屈平、宋玉、唐勒、景差。"⑤可见,屈原作为辞赋之宗的文学地位,唐代仍广泛认可。而在屈赋艺术继承之中,屈原精神也触发感动着唐代诗人们。

一、骚人道不沉:化解心中的失意与无助

屈原遭谗放逐、怀才不遇的典型性及其在民族历史文化心理的沉淀,引发了唐代文人的深思。"上书忧汉室,作赋吊灵均。"⑥"凄凉怀古意,湘浦吊灵均。"⑦"吊屈"已成为一种唐诗意象,如,李嘉祐⑧《夜闻江南人家赛神因题即事》:"听此迎神送神曲,携觞欲吊屈原祠。"⑨刘禹锡《游桃源一百

①现存部分注释保存于洪兴祖《楚辞补注》,如,《补注》引用唐"五臣注"解释屈原"路曼曼其脩远兮"一句,五臣云:"漫漫。"(《楚辞补注·离骚经章句第一》)
②《全唐诗》卷二百二十七,本书所引用《全唐诗》版本为[清]彭定求等修纂《全唐诗》,中华书局,1960年。
③《全唐诗》卷三百六十五。
④[唐]王勃:《越州秋日宴山亭序》,《王子安集》卷五,文渊阁四库全书本。
⑤[唐]余知古:《渚宫旧事》卷一,文渊阁四库全书本。
⑥戴叔伦:《过贾谊宅》,《全唐诗》卷二百七十三。
⑦郑谷:《南游》,《全唐诗》卷六百七十四。
⑧"李嘉祐,字从一,赵州人。天宝七年擢第,授秘书正字。坐事谪�江令,调江阴人为中郎。上元中,出为台州刺史,大历中,复为袁州刺史,与严维、刘长卿、冷朝阳诸人友善,为诗丽婉,有齐梁风集一卷,今编诗二卷。"(《全唐诗》卷二百六)
⑨《全唐诗》卷二百六。

韵》："北渚吊灵均,长岑思亭伯。"①徐铉《送杨郎中唐员外奉使湖南》："同是多情怀古客,不妨为赋吊灵均。"②诗僧齐己《吊汨罗》："落日倚阑干,徘徊汨罗曲。冤魂如可吊,烟浪声似哭。"顾况《酬唐起居前后见寄二首》其一："欲作怀沙赋,明时耻自沉。"其二："何处吊灵均,江边一老人。"③这些诗歌中,"屈原"成为诗人心中表达悲情的符号,"吊屈"实为书写个体悲凉失意的情绪,或寄托内心的幽怨之情。如:"正直死犹忌,况乃未死前。汨罗有翻浪,恐是嫌屈原?"④屈原生前受人谗言不得施展抱负,屈原死后汨罗江水翻浪,难道也是嫌弃屈原吗?诗人看似无理的问话,讥讽了历代朝廷嫉贤妒能的不良风气。

屈原仕途不顺利,但其精神道义却化解了不少南迁诗人的郁结心理,唐代来到南方做官的诗人,常会借吟诵屈原以疏泄伤心与幽愤。或借古讽今,痛批君王的昏聩和世俗的溷浊。"顷襄还信子兰语,忍使江鱼葬屈原。"⑤"满朝皆醉不容醒,众浊如何拟独清。"⑥襄王听信谗言,满朝大臣昏聩,奸佞的谗言正是屈原憔悴、楚国灭亡的重要原因。"战国相持竟不休,武关才掩楚王忧。出门若取灵均语,岂作咸阳一死囚。"⑦如果怀王能听取屈原的劝谏,怎么会沦为咸阳死囚呢?或借屈原抒发坚守道义的志向。如,被贬永州的柳宗元作《吊屈原文》时热泪盈眶,拿着屈原的遗编感叹道:"后先生盖千祀兮,余再逐而浮湘……先生之貌不可得兮,犹仿佛其文章。托遗编而叹唱兮,涣余涕之盈眶。"屈原的面貌是不能想象真切的,但却能从遗留下来的诗篇中感受到屈原的精神风貌。永贞元年(805)十一月,柳宗元被贬,途经湘水吊屈原,实为借古讽今,表达对当时不辨是非、只关心利禄之士的批判:"吾哀今之为仕兮,庸有虑时之否臧。食君之禄畏不厚兮,悼得位之不昌。"同时,也表达了以屈原为榜样、坚持自己的信念、忠贞不二、受命不迁的志向:"先生之不从世兮,惟道是就……穷与达固不渝

①《全唐诗》卷三百五十五。
②《全唐诗》卷七百五十三。
③《全唐诗》卷二百六十六。
④蒋洌:《经埋轮地》,《全唐诗》卷二百五十八。
⑤周昙:《顷襄王》,《全唐诗》卷七百二十八。
⑥周昙:《屈原》,《全唐诗》卷七百二十八。
⑦胡曾:《武关》,《全唐诗》卷六百四十七。

兮,夫唯服道以守义。矧先生之悃愊兮,蹈大故而不贰。"①意思是说,屈原不与世同流合污,只遵从"道"(美政);无论仕途窘迫与通达,屈原都能坚守道义;屈原秉心有常,即使面临死亡也不会有二心。或联系现实社会中因谗言贬谪,打开"情感阀门"舒泻忧愤。如,钱珝②《江行无题一百首》中,将自己因受牵连被贬与屈原遭谗被流放对比,无奈、自嘲之中,抒发无法把握自己政治命运的忧愤,诗曰:"憔悴异灵均,非谗作逐臣。如逢渔父问,未是独醒人。"③许浑《太和初靖恭里感事》:"清湘吊屈原,垂泪撷苹蘩。谤起乘轩鹤,机沉在槛猨。乾坤三事贵,华夏一夫冤。宁有唐虞世,心知不为言。"④此诗注:咏申锡谪死开州事,案,"申锡,为王守澄所构,谪死开州,文宗太和五年事"⑤。刘长卿《送李侍御贬郴州》借吊屈原抒发送别友人、前途迷茫的别情:"洞庭波渺渺,君去吊灵均。几路三湘水,全家万里人。听猨明月夜,看柳故年春。忆想汀洲畔,伤心向白苹。"⑥吴融⑦《旅中送迁客》表达对南方迁谪地的畏惧:"天南不可去,君去吊灵均。"⑧于武陵⑨《夜泊湘江》抒写自己漂泊不遇,感叹楚地是伤心之地,树木至此都会"先秋",质问"屈原式"遗恨为何重演:"北风吹楚树,此地独先秋。何事屈原恨,不随湘水流。凉天生片月,竟夕伴孤舟。一作南行客,无成空白头。"⑩邵谒⑪《放歌行》表达了对古今迁谪文人的同情,这些人本是正直之贤人却总被迫远谪,一句"屈原若不贤,焉得沉湘水"⑫,表达了诗人极度的幽愤。等等。

---

① [唐]柳宗元:《柳宗元集》,中华书局,1979年,第515—518页。
② "钱珝,字瑞文,吏部尚书徽之子,善文词,宰相王溥荐知制诰,进中书舍人,后贬抚州司马。有《舟中录》二十卷,今编诗一卷。"(《全唐诗》卷七百十二)
③《全唐诗》卷七百十二。
④《全唐诗》卷五百三十一。
⑤《全唐诗》卷五百三十一许浑《太和初靖恭里感事》注"。
⑥《全唐诗》卷一百四十七。
⑦《全唐诗》卷六百八十四:"吴融,字子华,越州山阴人。龙纪初,及进士第,韦昭度讨蜀,表掌书记,累迁侍御史。去官依荆南成汭。久之,召为左补阙,拜中书舍人。昭宗反正,迁次草诏,无不称旨,进户部侍郎,凤翔劫迁,融不克从,去客阌乡。俄召还翰林,迁承旨卒。有《唐英集》三卷,今编诗四卷。"
⑧《全唐诗》卷六百八十五。
⑨《全唐诗》卷五百九十五:"于武陵,会昌时人。诗一卷。"
⑩《全唐诗》卷五百九十五。
⑪ "邵谒,韶州翁源县人,少为县吏,令怒逐去,遂截髻著县门,发愤读书,工古调释褐。赴官,不知所终。诗一卷。"(《全唐诗》卷六百五)
⑫《全唐诗》卷六百五。

　　综上,唐代咏屈诗歌展示诗人们对屈原的同情之时,亦是书写自身内心深处的惊恐与伤痛。文人在遭遇谗言和奸狡之臣时,对屈原有了知音之感,吊屈原成为寄托之"酒杯",成为文人客居、失意时的精神寄托。"兹楼今是望乡台,乡信全稀晓雁哀……欲吊灵均能赋否,秋风还有木兰开。"①"秋兰"在风中绽放,表现出坚强的意志,屈原诗歌中有"纫秋兰以为佩"(《离骚》),又有"秋兰兮麋芜,罗生兮堂下"(《九歌》),"秋兰"是香草,是美好品格的象征。登高赋诗,遥望家乡,大雁哀鸣,秋风萧瑟,湖南诗人李群玉②曾道出了这种潇湘悲凉情绪的根源:"昔我睹云梦,穷秋经汨罗。灵均竟不返,怨气成微波。奠桂开古祠,朦胧入幽梦。落日潇湘上,凄凉吟九歌。"③从繁华政治中心来到南蛮荒野,从生活优越的都城来到瘴气横生之地,由朝廷庙堂之臣变为江湖"带罪"之人,这其中的人世沧桑、宦海浮沉,这其中的理想追求与现实的冷酷之冲突,成为其"本能的悲剧意识"④。于是,流不尽的汨罗江波涛、汨罗江上传唱的凄凉《九歌》,都成为了唐代诗人情感的寄托。"登山则情满于山,观海则意溢于海"(《文心雕龙·神思》),一旦这种悲剧意识找到了寄托,便会看风有寒,看日无辉,欢觞成悲饮,歌声化哭声。"骚人道不沉",咏屈原可以一定程度上化解心中的失意与无助,从"秋风还有木兰开"中汲取精神的力量。

　　除却化解幽怨,屈原的遭遇也深化了唐代诗人对社会的认识与批判。如孟郊⑤《湘弦怨》:"昧者理芳草,蒿兰同一锄。狂飙怒秋林,曲直同一枯。嘉木忌深蠹,哲人悲巧诬。灵均入回流,靳尚为良谟。我愿分众泉,清浊各异渠。我愿分众巢,枭鸾相远居。此志谅难保,此情竟何如。湘弦少知音,孤响空踟蹰。"⑥屈原的悲剧经历反映了奸佞与贤才颠倒的不良现象,让人

①许浑《晨起白云楼寄龙兴江準上人兼呈窦秀才》,《全唐诗》卷五百三十五。
②《全唐诗》卷五百六十八:"李群玉,字文山,澧州人。性旷逸,赴举一上而止,惟以吟咏自适。裴休观察湖南,延致之,及为相,以诗论荐,授弘文馆校书郎,未几,乞假归,卒。集三卷,后集五卷,今编诗三卷。"
③[唐]李群玉:《湖中古愁三首》其二,《全唐诗》卷五百六十八。
④邱紫华:《悲剧精神与民族意识》,华中师范大学出版社,1990年。
⑤孟郊,字东野,湖州武康人。少隐嵩山,性介,少谐合,韩愈一见为忘形交。年五十,得进士第,调溧阳尉,县有投金濑、平陵城,林薄蒙翳,下有积水,郊间往坐水旁,裴回赋诗,曹务多废,令白府以假尉代之,分其半奉。郑余庆为东都留守,署水陆转运判官,余庆镇兴元,奏为参谋。卒,张籍私谥曰'贞曜先生'。郊为诗,有理致,最为愈所称,然思苦奇涩。李观亦论其诗曰'高处在古无上,平处下顾二谢'云。集十卷,今编诗十卷。"(《全唐诗》卷三百七十二)
⑥《全唐诗》卷三百七十二。

深刻感受到溷浊社会对人生的破坏和不良影响,只有改造社会,贤愚分明,世上的"屈原"才能够不再被"靳尚"所害,故而孟郊连用"我愿"表达激浊扬清的志向。又如,杜牧怀古诗《题武关》:"碧溪留我武关东,一笑怀王迹自穷。郑袖娇娆酣似醉,屈原憔悴去如蓬。山墙谷堑依然在,弱吐强吞尽已空。今日圣神家四海,戍旗长卷夕阳中。"①屈原离去了,楚怀王武关会盟最终以身死秦国而告终;历史风云今日已经淹没在山墙谷堑、戍旗夕阳中,怎么不令人感叹:国家兴亡依靠的不是献媚的谗佞,而是耿直的忠臣。可是,屈原之魂又在哪儿啊:"潇湘吊浦无人居,风惊水暗惟鲛鱼。行来击棹独长叹,问尔精魂何所如。"②谗言难防,沉冤堪伤,屈原悲剧的一生,曾被汉、魏部分文人批评成"怨君自显"的狂狷,唐代诗人崔涂③为之鸣不平,指出屈原创作诗歌是为了醒悟怀王,以实现安邦定国,不是抱怨和"闹情绪",诗曰:"本图安楚国,不是怨怀王。"④

"好向昌时荐遗逸,莫教千古吊灵均。"⑤"万古汨罗深,骚人道不沉。"⑥"谗佞乱忠孝,古今同所悲……屈原沉湘流,厥戚咸自贻。"⑦唐代文人十分清楚,吊屈原的文学文化现象的背后,源于现实的不遇与不平,唐代咏屈诗人中多有贬谪经历,且多贬至南方瘴疠之地,在这样的文化背景下,屈原的不遇时、不遇君的悲剧,成为文人浇自己心中块垒的"历史酒杯"。唐诗中"吊灵均"的文化现象,折射了政治的荒淫和文士们失意、怀才不遇的遭际,寄托了文人对政治清明、忠奸分明的社会机制的向往。

二、灵均说尽孤高事:文人内心深处的"苦结"

屈原品行之高尚与命运之悲剧,始终让文人内心充满纠结。屈原《卜居》中提出了"宁正言不讳以危身乎,将从俗富贵以媮生乎"的疑惑,仍困扰着唐代文人。生命可贵,道义崇高,但环境溷浊,持正则危身,应何去何从? 这种"苦"深深纠结着一批唐代文人:一方面,他们敬佩屈原、同情屈

---

① 杜牧:《题武关》,《全唐诗》卷五百二十三。
② 王涯:《涉沅湘》,《全唐诗》卷四百八十。
③ 《全唐诗》卷六百七十九:"崔涂,字礼山。江南人。光启四年登进士第。诗一卷。"
④ 崔涂:《屈原庙》,《全唐诗》卷六百七十九。
⑤ 陈陶:《寄兵部任畹郎中》,《全唐诗》卷七百四十六。
⑥ 王鲁复:《吊灵均》,《全唐诗》卷四百七十。"王鲁复,字梦周,连江人。从事邕府。诗四首。"
⑦ 吴筠:《览古十四首》其五,《全唐诗》卷八百五十三。

原,承认屈原的忠贞高洁;另一方面,他们又嘲笑屈原独醒清高、轻身自沉。这些诗人主要有白居易、赵冬曦、护国、孟郊、齐己等。

白居易认为,乱世中的屈原不必因放逐而沉身。白居易比较屈原、贾谊的遭际之后,认为文士浮沉的政治命运很正常:"士生一代间,谁不有浮沉。良时真可惜,乱世何足钦。乃知汨罗恨,未抵长沙深。"①人生失意乃常态,生活在明君当政时出现不被任用的状况,如贾谊,比昏君时代可远走他国的屈原的遭际,更令人幽愤。

世事变幻、沧海桑田,用舍不是个人力量主宰的。历史上忠奸何必去管,隐逸闲居,读读《隐逸传》,不闻不问世事,心灵自安,自然没有苦恼。曾因事被流放到岳州的赵冬曦②写道:"道傍耆老步蹒跚,楚言兹事不知年。试就湖边披草径,莫疑东海变桑田。君讶今时尽陵陆,我看明岁更沧涟。来今自昔无终始,人事回环常若是……盈虚用舍轮舆旋,勿学灵均远问天。"③"喧静各有路,偶随心所安。纵然在朝市,终不忘林峦。四皓将拂衣,二疏能挂冠。窗前隐逸传,每日三时看。靳尚那可论,屈原亦可叹。至今黄泉下,名及青云端。松牖见初月,花间礼古坛。何处论心怀,世上空漫漫。"④靳尚这样的奸臣就不用去谈论了,屈原这样执着的忠臣也是令人叹惋的,历史让人明智,何不读读隐逸传,随心所安。这些一味求"隐"的背后,委婉表达了唐代部分文人对屈原执着改革社会的不赞同。

唐代诗人中批判屈原,在言语上最激烈的是孟郊。他"讥讽"屈原的品第行为是"小人之儒",死了成为"不吊鬼",生前也是喜爱猜疑的"猜谤徒",沉水怀沙是"灭性"之行为。其诗《旅次湘沅有怀灵均》道:"分拙多感激,久游遵长途。经过湘水源,怀古方踟蹰。旧称楚灵均,此处殒忠躯。侧聆故老言,遂得旌贤愚。名参君子场,行为小人儒。骚文衒贞亮,体物情崎岖。三黜有愠色,即非贤哲模。五十爵高秩,谬膺从大夫。胸襟积忧愁,容鬓复雕枯。死为不吊鬼,生作猜谤徒。吟泽洁其身,忠节宁见输。怀沙灭其性,孝行焉能俱。且闻善称君,一何善自殊。且闻过称己,一何过不渝。

---

① 白居易:《读史五首》其一,《全唐诗》卷四百二十五。
② "赵冬曦,定州人……开元初,迁监察御史,坐事流岳州。时与刺史张说数赋诗相唱和。"(《全唐诗》卷九十八)
③ 赵冬曦:《澴湖作并序》,《全唐诗》卷九十八。
④ 护国:《归山作》,《全唐诗》卷八百十一。

悠哉风土人,角黍投川隅。相传历千祀,哀悼延八区。如今圣明朝,养育无羁孤。君臣逸雍熙,德化盈纷敷。巾车徇前侣,白日犹昆吾。寄君臣子心,戒此真良图。"①孟郊批评屈原自沉和身前的抗争都不符合忠孝之义,显然已经完全偏离了汉代文人尊屈原为君子楷模的轨迹,在屈原精神接受史上是继班固、颜之推以来最为严苛的批评之一。

大诗人李白《行路难三首》也曾委婉批评屈原不懂得明哲保身:"吾观自古贤达人,功成不退皆殒身。子胥既弃吴江上,屈原终投湘水滨。陆机俊才岂自保,李斯税驾苦不早。"②李白认为,虽然伍子胥、屈原、陆机、李斯都是贤才,但功成不退,皆至殒身。

唐代还有一批诗僧对屈原亦多有批评。其中,较突出的代表是唐末五代的诗僧齐己③。齐己《潇湘》诗道:"迁来贾谊愁无限,谪过灵均恨不堪。毕竟输他老渔叟,绿蓑青竹钓浓蓝。"④幽愤的屈原、贾谊,都输给了憺然的渔父;贾谊因为迁谪而惆怅无限,屈原因为迁谪而幽怨遗憾,哪里比得上渔父绿蓑青竹,在湛蓝的水边钓鱼,与世推移,而心地疏朗呢?齐己还认为,渔父隐逸随波逐流之人生抉择,值得赞美;而屈原的执着痴忠,令人好笑,其《渔父》诗曰:"夜钓洞庭月,朝醉巴陵市。却归君山下,鱼龙窟边睡。生涯在何处,白浪千万里。曾笑楚臣迷,苍黄汨罗水。"⑤渔翁夜钓朝醉,快活似神仙,而屈原痴迷忠信,冤沉汨罗,两相比对,齐己不免嘲笑"楚臣迷",即批评屈原耿直独醒的品行。

"长笑灵均不知命,江离丛畔苦悲吟。"⑥唐代诗歌里关于屈原的揶揄之词,并不是一个偶然现象,在此后历代文人作品里,这种"笑屈原"现象仍时有发生。其中,元代散曲作品最为常见⑦。然而,李白、白居易、孟郊

①孟郊:《旅次湘沅有怀灵均》,《全唐诗》卷三百七十七。
②李白:《行路难三首》,《全唐诗》卷一百六十二。
③《全唐诗》卷八百三十八:"齐己,名得生,姓胡氏,潭之益阳人,出家大沩山同庆寺,复栖衡岳东林,后欲入蜀,经江陵,高从诲留为僧正,居之龙兴寺,自号衡岳沙门。白莲集十卷外编一卷,今编诗十卷。"
④齐己:《潇湘》,《全唐诗》卷八百四十五。
⑤齐己:《渔父》,《全唐诗》卷八百四十七。
⑥白居易:《咏怀》,《全唐诗》卷四百三十九。
⑦参见田守真《元散曲家为什么嘲笑屈原》(《四川师范大学学报》1989年第5期)、曲钊志《扬抑屈原两世界——试析元代少数民族散曲家对屈原的接受》(《阴山学刊》2015年第5期)、马梦真《元散曲"嘲讽屈原"反映出的生活态度》(《名作欣赏》2015年第20期)、杨晋亚《伤心来笑一场——论元散曲中的"笑屈原"现象》[《安徽文学(下半月)》2011年第8期]、高邢生《论元代散曲对屈原的否定及其多层次原因》[《太原师范学院学报(社会科学版)》2015年第5期]等。

等人是真正批评屈原吗？本书认为，此非本心。

自汉代以来，封建文人"不遇"之苦，很难从机制上彻底消除，文人过高的期望值与残酷竞争的现实间的矛盾，让大部分文人忧谗畏讥，不敢做屈原，也不想做屈原，然而，苦难并没有因为文人不想而远离，因此，屈原的"不遇"和"迁谪"的遭际自然成为文人们抒发怀才不遇之情的重要"寄托"。屈原之苦，令人愤慨，一部分诗人是正面的呐喊呼吁，另一部分诗人则以嘲笑屈原来表达看破红尘、隐逸避世的情感。因此，绝大部分"笑屈原"的创作现象，是现实挫折带来的一种"心理应激"，即为了逃避现实斗争的困苦，心理上的一种自我调适。

遭受政治打击的白居易选择优游卒岁的生活方式来对抗命运的不公，称若是学习屈原，不知死了几回："自经放逐来憔悴，能校灵均死几多。"①似乎很瞧不起屈原轻身，其实是白居易的自我解嘲罢了。白居易感受到"人事多端"，所以叹惋痛惜屈原："楚怀邪乱灵均直，放弃合宜何恻恻。汉文明圣贾生贤，谪向长沙堪叹息。人事多端何足怪，天文至信犹差忒。月离于毕合滂沱，有时不雨何能测。"②怀王昏聩，屈原正直，屈原的悲剧是缘于怀王吗？汉文帝是明君，贾谊是贤能之人，却依然被贬谪到长沙，这又是多么令人感到无奈。风雨难测，究竟做臣子的如何预测未来呢？所以，只能放宽心态："独醒从古笑灵均，长醉如今效伯伦。"③白居易自号"乐天"，晚年学习蔑视礼法、纵酒避世的刘伶（伯伦），人生价值观的差异、时空的隔绝，促使白居易不愿仿效屈原做一个孤寂幽愤的独醒者。

孟郊是一个苦读勤奋、胸有大志、不惜摧残身体、勤奋苦学之人，就如他诗歌中描绘的："夜学晓未休，苦吟神鬼愁。如何不自闲，心与身为雠。"④日夜无休止地勤学苦吟，不顾身体健康地追求心中的理想，这是大多数文人的写照，为的是一朝登第，施展才华抱负。但，孟郊屡试不第，其《再下第》诗曰："一夕九起嗟，梦短不到家。两度长安陌，空将泪见花。"又一次的落榜，让他彻夜无眠，感叹长安城内无知音，其诗《失意归吴因寄东

---

①白居易：《和万州杨使君四绝句·竞渡》，《全唐诗》卷四百四十一。
②白居易：《偶然二首》其一，《全唐诗》卷四百三十九。
③白居易：《咏家酝十韵》，《全唐诗》卷四百四十九。
④孟郊：《夜感自遣》，《全唐诗》卷三百七十四。

台刘复侍御》道：“至宝非眼别，至音非耳通。因缄俗外词，仰寄高天鸿。”①其中，《下第东南行》一诗写到屈原：“试逐伯鸾去，还作灵均行。江离伴我泣，海月投人惊。失意容貌改，畏途性命轻。时闻丧侣猿，一叫千愁并。”②科场不利，意味着理想抱负无法施展，乘舟向东南行，不禁联想到屈原当年离开郢都的情形，一路行来，心中都在哭泣，难忘失意的苦痛，触景生情、念古思今，悲从中来，“一掬灵均泪，千年湘水文”③，孟郊眼中，那湘水是屈原的泪水。可见，屈原又何尝不是孟郊失意时的“知音”？

再看齐己，他对屈原的为人与才能其实也是十分敬佩的。他有诗歌记载吟诵《离骚》伤悼屈原的情形：“吟把《离骚》忆前事，汨罗春浪撼残阳。”④但，现实的残酷，让齐己不得不“规避”屈原式耿直，其诗《行路难》道：“行路难，君好看，惊波不在黮黭间，小人心里藏崩湍。七盘九折寒崷崪，翻车倒盖犹堪出。未似是非唇舌危，闇中潜毁平人骨。君不见楚灵均，千古沉冤湘水滨。又不见李太白，一朝却作江南客。”⑤行路难，惊涛骇浪、道路崎岖，随时可能船毁车翻；但这些还比不上唇枪舌剑击毁人的前程。君王用人有始无终，加上谗佞之人当道，贤能者常孤立无援。不信？请看楚国的屈原、前代的李白，均是“唇舌危”带来的悲剧结局，一个沉冤湘水，一个自请放还。“竭节遇刀割，输忠遭祸缠”⑥，“堪笑楚江空渺渺，不能洗得直臣冤”⑦。正是屈原、李白的悲剧遭遇，让齐己、卢仝、文秀等人选择渔父笑傲江湖的姿态。

“灵均说尽孤高事，全与逍遥意不同。”⑧虽然由于佛、道思想的浸润，唐代文人大多有多元的人生价值观，但仍有一批追随屈原独醒清高的人生哲学、传承屈原高洁自爱之精神的诗人，他们赞美屈原最爱的香草——兰：“灵均曾采撷，纫佩挂荷裳。”⑨他们希望屈原忠贞精魂永存：“期灵均兮若

---

①孟郊：《夜感自遣》、《再下第》、《失意归吴因寄东台刘复侍御》，均见《全唐诗》卷三百七十四。
②孟郊：《下第东南行》，《全唐诗》卷三百七十四。
③孟郊：《楚竹吟酬卢处端公见和湘弦怨》，《全唐诗》卷三百七十二。
④齐己：《湘中寓居春日感怀》，《全唐诗》卷八百四十五。
⑤齐己：《行路难》，《全唐诗》卷八百四十七。
⑥卢仝：《感古四首》，《全唐诗》卷三百八十八。
⑦文秀：《端午》，《全唐诗》卷八百二十三。
⑧汪遵：《渔父》，《全唐诗》卷六百二。
⑨无可：《兰》，《全唐诗》卷八百十三。

存,问神理兮何如。愿君精兮为月,出孤影兮示予。"①他们相信屈原冰清玉洁能感化万物:"问湘神,云中君,不知何以交灵均。我恐湘江之鱼兮,死后尽为人,曾食灵均之肉兮,个个为忠臣。又想灵均之骨兮终不曲,千年波底色如玉,谁能入水少取得。香沐函题贡上国,贡上国,即全胜和璞悬璬,垂棘结绿。"②他们肯定赞美屈原是"直臣"、"独醒人":"行客谩陈三酹酒,大夫元是独醒人。"③这些对屈原独醒清高人格的真诚赞美,是唐代文人理性而真实的内心表白。

三、憔悴滞江潭:屈原"悲情"符码的定格

屈原遭谗放逐、憔悴行吟、幽愁自沉,是唐代抒写湖湘风景、凭吊古迹、抒写幽怨时的重要文学意象。楚歌幽怨伤怀是自古而来的传统,《左传·襄公十八年》载:"南风不竞,多死声。"④庾信《拟咏怀》感叹:"楚歌饶恨曲,南风多死声。"⑤杜甫《祠南夕望》深叹:"湖南清绝地,万古一长嗟。"⑥自贾谊《吊屈原赋》以来,"屈原"这个名字也似乎带上了楚风的悲情特色,无论是借古讽今,还是独抒胸臆,唐代文人笔下的屈原几乎都是"憔悴滞江潭"的悲剧形象。

有时,文人们听着悲伤的音乐,就会联想到屈原的夜泣。白居易《听芦管》一诗写道:"幽咽新芦管,凄凉古竹枝……屈原收泪夜,苏武断肠时。仰秣胡驹听,惊栖越鸟知。何言胡越异,闻此一同悲。"⑦幽咽芦管,让诗人似乎听到了屈原夜泣声。李宣古《听蜀道士琴歌》一诗,亦将怨愤的琴声描述为屈原问天的忧愤情怀:"忽挥素爪画七弦,苍崖劈裂迸碎泉。愤声高,怨声咽,屈原叫天两妃绝。朝雉飞,双鹤离,属玉夜啼独鸳悲。"⑧可见,屈原的故事、屈原的忧愤、屈原的呐喊,早已浸润了一部分唐代文人的心灵与精神。

有时,文人们"嗔怪"民间端午过于狂欢,为屈原感到悽苦。元稹《表

①皎然:《吊灵均词》,《全唐诗》卷八百二十一。
②贯休:《读离骚经》,《全唐诗》卷八百二十六。
③洪州将军:《题屈原祠》,《全唐诗》卷七百八十四。
④[晋]杜氏注,[唐]陆德明音义,孔颖达疏:《春秋左传注疏》卷三十三,文渊阁四库全书本。
⑤[南朝周]庾信撰,[清]吴兆宜注:《庾开府集笺注》卷四,文渊阁四库全书本。
⑥杜甫:《祠南夕望》,《全唐诗》卷二百三十三。
⑦白居易:《听芦管》,《全唐诗》卷四百六十二。
⑧李宣古:《听蜀道士琴歌》,《全唐诗》卷五百五十二。

夏十首》其十曰："灵均死波后,是节常浴兰。彩缕碧筠樱,香秔白玉团。逝者良自苦,今人反为欢。哀哉徇名士,没命求所难。"①端午节这一天,人们浴兰、包粽子,高高兴兴的,这让元稹甚感悲凉,屈原死得很苦,人们却狂欢? 唐代民间端午祭祀屈原的习俗已渐渐由南方传播到四方,唐人及域外韩国、日本汉诗中端午竞渡题材的诗歌,常提及屈原。因为屈原是悲剧人物,所以许多文人士大夫难以理解狂欢过"端午"的习俗。

应该承认,唐代咏屈诗歌中不能说没有调子高、色彩亮一些的诗歌,但低沉、抗争、矛盾、不满的格调,却始终占着较大的比例。诗歌中,"屈原恨"、"伤心"、"孤舟"、"南行客"、"秋"、"汨罗"、"潇湘"、"云梦"、"灵均"等词语就像承载重负似的,抒写唐代文人士大夫内心深处与屈原感同身受的怀才不遇之情。"向前问个长沙路,旧是屈原沉溺处。"②"灵均如可问,一为哭清湘。"③"莫问灵均昔日游,江离春尽岸枫秋。"④"屈原回日牵愁吟,龙宫感激致应沉。"⑤"灵均精魄如能问,又得千年贾傅词。"⑥"屈原宋玉居君处,几驾青螭缓郁陶。"⑦等等,诗人们以哭、怨、吟、梦屈原,刻画着心中那位"憔悴滞江潭"的屈原形象,寄托其个体人生挫折的幽怨与愤懑,表达着实现抱负的艰难。

总体而言,唐代咏屈诗人们虽时有揶揄批评之声,但同情屈原悲剧命运、痛恨昏君佞臣、敬佩屈原独醒忠贞、肯定屈原是古代难得正直清醒之人,仍是主要心声。实际上,屈原的独醒与忠贞精神,已成为上述唐诗作者们自身待人处世的人格参照。

第四节　宋代咏屈诗文:屈原精神的高标与反思

从现存的楚辞文献看,两宋楚辞学是继两汉以后的第二座高峰。宋人对屈骚精神的重塑和升华,也成为传承接受史上最重要的一环。宋代文化

---

①元稹:《表夏十首》,《全唐诗》卷四百二。
②王建:《荆门行》,《全唐诗》卷二百九十八。
③马戴:《送客南游》,《全唐诗》卷五百五十六。
④黄滔:《灵均》,《全唐诗》卷七百六。
⑤长孙佐辅:《秋日登岳阳楼晴望》,《全唐诗》卷四百六十九。
⑥陆龟蒙:《送羊振文先辈往桂阳归觐》,《全唐诗》卷六百二十六。
⑦罗隐:《经耒阳杜工部墓》,《全唐诗》卷六百六十二。

风貌与汉唐文化风貌相比,多了一种"理性"和"平和",书斋化、禅化的生活影响着宋人对屈原的基本评价。具体而言:

一是认为屈原诗才千古、后人难以超越。如,宋代文豪苏轼《答谢民师书》:"屈原作《离骚经》,盖风雅之再变者,虽与日月争光可也。"①汪元量《长沙》诗曰:"诗到巴陵吟不得,屈原千古有离骚。"②李复《屈原庙》:"千年自有遗文在,光焰长如日月新。"③其他还有:"风雅之后闻屈原,千古哀怨离骚传。"④"文到工时疑有助,道逢极处本无言。当年谁可辈任昉,后世人方怪屈原。"⑤"屈原九歌岂不好,煎胶续弦千古无。"⑥"屈原离骚二十五,句句字字皆瑶琨。"⑦

二是敬仰屈原是人格清醒的直臣,是士大夫楷模。如,"莫悲举世无相识,佩蕙纫兰有屈原"⑧、"清似荷衣伴屈原"⑨、"高怀长似屈原醒"⑩、"入门便有湘江意,数米幽香见屈原。萧艾若教同一色,清标不在座中看"⑪、"周粟不肥清圣肉,楚丝难系直臣魂。二生在昔闻孤竹,一死于今愧屈原"⑫、"绝代昭君村,惊世屈原宅。东家两儿女,气足豪万国"⑬。

三是感叹兴亡,同情屈原悲剧贬谪遭际。如,"年年端午风兼雨,似为屈原陈昔冤"⑭、"鱼腹终天痛屈原"⑮、"悲愁感愤,则伯奇孤子、屈原忠臣之所叹也"⑯、"彼徒生事劳远人,此感与国同休戚。屈原放废郢都丧,箕子因奴殷录讫"⑰、"屈原之心兮,宗国之楚"⑱。

①[宋]苏轼著,李之亮笺注:《苏轼文集编年笺注》第6册,巴蜀书社,2011年,第335页。

②[清]吴之振编:《宋诗钞》卷一百五《水云诗钞》,文渊阁四库全书本。

③[宋]李复:《潏水集》卷十四,文渊阁四库全书本。

④[宋]方回:《送常德教赵君》,《全宋诗》第66册,第41766页。

⑤[宋]罗与之:《文到》,《全宋诗》第62册,第39285页。

⑥[宋]钟明:《书义倡传后》,《全宋诗》第48册,第29878页。

⑦[宋]项安世:《贺杨枢密新建贡院三十韵》,《全宋诗》第44册,第27365页。

⑧[宋]刘跂:《玉簪花和希纯》其四,《全宋诗》第18册,第12208页。

⑨[宋]艾性夫:《谢惠楮衾》,《全宋诗》第70册,第44405页。

⑩[宋]楼鑰:《题桃源王少卿占山亭》,《全宋诗》第47册,第29475页。

⑪[宋]释云岫:《寄兰屋府教》,《全宋诗》第69册,第43542页。

⑫[宋]华岳:《谢二刘》,《全宋诗》第55册,第34385页。

⑬[宋]范成大:《嘲峡石》,《全宋诗》第41册,第25895页。

⑭[宋]赵蕃:《端午三首》其二,《全宋诗》第49册,第30789页。

⑮[宋]敖陶孙:《悼赵忠定》,《全宋诗》第51册,第31911页。

⑯[宋]欧阳修:《送杨寘序》,《文忠集》卷四十二,文渊阁四库全书本。

⑰[宋]方回:《题东坡先生惠州定惠院海棠诗后》,《全宋诗》第66册,第41817页。

⑱[宋]岳珂:《朱文公离骚经赞》,《全宋诗》第56册,第35474页。

四是由屈原之遭遇反思自嘲,寄托对世风的批判。如,"屈原泣泽畔,仲尼悲道穷。贤圣尚如此,吾身那可容"①、"楚泽凄凉笑屈原,行吟如在浣花川"②、"醉入无功乡,醒岂屈原族。岸帻一笑粲,共赋醽酒醁"③、"归闲喜携幼,欣荣对夏木。颇笑屈原醒,宁甘马周独"④。等。

五是承续前代"宗经"之思路,批判屈原不符合儒家审美观,主要体现在宋代理学家的诸多言论中。如,陆九渊:"后世作《诗》《雅》,不得只学《骚》。"⑤魏了翁:"自《离骚》作,而文辞之士与世之以声律为文者,傅会牵合,始与事不相俪,文人才士习焉而不之察也。"⑥等,宋代理学在元明之后大盛,这些理学家关于屈原诗风的评价自然会影响后世有关屈原的评价了。

一、吊屈谁知特怆神:屈原"忠贞见弃"的回响

屈原最让人难以望其项背的是独醒于溷浊之世。宋代是一个理性的时代,但说到屈原,文人总会激动:"身乘筚路思熊绎,词诵离骚吊屈原。"⑦"竞渡深悲千载冤,忠魂一去讵能还。国亡身殒今何有,只留离骚在世间。"⑧"屈原已沉死,楚人哀不容。何尝奈谗谤,徒欲却蛟龙。未泯生前恨,而追没后踪。沅湘碧潭水,应自照千峰。"⑨"屈原一点沉湘恨。"⑩"君不见,屈原憔悴贾生夭,遗恨至今犹未了。日晚江头船住时,行人莫望江边草。"⑪"屈原终独醒,李白漫消醒。暇日宜呼客,平时好濯缨。吟哦万景集,未足称诗情。"⑫"三呼独醒士,倘肯醨我觞。"⑬"贾谊何远去,屈原竟深

---

①[宋]詹初:《有怀》,《全宋诗》第60册,第37837页。

②[宋]王舫:《春日郊行次平野韵》,《全宋诗》第72册,第45676页。

③[宋]郑清之:《谢郑广文和韵》,《全宋诗》第55册,第34642页。

④[宋]郑清之:《谢玉泉君黄伯厚和韵》,《全宋诗》第55册,第34639页。

⑤[宋]陆九渊:《陆九渊集》卷三十五,中华书局,1980年,第461页。

⑥[宋]魏了翁:《跋胡复半野诗稿》,《鹤山先生大全文集》卷六十二,四部丛刊本。

⑦[宋]王十鹏:《至归州宿报恩寺》,《全宋诗》第36册,第22817页。

⑧[宋]张耒:《和端午》,《柯山集》卷二十三,文渊阁四库全书本。

⑨[宋]梅尧臣:《五月五日》,《宛陵集》卷二十四,文渊阁四库全书本。

⑩[宋]赵汝世:《句》,《全宋诗》第57册,第35877页。

⑪徐积:《送陈长官赴衡阳》,《御选宋诗》卷二十七,文渊阁四库全书本。

⑫姜特立:《湖光为刘庆远作》,《御选宋诗》卷五十九,文渊阁四库全书本。

⑬[宋]范成大:《蚤发周平驿过清烈祠下》,《石湖诗集》卷十六,文渊阁四库全书本。

投。俗卑忌才高,世浊憎多修。"①"安时而处顺,天道不可详。鲁连蹈东
海,屈原赋沉湘。此志竟未遂,眼看都茫茫。君怀万金产,待价空四方。"②
面容憔悴、苏世独立、独醒于溷浊世道、遗恨投江,这是宋诗中常常可读到
的屈原形象。

　　曾因疏救范仲淹而被贬为筠州酒税的余靖,将家中自酿美酒寄给朋
友,写诗劝友人应大醉,不要做独醒人,其《端午日寄酒庶回都官》诗曰:
"龙舟争快楚江滨,吊屈谁知特怆神。家酿寄君须酩酊,古今嫌见独醒
人。"③余靖④实为一个正直敢言的忠臣。同朝为官的欧阳修评价其为
人:"公为人质重刚劲,而言语恂恂,不见喜怒……充集贤校理天章阁待
制,范公仲淹以言事触宰相得罪,谏官御史不敢言,公疏论之,坐贬监筠
州酒税,稍徙泰州。"⑤由此可见,余靖"古今嫌见独醒人"实质是对自己
耿直个性的自嘲自讽,是对溷浊世道的不满与无可奈何的感叹。又如,
宋祁《屈原祠》:"楚江南望见修门,灵鼓声沉蕙卷樽。五日长蛟虚望祭,
九关雕虎枉招魂。兰苕猎翠凄寒露,枫叶摇丹啸暝猿。贾谊扬生成感
后,沉沙投阁两衔冤。"⑥诗歌末句"沉沙投阁两衔冤",一作"沉江投沙两
衔冤"。"投阁"较"投沙"或更确切,此典出自《汉书·扬雄列传》,扬雄
校书天禄阁时,刘棻曾向雄问古文奇字,后棻被王莽治罪,株连扬雄,当
狱吏往捕时,扬雄恐不能自免,即从阁上跳下,后京师纷纷传语:"惟寂
寞,自投阁。"⑦此后,"投阁"即为文士不甘寂寞而遭祸殃之典,喻无故受
牵连而走投无路。宋祁用此典,暗示屈原之沉江与扬雄之投阁,实际是
文人怀才不遇之极悲境况。宋祁受扬雄影响曾作诗歌《反骚》,抒发对屈
原含冤沉身的惋惜:"我闻上天乐,仙圣并游宾。离骚何所据,招回逐客

①[宋]赵汝谠:《直州》,《全宋诗》第53册,第32988页。
②[宋]苏洞:《奉寄子高卢兄五十韵》,《全宋诗》第54册,第33868页。
③[宋]余靖:《端午日寄酒庶回都官》,[清]吴之振等选编:《宋诗钞》卷十,中华书局,1986年。本
　文引用该书均以此版本。
④余靖(1000—1064),崇文馆主持校勘《史记》、《汉书》、《后汉书》,并写出了《三史勘误》四十卷。
　景祐三年(1036),二月推集贤院校理,同年五月,向皇帝上疏为被贬的礼部员外郎范仲淹辩护,
　与尹洙、欧阳修同被贬,降职为监筠州酒税。
⑤[宋]欧阳修:《余襄公靖神道碑》,[宋]杜大珪编:《名臣碑传琬琰之集》卷二十三,文渊阁四库全
　书本。
⑥[宋]宋祁:《景文集》卷十四,文渊阁四库全书本。
⑦[汉]班固撰,[唐]颜师古注:《汉书》卷八十七下,吉林人民出版社,2008年,第2406页。

魂。谓门有九关,虎豹代守阍。砥舌饥涎流,触之辄害人。讥呵自有常,帝意宁不仁。穷壤苦恨隔,传闻恐失真。我欲稽首问,无梯倚青云。块然守下土,此愤何由伸。"①

自身遭遇贬谪或朋友遭遇贬谪,是宋代文人吟咏屈原的现实原因。如赵蕃《寄李处州》:"自入湖南路,驱车得屡停。流传虽有句,次舍或无亭。险绝犹云未,艰危不易听。真宜太白醉,未信屈原醒。我去方蛮府,公归合汉庭。愿言均沛雨,尚想独当霆。白雪故寡和,黄麻须六经。诏除期不晚,得以慰飘零。"②赵蕃,宗黄庭坚诗,江西诗派的殿军人物,曾问学于朱熹。李处州,不详,是诗人的朋友,赵蕃有多首诗作与李处州相关,本诗是赵蕃南迁湖南路时寄给朋友的抒怀之作。"真宜太白醉,未信屈原醒。"醉与醒,其实是面对现实打击的两种精神状态,麻痹还是清醒,作者似乎愿意选择前者,所以期待皇诏来改变自己的命运:"诏除期不晚,得以慰飘零。"在另外一首诗中,他也借屈原抒发了类似情怀:"屈原语醉醒,孺子歌清浊。醉如糟可餔,清亦足可濯。"③湖南迁谪生涯,让赵蕃时时思考屈原的冤屈和迁谪:"年年端午风兼雨,似为屈原陈昔冤。我欲于谁论许事,舍南舍北鹁鸠喧。"④又:"不奉书题遂一年,书犹断绝况诗传。兴来亦复吟哦否,读罢何当疾痼痊。慷慨初无伏波志,忧愁枉类屈原迁。使来觅我当何处,水出牂牁若个边。"⑤牂牁国,即且兰古国,今贵州省内。诗人远谪南疆,与亲人相隔万里,不免由踌躇满志转而忧愁失落了。南宋状元词人张孝祥宋孝宗乾道二年(1166)中秋日路过洞庭,夜登金沙堆,作《金沙堆》《祭金沙堆庙》《念奴娇·过洞庭》等,其《金沙堆庙有曰忠洁侯者,屈大夫也。感之赋诗》详细描述了祭祀屈原的风俗,抒发对屈原高洁品行的认同与亲近感:"我识大夫公,自托腑肺亲。""至今几千年,玉颜凛如新。"⑥在这些迁谪诗人的诗中,屈原的悲剧命运与独醒品格,成为诗人迁谪现实中解脱痛苦和抒发志向的重要意象,表达了对屈原精神的认同、对屈原苦痛的理解与共鸣。

---

① [宋]宋祁:《反骚》,《景文集》卷七,文渊阁四库全书本。
② [宋]赵蕃:《寄李处州》,《全宋诗》第49册,第30667页。
③ [宋]赵蕃:《在伯沅陵俱和前诗复次韵五首》其二,《全宋诗》第49册,第30845页。
④ [宋]赵蕃:《端午三首》其二,《全宋诗》第49册,第30789页。
⑤ [宋]赵蕃:《寄克斋舅氏》,《全宋诗》第49册,第30705页。
⑥ 贾忠民、宛新彬选注:《张孝祥诗词选》,黄山书社,1986年,第23页。

　　战乱及末世的社稷之危，是宋代文人吟咏屈原的又一现实原因。高宗绍兴九年（1139），王灼人夔州为幕官参加抗金活动，但宋朝政权内部有一批议和派，使得抗金之事难以继续，王灼作《吊屈原赋》，感叹道："怀先生于久远兮，念叔世之愈薄。小不能死封疆兮，大不能死社稷。习柔媚以图安兮，睨其君如国人。进靡闻于抗直兮，矧退为之陨身！抑高风之难嗣兮，独以是钟于先生。岂时变而事殊兮，孤忠无用于必行。死骨之不可作兮，浩悲思之来并。"①《吊屈原赋》全文围绕屈原忠洁、抗直的品格抒发了对屈原的敬仰："嗟先生之耿光兮，贯宇宙而愈章。"与西汉贾谊同名赋一样，本文以古鉴今，表达了处在抗金时期的诗人对国情现状"习柔媚以图安"的担忧。南宋爱国诗人陆游宦游巴蜀，路经归州（今湖北秭归），凭吊屈原祠，作《屈平庙》："委命仇雠事可知，章华荆棘国人悲。恨公无寿如金石，不见秦婴系颈时。"②第一联，谴责了楚怀王和顷襄王认敌为友、迫害忠良，令楚人悲愤，映射批评了南宋抗金时期的讲和派的和平幻想。第二联，惋惜屈原没有能多活一些年岁，亲眼看到强暴之秦的覆灭，暗示自己的隐忧，寄托古今亡国的悲叹。

二、灵均标致高如许：屈原精神的人格示范

　　宋代文人对屈原人格的示范意义思考比较多。"水边寂寞一枝梅，君谓高标好似谁。洁白不甘芜秽没，屈原孤立佩兰时。"③水岸白梅即能让诗人联想到洁白一身的屈原，屈原精神之"忠（爱国）"、"清（自爱）"要素在宋代已基本定格。宋孝宗乾道元年（1165）王十朋知夔州，作《题屈原庙》："自古皆有死，先生死忠清。故宅秭归江，前山熊绎城。眷言怀此都，不比异姓卿。六经变离骚，日月争光明。"④肯定屈原之"忠清"光照史册，"先生死忠清"很精炼地概括了屈原精神的核心要素。大文豪苏轼"要伴骚人餐落英"（《次韵僧潜见赠》）、南渡词人刘克庄仰慕"灵均标致高如许"（《贺新郎·端午》），屈原孤高之精神淡雅如梅、坚韧如菊，是宋人企慕的精神境界。

---

①胡传淮、刘安遇校：《王灼集校辑》，巴蜀书社，1996年，第72—73页。

②[宋]陆游：《陆游集》第1册，中华书局，1976年，第272页。

③[宋]郑刚中：《梅花三绝》其三，《全宋诗》第30册，第19081页。

④[宋]王十朋：《梅溪后集》卷十一，文渊阁四库全书本。

或固持自己对"屈原式"人格的遵从。如,宋末戴复古①作诗《端午丰宅之提举送酒》:"海榴花上雨萧萧,自切菖蒲泛浊醪。今日独醒无用处,为公痛饮读离骚。"②诗中写道,端午接到朋友送来的酒,自切菖蒲放入酒中,举杯痛饮,让自己大醉,开怀读《离骚》,以寄托乱世独醒之志。戴复古有学习东晋隐士(如陶渊明等)的想法,其《杜门自遣》写道:"世事茫茫心事灰,众人争处我惊回。闭门不管花开落,避俗唯通燕往来。富贵在天求不得,光阴转地老相催。平生任达陶元亮,千载神交共一杯。"③《处世》一诗写道:"风波境界立身难,处世规模要放宽。万事尽从忙里错,一心须向静中安。路当平处经行稳,人有常情耐久看。直到始终无悔吝,旁生枝叶便多端。"④以"心隐"逃避那些无法改变的现实痛苦,固持自己内心深处对"屈原独醒"人格的遵从,这是心灵安静之所。

或直接抒发对屈原的敬仰。如苏轼在《屈原塔》⑤一诗中条分缕析赞颂屈原:"楚人悲屈原,千岁意未歇。精魂飘何处,父老空哽咽。至今沧江上,投饭救饥渴。遗风成竞渡,猿叫楚山裂。屈原古壮士,就死意甚烈。世俗安得知,眷眷不忍决。南宾旧属楚,山上有遗塔。应是奉佛人,恐子就沦灭。此事虽无凭,此意固已切。古人谁不死,何必较考折。名声实无穷,富贵亦暂热。大夫知此理,所以持死节。"⑥苏轼认为屈原就如儒家所标举的"大丈夫楷模"一样,是"壮士"、"烈士",赞成屈原"以死明志":"名声实无穷,富贵亦暂热。大夫知此理,所以持死节。"屈原在《橘颂》中赞美橘树"廓其无求"、"秉德无私"、"可师长兮",在《离骚》中表达了珍惜时间的"恐脩名之不立"的人格追求。苏轼认为屈原的"死"志不是常人能理解的,赞美屈原刚烈耿直的性格:"屈原古壮士,就死意甚烈。"再如李复《屈原庙》:"古庙荒山暗水云,岁时歌舞感乡民。几伤谗口方离国,欲悟君心岂爱身。惨惨飞魂号帝阙,冥冥赍志托江神。千年自有遗文在,光焰长如

①"戴复古,字式之,天台黄岩人,居南塘石屏山,因自号焉。负奇尚气,慷慨不羁,少孤痛,父东皋子遗言收拾残稿,遂笃志于诗。"(《宋诗钞》卷九十五"小传")

②[宋]戴复古:《石屏诗集》卷六,文渊阁四库全书本。

③[宋]戴复古:《石屏诗集》卷五,文渊阁四库全书本。

④[宋]戴复古:《石屏诗集》卷五,文渊阁四库全书本。

⑤苏轼自注:在忠州,原不当有塔于此。意者,后人追思,故为作之。

⑥[宋]苏轼撰,[清]王文诰辑注,孔凡礼点校:《苏轼诗集》卷一,中华书局,1982年,第22页。

日月新。"①此诗应为作者哲宗元祐间知夔州、途径归州所作,"古庙荒山暗水云,岁时歌舞感乡民"一联,写屈原庙坐落在荒山,岁时端午乡民用歌舞祭祀屈原;"几伤谗口方离国,欲悟君心岂爱身"一联,写屈原被谗言诬害离开郢都的遭遇和以死谏君的心声;"惨惨飞魂号帝阙,冥冥赍志托江神"一联,想象屈原死后魂魄在郢都宫门前号哭的凄惨,屈原怀抱着志愿沉江拜托江神诉冤;"千年自有遗文在,光焰长如日月新"一联,写屈原的诗文留存至今,对人间的影响如日月光辉照耀人间,世代启迪后人。

或因屈原而赞美时人。苏轼赞司马光高洁、不与"新党"同流合污的政治品质,可比"孔门"的颜回、流放中行吟的屈原,其《司马温公神道碑》中以"屈原行吟"来比拟生前的司马光:"方其退居于洛,眇然如颜子之在陋巷,累然如屈原之在陂泽。"②显然,屈原精神在宋代一部分文人心中是一种人格标准。又如,北宋天圣年间(1023—1030)黄州(今湖北省黄冈市)当地流传的北宋清明宰相韩琦与屈原之女相遇的故事,故事中屈原的女儿,"衣冠高古,容装丽甚",高洁、清醒,甚有父风。事见南宋薛季宣(1134—1173)诗《二女篇》序言,曰:"天圣中,韩魏公居所生忧,从其兄琚守齐安,即安国寺西庑为书堂以居,恒有二女子夜至,衣冠高古,容装丽甚,公恬不以为怪……屈原之死,二女孝慈,亦于此投江。故武昌郡人,以五月五日竞渡,投角黍,迎神。"③诗序中说,宋仁宗天圣年间,韩琦从其兄黄州刺史韩琚居,在黄州安国寺西厢房读书至夜半,总有两位女子前来探访,女子衣冠高古,容装甚丽,而韩琦恬然不以为怪。临别二女赞韩琦之德,韩琦后来果然成为北宋一代清明宰相。宋人将民间屈原二女的传说与宋代宰相联系在一起,亦真亦幻,一方面表达了对宰相韩琦的赞美,另一方面反映了宋代文人对端午纪念屈原和屈原品德高尚的认同和接受。

三、固应聊颂屈原橘:屈原"独醒"精神的传承障碍

又况屈原之宅哉。自沉沙之告终,凡几易于星纪,观陵谷之迁变,想丘陇其已毁,而后之人犹于荒榛野蔓之间,求髣髴于田里,而谓屈原

①[宋]李复:《潏水集》卷十四,文渊阁四库全书本。
②[宋]苏轼:《司马温公神道碑》,[宋]司马光著,李之亮笺注:《司马温公集编年笺注》附录卷一十三传记墓铭挽词,巴蜀书社,2009年,第493页。
③[宋]薛季宣:《浪语集》卷十一,文渊阁四库全书本。

之在是也。(晁公遡《屈原宅赋》)①

晁公遡所作《屈原宅赋》中的这句话，让我们看到，秭归屈原遗迹在宋代已经荒芜。那时的文人心中，屈原已是一个远古的"历史"。时空隔阻让人们对屈原的评价，也开始有了更明显的"脱离"屈原的时代而多考虑当代文人处境的评价体系和标准。屈原应如何处理君臣不遇、人们该如何看待屈原的自沉，文人的评论立场和出发点已经不再聚焦"义"，而是聚焦"生"。"固应聊颂屈原橘，底事便歌杨恽田。"②屈原在《橘颂》中赞美橘树"廓其无求"、"秉德无私"、"可师长兮"以表达自己的高洁志向，江西诗派之"宗师"陈与义认为应该赞颂屈原的高洁，即"固应聊颂屈原橘"，但也提出了自己的困惑：是应赞美屈原"橘树"般深固难徙的品格，还是学习杨恽"田彼南山"的行乐态度？

继承了汉魏史学家的"宗经崇儒"立场，宋代一批有影响力的史学家虽然肯定了屈原爱君之心，却批判屈原处世之道和作文之法。理学宗师、湖湘学派创立者胡宏，继承汉代班固、南北朝颜之推等人的观点，时常以"笑"的方式表达对屈原处世态度的否定："午从三径春光动，晚看千峰冥色苍。一止一行皆自得，愤时堪笑屈沉湘。"③吕祖谦赞赏屈原"念念不忘君之心"，但不赞同屈原在诗歌表达上"不以正"的风格，他说："观《离骚》一篇三致意。始言高飞远举、鸿蒙廓落，神仙幻化之术；中言富贵、华丽、声色、音乐，世间可喜之事；终曰三江、五湖、洞庭、彭蠡，世间游观之乐。三者皆不足以解忧，而终归于爱君。后世称《离骚》为爱君之祖，以此也。虽然，屈原有爱君之心，固是善，惜乎，其发之不以正，自愤怨激切中来，其言神仙、富贵、游观，已是为此三件动也。"④

宋代不同哲学观点的交融，滋养出文人相对平和的人生态度，也以此批评屈原行为不"合于圣人"之道。如北宋文坛盟主欧阳修曾言："一生能几开口笑，何忍更遭百虑侵。"⑤基于这一人生态度，欧阳修自号"醉

①[宋]晁公遡：《嵩山集》卷一，文渊阁四库全书本。
②[宋]陈与义：《次十七叔去郑诗韵二章以寄家叔一章以自咏》，《简斋集》卷十，文渊阁四库全书本。
③[宋]胡宏：《和王师中三首》其二，《胡宏著作两种》，岳麓书社，2008年，第74页。
④[宋]吕祖谦：《孟子说》，引自吴文治主编：《宋诗话全编》第6册，江苏古籍出版社，1998年，第6582页。
⑤[宋]欧阳修：《次韵答张沙河》，《全宋诗》第17册，第11487页。

翁",曾感叹:"屈原离骚岂不好,只今漂骨沧江浔。"①屈原才华值得肯定,但屈原的结局并不好。唐宋八大家之一的苏辙,也体现出与欧阳修类似的态度,怜惜屈原之自沉:"城头栋宇恰三间,楚望凄凉吊屈原。"②"凄凉兮秭归,寂寞兮屈氏。楚之孙兮原之子,伉直远兮复谁似。宛有庙兮江之浦,予来斯兮酌以醑。"③但也批评屈原自沉,认为这一行为不符合圣人之道、不符合"用之则行,舍之则藏,优游以卒岁"的人生哲学,苏辙编《古史》评价屈原不知与世推移之"道"曰:"惜乎! 屈原廉直而不知道,殉节以死然后为快,此所以未合于圣人耳。使原如柳下惠,用之则行,舍之则藏,终身于楚,优游以卒岁,庶乎其志也哉!"④欧阳修、苏辙典型地代表了宋代文人儒、释、道糅杂的处世哲学,致君尧舜的政治理想与能力让他们很自信,但君臣知遇难与群小嫉妒又让他们对人生走向有几许担忧,继而采取澹然处之的态度,因此表现出对屈原执着耿直性格的不理解,乃至嘲讽。

历史记载,宋代文人地位较高。宋太祖信任儒臣:"五代方镇残虐,民受其祸,朕今用儒臣干事者百余人分治大藩,纵皆贪浊,亦未及武臣十之一也。"(《宋史纪事本末》卷二)⑤朝廷有"不得杀士大夫及上书言事人"(《宋人轶事汇编》卷三十一)⑥圣旨,有"凡内外职官,布衣草泽,皆得充举"(《宋史纪事本末》卷七)⑦人才选拔制度,文人有常人羡慕的荣耀,"状元登第,虽将兵数十万,恢复燕蓟,逐强藩于穷漠,凯歌劳还,献捷太庙,其荣不可及也"(《儒林公议》引尹洙语)⑧。宋《神童诗》更唱出时代"崇文"风尚:"万般皆下品,唯有读书高。少小须勤学,文章可立身。满朝朱紫贵,尽是读书人。"⑨

但宋代文人仍不可乱语、乱言。"夫言语之累,不特出口者为言,其形

---

①[宋]欧阳修:《次韵答张沙河》,《全宋诗》第17册,第11487页。

②[宋]苏辙:《次韵邦直见答二首》《再次前韵四首》,《栾城集》卷七,文渊阁四库全书本。

③[宋]苏辙:《屈原庙赋》,《栾城集》卷十七,文渊阁四库全书本。

④[宋]苏辙:《古史》卷五十三《屈原列传》,文渊阁四库全书本。

⑤[明]陈邦瞻:《宋史纪事本末》,上海古籍出版社,1994年,第7页。

⑥[清]丁传靖辑:《宋人轶事汇编》,中华书局,1981年,第8页。

⑦[明]陈邦瞻:《宋史纪事本末》,上海古籍出版社,1994年,第15页。

⑧[宋]田况:《儒林公议》,《笔记小说大观》第4册,广陵书社,1979年,第2522页。

⑨[宋]刘克庄、谢枋得、汪洙选编,邓启铜注释:《千家诗·神童诗》,南京大学出版社,2014年,第118页。

于诗歌,赞于赋颂……亦言也"①,"一言一字,稍涉疑忌,必暗黜之"②。蔡京"不许士大夫读史作诗"③,秦桧更是"一言语之过差,一文词之可议,必起大狱,窜之岭海"④。这样的"文字禁锢"境遇造就了一部分文人"当如醉人"的处世之道。所谓:"士之处世,视富贵利禄,当如优伶之为参军……见纷华盛丽,当如老人之抚节物……睹金珠珍玩,当如小儿之弄戏剧……遭横逆机阱,当如醉人之受骂辱。耳无所闻,目无所见,酒醒之后,所以为我者自若也,何所加损哉?"⑤宽松的文人政治、致君尧舜的政治理想与能力,让文人们很自信;但君臣知遇难、群小宜嫉妒,又让他们对人生未来有几许担忧。于是,选择明哲保身成为这一时代的"风尚"。毕竟,"仕途对于人生"没有"生命对于人生"重要,文人会更加珍惜自己的生命,在遭际中不愿"醒"如屈原。坚持理想但不固执于做独醒人,这似乎是宋代文人士大夫从屈原悲剧后反思所得。

宋代文人关于"屈原醒"的诗句颇多。如:"为米未容陶令去,铺糟敢笑屈原醒。"⑥"不作屈原醒到死,却同李白醉登仙。"⑦"汉衰诸葛死,楚恨屈原醒。"⑧"诗来似诉屈原醒,阿堵于公颇不庭。"⑨"遗表不随诸葛死,离骚长伴屈原清。"⑩"屈原贵独醒,贾谊每流涕。二子竟中夭,惜哉且自弃。"⑪屈原之独醒是令人敬佩的,但对生命的留念让宋代大部分文人少了一种"独醒"的勇气。

可见,生命意义的多元化、人才选拔方式的制度化(宋代科举每年人数高达三千,是唐代科举选拔的十倍),让文人怀才不遇的境况有所改善,这在一定程度上影响了包括欧阳修、苏轼、苏辙等对屈原苦争殉国、牺牲自

① [宋]洪迈:《容斋四笔》卷一,《笔记小说大观》第3册,广陵书社,2007年,第2058页
② [宋]洪迈:《容斋三笔》卷十四,《笔记小说大观》第3册,广陵书社,2007年,第2043页。
③ [宋]洪迈:《容斋四笔》卷十四,《笔记小说大观》第3册,广陵书社,2007年,第2105页。
④ [宋]洪迈:《容斋三笔》卷四,《笔记小说大观》第4册,广陵书社,2007年,第2012页。
⑤ [宋]洪迈:《容斋随笔》卷十四,《笔记小说大观》第3册,广陵书社,2007年,第1927页。
⑥ [宋]陈棣:《客舍春晚》,《全宋诗》第35册,第22036页。
⑦ [宋]姜特立:《糟蟹呈虞察院》其一,《全宋诗》第38册,第24131页。
⑧ [宋]方回:《读宣枢南山朱公遗集二首》其二,《全宋诗》第66册,第41597页。
⑨ [宋]方回:《次韵宾旸斋中独坐五首》其二,《全宋诗》第66册,第41593页。
⑩ [宋]王亦:《谢叠山先生己丑九月被执北行闽士以诗送之倚歌以饯》其一,《全宋诗》第64册,第40378页。
⑪ [宋]李流谦:《数醉》,《全宋诗》第38册,第23860页。

我、固持"清醒"的理解。"屈原自沉非圣哲"等批评揶揄之词,也就逐渐多了起来,并直接影响了元代文人的屈原接受态度①,也为元明清屈原戏曲文学中再塑一位参透人生、达观笑对世俗的屈原形象奠定了受众接受的文化心理基础。

第五节　元明清屈原戏:屈原悲剧形象的深化与幻化

千古逐臣同一恨,屈原在元明清戏曲里展示出的文化精神内核,仍然是汉代以来"不遇"的悲剧性及伴随这种悲剧产生的对屈原爱国与自爱的崇敬、赞美、叹息、不理解、讥讽、解构、重拾重构……

一、"屈原戏"的流传

在戏曲发展成熟的早期阶段,屈原故事已经作为题材被演绎。明陈耀文撰《天中记》卷九、明董斯张撰《广博物志》卷三十五及《太平广记》卷二百二十六伎巧二,均采录了《大业拾遗》中关于屈原"水饰"的记载,"水饰"即一种借助水力和巧妙机关设计的船上木偶戏。《太平广记》卷二百二十六"伎巧二"《水饰图经》:

> 靽帝别敕学士杜宝修《水饰图经》十五卷,新成,以三月上巳日会群臣于曲水,以观水饰。有:神龟负八卦出河授伏牺,黄龙负图出河,玄龟衔符出洛水,鲈鱼衔箓图出翠妫之水并授黄帝……周处斩蛟,屈原遇渔父,卞随投颍水,许由洗耳,赵简子值津吏女,孔子值河浴女子,秋胡妻赴水,孔愉放龟,庄惠观鱼,郑弘樵径还风,赵炳张盖过江,阳谷女子浴日,屈原沉汨罗水,巨灵开山,长鲸吞舟,若此等总七十二势,皆刻木为之,或乘舟,或乘山,或乘平洲,或乘磐石,或乘宫殿,木人长二尺许,衣以绮罗装,以金碧及作杂禽兽鱼鸟,皆能运动如生,随曲水而行……水饰行绕池一匝,酒船得三遍,乃得同止。酒船每到坐客之处即停住,擎酒木人于船头伸手,遇酒客取酒,饮讫还杯,木人受杯。

---

① 具体可参看:李灿朝《祖骚与菲屈——元代屈原接受史片论》(《云梦学刊》2003 年第 1 期)、曲钊志《扬抑屈原两世界——试析元代少数民族散曲家对屈原的接受》(《阴山学刊》2015 年第 5 期)。从中可发现全元散曲中绝大部分的屈原书写是戏谑和调侃的方式。

这段记载,提到隋炀帝大业十二年(616)上巳节曲水流觞,用到了七十二种水饰,其中,与屈原生平故事相关者有"屈原遇渔父"和"屈原沉汨罗水"两种,从文字记载看,类似于今湖北黄石西塞神舟上的各路水神装饰,但隋朝大业时期的水饰是"皆刻木为之,或乘舟,或乘山,或乘平洲,或乘磐石,或乘宫殿,木人长二尺许,衣以绮罗装,以金碧及作杂禽兽鱼鸟,皆能运动如生",今天的西塞神舟上的神偶多"脸谱化",纸制,且固定不动。早期"屈原水饰"的题材,从记载下来的标题"屈原遇渔父"和"屈原沉汨罗水"看,主要选取民间广泛流传的屈原晚年两段故事,且均与"水"相关。

隋代傀儡戏、宋南戏、元杂剧中的屈原形象,由于文献资料已佚,今天亦仅仅知道当时的一些剧目,有:南戏《屈大夫江潭行吟》(清《传奇汇考标目》)[①],元杂剧有睢景臣《楚大夫屈原投江》、吴弘通《楚大夫屈原投江》、吴昌龄《抱石投江》,明传奇有徐应乾《汨罗记》、袁凫公《汨罗记》(祁彪佳《远山堂曲品》)[②],清孔尚任《楚辞谱》,佚名《正则成仙》、《蒲剑辟邪》等,以上内容均不传世,从现存宋、元、明三代"屈原戏"剧目看,屈原晚年行吟汨罗的放逐生涯是戏剧取材的焦点,其中屈原自沉汨罗江渊被普遍安排为戏剧高潮,戏剧创作者以最激烈的戏剧冲突安排展示了对"屈原故事"的一种接受态度:深刻的同情与对"死亡"的反思。显然,这一态度与汉代以来文人对屈原之"穷"及固持"独醒"的反思一脉相承。"屈原沉江"在戏剧中被定格为屈原穷蹙境遇的典型表达。正如元代诗人陈高诗所言:"远游怀故都,抱石沉江湍。身随流波游,名与白日存。千年汨罗水,不愧首阳山。"[③]汨罗水、首阳山,都已是坚守气节的标识地。戏曲文学中选择将屈原一生中最惨烈的沉江搬上舞台,作为戏剧的灵魂,作为统一全剧的重要纽带,正是元、明文人对屈原精神生命涅槃的强烈感发。

---

①冯金牛著《书林札记》:"以屈原故事入剧,元、明间有佚名《屈大夫江潭行吟》杂剧,已佚。清郑瑜作《汨罗江》杂剧、尤侗作《读离骚》杂剧、胡盍朋作《汨罗沙》杂剧,尚存。"(复旦大学出版社,2008年,第163页)张正学著《中国杂剧艺术通论》:"在宋元南戏中,可以确指的列国戏有《豫让吞炭》《孙武子》《苏秦衣锦还乡》《范蠡沉西施》《屈大夫江潭行吟》《孟母三移》《赵氏孤儿报冤记》《秋胡戏妻》《浣纱女》《楚昭王》等十余种,但这些作品我们并不知其准确的创作时代,估计产生于元代的可能性是很大的。"(天津古籍出版社,2007年,第179页)

②刘新文《〈录鬼簿〉中历史剧探源》:"他(指:睢景臣)所作杂剧有《千里投人》、《莺莺牡丹亭》、《屈原投江》三种,惜无一流传。""元人有《屈大夫江潭行吟》(佚),明传奇有徐应乾《汨罗记》(佚),明末清初袁凫公《汨罗记》(佚)。"(南开大学出版社,1989年,第301页)

③[元]陈高:《不系舟渔集》卷三,文渊阁四库全书本。

传世的"屈原戏",据吴伯森编著《黄钟大吕歌楚魂:古代屈原戏注评》(湖北人民出版社,2006年)可知,有:明末清初时期的郑瑜(生卒年不详)杂剧《汨罗江》,清代康乾时期的张坚(1681—1763)《怀沙记》、汪柱杂剧《采兰纫佩》、周乐清(1785—1855)《屈大夫魂返汨罗江》。清道光以后,有胡盍朋(1826—1866)《汨罗沙》、尤侗(1867—?)《读离骚》。

此外,有一些剧本,不以屈原为剧中主要人物或根本无屈原出现,仅借屈原悲剧倾吐自己的满腔悲愤,如:丁耀亢《化人游》、嵇永仁《续离骚》、吴藻《饮酒读离骚》、楚客《离骚影》、静庵居士《吊湘》①。

基于此,本节主要考察明、清屈原戏。

二、明末郑瑜《汨罗江》:抑独醒之悲　扬旷达随俗

明末清初时期,郑瑜②所著杂剧《汨罗江》,是一部独折戏。剧中人物是沉水后的屈原魂魄(即死后的屈原)和渔父。二人饮酒,渔父念一段屈原《离骚》原文,屈原唱一段曲,然后饮酒,最后枕藉舟中,没有情节和戏剧冲突。

除引用屈原《离骚》、《渔父》诗句外,《汨罗江》戏文以唐代诗人张志和《渔父》五首、宋代大文豪苏轼《赤壁赋》之意境,结构全篇③。如,渔父上场独白道:"所友只江上清风,山间明月,他可也舒着心,仗我做个小小主人……偶逢着细雨斜风,便披起绿蓑青笠,不去穿那怪怪异异,羔制羊裘。"④《曲尾》渔父又道:"大夫,你今夜不须归,我也不泊船近岸了。我与你枕藉乎舟中,听其所止而休焉,何如?"⑤这些构思正是化用张志和《渔

---

①吴伯森编著:《黄钟大吕歌楚魂:古代屈原戏注评·前言》,湖北人民出版社,2006年,第5页。

②生卒年不详,字西神,号无瑜。无锡(今属江苏)人。

③张志和《渔父》其一:"西塞山前白鹭飞,桃花流水鳜鱼肥。青箬笠,绿蓑衣,斜风细雨不须归。"其二:"钓台渔父褐为裘,两两三三舴艋舟。能纵棹,惯乘流,长江白浪不曾忧。"其三:"雪溪湾里钓鱼翁,舴艋为家西复东,江上雪,浦边风,笑着荷衣不叹穷。"其四:"松江蟹舍主人欢,菰饭莼羹亦共餐。枫叶落,荻花干,醉宿渔舟不觉寒。"其五:"青草湖中月正圆,巴陵渔父棹歌连。钓车子,橛头船,乐在风波不用仙。"苏轼《赤壁赋》:"且夫天地之间,物各有主。苟非吾之所有,虽一毫而莫取。惟江上之清风,与山间之明月。耳得之而为声,目遇之而成色。取之无禁,用之不竭。是造物者之无尽藏也,而吾与子之所共适。客喜而笑,洗盏更酌,肴核既尽,杯盘狼籍,相与枕藉乎舟中,不知东方之既白。"(《苏轼文集》卷一,中华书局,1986年)

④[清]郑瑜:《汨罗江》,吴伯森编著:《黄钟大吕歌楚魂:古代屈原戏注评》,湖北人民出版社,2006年,第46页。

⑤[清]郑瑜:《汨罗江》,吴伯森编著:《黄钟大吕歌楚魂:古代屈原戏注评》,湖北人民出版社,2006年,第56页。

父》之"斜风细雨不须归"、苏轼《赤壁赋》之"且夫天地之间,物各有主。苟非吾之所有,虽一毫莫取。惟江上之清风,与山间之明月。耳得之而为声,目遇之而成色。取之无禁,用之不竭。是造物者之无尽藏也,而吾与子之所共适"而来,表达"逍遥"、"齐物"之处世观。

杂剧《汨罗江》将一个意志坚定、宁赴湘流而持清白的屈原,刻画描写为一个修文水府、混迹波臣、参道达观的屈原。屈原魂魄上场的"定场独白"曰:"自从与渔父片语相投,不觉我灵均寸心如失。"表明死后的屈原已经开始接受以渔父为代表的道家处世哲学。剧中,屈原灵魂受到渔父与世推移态度的影响,人生观发生转变,"死后的屈原"批评"生前的屈原"道:"顿觉我颜色憔悴,形容枯槁,何异于世俗之尘埃!"自己以前那个憔悴枯槁的样子与世俗尘埃有何不同! 剧本中用大段唱词否定、嘲讽屈原生前"独醒",提出"五蕴皆空""混迹波臣"的佛、道人生观。其词曰:

> 一片骚魂寄楚辞,怀沙犹记独醒时。自从江上逢渔父,学得铺糟与啜醨……恒自惜黄钟毁弃,而狠他瓦釜雷鸣。自从与渔父片语相投,不觉我灵均寸心如失。清斯濯缨,浊斯濯足,原没两个沧浪;沐必弹冠,浴必振衣,反嫌他十分皓白。顿觉我颜色憔悴,形容槁枯,何异于世俗之尘埃? ……纵当日君明臣良,至今数千里云梦潇湘,未必仍属爽鸠之乐;即在我谏行言听,到今几千年,芈,昭,屈,景,未必永分蚑蚙之躔。

> 总之,看不穿,则一时之穷通得丧,恩怨炎凉,未免要一指书空咄咄;参得透,则万古治乱兴亡,贤奸忠佞,都付与三声大笑呵呵。以此五蕴皆空,一丝不挂。呼牛则应牛,呼马则应马,嬉笑唾骂,皆是我一身受用之场;入兽不乱群,入鸟不乱行。玉帝卑田,总做得到处陪游之客。如今修文水府,混迹波臣……果然是无复能拘碍。①

郑瑜笔下的屈原"看穿"穷通得丧、恩怨炎凉,对"万古治乱兴亡,贤奸忠佞,都付与三声大笑呵呵"。显然,这与《离骚》、《天问》等作品里的屈原志向,与《史记·屈原列传》等宋代以前文人笔下的屈原形象,与民间传说中的屈原形象,都有明显差异。杂剧《汨罗江》以颠覆传统的屈原形象传

---

① [清]郑瑜:《汨罗江》,吴伯森编著:《黄钟大吕歌楚魂:古代屈原戏注评》,湖北人民出版社,2006年,第45—46页。

达了清代通俗文学界对屈原历史悲剧的深刻反思。其实质是将汉代贾谊以来历代文人批评屈原不善于与世推移的观点加以发挥,用夸张的描述,反其道而行之,对历史上诸多诗文、散曲作品中已然存在的嘲讽屈原、惋惜屈原的态度加以反映与重构。然而,在旷达的背后,隐藏了千年来士人内心怀才不遇的幽愤;在随俗的背后,隐藏了千年来士人固持忠孝仁义、保持清正廉洁的价值观。

在艺术上,《汨罗江》遵循清代戏曲文学"团圆式"构思模式及明清以来"还魂戏"模式,并对戏曲的娱乐功能予以潜意识遵从;在精神上,《汨罗江》的曲文意境,继承了魏晋名士"痛饮读《离骚》",以酒精麻醉自己不甘失意的心绪。

三、清张坚《怀沙记》:写千古奇冤　惜忠直才智

清代康乾时期,张坚①有《玉燕堂四种曲》,包括《梦中缘》、《梅花簪》、《怀沙记》、《玉狮坠》传世,时人合称为"梦梅怀玉"。除《怀沙记》外,其他三种剧目均是风情喜剧。对于风情喜剧,学术界称张坚的剧本"模拟风情喜剧旧套,追求场上效果,却缺乏创造性,成就不大"②。但历史传奇剧《怀沙记》刻画的千古奇冤与千古忠臣的屈原,却引出时人诸多好评,颇受赞赏,被誉为"曲海中巨观"(梁廷枏《藤花亭曲话》)、"宇宙至文"(沈大成《怀沙记·序》)。清人李调元《雨村曲话》中甚至称赞为"曲史":"《怀沙》撮合《国策》而成,堪称曲史。"③

与汉代拟骚赋的"代言"一脉相承,历史传奇剧《怀沙记》艺术地表达了众多文人所关注的屈原"才惟招忌,忠难见谅"的命运遭际。全剧共三十二出,分上、下两本。上本,十五出,以《史记》屈原本传、《战国策》等史料记载为依据,介绍屈原、怀王、昭睢、陈轸、张仪、靳尚、郑袖等人在改革、联齐、亲秦等方面的活动,以屈原与靳尚的忠奸矛盾冲突为主线,刻画了屈原的正直、忠信与才智。下本,取材于屈原作品《离骚》、《天问》、《卜居》、《渔父》、《九歌》等,写了屈原被疏远后闲居秭归、流放江南的生活,剧中渲染了屈原两次冒险直言谏君都被拒之千里乃至放逐的悲剧,表达了剧作家

①张坚(1681—1763),字齐元,号激石,又号洞庭山人,别署三松先生,江苏上元(今南京)人。
②袁行霈主编,黄霖、袁世硕、孙静卷主编:《中国文学史》第四卷,高等教育出版社,2005年,第339页。
③[清]李调元:《雨村曲话》卷下,中华书局,1985年,第19页。

对屈原这个千古忠臣才子悲剧命运的叹惋怜惜:"每叹千古才人之文章莫奇于屈子,而蒙冤被抑亦莫悲于屈子。"(《怀沙记·自叙》)由此感叹"天公原不爱斯文,多少文章误此生"①,以疏泄剧作家为代表的历代文人士子怀才不遇之苦。

该剧从战国末期楚怀王推为纵约长时开始,此时屈原位至大夫,与靳尚同馆。当时楚国刚与韩、魏、燕、赵攻秦函谷关得胜回朝,齐国又派使者表示友好和联盟,怀王沉浸在"国富兵强"的梦幻中:"国富兵强心已足,暮管朝弦乐未休,何须抱杞忧。"(第三出"舞花"怀王唱词[破阵子])②"趁美景镇日寻欢笑,拼向那温柔乡老。"(第十六出"蝶宴"怀王唱词[引子][前腔])③怀王抛却齐国派来合纵联盟的使者不理,沉浸在宫中声色娱乐宴游中。看见楚怀王耽于享乐,屈原前去谏言却被靳尚阻拦,楚怀王听信靳尚仅赐一桌宴席草草打发了本来商讨联盟大事的齐国使者,真可谓"每将国事为闲事,反把忠言当恶言"④,"似此君贪臣谄,国事大非"⑤。戏曲冲突之主线忠奸矛盾和副线合纵连横矛盾交错,屈原悲剧于此已初见端倪。与楚怀王耽于美色、有大志而无德行不同,被六国军队打败的秦国,君臣上下一心,兼并东方六国之志并未因打了败仗而消失,正积极谋划破坏"六国合纵"这一阻挡其东侵的防线。终于在"六国宰相"苏秦死后,抓住机会,定策"连横"以吞并六国。第四出"谋诳"就是写西秦的谋划,张仪出场,点明齐、楚两国乃秦之"大敌",但齐国孟尝君门客三千,不可计饵,楚国怀王则志昏而贪、心骄而傲、荒于酒色、疏远忠直、宠信谄谀,正好行计。张仪的两相对比,已经让观众看见了屈原的悲剧根源,令读者扼腕叹息,思为屈原鸣冤! 屈原的悲剧不仅来自楚、秦对峙中,而且来自靳尚、子兰等混乱君听,正所谓"三言两语,把屈原打发的远离朝堂……任你盖世文章,只好一旦付

---

①[清]张坚:《怀沙记》,吴伯森编著:《黄钟大吕歌楚魂:古代屈原戏注评》,湖北人民出版社,2006年,第80页。

②[清]张坚:《怀沙记》,吴伯森编著:《黄钟大吕歌楚魂:古代屈原戏注评》,湖北人民出版社,2006年,第73页。

③[清]张坚:《怀沙记》,吴伯森编著:《黄钟大吕歌楚魂:古代屈原戏注评》,湖北人民出版社,2006年,第116页。

④[清]张坚:《怀沙记》,吴伯森编著:《黄钟大吕歌楚魂:古代屈原戏注评》,湖北人民出版社,2006年,第74页。

⑤[清]张坚:《怀沙记》,吴伯森编著:《黄钟大吕歌楚魂:古代屈原戏注评》,湖北人民出版社,2006年,第88页。

之东流也"①。

《怀沙记》剧情分主、副两条线索推进。主线是国内屈原与靳尚、子兰之间的忠奸矛盾，副线是秦楚修好与齐楚联盟之间的外交矛盾，而连接主、副线的人物就是张仪。张仪抓住楚国内部忠奸矛盾将齐楚联盟破坏，达成对秦国有利的秦楚"修好"。

主要矛盾开端："朝叹"、"舞花"。将副线微妙地融入屈原与靳尚之间忠奸矛盾的主线。屈原忧心忡忡，操劳国事，不愿参加大王（怀王）的宴游；靳尚则曲躬卑诌，欣然而往。屈原冠世文才，靳尚"论才学都无一点"。第三出"舞花"中，双方第一次产生分歧。屈原谏言怀王接见齐国派来合纵联盟的使者："孜孜图治，尚恐罹颠覆，怎还朝歌暮舞将国事丢？"子兰道："如今父王正在作乐，却说这迂腐之言，岂不扫兴？"靳尚却道："我只道什么大事，原来为此，这只须启知吾王，传得一道旨，将他聘礼收了，再赐那使臣一席宴，遣一朝臣作陪，就打发起身了，值得大惊小怪？"②

主要矛盾发展："夺稿"、"诳行"。靳尚与屈原的矛盾根源在楚王昏聩，正如剧中靳尚私下里窃喜道："做高官，居朝右，论才学都无一点。空空腹，诗书全欠。窃人长，遮己短，多亏老脸。幸君王不管，只爱我曲躬卑诌。天公原不爱斯文，多少文章误此生。信是庸庸多厚福，不妨懵懂任浮沉。"③由于楚王对朝中阿谀之臣的"宽待"，致使靳尚想出"夺稿"冒功，夺稿不成又反咬屈原的奸计。第七出"诳行"，靳尚对大王说："屈平迂腐狂徒，那晓经国大计？前日大王叫他草了几回诏书，他便逢人夸口，以为非我不能。将大王一切恩泽，都以为自己功劳。微臣闻之，每每不平。今日大王提及他来，微臣也不敢不以实奏了……大王只须下旨一道，不许屈平入朝办事，则张仪所言，彼即无从饶舌矣。"④此时，主线忠奸矛盾和副线合纵连横矛盾浮出水面。

---

① [清] 张坚：《怀沙记》，吴伯森编著：《黄钟大吕歌楚魂：古代屈原戏注评》，湖北人民出版社，2006年，第87页。

② [清] 张坚：《怀沙记》，吴伯森编著：《黄钟大吕歌楚魂：古代屈原戏注评》，湖北人民出版社，2006年，第74页。

③ [清] 张坚：《怀沙记》，吴伯森编著：《黄钟大吕歌楚魂：古代屈原戏注评》，湖北人民出版社，2006年，第80页。

④ [清] 张坚：《怀沙记》，吴伯森编著：《黄钟大吕歌楚魂：古代屈原戏注评》，湖北人民出版社，2006年，第87页。

主要矛盾的交锋:"疏原"、"阻会"、"天问"。"枉受了西邻机变,甘结下东邻仇怨。"①楚王放了张仪,并前往武关会盟,屈原不顾一切,赶上车驾谏阻。第二十出"阻会",屈原说,秦人无信义,"张仪前番诡诈,已受其欺,安知如今又不又是张仪之计?"②怀王不听屈原劝谏,一去不回。其长子自齐国返回即位,即顷襄王。屈原为此悲愤,在祖庙里喝问天公,不巧,碰见了子兰、靳尚,双方又一次发生冲突。"一点丹心谁得晓",作者对屈原的冤屈,描绘极深,安排屈原的大段唱词独白,忧愤"谗谀误国"。第八出"疏原":

> 一点丹心谁得晓,拼将热血溅君前……[南北双调][北新水令]仗孤忠,泣谏想回天,破奸谋,饶他舌辩。若得他狼心一旦远,须是我鱼水两情联……[北折桂令]叹当朝谁识机先,止贪着香饵投渊,似鱼鳖流涎。都忘了钩把鳃连。落釜内熬煎,向几上含冤。今日个似醉如颠,到将来懊悔难言。恼得俺怒发冲冠,愤气胸填。只落得宫门俯伏,一本把王弹。③

> [北收江南]……空抱着直言谠论进难前,痛君王听偏,痛君王听偏,眼见得谗谀误国寇生原……我屈平一身死何足惜,只可惜我楚国千年社稷,一旦送于谗人之手,兀的不痛杀人也![北沽美酒带太平令]猛伤心血泪涟,那为惜去冠冕,只恨他内蛊君心外蔽贤。痛愚忠无力可回天,扶不定恁危颠。枉受了西邻机变,甘结下东邻仇怨。④

《怀沙记》作者张坚常将《离骚》携之客笥,"或雨窗月夜挑灯读之,辄唏嘘泣下。每叹千古才人之文,莫奇于屈子;而蒙冤被抑,亦莫悲于屈子"(《怀沙记·自述》)。张坚虽"博学多才,文章诗赋脍炙人口"、"弘通博雅君子"、"诗、古文、词无不臻妙,更谐音律",但却屡试不中,自嘲"江南一秀才"⑤。因此晚年创作《怀沙记》写的是屈原,却少不了自己的人生感叹,在

---

①[清]张坚:《怀沙记》,吴伯森编著:《黄钟大吕歌楚魂:古代屈原戏注评》,湖北人民出版社,2006年,第91页。

②[清]张坚:《怀沙记》,吴伯森编著:《黄钟大吕歌楚魂:古代屈原戏注评》,湖北人民出版社,2006年,第131页。

③[清]张坚:《怀沙记》,吴伯森编著:《黄钟大吕歌楚魂:古代屈原戏注评》,湖北人民出版社,2006年,第88—89页。

④[清]张坚:《怀沙记》,吴伯森编著:《黄钟大吕歌楚魂:古代屈原戏注评》,湖北人民出版社,2006年,第91页。

⑤[清]张坚:《江南一秀才歌》:"霜堆两鬓渐堪哀,原是江南一秀才。"

第一出"述原"中作者便道出与"不遇"之人同声痛哭的写作缘起：

> ［玉宇琼楼］……自幸微生，遭逢尧舜重熙祝，文明济济尽登朝，窃耻泥涂辱。最怕宵长酒醒，起挑灯楚词细读，愿与不遇千古才人，同声痛哭。［沁园春］屈子奇才，楚王宗室，独抱丹诚。为靳尚希权，郑姬弄宠，忠言逆耳，内外谗兴。聊借卜居，托词渔父，无限牢骚怨写成。将天问，履贞志洁，搔首自难平。西秦定策吞荆，六百里商於饵竟行。反绝好东齐，孤军树敌，中仪诡计，丧甲歼兵。悲愤一腔，遭驱被逐，抱石沉渊誓不生。《怀沙》咏，汨罗江上，千古吊英灵。①

"空抱着直言谠论进难前，痛君王听偏，痛君王听偏，眼见得谗谀误国寇生原。"②奸佞进谗、君王昏聩，是历代文人对屈原悲剧反思时最能引起感情上的共鸣之处。《怀沙记》编剧的依据是司马迁的《史记·屈原列传》、唐沈亚之的《屈原外传》，张坚《怀沙记·凡例》曰："是编本《史记》及《外传》。"剧本采用"还魂"模式让屈原复活，淋漓尽致地表现了屈原的奇才、奇冤。屈原作为千古奇才遭遇千古奇冤，与历史上"姜子牙渭水遇圣主"，成为中国历史上"遇与不遇"的典型。《怀沙记》第一出"述原"："最怕宵长酒醒，起挑灯楚词细读. 愿与不遇千古才人，同声痛哭。"③第十一出"泣耕"："［商调引子］［忆秦娥］身遭放，多因谗口时加谤。时加谤，才惟招忌，忠难见谅。"④这些极富穿透力的台词，是历代怀才不遇文人灵魂深处的呐喊，而这种精神的呼唤也"复活"了一位忠贞爱国、耿介执着、命运悲苦的千古文人屈原。

四、清周乐清《屈大夫魂返汨罗江》：仙化除幽恨　曲终谏忠魂

周乐清⑤《屈大夫魂返汨罗江》属于"翻案戏"。故事写屈原死而复生、救出怀王、位至令尹。全剧分六出："仙援"、"邻助"、"遇途"、"责约"、"求

---

① ［清］张坚：《怀沙记》，吴伯森编著：《黄钟大吕歌楚魂：古代屈原戏注评》，湖北人民出版社，2006年，第68页。

② ［清］张坚：《怀沙记》，吴伯森编著：《黄钟大吕歌楚魂：古代屈原戏注评》，湖北人民出版社，2006年，第91页。

③ ［清］张坚：《怀沙记》，吴伯森编著：《黄钟大吕歌楚魂：古代屈原戏注评》，湖北人民出版社，2006年，第68页。

④ ［清］张坚：《怀沙记》，吴伯森编著：《黄钟大吕歌楚魂：古代屈原戏注评》，湖北人民出版社，2006年，第98页。

⑤ 周乐清(1785—1855)，字安榴(或作安流)，号文泉、炼情子，浙江海宁人。

盟"、"堪罪"。屈原投江后被渔父救起,前往赵国,拜见赵武灵王,讨得救兵,又于途中遇见从秦国逃回的楚怀王,救护怀王回国,屈原被任命令尹,怀王励精图治,朝野肃清,昭睢、屈匄二将伐秦班师取商於之地,怀王囚张仪、正法靳尚,屈原获敕兰佩。

显然,屈原沉水后获救、楚怀王从秦国逃回的情节,都不是历史真实,那么,作者这样安排的旨意何在?"转湘帆,客凭吊。点笔沧浪幽恨扫,莫错认扬雄一曲《反离骚》。"[1]"若作屈子乘龙仙去,怀王终死于秦,恐未足以畅忠魂。"(《补天石八种·凡例》)[2]即说要将千年来屈原心中的幽恨怨气都扫却,此戏不是继承扬雄《反离骚》批评屈原自沉,而是倡正气以谏忠魂。以此,剧中有了"渔父救屈原"及此后一系列"非真实"的情节:屈原死而复生,救回怀王,位至令尹等,是为了"畅忠魂",寄托了人们对屈原之死的惋惜,对忠贞之魂的告慰,对正义的呼唤。

作者用大段唱词刻画屈原投江前的心理活动,描写屈原"放逐恨难磨,忧国泪还多"的幽恨:

> [石榴花]非是俺甘心吃苦受奢磨,只为念邦家担重荷……虽遭屏逐,一饭不忘君国。赋《九歌》而祀鬼,岂解离忧?诉六合而问天,寂无应诺。今主公被诳,身陷秦邦,太子摄政,又不能自强远佞。眼睁睁一个强大楚国,要送与西秦的了!我屈原宗室旧臣,自负经济。一木不能勉支大厦,将来何足见宗祖于地下?千回百转,不如死休……[朝天子]看长江卷波,更留连什么?叹孤臣放逐恨难磨,忧国泪还多。[3]

"一木不能勉支大厦……不如死休!"这段唱词表达了剧本作者对屈原死因的价值评判,也是剧本情节安排逻辑上的一种必要。稍后,渔父救起屈原,告诉屈原:"后来之事,人难预料,或者楚国乱极当治……盈虚消息不争讹,先凶后吉枢机大。"[4]渔父开导屈原道:事物发展到极度就会向相

---

①[清]周乐清:《屈大夫魂返汨罗江》,吴伯森编著:《黄钟大吕歌楚魂:古代屈原戏注评》,湖北人民出版社,2006年,第238页。

②吴伯森编著:《黄钟大吕歌楚魂:古代屈原戏注评·附录》,湖北人民出版社,2006年,第363页。

③[清]周乐清:《屈大夫魂返汨罗江》,吴伯森编著:《黄钟大吕歌楚魂:古代屈原戏注评》,湖北人民出版社,2006年,第220页。

④[清]周乐清:《屈大夫魂返汨罗江》,吴伯森编著:《黄钟大吕歌楚魂:古代屈原戏注评》,湖北人民出版社,2006年,第221页。

反的方向转化，要用"通变"看待楚国的未来，剧中虚构了"屈原活下来且只身前往赵国求兵护楚"情节，但历史终究是没有假设的，其实质仍是汉、唐、宋以来文人惋惜屈原心理的折射。

周乐清《补天石传奇》共有短剧八本，多"翻案"敷演历史悲剧故事为喜剧或大团圆的结局，作者意在"补天"。久困科场的周乐清嘉庆年间因其父阵亡以"难荫"任命，曾在湖南、山东两省出任知县或同知达三十余年。自身坎坷政治遭遇，让周乐清对"六经之首"《周易》的"变化中发展"的哲学领会尤其深刻。加之，明代以来戏曲界和小说界也出现了一股"还魂创作模式"，幻化了百姓期盼的忠臣"好结局"。又之，民间灵魂不死信仰和魏晋文献记载有屈原化"水仙"的传说等。哲学领悟、艺术思潮、民间传说，三者促使《屈大夫魂返汨罗江》应运而生，屈原被刻画为士大夫世俗化生活理想的化身，看是"荒诞"，其初衷则是"补天"，是"补恨"，是扫除幽恨，曲谏忠魂。

《屈大夫魂返汨罗江》继承前代文人对屈原悲剧的不忍，汲取民间屈原传说，在明清通俗戏曲小说"还魂"思潮的感染下，将历史上廉洁自律、忠贞爱国、改革蒙冤的悲剧形象，"翻案"为听人劝化、与世推移、全知全能、除邪匡正的喜剧形象。仙化除幽恨，曲终谏忠魂，借"还魂"后屈原与楚怀王君臣同心戮力的故事，弥补了历史的"缺憾"，表达了士大夫文人对君臣相谐的美好愿望、对屈原悲剧的痛惜与对社会弊端改革的"补天"志向。

五、清尤侗《读离骚》：写直行己志　彰孤忠遗恨

尤侗①的《读离骚》是一本四折杂剧，主要写屈原放逐江南沅湘一带、行吟江畔的生活。前三折敷演屈原《天问》、《卜居》、《九歌》、《离骚》、《渔父》等作品内容，第四折敷演宋玉《高唐赋》、《招魂》等作品中的内容。

第一折取材屈原《天问》、《卜居》、《离骚》，"复活"了一千八百多年前②的屈原形象。剧中，屈原面对黑白不分、正邪倒置的世俗现实，内心充

---

①尤侗（1618—1704），原名廷桢，字翰臣，无锡县（今无锡市）人。有赋《反招魂》曰"乱深矣，将安归命？"悼念哭崇祯皇帝而死的友人汤卿谋。文集《西堂杂俎》乾隆时列为禁书。

②据《尤西堂全集·年谱》，《读离骚》作于顺治十三年（1656）丙申，屈原生卒年约公元前353年—公元前278年期间，其间约1800余年。

满苦闷,他想改变这一闷乾坤,前往问卜。屈原唱道:"[鹊踏枝]念屈原呵,慕贤达,好修姱,本待守正除邪,忧国忘家。谁料香草遭伐,蛾眉妒嫁。到头来,放逐江涯。到头来,放逐江涯。"[1]但得到的答案却是:"周文王六十四变,不能定其是非;宋元君七十二钻,也难判其休咎。"[2]屈原幡然醒悟:"不疑何卜?我竟直行我志便了。"[3]该剧通过屈原内心的矛盾冲突——昏暗世道该如何行事,及其矛盾的解决——"直行我志",将屈原作品《卜居》中正道直行、耿介守正、忧国忧世的屈原精神世界用戏曲人物的通俗演唱加以敷演,奠定了全剧的基本感情和剧情发展基调,忠实传达了屈原作品中廉洁正直、坚持本心的忠贞精神。

　　第二折,采用两个丑角将激愤紧张的情绪氛围稍稍缓和,营造江边男女歌舞祀神的热闹场面,闹中取静,写屈原应邀作《九歌》祀神。其中一曲阐释了该剧作者对《九歌》的理解和对屈原的同情:"([滚绣球])只是我,纫兰佩芷,不能勾回人主,则这蕴火扬烟,怎得勾感上皇?漫自彷徨。"[4]屈原作品《九歌》借民间祭祀歌谣形式寄托了彷徨江湘时期对君王的思念和对国事的忧心,尤侗抓住这一点,刻画了一位苦苦期盼、漫自彷徨求索的行吟屈原形象。本折[收尾]唱词"问何日吊湘累在野庙飧"[5],暗示了屈原内心的绝望和赴湘水的情节安排。

　　第三折,取材屈原《渔父》、《离骚》,将渔父幻化为"洞庭君"部下"白龙精",来劝阻屈原,止其沉溺,但屈原内心愤懑,最后沉江化为水仙。本折写屈原自沉,曲情悲切,令人心碎,抨击了楚国邪臣蔽贤、忠良被逼的黑暗政治生态。剧中化用屈原《离骚》诗句,书写屈原自沉前为醒悟君王决心"尸谏":

　　　　我屈平被放以来,泽畔三年,君门万里。谗人有口,贤士无名。指

---

[1][清]尤侗:《读离骚》,吴伯森编著:《黄钟大吕歌楚魂:古代屈原戏注评》,湖北人民出版社,2006年,第5页。

[2][清]尤侗:《读离骚》,吴伯森编著:《黄钟大吕歌楚魂:古代屈原戏注评》,湖北人民出版社,2006年,第6页。

[3][清]尤侗:《读离骚》,吴伯森编著:《黄钟大吕歌楚魂:古代屈原戏注评》,湖北人民出版社,2006年,第6页。

[4][清]尤侗:《读离骚》,吴伯森编著:《黄钟大吕歌楚魂:古代屈原戏注评》,湖北人民出版社,2006年,第17页。

[5][清]尤侗:《读离骚》,吴伯森编著:《黄钟大吕歌楚魂:古代屈原戏注评》,湖北人民出版社,2006年,第19页。

　　九天以为正,无奈高高。就重华而陈词,徒然默默。我想接舆髡首,桑
扈裸行,伍子逢殃,比干菹醢,前世皆然,吾又何怨乎今之人?只是故
乡就远,江夏流亡。之死靡他,虽生何益?不如感激沉身,与申狄、彭
咸同游地下。或者君心悔悟,窃比古人尸谏之遗,死亦瞑目矣……[沉
醉东风]怨君王奸谀蔽聪,恨群小邪曲伤公……自古道,邪臣蔽贤,犹
浮云之障日。总为浮云将白日壅,望不到君门九重。①

一句"怨君王奸谀蔽聪,恨群小邪曲伤公……总为浮云将白日壅,望不到君
门九重"唱词,表达了尤侗对屈原的同情,对黑暗政治的痛恨!古今冤愤者
何止屈子!比干、伍子胥、申徒狄以死谏君而国君终不醒悟,令人愤慨,"总
为浮云将白日壅",报国无门!这时,渔父登场,劝说屈原放弃自己的"清
白"、"清醒",但屈原唱道:

　　[乔牌儿]你问我甚来由,道莫容。早难道醉和浊,吾从众。芰荷
香,怎向污邪种?饮醇醪,请公入瓮……[甜水令]:你教我两样模棱,
大家游戏,片时懵懂。怎学嗫嚅翁?除非是土木形骸,盘铃傀儡,随人
播弄。可不折倒我,百尺崆峒。②

渔父的随波逐流与屈原的清白自爱,是推动本折剧情发展的矛盾冲突,实
际折射了屈原与楚国朝政的歪风邪气之间的斗争。这也再次说明,屈原的
赴水而死是社会政治悲剧。民间传说屈原死后化为"水仙"③,尤侗《读离
骚》中亦虚构洞庭君派渔父迎"水仙屈原":"水仙操,谁堪伯仲……采杜若
水晶宫。"④这一幻化剧情,正是尤侗对屈原忠贞正气的美好祈愿,与第四
折民间龙舟竞渡纪念屈原的描写相呼应。

　　第四折以宋玉《高唐赋》、《招魂》为基础,结合民间端午习俗,从士
人和民间两个层面,反映屈原自沉后人们对他的深切怀念:"[满庭芳]你
本是文章华岵,青云意气,白雪襟怀。恨谗夫暗把忠良害,痛煞煞,玉葬香

---

① [清]尤侗:《读离骚》,吴伯森编著:《黄钟大吕歌楚魂:古代屈原戏注评》,湖北人民出版社,2006
年,第23页。
② [清]尤侗:《读离骚》,吴伯森编著:《黄钟大吕歌楚魂:古代屈原戏注评》,湖北人民出版社,2006
年,第24页。
③ 屈原与水仙的民间传说和民间信仰,已详见本书第二章第一节。
④ [清]尤侗:《读离骚》,吴伯森编著:《黄钟大吕歌楚魂:古代屈原戏注评》,湖北人民出版社,2006
年,第25页。

埋。"①此曲唱出了民间正义的心声,亦是戏剧作者的一段幽肠。丁澎《读离骚·题词》称赞该剧让带着长剑和高冠的屈原清晰可辨,让沉身汨罗的屈原仿佛就在眼前,他说:"尤子悔庵领袖词坛久矣,一旦谱为新声,命曰《读离骚》,以补诗歌所未备,其犹有溯源复古之思乎?遂使汨罗孤忠,湘潭遗恨,长剑高冠宛然在目,真千百年如一日也。"②

尤侗《读离骚》全曲以一"恨"字着笔,"千古逐臣同一恨"③。写屈原之"恨",世道不明、君王昏聩、尽忠被谗、谏君无路;写宋玉之"恨",师恩未报、招魂聊祭;写尤侗之"恨"④,同病相怜、怀才不遇。正如第一折开篇所道:"正是夺他人之酒杯,浇自己之块垒,有何不可?"⑤"自制北曲《读离骚》四折,用自况云。"⑥《读离骚》曲尾诗道:"沅兰澧芷久萧条,吊古何人赋大招。杂佩江姝春拾翠,孤舟渔夫夜乘潮。长沙贾谊空投简,高阁扬雄漫解嘲。千古逐臣同一恨,相逢痛饮读离骚。"⑦尤侗作曲,哀悼屈原,批判历代朝政中的奸邪不分、贤良遇害现象,寄托自己怀才不遇的幽愤。

综上,屈原自然生命的"不死"不符合历史,重新"选择"对于屈原来说也不可能,但现存的清代屈原戏中均采用神仙道化、魔幻现实或颠覆历史的情节安排,将"不可能"敷衍出来,寄托了戏剧作者对贤良忠臣的深切同情。既给与了观众情绪一种暂时的"安慰",也触发了更多的思考。"屈原还魂"与清代诸多"还魂"戏一样,体现了戏剧作者对缺憾人生的弥补,对残害生命的社会邪曲之风的控诉。那些触发观众情绪的曲文唱词中大量地化用、引用屈原作品,特别是《离骚》、《天问》、《卜居》、《渔父》等作品中带有悲剧壮美色彩的诗句,与"还魂"后的喜剧效果形成对照。那些重构的"大团圆"结局:屈原未死救出楚怀王,屈原沉江为水仙,既表达了民众心里的美好愿望,亦是身

---

① [清]尤侗:《读离骚》,吴伯森编著:《黄钟大吕歌楚魂:古代屈原戏注评》,湖北人民出版社,2006年,第34—35页。

② 吴伯森编著:《黄钟大吕歌楚魂:古代屈原戏注评》,湖北人民出版社,2006年,第357页。

③ [清]尤侗:《读离骚》,吴伯森编著:《黄钟大吕歌楚魂:古代屈原戏注评》,湖北人民出版社,2006年,第36页。

④ 吴梅先生跋《读离骚》道:"成此作,适下第之时,感愤无聊,所以泄恨。"(吴伯森编著:《黄钟大吕歌楚魂:古代屈原戏注评·附录》,湖北人民出版社,2006年,第357页)

⑤ [清]尤侗:《读离骚》,吴伯森编著:《黄钟大吕歌楚魂:古代屈原戏注评》,湖北人民出版社,2006年,第2页。

⑥ 《尤西堂全集·年谱》,吴伯森编著:《黄钟大吕歌楚魂:古代屈原戏注评·附录》。

⑦ [清]尤侗:《读离骚》,吴伯森编著:《黄钟大吕歌楚魂:古代屈原戏注评》,湖北人民出版社,2006年,第36页。

处类似境遇下文人关于生命价值与人生方向选择的思考。通过梦幻还魂情节的安排,使屈原之不遇和忠贞耿介形象表现得更可视、深刻、透辟,更令人惋惜崇敬。

第六节　屈原诗歌的图绘与屈原精神的传承

图像传播是人类最古老的也是最富有生命力的信息传播方式之一。东汉王逸推断屈原因见楚先王之庙及公卿祠堂天地山川神灵的图画而创作了《天问》:"屈原放逐,忧心愁悴。彷徨山泽,经历陵陆。嗟号昊旻,仰天叹息。见楚有先王之庙及公卿祠堂,图画天地山川神灵,琦玮僪佹,及古贤圣怪物行事。周流罢倦,休息其下,仰见图画,因书其壁,何而问之,以渫愤懑,舒泻愁思。"①从现存屈原同时代或稍后的大量图画资料看,大量楚国历史上的文化信息均承载于各类图绘中,"战国、秦汉遗物中,有着大量的帛画、漆画,乐器和日用器皿上也刻有大量的花纹与图案,值得注意的是,这些绘画作品绝不仅仅是用作装饰,上面的巫师、战争、农业生产等内容是社会生活的详细记录或社会观念的深刻表达"②。

屈原诗歌的图绘创作,特指以屈原本人及其诗歌意象为题材的绘图,而屈原本人画像,一般也是以屈原诗歌为主要依据。如明代陈洪绶《行吟图》最为大家所接受的一个重要原因,就是其所画"屈原像"与屈原作品中对自己面貌风神的描绘一致。有关屈原诗歌的图绘创作,历代官方、出版界、学界早已进行过汇集与研究。清代乾隆时期编修《四库全书》即收录了屈原诗歌图绘本《钦定补绘萧云从离骚全图》。阿英《屈原及其诗篇在美术上的反映》(《文艺报》1953年10月号)一文,介绍和评价了以屈原及其作品为题材的美术作品,提出:"屈原诗篇最为历代美术家所喜爱、珍视,吸取为题材,画得又最多的,是他的《九歌》。""《九歌图》之有石刻,也始于宋代……书册之有木刻插图,开始于明隆庆版《楚辞集注》,有蒋之奇刻像和山水图(汨罗图)。有《九歌图》,最早见于陈洪绶《楚辞》,也是洪绶所绘木刻图像最早的一种。"③郑振铎编辑《楚辞图》(人民文学出版社,1953

①[汉]王逸章句,[宋]洪兴祖补注:《楚辞补注》,中华书局,1983年,第85页。
②李培林:《当代传媒与社会读图时代的媒体与受众》,新华出版社,2005年,第11页。
③阿英:《阿英美术论文集》,人民美术出版社,1982年,126页。

年），将历代以屈原作品为题材的图绘作品编订集成，共计 197 幅，包括：传宋代李公麟《九歌图》甲本、元张渥《九歌图》徐邦达临本、明文徵明《湘君湘夫人图》、明陈洪绶《九歌图》、明萧云从《离骚图》、清门应兆《补绘离骚图》等珍贵作品。1956 年后，诸多《楚辞》书目专列"楚辞图谱"一类，如饶宗颐《楚辞书录·图像第四》（香港苏记书庄，1956 年）、姜亮夫《楚辞书目五种》（1961 年）、崔富章《楚辞书录解题》（高等教育出版社，2010 年）等，均专列"楚辞图谱"著录屈原诗歌图绘作品。当代，相关研究已成为屈原学的重要领域①。

　　图绘屈原作品，既是中国文人画取材名篇佳句传统的延续，也是文人画家抒情寄意的创造性发挥。如明末清初，为"处乱托忧"②，萧云从绘制《离骚图》以寄托忧国之情思。正所谓"画者，文之极而彰施于五彩者也"③，历代图绘屈原精神风貌的作品甚多，名作纷呈，传播海外④，是考察屈原精神传承接受的重要视域之一。

一、屈原诗歌图绘创作的数据统计与分析

（一）屈原诗歌图绘创作的著录情况

　　图绘屈原诗歌中的人物、风物，以此阐释对屈原诗歌的理解，至迟起于南朝刘宋（420—479）时期，早期有南朝宋史艺《渔父图》⑤、唐代吴道子《山鬼图》⑥。现据《四库全书》收录宋代至清乾隆年间的画谱类、笔记类书籍

①国家社科基金课题有：19BZW056"中国古代楚辞图像整理与研究"（何继恒，2019 年）、14CZW039"历代《楚辞》图像文献研究"（罗建新，2014 年）；论文有：《中国古代屈原及其作品图像研究》（何继恒，苏州大学 2017 年博士论文）、《屈原长啥样——六幅屈子图像考论》（苗贵松，《文物鉴定与鉴赏》2018 年）、《屈原图像在中国古代的传播与接受》（周建忠、何继恒，《中州学刊》2017 年第 4 期）、《历代屈原图像的人文寄托》〔何继恒，《南通大学学报（社会科学版）》2016年第 5 期〕、《中国当代九歌图研究述评》（郭大刚，《沈阳农业大学学报》2018 年第 2 期）、《明清〈九歌图〉研究》（宁璐璐，江南大学 2019 年硕士论文）、《〈九歌〉文图关系研究》（李雅馨，河南大学 2018 年硕士论文）、《屈原诗歌图绘传播的计量分析》（龚红林，《湖北第二师范学院学报》2015 年第 1 期）等。
②〔明〕萧云从：《离骚图原序》，《离骚全图》，山东画报出版社，2003 年，第 296 页。
③〔清〕姜绍书：《无声诗史》篇首《原序》，上海端记书局，1910 年。
④如现存域外的传宋李公麟《九歌图》乙本，专一刻画《九歌》主要人物，加《国殇》，计 10 幅，17 人。又如，元代张渥（字叔厚）所绘《九歌图》，现藏于美国波士顿美术馆。等。
⑤"史艺……《屈原渔父图》《王羲之像》《孙绰像》，并传于代。"〔〔唐〕张彦远撰，承载译注：《历代名画记全译（修订版）》，贵州人民出版社，2009 年，第 360 页〕
⑥张克锋：《屈原及其作品在绘画创作中的接受》，《文学评论》2012 年第 1 期。

及当代楚辞书目,包括《宣和画谱》、宋邓椿撰《画继》、宋曾宏父撰《石刻铺叙》、宋黄伯思撰《东观余论》、明都穆撰《寓意编》、明孙矿撰《书画跋跋》《书画跋跋续》、明朱谋垔撰《画史会要》、明张丑撰《清河书画舫》、明汪砢玉撰《珊瑚纲》、清《御定佩文斋书画谱》、清《石渠宝笈》、清孙承泽撰《庚子销夏记》、清王毓贤撰《绘事备考》、清卞永誉撰《书画汇考》,以及当代郑振铎撰《楚辞图解题》、姜亮夫撰《楚辞图谱提要》、杨义撰《楚辞图绘类要目》、张克锋撰《屈原及其作品在绘画创作中的接受》等图籍的记载,有关屈原诗歌的图绘作品著录情况如下:

屈原诗歌图绘作品的著录情况统计表

屈原诗歌篇名	图绘作品名	绘画者	绘画者朝代	著录书名/卷数/时代/作者	著录年代
渔父	屈原渔父图	史艺	南朝宋	历代名画记全译(修订版)/唐/张彦远撰	唐
九歌	九歌图一	李龙眠	宋	宣和画谱/卷七	宋
九歌	九歌图一	李龙眠	宋	画继/卷三/宋/邓椿撰	宋
九歌	伯时九歌图	李龙眠	宋	石刻铺叙/卷下/宋/曾宏父撰	宋
九歌	跋龙眠九歌图后	李龙眠	宋	东观余论/卷下/宋/黄伯思撰	宋
九歌	九歌图一卷	李龙眠	宋	寓意编/明/都穆撰	明
九歌	仇英九歌图	仇英	明	书画跋跋/续卷三/明/孙矿撰	明
九歌	九歌图	卢允贞	明	画史会要/卷四/明/朱谋垔撰	明
九歌	九歌图	李伯时	宋	清河书画舫/卷一上/明/张丑撰	明
九歌	九歌图	李伯时	宋	清河书画舫/卷六上/明/张丑撰	明
九歌	九歌图一,绢本白描,凡六段,真笔,上有曹吴等跋	曹吴等跋		清河书画舫/卷七上/明/张丑撰	明
九歌	九歌图	李公麟	宋	清河书画舫/卷八上/明/张丑撰	明
九歌离骚	九歌图,离骚、九歌图,神品	李龙眠	宋	清河书画舫/卷八上/明/张丑撰	明
九歌	九歌图并曹吴以下六跋,刘珏鉴定谨识	李检法	宋	清河书画舫/卷八上/明/张丑撰	明
九歌	按检法九歌图有二一卷,凡十一段	李检法	宋	清河书画舫/卷八上/明/张丑撰	明

续表

屈原诗歌篇名	图绘作品名	绘画者	绘画者朝代	著录书名/卷数/时代/作者	著录年代
九歌	九歌图一	李公麟	宋	清河书画舫/卷八上/明/张丑撰	明
九歌	米芾九歌图	米芾	宋	清河书画舫/卷九下/明/张丑撰	明
九歌	临龙眠九歌图	钱玉潭	元	珊瑚纲/卷三十一/明/汪砢玉撰	明
九歌	九歌图卷（金阊都南濠家藏，自入寓意编）	李龙眠	宋	珊瑚纲/卷四十七/明/汪砢玉撰	明
九歌	九歌图六卷	李龙眠	宋	珊瑚纲/卷四十七/明/汪砢玉撰	明
离骚九歌	离骚九歌图	李龙眠	宋	珊瑚纲/卷四十七/明/汪砢玉撰	明
九歌	九歌图	卢允贞	明	御定佩文斋书画谱/卷五十八/画家传十四	清
九歌	九歌图后	李公麟	宋	御定佩文斋书画谱目录/八十三卷	清
卜居	卜居图	李公麟	宋	御定佩文斋书画谱目录/八十三卷	清
九歌	九歌图	仇英	明	御定佩文斋书画谱/卷八十七	清
九歌	九歌图一，御府所藏	李公麟	宋	御定佩文斋书画谱/卷九十五	清
九歌	九歌图一卷	李龙眠	宋	御定佩文斋书画谱/卷九十八	清
九歌	九歌图胡同夏书词一册	周璕		石渠宝笈/卷四	清
九歌	九歌图一卷/次等宙三	李公麟	宋	石渠宝笈/卷十六	清
九歌	宋人画九歌图一卷/上等洪一		宋	石渠宝笈/卷三十五	清
九歌	宋李公麟九歌图/米芾书词一卷/次等地一	李公麟米芾	宋	石渠宝笈/卷三十六	清
九歌	九歌图一卷/上等	李公麟	宋	石渠宝笈/卷四十四	清
九歌	九歌图	李伯时	宋	庚子销夏记/卷三/吏部左侍郎孙承泽撰	清
九歌	九歌图一	李公麟	宋	绘事备考/卷五上/湖广按察使王毓贤撰	清

续表

屈原诗歌篇名	图绘作品名	绘画者	绘画者朝代	著录书名/卷数/时代/作者	著录年代
九歌	九歌图	李公麟	宋	书画汇考/卷三十二/刑部左侍郎卞永誉撰	清
九歌	九歌图卷	李龙眠	宋	书画汇考/卷四十二/刑部左侍郎卞永誉撰	清
九歌	临龙眠九歌图	钱舜举	元	书画汇考/卷四十七/刑部左侍郎卞永誉撰	清
九歌 离骚	九歌图（附"屈子行吟图"）/离骚图	陈洪绶 萧云从	明	陈萧二家绘离骚图/民国/罗振常	民国
离骚	离骚图经一卷/汤刻本	萧云从	明	喜咏轩丛书/丙编/民国/陶湘	民国
离骚	离骚图一卷/明刻本	陈洪绶	明	喜咏轩丛书/丙编/民国/陶湘	民国
九歌	九歌图卷	李公麟	宋	楚辞图解题/郑振铎	当代
九歌	九歌图卷/元张渥临	徐邦达临	当代	楚辞图解题/郑振铎	当代
九歌	湘君湘夫人图	文徵明	明	楚辞图解题/郑振铎	当代
九歌	九歌图	陈洪绶	明	楚辞图解题/郑振铎	当代
离骚	离骚图	萧云从	明	楚辞图解题/郑振铎	当代
离骚	补绘离骚图	门应兆	清	楚辞图解题/郑振铎	当代
九歌	九歌图	李公麟	宋	楚辞图谱提要/姜亮夫	当代
九歌	湘君湘夫人图	李公麟	宋	楚辞图谱提要/姜亮夫	当代
九歌	九歌图册	马和之	宋	楚辞图谱提要/姜亮夫	当代
九歌	临九歌图	佚名	宋	楚辞图谱提要/姜亮夫	当代
九歌	临龙眠九歌图	钱选	元	楚辞图谱提要/姜亮夫	当代
九歌	九歌书画册	赵孟頫	元	楚辞图谱提要/姜亮夫	当代
九歌	九歌图	张渥	元	楚辞图谱提要/姜亮夫	当代
九歌	湘君湘夫人图	文徵明	明	楚辞图谱提要/姜亮夫	当代
九歌	九歌图	董其昌	明	楚辞图谱提要/姜亮夫	当代
渔父	屈原问渡图	吴伟	明	楚辞图谱提要/姜亮夫	当代
离骚 九歌	离骚九歌图	陆谨	明	楚辞图谱提要/姜亮夫	当代
九歌	九歌图	朱季宁	明	楚辞图谱提要/姜亮夫	当代

续表

屈原诗歌篇名	图绘作品名	绘画者	绘画者朝代	著录书名/卷数/时代/作者	著录年代
离骚九歌	离骚九歌图	仇英	明	楚辞图谱提要/姜亮夫	当代
	屈原图轴	朱约佶	明	楚辞图谱提要/姜亮夫	当代
九歌	九歌图	周官	明	楚辞图谱提要/姜亮夫	当代
九歌	九歌图及屈子行吟图	陈洪绶	明	楚辞图谱提要/姜亮夫	当代
离骚	离骚经图	萧云从	明	楚辞图谱提要/姜亮夫	当代
离骚	钦定补绘离骚全图三卷	萧云从 门应兆	明、清	楚辞图谱提要/姜亮夫	当代
九歌	九歌图	丁观鹏	清	楚辞图谱提要/姜亮夫	当代
九歌	九歌图卷	李公麟	宋	楚辞图绘类要目/杨义	当代
离骚	补绘离骚图	门应兆	清	楚辞图绘类要目/杨义	当代
离骚	女嬃之婵媛兮，申申其詈予	范曾	当代	楚辞图绘类要目/杨义	当代
九歌	赵松雪画九歌	赵孟頫	元	楚辞图绘类要目/杨义	当代
九歌	元张渥九歌图卷	徐邦达临	当代	楚辞图绘类要目/杨义	当代
九歌	九歌图卷	杜堇	明	楚辞图绘类要目/杨义	当代
九歌	九歌图	程君房	明	楚辞图绘类要目/杨义	当代
九歌	九歌图	陈洪绶	明	楚辞图绘类要目/杨义	当代
九歌	九歌图	萧云从	明	楚辞图绘类要目/杨义	当代
九歌	九歌图册	傅抱石	当代	楚辞图绘类要目/杨义	当代
九歌	二湘图	刘凌沧	当代	楚辞图绘类要目/杨义	当代
九歌	湘君湘夫人图	文徵明	明	楚辞图绘类要目/杨义	当代
九歌	山鬼	徐悲鸿	当代	楚辞图绘类要目/杨义	当代
九歌	山鬼	华三川	当代	楚辞图绘类要目/杨义	当代
天问	天问	刘凌沧	当代	楚辞图绘类要目/杨义	当代
天问	天问图	萧云从	明	楚辞图绘类要目/杨义	当代
九章	九章图	门应兆	清	楚辞图绘类要目/杨义	当代
远游	远游图	门应兆	清	楚辞图绘类要目/杨义	当代

屈原诗歌篇名	图绘作品名	绘画者	绘画者朝代	著录书名/卷数/时代/作者	著录年代
卜居渔父	三闾大夫卜居渔父图	萧云从	明	楚辞图绘类要目/杨义	当代
卜居渔父	屈子行吟图	陈洪绶	明	楚辞图绘类要目/杨义	当代
卜居渔父	屈子行吟图	傅抱石	当代	楚辞图绘类要目/杨义	当代
卜居渔父	屈子放歌图	华三川	当代	楚辞图绘类要目/杨义	当代
大招	大招图	门应兆	清	楚辞图绘类要目/杨义	当代
招魂	招魂图	门应兆	清	楚辞图绘类要目/杨义	当代
渔父	渔父图	史艺	南朝宋	屈原及其作品在绘画创作中的接受/张克锋	当代
山鬼	山鬼图	吴道子	唐	屈原及其作品在绘画创作中的接受/张克锋	当代
离骚九歌	离骚九歌图（黑龙江省博物馆藏）	佚名	宋	屈原及其作品在绘画创作中的接受/张克锋	当代
九歌	九歌画册	马和之	宋	屈原及其作品在绘画创作中的接受/张克锋	当代
九歌	屈原九歌图	郑思肖	元	屈原及其作品在绘画创作中的接受/张克锋	当代
九歌	九歌图	赵孟𫖯	元	屈原及其作品在绘画创作中的接受/张克锋	当代
九歌	湘君湘夫人图	赵孟𫖯	元	屈原及其作品在绘画创作中的接受/张克锋	当代
九歌	九歌图	马竹所	元	屈原及其作品在绘画创作中的接受/张克锋	当代
九歌	临李公麟九歌图	张渥	元	屈原及其作品在绘画创作中的接受/张克锋	当代
九歌	临李公麟九歌图	钱选	元	屈原及其作品在绘画创作中的接受/张克锋	当代
九歌	九歌图长卷二，无款（南京大学图书馆、浙江省博物馆藏）	佚名	元	屈原及其作品在绘画创作中的接受/张克锋	当代
渔父	屈子行吟图	陈洪绶	明	屈原及其作品在绘画创作中的接受/张克锋	当代

屈原诗歌篇名	图绘作品名	绘画者	绘画者朝代	著录书名/卷数/时代/作者	著录年代
九歌	秭归屈原祠石雕线刻九歌图	佚名	明	屈原及其作品在绘画创作中的接受/张克锋	当代
九歌	湘君湘夫人图	文徵明	明	屈原及其作品在绘画创作中的接受/张克锋	当代
九歌	湘君持素图	文淑	明	屈原及其作品在绘画创作中的接受/张克锋	当代
离骚	离骚九歌图	陆谨	明	屈原及其作品在绘画创作中的接受/张克锋	当代
九歌	九歌图	朱季宁	明	屈原及其作品在绘画创作中的接受/张克锋	当代
九歌	九歌图	卢允贞	明	屈原及其作品在绘画创作中的接受/张克锋	当代
渔父	屈原问渡图	吴伟	明	屈原及其作品在绘画创作中的接受/张克锋	当代
九歌	九歌图	仇英	明	屈原及其作品在绘画创作中的接受/张克锋	当代
九歌	九歌图	周官	明	屈原及其作品在绘画创作中的接受/张克锋	当代
九歌	行书九歌补图	王谷祥、陆治	明	屈原及其作品在绘画创作中的接受/张克锋	当代
九歌	九歌书画	吴桂	明	屈原及其作品在绘画创作中的接受/张克锋	当代
九歌	九歌图	董其昌	明	屈原及其作品在绘画创作中的接受/张克锋	当代
离骚	离骚图	董其昌	明	屈原及其作品在绘画创作中的接受/张克锋	当代
九歌	九歌图	陈洪绶	明	屈原及其作品在绘画创作中的接受/张克锋	当代
离骚	离骚图	萧云从	明	屈原及其作品在绘画创作中的接受/张克锋	当代
卜居	屈原卜居图	黄应谌	清	屈原及其作品在绘画创作中的接受/张克锋	当代
九歌	九歌图	周璕	清	屈原及其作品在绘画创作中的接受/张克锋	当代
渔父	屈子行吟图	张若霭	清	屈原及其作品在绘画创作中的接受/张克锋	当代

屈原诗歌篇名	图绘作品名	绘画者	绘画者朝代	著录书名/卷数/时代/作者	著录年代
九歌	山鬼图	任熊	清	屈原及其作品在绘画创作中的接受/张克锋	当代
九歌	湘夫人	任熊	清	屈原及其作品在绘画创作中的接受/张克锋	当代
九歌	九歌图卷	丁观鹏	清	屈原及其作品在绘画创作中的接受/张克锋	当代
九歌	山鬼图	罗聘	清	屈原及其作品在绘画创作中的接受/张克锋	当代
离骚	离骚图传	罗聘	清	屈原及其作品在绘画创作中的接受/张克锋	当代
离骚	补绘离骚图	门应兆	清	屈原及其作品在绘画创作中的接受/张克锋	当代
九歌	九歌图	冷枚	清	屈原及其作品在绘画创作中的接受/张克锋	当代
九歌	九歌图	周璕	清	屈原及其作品在绘画创作中的接受/张克锋	当代
离骚	九畹图	郑燮	清	屈原及其作品在绘画创作中的接受/张克锋	当代
九歌	九歌图	汪汉	清	屈原及其作品在绘画创作中的接受/张克锋	当代
九歌	九歌图	姚梅伯	清	屈原及其作品在绘画创作中的接受/张克锋	当代
九歌	九歌图	佚名	清	屈原及其作品在绘画创作中的接受/张克锋	当代
九歌	湘夫人	徐悲鸿	当代	屈原及其作品在绘画创作中的接受/张克锋	当代
九歌	山鬼	徐悲鸿	当代	屈原及其作品在绘画创作中的接受/张克锋	当代
渔父	屈子行吟图	傅抱石	当代	屈原及其作品在绘画创作中的接受/张克锋	当代
九歌	九歌十图	傅抱石	当代	屈原及其作品在绘画创作中的接受/张克锋	当代
九歌	湘君	傅抱石	当代	屈原及其作品在绘画创作中的接受/张克锋	当代

续表

屈原诗歌篇名	图绘作品名	绘画者	绘画者朝代	著录书名/卷数/时代/作者	著录年代
九歌	湘夫人	傅抱石	当代	屈原及其作品在绘画创作中的接受/张克锋	当代
九歌	二湘图	傅抱石	当代	屈原及其作品在绘画创作中的接受/张克锋	当代
九歌	九歌图	李少文	当代	屈原及其作品在绘画创作中的接受/张克锋	当代

（二）数据分析看屈原诗歌的图绘传播趋势

1.屈原诗歌的图绘传播始于南朝宋,历代图绘作者的人数突增于明代,文献著录明代图绘作者有 15 人、清代 11 人（见图示一）。

图示一:南朝宋以来屈原诗歌的图绘作者数量统计图

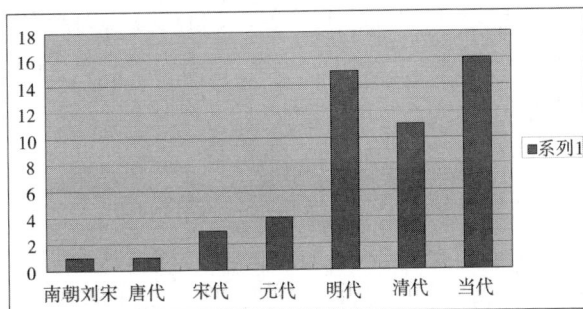

据上述表格和图示可知,明代图绘屈原诗歌的作者数量突然增多,且明代的屈原作品图绘均出自名家,计有:浙派山水画家吴伟、吴派画家文徵明、仇英,及董其昌、陈洪绶和萧云从等都是明代绘画史上令人瞩目的画家。那么,明代画家为什么会如此热衷于图绘屈原诗歌呢?

从绘画发展史及画家生存环境看,明代画坛钟情于屈原题材,缘由主要有四:第一,从明代画坛屈原题材集中于《九歌》看,明代图绘屈原作品数量突增,应与明代各家画派师法宋元画风有关。"在整个明代画坛,师古的风气仍然占据着主流,在学习前人优秀传统的基础上而能'通变'是大多数画家的既定道路"①。从统计表可以看到,明之前的宋、元画家取材最多的屈原诗歌篇目是《九歌》,留存的主要是《九歌图》,如李公麟《九歌图》、米芾《九歌

①彭莱编著:《古代画论》,上海书店出版社,2009 年,第 225 页。

图》等,元代画家喜爱临摹宋代《九歌图》。到了明代,画坛继承此风,继续图绘《九歌图》卷。统计显示,明代十五位画家中,图绘《九歌》的作者就有十三位。直到明代末,陈洪绶、萧云从等人开始图绘《离骚》、《九章》、《渔父》等,才走出屈原作品绘画取材单一的倾向。可见,明代画家在继承前代画派技巧时自然地继承了其题材是明代屈原题材图绘数量突增的一个客观原因。

第二,明代画坛取材屈原诗歌,与"文画同源"的艺术理论有关。萧云从《离骚图原序》开篇即言文字与绘画关系密切,绘画之功等同六经:"宋郭思《画论》,始例规鉴,谓其与六籍同功,四时并运也。夫图而后有书,书义有六,而象形、指事,犹然图也。'六经'首《易》,展卷未读其词,先玩其象矣。楚三闾大夫作《离骚》、《九歌》、《天问》、《九章》、《远游》、《卜居》、《渔父》,而其徒宋、景,以及淮南、长沙、朔、忌、向、褒辈,皆拟之,遂尊为经。岂不以《骚》者,经之变也,《诗》无楚,而楚有《骚》,文王化行南国,《汉广》、《江汜》皆楚属,已列十五国之先。《骚》为经,而经有图,不啻溯源于河洛矣。窃见信州石本《六经图》,如律吕、衡瑞、礼器、《小戎》、《豳风》,每多讹谬,僭意纠订之矣……如穷文绝艳,以视楚《骚》者,则不知《骚》之为经故也。然吾尊《骚》于经,则不得不尊《骚》而为图矣。"①显然,萧云从创作《离骚图》是受到中国自古文、画相谐传统的启发,并有发扬创新提升《离骚》之经学地位的意愿。另,明后期姜绍书将洪武至崇祯年间各类画家作品辑录为《无声诗史》,将"丹青"视作"无声诗",姜绍书在《序》中写道:"画者,文之极而彰施于五彩者也……夫雅颂为无形之画,丹青为不语之诗,盘礴推敲,同一枢轴。"②诗歌用文字塑造艺术形象,图绘用线条色彩表现艺术形象,二者有极大相似处,都可以展示人的性情与志向。这一"文画同源"的艺术理论可上溯至宋代《九歌图》的作者李公麟,李氏曾言:"吾为画如骚人赋诗,吟咏性情而已。"(《宣和画谱》)③与李公麟同时代的苏轼也有"诗中有画、画中有诗"的论断。可见,文人图绘,就如创作诗文,或直接造境写意,或取材已有名家诗文,已是画坛惯例。屈原作品光争日月,影响中国文人、中国文化深远,自然成为文人画所青睐的题材,成为明代画家

① [明]萧云从:《离骚图原序》,[明]萧云从、[清]门应兆绘图,王承略校释:《离骚全图》,山东画报出版社,2003 年,第 296 页。

② [清]姜绍书:《无声诗史》篇首《原序》,上海端记书局,1910 年。

③ [宋]内院奉敕撰:《宣和画谱》卷七,湖南美术出版社,1999 年,第 157 页。

笔下常见题材之一。

第三,明代画坛取材屈原诗歌与明末爱国思潮密切相关。陈洪绶（1598—1652）和萧云从（1596—1673）生活于明代末期,陈洪绶所设计的插图书籍《九歌图》印于明崇祯十一年（1638）,萧云从所绘《离骚图》印于清顺治二年（1645）。其时国家衰败,激发了画家们的爱国情怀。陈洪绶作《屈子行吟图》、萧云从作《离骚全图》,都是熟读屈原作品后,用绘画形式传达屈原诗歌意境,以抒发忧国之思。萧云从曾仔细研读屈原诗歌以及汉宋时期的楚辞文本《楚辞章句》、《楚辞集注》等,其《画九歌图自跋》云:"仆本恨人,既长贫贱,抱疴不死。家区湖之上,秋风夜雨,万木凋摇。每听要眇之音,不知涕泗之横集,岂复有情之所钟乎!……嗟乎!屈子栖玉笥山作《九歌》以乐神,又托以风谏。彼其时尚有挨之者也,有谗之者也,我将何求乎?"①萧云从隐居山林,感受秋风夜雨及江山飘摇,有感于屈原晚年栖住玉笥山作《九歌》借乐神寄托风谏之意,聊绘制屈原《九歌》之诗歌意境以寄托幽居山林时的家国情怀。

第四,明代屈原诗歌图绘作品突增,与印刷技术及插图印刷产业的兴盛有一定的关联。据考,"明代在16世纪后期及17世纪初期,书籍插图的主要部分都有木刻版画,艺术成就达到了中国历史上的顶峰"②。纵观中国画史,明代两百七十六年间各类书籍插图本众多,如明代的《山海经》图文传本就有:蒋应镐《山海经（图绘全像）》绘图本、王崇庆《山海经释义》图文本、胡文焕《山海经图》格致丛书图本,等。其时,图案印刷技术超越了前代,匠人们改善了木板多色套印的方法,使书籍插图印制得更为精美。加之,朝廷十分提倡印刷书籍插图本,且社会阶层中出现了一批渴求阅读娱情养性图文并茂作品的读者群,于是,诗词、传奇、小说、博物等内容的书籍印制插图印本,逐渐成为明代出版业界的风尚。这便促使画家将屈原题材绘制出来,如陈洪绶的《屈子行吟图》、《九歌图》就是他所设计的书籍插图。

2. 屈原诗歌作品被图绘最多的篇目是《九歌》,其次是《离骚》、《九章》、《渔父》等（见图示二）。

①［明］萧云从、［清］门应兆绘图,王承略校释:《离骚全图》,山东画报出版社,2003年,第297页。
②钱存训著,郑如斯编订:《中国纸和印刷文化史》,广西师范大学出版社,2004年,第241—242页。

图示二：屈原诗歌的图绘取材统计图

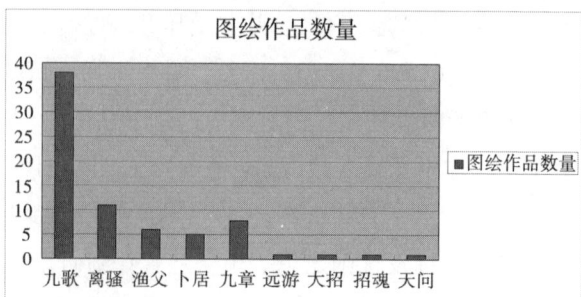

屈原《九歌》是由《东皇太一》、《云中君》、《湘君》、《湘夫人》、《大司命》、《少司命》、《东君》、《河伯》、《山鬼》、《国殇》、《礼魂》组成的一首大型祭祀组诗。早期取材于《九歌》的是北宋画家李公麟，一诗一图，传达诗意。此后，元明清时期，画家多临摹或参照李公麟《九歌图》绘制《九歌》，初步统计有三十八位画家取材于屈原《九歌》。宋黄伯思《跋龙眠九歌图后》曰："楚词(辞)《九歌》凡十一篇九神，而梁昭明取六章载于《文选》，故是图贝阙珠宫，乘鼋逐鱼，亦可施于绘素，后人或能补之，当尽灵均之清致也。"①从中不难看出，屈原诗篇《九歌》所祭祀的九位神主的形象便于"绘素"，促进了《九歌》为图绘创作者所青睐。

明代末期，萧云从打破单一图绘《九歌》的取材倾向性。他在《离骚图序》中说："近睹《九歌图》，不大称意，怪为改窜；而《天问》亦随笔就稿。大约征形烁理，使后人翻覆玩绎，悽怆以想古人处乱托忧之难；而环琦卓谲，足以惊心动魄，知阴阳鬼神之不可测，俾明治乱之数，芳秽之辨，有自来尔。"②萧云从因为不太满意前人所绘的《九歌图》、《天问》图，希冀传达屈原诗作意蕴，于是苦心精制《天问图》、《三闾大夫卜居渔父图》及屈原其他诗歌共计64图。由于兵火损坏，萧云从的绘图到清代乾隆时已经不全，乾隆命画师门应兆补绘了《离骚全图》，留存至今的《钦定补绘萧云从离骚全图》共计155图。这本全图绘制精美、人物生动，成为现存最完整的屈原诗歌图绘本，被历代诸多《楚辞》文本作为插图引录出版。

3. 北宋李公麟《九歌图》、明萧云从和清门应兆《离骚全图》，是屈原诗歌图绘传播史上的两部精品(见图示三)。

---

① [宋]黄伯思：《东观余论》卷下，中华书局，1991年，第78页。

② [明]萧云从、[清]门应兆绘图，王承略校释：《离骚全图》，山东画报出版社，2003年，第296页。

图示三：历代屈原诗歌图绘作品的著录统计图

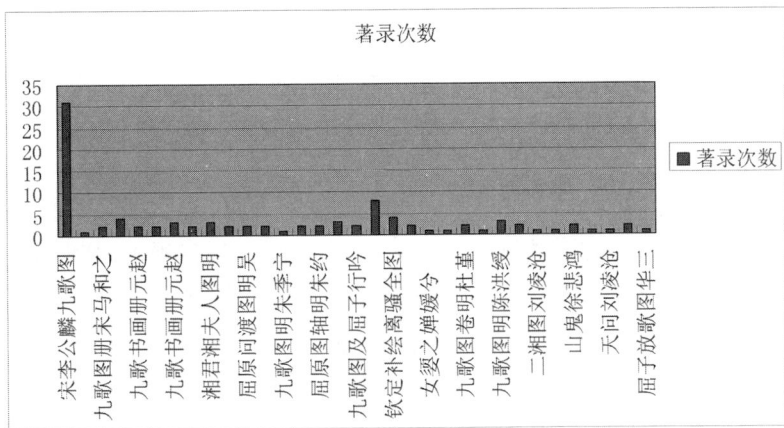

上图显示，历代传播最广的是北宋李公麟的《九歌图》，其次是明末萧云从绘、清门应兆补绘的《离骚全图》，具体分析如下。

二、宋李公麟《九歌图》与屈原忠清形象的视觉传播

学界曾从考古资料中发现，汉代画像砖上的图案①，与屈原《九歌》中描绘的情景、服饰相似，将其归为早期《九歌图》②。这些图案，如山东、河南等地出土的《河伯出行图》中的鱼群护卫情形，与屈原《九歌·河伯》描绘的"波滔滔兮来迎，鱼隣隣兮媵予"的情形十分相似，但尚无证据表明汉代画像砖图案创作的依据是屈原作品。因此，严格意义上取材屈原作品《九歌》的画作，现存最早的是宋代李公麟《九歌图》。李公麟《九歌图》在绘画题材的开创性和典型示范意义方面备受推尊。宋代已有刻录③，历代书目均有著录，传播深远。明吴宽《题九歌图后》曰："九歌图者，其初盖出李龙眠，人从仿之。"（《家藏集》卷五十）明张丑《清河书画舫》曰："宋图经籍，如李公麟《九歌》。"④

此外，宋代的马和之，元代的赵孟𫖯、张渥、钱选，明代的董其昌、仇英、

①如：山东嘉祥县武宅山村北出土《河伯出行图》，河南南阳卧龙区南庄墓出土《河伯出行图》（宋艳萍：《汉画像与汉代社会》，福建人民出版社，2016年，第100页）。

②林河：《〈九歌〉与沅湘民俗》，三联书店上海分店，1990年。

③姜亮夫编著：《楚辞书目五种》，中华书局上海编辑所，1961年，第369—375页。

④［明］张丑：《清河书画舫》，上海书画出版社，1993年，第278页。

丁云鹏、陈洪绶，清代的萧云从，近现代以来的张大千、徐悲鸿、傅抱石等均作有《九歌图》。

"画者，文之极也。"①文章与绘画之关系密切，特别是文人画往往会将个人政治理想和人生穷通之感寄托于画中。作为宋代文人画的代表性人物，李公麟自言"吾为画如骚人赋诗，吟咏情性而已"②，充分表达了其绘画的宗旨和意义。而取材文学典籍创作绘画作品，既体现了绘画者对文学作品文本的理解、想象、阐释和接受，又拓展了文学作品传播的时间、空间和社会阶层，对文学作品精神意蕴的传承意义重大。

（一）李公麟《九歌图》的创作生成语境

李公麟（1049—1106）字伯时，号龙眠居士，舒州（今安徽桐城）人。神宗熙宁三年（1070）进士，历泗州录事参军、中书门下后省删定官、御史检法。好古博学，长于诗，精于鉴别古器物，尤以画著名，凡人物、释道、鞍马、山水、花鸟，无所不精，时人曾叹"都城黄金易得，而伯时马不可得"③，又推为"宋画人物第一……画之六法，难于兼全，独唐吴道子、本朝李伯时始能兼之耳"④。传世作品有《五马图》、《西岳降灵图》、《维摩演教图》、《孔子弟子像》、《蜀川胜概图》、《九歌图》等，《宋史·文苑传》有传。当代研究论著有：周芜《李公麟》（1959）、张安治《李公麟》（1979）、石以品博士论文《穷神之艺不妨贤——李公麟绘画研究》（上海大学，2015）等。李公麟绘画风格上承晋唐，下开元明，董其昌《画禅室随笔》曰："文人之画，自王右丞始，其后董源、僧巨然、李成、范宽为嫡子，李龙眠、王晋卿、米南宫及虎儿，皆从董、巨得来。"⑤

据考，李公麟是南唐李后主之后裔，博闻强识，才华横溢，虽官不过八品，但四任科举主考，并与苏轼、黄庭坚、米芾、王安石、苏辙等交往甚密⑥。"学佛悟道，深得微旨"，"多交衲子"⑦。元符三年（1100）因风痹致仕，归居龙眠山庄，自作《山庄图》。《宋史·文苑传》载："李公麟，字伯时，舒州

---

① [宋]邓椿：《画继》，上海书画出版社，2000年，第706页。
② [宋]内院奉敕撰：《宣和画谱》卷七，湖南美术出版社，1999年，第157页。
③ [宋]惠洪：《冷斋夜话》卷八《李伯时画马》，上海古籍出版社，2012年，第50页。
④ [宋]邓椿：《画继》，上海书画出版社，2000年，第706页。
⑤ [明]董其昌著，屠友祥校注：《画禅室随笔》，上海远东出版社，1999年，第124页。
⑥ 参见石以品：《李公麟的仕宦经历与交游考》，《艺术探索》2014年第6期。
⑦ [宋]邓椿：《画继》，《中国书画全书》第2册，上海书画出版社，2000年，第706页。

人,第进士……元符三年,病痹遂致仕,既归老,肆意于龙眠山岩壑间,雅善画,自作山庄图,为世宝传。写人物尤精,识者以为顾恺之、张僧繇之亚。"①苏轼为其《山庄图》题跋,苏辙应邀赋诗二十首,苏辙《题李公麟山庄图并序》曰:"伯时作《龙眠山庄图》,由建德馆至垂云沜,著录者十六处。自西而东凡数里,岩崿隐见,泉源相属,山行者路穷于此。道南溪山,清深秀峙,可游者有四,曰:胜金岩、宝华岩、陈彭漈、鹊源。以其不可绪见也,故特著于后。子瞻既为之记,又属辙赋小诗,凡二十章,以继摩诘辋川之作云。"②苏辙在诗中称李公麟为"幽人"、"清风主"、"每与物皆禅",可见,李公麟隐逸山水,求清净真如之心,与唐代"诗佛"王维相承,为时人推尊。苏轼《次韵子由书李伯时所藏韩干马》曾赞其高远之志:"伯时有道真吏隐……丹青弄笔聊尔耳,意在万里谁知之。"③同时代的贺铸有《内翰出龙眠居士写真图》诗,亦称赞李公麟为"谪仙人",画品清新脱俗:"落墨龙眠品入神,横笻一见谪仙人。孤云老鹤来何处,异石清流有是身。瞻仰生风开鬇发,卷舒盥手敬星辰。他年莫用黄金铸,传在人间此逼真。"④李公麟自己亦有诗表达"隐逸清高"的情怀:"佩兰思馨虽朋亡,云出鸟还聊自偿。羽扇麈尾随经囊,龙眠乃是无何乡。"⑤宋徽宗朝官方编定的《宣和画谱》评述道:"考公麟平生所长,其文章则有建安风格,书体则如晋宋间人,画则追顾陆,博闻强识,当世无与伦比,士论莫不叹服。"⑥

那么,这样一位"吏隐"文人是在什么背景下创作《九歌图》的呢? 又为何创作《九歌图》呢?《宣和画谱》著录了李公麟《九歌图》,但无详细说明。南宋曾宏父《石刻铺叙》、周密《云烟过眼录》都记载了李公麟《九歌图》。到了明代,张丑撰《清河书画舫》推测《龙眠九歌图》创作于"皇宋元丰之初"即公元1078—1085年间。其文曰:

此《九歌图》卷定为检法真笔无疑。其画止六段,实全本也。按检法《九歌图》有二:一卷凡十一段,乃检法自书,是曾经宣和睿赏者

①［元］脱脱等:《宋史》卷四百四十四,中华书局,1977年,第13125页。
②［宋］苏辙:《栾城集》,上海古籍出版社,1987年,第386页。
③［宋］苏轼撰,［清］王文诰辑注,孔凡礼点校:《苏轼诗集》卷二十八,中华书局,1982年,第1504页。
④［宋］孙绍远辑:《声画集》卷一,《丛书集成续编》第86册,上海书店出版社,1994年,第398页。
⑤［宋］邓忠臣等:《同文馆唱和诗》,文渊阁四库全书本。
⑥［宋］内院奉敕撰:《宣和画谱》,上海书画出版社,1993年,第176页。

（宋未藏赵与懃家，止白描神鬼之像而无景界），近世摹撮本皆祖此真迹，传至成化间，为吴江史明古所得，语具都穆寓意编中。此卷则检法别本，未知作于何年，而笔迹极精细，其在皇宋元丰之初乎？向后廿余年而曹纬书词与跋，实徽宗崇宁壬午岁也。①

又据《石渠宝笈》载，"宋李公麟九歌图、米芾书词一卷"，有米芾题跋，曰"熙宁丁巳仲夏"，即公元1077年，是年李公麟29岁，如此为真品，则《九歌图》（白描版）作于元丰元年（1078）前。其文如下：

> 素绢本，白描，画每段米芾篆书本文，卷首署"九歌图龙眠居士制"八字。卷末芾识云"余嗜骚词，爱李画，癖不能解，因用秦隶为述古书《九歌》，述古善鉴者视斯起为余何如？熙宁丁巳仲夏襄阳米芾记"。②

可惜，查米芾《画史》虽多次提及李公麟画作，却未谈及《九歌图》一事，待续考。又，宋高似孙（1158—1231）撰《纬略》卷十"东坡论文选"条记载，苏轼评《文选》时提及李龙眠《九歌图》，指出李氏当时未画《国殇》、《礼魂》两诗，其文曰：

> 《文选》编次无法，去取失当。齐梁文字衰陋，萧统尤为卑弱，如李陵五言皆伪。今日观《渊明集》，可喜者甚多，而独取数篇。渊明作《闲情赋》，正所谓国风好色而不淫，正使不及《周南》，与屈宋所陈何异？而统大讥之，此小儿强解事也。予固不敢妄议，如《楚词·九歌》凡十有一，孰为可取？孰为可删？而《文选》仅取其半耳，至若李龙眠作《九歌图》，则《国殇》《礼魂》便不能画矣，然画又非《文选》之比。③

按，这段文字前半段评论《文选》，确见于苏轼《仇池笔记》卷上《论文选》："舟中读《文选》，恨其编次无法，去取失当。齐梁文字衰陋，萧统尤为卑弱。如李陵五言皆伪，今日《观澜集》（注涵芬楼本作《渊明集》）可喜者甚多而独取数篇。渊明作《闲情赋》正所谓国风好色而不淫，正使不及《周南》与，屈原所陈何异？而统大讥之，此小儿强作解事也。"④但，现存《仇池笔记》中，未见苏轼提及李公麟《九歌图》诸语。故而，《纬略》所引苏轼关

---

①［明］张丑：《清河书画舫》卷八，上海书画出版社，1993年，第278页。
②《石渠宝笈》卷三十六贮"御书房九列朝人书画合卷上等"，文渊阁四库全书本。
③［宋］高似孙著，左洪涛校注：《高似孙〈纬略〉校注》，浙江大学出版社，2012年，第203—204页。
④［宋］苏轼：《仇池笔记》，上海古籍出版社，1992年，第3页。

于《九歌图》的评论,即后半段"予固不敢妄议,如《楚词·九歌》凡十有一,孰为可取孰为可删? 而《文选》仅取其半耳,至若李龙眠作《九歌图》则《国殇》《礼魂》便不能画矣,然画又非《文选》之比"一段话,可能是高似孙的观点。又,苏轼与李公麟关系密切,常为其画题跋,但文集却无"龙眠九歌图跋"之类文字。由此初步推断,李公麟作《九歌图》的时间,可能在认识苏轼前。从年谱看,李公麟在元祐年间(1086—1093)结识苏轼。因此,《九歌图》应该是创作于这个时期之前。据考,李公麟"公元 1084 年甲子宋神宗元丰七年,36 岁,中书门下省删定官任上。是年左右,奉敕绘《摹韦偃牧放图》。此后几年,有机会入骐骥院画御马,从此以画马名世"①。因此,明张丑撰《清河书画舫》推测在"皇宋元丰之初"即公元 1078—1085 年间李公麟绘《九歌》,是较为可信的。

又考,清代有"澄心堂纸"本《九歌图》,见清翰林院检讨朱彝尊撰《曝书亭集》卷五十四《李龙眠九歌图卷跋》:

> 李伯时《九歌图》,用澄心堂纸作,每图书三闾大夫辞于后,笔法娟妙,匪特画居绝品也。题识残阙,止存"年七月望日臣李公麟画"十字,上有宣和大小印玺,卷末元人题咏甚多。康熙庚戌秋九月九日,偕昆山顾炎武宁人、嘉定陆元辅翼王、永年申涵光凫孟、嘉兴谭吉璁舟石,观于宛平孙氏研山斋。②

李公麟《九歌图》真赝之争论很多,但从上述文献记载看,清朱彝尊所见"用澄心堂纸作"此图当为李公麟真迹。据考,"澄心堂纸"乃李公麟作为南唐后裔的专用纸③。这幅真迹上的题识"年七月望日臣李公麟画"虽然残缺,但有两点对李公麟创作《九歌图》的背景予以揭示:一是创作的月份日期是秋七月十五日;二是李公麟自称"臣",应是受敕命而作。这估计就是李公麟创作《九歌图》的背景。

经过六百多年传承,到了清乾隆丙寅,乾隆十一年(1746),已有多个不同版本的龙眠《九歌图》,且题跋均不同,真假难辨,乾隆帝也不得不参与"公断":"御跋云《九歌图》为龙眠名迹,传世六百余年。名人题识,不知

<hr/>

① 石以品:《穷神之艺不妨贤——李公麟绘画研究》,上海大学博士论文,2015 年。
② [清]朱彝尊:《曝书亭集》,四部丛刊本。
③ 参见石以品:《李公麟的仕宦经历与交游考》,《艺术探索》2014 年第 6 期。

凡几。即如宋黄长睿、金赵秉文、元吴澄、明张丑辈跋语诗句皆见内府画谱及题画诗中,今卷尾并无之,盖屡经装潢,佳迹为人割去,赏鉴家但当论笔墨佳否,若以题识别真赝,是贾竖见耳。乾隆丙寅夏五御题,下有'乾隆稽古右文之玺'三玺。"(《石渠宝笈》卷四十四"贮静怡轩·列朝人画卷·上等"藏《宋李公麟九歌图一卷》)①

据考,李公麟《九歌图》卷现存版本有:故宫藏甲本,全面刻画《九歌》人物及其背景,删去《国殇》,计 9 幅,130 人;现存日本的乙本,专一刻画《九歌》主要人物,加《国殇》,计 10 幅,17 人②。元代,临李乙本的画家有赵孟𫖯、张渥,当代有"元张渥九歌图卷(徐邦达临本)"。今英国有藏本,最可靠③。又有《李龙眠九歌图人物册叶十一帧》、《宋李龙眠白描九歌》(文明书局版)等传世。

(二)李公麟对屈原《九歌》的理解与传达

鉴于李公麟《九歌图》的巨大影响和传播版本复杂,真赝辨别颇繁,本书主要依据宋元文人关于李氏《九歌图》题跋或题画诗,逆推李公麟原图对屈原精神的理解与传达。

与李公麟同时期的北宋著名学者黄伯思(1079—1118)④在《东观余论》一书中曾审定品鉴书画作品的史料价值,其中,《跋龙眠九歌图后》记录了他所见李公麟《九歌图》,其跋曰:"《楚词·九歌》凡十一篇,九神,而梁昭明取六章载于《文选》。故是图贝阙珠宫。乘鼋逐鱼,亦可施于绘素,后人或能补之,当尽灵均之清致也。"⑤这段记载表明,其所见《九歌图》没有绘画"贝阙珠宫"、"乘鼋逐鱼"这些屈原诗歌意象,在完整的传达屈原作品《九歌》十一篇的内容方面还有待后人补充。而"尽灵均之清致"一句,则传达了所见李公麟《九歌图》的风格为:清新雅洁。稍后,宋《宣和画谱》

---

①[清]张照等:《石渠宝笈》,上海古籍出版社,1991 年,第 648 页。

②阿英:《阿英美术论文集》,人民美术出版社,1982 年,第 126 页。

③杨康荪:《客观和主观的宋代绘画》,上海书店出版社,2015 年,第 162 页。

④黄伯思与李公麟生活在同一时期,《宋史》卷二百○二记载他:"纵观册府藏书,至忘寝食,自《六经》及历代史书,诸子百家、天官地理、律历卜筮之说无不精诣。凡诏讲明前世典章文物、集古器考定真赝,以素学与闻,议论发明居多,馆阁诸公自以为不及也。"对"楚辞"有特别关注,见其宋徽宗政和元年(1111),黄伯思《新校楚辞十卷·自序》,其最大影响是提出了关于"楚辞"的界定:"盖屈宋诸骚,皆书楚语,作楚声,纪楚地,名楚物,故可谓之楚辞。"([宋]黄伯思《东观余论·翼骚序》)

⑤[宋]黄伯思:《东观余论》卷下,中华书局,1991 年,第 78 页。

记录百余种李龙眠画作,认为李公麟画"以立意为先,布置缘饰为次",也证明黄伯思所言"清致"不假。

到了南宋,文人观看《九歌图》逐渐从关注艺术风格转向思想意蕴,常常借图抒怀,表达对时事政治的批判和个人际遇的反思。如,章甫(约1125—1185)《题九歌图》:"大夫放逐沅湘滨,尝作九歌祠鬼神。鬼神幽远不可见,肴酒芬芳犹福人。飡菊佩兰君不识,从彼谗人为鬼蜮。楚江呜咽楚云愁,坐对此图三叹息。"①诗歌表达了浓浓的幽愤之情,屈原沉江楚云愁,这些情感来自观李公麟《九歌图》,从观者角度反映了李公麟《九歌图》传达屈原作品意蕴的效力。考,章甫与南宋抗金爱国文人陆游、张孝祥、韩元吉交往甚密,有诗唱和,《题九歌图》之"飡菊佩兰君不识,从彼谗人为鬼蜮"之悲愤,亦寄托了其对南宋社会谗臣误国的批判。又如,楼钥(1137—1213)《跋汪季路所藏书画·龙眠九歌图》称赞李公麟的绘画让人重回楚国,他说:"三闾大夫见楚先王庙图画古圣贤怪物而作《天问》,龙眠读《九歌》而为之图,一段风流,视楚人何远?"②南宋江浙文士陈著(1214—1297)《跋古营萧节斋良辅所藏三画帖·李伯时九歌图》亦记载了时人观图有"实获我心"的感叹,其文曰:

> 节斋萧公……一日出李伯时《九歌图》曰:"燕楚相望万里,好贤乐善,伤今思古,本一辙也。况屈大夫名塞天壤,《离骚》又与日月争光,幽及鬼神,明及人物,彷徨感慨,反复依恋之状见之于图,我思古人实获我心,南方之人有如此者,流风遗俗犹有如此者否乎?"余俯而不答,姑书公之所云云者而已。③

处于江山飘摇时期的南宋士大夫文人面对李公麟《九歌图》时,被其图中"彷徨感慨、反复依恋之状"吸引,感叹"实获我心"。可见,李公麟《九歌图》对屈原忧国念君之心的传达到位,令人戚戚焉。

元代留存的诸多观李公麟《九歌图》的题跋及题画诗,亦呈现了李氏图绘对屈原精神风范的传播效力。元方回(1227—1305)《离骚九歌图》详细描述了《九歌图》中各位神祇的样子:"东皇太一九霄下,百灵护驾飞龙

---

① [宋]章甫:《自鸣集》卷三,文渊阁四库全书本。
② [宋]楼钥:《攻媿集》卷七十"题跋",文渊阁四库全书本。
③ [宋]陈著:《本堂集》卷四十七"题跋",文渊阁四库全书本。

趋。云中之君俨帝服,眇视四海翔天衢。尧女舜妃两婵娟,想见当年泣苍梧。太少司命尾东君,倏来忽逝纷驰驱。河伯白鼋弭英辅,山鬼赤□□□□。桂酒椒浆奠瑶玉,鼓迎箫送鸾凤舆。佳人在望□□□□君不见心踌躇。采芳馨兮日将暮,有所思兮甘糜躯。吾王不寤蛾眉嫉,知心惟有寡女婴。一士葬鱼亡楚国,而况他日秦坑儒。我诗颇似贾谊赋,敬吊先生空嗟吁。"①诗歌描述了李公麟所绘东皇太一、神君、二湘、二司命、河伯、山鬼等各类生动形象,特别是这些神祇的精神面貌有的庄严,有的凄婉,有的洒脱,有的踌躇,正是屈原《九歌》原作的思想意蕴。最后由观图而生情,表达对屈原的悼念敬佩之情。又如刘诜《题胡忠简家所藏九歌图》描述所见《九歌图》之祭祀场面和萧瑟画境:"皇车骖驾飘上下,云中渺漭光相射。北渚风起吹参差,苏桡桂棹波涛亚。九阮云旗扶桑辀,鳞屋击鼓山鬼愁。吴戈提首灵宛转,荒庭白日寒萧飔。春秋祭祀岂有极?歌舞情竭君来食。楚王宽厚国无禁,民俗富乐流为惑。曲终翻见熊绎馁,我欲添画湘累泣。君不见,凄凉三户魂未归,眼断秦关路萧瑟。"②观图如身临其境,听见了灵巫们祭祀云中君、湘君、湘夫人、国殇的音乐,感受到楚国自由浪漫的祭祀民俗,但祭祀乐曲终了,看见的是楚国始封君熊绎的馁弱,看到的是楚怀王西入秦关后一去不回的悲壮,刘诜不禁有捉笔添画的"冲动","我欲添画湘累泣"。靖康元年(1126)北宋亡,次年五月徽、钦二帝北狩,囚于五国城。由宋入元的刘诜在观《九歌图》时,借楚怀王"凄凉三户魂未归,眼断秦关路萧瑟",寄托了亡国后的凄凉与无奈。从诗题可知,刘诜所见《九歌图》藏于"南宋四名臣"之一胡铨(谥号"忠简")家,可见,《九歌图》曾经是一批南宋文人心灵的寄托。

观图的元代文人则读出了屈原的"忠"、"清"。如,元吴澄(1249—1337)《题李伯时九歌图后并歌诗一篇》充分肯定李公麟《九歌图》的意蕴神妙:

> 《九歌》者何?楚巫之歌也。巫以歌舞事神,手舞而口歌之。《九歌》之目,天神五,人、鬼二,地示一,俱非楚国所当祀,而况民间乎?物魅一,又非人类所与接也。然则楚巫事之而有歌,何耶?古荆蛮之地,

---

① [元]方回:《桐江续集》卷二十六,文渊阁四库全书本。
② [元]刘诜:《桂隐诗集》卷三,文渊阁四库全书本。

中国政化之所不及,先王礼教之所不行,其俗好鬼,而多淫祀,所由来远矣。三闾大夫不获乎上,去国而南,睹淫祀之非礼,聆巫歌之不辞,愤闷中托以抒情,拟作九篇。既有以易其荒淫媟嫚之言,又借以寄吾忠爱缱绻之意……前之《九歌》,原托以伸己意;后二章无所记意,且为巫者礼之辞而已。盖与前九篇不同时,后人从其类而附焉。此画李伯时所作。伯时画妙一世,而或传此画若有神助然,盖其尤得意者。予在洪都,郡守毛侯出示,予既为作解题,而复隐括九篇歌辞,成诗一篇,与歌之意虽微不同,而明原之心,其趋一也。呜呼! 千载而下能有契于原之心者,尚有味于予之言哉!

李家画手入神品,楚贤流风清凛凛。谁遣巫阳叫帝阍,为招江上归来魂。音纷纷,音纷纷,柱高辰远聪不闻。扶桑初暾海横云,二妃泪洒重华坟。司命播物泥在钧,洪纤厚薄无齐匀。公无渡,公无渡,冲风起,螭鼋怒。夜猿啾啾天欲雨,天欲雨,迷归路,岁晏山中采兰杜。灵修顾,顾复去,莫怨瑶台神女妒。坎坎鼓,进芳醑,耻作蛮巫小腰舞。千年往事今如新,摩挲旧画空怆神。腾身轻举一回首,楚天万里江湖春。①

吴澄为元代名儒,被时人誉为"北有许衡,南有吴澄"。《宋元学案·草庐学案》列为"朱熹四传"、"象山私淑"。作为一位强调修身治学、不愿为官的学者,吴澄的思想通达,在《九歌图》题跋中,详细解读屈原《九歌》的宗旨,赞叹屈原之"忠"、"清",同时,对李公麟《九歌图》的神妙之处予以褒扬,道"李家画手入神品,楚贤流风清凛凛",感叹自己与李公麟异曲同工,阐明屈原之志是一致的。用手抚摩旧画,吴澄充分领会了李公麟《九歌图》的神蕴,"千年往事今如新,摩挲旧画空怆神",也含蓄表达了对现实社会的批判。

元李存《题李伯时九歌图》亦称赞李公麟作画笔意深邃传达了屈子忠心:"龙眠画入忠臣心,笔意欲与江海深。老生有句不敢写,荻花苍茫愁古今。"②李公麟晚居住龙眠山,故号龙眠居士。元王沂《九歌图二首》亦肯定李公麟用笔传神,其一曰:"霓旌羽盖望缤纷,江水枫林思逐臣。莫道九歌空讽楚,那知三户竟亡秦。"其二曰:"笔精吾爱李龙眠,满纸莼丝滑且圆。

①[元]吴澄:《吴文正集》卷五十七,文渊阁四库全书本。
②[元]李存:《俟菴集》卷十一,文渊阁四库全书本。

多少郢中歌舞曲,风流还向画图传。"①李公麟笔法细腻,结构精当,内容取材恰当,将屈原《九歌》之歌舞娱神曲调情韵十分传神地绘制出来了,这样的《九歌图》让观者领悟到了屈原"楚贤流风清凛凛"②的忠清精神风范和"屈子文章古所无"③的艺术典范。

综上可知,李公麟《九歌图》引发了历代观画者"江水枫林思逐臣"④的悲慨,传达了画师笔下"清凛凛"、"忠爱缱绻"的屈子精神。画图中楚歌楚舞楚灵巫之情貌、楚山楚水楚贞臣之胸襟,浸润了观画者的精神,亦强化了屈原在文人心中"忠"、"清"形象。

三、明清《离骚全图》与屈原亲民形象的视觉传达

萧云从《离骚全图》(1645 年初刻)存 64 图,计有《离骚》1 图、《九歌》9 图、《天问》54 图。另有《远游》5 图,已佚。乾隆四十六年(1781)门应兆遵旨补绘了《离骚图》32 图、《九章》9 图、《远游》5 图、《招魂》13 图、《大招》7 图,共计 130 图。今天,萧云从原绘、门应兆补绘《离骚全图》是传播最广泛的楚辞图文本插图,如岳麓书社、宗教文化出版社、万卷出版公司、人民文学出版社、中华书局、线装书局、山东画报出版社等《楚辞》图文本中的插图,都是从《钦定补绘萧云从离骚全图》中选取的,由此可见,其在屈原作品意蕴图绘传播中的地位。

(一)萧云从《卜居渔父图》与屈原"亲民"形象的视觉传达

萧云从(1596—1673),字尺木,号于湖老人、无闷道人、默思,安徽芜湖人,姑苏画派创始人,复社成员,入清不仕。他绘制的《离骚图》刊刻于1645 年清兵攻入其家乡芜湖之前。在家破国亡时,取《离骚》读之,被屈原忧国忧民的幽愤之情所触动,潸然流泪,特以绘画屈原作品寄托自身的忧国忧民之悲郁愤懑。萧云从《画九歌图·自跋》曰:"余,老画师也,无能为矣……取《离骚》读之,感古人之悲郁愤懑,不觉潸然泣下。"萧云从曾仔细研读屈原诗歌以及汉宋时期的楚辞文本《楚辞章句》、《楚辞集注》等,其《画九歌图自跋》云:"谢翱击竹如意,哭于西台,终吟《九歌》一阕;雪庵和

---

①[元]王沂:《伊滨集》卷十一,文渊阁四库全书本。
②[元]吴澄:《吴文正集》卷五十七,文渊阁四库全书本。
③[元]方回:《桐江续集》卷二十六,文渊阁四库全书本。
④[元]王沂:《伊滨集》卷十一,文渊阁四库全书本。

尚泛舟贵阳河,读《楚辞》毕,则投一纸于水中,号鸣不已。两人心湛狂疾,恋慕各有所归……嗟乎!屈子栖玉笥山作《九歌》以乐神,又托以风谏。彼其时尚有挨之者也,有谗之者也,我将何求乎?"①宋代的谢翱、雪庵和尚生于乱世,从读屈原诗作中寄托亡国忧思,萧云从受到启发作《离骚图》寄托遗民亡国忧思。可见,在图绘楚辞中的艺术形象时,萧云从主观上的情感寄托之意是十分明显的。

萧云从画笔下的屈原是一位平易亲和、百姓信赖、可以倾心交谈的清官形象。现存《卜居渔父图》是唯一一幅萧氏绘制的"屈原像"(图1),画面上的屈原服饰有明显的明代士大夫服饰特色,头戴梁冠、身穿赤罗衣、配小绶和长剑、脚踩一双麻鞋,正和渔父交谈,旁边一位年轻人正专注地听,三人面部表情带有微笑。可见,画家心中屈原是一位"亲民"的士大夫。

图1:[明]萧云从绘、[清]门应兆补绘《钦定补绘萧云从离骚全图》②

萧云从所绘屈原形象的服饰,上采周汉唐宋,近取明代官服。萧云从《离骚图》中屈原的服饰,并不接近出土的战国文物中的"巫师"(图2)或一般楚国男子(图5)战国楚服风格;且画面中其他人物——渔父——与上古时期农夫(图3)的服饰也不一样。屈原的发饰与前人所绘项羽发饰样式相同(图7),衣裳与汉代官员服饰(图4)、唐孙位《高逸图》(图8)、明代官服和士大夫家居服饰(图11)相同,脚下鞋子与汉代麻鞋接近(图10)。这个穿越了两千年的屈原,衣冠楚楚,和颜悦色,与其他同时代人及现当代笔下的屈原憔悴沉吟的孤寂幽愤形象,如明陈洪绶《屈子行吟图》(图12)形成鲜明对比,体现了萧云从对屈原"亲民"思想的独特理解,并与历代民间百姓描述的屈原③吻合。这体现了屈原精神传承接受中又一潜在的精

---

①[明]萧云从、[清]门应兆绘图,王承略校释:《离骚全图》,山东画报出版社,2003年,第297页。
②[明]萧云从、[清]门应兆绘图,王承略校释:《离骚全图》,山东画报出版社,2003年,第216页。
③民间视角看屈原,可参本书第二章。

神效力,即在迁谪文人不遇情怀寄托之外,屈原亦带给了百姓希望。

图2:春秋战国彩绘漆器人物"切云冠"①

图3:汉代农民服饰②

图4:汉代官员服饰③

图5:战国男子服饰④

图6:西汉楚地服饰、男子发饰⑤

图7:西楚霸王、刘邦的发饰⑥

①沈从文等:《中国服饰史》,陕西师范大学出版社,2004年,第32页。
②沈从文等:《中国服饰史》,陕西师范大学出版社,2004年,第58页。
③沈从文等:《中国服饰史》,陕西师范大学出版社,2004年,第61页。
④沈从文等:《中国服饰史》,陕西师范大学出版社,2004年,第61页。
⑤沈从文:《龙凤艺术》,北京十月文艺出版社,2010年,第39页。
⑥周殿富主编:《楚辞源流选集·楚辞源》,吉林人民出版社,2003年,第8页。

图 8:唐画中男子发饰①

图 9:战国·楚·人物御龙帛画②

图 10:汉代麻鞋③

图 11:明代官员朝服

(1393 年定制,凡大祀、庆成、正旦、冬至、圣节、颁诏、开读、进表、传制,都用梁冠、赤罗衣,青领缘白纱中单,青缘赤罗裳,赤罗蔽膝,赤白两色绢大带,革带,佩绶,白袜黑履④)

①沈从文:《龙凤艺术》,北京十月文艺出版社,2010 年,第 40 页。
②郑曙斌:《湖南出土帛画研究》,岳麓书社,2013 年,第 13 页。
③任继愈主编,戴钦祥、陆钦、李亚麟:《中国古代服饰》,中共中央党校出版社,1991 年,第 33 页。
④肖东发主编,钟双德编著:《衣冠楚楚——服装艺术与文化内涵》,现代出版社,2015 年,第 125 页。

图12:屈子行吟图(明陈洪绶)①

　　萧云从对屈原服饰的处理可从两个角度理解。首先,这是明代人物画在服饰处理上通行的惯例,即画家一般以当代服饰为参照,服饰并未刻意回归到历史人物生活的时期。这表明,明代人物画家注重的是画中人物的神态与故事本身,而不刻意于服饰的还原。其次,屈原身着明代服饰,可能与清军入关改弦更张、易服色有一定关系,绘制身着明代服饰的屈原应寄托了萧氏一片遗民忠心。顺治初,萧云从在高淳,恰遇清兵入侵当地,作诗《吊邑人周孔来殉节泾县学署》:"泮壁何人自鼓刀,天寒日暮风飕飕。老儒转战敌长稍,弟子招魂赋反骚。"②萧氏所吊念的周孔来,是一名泾县学宫的教官,史载周氏英勇抗清事迹曰:"乙酉(1645年)城陷,手刃十数人,殁于明伦堂,十日后犹坚持利刃不释,即葬于泾。"③国家危亡,辟雍学宫中老儒周孔来虽为一介书生,但奋勇杀敌,抗击入侵者,最后献出生命仍不放开杀敌的利刃,弟子们为其赋《招魂》。萧云从此诗借吊念周孔来,寄托自己抗清的决心和国家危亡的幽愤。萧氏死后,沈祥龙吊唁萧云从亦作诗凭吊,其《过萧尺木墓》曰:"家国沧桑一慨中,离骚图就思无穷。遗民老去诗心苦,古壁长留画本工。"④沧海桑田,朝代更迭,让遗民故老感慨万千;萧云从虽然已经老去,但其取材屈原作品绘制的《离骚全图》寄托了遗民"苦心"。由此可知,萧云从在对屈原服饰的处理上确应别有"苦心",他不用楚汉服饰,而用明代服饰,或许正是借屈原"退将复修吾初服"(《离骚》)的

①李希凡总主编,单国强本卷主编:《中华艺术通史·明代卷》,北京师范大学出版社,2006年,第169页。
②乾隆《芜湖县志》卷二十三载,转引自王石城:《萧云从》,上海人民美术出版社,1979年,第2页。
③[清]黄钺撰,陈育德、凤文学校点:《壹斋集》(上),黄山书社,2014年,第129页。
④徐世昌编选:《晚晴簃诗汇》第64册,中国书店,1988年,第68页。

志向表达他人清不仕的立场和态度。

（二）"三闾迹以呈"：门应兆《离骚图》对屈原成长经历的视觉传达

现存《离骚全图》的另一位作者是清代画师门应兆，门应兆补绘了《离骚图》32幅、《九章》9幅。他一方面继承萧云从人物画的画风，对人物服饰的处理仍是明代典型的梁冠、方巾、赤罗衣。另一方面，他以故事场景画面展示了屈原诗句的意境，并以类似"连环画"的方式，再现了一位从出生，到少年、青年、中年、晚年的屈原形象，让观画者从中看到了屈原的成长历程，看到了一位执着于美政的"美人"。

襁褓中的屈原，出生于春天的正月，寅年寅月寅日，这是吉利的日子，也是家族人丁兴旺的好兆，依据古代礼仪设弓箭于门左（图1左）。《礼记·内则》："子生，男子设弧于门左，女子设帨于门右。"东汉郑玄注："表男女也。弧者，示有事于武也。"①门应兆据《礼记》习俗表现屈原出生时的场景画面，仍是继承汉以来"以儒注骚"的阐释传统。自汉武帝时将《楚辞》之学与儒家"五经"并列以来，屈原作品一直被纳入正统官方文化体系，后代阐释者也多据中原典籍类比或阐释屈原楚辞作品，门应兆亦不例外。

少年时代的屈原，是一位典型富贵人家的公子形象（图1右）。门应兆"皇览揆余初度兮，肇赐予以嘉名"一图中，年幼的屈原头戴方巾，身穿赤罗衣，腰佩玉环，脚穿云靴，在被赐名时，恭敬有礼，落落大方。站在两位慈爱长辈之间，倍受宠爱，承担着家族的未来。

图1左：摄提贞于孟陬兮，　　　　图1右：皇览揆余初度兮，
　　惟庚寅吾以降　　　　　　　　　肇赐予以嘉名②

①［清］阮元校刻：《十三经注疏》，中华书局，2009年，第3182页。
②［明］萧云从、［清］门应兆绘图，王承略校释：《离骚全图》，山东画报出版社，2003年。

　　青年时期的屈原,常常独自一人,佩戴香草(图2、图3、图4),画面表现形式和风格上,多了一种浪漫气息,多了一些"超现实"的场景和人物(图5),一位志向高洁、与众不同的"美人"形象跃然纸上。画家将屈原《离骚》中"扈江离与辟芷兮,纫秋兰以为佩"、"制芰荷以为衣兮,集芙蓉以为裳"等诗句的字面意义,充分加以挖掘,以画笔如实传达香草为佩(图2、图3)、荷叶做衣(图4)的诗歌意象。

图2:扈江离与辟芷兮,
纫秋兰以为佩

图3:余既滋兰之九畹兮,
又树蕙之百亩

图4:制芰荷以为衣兮,
集芙蓉以为裳

图5:济沅湘以南征兮,
就重华而陈辞

　　随着诗人境遇的变化,《离骚》中上下求索的诗人用文字呈现了天界、历史与神话等非现实的场景,画中营造的张力开始紧张,直接呈现了屈原从政后君臣关系的疏远及楚国政坛蔽美之不良风气。这一时期的屈原,处境孤独,但坚持执着求索。在传达屈原因为才华出众被人嫉妒排挤时,画家展示了一群女子和一位孤立无援的男子的对峙场面(图6),以解释《离骚》之"众女嫉余之蛾眉兮"句。在表现屈原《离骚》中上下求索的"求女"

情节时,画家用一系列的龙凤、祥云及波涛等加以表达,画面震撼和动人。在细节上,用"胡须"的从无到有来标识诗人屈原年龄的变化;在艺术传达上,如实地按照屈原诗歌的字面意义,将非现实的想象空间传达到读者可见的画面形象上。如"驷玉虬以乘鹥兮,溘埃风余上征"一句,画面上的诗人,髵髵颇有须,坐在龙车之上,虬龙腾云驾雾(图7);"饮余马于咸池兮,总余辔于扶桑"一句,将神话传说中的咸池、扶桑之地,用现实场景生动体现,而画面上诗人看着太阳落山时着急的面部表情,则表达了其夜以继日的求索情怀(图8)。

图6:众女嫉余之蛾眉,　　图7:驷玉虬以乘鹥兮,　　图8:饮余马于咸池兮,
　　谣诼谓余以善淫　　　　溘埃风余上征　　　　总余辔于扶桑

　　总体看,门应兆的画风非常质朴,按照屈原诗歌的字面意义如实描绘,回归文本看屈原,反而留给观者无限的想象空间,直观地呈现了《离骚》中诗人屈原的情感踪迹,呈现了诗人追求"美政"理想中从出生到老年的人生遭际与变迁,再现了一位内美外修执着求索的屈原形象。正因为如此,此图深得清乾隆帝的称赞,亲题:"六法道由寓,三闾迹以呈。"①

　　综上,图绘屈原诗歌,实质是屈原作品精神意蕴的一种形象化阐释。宋代李公麟《九歌图》、明清画家《离骚全图》等,不仅在绘画史上是精品典范,而且这些绘画作品是屈原精神传承接受中的重要视觉媒介,屈原作品的图绘传播史亦是屈原精神传承接受史。古人观画,不仅是议论画本笔墨之技巧,亦会主动领悟画中意蕴,正所谓"反复谛玩,是有关于古今论议之

---

① 四库本《离骚全图》御题,王伯敏:《中国版画通史》,河北美术出版社,2002年,第163页。

原,忠贤忼慨之故,岂直画本之精神、笔墨之清话而已哉?"①今天,李公麟《九歌图》、陈洪绶《屈子行吟图》及《钦定补绘萧云从离骚全图》仍在《楚辞》作品文本的传播中被翻刻,仍是屈原精神传承的重要媒介。

第七节　"楚辞"辑注与屈原爱国精神的彰显

从现存史料看,"楚辞"辑注之学萌发于秦末汉初,其时距离屈原生活时代已有数十年,诸多名物已然不易读懂,故汉武帝命淮南王刘安撰《离骚传》;后遇秦火,地上之参考文献有限,致使汉代各《楚辞》文本阐释及品评已经彼此矛盾。故,楚辞"疑古"、"考证"与"经义"之学流传至今仍方兴未艾,基本统计,留下了《楚辞》校读、章句、补注、集注等五百余种,版本千余种。历史上"楚辞"辑注者的序跋及对屈原作品章句的注解考辨无不体现注释者对屈原精神内蕴的理解、阐发和凝炼。"文学的本质是它的人际交流性质,这种性质决定了文学不能脱离其观察者而独立存在"②,或者说"与文本出现的同时,必然要出现文本解释者"③。注解或辑录《楚辞》,与屈原诗歌图绘一样,既体现了辑注者对文学作品文本的理解、想象、阐释和接受,又拓展了文学作品传播的时间、空间和社会阶层,对文学作品的精神意蕴的传承意义重大,也是考察屈原精神的文人接受的重要文学接受现象。

一、"楚辞"辑注与屈原作品传播接受的大致脉络

屈原作品最初以民间口耳之间散播、流传的可能性最大④,后来才逐步地形诸文字。其作品最初以单篇形式或别集形式⑤传播,影响战国末期楚国

---

① [元] 刘将孙:《九歌图》,《养吾斋集》卷二十六,文渊阁四库全书本。

② 德国康斯坦茨学派代表人姚斯(Hans Robert Jauss)语,引自胡经之:《文艺美学方法论》,北京大学出版社,1994 年,第 355 页。

③ 苏联符号学家洛特·加龙省曼语,引自赵毅衡:《当说者被说的时候:比较叙述学导论》,中国人民大学出版社,1998 年,第 260 页。

④ 与"楚辞"口头传播相关联的楚辞语音的注释与整理有《隋书·经籍志》所载:"楚辞音一卷(徐邈撰)"、"楚辞音一卷(宋处士诸葛氏撰)"、"楚辞音一卷(孟奥撰)"、"楚辞音一卷(释道骞撰)"。

⑤《汉书·艺文志》〔借鉴刘向、刘歆《七略》(佚)〕:"屈原赋二十五篇(楚怀王大夫,有列传)、唐勒赋四篇(楚人)、宋玉赋十六篇(楚人,与唐勒并时,在屈原之后也)。"

文人和汉代文人深远,模拟之作甚多,到了西汉末期刘向在前人整理的基础上最终完成《楚辞》汇编。"哀屈宋诸赋,定名楚辞,自刘向始也。后人或谓之'骚',故刘勰品论《楚辞》以'骚'标目,考史迁称'屈原放逐,乃著《离骚》',盖举其最著一篇,《九歌》以下,均袭'骚'名,则非事实矣。《隋志》集部以楚辞别为一门,历代因之"(《钦定四库全书总目》卷一百四十八"楚辞类")①。《隋书·经籍志》载:"《楚辞》者,屈原之所作也。自周室衰乱,诗人寝息,谄佞之道兴,讽刺之辞废。楚有贤臣屈原,被谗放逐,乃著《离骚》八篇。言己离别愁思,申杼其心,自明无罪,因以讽谏,冀君觉悟。卒不省察,遂赴汨罗死焉。弟子宋玉,痛惜其师,伤而和之。其后,贾谊、东方朔、刘向、扬雄,嘉其文彩,拟之而作。盖以原楚人也,谓之'楚辞'。然其气质高丽,雅致清远,后之文人,咸不能逮。"②可见,"楚辞"汇集的过程亦是屈原作品传播接受的过程。

现存最早的屈原作品版本是汉代阜阳"汉简本",即安徽阜阳双古堆汉简之《离骚》残句"(惟庚)寅吾以降"和《涉江》残句:"(船容与而)不进兮,淹回(水而凝滞)。"③这个并不完整的残简版本显示,西汉早期,汉武帝请淮南王刘安注《离骚》之前约二十五年,屈原作品《离骚》、《涉江》等已经是汉代贵族喜爱的书籍之一,其传播地点是楚国末期的国都寿春附近。

现存最早且完整的楚辞文本,是东汉王逸《楚辞章句》④。《楚辞章句》收录屈赋有:"卷一《离骚经》者,屈原之所作也。""卷二《九歌》者,屈原之所作也。"共十一篇:《东皇太一》、《云中君》、《湘君》、《湘夫人》、《大司命》、《少司命》、《东君》、《河伯》、《山鬼》、《国殇》、《礼魂》。"卷三《天问》者,屈原之所作也。""卷四《九章》者,屈原之所作也。"共九篇:《惜诵》、《抽思》、《思美人》、《哀郢》、《涉江》、《怀沙》、《悲回风》、《惜往日》、《橘颂》。"卷五《远游》者,屈原之所作也。""卷六《卜居》者,屈原之所作也。""卷七《渔父》者,屈原之所作也。""卷十《大招》者,屈原之所作也。或曰

---

①[清]永瑢等:《四库全书总目》,中华书局,1965年,第1267页。

②[唐]长孙无忌等:《隋书·经籍志》,商务印书馆,1955年,第111页。

③阜阳汉简整理组:《阜阳汉简简介》,《文物》1983年第2期。

④王逸之前的屈原作品辑注,如刘安《离骚传》、班固《离骚传》原本已不存。汤炳正先生曾从《史记·屈原贾生列传》中考索了刘安《离骚传》的一段评述。王逸《楚辞章句》引用班固《离骚传》的序文。但刘安、班固两书注释原文,除后世学者考证出的只言片语外,其他已无从复原,有待考古学发现。

景差,疑不能明也。"此后,历代《楚辞》版本皆由此生发而来,据饶宗颐《楚辞书录》(1956)、姜亮夫《楚辞书目五种》(1961)、崔富章《楚辞书目五种续编》(1993)、白铭《二十世纪楚辞研究文献目录》(2008)、崔富章《楚辞书录解题》(2010)及其他当代相关文献数据库统计,汉代以后"楚辞"辑注与屈原作品传播接受的大致脉络如下:

汉宋时期是楚辞辑注史上的"轴心期",屈原作品的义理探求、比较阐释、名物考订等蔚为大观,其中,东汉王逸《楚辞章句》与宋代洪兴祖《楚辞补注》、朱熹《楚辞集注》为后代矩式。明汪瑗《楚辞集解序》曰:"今读《骚》者,率祧叔师而跻考亭。"①"叔师"、"考亭"即王逸、朱熹。卫瑜章《离骚集释》例言:"传《楚辞》者,刘安而后,迄于隋唐,无虑数十百家,今多不传。最通行者,惟王叔师、洪庆善、朱晦庵之注而已。"②清高秋月、曹同春合著《楚辞约注不分卷》曰:"依王逸、朱熹、黄文焕三家之书,删繁去穿,依文立解。"③清徐焕龙撰《屈辞洗髓五卷》曰:"本书为屈原赋二十五篇作释。用王逸旧次,而删去经传等字……篇末有总论,太抵以王逸、朱熹二家之说为宗,亦渐抒己虑。"④清王邦采撰《离骚汇订》曰:"取王逸、洪兴祖、朱熹、徐焕龙、林云铭、朱冀六家旧注,随文注释。其参以己者,亦十二三。"⑤等等。可见,明清凡辑注楚辞者,都无法回避王逸《章句》、洪光祖《补注》、朱熹《集注》。从这个意义上看,王逸、洪兴祖、朱熹生活的汉宋时代,公元100—1200年间,是楚辞辑注史上的"轴心期"。

从现存楚辞文献彼此关联看,《楚辞》版本源流基本可概括为"一祖二宗"。"一祖"就是王逸《楚辞章句》。这是现存最早的《楚辞》集,被誉为"《楚辞》不祧之祖"(姜亮夫《楚辞通故·叙目》)。据黄灵庚《楚辞文献丛考》,传承下来的明代《章句》单刻本系统有:明正德高第、黄省曾刊刻宋本(下文简称"正德本")和明隆庆五年(1571)朱多煃刊刻宋本(善本,下文简称"隆庆本"),而四库全书的《章句》抄本(文渊阁、文津阁、文澜阁)实际上都是以"隆庆本明万历十四年(1586)丙戌冯绍祖观妙斋校刻本"为底

---

① [明]汪瑗集解:《楚辞集解》卷首《自序》,上海古籍出版社,2017年,第2页。
② 崔富章编著:《楚辞书目五种续编》,上海古籍出版社,1993年,第180页。
③ 姜亮夫编著:《楚辞书目五种》,上海古籍出版社,1993年,第131页。
④ 姜亮夫编著:《楚辞书目五种》,上海古籍出版社,1993年,第136页。
⑤ 姜亮夫编著:《楚辞书目五种》,上海古籍出版社,1993年,第152页。

本,其间文字的差异多因凭臆馆臣校改①。

"二宗"乃洪兴祖(1070—1135)《楚辞补注》、朱熹(1130—1200)《楚辞集注》。陈振孙《直斋书录解题》"楚辞考异一卷"条记载,宋代《楚辞》传本众多,有姚廷辉、欧阳永叔、孙莘老、苏子容本,有东坡手校十卷等②。《四库全书总目·提要》称:"兴祖(洪兴祖)少时,从柳展如得东坡手校十卷。凡诸本异同皆两出之,后又得洪玉父而下本十四五家,参校遂为定本,始补王逸《章句》之未备者。"③可见,宋代文人治《楚辞》者众,而博采众长的《楚辞补注》最终脱颖而出。王逸《楚辞章句》今存有:文选本谱系、补注本谱系、单行本谱系④,宋代以后"补注本"系统最为流行,可见,洪兴祖《楚辞补注》对王逸《楚辞章句》的传播贡献甚伟。朱熹《楚辞集注》对王、洪氏观点虽时有批评,但仍多采纳其说,而别记于后,加以辩证,他说:"余既集王、洪《骚注》,顾其训诂文义之外,犹有不可不知者。然虑文字之太繁,览者或没溺而失其要也,别记于后,以备参考。"(《楚辞辩证》卷上)⑤朱熹《集注》亦为《楚辞》传播史上又一大宗。后代治学《楚辞》者,或遵循王逸《章句》之传统,如清王夫之《楚辞通释》十四卷基本遵循此路,加入王夫之作《九昭》;或遵循朱熹《楚辞集注》,删去《七谏》、《九怀》、《九叹》、《九思》,增加贾谊《吊屈原》、《服赋》,有清人吴世尚、丁元正、郑知同、李文炤等。王、洪、朱氏三书今传版本众多,据黄灵庚《楚辞文献丛考》可知,《楚辞章句》单刻本以"明隆庆五年朱多煃刊刻宋本"为善本,今台北、上海、江西省图书馆及宁波天一阁均藏;《楚辞补注》存明代翻刻本,然其善本为"清同治十一年金陵书局汲古阁刊本",今藏浙江省图书馆;《楚辞集注》是今存宋刻本的,最早者为"宋宁宗嘉定六年章贡郡斋刻本",今藏于国家图书馆⑥。

明清时期是楚辞辑注史上的"复兴期"。相关《楚辞》注本有:明末清初《楚辞通释十四卷》(王夫之)、明末清初《楚辞疏十九卷》(陆时雍)、明末清初《楚辞榷八卷》(陆时雍)、清《楚辞灯四卷》(林云铭)、清《楚辞约注

①黄灵庚:《楚辞文献丛考》,国家图书馆出版社,2017年,第1—13页。

②[宋]陈振孙:《直斋书录解题》卷四,上海古籍出版社,1987年,第434页。

③[清]永瑢等:《四库全书总目》,中华书局,1965年,第1268页。

④马骏鹰:《王逸〈楚辞章句〉文献研究》,中国优秀博硕士学位论文全文数据库(硕士),2002年2月。

⑤[宋]朱熹:《楚辞集注》,上海古籍出版社,2015年,第223页。

⑥黄灵庚:《楚辞文献丛考》,国家图书馆出版社,2017年。

不分卷》(高秋月、曹同春)、清《楚辞韵解八卷》(邱仰文)、清《楚辞发蒙五卷》(陈银)、清《楚辞疏八卷》(吴世尚)、清《山带阁注楚辞六卷》(蒋骥)、清《楚辞评注十卷》(王萌)、清《楚辞新注八卷》(屈复)、清《楚辞节注六卷》(姚培谦)、清《楚辞辑解正编六卷外编二卷》(丁元正)、清《楚辞考辩不分卷》(郑知同)、清《楚辞集注拾遗十七卷》(李文炤)、清《楚辞辑注四卷附录一卷》(萧大丰)、清《楚辞详解五卷》(奚禄诒)、清《楚辞订注四卷》(许清奇)、清《楚辞贯一卷》(董国英)、清《楚辞偶钞》(失名)、清《楚辞新注求确十卷》(胡睿源)、清《楚辞初学读本审音十卷》(强望泰)、清《楚辞释十一卷》(王闿运)、民国《楚辞讲义不分卷》(廖季平)、《楚辞翼注不分卷》(李详)、《楚辞选读不分卷》(沈德鸿)、《楚辞发微》(路百占)、《楚辞解诂》(朱学浩)、《楚辞叶韵考四卷》(徐天璋)、《楚辞音一卷》(徐昂)、《楚辞选读不分卷》(沈德鸿)、1798 年《楚辞灯校读(日文)》(秦鼎)、1836 年《楚辞玦二卷(日文)》(龟井昭阳)、1911 年《楚辞考四卷》(冈松瓮谷)、1916 年《楚辞校订(日文)》(冈田正之)等。

当代,《楚辞》出版数量与屈原接受起落基本一致。1953 年屈原被评为"世界文化名人",郭沫若历史剧《屈原》在国内外公演,这时汉宋《楚辞》辑注、今人读《楚辞》及《楚辞》外文译本出版得相对较多。如:1953 年《楚辞集注》(朱熹,中华书局),1956 年《楚辞今读》(瞿蜕园)、《楚辞选》(陆侃如、高亨、黄孝舒),1957 年《楚辞补注》(洪兴祖,中华书局)、《音韵学丛书楚辞韵读附宋赋》(江有诰,四川人民出版社),1958 年《山带阁注楚辞》(蒋骥,上海古籍出版社)、《楚辞选》(马茂元,人民文学出版社),等。1978 年后,中外邦交正常化,也推动了国内外《楚辞》辑注及翻译本的出版。如:1975 年《楚辞》(高银,韩国·民音社),1981 年《楚辞今绎讲录》(姜亮夫)、《楚辞选译(不分卷)》(陆侃如、龚克昌),1982 年《屈原楚辞注》(刘让言),1984 年《楚辞全译》(黄寿祺梅同生)、《楚辞选注及考证》(胡念贻)、《楚辞注释》(马茂元等)、《楚辞》(宋贞姬,韩国·明知大学出版部),1985 年《楚辞》(金时俊,韩国·探求堂),1986 年《楚辞译注》(董楚平)、《楚辞译注》(张愚山译注)、《楚辞译注》(赵浩如),1989 年《楚辞选注》(柳晨俊,萤雪出版社)等。20 世纪 90 年代至今,传统文化复兴,2009 年端午节列入世界级非物质文化遗产,《楚辞》作为中华优秀经典文献版次众多。如:1997 年《古典文学导读丛书·楚辞》(潘啸龙注评)、《新世纪万有文库·

楚辞》(涂小马校点),1998 年《百部中国经典名著·楚辞》(崔富章注释)、
《中国古代诗文经典选本·楚辞》(黄凤显注释),1999 年《中国古代诗词
珍本·楚辞章句补注》(王逸、洪兴祖)、《韵文精品文库·楚辞》(王锡荣注
释),2000 年《历代诗歌名篇诵读丛书·楚辞》(熊竹沅选注)、《中华传世
名著精华丛书·楚辞》(李振华译注),2001 年《楚辞图文本》(赵机编译)、
《国学基本丛书·楚辞》(吴广平译)、《中国古典名著译注丛书·楚辞》
(刘庆华译注)、《中国古代经典集粹·楚辞》(古敏主编)、《古籍菁华丛
书·楚辞菁华》(蒋锡康、陈英选注)、《中国诗词精粹·楚辞选》(乔万民
编)、《中国古典文化精华·楚辞》(时代文艺出版社),2002 年《楚辞补注》
(洪兴祖撰,白化文等点校)、《中国传统文化精粹·楚辞》(黄学森选注)、
《屈原楚辞全新解译》(钱玉趾),2003 年《楚辞解析》(周秉高),2004 年
《百部中国古典名著·楚辞》(崔富章等注释)、《中国文化经典儿童导读·
楚辞》(诸泉注释)、《中华传世名著精品文库·楚辞》(康瑛译注)、《社科
丛书·楚辞今读》(张彦),2005 年《楚辞》(李城译注),2006 年《楚辞译注
图文本》(董楚平译注)、《楚辞图文本》(吴广平校注)、《少儿国学文化经
典导读·楚辞》(编写组)、《中国传统文化读本·楚辞》(冯国超主编)、
《大中华文库·楚辞》(陈器之、李奕今译,卓振英英译),2007 年《阅读经
典·楚辞》(傅璇琮主编)、《国学经典丛书·楚辞》(汤漳平注译)、《中华
传统文化书系·楚辞》(谢枋得选编)、《先秦元典·楚辞》(冀昀主编)、
《中华国粹经典文库·楚辞》(廖晨星),2008 年《中国古典名著·楚辞》
(刘庆华译注)、《中国家庭基本藏书·楚辞》(陈苏彬译注),2009 年《中华
经典藏书·楚辞》(林家骊译)、《历代名著精选·楚辞》(周建忠、贾捷注
评)、《中华经典文库·楚辞》(许渊冲英译)、《中国传统文化经典丛书·楚
辞》(编写组),2010 年《楚辞》(朱熹集注)、《快乐学国学·楚辞》(谢志强
主编)、《楚辞》(张红霞、陈子妹编著),2011 年《国学经典·楚辞》(编写
组)、《国学典藏书系·楚辞》(编委会),2014 年《楚辞》(李山选注)、《国学
经典读本丛书·楚辞》(王承略、李笑岩译注),2017 年《国学基本典籍丛
刊·楚辞集注》(朱熹)、《楚辞章句》(王逸撰,黄灵庚点校)、《楚辞校证》
(王伟)、《中华少儿诗教亲子读本·楚辞选》(骆玉明、刘强)、《楚辞选译》
(徐建华、金舒年译注)、《崇文国学经典普及文库·楚辞》(编写组),2019
年《楚辞全注》(方铭)等。这些《楚辞》集注以普及中华优秀经典为出发

点,从一个小侧面反映了新世纪屈原精神传承接受眼界的新变。

总体而言,《楚辞》传承接受的脉络或"热度"与社会文化思潮有一定关联,其中,汉宋、明末至近代、20 世纪 80 年代、21 世纪这四个阶段"楚辞"辑注、选注之书,揭发楚辞之经义,光大屈子之精神,彼此一脉相承,是屈原精神传承接受的重要时段,下文选取各时段代表性楚辞注本予以阐释。

二、忠信于君国:王逸"楚辞"章句的彰显

作为"《楚辞》不祧之祖"①,王逸《楚辞章句》对屈原作品叙录与注解,影响了后世理解屈原作品的阐释批评方式,基本奠定了后世解读屈原精神的"底色"。具体而言:

首先,王逸常用"忠信"、"忠贞"、"清洁"阐发屈原作品意蕴和旨意。如《楚辞章句叙》:"今若屈原,膺忠贞之质,体清洁之性,直如砥矢,言若丹青,进不隐其谋,退不顾其命,此诚绝世之行,俊彦之英也。"又如《楚辞章句·离骚经章句》之"余固知謇謇之为患兮"本句注:"謇謇,忠贞貌也。《易》曰:王臣謇謇,匪躬之故。"再如《楚辞章句》卷四《九章》解题:"屈原放于江南之野,思君念国,忧心罔极,故复作《九章》。章者,著也,明也。言己所陈忠信之道,甚著明也。"②等等,王逸特别突出屈原的"忠信"、"忠贞"、"思君念国",这些都是对其道德品质和政治素质的评价,在王逸心中,屈原是一位士大夫的楷模,"进不隐其谋,退不顾其命,此诚绝世之行,俊彦之英也"。

其次,王逸以"儒"注"骚",提出屈原作品依托"五经"立义。王逸认为,屈原是名儒博达之士效仿的典范,《离骚》是屈原履行忠贞反遭谗言的情感抒发:"屈原执履忠贞而被谗邪,忧心烦乱,不知所愬,乃作《离骚经》",屈原作《离骚》不是为了批评国君,而是"依道径,以风谏君",希望国君觉悟,即"冀君觉悟,反于正道"(《楚辞章句·离骚经·解题》);屈原作品用香草美人以喻忠贞、高洁、正直的君子品格:"善鸟香草,以配忠贞;恶禽臭物,以比谗佞;灵修美人,以媲于君;宓妃佚女,以譬贤臣;虬龙鸾凤,以托君子;飘风云霓,以为小人。其词温而雅,其义皎而朗。"(《楚辞章句·

---

① 姜亮夫:《楚辞通故·叙目》,齐鲁书社,1985 年。
② 本节《楚辞章句》解题及注释,不一一标注页码,均见[汉]王逸章句,[宋]洪兴祖补注:《楚辞补注》,中华书局,1983 年。

离骚经·解题》)此前,班固《离骚序》①中虽肯定屈原作品"弘博丽雅,为辞赋宗",但却批评屈原怨愤国君、露才扬己、与群小周旋而遭谗,以致"忿怼不容,沉江而死";批评《离骚》等丽辞是"虚无之语,皆非法度之政";将屈原作品中忠君忧国之情批评为"愁神苦思,强非其人"的"忿怼"之言。对此,王逸认为,这种批评不符合实际,"(屈原)其词温而雅,其义皎而朗",属于"依《诗》取兴,引类譬谕"之传统,且是后世楷模:"自终没以来,名儒博达之士著造词赋,莫不拟则其仪表,祖式其模范,取其要妙,窃其华藻。"王逸认为,屈原直言敢谏是为了楚国的前途:"人臣之义,以忠正为高,以伏节为贤。故有危言以存国,杀身以成仁……若夫怀道以迷国,详愚而不言,颠则不能扶,危则不能安,婉娩以顺上,逡巡以避患,虽保黄耇,终寿百年,盖志士之所耻,愚夫之所贱也。"(《离骚经章句·叙》)即屈原诗歌里的"危言"是为了醒悟君王,如果君王跌落不能扶,国家处于危险之中而不能使其安定,一味地顺从君王,保全自己,这是志士感到耻辱的。

王逸关于屈原"忠""信"精神的阐述主要源于三个方面:

其一,源于屈原作品自身的"忠信"表达。屈原既有对君国的责任感,又强调自身自爱自贞的定力,这是屈原身处溷浊之世对自己个人品德的定位。作为楚之同姓,屈原曾因才能卓异受到怀王重用。"入则与王图议国事,以出号令;出则接遇宾客,应对诸侯"(《史记·屈原贾生列传》)②,但"竭忠诚以事君兮,反离群而赘肬"(《惜诵》)。屈原本可以离开楚国,找到实现政治理想的国家:"勉远逝而无狐疑兮,孰求美而释女? 何所独无芳草兮,尔何怀乎故宇?"(《离骚》)但,屈原却不选择离开故国,而选择洁身殉国,"宁赴湘流,葬于江鱼之腹中。安能以皓皓之白,而蒙世俗之尘埃乎?"(《渔父》)"余固知謇謇之为患兮,忍而不能舍也。"(《离骚》)即使自己艰难的处境可能会招来祸患,但不愿意放弃自己的志向和自己的国家。"鸟飞返故乡兮,狐死必首丘。"(《哀郢》)屈原用"鸟飞返故乡"朴实的自然现象,表达了自己深沉的爱国忠君之情。屈原作品里明显的忠信于君国的诗句是很容易被包括王逸在内的汉代文人所领会的。

其二,源于前代文人的反复申发。距离屈原较近的西汉文人在阐释

①[汉]班固:《离骚序》,张少康、卢永琳编选:《先秦两汉文论选》,人民文学出版社,1996年,第585页。
②[汉]司马迁:《史记》,中华书局,2011年,第2184页。

《离骚》等作品时,常用"忠贞"、"忧国"等概念,直接影响了王逸《楚辞章句》对屈原作品的理解。他曾说:"读《楚辞》而伤愍屈原,故为之作解。又以自屈原终没之后,忠臣介士游览学者读《离骚》、《九章》之文,莫不怆然,心为悲感,高其节行,妙其丽雅。至刘向、王褒之徒,咸嘉其义,作赋骋辞,以赞其志。则皆列于谱录,世世相传。"(《九思序》)这说明,王逸认真阅读和搜集过前代读骚者的观点,前人对屈原人品和诗歌艺术的赞誉,让王逸也心有戚戚焉。西汉司马迁《史记·屈原贾生列传》中盛赞屈原心有国君,不忘兴国的执着,颂扬屈原"忠信"之品格:"其存君兴国,而欲反复之,一篇之中,三致志焉。""竭忠尽智以事其君……信而见疑,忠而被谤。"(《史记·屈原贾生列传》)①王逸突出屈原作品中的"忠"、"信",显然也是司马迁观点的继承与发展。至于西汉淮南王刘安提出"骚兼风雅"、将屈原《离骚》与《诗经》中的《国风》、《小雅》的总体风格进行比照,到了王逸将《离骚》与"五经"并列,显然也是一脉相承的。王逸正是继承了司马迁、刘安、刘向、王褒等人的"忠信"说,用"忠贞"、"忠信"、"忠厚"、"念国"、"忧国"、"思君"、"念君"、"以忠辅楚"等语词概括屈原作品内在的精神,认为屈原昏君不悟而不弃,国家危亡而不弃,忠信于君国,有"忠信"之德。在儒学独尊后,封建文人思想学说以儒为正宗,王逸《楚辞章句》以其集大成的成就,自然成为后世"以儒治骚"的祖本。

其三,东汉末期的时代造就。王逸生活在东汉安、顺帝时期,此时外戚、宦官乱政,皇权式微,政治秩序混乱。史料记载,安、顺二帝继位都是外戚揽权操纵。汉安帝十三岁继位,汉顺帝约十一岁继位,幼帝继位,实际政务大权握在邓太后、阎太后和外戚手中②。《楚辞章句》大约成书于安帝元初四年(117)左右③,正是内忧外患时期。王逸时任校书郎④。

---

① [汉]司马迁:《史记》,中华书局,2011年,第2184页。
② 永初二年(108)"颍川杜根与同署郎共谏太后不宜久摄政,太后怒,以绢囊盛根于殿"([晋]袁宏《后汉纪》卷十六"孝安皇帝纪"),永初八年六月"丙申,河东水变色,皆赤如血。本志以为邓太后摄政之应也"([晋]袁宏《后汉纪》卷十六"孝安皇帝纪")。
③ 《钦定四库全书》集部一楚辞类《楚辞章句》提要:"臣等谨案,《楚辞章句》十七卷,汉王逸撰。逸,字叔师,南郡宜城人。顺帝时,官为侍中。事迹具《后汉书·文苑传》。旧本题校书郎中,盖据其注是书时所居官也。"
④ "王逸,字叔师,南郡宜城人也。元初中,举上计吏,为校书郎。顺帝时,为侍中。"(《后汉书》卷百十上"文苑列传"第七十上)"元初"是安帝刘祐的年号(114—120),这期间民不聊生。

此时,政治的黑暗,饥荒、地震、水涝、干旱、兵火等灾害不断①。百姓生活在水深火热中,有良知的儒士直言谏阻太后专政,或被下狱,或被杀。其中,杜根就是当时忠直士大夫的代表,事见范煜《后汉书》:"永初元年,(杜根)举孝廉,为郎中。时和帝邓后临朝,权在外戚。根以安帝年长,宜亲政事,乃与同时郎上书直谏。太后大怒,收执根等,令盛以缣囊,于殿上扑杀之。执法者以根知名,私语行事人使不加力……积十五年,酒家知其贤,厚敬待之。及邓氏诛,左右皆言根等之忠……根方归乡里,征诣公车,拜侍御史。"②杜根直谏抗争,折射出朝政的危机;而杜根存活的奇迹,则反映了当时的民心所在;安帝的公车征召杜根,表明了朝廷渴望忠臣。这三件事情彰显了时代对"忠直"之臣的呼唤。此时正是王逸校读《楚辞》之时。因此,王逸读出《楚辞》浓浓的忠君忧国之情,与东汉末年这一政治社会动荡相关。由此可见,王逸彰显屈原忠君爱国,实质是东汉中后期士大夫忠君存国、弘道济世精神的表达,也是对安帝肃清朝政的一种呼应。

　　阐释屈原作品,就是对屈原为代表的弘道济世精神的传教。"读者和作家的心境帖然无间的地方,有着生命的共鸣共感的时候,于是艺术的鉴赏即成立。所以读者看客听众从作家所得的东西,和对于别的科学以及历史家、哲学家等的所说不同,乃是并非得到知识。是由了象征,即现于作品上的事象的刺激力,发现他自己的生活内容"③。王逸正是在屈原作品中发现了自己的精神的追求:"逸与屈原同土共国,悼伤之情与凡有异。"(《九思序》)其《九思·遭厄》道:"悼屈子兮遭厄,沉玉躬兮湘汨。何楚国兮难化,迄于今兮不易。"王逸是南郡宜城(今湖北宜城)人,故称与屈原"同土共国",其言中自有深意,不仅仅是因为他和屈原是"同乡",还在于他们同处相似的国运背景,故而王逸注释《楚辞》时特别阐发了其中忠信爱国之志。王逸曰:"今臣复以所识所知,稽之旧章,合之经传,作十六卷章

---

① [晋]袁宏《后汉纪》卷十六"孝安皇帝纪":"(元初)二年春,以郡国被灾赈粟贫民,自上即位至于是年,频有水旱之灾,百姓饥馑,每岁遣使者,开仓廪赈饥民……七月,西羌犯境……冬十一月庚申,郡国十一地震。""三年春二月,郡国十地震……冬十一月……郡国九地震。四年,春二月……壬戌,武库火。""五年(119)……八月,鲜卑寇代郡。是岁,郡国十四地震。六年,春正月乙巳,京都郡国三十二地震。水泉涌出,坏城郭宇舍压杀人……夏五月,京师旱。七月,鲜卑入塞。冬十二月……郡国八地震。是岁,北单于与车师后部王攻敦煌。"
② [南朝宋]范晔:《后汉书》卷五十七《杜栾刘李谢列传》,中华书局,2007年,第540页。
③ 日本国厨川白村语,转引侯外庐等著:《中国思想通史》第二卷,人民出版社,1957年,第2页。

句。虽未能究其微妙,然大指之趣,略可见矣。"(《楚辞章句叙》)其所谓
"大指之趣",就是"忠贞"、"忧国"。《楚辞章句》将一位"忠信于君国"的
屈原形象,通过分章分句的注释阐发了出来。王逸反复阐明屈原为"名儒
博达之士"的模范,也让屈原作品成为士大夫的精神皈依之所,王逸上述观
点在此后屈原精神传承接受史上几乎被全部接受,后人赞曰:"叔师一笺,
朦发万古。"(明汪瑗《楚辞集解序》)①"叔师"即王逸。

三、忠君爱国:洪兴祖、朱熹"楚辞"辑注的提炼

宋代楚辞辑注版本丰富②,欧阳修、苏轼等均曾校注《楚辞》,然流传最
广保存至今者则为洪兴祖《楚辞补注》、朱熹《楚辞集注》。洪兴祖《楚辞补
注》专为补正王逸《楚辞章句》而作,先列王逸注,再标"补曰"以申述己说。
朱熹《楚辞集注》对王、洪虽时有批评,但仍多采纳其说。姜亮夫先生曾言
三本《楚辞》的关系是:"王逸章句本《楚辞》,为汉世肄习之籍……为楚辞
不祧之祖……洪兴祖《补注》一本叔师旧说而申之。王氏《章句》通雅有
谅,洪补十得八九,且存唐以前遗说较多……朱熹《集注》,实多采洪说,亦
时有发明。"(《楚辞通故八十卷·叙目》)③

(一)洪氏《补注》"忠君忧国"说

洪兴祖(1070—1135)在《楚辞补注》开篇序言里批评班固、扬雄对屈
子之死的误读,肯定王逸的"忠臣"说。其《楚辞补注序》曰:

> 或问:古人有言,杀其身有益于君则为之。屈原虽死,何益于怀、
> 襄?曰:忠臣之用心,自尽其爱君之诚耳,死生、毁誉,所不顾也。故比
> 干以谏见戮,屈原以放自沉……屈原之忧,忧国也;其乐,乐天也……
> 屈子之事,盖圣贤之变者。使遇孔子,当与三仁同称雄。④

洪兴祖继承王逸的"忠信于君国"说,提出"忠君忧国"说。洪兴祖认

①[明]汪瑗:《楚辞集解》卷首《自序》,上海古籍出版社,2017年,第2页。
②[宋]陈振孙《直斋书录解题》卷四"楚辞考异一卷"著录:"兴祖少时从柳展如得东坡手校《楚
辞》十卷,凡诸本异同,皆两出之。后又得洪玉父而下本十四五家参校,遂为定本,始补王逸《章
句》之未备者。书成,又得姚廷辉本,作《考异》,附古本《释文》之后。又得欧阳永叔、孙莘老、苏
子容本于关子东、叶少协,校正以补《考异》之遗。"可见,当时治楚辞为"显学",注家颇多。
③崔富章:《楚辞书目五种续编》,上海古籍出版社,1993年,第212—213页。
④[宋]洪兴祖补注:《楚辞补注》,中华书局,1983年,第50—51页。

为扬子云创作《反离骚》批评屈原沉身毫无道理,屈原之死乃尽忠臣之义:"爱其君,眷眷而不忘。""生不得力争而强谏,死犹冀其感发而改行,使百世之下,闻其风者,虽流放废斥,犹知爱其君,眷眷而不忘,臣子之义尽矣。"①洪兴祖指出屈原的行为是一种"忠臣爱其君"的行为,这是自古以来所倡导的为臣责任。基于此,洪氏提出屈原是圣贤的典范:"屈子之事,盖圣贤之变者。使遇孔子,当与三仁同称雄。"洪兴祖认为,屈原的忠君忧国行为,可以上比商纣王时期的三位宗室大臣微子、箕子、比干,这三位大臣的忧国行为被孔子赞为"仁",见《论语·微子》:"微子去之,箕子为之奴,比干谏而死。孔子曰:殷有三仁焉。"②洪兴祖认为,屈原自沉之行为亦属于比干一类,符合"仁"是不能以常人之情揣度的:"自尽其爱君之诚耳,死生、毁誉,所不顾也。故比干以谏见戮,屈原以放自沉。"(《楚辞补注序》)

同时,洪兴祖将宋代"忧乐"的思潮融入对屈原作品的阐释,首次提炼出屈原作品中传达的"忧国"、"乐天"的精神。宋代理学开山祖师周敦颐特别强调学习道义前应思考"何谓快乐":"昔受学于周茂叔,每令寻颜子、仲尼乐处,所乐何事。"③周敦颐(1017—1073),字茂叔。程颢、程颐受业于其门,常常被要求思考颜渊、孔子以什么为快乐。何谓"孔颜之乐"? 周敦颐说:"颜子一箪食,一瓢饮,在陋巷,人不堪其忧,而不改其乐。夫富贵,人所爱也,颜子不爱不求而乐于贫者,独何心哉? 天地间有至贵至富、可爱可求而异乎彼者,见其大而忘其小焉尔。"(《通书·颜子》)④周敦颐《通书·富贵》又曰:"君子以道充为贵,身安为富。"⑤可见,宋代道学家强调"孔颜之乐",把这作为修身进学的前提,提倡超越物质欲求的道德精神上的"道充"愉悦,即以精神上的自由之境为乐。洪兴祖生活在宋代道学兴起繁荣时期,安贫乐道,忧君、忧国、忧民、忧天下是当时文人的一种情怀。"民生各有所乐兮,余独好脩以为常。"(《离骚》)屈原作品中对"忧乐"的选择无疑触发了洪兴祖的"忧乐"情怀,故而提出了"屈原之忧,忧国也;其乐,乐天也"的观点,这对后世阐发屈原为"人民诗人"给予了启发。

---

① [宋]洪兴祖补注:《楚辞补注》,中华书局,1983年,第50页。
② [宋]朱熹集注:《四书》,上海古籍出版社,1995年,第216页。
③ [宋]程颢、程颐:《二程集》第1册,中华书局,1981年,第16页。
④ [宋]周敦颐撰,徐洪兴导读:《周子通书》,上海古籍出版社,2000年,第38页。
⑤ [宋]周敦颐撰,徐洪兴导读:《周子通书》,上海古籍出版社,2000年,第41页。

（二）朱熹《集注》"忠君爱国"说

南宋理学家朱熹（1130—1200）晚年作《楚辞集注》，在洪氏"忧国"、"爱君之诚"基础上，凝炼出"忠君爱国之诚心"。其《楚辞集注序》说："原之为人，其志行虽或过于中庸，而不可以为法，然皆出于忠君爱国之诚心。"①

"忠"是儒家所倡人臣基本素质。孔子说："君使臣以礼，臣事君以忠。"（《论语·八佾》）②《孟子·离娄下》："君之视臣如手足，则臣视君如腹心；君之视臣如犬马，则臣视君如国人；君之视臣如土芥，则臣视君如寇仇。"③国君对待臣下的态度直接影响着臣子对待国君的方式，这是儒家强调的"忠君"原则。我们发现，屈原打破了这种"原则"。虽然受到国君的疏远和流放，虽然知道继续忠言逆耳只会遭来祸患，却仍然坚持谏言。屈原固持"忠君"，这一点既被儒者指责不能应变，也得到大部分文人士大夫的赞叹与敬重。

在《楚辞集注》中，朱熹即常肯定屈原不忘国君恩情。如"余固知謇謇之为患兮，忍而不能舍也。指九天以为正兮，夫唯灵修之故也"句，朱熹注曰："赋而比也。謇謇，难于言也。直词进谏，己所难言，而君亦难听。故其言之出有不易者，如謇吃然也。舍，止也。言己知忠言謇謇，必为身患，然中心不能自止而不言也。"（《楚辞集注》卷一）同时，朱熹进一步从理学纲要出发，指出屈原作品不只是"词人之赋"，而是能"增夫三纲五典之重"的典籍。其《楚辞集注序》说："岂不足以交有所发，增夫三纲五典之重？此予之所以每有味于其言，而不敢直以词人之赋视之也。"所谓"三纲"，即君臣、夫妇、父子，是儒家最基本的伦理体系，也是封建"忠君"思想的哲学依据。朱熹的这些阐释，既是儒学自身发展的必然，也进一步强化了屈骚的儒学伦理价值。元代姚燧曾说："屈原之爱君、周子之鸣道、陶潜之明达，林逋之狷，能法四贤足矣，又何他求为耶？"④可见朱熹之后，屈原"爱君"之形象已成为后人效法的楷模，渐渐被纳入文人人格的四种范型。

---

① [宋]朱熹集注：《楚辞集注》，上海古籍出版社，2015年，第4页。本节《楚辞集注》引文均为此版本。
② [宋]朱熹集注：《四书》，上海古籍出版社，1995年，第82页。
③ [宋]朱熹集注：《四书》，上海古籍出版社，1995年，第336页。
④ [元]姚燧：《牧庵集》卷八，文渊阁四库全书本。

汉、宋《楚辞》辑注的基本结论,深刻地影响着后世对屈原的认识。明黄文焕《楚辞听直》道:"千古忠臣,当推屈子为第一。"①《楚辞》传播到韩国后,李朝诗人金时习作《汨罗渊赋》称仿佛见到了忠臣屈原:"令人依稀于面目兮,宛若在乎其傍。然后知忠臣义士之大节兮,迹愈久而名愈芳。"②作为"楚辞"辑注史上的"轴心期",汉宋千余年时空间隔却能始终如一地传承屈原之"忠",这一方面体现了屈原作品中"忠"字表达的强烈,另一方面,也表明在中国文化传承发展中对"忠"的重视,"忠信"、"爱君"、"爱国"是传统士大夫文人人格的重要构成要素。因此,汉宋之后屈原以其"纯粹"之"忠"成为"忠臣"的典型和楷模。

在注意到屈原政治伦理之"忠"的同时,汉宋注骚者均注意和彰显了屈原自身人格之"贞"、"信"、"清"、"洁"、"白"。朱熹《反离骚·后序》中道:"屈原之心,其为忠清洁白,固无待于辨论而自显。"③宋代《重编楚辞》的作者晁补之曾说:"屈原、宋玉为《离骚》最近于诗,而所以托物引类,其感在四时,可以慷慨而太息,想见其忠洁。"(《续岁时杂咏序》)④宋代官方的屈原封号"忠洁侯"⑤、"清烈公"⑥,均是这一认识的体现。元明以后,王逸、洪兴祖、朱熹本的《楚辞》开始成为屈原学界的"权威"本子,常为后世《楚辞》注本之底本,如明汪瑗撰《楚辞集解》以三本互校,作"《考异》一卷,则以王逸、洪兴祖、朱子三本互校其字句也"⑦。

四、忧国忧民:王夫之等"楚辞"注本的阐发

元明时期"楚辞"辑注,远不及汉宋。"元人刘庄孙有《楚辞补旨音释》、吴莱有《楚汉正声》、吾丘衍有《九歌谱》,书并不显。明汪瑗《楚辞集

---

① [明]黄文焕:《楚辞听直》,上海古籍出版社,2019年,第210页。
② 转引自吴文善《比较视野中的金时习汉诗研究》"第二章 金时习与屈原的文学关系",中央民族大学博士学位论文。
③ [宋]朱熹集注:《楚辞集注》,上海古籍出版社,2015年,第218页。
④ [宋]晁补之:《鸡肋集》卷三十四,文渊阁四库全书本。
⑤《宋史·神宗本纪》:"六年春正月……丙午,封楚三闾大夫屈平为忠洁侯。"([元]脱脱等:《宋史》卷十六"神宗本纪",中华书局,1977年,第309页)
⑥《宋史》卷一百五"礼志""诸祠庙"载:"屈原庙,在归州者封清烈公。"([元]脱脱等:《宋史》卷十六"神宗本纪",中华书局,1977年,第2561页)
⑦《四库全书总目》卷一百四十八《楚辞集解八卷 蒙引二卷 考异一卷》提要,中华书局,1965年,第1269页。

解》摭拾旧文,略无体例。屠本畯有《离骚草木疏补》四卷、《楚骚协韵》十卷、《读骚大旨》一卷,喜改易字体,最为恶习。陈第有《屈宋古音考》,出《天问》而入《高唐》、《神女》、《登徒好色》等赋,仅于古韵有所发明。黄文焕《楚辞听直》作于狱中,自拟湘累,借抒牢愁,无关本意。沈云朔《楚辞评林》、冯绍祖《楚辞句解评林》冗而且陋"①。

　　同时,《辽史》、《金史》全书未见"屈原"、"楚辞"二字。《元史·仁宗本纪》仅有:"加封楚三闾大夫屈原为忠节清烈公。"②《明史·艺文志》仅列"汪瑗《楚辞集解》十五卷"。而影响流传比较广的明黄文焕的《楚辞听直》,《四库全书总目·楚辞听直提要》的评价是:虽偶有新意,也"大抵借抒牢骚,不必尽屈原之本意……亦不出明末佻薄之习也"③。可见,辽、金、元、明四朝"楚辞"传播受到了一定限制。

　　但,明清之际,出现一批"楚辞"辑注本,借注释屈赋寄托故国之思,影响较大,代表性论著是王夫之《楚辞通释》。王夫之(1619—1692)是明末清初的大思想家、爱国诗人,他一边抗清,一边隐居山中注《楚辞》,清康熙二十四年(1685)《楚辞通释》完成。王夫之《楚辞通释》十四卷将王逸《楚辞章句》本中所录《七谏》以下五篇楚辞作品删除,增入南朝作家江淹《爱远山》和《山中楚辞》两篇,并附王夫之自创作品《九昭》,共为44篇,各篇分段立释。从编撰体例看,王夫之加入江淹的作品,是继承朱熹《楚辞集注》的做法,删减增加自己认为最能体现屈原思想艺术传统的作品;加入自己的作品,主要是继承刘向、王逸编撰《楚辞》的惯例于篇末增入个人作品。王夫之通过选取江淹的楚辞作品,让人耳目一新的同时,强化了屈原忠直爱民精神的巨大影响。《梁书·江淹传》载,江淹作御史中丞时,不惧权贵,直言敢谏,大胆弹劾高级官吏,使朝廷内外政风肃然,成为"忠直"楷模,"诸郡二千石并大县官长,多被劾治,内外肃然","明帝谓淹曰:'宋世以来,不复有严明中丞,君今日可谓近世独步。'"④可见,增入江淹作品入《楚辞》,王夫之有彰显屈原忠直精神影响力的用意。且,江淹本就崇拜屈

①徐英:《楚辞札记》,钟山书局,1935年,第3—4页。
②[明]宋濂等:《元史》卷二十六,中华书局,1976年,第585页。
③[清]永瑢等:《四库全书总目》,中华书局,1965年,第1270页。
④[唐]姚思廉等:《梁书》卷十四,吉林人民出版社,2005年,第147页。

原,他曾言:"屈原才华……恨不得与之同时,结佩共绅。"(《灯赋》)①

在《楚辞通释》中,王夫之阐发凝练出屈原"忠臣生死依于宗国"的核心价值追求,强化屈原临患不忘国之"忠":"蔽屈子以一言曰:忠。"(《楚辞通释·序例》)②屈子之忠乃"千古独绝之忠"(《楚辞通释·离骚》),其核心理论仍是汉宋儒学注释一脉,主要寄托亦在"宗国之依"。

王夫之在章句注释时常常不忘强调屈原"生死不变"之忠诚。如,《橘颂》"深固难徙,更一志兮"句,其注曰:"橘不逾淮,喻忠臣生死依于宗国。"(《楚辞通释·橘颂》)《橘颂》"愿岁并谢,与长友兮"句,其注曰:"橘树冬荣,霜雪不凋,志愿坚贞,与岁相为代谢。友四时而无渝,喻己忠贞,不改其操。"(《楚辞通释·橘颂》)《悲回风》"施黄棘之枉策"句,其注曰:"盖忠贞专一之志气,与天地合德,鬼神效灵者,可以自信,屈子之贞魂,至今为烈,岂虚也哉!"又道:"盖原爱君忧国之心,不以生死而忘,非但愤世嫉邪,焉决意捐生而已。"(《楚辞通释·悲回风》)屈原不会因为国君的态度改变自己忠诚于君国的信念,这是王夫之继洪兴祖、朱熹之后,再次反复强调的屈原作品传达的"爱君忧国"精神。

同时,王夫之融合儒家"民本"思想,解释了屈原为何执着忠贞的另一精神支柱,并提出屈原"为楚之社稷人民哀"的观点。其解释《哀郢》道:

> 哀故都之弃捐,宗社之丘墟,人民之离散,顷襄之不能效死以拒秦,而亡可待也。原之被谗,盖以不欲迁都而见憎益甚。然且不自哀,而为楚之社稷人民哀,怨悱而不伤,忠臣之极致也。

若仔细去读屈原作品,我们不难发现,其最终不离开楚国的根本性原因确实是离不开楚国的百姓:"数惟荪之多怒兮,伤余心之忧忧。愿摇起而横奔兮,览民尤以自镇。"(《抽思》)在国君与人民之间,屈原处于进退两忧的状态:每当想到好发怒的君王,真让屈原伤心痛苦,本想无所顾及,一走了之,但看一眼处在煎熬中的楚国人民便又止住了。"忧民"是屈原不能离开楚国的根本原因,王夫之将"为楚之社稷人民哀"称为"忠臣之极致"的最高境界,揭示了屈原精神本质的人民性,也补充和完善了前代"忠君"阐释的局限性。屈原精神之所以在历史上被某些人讥讽为"愚忠"或"不能与世

---

① [南朝]江淹著,俞绍初、张亚新校注:《江淹集校注》,中州古籍出版社,1994年,第156页。
② [清]王夫之:《楚辞通释》卷首,中华书局,1975年。本节该书引文均见此版本。

推移",都和将屈原精神单一化、概念化的解读为"忠于壅君"有密切关系,王夫之提出"为楚之社稷人民哀",阐发出了屈原精神的真境界。

　　与王夫之同时的林云铭(1628—1697)有《楚辞灯》,其中亦揭示屈原"忧国忧民"之精神。其释《离骚》曰:"屈原全副精神,总在忧国忧民上。"(《楚辞灯·离骚》)①强调屈原志向始终在对楚国和楚国人民的关心上:"读《楚辞》要先晓得屈子位置,以宗国而为世卿,义无可去。缘被放之后,不能行其志,念念都是忧国忧民。"(《楚辞灯·凡例》)

　　王夫之、林云铭全面阐释发现屈原"为楚之社稷人民哀"的精神,将屈原精神表述为"忧国忧民",是传统"民本"思想发展和明末资本主义民本思潮萌芽的必然产物,这对近代提出屈原是"人民诗人"亦有直接启发。

五、爱身忧国:蒋骥"楚辞"注本的考析

　　清代是汉宋之后又一个楚辞学的繁盛期,这一时期的楚辞辑注本近百种,其中较著者有:王邦采《离骚汇订》、李光地《离骚经九歌解义》、蒋骥《山带阁注楚辞》、戴震《屈原赋注》、陈本礼《屈辞精义》、郑武《屈子离骚论文》等。其中,蒋骥《山带阁注楚辞》与清戴震《屈原赋注》、明末清初王夫之《楚辞通释》被学术界誉为"鼎足而三"。

　　蒋骥《山带阁注楚辞》历时二十余年方才撰成,倾注了蒋氏毕生心血。姜亮夫先生《楚辞书目五种》中评道:"虽不无可商,而明快为旧说所无。《余论》中分析考论,虽有驳谈,亦时见精邃之言,终非明以来泛言可比。且采摭群书,都六百四十余种,以《楚辞》一书而论,自王氏《章句》以外,取晁、洪、朱、黄、毛、陆、周,以逮清初十余家。非率而苟且之作矣。"②

　　《山带阁注楚辞》最大特点是文本细读深入、深刻。如,对屈原放逐路线的详细考证③,至今仍被学界采纳。特别是从屈原作品章法结构的角度解读屈原创作之用心,考析屈原作品之编次,并由此知人论世,给予汉宋以来关于屈原作品中的忠贞爱国精神的阐发更多证据,观点更加成熟和

---

①[清]林云铭:《楚辞灯》,华东师范大学出版社,2012年。本节该书引文均为此版本。

②姜亮夫编著:《楚辞书目五种》,上海古籍出版社,1993年,第161—162页。

③蒋骥《楚辞地理总图》、《抽思思美人路图》、《哀郢路图》、《涉江路图》、《渔父怀沙路图》附于卷首。"余所考订楚辞地理与屈子两朝迁谪行踪,既散著于诸篇,犹恐览者之未察其详也,次为图如左。"(《山带阁注楚辞》卷首)

可信。

蒋骥认为，"好修"是屈原"立身之本，而致君之源"，"深固难徙"是屈原"自命之本"："旧解徒知以'受命不迁'明忠臣不事二君之义，而不知以'深固难徙'示其不能变心从俗，尤为自命之本。"①又指出，"好修"是《离骚》全篇之纲目："盖通篇以'好修'为纲领，以'从彭咸'为结穴……篇中曰好修、曰修能、曰修名、曰前修、曰修初服、曰信修，修字凡十一见，首尾照应，眉目了然，绝非牵附之见。"（《山带阁注楚辞·楚辞余论》）②在章句解读中也随时联系"好修"加以阐发，如《山带阁注楚辞》卷一释《离骚》："首尾二千四百九十言，大要以好修为根柢，以从彭咸为归宿。盖宁死而不改其修，宁忍其修之无所用而不爱其死。"又如"朝搴阰之木兰兮，夕揽洲之宿莽"句注："木兰去皮不死，宿莽拔心不死。皆香之不变者，所修无已，善行乃日进而不可变。此立身之本，而致君之源也。篇中言修皆本于此。"再如"日月忽其不淹兮，春与秋其代序。惟草木之零落兮，恐美人之迟暮。不抚壮而弃秽兮，何不改乎此度"句注曰："言欲以其修能与君及时图治也。淹，留也。美人，美好之人，谓君也。抚壮弃秽，谓及壮盛之年，弃其秽恶之行也。"③通过条分缕析、结构章法、字句考析的文本细读，蒋骥提出"好修"是屈原为政的基本原则，不仅自己"遇谗而不改其修"，而且还鼓励君王行善好修，希望能好修以摒弃其污秽之行，而在"好修"与"死"之间，屈原选择"好修"，坚持高洁独醒。

关于屈原精神之"忠"是汉宋以来学者共识，蒋骥对屈原忠君爱国思想亦有系统深入地发掘和考析。蒋骥特别关注楚辞作品的时空编次问题，考订出《楚辞地理总图》、《抽思思美人路图》、《哀郢路图》、《涉江路图》、《渔父怀沙路图》，对屈原作品创作背景予以清晰描述。同时，思考《楚辞》编撰篇目次序，分析编排思想，从中阐发屈原忠君爱国精神。如《山带阁注楚辞》卷二《九歌》解题解释《九歌》编排次序上紧接《离骚》，是因两篇诗歌的"忠君爱国"寄托相同："本祭祀侑神乐歌，因以寓其忠君爱国眷恋不忘之意。故附之《离骚》。"④又如，蒋骥认为《九章·惜诵》是屈原创作的第一首诗歌，该诗暗示屈原二十五篇的旨意，是向国君表白忠诚："《惜诵》，

①［清］蒋骥：《山带阁注楚辞》卷四《橘颂》解题，上海古籍出版社，1984 年，第 138—139 页。
②［清］蒋骥：《山带阁注楚辞》，上海古籍出版社，1984 年，第 181—183 页。
③［清］蒋骥：《山带阁注楚辞》，上海古籍出版社，1984 年，第 33—49 页。
④［清］蒋骥：《山带阁注楚辞》，上海古籍出版社，1984 年，第 51 页。

盖二十五篇之首也……盖庶几君之闻其言,证其行,而鉴其忠,则荪美可完,犹'诵'之意也。'指九天以为正兮,夫惟灵修之故',经固自言之矣。"①即《惜诵》忠君陈情之义在屈原二十五篇作品中是一以贯之的,其创作时间在《离骚》之前。虽然蒋骥的楚辞编年系地工作"不无可商",其自身也十分谨慎②,但将屈原行吟路线明晰呈现,将屈原与江汉、湖湘等地名之关联系统化,拓展了解读屈原作品的思路,也让屈原的形象更加明晰、立体。

　　蒋骥注《楚辞》最勤而用心,花费心力二十余年,触及屈原作品的灵魂——"自爱心"和"爱国心",蒋骥感慨道:"若屈子者,但见其爱身忧国、迟回不欲死之心,未见其轻生以怼君也。吾故曰,世未有知屈子者。"③蒋骥指出历史对屈原的"轻生以怼君"的评价不妥,提醒读者注意屈原作品中徘徊犹豫的诗句,指出屈原对待"死"是十分慎重的,他很珍惜生命。屈原之死不代表他不爱身,但爱身不仅是身体发肤,更是自己的精神灵魂与气节。蒋骥认为,屈原之死与其好修志向、忧国谏君密不可分:"下著其志,而上悟其君。"④由此,蒋骥肯定屈原人格是高尚的,其皎皎气节和拳拳忠心是百代之楷模:"皦皦之节,可使顽夫廉;拳拳之忠,可使薄夫敦。信哉,百世之师矣。"⑤

六、爱国精神:近代以后"楚辞"论著的承续

　　近现代曾出现了诸多《楚辞》注本⑥。1840 年鸦片战争后,面对侵略者的坚船利炮,中国文人先觉者的忧患意识扩展为民族国家危机意识,忠君理念、垂史追求的士大夫功业意识转化为反帝为国、变法图强的民族自强意识。与汉宋学者将屈原精神纳入儒家君臣伦理体系不同,此时,学界在

①[清]蒋骥:《山带阁注楚辞》,上海古籍出版社,1984 年,第 114—115 页。
②蒋骥曰:"故列疏于诸篇,而目次则仍其旧,以存疑也。若《九歌》、《天问》、《橘颂》、《远游》,文辞浑然,莫可推诘,固弗敢强为之说云。"([清]蒋骥:《山带阁注楚辞》卷首,上海古籍出版社,1984 年,第 32 页)
③[清]蒋骥:《山带阁注楚辞》卷首《序》,上海古籍出版社,1984 年,第 3—4 页。
④[清]蒋骥:《山带阁注楚辞》卷四《怀沙》解题,上海古籍出版社,1984 年,第 129—130 页。
⑤[清]蒋骥:《山带阁注楚辞》卷一,上海古籍出版社,1984 年,第 49 页。
⑥可参李中华、朱炳祥《楚辞学史》之"第八章　近代的《楚辞》研究"(武汉出版社,1996 年)、翟振业《楚辞研究新思维》(苏州大学出版社,2003 年)、李炳海《以国学治骚的是非得失——章太炎、刘师培楚辞研究的历史反思》(《国学的传承与创新——冯其庸先生从事教学与科研六十周年贺学术文集》上,中国人民大学国学院主编,2013 年)、徐志啸《楚辞综论》之"近代楚辞学"(上海古籍出版社,2015 年)。

研究屈原爱国主义思想时,特别凸显屈原的爱国精神。

"辛亥革命"推翻君主专制后,"忠君"已去"君"存"忠"。"辛亥革命"领导者孙中山先生说:"古时所讲的忠,是忠于皇帝,现在没有皇帝便不讲忠字,以为什么事都可以做出来,那便是大错……还是要尽忠,不忠于君,要忠于国,要忠于民。"①显然,推翻君主专制不是摈弃传统中的优秀文化,忠信之诚自然由"忠君"推衍为"忠于国家"、"忠于民族"、"忠于真理"。

20世纪30年代,在传统"楚辞"辑注的专著形式之外,一批短小灵活易于传播的屈原研究单篇论文大量出现。1930年6月郭沫若发表《人民诗人屈原》(《人物杂志》1930年6月)。1935年5月30日"沪难三周年纪念日",《中学生》第55期刊发了郭沫若《屈原》一文,文中说:"屈原又根本是一位爱国者。"1940年6月9日《大公报》刊发郭沫若《关于屈原》一文,文中评价屈原诗歌道:"他的诗对于国族的忠烈和创作的绚烂,真真是光芒万丈。"1946年《人物杂志》2卷6期刊发王璞的《屈原——人民的诗人》一文,称屈原为"爱国诗人"、"人民诗人"。

1949年新中国成立后,在阶级分析方法论的指导下,屈原的人民性被特别予以强化②。解放初期,20世纪50年代的小学教材《历史》第三册第十三课标题为《爱国诗人屈原》③。屈原的阶级身份,成为50年代屈原精神研究的基础;屈原作品中的人民性,成为阐明屈原爱国精神的依据。"根据屈原自己的作品及他的弟子宋玉的作品,可以相信他是一位没落贵族……所以他能看到人民的利益"④,在确定屈原是"没落贵族"身份、屈原是人民诗人的基础上,屈原精神被表述为爱国爱民的精神:"屈原是中国文学史上第一个伟大的爱国诗人……他的作品乃是高度的思想性和高度艺术性的高度结合,成为两千多年来不可企及的典范……屈原是有民族的立场的,人民性的倾向,爱国主义的热情。"⑤此时,"屈原奠定了爱国主义传

①《民权与国权——孙中山文选》,上海远东出版社,1994年,第56—57页。
②这方面的研究成果有:井方《屈原的阶级立场及其革命性》(《人物杂志》1951年),文怀沙《人民诗人屈原》(《光明日报》1952年),游国恩《屈原文学作品的人民性》(《新建设》1953年),唐弢《人民的诗人——屈原》(《文艺月报》1953年),何剑熏《伟大的人民诗人屈原》(《重庆日报》1953年)等。参见姜亮夫《楚辞书目五种》,上海中华书局,1961年,第481—485页。
③沈竹余:《我这样教"爱国诗人屈原"》,《江苏教育》1957年第1期。
④孙作云:《在历史教学中怎样处置屈原问题》,《历史教学》1954年第1期。
⑤虞愚:《试论屈原作品》,《厦门大学学报(文史版)》1954年第5期。

统"①,"祖国最伟大的爱国诗人"②已基本成共识。

屈原爱国精神在今天已经深深扎根于每一个中国文人、中国学生、中国百姓的心中。"吃粽子和赛龙舟的风俗,是为了纪念我国伟大的爱国诗人、思想家和政治家屈原。"③"屈子爱国精神,与夫富贵不能淫、贫贱不能移、威武不能屈之大丈夫气节,得以宛然复见于世。"④"《离骚》这一瑰丽诗篇……展示了诗人反抗黑暗、追求光明、同情人民、热爱祖国的伟大人格。"⑤爱国精神,今天已经成为屈原作品中最为人们广泛接受的一种精神内涵。

综上梳理,历代"楚辞"辑注本展示了一条清晰的屈原爱国精神的彰显路线:忠信于君国——忠君爱国——忧国忧民——爱身忧国——爱国精神。对屈原爱国精神的解读,源于屈原作品"忠信"的表达,显露于西汉文人的解读。此后,东汉王逸《楚辞章句》是现存最早全面系统阐释了屈原作品的精神内涵的《楚辞》注本,王逸用"忠贞"、"忠信"、"忠厚"、"念国"、"忧国"、"思君"、"念君"、"以忠辅楚"等词语概括屈原作品内在的精神,阐明屈原昏君不悟而不弃、国家危亡而不弃,有"忠信"之德。在汲取王逸上述阐释的基础上,宋代洪兴祖将"忠信于君国"凝练为"爱君之诚",南宋理学家朱熹晚年作《楚辞集注》提炼出"忠君爱国之诚心"。明清之际,王夫之《楚辞通释》强化了屈原"生死依于宗国"与"为楚之社稷人民哀"之精神;与其同时的林云铭在《楚辞灯》中亦提出屈原"忧国忧民"之精神。清代蒋骥回归屈原文本,提出"好修爱身"、"明君忧国"是屈原作品的主旨,强调屈原"皦皦之节"和"拳拳之忠"乃"百世之师"。随着封建君主专制的逐渐瓦解,20世纪三、四十年代,屈原被强化为"爱国诗人"和"人民诗人";50年代,屈原被定论为"祖国最伟大的爱国诗人"。

由此可见,屈原的爱国精神,并不是脱离楚辞文本解读的"空穴来风",而是屈原人格精神在社会文化发展体系演变中的被揭示与拓申的结果。历史上,传统儒家文化依据忠君好德的"君子人格"标准,解读出了忠

①孙作云:《在历史教学中怎样处置屈原问题》,《历史教学》1954年第1期。
②闻宥:《屈原作品在国外》,《新华月报》1953年第7号。
③孟寅:《屈原的故事》,河北人民出版社,1982年,第1页。
④彭泽陶:《离骚今译校注与答问·自叙》,崔富章编著:《楚辞书目五种续编》,上海古籍出版社,1993年,第176页。
⑤《离骚解题》,汤炳正、李大明等注:《楚辞今注》,上海古籍出版社,1996年,第2页。

清洁白的屈原精神内涵,且屈原作品辑录注释的"高峰期"常常是在一个朝代由盛转衰或易代之时,这种解读背景的趋同性也自然促成了屈原精神内涵阐发的基本一致性:封建文人士大夫注重"忠君"、"好修";易代之时更注重"忧国";民主主义革命时期,人民爱国热情高涨,更高扬屈原爱国精神。如今,屈原作品成为爱国文学经典,屈原是"人民诗人"、"伟大的诗人"、"爱国诗人"的界定已被广泛接受。这一切都离不开两千多年来历代辑注者整理注释《楚辞》之功。

"删汰繁芜,使菁稗咸除,菁华毕出。是固文章之衡鉴,著作之渊薮矣。"(《四库全书总目》卷一百八十六集部三十九"总集类"提要)①历代"楚辞"辑注者孜孜不倦的意义追寻,使得屈原作品成为爱国文学的经典之作;历代辑注者的阐发,既彰显了屈原爱国爱民之心,又传承了屈原精神的核心要素。

七、"楚辞"辑注与文人心灵的铸造

"楚辞"的每一次辑注,不仅影响着后人的阅读体验,而且对辑注作者本人而言,领会屈原作品的独特深刻的精神魅力,也是其人格精神锻造的过程。历代辑注者在整理注释《楚辞》时,往往结合自己的时代背景、人生体验去把握屈原作品的意蕴情绪,慰藉多棱的心灵。注骚忘忧,注骚自娱,注骚塑造自己的人格,注骚寄托自己的故国之思,注骚寄托自己的不遇之愤,注骚倡议时代正气……楚辞辑注中对屈原作品的解读,不仅作为"课本"传承到一代又一代中国文人的精神中,而且是辑注者自身对屈原精神的一种接受。

屈原精神依托屈原作品而传承,读《离骚》成为古今文人雅士的"必修课"。晋人王恭说:"名士不必须奇才,但使常得无事,痛饮酒,熟读《离骚》,便可称名士。"(《世说新语·任诞》)②辛弃疾常到山中溪边读《离骚》:"山头明月来,本在天高处。夜夜入青溪,听读《离骚》去。"(《生查子》"独游西岩")③明代有位雪庵和尚"时时以《楚词(辞)》袖之,登小舟,急棹滩中流,

---

① [清]永瑢等:《四库全书总目》卷一百八十六,中华书局,1965年,第1685页。
② [南朝宋]刘义庆撰,[南朝梁]刘孝标注,王根林校点:《世说新语》,上海古籍出版社,2012年,第155页。
③ [宋]辛弃疾著,邓广铭笺注:《稼轩词编年笺注》,上海古籍出版社,1978年,第248页。

朗读一叶,辄投一叶于水,投已辄哭,哭已又读,读终卷乃已"①。明陆时雍撰《楚辞疏》曾感叹:"夫骚存而不善读之,犹之无骚也。"②擅于读《离骚》,才是拥有它的最好方式。一部两千多年的注"骚"史,是屈原精神的揭示史,亦是引发文人读"骚",从中汲取屈原精神、完善自我人格的心灵成长史。

　　注"骚"倡议时代正气。《楚辞章句》作者王逸生活在东汉末期,其时朝政荒废、天灾频繁,现实让王逸胸中慷慨之气溢怀,而屈原的诗歌及其忠信忧国的情志,则让王逸找到了精神寄托,其《楚辞章句叙》将自己作此书比作孔子之作《春秋》,"叙曰:昔者孔子叡圣明喆,天生不群,定经术,删诗书,正礼乐,制作春秋,以为后王法。门人三千,罔不昭达。临终之日,则大义乖而微言绝⋯⋯而屈原履忠被谮,忧悲愁思,独依诗人之义而作《离骚》,上以讽谏,下以自慰。遭时闇乱,不见省纳,不胜愤懑,遂复作《九歌》以下凡二十五篇⋯⋯今臣复以所识所知,稽之旧章,合之经传,作十六卷章句。虽未能究其微妙,然大指之趣,略可见矣"③。王逸以阐发屈原之作品之"大指",倡导儒家《春秋》大义。抗日战争期间,闻一多、郭沫若等,纷纷以注解或讲习"楚辞"来宣传爱国精神,鼓励青年学子积极抗战,"抗战以来,由于国家临到了相当危险的关头,屈原的身世和作品又唤起了人们的注意"④。可见,无论在封建社会,还是在民主主义革命时期,都曾从屈原作品中汲取爱国的力量。

　　注"骚"寄托故国之思。屈原作品表达的"深固难徙"爱国志向,引发了易代文人的情感共鸣。明清之际的王夫之、林云铭等以注解《楚辞》寄托故国之思。《楚辞通释》作者王夫之"自明崇祯十六年(1643)张献忠部队陷衡州起,至清康熙十四年(1675)筑湘西草堂定居衡阳石船山侧30多年期间,一直过着患难流亡生活"⑤。王夫之曾自题堂联:"芷香沅水三闾国,芜绿湘西一草堂。"⑥在注释《楚辞》时,王夫之时常提醒读者,自己就是

①[明]凌迪知:《氏族博考》卷四《雪庵和尚》,文渊阁四库全书本。

②引录自[清]周拱辰《楚辞叙》,[明]陆时雍:《楚辞汇编·楚辞疏》,新文丰出版公司,1986年,第27页。

③[汉]王逸章句,[宋]洪兴祖补注:《楚辞补注》卷一,中华书局,1983年,第47—48页。

④郭沫若:《蒲剑·龙船·鲤帜》,《新华日报》1941年5月30日。

⑤衷尔巨:《大儒列传·王夫之》,吉林文史出版社,1997年,第104页。

⑥衷尔钜:《大儒列传·王夫之》,吉林文史出版社,1997年,第118页。

"屈原",自己感情志向与屈子相似,他说:"有明王夫之,生于屈子之乡,而遭闵戢志,有过于屈者。"(《九昭·序》)①他作《九昭》就是"以旌三闾之志","达屈子未言之情而表著之"②,注重阐释《楚辞》文本所传达的屈原情感:"今此所释,不揆固陋,希达屈子之情于意言相属之际。"(《楚辞通释·序例》)③王夫之认为,屈原之至性真情,就是忠贞忧国:"屈子忠贞笃于至性,忧国而忘生。"(《楚辞通释·爱远山》末段注)④在深入感受屈原作品之"情"时,王夫之寄托了自己的亡国忧愤。案,乾隆时期编《四库全书》未收录王夫之《楚辞通释》,或许与此相关。

　　注"骚"自娱忘忧。自娱,或许是承平时代文人注骚的主要缘起。宋代《重编楚辞》作者晁补之有多首诗歌写自己读《离骚》悠然自得的情景,如《约李令》:"茅檐明月夜萧萧,残雪晶荧在柳条。独约城隅闲李令,一杯山芋校《离骚》。"⑤冬夜悠闲,茅檐书斋之中,与朋友相约吃着山芋酒,校雠《离骚》,何等悠游自在!又《鲁直复以诗送茶云愿君饮此勿饮酒次韵》道:"吾侪幽事动不朽,但读《离骚》可无酒。"⑥在《呈毅父提刑》诗中说:"不酌公荣有意哉,可能元亮此公侪。但读《离骚》正须酒,不应须为菊花来。"⑦归纳起来,优游卒岁的晁补之,更喜欢把注"骚"当作书斋生活忘忧自娱的一种方式。清代朱冀也"借读《骚》以自遣",为《离骚》废寝忘食:"适岁在丙戌,秋冬之交,忽疽发于腰膂间,足不能窥户者两阅月。每借读《骚》以自遣,往往于吟唱之余,为大夫设身处地沉思默想,至忘饮食。"(《离骚辩·自序》)⑧文人注骚,有时是寄托一种"莫名"的忧愁,明代茹天成常手书《离骚》寄托自己沉郁慷慨之思:"吾不能骚而能书。幽窗鬼语,古堞猨啼,则书《离骚》;静几玄云,明轩旭日,则书《离骚》;击筑鼓缶,酒歌夜阑,则书《离骚》;篮舆暮归,倦而就枕,则书《离骚》;栗尊独倚,则书《离骚》;良朋偶坐,则书《离骚》。善以吾之精神画彼之文义,而又假屈氏之文义泄吾

①[明]王夫之:《楚辞通释》卷末,吴平编:《楚辞文献集成》,广陵书社,2008年,第7179页。
②[明]王夫之:《楚辞通释》卷末,吴平编:《楚辞文献集成》,广陵书社,2008年,第7179—7180页。
③[明]王夫之:《楚辞通释》卷末,吴平编:《楚辞文献集成》,广陵书社,2008年,第6799页。
④[明]王夫之:《楚辞通释》卷末,吴平编:《楚辞文献集成》,广陵书社,2008年,第7176页。
⑤[宋]晁补之:《鸡肋集》卷二十,文渊阁四库全书本。
⑥[宋]晁补之:《鸡肋集》卷十二,文渊阁四库全书本。
⑦[宋]晁补之:《鸡肋集》卷二十二,文渊阁四库全书本。
⑧[清]朱冀:《离骚辩》,黄灵庚主编:《楚辞文献丛刊》第47册,国家图书馆出版社,2014年,第459页。

郁沉慷慨之思。"①清代蒋骥二十余年专注《楚辞》,以维系生命的意义:"年来精益消亡,病端蜂起,兼之忧患死丧,腐心摧骨,万念灰冷。雅不喜为仙佛之逃,《离骚》一编时横几上,聊以舒忧娱哀云尔。"②

如今,屈原作品存在的意义已经不仅仅是辞赋宗祖,历代注释本中所熔铸的汉宋儒家思想、明清社会思潮、近代启蒙思想、当代社会思潮等等,使得屈原作品逐步成为传承中国民族优秀传统文化的重要载体。屈原好修顽强的意志(自爱心)和忧国忧民的精神(爱国心)为历代文人所接受,化为他们爱国救国实践和铸造心灵人格的标杆。

第八节　近现代文学与屈原精神的世界性和民族性阐发

从一八四〇年第一次鸦片战争到一九一九年"五四运动"的八十年里,发生了太平天国运动、第二次鸦片战争、中法战争、中日战争、戊戌变法、义和团运动、辛亥革命等重大历史事件,这八十年的近代史,是无数仁人志士抵御外侮、振兴中华的斗争史,龚自珍、梁启超、王国维等一批志士仁人,在学术研究与社会改革探索中发现并阐释了屈原精神中具有启蒙意义的新内涵;从一九一九年至一九四九年的三十年里,发生了五四运动、国民革命、新军阀混战、抗日战争、解放战争、新中国建立等重大历史事件,这三十年的现代史,同样是无数仁人志士抵御外侮、振兴中华的斗争史,闻一多、老舍、郭沫若、郁达夫、胡风、游国恩、郑振铎等在学术研究与文艺创作中,大胆将屈原精神与时代背景紧密结合,倡导设立纪念屈原的中国诗人节,倡导效法屈原的爱国精神,促进了屈原爱国精神的大众化及世界性反响,屈原精神的阐发视域由"乡人"扩展到"国人"到"世界人"。

一、龚自珍与屈原精神近代化的先导

作为中国近代文学"开山",龚自珍的文学精神源于他对中国传统文化精髓的融会贯通与创见。对于屈原精神,龚自珍有着深刻的领悟,在他的自我意识里,儒家、道家、屈原精神是其心理特征和行为模式的内驱力。

①明万历七年(1579)茹天成紫芝室刻本邹迪光《楚辞录序》,崔富章编著:《楚辞书目五种续编》,上海古籍出版社,1993年,第13页。
②[清]蒋骥:《山带阁注楚辞》,上海古籍出版社,1984年,第5—6页。

如,他自述:"庄骚两灵鬼,盘踞肝肠深。"①"周任史佚来斌斌,配食漆吏与楚臣。六艺但许《庄》《骚》邻,芳香恻悱怀义仁。"②意思是说,经学、庄子哲学与屈原《离骚》盘踞在思想里,根深蒂固,矛盾中统一。

龚自珍称赞屈原品行高洁芳香,屈原文学精神在龚自珍心中成为一种模式和标准。如其《夜读〈番禺集〉书其尾》:"灵均出高阳,郁郁文词宗。万古两苗裔,芳馨闻上帝。"《番禺集》是明末清初著名学者、诗人屈大均(1630—1696)的诗集,屈大均是广东番禺人,与陈恭尹、梁佩兰并称为"岭南三大家"。他曾参加反清活动,诗中亦常吟诵屈原寄托亡国之痛,有屈原之遗风。因屈大均与屈原同姓,龚自珍称赞他们都是高阳帝的苗裔,赞美屈大均的气节和诗艺均继承了屈原。又如,龚自珍评价陶渊明的诗歌:"陶潜酷似卧龙豪,万古浔阳松菊高。莫信诗人竟平淡,二分梁甫一分骚。"③将陶诗意蕴分为三分,二分像诸葛亮《梁甫吟》,一分像屈原《离骚》。再如,他评价李白的艺术精神:"庄、屈实二,不可以并,并之以为心,自白始。"④认为李白是融合了庄子、屈骚艺术风格的第一人。

龚自珍更深刻的屈原精神接受,是其自身对屈原精神的融会。有人说:"龚自珍绝对是清廷的屈原、贾府的焦大。"⑤屈原之独醒与革命精神,在近代特殊国情下,推动了近代哲学和人文精神的觉醒,而践行这种觉醒精神的第一人,当属"但开风气不为师"⑥的龚自珍。任访秋赞誉龚自珍道:"中国近代文学,其总的精神,是为了振兴中华民族,使广大人民群众从封建主义的压迫与帝国主义的侵略下解放出来,是为了'救亡图存'……而这种革命进取的精神,在近代文学中,最早给以体现的则是龚自珍。所以把他作为中国近代文学的开山,是符合历史事实的结论。"⑦晚清社会,内忧外患,国内社会危机四伏,西方帝国虎视眈眈,中国面临着三千年未有

---

①[清]龚自珍:《自春徂秋,偶有所触,拉杂书之,漫不诠次,得十五首》,《龚自珍全集》,上海人民出版社,1975年,第485页。

②[清]龚自珍:《辨仙行》,《龚自珍全集》,上海人民出版社,1975年,第469页。

③[清]龚自珍:《己亥杂诗》,《龚自珍全集》,上海人民出版社,1975年,第521页。

④[清]龚自珍:《最录李白集》,《龚自珍全集》,上海人民出版社,1975年,第255页。

⑤周月亮主编:《中国大儒传》,中华工商联合出版社,2014年,第328页。

⑥[清]龚自珍:《己亥杂诗》,《龚自珍全集》,上海人民出版社,1975年,第519页。

⑦任访秋:《任访秋文集·古代文学研究》,河南大学出版社,2013年,第860页。

之大变局。是时,文人惊呼:"此华洋之变局,亦千古之创局也。"①1864 年春,王韬代人捉笔写给李鸿章的信中曾分析时局道:"当今光气大开,远方毕至,海舶沽艎,羽集鳞萃……凡前史之所未载,亘古之所未通……合地球东西南朔九万里之遥,胥聚于我中国之中,此古今之创事,天地之变局。"②1872 年五月,李鸿章在奏章《筹议制造轮船未可裁撤折》中进一步阐发了对时局的看法:"合地球东西南朔九万里之遥,胥聚于中国,此三千余年一大变局也。"③变法图强,成为近代社会的主题。时局巨变,"师夷长技以制夷"成为近代文人的理想和使命。而能够先于鸦片战争之前,认清时局趋势的龚自珍,则以批判为本色,唤醒新的时代精神。

面对国家和时代的变革,龚自珍与屈原有太多相似。屈原认为,国家发展需要人才,并努力为国家培养人才,《离骚》中写道:"余既滋兰之九畹兮,又树蕙之百亩。畦留夷与揭车兮,杂杜衡与芳芷。冀枝叶之峻茂兮,愿竢时乎吾将刈。"龚自珍急呼,近代中国需要破格荐用人才:"九州生气恃风雷,万马齐喑究可哀。我劝天公重抖擞,不拘一格降人才。"④这首《己亥杂诗》新意新境,极能震撼读者灵魂,成为近代文学名篇,广泛传播。屈原曾痛心于人才变节而"哀众芳之污秽",龚自珍亦痛心疾首于"士不知耻"、痛心于"病梅",他说:"士皆知有耻,则国家永无耻矣;士不知耻,为国之大耻。历览近代之士,自其敷奏之日,始进之年,而耻已存者寡矣!官益久,则气愈偷;望愈崇,则谄愈固;地益近,则媚亦益工。至身为三公,为六卿,非不崇高也,而其于古者大臣巍然岸然师傅自处之风,匪但目未睹,耳未闻,梦寐亦未之及。臣节之盛,扫地尽矣。非由他,由于无以作朝廷之气故也……农工之人、肩荷背负之子则无耻,则辱其身而已;富而无耻者,辱其家而已;士无耻,则名之曰辱国;卿大夫无耻,名之曰辱社稷。"⑤屈原看见百姓仲春东迁而忧愁,《哀郢》中写道:"皇天之不纯命兮,何百姓之震愆? 民离散而相失兮,方仲春而东迁。"龚自珍同情百姓之赋税苦,其《己亥杂诗》曰:"不论盐铁不筹河,独倚东南涕泪多。国赋

---

①阿英:《鸦片战争文学集》(下),上海古籍出版社,1952 年,第 813 页。

②[清]王韬:《代上苏抚李宫保书》,《韬园尺牍》,中华书局,1959 年,第 78—86 页。

③[清]李鸿章:《筹议制造轮船未可裁撤折》,《李文忠公全书》卷十九,清光绪三十四年(1908),第 45 页。

④[清]龚自珍:《己亥杂诗》,《龚自珍全集》,上海人民出版社,1975 年,第 521 页。

⑤[清]龚自珍:《明良论二》,《龚自珍全集》,上海人民出版社,1975 年,第 31 页。

三升民一斗,屠牛那不胜栽禾?"①可见,虽受到释、道哲学影响而有避世之心,但龚自珍也始终保持着强烈的社会担当精神和清醒的批判意识,这与屈原上下求索、执着"美政"一脉相承。

面对衰世,龚自珍提出不少改革主张,表现出"屈原式"道夫先路的担当精神,"一寸春心红到死"②,"勇于自信故英绝"③,"以受天下之瑰丽,而泻天下之拗怒"④。时人程秉钊评曰:"慷慨论天下事,其风气实定公开之。"⑤龚自珍担任内阁中书时曾上万言书,被污为"狂生"。在道光十九年己亥(1839)终因与世不同流,辞官归乡。其诗歌《夜坐》写出了他才高遭嫉的幽愤:"春夜伤心坐画屏,不如放眼入青冥。一山突起丘陵妒,万籁无言帝坐灵。塞上似腾奇女气,江东久陨少微星。平生不蓄湘累问,唤出姮娥诗与听。"⑥"湘累"即屈原,湘累问即屈原天问。深夜独坐,仰望夜空,联想起屈原之《天问》,诗歌表达了遭遇谗言、怀才不遇的孤独苦闷,也呈现出龚自珍远大的理想与"屈原式"道夫先路的担当精神。

作为近代思想界的启蒙先锋之一,龚自珍被称为中国近代文学的开山,他的精神虽然不是最完美的⑦,但其诗文在晚清风行一时。在屈原精神传承方面,龚自珍承传发展了屈原爱国担当、独醒改革精神,并通过自己"开风气之先"的近代史地位,在文化性格和文学创作上影响了中国近代文人精神和情怀。梁启超《清代学术概论》道:"晚清思想之解放,自珍确与功焉。光绪间所谓新学家者,大率人人皆经过崇拜龚氏之一时期,初读《定庵文集》,若受电然,稍进乃厌其浅薄。然今文学派之开拓,实自龚氏。"⑧《饮冰室诗话》又道:"龚定庵有《己亥杂诗》三百六十首,近世文学者喜诵之。"⑨谭嗣同《论艺绝句六首》亦赞:"千年暗室任喧豗,汪魏龚王始

---

①[清]龚自珍:《己亥杂诗》,《龚自珍全集》,上海人民出版社,1975年,第521页。
②[清]龚自珍:《题盆中兰花四首》,《龚自珍全集》,上海人民出版社,1975年,第498页。
③[清]龚自珍:《己亥杂诗》,《龚自珍全集》,上海人民出版社,1975年,第509页。
④[清]龚自珍:《送徐铁孙序》,《龚自珍全集》,上海人民出版社,1975年,第165页。
⑤转引自郭延礼选注《龚自珍诗选》,齐鲁书社,1981年,第68页。龚自珍,号定庵,故尊称其"定公"。
⑥[清]龚自珍著,王佩诤校:《龚自珍全集》,上海人民出版社,1975年,第467页。
⑦王国维、章太炎都曾站在各自立场予以批评。
⑧[清]梁启超:《清代学术概论》,岳麓书社,2010年,第71页。
⑨[清]梁启超:《梁启超全集》9,北京出版社,1999年,第5359页。

是才。万物昭苏天地曙,要凭南岳一声雷。"①南社发起人之一柳亚子《定庵有三别好诗,余仿其意作论诗三绝句》赞誉道:"三百年来第一流,飞仙剑客古无俦。"②鲁迅少年时喜欢读龚自珍的诗歌:"少时喜学定庵诗,我亦离居玩此奇。血荐轩辕荃不察,鸡鸣风雨已多时。"③

"庄骚两灵鬼,盘踞肝肠深。古来不可兼,方寸我何任? 所以志为道,淡宕生微吟。一箫与一笛,化作太古琴。"④盘踞于龚自珍心中的屈原爱国、独醒、批判、求索、改革"来吾道夫先路"(《离骚》)的担当精神,化入龚自珍现存的三百多篇散文和八百多首诗词中,并通过这些诗文传播,直接影响了康有为、黄遵宪、梁启超、谭嗣同、柳亚子、鲁迅等一代名流,成为近代社会革命精神的重要源泉。从这个意义看,作为一种思想品格、价值取向和道德规范,屈原精神近代化进程由龚自珍开启。

二、梁启超、王国维与屈原精神现代化的演进

"近代能对楚辞作实事求是研究的学者,当推马其昶、梁启超、王国维与刘师培"⑤。王国维由政治哲学转型文学研究时,从民族文化⑥发展角度,首先研究的是"屈原"。1906 年 11 月《教育世界》总 139 号《文学小言》、总 140 号《屈子文学之精神》都对屈原做了专节或专题评述。第二年,王国维发表了"疲于哲学有日矣"而"近年嗜好之移于文学"⑦的《三十自序》(载《教育世界》1907 年总 152 号)一文。20 世纪 20 年代,梁启超"转型"为学者⑧,引入西学理论做研究,首先切入的亦是"屈原"。1922 年11 月 3 日,梁启超在东南大学文哲学会上做了题为《屈原研究》的演讲;11

①[清]谭嗣同、蔡尚思编:《谭嗣同全集》,中华书局,1981 年,第 77 页。

②王学庄、孙彩霞等编:《柳亚子选集》(下),人民出版社,1989 年,第 681 页。

③沈尹默:《追怀鲁迅先生六绝句》,孙文光、王世芸编:《龚自珍研究资料集》,黄山书社,1984 年,第 310 页。

④[清]龚自珍:《自春徂秋,偶有所触,拉杂书之,漫不诠次,得十五首》,《龚自珍全集》,上海人民出版社,1975 年,第 485 页。

⑤徐志啸:《楚辞综论》,上海古籍出版社,2015 年,第 204 页。

⑥王国维认为:"民族文化之发达,非达一定之程度则不能有文学。"(《文学小言》)

⑦方麟选编:《王国维文存》,江苏人民出版社,2014 年,第 699—700 页。

⑧"自从第一次世界大战结束之后,他和蒋百里等漫游欧洲,写成《欧游心影录》一书,即决心不再过问政治。"[李任夫:《回忆梁启超先生》,夏晓虹编:《追忆梁启超(增订本)》,生活·读书·新知三联书店,2009 年,第 343 页]

月 9—15 日,《屈原研究》载于《时事新报·学灯》;11 月 18—24 日,该文又载于《晨报·副镌》。在现存著作中,梁启超提及屈原的其他文章或论著,初步统计有:《评非宗教同盟》、《为学与做人》、《中国历史研究法》、《陶渊明》、《要籍解题及其读法》、《老孔墨以后学派概观》等。两位国学导师,聚焦民族文学精神时,都首先聚焦屈原,这不仅是对屈原文学之祖的肯定,而且再次促进了屈原精神的现代性阐发。

(一)"千古人格":王国维对屈原精神的心理学阐发

"人格(Personality)"一词源于希腊语"面具(Persona)"。在《文学小言》(1906)里,王国维说:"三代以下之诗人,无过于屈子、渊明、子美、子瞻者。此四子者苟无文学之天才,其人格亦自足千古。故无高尚伟大之人格,而有高尚伟大之文学者,殆未之有也。天才者,或数十年而一出,或数百年而一出,而又须济之以学问,帅之以德性,始能产真正之大文学。此屈子、渊明、子美、子瞻等所以旷世而不一遇也。"①

首先,王国维第一次用"高尚伟大之人格"、"高尚伟大之文学"这些缘于西学的术语来概括屈原其人、其诗,这种宏阔哲思开启了后世屈原研究心理学一脉②。其次,王国维认为,"济之以学问,帅之以德性"的"大文学"乃民族文化发达的标志,"民族文化之发达,非达一定之程度则不能有文学",可见,王国维对屈原的关注立场是关照西方文化之后回归中国文化的立场。此后,1906 年 11 月《屈子文学之精神》发表,进一步阐述了屈原作品之"大文学"精神。他说:

> 屈子之自赞曰:"廉贞。"余谓屈子之性格,此二字尽之矣。其廉固南方学者之所优为,其贞则其所不屑为,亦不能为者也。女媭之詈,

---

① 王国维:《文学小言》,《王国维一个人的书房》,中国华侨出版社,2016 年,第 186—187 页。
② 关于屈原心理学研究相关论著有《屈原创作心态初探》(姚益心,《中州学刊》1986 年第 5 期)、《〈离骚〉:屈原心灵的结晶——从创作心理看〈离骚〉》(周禾,《江汉论坛》1989 年第 3 期)、《屈原的创作心态》(范正声,《江汉论坛》1992 年第 12 期)、《屈原创作的情感体验与迷狂心理》(苏昕,《晋阳学刊》1995 年第 6 期)、《人格界说与心理学意义上屈原人格研究的起点》(彭红卫,《邵阳学院学报》2005 年第 3 期)、《屈原悲剧人格研究》(彭红卫,华中师范大学 2004 年硕士论文)、《屈原作品中的修名焦虑》〔梅桐生,《贵州大学学报(社会科学版)》2007 年第 4 期〕、《原型的还魂与召唤——从分析心理学角度解读屈原被放逐后的生命轨迹》(韩新卫,《职大学报》2014 年第 1 期)、《中西方怨恨情绪之比较——以屈原和莎士比亚及其代表作为例》〔陈慧,《南京工程学院学报(社会科学版)》2017 年第 3 期〕等。

巫咸之占,渔父之歌,皆代表南方学者之思想,然皆不足以动屈子。而知屈子者,唯詹尹一人。盖屈子之于楚,亲则肺腑,尊则大夫,又尝管内政外交上之大事矣。其于国家既同累世之休戚,其于怀王又有一日之知遇,一疏再放,而终不能易其志,于是其性格与境遇相得,而使之成一种之欧穆亚。《离骚》以下诸作,实此欧穆亚所发表者也。使南方之学者处此,则贾谊(《吊屈原文》)扬雄(《反离骚》)是而屈子非矣。此屈子之文学,所负于北方学派者也……而周、秦间之大诗人,不能不独数屈子也。要之诗歌者,感情的产物也。虽其中之想象的原质(即知力的原质),亦须有纯挚之感情,为之素地,而后此原质乃显。故诗歌者实北方文学之产物,而非儇薄冷淡之夫所能托也。观后世之诗人,若渊明,若子美,无非受北方学派之影响者。岂独一屈子然哉!岂独一屈子然哉!(刊于《教育世界》1906 年总 140 号,收入《静庵文集续编》))①

文中首先肯定屈原"廉贞"的高尚品格。接着基于"欧穆亚"(源于拉丁语"humor",本义指液体或湿气,又特指人的体液,泛指人的脾气、性格和气质)的概念,王国维认为,屈原生活环境成就了屈原独特的"廉贞"性格:"其性格与境遇相得,而使之成一种之欧穆亚。"王国维认为"其廉固南方学者之所优为,其贞则其所不屑为,亦不能为者也。女婴之詈,巫咸之占,渔父之歌,皆代表南方学者之思想,然皆不足以动屈子。而知屈子者,唯詹尹一人"。郑詹尹这个人物出自屈原作品《卜居》,这表明王国维特别关注屈原心理反应机理,因为古人"占卜"缘于内心之疑虑,这与现当代心理学研究契合。由此生发,王国维提出"屈子南人而学北方之学者也",并提出"大诗歌"的概念:"大诗歌之出,必须俟北方人之感情,与南方人之想象合而为一。"南北文化沟通交融成就了屈原的"大诗人"气质。这一观点,解释了《楚辞》研究史上的一种"矛盾"现象,即论及屈原作品精神内蕴时"以儒注骚",而谈及屈原作品艺术风貌及民俗背景时突出"楚语"、"楚声"、"楚地"、"楚物"。屈原作为文化巨子融会贯通南北文化,首次得以系统阐明。

　　王国维对屈原精神的理解,与他对中国文化、民族命运未来的担忧密

①王国维:《王国维一个人的书房》,中国华侨出版社,2016 年,第 114—115 页。

切相关。1927 年 6 月 2 日端午节前两天,王国维留下遗言,自沉昆明湖。王国维自沉于端午时节的遗言,与屈原诗歌中有十分相近的语句,王国维遗言中说:"五十之年,只欠一死。经此世变,义无再辱。"而两千年前屈原《九章·惜往日》也说:"宁溘死而流亡兮,恐祸殃之有再。"王国维不愿再受屈辱而生的气节,与两千年前的屈原精神是贯通的,令人感叹!陈寅恪先生的《挽联》曰:"十七年家国久魂销犹余剩水残山留与累臣供一死;五千卷牙签新手触待检玄文奇字谬承遗命倍伤神。"①"累臣"典出扬雄《反离骚》之"湘累",陈寅恪先生从旁观者角度清醒点明了屈原精神对王国维的影响是真切存在的。陈先生又有《挽王静安先生》诗,王、屈比照之意更为明确:"敢将私谊哭斯人,文化神州丧一身。越甲未应公独耻,湘累宁与俗同尘。吾侪所学关天意,并世相知妒道真。赢得大清干净水,年年呜咽说灵均。"②

王国维站在探寻"民族文化之发达"的立场上关注屈原,其对屈原文学精神的阐发开启了人格心理学研究的新视野,其对屈原之所以成为大诗人、《离骚》等之所以成为大诗歌的阐发,呈现了屈原精神深厚的民族文化特性,是屈原由南方精神代表上升为中华民族精神代表的现代理论开拓。王国维《文学小言》、《屈子文学之精神》作为学术经典,在各类美学论文选本③中被选录,也随之传播影响后世文艺评论。

(二)"洁癖"、"多情":梁启超对屈原人格特质的阐发

梁启超对屈原精神特质做了深入细腻的分析,他认为,屈原"是一位有洁癖的人为情而死"、"是极诚专虑的爱恋一个人"、"拿自己生命去殉那'单相思'的爱情"、"屈原脑中,含有两种矛盾元素:一种是极高寒的理想,一种是极热烈的感情"。他说:

> 屈原为什么自杀呢?我说,他是一位有洁癖的人为情而死。他是极诚专虑的爱恋一个人,定要和他结婚,但他却悬着一种理想的条件,必要在这条件之下肯委身相事。然而他的恋人老是不理会他。不理

---

① 陈寅恪:《挽联》,陈寅恪:《诗集》,三联书店,2001 年,第 180 页。
② 陈寅恪:《诗集》,三联书店,2001 年,第 11—12 页。
③ 如:叶朗总主编《中国历代美学文库近代卷》(下),郑振铎主编《中华传世文选晚清文选》,张燕瑾、赵敏俐主编《二十世纪中国文学研究论文选·通论卷》,张岱年、敏泽主编《回读百年:20 世纪中国社会人文论争》第 1 卷等。

会他,他便放手、完结吗? 不不,他决然不肯。他对于他的恋人,又爱又憎,越憎越爱,这两种矛盾性日日交战,结果拿自己生命去殉那"单相思"的爱情。他的恋人是谁? 是那时候的社会。屈原脑中,含有两种矛盾元素:一种是极高寒的理想,一种是极热烈的感情。《九歌》中《山鬼》一篇,是他用象征笔法描写自己人格。①

屈原的思想行为缘于"多情多血"之心:

> 一朵好花落去,"干卿甚事?"但在那多情多血的人,心思便不知几多难受。屈原看不过人类社会的痛苦,所以他"长太息以掩涕兮,哀民生之多艰"(《离骚》)。社会为什么如此痛苦呢? 他以为由于人类道德堕落……所以他在青年时代便下决心和恶社会奋斗。常怕悠悠忽忽把时光耽误了……要和恶社会奋斗,头一件是要自拔于恶社会之外。屈原从小便矫然自异,就从他外面服饰上可以见出……当时思想家作些奇异的服饰以表异于流俗,想是常有的。屈原从小便是这种气概。他既决心反抗社会,便拿性命和他相搏……他从发心之日起,便有绝大觉悟,知道这件事不是容易。他赌誓和恶社会奋斗到底,他果然能实践其言,始终未尝丝毫让步。但恶社会势力太大,他到了"最后一粒子弹"的时候,只好洁身自杀。我记得在罗马美术馆中曾看见一尊额尔达治武士石雕遗像,据说这人是额尔达治国几百万人中最后死的一个人,眼眶承泪,颊唇微笑,右手一剑自刺左胁。屈原沉汨罗,就是这种心事了。②

梁启超从"屈原之自沉"入手分析,认为屈原精神的特点是"爱人"和"自异":一方面,屈原是为情、为爱人而死,"屈原看不过人类社会的痛苦","定要和他结婚","他的恋人是谁? 是那时候的社会"。这是梁启超对屈原忠贞爱国精神的肯定,屈原整个生命充满着对那个社会"极热烈的感情"和"极诚专虑的爱恋";另一方面,屈原有"矫然自异"之志、有"自拔于恶社会之外"高洁之品,屈原是一个十分廉贞自爱的人③。

---

① 梁启超:《屈原研究》,《饮冰室合集·文集》第5册,中华书局,2015年,第49页。
② 梁启超:《屈原研究》,《饮冰室合集·文集》第5册,中华书局,2015年,第49页。
③ 屈原《卜居》曰:"世溷浊而不清,蝉翼为重,千钧为轻;黄钟毁弃,瓦釜雷鸣;谗人高张,贤士无名。吁嗟默默兮,谁知吾之廉贞!"

　　戊戌变法前,梁启超曾多次化用屈原诗歌抒发情感,其中化用典故与传统士大夫吟诵屈原并无大的区别,主要表达"怀才不遇"问题。如《寄夏穗卿》诗曰:"帝阍呼不闻,高谭复何益。"①"帝阍"用典出自屈原《离骚》,即守护天帝之门的人,"呼不闻"即天帝身边的人对其他人的建议充耳不闻、遮蔽天听,其情感与屈原《离骚》中所言"吾令帝阍开关兮,倚阊阖而望予"近似。梁启超这首诗作于光绪二十年(1894),时逢中日战争,据《梁启超年谱长编》记述,其"在南海《甲午十月纪事诗》的案语中,提到当时清政府的外交倾向……'当时两江总督张之洞建议割东三省与俄,西藏与英,赂使助我拒日。而盈廷联俄说尤盛,总署与俄使已有成言。'(《南海先生诗集》卷二)"②显然,诗作表达了梁启超对时局的感愤。在同一年的另一首诗歌亦用屈原"香草美人"之典型意象,表达了对人才与国运关系的观点,《寄穰公同年》:"人才有风气,盛衰关全局。去去复奚为? 芳草江南绿。采掇当及时,无为自穷蹙。"③国家危难时应形成良好的用人风气,才能不至于让真正的人才穷途埋没。在给朋友同学的寄送诗歌中,同一年内,两次用典源自屈原《离骚》,可见,青年时期的梁启超已对屈原精神有深切感同。

　　但到了后期,梁启超评价屈原的眼光已经逐渐发生变化,不再是文人怀才不遇的抒发寄托。梁启超提出,接受屈原作品的两个基本原则:一是文学性(情感的、艺术的),一是文化性(时代的、社会的)。梁启超认为,屈原是中国文学史上第一位"文学的专家"、"中国文学家的老祖宗"、"千古独步之大文学家"。站在"拿我的文明去补助西洋的文明"的立场上关注屈原,梁启超明确反对汉代王逸《楚辞章句》"以儒注骚"批评范式:"若全书如王注所解,则屈原成为一虚伪者或钝根者,而二十五篇悉变为方头巾家之政论,更何文学价值之足言。"④意即,在汉代王逸的阐释体系里屈原失去了他的个性和美学价值。因此,梁启超提出"批评文艺有两个着眼点,一是时代心理,二是作者个性"⑤。并提倡读前人注释只需看名物训诂:

①汪松涛编:《梁启超诗词全注》,广东高等教育出版社,1998年,第4页。
②丁文江、赵丰田编著:《梁启超年谱长编》,上海人民出版社,2009年,第22页。
③汪松涛编:《梁启超诗词全注》,广东高等教育出版社,1998年,第5页。
④梁启超:《〈楚辞〉注释书及其读法》,《饮冰室合集·专集》第15册,中华书局,1936年,第72页。
⑤梁启超:《陶渊明》,《饮冰室合集·专集》第22册,中华书局,1936年,第1页。

"治《楚辞》者,对于诸家之注,但取其名物训诂而足,其敷陈作者之旨者,宜悉屏勿观也。"①由此梁启超提出,中国古代作家最有个性的首推屈原。他说:"欲求表现个性的作品,头一位就要研究屈原。"②"屈原在文学上之位置,独立千古。"③

将屈原定性为"千古独步之大文学家",一方面缘于梁启超对中华文化传承的自豪感和使命感,恢复中华民族"祖宗所处最高尚最荣誉之位置"。他曾说:"合世界史通观之,上世史时代之学术思想,我中华第一也……中世史时代之学术思想,我中华第一也……唯近世史时代,则相形之下汗颜矣。虽然近世之前途,未有艾也,又安见此伟大国民不能恢复乃祖宗所处最高尚最荣誉之位置。"④在探寻中国文学的过程中,梁启超选取了诗中屈原、陶渊明、杜甫等一一专论。关于屈原和楚辞,梁启超不仅将其提升为"纯文学"的典范,并从修身之角度将其提升到"中国人"的构成要素,他说:"吾以为凡为中国人者,须获有欣赏《楚辞》之能力,乃为不虚生此国。"⑤正如学者所言,梁启超对楚辞的推崇,缘于其"多年披阅屈赋,深入与屈子进行心灵对话,并熔铸自己的社会人生体验,作了长期思考之后得出的一个如何做一个中国人的结论,话虽不多,但字字千钧。它包含了梁氏对楚辞要义的深刻领悟,对屈原人格的高度体认,对屈子精神的强烈共鸣"⑥。

将屈原定性为"千古独步之大文学家",另一方面缘于他的生命价值观。梁启超《余之死生观》(1904)中说:"夫使在精神与躯壳可以两全之时,则无取戕之(按:指躯壳),固也……若夫不能两全之时,则宁死其可死者,而毋宁死其不可死者。死其不可死者,名曰心死。"⑦这种生死观当是梁启超潜心弘扬中华文化、理解屈原之死的哲学基础。在1920至1929年的时间里,学兼中西的梁启超秉承屈原式"来吾道夫先路"的勇气,完成了如《清代学术概论》与《中国近三百年学术史》等相关领域的学术扛鼎之

①梁启超:《〈楚辞〉注释书及其读法》,《饮冰室合集·专集》第15册,中华书局,1936年,第72页。
②梁启超:《屈原研究》,《饮冰室合集·文集》第5册,中华书局,2015年,第49页。
③梁启超:《老孔墨以后学派概观·屈原》,《饮冰室合集·专集》第11册,中华书局,1936年,第23页。
④梁启超:《论中国学术变迁之大势》,《饮冰室合集·文集》第1册,中华书局,2015年,第2页。
⑤梁启超:《要籍解题及其读法》,《饮冰室合集·专集》第15册,中华书局,1936年,第81页。
⑥陶涛:《梁启超与屈原》,《北京师范大学学报》1999年第5期。
⑦梁启超:《余之死生观》,《饮冰室合集·文集》第2册,中华书局,2015年,第12页。

作,开辟了诸如政治学、法学、图书馆学等学科领域,完成约计一千四百万字的著述。

那是什么原因让梁启超跳出前期传统思维的? 梁启超在《欧游心影录》下篇第十三节写道:"我们的国家,有个绝大的责任横在前途。什么责任呢? 是拿西洋的文明来扩充我的文明,又拿我的文明去补助西洋的文明,叫他化合起来成一种新文明。我在巴黎会着大哲学家蒲陀罗 Boutreu,他告诉我说:'一个国民,最要紧的是把本国文化发挥光大……'"①由此可知,游历欧洲是梁启超用世界眼光与人类文明发展眼光研究中国文学、史学、哲学的契机,梁启超的屈原研究正是在"中西学术交融"的思想基础上展开的。

文史哲综合交融的文化传统使得屈原学界一直保持着汉代以来"治经"方法研读楚辞,或以儒、道、法、墨诸家哲学来评判屈原。在西方列强的侵略之下,近代民族国家概念愈见凸显,研究屈原的民族文化眼光在梁、王二位国学导师的亲力实践中完成现代化转型,发掘了屈原由楚国之宗国忠臣到民族文化新性格②代表的历史文化价值。同时,国学修养深厚的梁启超和王国维二位先生采纳西学思想,开"纯文学"研究与心理学分析之风气,推动了学界对屈原精神的个性特质和社会性价值的探讨。

三、第一届"诗人节"与屈原爱国精神的空前弘扬

2011 年 6 月 2 日,由重庆市政府办公厅、重庆国际文化交流中心主办,重庆师范大学海峡两岸诗歌研究所、重庆巴渝名匾文化艺术博物馆承办的,纪念"中国诗人节"七十周年暨纪念屈原弘扬爱国精神为主题的诗歌朗诵会,在重庆人民大礼堂隆重举行,来自新加坡、中国台湾、香港、成都及重庆的 120 多位诗人参加③。2011 年这次诗歌朗诵会,把我们带回到 1941 年抗战烽火里诞生的第一届"诗人节"。

《新文学史料》辑录:"1941 年春,中华全国文艺界抗敌协会诗歌晚会

---

① 梁启超:《欧游心影录》,《饮冰室合集·专集》第 5 册,中华书局,1936 年,第 125 页。
② 梁启超曾批评《资治通鉴》删屈原事迹不载的做法:"司马光谓屈原'过于中庸,不可以训',故所作《通鉴》,削屈事不载。屈原性格诚为极端的,而与中国人好中庸之国民性最相反也,而其所以能成为千古独步之大文学家,亦即以此。"
③《重庆隆重纪念中国诗人节在渝诞生七十周年(1941—2011)》,《中外诗歌研究》2011 年第 3 期。

的负责人高兰、光未然、臧云远、方殷、李嘉、陈纪滢、臧克家七人倡议把民间纪念诗人屈原的农历五月初五定为'诗人节'。这一倡议得到郭沫若、老舍等人的支持和赞助,并被中华全国文艺界抗敌协会所接受。"①1941年5月30日,由老舍、郭沫若、闻一多、郁达夫、胡风等53位知名人士署名的《诗人节缘起》中提出效法屈原"奔放的爱国的热情,高洁的真纯的胸怀":

中国诗歌的园地里,放出灿烂的艺术光彩的,是从两千数百年前伟大的爱国诗人屈原开始。他诗笔下所完成的骚体,是古代民谣艺术的划时代的发展。那艺术的力量直接影响了二十个世纪。屈原的故事流传在民间。屈原爱国家爱民族的伟大精神,活在他的诗行里,活在我们的心里。

屈原艺术的光辉,在中国的诗史上永占着灿烂的一页。奔放的爱国的热情,高洁的真纯的胸怀,是屈原艺术生动感人的源流。诗人眼看着和平明媚的河山被敌人蹂躏,横行霸道的奸臣向敌人献媚,他的愤怒的歌,可以叫上官大夫令尹子兰听见了发抖,他的雄壮的歌,可以感动无数战士为摧毁强暴而崛起。古代江南的一草一木一山一水,都在他的艺术领域里作时代的表情。他的矗立不屈的诗艺术的灵魂,可以和日月比量光彩,可以和天地比量悠久。他的艺术是伟大的,他的人格更是伟大。

目前是体验屈原精神最透彻的时代。中华民族在抗敌的炮火里忍受着苦痛,东亚大陆在敌人的践踏下留下了伤痕。千百万战士以热血温暖了国土,山林河水为中华民族唱起了独立自由的战歌。在古老的土地上中华儿女迎接着新生的岁月。而在世界风云里,中华民族抗战的炮火,已是世界光明的导线。

伟大的诗人屈原,在两千数百年前来到世界上,为后世留下了豪放的热情、爱国的深思。他的气节在史可法文天祥的爱国行动上发扬。他的艺术引导杜少陵白香山扩大了艺术的园地。屈原虽是殉了国,但也是永远活着的。他的殉国的日子端午,两千数百年来一直是民族的纪念日。我们爱好诗歌的人们决定把这个民族的纪念日,作为中国的诗人节。而今年的农历五月五日时当"五卅",在我们是双重

---

① 《第一届诗人节》,《新文学史料》2002年第2期。

的纪念日子。这把诗人节的意义显示得更明确了。

　　我们决定诗人节.是要效法屈原的精神,是要使诗歌成为民族的呼声,是要了解两千年来中国诗歌艺术已有的成就,把古人的艺术经验,作为新诗的创作途中的养料。是要现代的诗人们互相检阅,互相砥砺,以育成中国诗歌的伟大将来。是要向全世界高举起独立自由的风帆,诅咒侵略,讴歌创造,赞扬真理。中华民族新生的朝气在积蓄,中华民族独立自由的精神在飞扬,中国新的诗艺术的光芒,将永远在宇宙中辐射。

——中华全国文艺界抗敌协会①

高兰回忆第一届诗人节情形,写道:

　　诗人节是在一九四一年,即抗日战争最艰苦的年代也是与反动派斗争最激烈最复杂的年代里诞生的……作为一个诗歌工作者,应该以高昂的歌声呼唤战斗的灵魂;诗歌应该是真理的号角、战斗的旗帜,应该站到反侵略、反妥协、反内战、英勇抗战的前列,它应忠于战斗的祖国,忠于战斗的人民。为了更有力的发挥诗歌的战斗作用,动员大家坚决抗战到底,我们认为应当倡导确定中国诗人节,而诗人的节日最好定在农历五月初五,也就是伟大的诗人屈原沉汨罗江的日子,这在当时对倡导爱国主义,反对投降妥协有其特殊意义……文协发出了一百多份请柬,到会的却有四百多人,这是在刚刚空袭之后啊!②

从这些回忆文字可知,40年代的"诗人节"主要是发挥诗歌在战斗中的精神动员作用,以屈原精神来呼唤大家坚决抗战到底。

　　在中华民族抗敌的炮火中诞生的"诗人节",以效法屈原弘扬爱国精神为宗旨,在当时的重庆,屈原"奔放的爱国的热情"和"高洁的真纯的胸怀"对倡导爱国主义、反对投降妥协有其特殊的时代意义。1943年《文化先锋》刊文:"抗战以来,国内诗人咸感屈原诗风人格,两俱不朽。于爱国诗人中最早最著,兹大敌当前,国势阽危之际,允宜矜式前贤,用励来者……公议以每年的阴历五月五日,爱国诗人屈原殉国纪念日为诗人节,

①《一九四一年"文协"刊出的〈诗人节缘起〉》,《重庆师范学院学报》1982年第2期。
②高兰:《回忆第一届诗人节》,《新文学史料》1983年第3期。

藉以纪念前贤,并资策励云云。"①

第一届"诗人节"的活动很丰富,围绕纪念屈原、效法屈原精神的主题举办了文艺界人士座谈、文艺表演、诗歌创作与朗诵等。除了诗人、艺术家、群众参加外,新闻界、政界、军界、宣传部门的人员也很重视并参与。冯玉祥将军曾在第一届"诗人节"上即席赋诗云:"屈大夫,名屈原,是国家,大圣贤。国家有大难,不肯袖手观。别人不说话,他独敢直言。赤忠照日月,竟被靳尚谗。楚国果坏了,良心实难安。作诗冀或悟,怀王不悟惑。及至楚襄王,谪他到江南。披发苦行吟,处境大辛酸。脑汁已绞尽,肝肠寸寸断。投入汨罗江,闭眼不再看。孤忠埋流水,光芒照人寰。民众不相忘,深深记心间。竞渡以招魂,米粽为纪念。数千年至今,习俗永留传。伟大爱国者,谁人可占先? 五月初五日,他死这一天。定为诗人节,忠烈更表现。我写丘八诗,也做小贡献。还望今诗人,为国益贞坚。"②冯将军抗战时期任国防最高委员会常委,第三、第六战区司令长官,戎马生涯中,常作诗以开启民智,如提倡节俭富国《劝君节约建国》(1940)、鼓舞士气《慰劳伤兵》(1944)等。就在第一届"诗人节"前两年,即1939年,冯玉祥将军率抗日军队路过汨罗江,感慨万千的他写下了《过屈原墓》一诗:"屈原! 屈原! 你是忠良,你是圣贤! 楚国出了败类,国步天天艰难。你屡次上书忠告,无奈他们不听谠言! 至终你竟怀沙投江,将生命殉了你的心愿。今天全民族正在抗日,国家正在起死回生的关键。我因公路过你的坟墓,想去祭你而又不得下船。我敬佩你的忠肝义胆,我要学你的勇往直前。愿把你的精神加以积极的发挥,决把我整个身心向民族奉献。"③可以看到,随着时代的发展,近现代诗文已经逐渐将汉代文人吟咏屈原的"士不遇"主题淡化,更多汲取屈原在恶劣政治环境里坚持忠贞爱国的精神。

在民族危亡时刻,接受屈原精神的角度已经发生巨变,从个人人生穷通到民族生死存亡,近现代文人在屈原诗歌与人格魅力的感召下走向"救国"之路。大江南北的文人都积极响应《诗人节宣言》,效法屈原精神,坚持抗战。会写诗的,用写诗歌来纪念屈原;会读诗歌的,用读诗歌来纪念屈

---

① 徐贡真:《建国历详解》,《文化先锋》1943年。转引自王家康:《四十年代的诗人节及其争论》,《中国现代文学研究丛刊》2003年第1期。
② 小源:《诗人节》,《语文学刊》1985年第5期。
③ 转引自刘石林:《汨罗江畔屈子祠》,湖南人民出版社,2003年,第106页。

原;都不会的,用听诗歌来纪念屈原。南方,广西桂林开展了多次"诗人节"的纪念活动,《新华日报》1944 年 6 月 8 日报道,诗人节"歌唱了前方的军民合作力抗强寇,冲淡了大后方人们心头阴郁沉闷的暗雾,吹响了激励人民前进战斗的号角"①。北方,1946 年底,西南联大新诗社分成北大、清华、南开三个新诗社,并相继推动北洋、中法、辅仁、朝阳等大学成立新诗社,1947 年端午节创办了北平诗歌社团,这年端午节,这些新诗社在中法大学礼堂举行集会,宣告"华北各大学诗歌社团联合会"(简称"华北诗联")成立,并印发了一张小报《纪念诗人节联合特刊》,创办了《华北诗丛刊》②。

第一届"诗人节"之后,抗战年代举行过多次庆祝活动和颇有规模的诗歌朗诵会,起到了团结教育人民、打击敌人的积极作用。在民族危难时期,屈原奔放的爱国热情、高洁真纯的胸怀,通过诗歌艺术形式,感发激励各行各业的人们团结抗战,是屈原爱国精神的一次空前弘扬。

四、历史剧《屈原》与屈原自爱爱国精神的形象演绎

(一)历史剧《屈原》让山城轰动

1942 年 1 月,郭沫若先生满怀抗日救国的激情,将屈原研究③与实际斗争结合起来,创作了历史剧《屈原》,全剧五幕"橘颂"、"受诬"、"招魂"、"被囚"、"雷电颂"。1942 年 1 月 24 日至 2 月 7 日,重庆《中央日报》副刊上连载了郭沫若的《屈原》。1942 年 4 月 3 日以纪念"诗人节"名义正式公演,产生了"万人空巷"的艺术感召效果,民众爱国热情高涨,屈原爱国精神和高尚品格,通过历史剧《屈原》的生动演绎,深入民心。《绍兴文史资料选辑》刊发回忆文章道:

---

①魏华龄、李建平主编:《桂林文史资料》第 42 辑《抗战时期文化名人在桂林》,漓江出版社,2000年,第 534 页。

②侯健:《中国诗歌大辞典》,作家出版社,1990 年,第 1138—1139 页。

③1930 年 6 月郭沫若发表《人民诗人屈原》(《人物杂志》1930 年 6 月)。1935 年 5 月 30 日"沪难三周年纪念日"《中学生》第 55 期刊发了郭沫若撰写的《屈原》,文中说:"屈原又根本是一位爱国者。"稍后,郭沫若的著作《屈原》(开明书店,1935 年)中又提出"爱国诗人"的观点。1940 年 6 月 9 日,郭沫若于重庆《大公报》有一篇短文《关于屈原》。文章对屈原评价道:"(屈原)他的诗对于国族的忠烈和创作的绚烂,真真是光芒万丈。中华民族的尊重正义,抗拒强暴的优秀精神,一直到现在都被他扶植着。多造些角黍,多挂些蒲剑和藤萝,这正是抗战建国的绝好的象征。"

从 1942 年 4 月 3 日起,由中华剧艺社在重庆市中心"精神堡垒"附近的国泰大戏院公演了。演出非常成功,获得了"剧作空前、阵容空前、演出水平空前"的盛誉。公演一周,场场爆满……全剧仅仅以屈原一天所进行的斗争和受到的诬陷,最后披发行吟……概括了他全部经历,讴歌了他伟大的爱国主义思想和崇高的品德。从屈原与南后、靳尚、楚怀王的激烈斗争中,在楚国生死存亡的关头,作者为我们树起了这位三闾大夫的光辉形象。剧中屈原以诗的语言独白的"雷电颂",那真是惊天动地之作,也是塑造屈原这个形象的画龙点睛之笔。①

舞台上的"屈原"成为爱国斗争激情的"代言者",观众积极参与评论,仅《新华日报》1942 年 4 月 13 日至 5 月 7 日,在"《屈原》唱和"等栏目刊出的《屈原》唱和诗就有六十多首②,黄炎培、董必武、柳亚子、田汉等社会各界文人均写诗称颂,表达了观剧后对屈原自爱、爱国赤子心的共鸣:"盈室由来叹隶赘,不堪天步迫艰危。因君丝管鸣孤愤,报我琼瑶盛一时。自爱爱人尊正则,鼓宫宫应感灵奇。三闾去后亡三户,血泪凝将读史诗。"③

剧中的屈原是一个自爱爱人、光明磊落、忠直刚毅、爱国爱民、坚贞不屈的高大形象,充分表达了深处水深火热的抗战时期,人们对屈原精神的热切怀念与期盼,已将之视为民族灵魂的支柱。如,《屈原》第五幕第二场:

> 卫士甲:先生,我们楚国需要你,我们中国也需要你,这儿太危险了,你是不能久呆的。我是汉北的人,假使先生高兴,我要把先生引到汉北去。我们汉北人都敬仰先生,受了先生的感召,我们知道爱真理,爱正义,抵御强暴,保卫楚国。先生,我们汉北人一定会保护你的。

---

① 董谋先:《忆〈屈原〉的发表和公演——纪念孙伏园先生 100 周年诞辰》,绍兴县政协文史资料工作委员会、绍兴鲁迅纪念馆编:《绍兴文史资料选辑》第 13 辑《孙伏园怀思录》(1994),第 63—68 页。
② 参见黄中模编著:《郭沫若历史剧〈屈原〉诗话》,四川人民出版社,1981 年。
③ 《黄任之先生诗(有序)》,黄中模编著:《郭沫若历史剧〈屈原〉诗话》,四川人民出版社,1981 年,第 8 页。

　　　　屈原：好的，我遵从你的意思。我决心去和汉北人民一道，就做一
　　　个耕田种地的农夫吧。你赶快把服装换掉啦，那儿有现成的衣帽。
　　（指示更夫衣帽）

作为群众的代表，"卫士甲"喊出的那句"我们中国也需要你"，正是深处民
族危难时期的全体中国人心中对"民族魂"的呐喊。民族危亡，以屈原为
代表的民族之魂，让大众燃起了"生命之火"："冲破阴霾生命火，一篇电颂
楚臣心。"①

　　　　但是我，我没有眼泪。宇宙，宇宙也没有眼泪呀！眼泪有什么用
　　　呀？我们只有雷霆，只有闪电，只有风暴，我们没有拖泥带水的雨！这
　　　是我的意志，宇宙的意志。鼓动吧，风！咆哮吧，雷！闪耀吧，电！把
　　　一切沉睡在黑暗怀里的东西，毁灭，毁灭，毁灭呀！

郭沫若的《雷电颂》让屈原精神唤醒了黑暗社会的民众，激励着人们勇敢
地投入战斗。

　　1940年6月9日郭沫若于重庆《大公报》发表了一篇短文《关于屈
原》，文中道："他（屈原）是为殉国而死，并非为失意而死。""屈原是永远值
得世人崇拜的一位伟大的诗人，他的诗对于国族的忠烈和创作的绚烂，真
真是光芒万丈。中华民族的尊重正义，抗拒强暴的优秀精神，一直到现在
都被他扶植着。多造些角黍，多挂些蒲剑和藤萝，这正是抗战建国的绝好
的象征。"②

　　"皖南事变"后，国内抗战形势更加严峻。1941年5月30日郭沫若在
《新华日报》发表《蒲剑·龙船·鲤帜》，明确倡导时代需要屈原："抗战以
来，由于国家临到了相当危险的关头，屈原的生世和作品又唤起了人们的
注意。端午节的意义因而也更被重视了。"③"皖南事变以后《屈原》的演
出，引起热烈的回响，在当时起了显著的政治作用。"④

　　郭老1978年病逝后两三年内，出现了一批重读历史剧《屈原》的研究

---

①黄中模编著：《郭沫若历史剧〈屈原〉诗话》，四川人民出版社，1981年，第68页。
②转引自王家康：《四十年代的诗人节及其争论》，《中国现代文学研究丛刊》2003年第1期。
③转引自王家康：《四十年代的诗人节及其争论》，《中国现代文学研究丛刊》2003年第1期。
④茅盾：《在反动派压迫下斗争和发展的革命文艺》，路文彬主编：《中国当代文学史料文论选
　（1949—2000）》，中国文联出版社，2006年，第11页。

论文①,这些论文,结合澄清"四人帮"对屈原爱国精神的歪曲问题②,从历史剧《屈原》的选材构思、人物刻画、语言配乐等方面入手,深入细致地分析论证,形成了历史剧《屈原》研究的一个小热潮。此后至今,郭老《屈原》剧仍被学界研究关注③。这些论文在全方位的赏析评论历史剧《屈原》人物形象的过程中,都不约而同地强调郭老《屈原》剧本对屈原爱国精神的颂扬,强调了剧本借古喻今、服务于现实的战斗的政治效应,"郭沫若在历史话剧方面做了很好的工作"④。正可谓:"湘江月夜自春秋,烈士难忘是楚仇。莫谓时间无曲直,万人空巷识薰莸。"⑤

---

①初步统计,硕士论文有:《论郭沫若的屈原研究》(周晓波,贵州大学 2008 年);《郭沫若历史剧〈屈原〉文本变迁研究》(胡阳君,四川师范大学 2013 年);《郭沫若的屈原接受——理论与创作的双重审视》(黄亚军,浙江大学 2014 年);《〈屈原〉中"可表演性"的英译研究》(解晶晶,南京师范大学 2015 年);《抗战语境下的郭沫若与〈屈原〉》(张晓鹏,山东大学 2016 年)。期刊论文有:《抒情的壮美的战斗的〈屈原〉》(刘元树,《安徽师范大学学报》1977 年第 4 期)、《〈屈原〉精神永存》〔张椿,《山西大学学报(哲学社会科学版)》1978 年第 2 期〕、《浅谈郭沫若的历史剧〈屈原〉》(章晓葱,《安徽大学学报》1978 年第 3 期)、《坚贞不屈的爱国者的颂歌——〈屈原〉》(言天,《南京师大学报》1978 年第 3 期)、《试论郭沫若的历史剧〈屈原〉》(李逸涛,《华中师范大学学报》1978 年第 3 期)、《霹雳·利剑——重读郭老的诗剧〈屈原〉》(李振潼,《语文教学通讯》1978 年 Z1 期)、《史实·结构·人物——史剧〈屈原〉读后礼记》(郑富成,《河北师范大学学报》1979 年第 1 期)、《历史剧〈屈原〉(节选)试析》(岳欣,《中学语文》1979 年第 1 期)、《史剧艺术的珍宝——郭沫若的〈屈原〉选场简析》〔刘文田,《开封师院学报(社会科学版)》1979 年第 2 期〕、《〈屈原〉的艺术构思——为纪念郭沫若同志逝世周年而作》(箭鸣,《戏剧艺术》1979 年第 2 期)、《〈屈原〉在日本》(河原崎长十郎,《新文学史料》1979 年第 2 期)、《谈〈屈原〉剧本中的宋玉》〔丁力,《山西大学学报(哲学社会科学版)》1980 年第 2 期〕、《谈〈屈原〉剧本中的宋玉》〔郭沫若,《山西大学学报(哲学社会科学版)》1980 年第 2 期〕、《〈屈原〉人物论》(方仁念,《戏剧艺术》1980 年第 2 期)、《郭老笔下的两个屈原》(陈思清,《思想战线》1980 年第 4 期)、《〈屈原〉的语言特色》(谷辅林,《齐鲁学刊》1980 年第 5 期)、《浅评〈屈原〉的导演特色》(赵健,《中国戏剧》1980 年第 11 期)、《用硬质材料"写心"——〈屈原〉的创作过程》(孙家钵,《美术研究》1981 年第 1 期)、《风雷荡黑暗,闪电放光明——〈屈原〉五幕二场分析》(高春华,《江苏大学学报》1981 年第 2 期)、《日本话剧〈屈原〉——精彩的演出》(刘厚生,《中国戏剧》1981 年第 1 期)、《郭沫若的历史剧〈屈原〉》〔范业本,《东北师大学报(哲学社会科学版)》1982 年第 5 期〕,等。
②关于 1978 年屈原爱国精神的研究状况参见本书《绪论》部分。
③《〈屈原〉与〈关汉卿〉之比较》(韩日新,《艺术百家》1992 年第 2 期)、《郭沫若与屈原研究》〔夏太生,《牡丹江师范学院学报(哲学社会科学版)》1999 年第 4 期〕、《诗人之剧——郭沫若的史剧〈屈原〉的诗本性》(王奉文,《大众文艺》2010 年第 13 期)、《歌剧〈屈原〉中婵娟角色的艺术形象分析》(邓勤,《黄河之声》2010 年第 4 期)、《细腻温婉荡气回肠——歌剧〈屈原〉的抒情性特征窥探》(徐磊,《电影评介》2010 年第 8 期)等。
④毛泽东:《关于〈逼上梁山〉的信》,中共中央文献研究室编:《毛泽东书信选集》,人民出版社,1983 年,第 222 页。
⑤黄中模编著:《郭沫若历史剧〈屈原〉诗话》,四川人民出版社,1981 年,第 12 页。

郭沫若曾明确指出,历史剧《屈原》的艺术创作宗旨"是借了屈原的时代来象征我们当前的时代"①。在那个特殊的年代,热爱祖国、热爱人民、敢于斗争、坚贞不屈的屈原形象,成了人们抗拒强暴的精神力量。

(二) 历史剧《屈原》的世界回响

郭沫若历史剧《屈原》成功地塑造了一位伟大的爱国诗人,其艺术典型的魅力深入民心,并在 20 世纪 50 年代传播海外。从 1954 年开始《屈原》在北京、莫斯科、罗马尼亚、芬兰、日本等地公演。其中,1952—1954年,在日本,郭沫若历史剧《屈原》公演三百多场次:"日本前进座剧团在过去两年间一百多个城市和农村中演出了《屈原》,达三百多场次,观众达三十多万人,现正在横滨、川崎一带演出。"②

通过历史剧《屈原》,国外观众对屈原爱国精神产生了强烈共鸣。1958 年罗马尼亚上演历史剧《屈原》,这是在该国上演的第一个中国戏剧,罗马尼亚人民以演出《屈原》庆祝中华人民共和国"国庆"九周年:"这个戏是为了纪念中华人民共和国国庆九周年而演出的,这个戏的演出热诚地表达了对伟大中国人民的友情。"③

1953 年,屈原被世界和平理事会推选为"世界文化名人"。郭沫若作为"世界文化名人"纪念活动的主要负责人,全程参加了关于纪念屈原等文化名人的两次国际会议④。1953 年 11 月,郑振铎先生在华沙举行的纪念屈原大会上做了主题发言其中,特别提到郭沫若的纪念屈原的初衷——促进人类和平进步。其文节选如下:

> 去年,世界和平理事会号召纪念雨果、达·芬奇、果戈里和阿维森纳,今年又号召纪念中国的屈原,波兰的尼古劳斯·哥伯尼,法国的弗朗索瓦·拉伯雷和古巴的何塞·马蒂。这个正确的号召,我们相信会

①郭沫若:《序俄文译本史剧〈屈原〉》,《郭沫若论创作》,上海文艺出版社,1983 年,第 404 页。

②《话剧"屈原"在苏联、日本演出》,《中国戏剧》1954 年第 3 期。

③[罗马尼亚]伐伦汀·锡尔维斯特鲁:《〈屈原〉在罗马尼亚首次演出》,《中国戏剧》1959 年第 3 期。

④郭沫若《争取世界和平的胜利与人民文化的繁荣——在北京纪念四位世界文化名人大会上的报告》(1953 年 9 月 27 日作)载 1953 年 9 月 28 日《人民日报》,《在欢迎来华参加世界四位文化名人纪念大会的波、法、古等国代表的宴会上致词》(1953 年 9 月 29 日作)载 1953 年 9 月 30 日《人民日报》(王训昭、卢正言、邵华等编著:《郭沫若研究资料下·中国文学史资料全编·现代卷》,知识产权出版社,2010 年,第 1466 页)。黄亚军:《郭沫若的屈原接受——理论与创作的双重审视》,浙江大学 2014 年硕士论文。

在,像郭沫若先生所说的,"为继承并发扬人类优秀的文化传统,而团结一致,使世界文化巨人们共同追求的崇高理想——人民友谊,自由生活,与持久和平,能够有实现的可能"的工作上,起一定的作用的。

今天,在离中国很遥远的华沙,举行中国古代伟大诗人屈原的纪念会,重要的意义就在这里。这个纪念会会使中波两国人民的友谊更加巩固,发展;将使中波两国之间的文化交流更会加倍密切起来。

提起屈原的名字来,中国人民的心是温暖的。我们对于这个伟大的名字,感到亲切,感到热爱。他生于公元前三四〇年,死于公元前二七八年。离开我们已经是二千二百多年了。但他还活在我们的心上。他的作品还活在我们的口头。他的作品是属于中国悠久的优秀的诗歌传统中的最美好的遗产的一部分,永远像春天的花朵似的,百代常新。他的正直不屈的一生,为人民,为国家的命运而奋斗的一生,他的悲剧的死,无一不在中国人民的心上留下最深刻的印象。他不仅是一位最优秀的古代伟大诗人,也是一位最可崇敬的人类的最好儿子……当战国时期,在本国不得志的贵族,常有跑到别的诸侯王国去,在那里执政当权的。但屈原是挚爱着他的出生的土地和他的人民的。他宁可被疏远,被放逐,被斥责,被压迫,宁可自杀而死,却决不愿意离开楚国,跑到别的诸侯王国去……他的呼号,他的悲伤,他的诉苦,并不是为了他自己,而是为了楚国。像这样的紧紧的和国家与人民的运命联系着,这样的忠贞不屈的一心为国为民而斗争着,这样的热爱着他所出生的土地与人民,而决心在任何屈辱之下,不肯抛弃了他们的大诗人,当然人民是同样的热爱着他的。他的悲剧的死,他的美丽而凄惋的诗歌,到今天,历二千年如一日的为中国人民所怀念,所讽吟其原因,在这里是可以说明的。①

可见,屈原精神最为国际文化和世界人民所接受的是爱国精神。正如《屈原》俄译者费德林博士的评价:"现在在中国人民的最伟大的斗争和胜利的日子里,屈原爱国主义的声音,含着新的力量在响着。"②郭沫若的屈原理论研究与文艺创作结合,使得历史剧《屈原》历史真实、艺术真实及时

---

① 郑振铎:《郑振铎全集》6,花山文艺出版社,1998 年,第 130—132 页。
② 转引自张仲浦:《郭沫若的历史剧〈屈原〉》,上海文艺出版社,1959 年,第 7 页。

代使命完美统一,在相当一段时期里成为传播屈原爱国精神的重要媒介,并直接影响着今天人们对屈原其人的认识与理解:郭沫若推断的屈原生卒年说流传最广,郭沫若关于屈原诗集的白话译本成为域外俄译本的蓝本,郭沫若的历史剧《屈原》被反复研究解读至今,郭沫若历史剧《屈原》在亚欧一些国家的剧场里频繁公演等等,这些情形再次肯定了历史剧《屈原》是弘扬光大屈原精神的伟大创作。

从龚自珍到郭沫若,屈原精神在近现代社会及世界和平斗争中的阐释已经呈现出新的特征,封建时期士大夫的精神楷模及士不遇主题的寄托正在逐渐淡化,从民族文化性格重读屈原作品,提炼、归纳、表达、阐发屈原精神的社会启示,屈原的改革创新、独清独醒,特别是"爱国主义的信念"引起世界人民的共鸣与关注①,屈原不再仅仅是士大夫个人人生际遇的精神楷模,而是已经成为体现中华民族精神的一种历史符码。这是一种崭新的阐释,推动了屈原精神更广泛的接受。

第九节　屈原精神的文人传承接受历程

屈原精神的文人阐发,经历了"士不遇"主题的淡化到"民族大义"的强化,经历了由个体命运的关照到民族命运的关照,其内涵也经历了忠、信、清、醒到爱国、爱民。历代吟咏屈原的文人文学连绵不断,并与社会历史相转变②,清晰呈现了屈原精神在文学世界传承接受的历程。

一、一部生命价值观的探讨史

屈原《远游》中有:"惟天地之无穷兮,哀人生之长勤。往者余弗及兮,

---

① 资料记录表明:1953 年北京公演历史剧《屈原》,1952—1954 年日本公演历史剧《屈原》三百多场次,1954 年 1 月莫斯科叶尔莫洛娃剧院演出历史剧《屈原》,1958 年罗马尼亚上演历史剧《屈原》,1960 芬兰国家剧院公演历史剧《屈原》。各类报道文章有《中国青年艺术剧院在京演出历史诗剧"屈原"》(《剧本》1953 年第 10 期)、《中国青年艺术剧院排演"屈原"》(《剧本》1953 年第 3 期)、《话剧"屈原"在苏联、日本演出》(《中国戏剧》1954 年第 3 期)、《〈屈原〉在罗马尼亚首次演出》(伐伦汀·锡尔维斯特鲁,《中国戏剧》1959 年第 3 期)等。

② 历代以吟诵屈原主题的诗词戏曲结集作品选有:《历代诗人咏屈原》(温广义,内蒙古人民出版社,1982 年)、《屈原赞古今诗词选》(江南,中国文联出版公司,1989 年)、《屈原颂》(李兴等,湖南文艺出版社,1991 年)、《歌咏屈原古今诗词选》(刘济民,中国炎黄文化出版社,2008 年)、《屈原颂——历代咏颂屈原诗歌选注》(谭家斌,内蒙古人民出版社,2009 年)、《黄钟大吕歌楚魂:古代屈原戏注评》(吴柏森,湖北人民出版社,2006 年)等。

来者吾不闻。"此句意境苍茫,包含天人关系和生命终极价值观的思考。汉代东方朔和严忌,虽身处汉武帝之盛世,却也感同身受,化用了这句诗,东方朔曰:"往者不可及兮,来者不可待。悠悠苍天兮,莫我振理。"(《七谏·初放》)严忌曰:"哀时命之不及古人兮,夫何予生之不遭时。往者不可扳援兮,俫者不可与期。"(《哀时命》)司马迁提出编撰《史记》之目标乃"究天人之际,通古今之变,成一家之言"。以后,历代文人关于"天人"关系的思考从未间断,也常常化用或借用屈原诗句中的意境,抒发自己的生命价值观。如,初唐诗人陈子昂《登幽州台歌》亦有与屈原类似的孤独感:"前不见古人,后不见来者。念天地之悠悠,独怆然而涕下。"张若虚《春江花月夜》亦感受到个体生命的渺小和短暂:"江畔何人初见月? 江月何年初照人? 人生代代无穷已,江月年年只相似。不知江月待何人,但见长江送流水。"盛唐诗人李白亦感叹:"今人不见古时月,今月曾经照古人。古人今人若流水,共看明月皆如此。"明月万古如一,天地宇宙如一,而人类世代更替,个体生命如一瞬即逝,如何能够忘掉时间带来的忧愁,李白《宣州谢朓楼饯别校书叔云》道:"弃我去者,昨日之日不可留。乱我心者,今日之日多烦忧。"宋代王安石《次韵答陈正叔二首》其二曰:"此道未行身有待,古人不见首空回。何当水石他年住,更把韦编静处开。"清代窦垿《岳阳楼联》有:"一楼何奇,杜少陵五言绝唱,范希文两字关情,滕子京百废具兴,吕纯阳三过必醉,诗耶? 儒耶? 吏耶? 仙耶? 前不见古人,使我怆然涕下;诸君试看,洞庭湖南极潇湘,扬子江北通巫峡,巴陵山西来爽气,岳州城东道岩疆,潴者,流者,峙者,镇者,此中有真意,问谁领会得来。"等等,从屈原(约前353—前278)到窦垿(1804—1865)这两千年时间跨度,宇宙苍茫如一,文人"有待"①如一,可见,屈原对个体生命与宇宙之关系的思考极具典型性和示范性,已经在文人心灵上留下了烙印。

　　人的生命由时间组成,人通过时间来创造有价值的生命,而一旦这种创造受到阻碍,人们就会陷入焦虑。屈原在他的诗歌中曾描述了这种焦急:"日月忽其不淹兮,春与秋其代序。惟草木之零落兮,恐美人之迟暮。"(《离骚》)"哀吾生之无乐兮,幽独处乎山中。吾不能变心而从俗兮,固将愁苦而终穷。"(《九章·涉江》)此后,屈原关于"时间焦虑"的咏叹成为历

①有所期待,要等待。《礼记·儒行》:"爱其死,以有待也。养其身,以有为也。"

代文人笔下的"时命"主题；屈原自身命运的不遇时，成为文人怀才不遇之悲情寄托。

首先是与屈原生活时代最接近的文人，如宋玉，他深刻地领会到"曲高和寡"的孤独，《九辩》一文开篇即以时间之"秋"展示自己人生的"悲秋"情愫，强化和突出屈原"生不遇时之苦"，为汉代文人接受屈原作品和屈原精神埋下了"伏笔"。

汉代拟骚赋往往以第一人称抒情方式，引用或化用屈原诗句，以"屈原代言者"身份自叙政治报国之路不通、孤寂流放在外的无奈，抒发对世俗谗言的痛恨。其中，贾谊、司马迁、班固等人在屈原的讽谏文风与自沉的认识上，出现一些分歧或自相矛盾，而产生矛盾的实质是生命与道义的取舍；东方朔、严（庄）忌继承屈原以"我"为中心关照宇宙的思维，强化了屈原怀才不遇的苦闷之情。

继汉代文人之后，唐代文人也着眼于屈原的不遇悲剧的咏叹，对屈原的评价也存在矛盾：一方面承认屈原的忠贞高洁；另一方面又嘲笑屈原轻身自沉，妄做忠臣。实际上，独醒或从俗，亦是唐代文人所面临的生命与道义的选择难题。

宋代文人笔下的屈原形象，基本继承了汉唐以来的定位：诗才千古、政治悲剧人物。屈原仍为文人怀才不遇之悲情寄托者。但书斋生活化的宋代人，更加看重屈原儒家君子人格的示范意义；且伴随文人进入仕途的条件的改善，关于屈原"自沉"（结束生命的方式）的评价有了更多纠结和矛盾，并直接奠定了元代散曲里大量揶揄屈原的论调。

元明清三代现存的"屈原戏"，往往选取的是屈原与渔父的对话或屈原沉江的故事，其实质正是直面矛盾、思考生命价值，思考屈原精神的"永恒"意义。戏剧采纳民间"水仙屈原的传说"，大胆翻案的剧情，将历史悲剧转化为痛快的"大团圆"结局——或屈原未死救出楚怀王，或屈原沉江为水仙。而时空转换的编排中，用观众可见的舞台完成生命价值观的演绎，赞美了屈原生命的崇高与永恒。

两千多年来，文人对屈原作品的精神意蕴，特别是对屈原的生命价值观，由一开始的感同身受，到一段时期的揶揄自嘲，到汲取民间智慧而呼唤正义的回归，这个过程中，后世文人的胸襟、志向、行动力，也与屈原形成鲜明对照，屈原逐渐成为文人"可望不可及"的精神标杆。从这个意义上说，一部屈原精神的文人接受史就是一部生命价值观的探讨史。故,梁启超先生坦言:"研究屈原,应该拿他的自杀做出发点。"《中国诗人节宣言》中赞叹屈原"可以与天地比量悠久"。

二、一部人格灵魂的铸造史

屈原是中国文学史上的"奠基性"诗人,一代代作家以屈原及其作品为标杆,定位自己的人生与写作。南朝梁刘勰《文心雕龙·辩骚》中评论屈原对后世文人的影响时说:"其衣被词人,非一代也。"清人章学诚《文史通义·诗教上》谈到后代文人对屈原的接受时说:"文人情深于《诗》《骚》,古今一也。"①唐代"诗仙"李白赞"屈平辞赋悬日月"(《江上吟》),"诗圣"杜甫道"窃攀屈宋宜方驾"(《戏为六绝句》);宋代文豪苏轼企慕"要伴骚人餐落英"(《次韵僧潜见赠》);南渡爱国词人刘克庄仰慕"灵均(屈原)标致高如许"(《贺新郎·端午》);现代文豪鲁迅写下"一枝清采妥湘灵,九畹贞风慰独醒"(《无题》);当代台湾诗人余光中说"蓝墨水的上游是汨罗江"(《诗魂在南方》)。古往今来,文人无不为屈原忧国忧民的爱国精神和正直高洁的人品所折服。东汉王逸说:"今若屈原,膺忠贞之质,体清洁之性,直如砥矢,言若丹青,进不隐其谋,退不顾其命,此诚绝世之行、俊彦之英也。"(《楚辞章句叙》)又说:"不求曰清,不受曰廉,不污曰洁。"(《楚辞章句》卷九注)南宋理学大师朱熹说:"屈原之心,其为忠清洁白。"(《楚辞集注·楚辞后语》卷二)屈原对中国文人精神的影响集中体现为自爱和爱国的滋养。屈原高洁自爱的人格精神和忧国忧民的爱国精神,成为激励后代文人的强大精神动力和精神支柱。

(一)自爱的滋养

屈原在诗歌中常常提及尧舜、三代,他曾向重华(即舜)陈词,列举两类君王,一类是不自爱、好淫乐的,如夏康、羿、浞、浇、夏桀、商纣等,都因淫乐贪婪无德而丧身亡国;另一类是自爱严敬的圣君,如汤、禹、周文,举贤授能、公正无私而得天下。通过比较,屈原表白自己的心迹说:"皇天无私阿兮,览民德焉错辅。夫维圣哲以茂行兮,苟得用此下土。瞻前而顾后兮,相观民之计极。夫孰非义而可用兮,孰非善而可服。阽余身而危死兮,览余

---

①[清]章学诚著,叶瑛校注:《文史通义校注》,中华书局,1985年,第62页。

初其犹未悔。"(《离骚》)意思是,圣哲君王的贤德品行,是其得到上天护佑和民众拥护的保证。尧舜周文的"德政"思想,早已融入中华政治文化的血液里,影响着中国的政治哲学。从古至今,贤达者往往将"自爱(修身)"与"爱国"紧密相连,先修好身,才有"齐家、治国、平天下"的事功。在这方面,屈原及其作品是后代中国作家最好的模范。

屈原精神中最先引起文人关注和讨论的正是好修自爱于浑浊之世道的严格自律和高洁志向。西汉淮南王刘安《离骚传》中称赞屈原:"蝉蜕浊秽之中,浮游尘埃之外,皭然泥而不滓。推此志,虽与日月争光可也。"远离污泥浊水,像蝉脱皮一样摆脱污秽,超脱于尘埃之外,不沾染世俗的污垢,屈原纯粹的志向和高洁的人格,在刘安看来,可与日月争辉。这一观点影响深远,宋代大文豪苏轼说:"屈原作《离骚经》,盖《风》《雅》之再变者,虽与日月争光可也。"[1]宋代丞相李纲说:"离骚体风雅,光可争日月。"[2]

屈原自爱好修,与儒家"修齐治平"、"独善"的倡导十分吻合,特别当封建文人遭遇贬谪或疏远、感受到国家由盛转衰而奔走呼吁时,屈原作品都会引发他们共鸣。唐代宰相诗人张九龄被奸臣排挤,贬谪江陵,以《感遇》(江南有丹橘)一首表白自己坚贞清洁的气节:"自有岁寒心。"后人评价此诗深得屈骚之旨:"曲江之《感遇》出于《骚》。"(刘熙载《艺概·诗概》)南宋爱国作家辛弃疾、陆游、李纲、张孝祥等常在诗词中引用屈原诗篇《离骚》、《渔父》、《九歌》、《九章》中的诗句,效法屈原为人,表达自己芬芳高洁、不跟"主和派"同流合污的精神。近代国学大师王国维称赞屈原伟大的人格对其伟大的文章的影响:"若无文学之天才,其人格亦自足千古,故无高尚伟大之人格,而有高尚伟大之文章者,殆未有之也。"(《文学小言》)20世纪30年代前后,再次形成屈原精神文人接受的"高峰期"。鲁迅留学日本时曾化用屈原诗句"荃不察余之中情兮"来明志:"寄意寒星荃不察,我以我血荐轩辕。"(《自题小像》)处于人生的傍徨时期,鲁迅将屈原诗句"路曼曼其脩远兮,吾将上下而求索"作为其小说集《彷徨》的题辞。时至今日,和平时代的人们更深刻地呼唤屈子的"自爱"修身:"两千年后,

---

① 苏轼:《答谢民师书》,[宋]苏轼著,李之亮笺注:《苏轼文集编年笺注》第6册,巴蜀书社,2011年,第335页。

② [宋]李纲:《著迁论有感》,傅璇琮等主编:《全宋诗》第27册,北京大学出版社,1998年,第17687页。

你仍然待救吗？不……待救的是岸上沦落的我们。"①

革命先行者孙中山先生曾痛心地说："何以中国要退步呢？就是因为受外国政治经济的压迫，推究根本原因，还是由于中国人不修身。不知道中国从前讲修身。"（《三民主义·民族主义》第六讲）近代中国曾饱受外辱，可见，自爱修身无论是对个人，还是对国家，都是十分必要的。

（二）爱国的滋养

从史传文学大师司马迁开始，屈原爱国精神就影响着一代又一代肩负国家民族使命的中国文人。面对楚国不振，屈原忧心忡忡。屈原沉江两百多年后，司马迁《史记·屈原贾生列传》中说："其存君兴国而欲反覆之，一篇之中三致志焉。"屈原沉江两千多年后，郭沫若《伟大的爱国诗人——屈原》中说：屈原把所有的血泪涂成了伟大的诗篇，把自己的生命殉了祖国，与国家共存亡，这是我们所以崇拜屈原的原因，也是屈原所以伟大的原因。

每当祖国危亡时刻，文人往往通过诠释屈原作品、凭吊屈原、吟咏屈原、书写屈原故事，或者引用、化用屈原的诗句，来寄托自己爱国的怀抱，来激励自己的爱国行动。东汉后期的王逸与明末清初的王夫之，不仅分别拟作《九思》与《九昭》抒写忠贞爱国，而且通过完成《楚辞章句》与《楚辞通释》等学术著作阐发屈原正直贞洁、忠信爱国的信念。在唐代，屈原的爱国精神为唐诗高扬爱国主义旗帜注入了心灵的乳汁，李白、杜甫、李贺、皮日休、蒋防、柳宗元、罗隐等唐代诗人在诗歌中都充分肯定了屈原不忍离开故都又不忍看着邦国覆坠而以死殉国的爱国志向与行为。南宋爱国文臣文天祥化用屈原《哀郢》之"鸟飞反故乡兮，狐死必首丘"意境，表达自己忠诚为国、至死不渝的追求："臣心一片磁针石，不指南方不肯休。"（《顾诸从行者故绕去出北海然后渡扬子江》）

作为爱国诗人，屈原在抗日战争时期对中国作家心灵的影响得到前所未有的激活。1941年，在重庆的一次诗歌座谈会上，诗人方殷提出倡议，郭沫若、老舍、严辰、高兰等作家发起组织，决定每年屈原祭日为中国"诗人节"。1941年5月30日，老舍、郭沫若、闻一多、郁达夫、胡风等53位知名作家署名的《诗人节宣言》提出效法屈原，使诗歌成为民族的呼声。1942年1月，郭沫若满怀抗日救国的激情创作了历史剧《屈原》，将两千多年前

---

① 余光中：《汨罗江神》，《中国当代名诗人选集·余光中》，人民文学出版社，2006年，第269页。

的爱国诗人屈原复活到抗战时代的激流中,激励国人从历史剧中汲取力量,投身到抗日的洪流中。

《诗大序》:"诗者,志之所之也,在心为志,发言为诗。"①《隋书·经籍志》:"诗者,所以导达心灵,歌咏情志者也。"②屈原的诗歌是屈原心志的表达,在其诗歌被人阅读、阐发、化用或模拟时,也自然滋养了人们的灵魂。"其忠可以激俗,其清可以厉贪。"(唐王茂元《楚三闾大夫屈先生祠堂铭并序》)的确,从司马迁、王逸到闻一多,到郭沫若,历代文人汲取屈原身上所体现的民族精神,完成着对自己心灵的铸造,形成了中国文人士大夫忠贞爱国、好修自爱、求索执着、崇尚精神不朽的民族精神。从这个意义上说,一部屈原精神的文人接受史就是一部人格灵魂的铸造史。

---

① [唐]孔颖达疏:《毛诗注疏》,中华书局编辑部编:《唐宋注疏十三经》第1册,中华书局,1998年。
② [唐]长孙无忌等:《隋书》卷三十二,中华书局,1985年。

第四章　屈原精神的官方褒崇

从西汉武帝命刘安作《离骚传》①，到东汉王逸奉旨典校屈原作品②；从晚唐首次敕封屈原"昭灵侯"，到五代封"威显公"，到宋代封"忠洁侯"、"清烈公"，到元代封"忠节清烈公"，到明代召令"有司岁以五月五日祭"，"封大帝水府庙为屈平大夫，各处祠之"；从1953年屈原被联合国世界和平理事会评为当年的"世界文化名人"，到2009年以纪念屈原为重要内核的"中国端午节"列入世界"非遗"名录，到各地政府以"屈原文化"助推社会经济发展，到文化部、侨联、高校等主办国际性屈原学术研讨会……二千三百多年来，古今官方对屈原及屈原精神的传播与褒崇源远流长，是屈原精神传承接受链上最重要的一环。

第一节　汉代帝王对屈原作品的爱重与推广

一、高祖偏爱"楚歌"与屈原作品的宫廷传播

汉代建国者刘邦③是"楚歌"爱好者。《史记》记载刘邦的两次重要军事、政治决策都提及"楚歌"。一次是军事决策，刘邦与项羽决战于垓下，以"四面楚歌"瓦解了项羽的军心，迫使项羽自杀，取得了决定性胜利。《史记·高祖本纪》载："项羽卒闻汉军之楚歌，以为汉尽得楚地，项羽乃败而走，是以兵大败。使骑将灌婴追杀项羽东城，斩首八万，遂略定楚地。"④

---

① 王逸《离骚经章句·叙》："至于孝武帝，恢廓道训，使淮南王安作《离骚经章句》，则大义粲然。后世雄俊，莫不瞻慕，舒肆妙虑，缵述其词。"
② 王逸《离骚经章句·叙》中自称为"臣"，校书郎王逸应是奉旨典校屈原作品的："逮至刘向，典校经书，分为十六卷。孝章即位，深弘道艺，而班固、贾逵复以所见改易前疑，各作《离骚经章句》……今臣复以所识所知，稽之旧章，合之经传，作十六卷章句。"
③ 汉朝开国皇帝刘邦是楚沛丰邑中阳里（今江苏省徐州市丰县）人。
④ ［汉］司马迁撰，［南朝宋］裴骃集解，［唐］司马贞索隐，张守节正义：《史记》，中华书局，2011年，第320页。

《史记·项羽本纪》亦载:"项王军壁垓下,兵少食尽,汉军及诸侯兵围之数重。夜闻汉军四面皆楚歌,项王乃大惊曰:'汉皆已得楚乎? 是何楚人之多也!'"①另一次是政治决策,刘邦原本打算废吕后之子,吕后请张良出主意请来商山四皓,刘邦便不得不放弃废长立幼的想法,最后以楚歌落幕。事见《史记·留侯世家》:"戚夫人泣,上曰:'为我楚舞,吾为若楚歌。'歌曰:'鸿雁高飞,一举千里。羽翮已就,横绝四海。横绝四海,当可奈何! 虽有矰缴,尚安所施!'歌数阕,戚夫人嘘唏流涕。上起去,罢酒。"②

汉高祖喜爱楚歌直接影响了汉代文艺风尚。汉初,宫廷乐队有演习刘邦创作的楚歌《大风歌》的传统。《汉书·礼乐志》载:"初,高祖既定天下,过沛,与故人父老相乐,醉酒欢哀,作'风起'之诗,令沛中僮儿百二十人习而歌之。至孝惠时,以沛宫为原庙,皆令歌儿习吹以相和,常以百二十人为员。"③

楚歌进入宫廷文艺,形成了汉代文学的审美风尚,培养了文人对楚歌欣赏的能力,促进了源于"楚歌"而加工创作的"楚辞"在宫廷中的关注和传播。考古发掘在汉代贵族墓中有屈原作品《离骚》、《涉江》残句④,史书记载汉代宫廷皇后"好读《楚辞》"⑤,即可知,读楚辞是当时贵族中的一种风尚。

汉朝宫廷与楚辞的紧密联系,并非偶然,它与汉政权建立者的楚文化渊源有必然的联系。《汉书·礼乐志》:"凡乐,乐其所生,礼不忘本。高祖乐楚声,故《房中乐》楚声也。"⑥"礼不忘本",汉高祖的故乡情结,促使楚歌很快进入宫廷文艺,并逐渐成为宫廷歌舞的风尚,这为楚辞被汉代历代帝王后妃所爱重营造了良好的文化氛围,促进了屈原作品的宫廷传播。

二、武帝爱秘《离骚》与屈原作品阐释的经学化

汉武帝时期,屈原作品正式得到官方的专门推广。在汉武帝前,屈赋

---

①[汉]司马迁:《史记》,中华书局,2011 年,第 283 页。

②[汉]司马迁:《史记》,中华书局,2011 年,第 1822 页。

③[汉]班固:《汉书》,中华书局,2007 年,第 141 页。

④参见阜阳汉简整理组:《阜阳汉简简介》,《文物》1983 年第 2 期。

⑤[南朝宋]范晔:《后汉书·皇后纪》:"(马皇后)好读《春秋》、《楚辞》。"(中华书局,2007 年,第118 页)

⑥[汉]班固:《汉书》,中华书局,2007 年,第 141 页。

早已随着楚地文人进了长安①,但"楚辞"成为文人晋升之阶,帝王"点名"注释《离骚》,则发生在汉武帝时期。此时,"楚辞"与"六经"并列,《离骚》被尊为"经",屈原作品提升到修身治国的经典地位。

(一)文人吟诵"楚辞"的发迹故事与屈原作品的宫廷传习

汉武帝时,以吟诵"楚辞"得到赏识的朱买臣故事,强化了"楚辞"在汉朝宫廷里的传习。事见《史记·酷吏列传》:"始长史朱买臣,会稽人也。读《春秋》。庄助使人言买臣,买臣以楚辞与助俱幸,侍中,为大中大夫,用事。"②这段记载表明,当时"楚辞"与《春秋》一样被读书人重视,是一门难得的"尊贵"学问。吴地会稽(今苏州市)后期归属于楚地,《汉书·地理志》载:"吴、粤之君皆好勇,故其民至今好用剑,轻死易发。粤既并吴,后六世为楚所灭。后秦又击楚,徙寿春,至子为秦所灭。"③朱买臣的发迹与汉武帝提倡辞赋之风密切相关,这种辞赋之风在《汉书·地理志》有详细记载,《汉书·地理志》载:"汉兴,高祖王兄子濞于吴,招致天下之娱游子弟,枚乘、邹阳、严夫子之徒,兴于文、景之际。而淮南王安亦都寿春,招宾客著书。而吴有严助、朱买臣,贵显汉朝,文辞并发,故世传楚辞。"④这大致记录了汉初屈原"《离骚》诸赋"的早期传播接受历程。由此可知:

其一,战国末期,公元前241年,楚考烈王被迫迁徙都城至寿春(今安徽寿县),这是屈原《离骚》诸赋东传吴地的政治背景及契机,是吴地朱买臣习得"楚辞"的"历史渊源"。其二,《汉书·地理志》曰:"寿春、合肥受南北湖皮革、鲍、木之输,亦一都会也。始楚贤臣屈原被谗放流,作《离骚》诸赋以自伤悼。后有宋玉、唐勒之属慕而述之,皆以显名。"⑤这段记载说明,宋玉、唐勒之属追慕屈原赋"皆以显名",这是朱买臣以"楚辞"被提携的历史之镜。《汉书·艺文志》载"屈原赋二十五篇"、"唐勒赋四篇"、"宋玉赋十六篇"。唐勒、宋玉"显名",应该是获得功名富贵,这是吴地的朱买臣打柴也要诵楚辞的"历史激励"。其三,文帝、景帝时期(前179—前

---

① 参看李中华:《"楚辞"在汉代的传播与接受》,王兆鹏、尚永亮主编:《文学传播与接受论丛》,中华书局,2006年,第97—111页。

② [汉]司马迁:《史记》,中华书局,2011年,第2726页。

③ [汉]班固:《汉书》,中华书局,2007年,第314页。

④ [汉]班固:《汉书》,中华书局,2007年,第314页。

⑤ [汉]班固:《汉书》,中华书局,2007年,第314页。

141)，高祖的兄子吴王刘濞在封国吴地，继续提倡楚辞，喜以楚地辞赋娱乐，枚乘、邹阳、严夫子是他身边辞赋作者，《汉书·艺文志》载"严助赋三十五篇"、"枚乘赋九篇"、"庄夫子赋二十四篇"，这些人生活于朱买臣的时代，就发生在吴地，这应是朱买臣打柴也要唱楚辞的"现实激励"。其四，淮南王刘安（前179—前122）在文帝十五年受封于寿春，得此地利，加之好读书鼓琴，寿春成了人文荟萃的文化中心，创作辞赋更是诸侯王臣们的所爱，《汉书·艺文志》载"淮南王赋八十二篇"、"群臣赋四十四篇"。这应该也是朱买臣打柴诵"楚辞"的地域文化时尚风气。

综上可知，朱买臣的发迹史——吟诵"楚辞"擢为中大夫——是带有一定必然性的偶然，但客观上直接促进了屈原作品的广泛传习。《汉书》卷六十四载："后数岁，买臣随上计吏为卒，将重车至长安……会邑子严助贵幸，荐买臣。召见，说《春秋》，言《楚词（辞）》，帝甚说之，拜买臣为中大夫，与严助俱侍中。"①《汉书·艺文志》载"严助赋三十五篇"、"朱买臣赋三篇"，且据《汉书》记载严助最为汉武帝欣赏，常常提携。《汉书·地理志》更有明确记载："吴有严助、朱买臣，贵显汉朝，文辞并发，故世传楚辞。"②严助、朱买臣因"言楚辞"获"贵显汉朝"，直接助推了楚辞的世代传习。

（二）刘安《离骚传》与屈原作品阐释的经学化

汉代是先秦文化的总结期与开拓期，先秦诸子典籍在此时被重新加以整理与解读，屈原作品亦在此时被推上"经"的地位。史书记载，建元二年（前139）淮南王刘安获得了一项特别的任务——给屈原的《离骚》作"传"。事见《汉书》卷四十四《淮南衡山济北王传》："初，安入朝，献所作《内篇》新出，上爱秘之。使为《离骚传》。旦受诏，日食时上。"③唐颜师古注："传，谓解说之。若《毛诗传》。"即汉武帝命刘安按注解经书模式注释《离骚》。据这段记载，淮南王刘安所上《内篇》（即《淮南子》）的时间在建元二年（前139），则《离骚传》可确定在建元二年完成，距今有二千一百多年，距离屈原也有约一百四十年左右。汉武帝为何突然让刘安解注《离骚》，史书未详载。从逻辑上看，一定是读到《离骚》，有些地方难懂，但又

①［汉］班固：《汉书》，中华书局，2007年，第636页。
②［汉］班固：《汉书》，中华书局，2007年，第314页。
③［汉］班固：《汉书》，中华书局，2007年，第461页。

喜欢;亦因为刘安封地在楚国后期的都城寿春;加之,看了刘安所呈《淮南子》后,认可其才学,所以委以任务。淮南王果然不负所托,不到一天时间就完成了,这说明淮南王及其门客确实很熟悉《离骚》。《离骚传》的完成,是《离骚》经典化的关键一步,开启后世经学或理学注"骚"史。

关于刘安《离骚传》佚文文本梳理,汤炳正先生在《〈屈原列传〉理惑》一文有详细的论述,主要结论是:今本《屈原列传》中从"离骚者,犹离忧也"到"虽与日月争光可也",是淮南王刘安《离骚传》的前半部。今本"虽放流"到"岂足福哉"是后人窜入的刘安《离骚传》的后半部。本书认为,《史记》之"屈平疾王听之不聪也,谗谄之蔽明也,邪曲之害公也,方正之不容也,故忧愁幽思而作《离骚》"这一句,从逻辑上看,由创作背景转入诗歌文题的解读,亦当为淮南王《离骚传》的内容。由此,梳理出的刘安《离骚传》内容如下:

> 屈平疾王听之不聪也,谗谄之蔽明也,邪曲之害公也,方正之不容也,故忧愁幽思而作《离骚》。

> 离骚者,犹离忧也。夫天者,人之始也;父母者,人之本也。人穷则反本,故劳苦倦极,未尝不呼天也;疾痛惨怛,未尝不呼父母也。屈平正道直行,竭忠尽智以事其君,谗人间之,可谓穷矣。信而见疑,忠而被谤,能无怨乎?屈平之作《离骚》,盖自怨生也。《国风》好色而不淫,《小雅》怨诽而不乱。若《离骚》者,可谓兼之矣。上称帝喾,下道齐桓,中述汤武,以刺世事。明道德之广崇,治乱之条贯,靡不毕见。其文约,其辞微,其志洁,其行廉。其称文小而其指极大,举类迩而见义远。其志洁,故其称物芳。其行廉,故死而不容。自疏濯淖污泥之中,蝉蜕于浊秽,以浮游尘埃之外,不获世之滋垢,皭然泥而不滓者也。推此志也,虽与日月争光可也。

> 屈平既嫉之,虽放流,眷顾楚国,系心怀王,不忘欲反,冀幸君之一悟,俗之一改也。其存君兴国而欲反复之,一篇之中三致志焉。然终无可奈何,故不可以反,卒以此见怀王之终不悟也。①

---

① [汉]司马迁:《史记》,中华书局,2011 年,第 2184—2186 页。

本书并不太同意《史记·屈原贾生列传》中"后人"窜入刘安《离骚传》的说法①。《离骚传》是刘安受武帝之命而作，一般人虽难见，此后，刘安叛乱自杀，其著述便更难见到了。但作为同朝为官的太史令，司马迁应是可以见到的。

那么，刘安《离骚传》的原貌如何？东汉班固作为史官，参照司马迁《史记》众多，其作《离骚序》时也曾引述刘安观点："淮南王安叙《离骚传》，以国风好色而不淫，小雅怨诽而不乱，若《离骚》者可谓兼之矣。蝉蜕浊秽之中，浮游尘埃之外，皭然泥而不滓，推此志，虽与日月争光可也。斯论似过其真。"②梁刘勰《文心雕龙·辩骚》亦特别梳理刘安《离骚传》的观点："昔汉武爱骚，而淮南作传，以为'国风好色而不淫，小雅怨诽而不乱，若《离骚》者，可谓兼之。蝉蜕秽浊之中，浮游尘埃之外，皭然涅而不缁，虽与日月争光可也。'"③比较上述司马迁、班固、刘勰三人的引文，大致可知《离骚传》的原貌：

其一，《离骚传》应该是一本宏观、微观兼具的"章句体"著述，既有对篇章大义的宏观概括与评价，又有对重点章句的解说。且《离骚传》至迟在东汉班固生活时期，公元 1 世纪，还能见到。如，班固曾指出《离骚传》解释"五子以失家巷"句，有关羿、浇、少康、二姚、有娀佚女的说法"未得其正"。又考王逸撰《楚辞章句》卷一也将《离骚传》表述为《离骚章句》："至于孝武帝，恢廓道训，使淮南王安作《离骚经章句》，则大义粲然。后世雄俊，莫不瞻仰，舒肆妙虑，缵述其词。"④这里《离骚经章句》，应即刘安《离骚传》。所谓"章句"，即分章分段、逐句逐章解释文意，由此可知，刘安《离骚传》体例当属"章句体"，今存王逸《楚辞章句》体例与之应有师承关系。

其二，淮南王《离骚传》应属早期较为完整的汉代《楚辞》本。东汉王逸说，屈原作品二十五篇经过楚人传教，到淮南王作《离骚传》，其后，刘向典校经书时分以为十六卷。到了班固、贾逵复以所见，改易前疑各作《离骚经章句》，但是只做了《离骚》一卷，其余十五卷（包括《九歌》、《天问》、《九

---

①本书认为从《史记》编撰体例看，开篇引入《离骚传》是司马迁有意识的引证。具体参见本书第三章第二节论述。

②郭绍虞主编，中华书局上海编辑所编辑：《中国历代文论选》（上），上海中华书局，1962 年，第120 页。

③[南朝梁]刘勰撰，周振甫注：《文心雕龙注释》，人民文学出版社，1981 年，第 35 页。

④[汉]王逸章句，[宋]洪兴祖补注：《楚辞补注》，中华书局，1983 年，第 48 页。

章》等)没有解说,这似乎表明,淮南王《离骚传》不仅仅是针对屈原单篇作品的章句,还包括其他作品,进而影响到刘向《楚辞》的编撰。王逸《楚辞章句·叙》记述如下:

> 而屈原履忠被谮,忧悲愁思,独依诗人之义而作《离骚》,上以讽谏,下以自慰。遭时闇乱,不见省纳,不胜愤懑,遂复作《九歌》以下凡二十五篇。楚人高其行义,玮其文采,以相教传。至于孝武帝,恢廓道训,使淮南王安作《离骚经章句》,则大义粲然。后世雄俊,莫不瞻慕,舒肆妙虑,缵述其词。逮至刘向,典校经书,分为十六卷。孝章即位,深弘道艺,而班固、贾逵复以所见改易前疑,各作《离骚经章句》。其余十五卷,阙而不说。(《楚辞章句》卷一)①

班固、贾逵的《离骚经章句》今不传,仅存班固《离骚序》②。考,贾逵乃贾谊之后裔,出生儒学世家,世称"通儒",曾与班固同校秘书省。《后汉书》卷三十六《贾逵传》:"贾逵,字景伯,扶风平陵人也。九世祖谊,文帝时为梁王太傅……帝敕兰台给笔札,使作《神雀颂》,拜为郎,与班固并校秘书,应对左右。"③贾逵之"骚学"应是家学渊源,可惜其作《离骚经章句》失传。

其三,淮南王刘安《离骚传》是官方肯定屈原《离骚》为"经"的一种标志,成为了后世经学家注骚的底本,而班固、王逸等依托儒家五经阐发《楚辞》是对刘安尊"骚"为"经"的继承和申发。从现存汉代楚辞总集看,刘向原著今虽佚失,但王逸必亲见,方能作今传世之《楚辞章句》。刘向直呼《离骚》为《离骚经》这一点被王逸继承,所以才会出现王逸的注文:"离骚经,离,别也。骚,愁也。经,径也。言己放逐离别,中心愁思,犹依道径,以风谏君也。"(《楚辞章句》卷一)④"圣人制作曰经,贤者著述曰传。"(《博物志》卷六《文籍考》)⑤"大儒孙卿及楚臣屈原离谗忧国。皆作赋以风,咸有恻隐古诗之义……自孝武立乐府而采歌谣……亦可以观风俗,知薄厚云。"

---

① [汉]王逸章句,[宋]洪兴祖补注:《楚辞补注》,中华书局,1983年,第48页。
② 清《陕西通志·经籍》载:班固撰《离骚序赞》三篇,《班固集》十七卷。注曰:"安陵人,官元武司马,班固撰。"(《陕西通志》卷七十五)
③ [南朝宋]范晔:《后汉书》卷三十六,中华书局,2007年,第367页。
④ [汉]王逸章句,[宋]洪兴祖补注:《楚辞补注》,中华书局,1983年,第2页。
⑤ [晋]张华撰,王根林等校点:《博物志》,上海古籍出版社,2012年,第27页。

（《汉书·艺文志》）①汉人将屈原与儒学集大成者荀卿并举,汉武帝命淮南王作《离骚传》,提升了屈原《离骚》的经学地位,且汉代诗赋"同脉"的文学观点强化了《离骚》与政治体系的联系,强化了士大夫关注屈原作品的力度。由此汉武帝时淮南王《离骚传》,诗骚并称,崇"骚"为经的开拓,直接标志着屈原作品阐释的经学化。

总体而言,屈原作品在汉武帝时获得官方正式认可,并直接促成其传播的第一个"黄金"时期,也确定了屈原精神阐发的"经学"倾向。

三、宣帝雅爱辞赋与屈原作品的结集流播

"楚词虽肇于楚,而其目盖始于汉世。"②刘向《楚辞》原著今虽缺失,但历史上对厘定屈原作品篇目之功是不可忽略的,而这离不开汉宣帝对辞赋的重视。

（一）"楚辞"神爵元年（前61）再播宫廷

汉宣帝（前74—前49在位）征辟能唱楚辞的"九江被公"召见诵读,"楚辞"宫廷传播再次兴起。事见《汉书·严朱吾丘主父徐严终王贾传》:"宣帝时修武帝故事,讲论六艺群书,博尽奇异之好,征能为楚辞九江被公,召见诵读。益召高材刘向、张子侨、华龙、柳褒等待诏金马门。"③又,宋王益之《西汉年纪》卷二十"宣帝"载:"神爵元年春正月,上始幸甘泉,郊见泰畤,数有美祥。修武帝故事,盛车服,敬齐祠之礼,颇作诗歌。征能为楚辞九江被公,召见诵读。"④神爵元年,即公元前61年。宣帝时期将"楚辞"诵读引入宫廷,与其重文教和刻意仿效汉武帝有关。史书记载,宣帝兴协律之事在当时受到非议,但仍不避反对之声提倡辞赋,认为辞赋有仁义风谕、鸟兽草木多闻之观。事见《汉书》卷六十四《王褒传》,又见《册府元龟》卷四十。"神爵、五凤之间,天下殷富,数有嘉应。帝颇作歌诗,欲兴协律之事……上令王褒与张子侨等并待诏,数从褒等放猎,所幸宫馆,辄为歌颂,第其高下,以差赐帛。议者多以为淫靡不急,上曰:'不有博弈者乎,为之犹贤乎已'。辞赋大者与古诗同义,小者辩丽可喜。辟如女工有绮縠,音乐有

①[汉]班固:《汉书》,中华书局,2007年,第342页。
②[宋]黄伯思:《东观余论》卷下《校定楚词序》,中华书局,1991年,第78页。
③[汉]班固:《汉书》,中华书局,2007年,第645页。
④[宋]王益之:《西汉年纪》,商务印书馆,1937年,第312页。

郑卫,今世俗犹皆以虞说耳目,辞赋比之,尚有仁义风谕,鸟兽草木多闻之观,贤于倡优博弈远矣"①。宣帝时期,史称"中兴",天下殷富,娱乐文化繁盛,加之宣帝认为"辞赋大者与古诗同义,小者辩丽可喜",所以,辞赋之源——楚辞再次被宫廷重视。

汉宣帝朝的辞赋之风,史料多有记载,《汉书·艺文志》:"光禄大夫张子侨赋三篇,阳成侯刘德赋九篇,刘向赋三十三篇,王褒赋十六篇。"《汉书·王褒传》:"益召高材刘向、张子侨、华龙、柳褒等待诏金马门。"②待诏金马门的刘向正是后来编辑《楚辞》一书的作者,可知,宣帝雅爱辞赋,汇聚人才,营造氛围等,为屈原作品的结集流播提供了可能。

(二)屈原作品的结集与传播

屈原作品在早期应是单篇流传的。司马迁《史记·屈原贾生列传》曾历数各篇目:"太史公曰:余读《离骚》、《天问》、《招魂》、《哀郢》,悲其志,适长沙,观屈原所自沉渊,未尝不垂涕,想见其为人。"③

早期屈原作品传播方式应该以口头传播为主,主要是楚地民间传播。东汉王逸《楚辞章句》曾记载,楚人互相教传:"楚人高其行义,玮其文采,以相教传。""教",《说文》曰"上所施下所效也"。又,《周礼·师氏》"以教国子弟"注:"教之者,使识旧事也。""传",《正韵》曰:"授也,续也,布也。"《周礼·夏官·训方氏》曰:"诵四方之传道。"所以,楚人"以相教传"表明,早期屈原作品传播方式为楚地人师生口耳相传,并逐渐传播四方。因此,早期屈原作品传播路线与楚人迁徙路线基本一致④。

汉代的国家档案馆藏应有屈原个人作品集《屈原赋》。东汉班固《汉书·艺文志》:"屈原赋二十五篇,楚怀王大夫,有列传。"《汉书·艺文志》是据刘向《七略》增删而成,成帝即位后,刘向(约前77—前6)领命整理皇家图书,所著有《别录》、《新序》、《说苑》、《列女传》等,故,屈原作品别集的出现当是刘向之前。如前文所言,当时淮南王《离骚经章句》为刘向编定《楚辞》奠定了基础,刘向编纂屈原宋玉辞赋正式命名为《楚辞》,清代《四库全书总目提要》称其开总集之端,"裒屈宋诸赋,定名《楚辞》,自刘向

---

①[汉]班固:《汉书》,中华书局,2007年,第645—647页。

②[汉]班固:《汉书》,中华书局,2007年,第339页。

③[汉]司马迁:《史记》,中华书局,2011年,第2202页。

④具体可参看李中华:《"楚辞"在汉代的传播与接受》。

始也"①。刘向辑录的作品有：《离骚》、《九歌》、《天问》、《九章》、《远游》、《卜居》、《渔父》、《九辩》、《招魂》、《大招》、《惜誓》、《招隐士》、《七谏》、《哀时命》、《九怀》、《九叹》。刘向汇编的《楚辞》为现知最早的楚辞集，是东汉王逸《楚辞章句》的"母本"。此后梁阮孝绪《七录》始列"楚辞类"目②，其后《隋书·经籍志》等历代书目因之，《四库全书总目》卷一百四十八·集部一·楚辞类："《隋志》集部以楚辞别为一门，历代因之。盖汉魏以下，赋体既变，无全集皆作此体者。他集不与楚辞类，楚辞亦不与他集类，体例既异，理不得不分著也。"③《宋史·艺文志》明确集部四类，"楚辞"居首："集类四：一曰楚辞类，二曰别集类，三曰总集类，四曰文史类。"④《清史稿·艺文志·集部·序》集部增为五类，"楚辞"仍置予首部，"集部五类：一曰《楚辞》类，二曰别集类，三曰总集类，四曰诗文评类，五曰词曲类"⑤。

刘向《楚辞》在东汉初期成为贵族女子的闺阁读物，流播广泛。史料记载，汉明帝的马皇后（39—79）好读《楚辞》，事见《后汉书》卷十上《后纪·马皇后纪》："明德马皇后讳某，伏波将军援之小女也"，"既正位宫闱，愈自谦肃。身长七尺二寸，方口，美发。能诵《易》，好读《春秋》、《楚辞》，尤善《周官》、董仲舒书"⑥。马皇后是东汉光武帝的儿媳，汉明帝永平三年（60）立为皇后。

屈原作品《离骚》，从汉武帝时期与"五经"并列尊为"离骚经"，到汉宣帝时期结集定名为《楚辞》，到官方正史集部立"楚辞"类目，可知汉代官方对屈原作品文献的重视与传播奠定了屈原精神接受的重要文献基础。屈原作品在汉代四百多年里被反复注解、传播，受到帝王和后妃的喜爱，这说明汉代对屈原作品的关注是一个长期而延续性的过程，留存下来的相关文献是后世阐发屈原精神最重要的参考文献。南朝梁刘勰《文心雕龙·时序》评述道："爰自汉室，迄至成哀，虽世渐百龄，辞人九变，而大抵所归，祖

---

① 《四库全书总目》卷一百四十八集部一《楚辞类》提要。
② 熊良智：《阮孝绪〈七录〉楚辞分类著录的学理背景》，《文学评论》2007 年第 6 期："言《隋志》别立'楚辞'一门，又不察阮孝绪《七录》之先。"即，《隋书经籍志》前阮孝绪已别立"楚辞类"。
③ ［清］永瑢等：《四库全书总目》，中华书局，1965 年，第 1267 页。
④ ［元］脱脱等修：《宋史艺文志》卷七，商务印书馆，1957 年，第 180 页。
⑤ ［清］章钰等编：《清史稿艺文志及补编》，中华书局，1982 年。
⑥ ［南朝宋］范晔：《后汉书》，中华书局，2007 年，第 118 页。

述楚辞,灵均余影,于是乎在。"①清代曾国藩(1811—1872)将屈原视为开拓湖南文学的宗祖,在《湖南文征序》中说:"湖南之为邦,北枕大江,南薄五岭,西接黔蜀,群苗所萃,盖亦山国荒僻之亚。然周之末,屈原出于其间,《离骚》诸篇为后世言情韵者所祖。"②清代"楚南文献第一人"、"湘学复兴之导师"邓显鹤(1777—1851),曾赞美屈原开天下文章之辉煌,其《沅湘耆旧集叙》说:"《离骚》振《风》、《雅》之衰……靡不自我作祖,以待来兹,天下文章,莫大于楚矣。"③清代目录学者叶德辉(1863—1927)《答友人书》明确提出,屈原是湖湘之学术文章的形成标识性人物:"湘学肇于鬻熊,成于三闾。"④"鬻熊"是楚国先祖,"三闾"即屈原。国学大师钱基博(1887—1957)认为,屈原是湖南文化巨子、文学鼻祖,其《〈近百年湖南学风〉导言》:"天开人文,首出庶物以润色河山,弁冕史册者,有两巨子焉:其一楚之屈原……其一宋之周敦颐……一为文学之鼻祖,一为理学之开山,万流景仰,人伦模楷,风声所树,岂徒一乡一邑之光哉!"⑤将屈原与周敦颐并称,一为文学鼻祖,一为理学开山。屈原的文学史地位能得到如此高的肯定,与其作品完整留存下来关系密切。由此可见,汉代官方对屈原作品的传播与推广之功甚伟,不仅是保存了楚文化的灵魂,而且保住了"秦火"劫余下来的南方文脉。

第二节　唐宋宫廷端午风尚与屈原精神的传承接受

　　"为政必先究风俗"⑥,"上以风化下,下以风刺上"⑦。风俗民情、民风民俗,是治理国家时的重要参照。在屈原精神传承接受史上,官方不仅在屈原封号、庙宇修建方面采纳了民意,也有意识地传承端午纪念屈原的习俗。由此可见,屈原精神在中国历史上的特殊文治教化意义。

①[南朝梁]刘勰撰,周振甫注:《文心雕龙注释》,人民文学出版社,1981年,第476页。
②[清]罗汝怀编纂:《湖南文征》卷首,岳麓书社,2008年,第2页。
③[清]邓显鹤编纂:《沅湘耆旧集》卷首,岳麓书社,2008年,第12页。
④[清]苏舆编:《翼教丛编》,上海书店出版社,2002年,第176页。
⑤钱基博:《近百年湖南学风》卷首,岳麓书社,2010年,第1页。
⑥[宋]欧阳修等:《新唐书》卷一百六十四《王质传》,中华书局,1975年。
⑦《诗序》,商务印书馆,1937年,第1—2页。

一、唐代宫廷竞渡风尚与屈原精神的传承

唐代社会安宁、经济繁荣,长安宫廷最为热衷的娱乐项目之一是"竞渡"。文献考察表明,唐朝宫廷"竞渡"并不一定只能在"端午"举行。如《奉和兴庆池戏竞渡应制》曰:"群臣相庆嘉鱼乐,共晒横汾歌吹秋。"①明显就是秋日举行竞渡。《旧唐书·穆宗本纪》载:"(元和十五年,820年)九月……辛丑,大合乐于鱼藻宫,观竞渡。"《旧唐书·敬宗纪》亦载,唐敬宗宝历二年(826)三月、五月、八月观竞渡,曾诏令"造竞渡船二十只供进"等,唐朝宫廷"竞渡"时间的不确定性表明,"竞渡"是一项朝廷上下喜爱的娱乐项目。

初唐以来,唐代宫廷竞渡参与者有帝王将相、文武百官、皇妃宫女等,参与面非常广泛,即成宫廷娱乐风尚。唐昭宗龙纪初,吴融有诗《和集贤相公西溪侍宴观竞渡》描述了当时的热闹喜庆情景:"片水耸层楄,祥烟霭庆霄。昼花铺广宴,晴电闪飞桡。浪叠摇仙仗,风微定彩标。都人同盛观,不觉在行朝。"②皇都内的市民围聚观看竞渡,君民同乐,追求的是一种狂欢与竞技精神。

唐代君臣留下诸多宫中观竞渡的唱和诗作。如,苏味道《帝幸兴庆池戏竞渡应制》③、李适《帝幸兴庆池戏竞渡应制》④、徐彦伯《奉和兴庆池戏竞渡应制》⑤、吴融《和集贤相公西溪侍宴观竞渡》⑥等,这些诗歌记录唐代宫廷竞渡之戏的同时,也常追忆南方楚地纪念屈原的文化意蕴。如李怀远《凝碧池侍宴看竞渡应制》诗曰:"上苑清銮路,高居重豫游。前对芙蓉沼,傍临杜若洲。地如玄扈望,波似洞庭秋。列筵飞翠斝,分曹戏鹢舟。湍高棹影没,岸近榜歌遒。舞曲依鸾殿,箫声下凤楼。忽闻天上乐,疑逐海槎流。"⑦李怀远,唐神龙(705—707)初曾任兵部尚书,同中书门下,三品。屈原《离骚》有"集芙蓉以为裳",《湘夫人》有"洞庭波兮木叶下"、"搴汀洲兮

①《全唐诗录》卷三,文渊阁四库全书本。
②《全唐诗》卷六百八十四。
③《全唐诗录》卷三,文渊阁四库全书本。
④《全唐诗》卷七十。
⑤《全唐诗》卷七十六。
⑥《全唐诗》卷六百八十四。
⑦《全唐诗》卷四十六。

杜若"等诗句,李怀远在长安宫廷观竞渡,感觉皇宫凝碧池的竞渡场面与竞渡源头所在地——洞庭湖——十分相似:"前对芙蓉沼,傍临杜若洲。地如玄扈望,波似洞庭秋。"这表明公元 8 世纪初,汨罗洞庭风俗风貌,已经伴随"竞渡"流传到长安城,因此,全国范围内较为普遍地接受端午节是纪念屈原的这一民俗意义的时间,最晚不会迟于初唐(707 年前)。

竞渡纪念屈原,在盛唐后已被广泛的认同与接受。储光羲《观竞渡》诗写道:"大夫沉楚水,千祀国人哀。习棹江流长,迎神雨雾开。标随绿云动,船逆清波来。下怖鱼龙起,上惊凫雁回。能令秋大有,鼓吹远相摧。"①白居易《和万州杨使君四绝句·竞渡》诗曰:"竞渡相传为汨罗,不能止遏意无他。""汨罗"即代指屈原沉汨罗江后民众划船前往施救的传说。此后,"竞渡"纪念屈原的民俗意义有了更深远的传播②。

二、唐代公祭与屈原"忠义"精神的官方弘扬

将屈原增入国家祀典,从目前的文献看,始于唐代。唐玄宗天宝七年(748),朝廷正式确立"春秋二时择日致祭"屈原等圣贤忠臣的公祭制度。见宋王溥《唐会要》卷二十二:"其忠臣义士、孝妇烈女,史籍所载,德行弥高者,所在宜置祠宇,量事致祭……楚三闾大夫屈原(长沙郡)……并令郡县长官,春秋二时择日,准前致祭。"③元《文献通考》卷一百三《宗庙考》亦载:"(天宝)七载……令郡县长官,春秋二时,择日粢盛蔬馔时果酒脯,洁诚致祭。其忠臣义士、孝妇烈女,史籍所载,德行弥高者,所在宜置祠宇,量事致祭……楚三闾大夫屈原、汉大将军霍光、汉太傅萧望之、汉丞相丙吉、蜀丞相诸葛亮已上忠臣一十六人。"④宋王钦若等撰《册府元龟》卷五十九《帝王部·兴教化》随之。

"忠臣义士",指忠君之臣与舍身之士,他们是"立德"之楷模,而突出表现在受命于危难、为国家而忘身:"每览史籍,观古忠臣义士,出一朝之命,以徇国家之难。"⑤唐玄宗增祀楚三闾大夫屈原、汉大将军霍光、汉太傅萧望之、

①[唐]储光羲:《观竞渡》,《全唐诗》卷一百三十九。
②竞渡纪念屈原的民俗意义传播路线详细考述,见本书第二章第一节。
③[宋]王溥:《唐会要》第 5 册,商务印书馆,1935 年,第 430—431 页。
④[元]马端临:《文献通考》,浙江古籍出版社,1988 年,第 941 页。
⑤[晋]陈寿撰,[宋]裴松之注:《三国志》,中华书局,2006 年,第 340 页。

汉丞相丙吉、蜀丞相诸葛亮等忠臣一十六人的标准是"史籍所载,德行弥高者"。这表明唐代官方正式从国家文治教化高度肯定了屈原"忠义"精神的感召力。

据考,唐开元天宝年间朝廷始封各地祠庙。《宋史·礼志》载:"诸祠庙:自开宝、皇佑以来,凡天下名在地志,功及生民,宫观陵庙,名山大川能兴云雨者,并加崇饰,增入祀典。"①(《宋史》卷一百五)故,祭祀屈原亦与唐朝祭祀典礼制度改革有关。

唐代建立的"春、秋二时择日公祭屈原"的国家祀典制度,在今天台湾"屈原宫"仍有遗存,在五月"端午"和十月"大拜拜"两次祭祀屈原:"每年端午节及农历10月10日大拜拜,可说是本地区的全民运动,代代相传,从未间断,至今已有200多年的历史,以'田园稻花开;屈宫粽香飘;端午扒龙船;洲美永传承'四句,该是最贴切的叙述。"②

三、宋代宫廷帖子词与屈原精神的浸润

帖子词是一种独特的宫廷节令应用文体。帖子词是皇宫门户所贴,以迎接吉祥的。帖子是翰苑词臣向宫中呈递进奉的,故又称"供帖子"。所供对象有:皇帝阁(御阁)、皇后阁、太上皇帝阁、太上皇后阁、太皇太后阁、皇太后阁、皇太妃阁、淑妃阁、贵妃阁、夫人阁、东宫阁、皇太子宫阁、郡王阁等。明徐师曾《文体明辨序说》:"贴子词者,宫中黏贴之词也。古无此体,不知起于何时。第见宋时每遇令节,则命词臣撰词以进,而粘诸阁中之户壁,以迎吉祥。"③当代学者研究表明"两宋现存帖子词有一千余首,残句八十多句,参与写作者众多"④。

供帖子一般是学士院翰林学士的职责。宋仁宗皇祐元年(1049)进士张公庠《宫词》写立春时宫嫔等待学士院帖子的情景:"北斗回杓欲建寅,宫嫔排备立春时。镂花贴子留题处,只待金銮学士诗。"宋代留下帖子词的学士有夏竦、晏殊、王安中、欧阳修、胡宿、宋祁、王硅、司马光、苏轼等。

宋代翰林苑的帖子词常作于立春和端午。清人赵翼《陔余丛考》卷二

---

① [元]脱脱等:《宋史》,中华书局,1977年,第2549页。
② 苏慧霜:《从游仙到水仙——屈原生命意象的自觉超越与永恒信仰》,《三峡论坛》2010年第5期。
③ [明]徐师曾著,罗根泽点校:《文体明辨序说》,人民文学出版社,1962年,第168页。
④ 张晓红:《宋代"帖子词"始作及作者身份考论》,《重庆师范大学学报》2010年第1期。

十四载"宋时八节内宴,翰苑皆撰帖子词"。但,当代学者考证"主要用于立春、端午"①,"帖子词就是每逢立春、端午两个节日,由翰林学士院撰写五七言绝句,书之帛上,张挂于宫中诸阁,以迎吉祥"②。据文献记载,宋代端午帖子在端午前一月就已撰好,见宋祝穆《古今事文类聚》"帖子规谏"条:"学士院端午前一月撰皇帝皇后夫人阁门帖子,送后苑,用罗帛制造,及期进入。"③

今存宋代端午帖子主要是描述各式各样的端午习俗、烘托节日氛围,期盼歌颂盛世圣德。如晏殊《端午词》之《御阁》:"沐浴兰汤在此辰,内园仙境物华新。轻丝五彩缠金缕,共祝尧年寿万春。"④又如夏竦《御阁端午帖子》:"彩丝祝寿芳辰启,紫禁凝旒瑞日长。亿兆归仁天祐德,绵绵真荫永无疆。"《皇后阁端午帖子》:"日记采兰追楚俗,化孚流荇诵周诗。肃恭懿德垂彤管,九御归心百福宜。"⑤端午浴兰、系五彩"长命缕",屈原有"浴兰汤兮沐芳"(《九歌·云中君》),故宋帖子词有"采兰追楚俗"一说,可见,宋时一般认为端午习俗来自楚地。

宋代帖子词里,直接提及屈原的比较少,但还是有的。比如参知政事欧阳修《端午帖子》:"楚国因谗逐屈原,终身无复入君门。愿因角黍询遗俗,可鉴前王惑巧言。"⑥意思是,谗言让屈原终身不再参与政治,欧阳修期待人们去追寻粽子背后的文化渊源,希望后世君王以楚王为前车之鉴,不要被周围大臣的巧言迷惑本性,抒发了肃正朝堂风气的美好愿望。显然,端午帖子词虽然主要是祈福和祈求平安,但屈原的遭际、屈原的直谏和清醒等精神仍会浸润各位王公大臣、嫔妃公主,将端午祈福与清明朝政联系,应时应景。

综上,唐宋宫廷端午风尚与制度,宫廷竞渡、增入祀典、供帖子三项内容,强化了端午纪念屈原的民俗意蕴在北方的传播。宫廷端午风尚中,或以竞渡娱乐,或以帖子劝诫,或以公祭昭忠,"端午"与屈原的关系一次次被"强化",促进了屈原精神与端午文化意蕴的融合及传播。"节分端午自

---

①张晓红:《宋代"帖子词"始作及作者身份考论》,《重庆师范大学学报》2010年第1期。

②任竞泽:《简论帖子词》,《文学评论》2008年第2期。

③[宋]祝穆:《古今事文类聚》前集卷九,上海古籍出版社,1992年。

④[宋]蒲积中编:《岁时杂咏》卷二十一"端午",文渊阁四库全书本。

⑤[宋]夏竦:《文庄集》卷三十六,文渊阁四库全书本。

⑥[宋]欧阳修原著,李之亮笺注:《欧阳修集编年笺注》5,巴蜀书社,2007年,第75页。

谁言,万古传闻为屈原。"(文秀《端午》)端午在屈原之前早已经存在,文秀诗中直接说端午源头来自纪念屈原,显然是不正确的,但"万古传闻为屈原"的说法,表明了端午纪念屈原这一习俗意义在唐代确已深入人心了。今天,"端午"吃粽子、赛龙舟是纪念爱国诗人屈原,亦妇孺皆知,被编写进各类教材①。

第三节　晚唐以来的屈原封号

官方褒崇贤能忠臣属于一项重要的"文化天下"制度。"自三代以迄宋元,忠臣烈士,清风伟节,足以感发人心,千万载昭昭如一日者,皆由英君谊辟,举褒崇之典。或立祠致祭,或定谥追封,不忍使之泯没无闻于后"②。屈原作为历史文化名人,历代封赐及各地立祠祭祀不少,关于历代屈原的褒封原因及其演变,是考察屈原精神官方褒崇的重要实证资料。③

一、晚唐始封"昭灵侯"

唐哀帝李柷天祐元年(904)九月二十九日敕封屈原"昭灵侯",用于朗州、岳州屈原庙额。事见《旧唐书·哀帝本纪》、宋王钦若等撰《册府元龟》卷一百四十"帝王部·旌表第四"。其中,《册府元龟》卷一百四十"旌表第四"、清王先谦编《骈文类纂》均录《封屈原敕》。

《旧唐书·哀帝本纪》载:"(天祐二年六月)壬寅,湖南马殷奏,岳州洞庭青草之侧,有古祠四所,先以荒圮,臣复修庙宇毕,乞赐名额者。敕旨:……三闾大夫祠,先以澧、朗观察使雷满奏,已封昭灵侯,宜依天祐元年

---

①如语文出版社和十二省小学语文教材编委会共同编写的小学《语文》四年级下册课文《端午节的由来》。其他文章,如:《粽子》(冯辛、张汇编写:《小学语文阅读训练·三年级》,浙江少年儿童出版社,2001年,第13页)、《粽子》(徐伟健主编:《小学语文阅读题库与冲刺训练》,吉林教育出版社,2001年,第625页)、《屈原投江》(江苏教育报刊社:《小学语文课本中的名人故事》,书海出版社,2002年,第81—83页)、《端午》(孙骏毅主编:《语文实用全书·小学语文实用全书》,江苏文艺出版社,2007年,第583页)、《粽子和龙船》(罗俊杰主编:《新课标小学语文知识套餐·故事篇》,江西高校出版社,2007年,第127—128页),等。

②[明]李奎:《褒崇忠节疏》,《江西通志》卷一百十五"艺文",文渊阁四库全书本。

③此前有学者认为屈原精神传承未获官方封崇,本书详考历代正史,方志诗文等,首次厘清屈原封号,或能祛疑。

九月二十九日敕处分。"①据此可知,屈原始封"昭灵侯"是天祐元年(904)澧、朗观察使雷满奏封。天祐二年六月壬寅,湖南马殷奏请时,朝廷回复仍旧保持原封号,即封"昭灵侯"。

今汨罗屈原祠存梁开平元年(907)萧振《楚三闾大夫昭灵侯庙记》碑刻,原刻已无,今为清同治八年(1869)湘阴虞绍南书、樊尹刻。碑文曰:"我太尉中书令楚王,道惟济物,德必通神,思阙政而咸修,想忠魂而有感。况灵符祷请,事著聪明。能资上相之兵威,克靖二凶之沴气。遂得拜章上疏,请爵遥封,爰旌感应之功,是锡'昭灵'之号……开平元年十月二十五日建。同治八年七月湘阴虞绍南重书,樊尹刻。"②碑记中"我太尉中书令楚王",即天祐二年请封屈原的湖南武安军节度使马殷,后梁开平元年(907)三月,马殷被后梁太祖封为楚王。事见北宋薛居正等撰《旧五代史》卷三"梁书三太祖本纪三":"辛未,武安军节度使马殷,进封楚王。"③又见《旧五代史》卷三十一"唐书七庄宗纪第五":"乙亥,以天策上将军、武安等军节度使、守太师、中书令、楚王马殷,可依前守太师,兼尚书令。"④由此可知,做碑记时,萧振称马殷"太尉中书令楚王",刻碑日期为"开平元年(907)十月二十五日"。据前引《旧唐书·哀帝本纪》可知,马殷奏请封屈原是在唐朝,且马殷上奏时间在武陵人雷满之后,朝廷明确回复:"三闾大夫祠,先以澧、朗观察使雷满奏,已封昭灵侯,宜依天祐元年九月二十九日敕处分。"⑤所以,屈原始封"昭灵侯"实际是天祐元年。然,清《湘阴县图志》断定屈原在梁开平元年(907)封为"昭灵侯",显然是错误的,它可能是受到萧振《楚三闾大夫昭灵侯庙记》创作时间的误导而记载成"梁开平元年封为昭灵侯"。在此指出,以免以讹传讹。

据考,唐代天祐元年封屈原为"昭灵侯"的,是唐代最后一个皇帝即位之初。《册府元龟》载当时的崇敕文曰:"崇敕曰:楚三闾大夫屈原,正直事君,文章饰己。当椒兰之是佞,俾蕙茝之不香;显比干之赤心,蹑彭咸于绿水。虽楚烟荆雨,随强魄于故乡;而福善祸淫,播明灵于巨屏。名早流于竹

①[后晋]刘昫等:《旧唐书·哀帝本纪》,中华书局,1975年,第593页。
②湖南省地方志编纂委员会编:《湖南省志》第二十八卷《文物志》,湖南出版社,1995年,第511—512页。
③[宋]薛居正:《旧五代史》,中华书局,2000年,第8页。
④[宋]薛居正:《旧五代史》,中华书局,2000年,第66页。
⑤[后晋]刘昫等:《旧唐书》卷二十,中华书局,1975年,第593页。

素,功有益于州间。爰表厥封,用旌良美。宜封为昭灵侯。"①可知,屈原"正直事君,文章饰己"的示范性触动了朝廷。从朝廷看,敕封屈原是提倡臣子赤胆忠心、舍身救国的契机;从地方官吏看,请求敕封屈原,既可向新君表白忠心,又可利用民间屈原信仰在乱世凝聚民心,以实现一方政权的稳定。又考,南宋宁宗时期,宋朝在与金国对峙中越来越处劣势,内政外交掌握在一批苟且偷安的主和派手中,乱世盼忠臣,乱世求平安,故南宋宁宗嘉定年间(1208—1224)复赐湖南沅州屈原庙匾额曰"昭灵祠",明李贤等撰《明一统志》卷六十五"祠庙"、清《钦定续文献通考》卷八十五《群庙考》均载,嘉定中赐三闾大夫屈原庙额曰"昭灵"。

二、后晋进封"威显公"

后晋高祖石敬瑭天福二年(937)五月五日,屈原被进封"威显公",用于岳州屈原庙额。见《旧五代史》卷七十六《晋书》"高祖纪",北宋王溥撰《五代会要》卷十一"封岳渎"、王钦若等编修《册府元龟》卷三十四"崇祭祀第三"仍之。

后晋高祖石敬瑭天福二年(937)五月五日湖南马希范奏洞庭湖水域四庙各乞进封。事见《旧五代史》卷七十六《晋书·高祖纪》:"(天福二年夏五月)丙辰……湖南青草庙旧封安流侯进封广利公;洞庭庙进封灵济公;磊石庙旧封昭灵侯进封威显公;黄陵二妃庙旧封懿节庙改封昭烈庙。从马希范之请也。"又见《五代会要》:"晋天福二年五月敕:'青草湖庙安流侯改封广利公,洞庭湖庙改封灵济公,磊石庙昭灵侯改封威显公,黄陵二妃懿节庙改封昭烈庙。'"②《册府元龟》亦载:"晋高祖天福二年……五月,湖南马希范奏,青草等四庙各乞进封。敕:青草庙安流侯宜进封广利公;洞庭庙利涉侯进封灵济公;磊石庙昭灵侯进封威显公;黄陵二妃庙旧封懿节庙,改封昭烈庙。"③

文献记载表明,湖南节度使马殷之子马希范④继承父业,修缮湖南洞庭湖区周围的庙宇,包括纪念屈原的"磊石庙",并恳请后晋皇帝敕封。

---

① [宋]王钦若、周勋初等校订:《册府元龟(校订本)》,凤凰出版社,2006年,第1559页。
② [宋]王溥:《五代会要》卷十一"封岳渎",上海古籍出版社,1978年,第193页。
③ [宋]王钦若、周勋初校订:《册府元龟(校订本)》,凤凰出版社,2006年,第350页。
④ 马希范(899—947)字宝规,五代十国时期南楚君主。马殷的四子,历朝后唐、后晋、后汉。后唐则任命马希范为武安、武平节度使,兼中书令。后唐明宗清泰元年(934),马希范被封为楚王。之后又被封为天策上将军。

"天福"为后晋高祖石敬瑭年号,即公元936—942年间。"磊石庙",即三间大夫祠。清陶澍、万年淳等修撰《洞庭湖志》考证磊石山东是屈原沉江之处:"屈潭,在县北七十里,即罗洲也。《水经注》:'汨水西为屈潭,屈原自沉于此,故渊潭以屈为名。'《风土记》:青草湖在磊石山,其东汨水出焉,有潭谓之屈潭……汨口、罗汕口、苟径北口,《水经注》:'湘水自汨口西北径磊石山','又东北为青草湖口,右会苟径北口,与劳口合;又北得同拌口,皆湘浦右迤者也。'"①洞庭湖自古形胜,所谓"洞庭据荆、郢之上游,捍三湘之门户,关全楚之利害者"②,此次洞庭湖区域纪念屈原的"磊石庙"请求将封号由"昭灵侯"晋封为"威显公",亦体现了地方官彰显地方文脉、威震南楚的决心。

据查,陈垣《二十四史朔闰表》③天福二年(937)夏五月,壬子为朔,五月丙辰,即五月初五,端午节。特地选择这一天请封洞庭湖水域四大庙宇,祈福水旱平安之意明显,也表明后晋朝廷已经有意识在端午公祭屈原了。

三、宋神宗两次封屈原:"清烈公""忠洁侯"

北宋神宗赵顼元丰三年(1080)封屈原为"清烈公",归州立"清烈公"庙。事见元脱脱等编撰《宋史》卷一百五《礼志》、元黄清老《清烈公庙记》、清《湖广通志》卷二十五《祀典志·祠庙附》等。

《宋史》卷一百五《礼志》"诸祠庙"载:"屈原庙在归州者,封清烈公。"清《湖广通志》卷二十五《祀典志·祠庙附》载:"清烈公祠,祀三闾大夫屈原。唐元和十五年,刺史王茂元,于州治西,偏江北十里,即屈公旧宅址建祠。宋元丰三年,封清烈公。邦人立庙。"④元黄清老《清烈公庙记》:"宋元丰三年,封'清烈公',邦人为立庙。"⑤

北宋神宗元丰六年正月三十日,敕封屈原为"忠洁侯",亦即潭州屈原庙额。事见《宋史·神宗本纪》、《宋史》卷一百五《礼志》等。

《宋史·神宗本纪》:"六年春正月……丙午,封楚三闾大夫屈平为忠

---

①[清]陶澍、万年淳修纂,何培金点校:《洞庭湖志》,岳麓书社,2003年,第74页。
②[清]陶澍、万年淳修纂,何培金点校:《洞庭湖志》,岳麓书社,2003年,第74页。
③陈垣:《二十四史朔闰表》,古籍出版社,1956年,第115页。
④《湖广通志》,文渊阁四库全书本。
⑤[元]黄清老:《清烈公庙记》,《湖广通志》卷一百七《艺文志·记》,文渊阁四库全书本。

洁侯。"①查陈垣《二十四史朔闰表》,元丰六年(1083)正月丁丑为朔,正月
丙午,即正月三十日②。由此可知,神宗元丰六年正月三十日敕封屈原为
"忠洁侯"。又《宋史》卷一百五《礼志》"诸祠庙":"屈原庙……在潭州者
封忠洁侯。"可见,潭州(今湖南)各地屈原庙均用"忠洁侯"为庙额。

此一封号被历代文献记载。如元末陈桱《通鉴续编》卷九:"六年,春
正月,追封楚三闾大夫屈平为忠洁侯。"③清徐乾学《资治通鉴后编》卷八十
五"宋纪":"六年,春正月……丙午,封楚三闾大夫屈平为忠洁侯。"④清惠
栋《九曜斋笔记》卷二"艺苑德音":"宋神宗封三闾大夫屈平为忠洁侯。"⑤

但少数文献记载仍有误,如清《湘阴县图志·典礼志》"汨罗庙"载:
"宋元丰五年改封忠洁侯。"此处"宋元丰五年"不实,应为"元丰六年"。

又考,"忠洁侯"封号在江西景德镇至今遗存。见《"三闾遗风"屈原
魂——屈原后裔寻访记略》一文:"江西景德镇有个三闾庙古街,街上有座
'忠洁侯庙'。9月4日,寻访组寻访三闾庙街,拜谒'忠洁侯庙'。"⑥

北宋徽宗赵佶政和元年(1111)七月二十七日后,朝廷将屈原封号统
一为"清烈公"。秭归、汨罗屈原庙额,均用此封号。

《宋史》卷一百五《礼志》"诸祠庙"载:"秘书监何志同言:诸州祠庙多
有封爵未正之处,如屈原庙在归州者,封清烈公;在潭州者,封忠洁侯……
如此之类,皆未有祀典。致前后差误,宜加稽考,取一高爵为定,悉改正
之。"⑦清徐松撰《宋会要辑稿》亦载:"政和元年七月二十七日,秘书监何志
同言……诸州祠庙多有封爵未正之处,如屈原庙在归州者封清烈公,在潭
州者忠洁侯……宜加稽考,取一高爵为定,悉改正之。"⑧明《历代名臣奏
议》卷一百二十六"礼乐祭礼"、清《五礼通考》卷一百二十三"吉礼"、清
《宋会要辑稿·礼》仍之。

屈原封号确在何志同上书后统一为"清烈公"。佐证一:南宋范成大

①[元]脱脱等:《宋史》卷十六"神宗本纪",中华书局,1977年,第309页。
②陈垣:《二十四史朔闰表》,古籍出版社,1956年,第129页。
③[元]陈桱:《通鉴续编》,文渊阁四库全书本。
④[清]徐幹学:《资治通鉴后编》,文渊阁四库全书本。
⑤[清]惠栋:《九曜斋笔记》,文渊阁四库全书本。
⑥《"三闾遗风"屈原魂——屈原后裔寻访记略》,2010年3月11日《湖北日报》。
⑦[元]脱脱等:《宋史》,中华书局,1977年,第2561页。
⑧[清]徐松:《宋会要辑稿》第19册《礼》二〇之九,中华书局,1957年,第769页。

撰《吴船录》卷下载:(秭归)"州东五里,有清烈公祠,屈平庙也。秭归之名,俗传以屈平被放,其姊女媭先归,故以名"①。《吴船录》为日记体实录,撰于宋孝宗淳熙四年丁酉(1177),可见,淳熙四年前后,秭归屈原祠已以"清烈公祠"为庙额。佐证二:清《钦定天禄琳琅书目》卷三《宋版集部·楚辞(一函四册)》载:"是书刻于咸淳丁卯,系宋度宗三年,所绘汨罗山水图中有清烈公庙及墓。"②南宋度宗咸淳丁卯(1267)所刻《楚辞》书中,插图所绘汨罗山水图有"清烈公庙"字样。这表明,南宋度宗时湖南汨罗屈原祠庙额已经改为"清烈公"。佐证三:元王恽《玉堂嘉话》卷三:"屈原湘中庙题曰:清烈公。"③王恽,卒于大德八年(1304),即元成宗大德八年前,湖南屈原庙额仍用"清烈公"封号。佐证四:元至正四年(1344)湖广儒学提举黄清老作《清烈公庙记》。《明一统志》卷六十二"荆州府·祠庙"载:"屈原庙,在归州东,一名清烈公庙。"④清道光三年(1823)熊士鹏《汉口丛谈序》有:"秭归为屈清烈公故里,旧有祠。"⑤清许印芳(1832—1901)有《归州屈原沱题清烈公祠二首》⑥。国家文物事业管理局主编《中国名胜词典·湖北省》载:"屈原祠一名清烈公祠……山门为牌楼式,高14米,四柱三楼,正中门额题'清烈公祠'四字。"⑦李煌祖有诗《谒秭归清烈公祠》:"跋山涉水朝清烈,筚路临睨吊旧乡。千古国殇怜屈子,万方华裔唾怀王。"⑧这表明,宋代以后,湖北秭归屈原祠庙额一直沿袭"清烈公"封号。

综上,宋代屈原的封号情况是,元丰三年(1080)封"清烈公"、元丰六年封"忠洁侯",政和元年(1111)后统一封号为"清烈公"。"清烈公"是屈原封号中使用频率最高和沿用时间最长的封号。

四、元代加封"忠节清烈公"

元仁宗延祐五年(1318)七月三十日,加封屈原为"忠节清烈公"。事

---

①[宋]范成大撰,孔凡礼点校:《范成大笔记六种》,中华书局,2002年,第179页。

②《钦定天禄琳琅书目》,文渊阁四库全书本。

③[元]王恽:《玉堂嘉话》,文渊阁四库全书本。

④[明]李贤等:《明一统志》卷六十二,文渊阁四库全书本。

⑤[清]范锴著,江浦等校注:《汉口丛谈校释》,湖北人民出版社,1990年,第1页。

⑥[清]许印芳:《五塘诗草》,《丛书集成续编·一八一》,上海书店出版社,1994年,第219页。

⑦国家文物事业管理局主编:《中国名胜词典·湖北省》,上海辞书出版社,1981年,第757页。

⑧李兴、蒋金流等主编:《屈原颂》下卷"现代诗词联",湖南文艺出版社,1991年,第185页。

见《元史·仁宗本纪》：延祐"五年……七月……戊子……加封楚三闾大夫屈原为忠节清烈公"①。清毕沅《续资治通鉴·元纪十七》②、清徐乾学撰《资治通鉴后编》卷一百六十五"元纪十三仁宗圣文钦孝皇帝"③、清《湖广通志》卷二十五"祀典志·祠庙附"、清《钦定续文献通考》卷八十五"群庙考"，仍之。查，陈垣《二十四史朔闰表》，元延祐五年（1318）七月，己未为朔，戊子为三十日④。

据文献记载，此次元仁宗对已故名臣殷比干、唐狄仁杰祠同时敕旨修缮祭祀。事见清《钦定续文献通考》卷八十五"群庙考"："仁宗皇庆元年三月，命河南省建故丞相阿珠祠堂。延祐三年四月，敕卫辉昌平守臣，修殷比干、唐狄仁杰祠，岁时致祭。五年七月，加封楚三闾大夫屈原为忠节清烈公。"⑤

今玉笥山屈子祠左廊壁上保留清同治年间碑刻元代刘行荣《重建忠洁清烈公庙记》，字迹完整，载于岳阳市地方志编纂委员会《岳阳市志》第十一册《文化卷》第五章"文物"第四节"古碑刻"。此庙记与戴嘉猷《重修汨罗庙记》共一石，乃同治八年（1869）七月湘阴虞绍南书⑥。考，历史上屈原的封号，唐"昭灵侯"，五代"威显公"，宋代"清烈公"、"忠洁侯"，未见"忠洁清烈公"，何以刘行荣作《重建忠洁清烈公庙记》中用"忠洁清烈公"？考，庙记作于"致和元年"即1328年，距元延祐五年（1318）屈原受封"忠节清烈公"仅仅十年，刘行荣作为元朝人应不会弄错本朝的封号。故，现存的这篇清同治年间碑刻元代刘行荣《重建忠洁清烈公庙记》用"忠洁清烈公"应是后人误改。清光绪《湘阴县图志·典礼志》"汨罗庙"载："元延祐五年，加封忠洁清烈公。"此记载亦失实。据前文，汨罗屈原庙在宋元丰六年（1083）曾用庙额"忠洁侯"，可能清人将宋代"忠洁侯"封号与元代"忠节清烈公"封号重叠而成"忠洁清烈公"。这些为"似是而非"之误，在此说明，防以讹传讹。

①［明］宋濂等：《元史》卷二十六"本纪"第二十六"仁宗三"，中华书局，1976年，第208页。
②［清］毕沅：《续资治通鉴》"元纪"十七，岳麓书社，2008年，第499页。
③［清］徐乾学：《资治通鉴后编》，文渊阁四库全书本。
④陈垣：《二十四史朔闰表》，古籍出版社，1956年，第153页。
⑤《钦定续文献通考》，文渊阁四库全书本。
⑥湖南省地方志编纂委员会：《湖南省志》第二十八卷《文物志》，湖南出版社，1995年，第531页。

五、明洪武二年复号"楚三闾大夫屈平氏之神"

明太祖朱元璋洪武二年(1369),复号"楚三闾大夫屈平氏之神"。事见《明一统志》卷六十三"长沙府"。明申时行等修《明会典》卷八十五"礼部·祭祀六·湖广"等,仍之。

明李贤等撰《明一统志》卷六十三载:"屈原庙:在湘阴县北六十里,原事楚王被谗见疏,投汨罗江以死。唐封昭灵侯,宋封忠洁侯,本朝复其号曰:楚三闾大夫屈平氏之神。命有司岁以五月五日。"①《明会典》卷八十五亦载:"湘阴屈原庙,今称:楚三闾大夫屈平氏之神。"②

据考,有明一代,汨罗屈子祠几次翻修均不提各代封号,也未提明朝封号。第一次是明洪武初知县黄思让曾重建汨罗屈原祠,此次重建碑文,目前未见,重建之事于《钦定大清一统志》中有记载,曰:"《府志》:汨罗庙,明洪武初知县黄思让重建,并于庙前建濯缨桥畔,建独醒亭。"③第二次是明世宗嘉靖二十年(1541)湘阴县事戴嘉猷重修汨罗屈子祠,有《重修汨罗庙记》;第三次是明思宗崇祯二年(1629)余自怡任湘阴县事重建三闾祠,七年秋立碑撰《重建三闾祠碑记》。《重修汨罗庙记》、《重建三闾祠碑记》中均不提各代封号,也未提明朝封号。

明代去除前代封号,称屈原"楚三闾大夫屈平氏",究其缘由,应与朱元璋对历朝礼制封号的整治有关。明郎瑛撰《七修类稿》卷十一记载朱元璋的诏书曰:"朕奋起布衣,以安民为念,训将练兵,平定华夷,大统以正。永惟为治之道,必本于礼,考诸祀典,如五岳、五镇、四海、四渎之封,起自唐世,崇名美号,历代有加……夫礼所以明神人、正名分、不可以僭差,今命依古定制。凡岳、镇、海、渎并去其前代所封名号,止以山水本名称其神;郡县城隍神号一体改正;历代忠臣烈士亦依当时初封以为实号,后世溢美之称,皆与革去。"④明俞汝楫编《礼部志稿》第八十一《定神号》、明李之藻撰《頖宫礼乐疏》卷一《历代褒崇疏》、明程敏政撰《明文衡》卷一《诏》之《定岳镇海渎名号诏》等均载此事。朱元璋认为封号典祀的本质是"明神人、正名

---

①[明]李贤等:《明一统志》卷六十三"长沙府",文渊阁四库全书本。

②[明]申时行等修:《明会典》卷八十五"礼部"四十四"祭祀"六"湖广",文渊阁四库全书本。

③《钦定大清一统志》卷二百七十七"长沙府二·祠庙",文渊阁四库全书本。

④[明]郎瑛:《七修类稿》卷十一"国事类",上海书店出版社,2001年,第127页。

分、不可以僭差"，以此"后世溢美之称，皆与革去"。屈原"昭灵侯"、"忠洁侯"等封号因此被革去，复号"楚三闾大夫屈平氏之神"。

明代官方诏书"命有司岁以五月五日"[①]祭屈原，表明官方将屈原视为端午节祭祀的一位民间神灵，这在其后其他封诏中亦可以得到佐证，如，万历四十二年(1614)水患严重，故封屈原"水府帝"祠之。

六、明万历四十二年封"水府庙大帝"

官方大规模将屈原增入全国各地"水神庙"祭祀的时间是明万历四十二年(1614)。由于年年夏季大水，朝廷下诏各地水府庙都需要配享屈原，使得这一信仰深入渔民或水上生活的人心中。事见明代方以智《通雅》卷二十一："万历四十二年，遣司礼李恩捧旒袍，封大帝水府庙为屈平大夫，各处祠之。"[②]

是什么契机促成"封大帝水府庙为屈平大夫，各处祠之"的呢？据历史记载综合分析，封敕与这段时期夏季洪水泛滥有很大关系。如，安徽池州万历年间有多次水灾，即万历二年、七年、八年、十五年、二十五年、二十九年、三十六年、四十一年、四十二年、四十三年，夏大水，乡田禾尽没[③]。又《广东省自然灾害史料》载，万历年间几乎年年有水灾[④]。广东《德庆县志》载，万历四十二年前后夏季大水："明万历三十九年(1611)夏五月，大水。明万历四十二年(1614)，大水，亘古未之逢云。"[⑤]在浙江东阳市万历四十二年也是"淫雨成灾"[⑥]。其他如山西、湖北、湖南等地，均有万历年间夏季水灾的记载。

民间将夏季大水称为"端阳水"，传说屈原五月端阳时沉江，这样民间"端阳水"与屈原之间便有了联系的可能。曾任湖广监察史的冯应京(1555—1606)在《月令广义·岁令一》中载，"江神即楚大夫屈原"可见，"江神"屈原的民间信仰已广为为政者所知。因此，万历皇帝诏令各处官府应往水府庙祭祀屈原。而此前，屈原作为保佑行船顺利的"江渎神"的

①[明]李贤等:《明一统志》卷六十三"长沙府"，文渊阁四库全书本。
②[明]方以智:《通雅》卷二十一，中国书店，1990年，第270页。
③池州地区地方志编纂委员会编:《池州地区志》，方志出版社，1996年，第108页。
④广东省文史研究馆编:《广东省自然灾害史料(增订本)》，广东省文史研究馆，1963年，第12—17页。
⑤德庆县地方志编纂委员会编:《德庆县志》，广东人民出版社，1996年，第155页。
⑥王庸华主编、东阳市地方志编委会编纂:《东阳市志》，汉语大词典出版社，1993年，第98页。

历史悠久。荆州"江渎宫"在宋嘉定年间（1208—1224）已经以屈原配祀，事见明末孔伯麾《江陵志余》："三闾大夫祠，旧配享江渎宫。""嘉定间重修改名佑德琳宫，旁三义河东岸，内祀江神广源王，并以投江而死的楚国大诗人屈原配祀。"①嘉定是宋宁宗年号，1208—1224 年，距今已有八百年。

　　民间"屈原是江渎"的信仰由来已久。晋王嘉《拾遗记》卷十载："屈原以忠见斥，隐于沅湘……被王逼逐，乃赴清冷之渊。楚人思慕，谓之水仙。其神游于天河，精灵时降湘浦，楚人为之立祠，汉末犹在。"②这则记载表明，是楚人最早尊屈原为"水仙"。此后，《万历续道藏·三教源流搜神大全》称屈原在唐代封为"广源公"，明代封为"广源顺济王"："江渎，楚屈原大夫也。唐始封二字公，宋加四字公，圣朝加封四字王，号'广源顺济王'。"③考，四渎之一的"江渎"在唐玄宗天宝六年（747）正月确被封敕"广源公"："天宝六载正月戊子诏曰，四渎五岳，虽差秩序，兴云播润，盖同利物，崇号所及，锡命宜均，其五岳既已封王，四渎当升公位，递从加等，以答灵心。其河渎宜封灵源公，济渎封清源公，江渎封广源公，淮渎封长源公，仍令所司择日差使告祭，并五岳及名山大川，并令所在长官致祭。"④元至元二十八年（1291）又被封为"广源顺济王"，见《元史》卷七十六"志·祭祀五"："加封江渎为广源顺济王。"其中未直接点名"屈原"被封。显然，《三教源流搜神大全》只是将唐代、元代普泛化"江渎"的封号附会给了屈原。又据李亦辉《〈三教源流搜神大全〉刊刻时间考》一文考订，该书系流行于明代民间的一种神谱，刊刻时间当在明永乐十七年（1419）至万历二十一年（1593）之间⑤。

　　清代时，各地"水仙"众多，有：大禹、伍子胥、屈原等人，屈原庙也时被称为"水府庙"。见清郁永河《裨海纪游》："水仙王者，洋中之神，莫详姓氏。或曰帝禹，伍相，三闾大夫，又逸其二。帝禹平成水土功在万世，伍相浮鸱夷，屈子怀石自沉，宜为水神，灵爽不泯。"⑥清《江西通志》卷一百九亦

①朱翰昆：《荆楚研究杂记》，湖北省荆州行署地方志办公室，1994 年，第 310 页。
②[晋]王嘉撰，孟庆祥、商微姝译注：《拾遗记译注》，黑龙江人民出版社，1989 年，第 287 页。
③《万历续道藏·三教源流搜神大全》卷二，引自周宗廉、周宗新、李华玲：《中国民间的神》，湖南文艺出版社，1992 年，第 124 页。
④[清]秦蕙田：《五礼通考》卷四十七《吉礼》引《册府元龟》，文渊阁四库全书本。
⑤杜桂萍主编：《明清文学与文献（第二辑）》，黑龙江大学出版社，2013 年，第 200 页。
⑥[清]郁永河：《裨海纪游》，台湾《文献丛刊》第 44 种，1999 年，第 60 页。

载,江西饶州府"屈原庙,在鄱阳崇德乡,俗名水府庙,每旱祷立应"①。清黄叔璥撰《台海使槎录》卷二载:"水仙宫,并祀禹王、伍员、屈原、项羽。兼列冥,谓其能荡舟也。庙中亭脊雕镂人物花草,备极精巧,皆潮州工匠为之。"②今台南水仙宫,主祀水仙尊王,简称"水仙王",宫庙奉祀禹帝、冥王、楚王项羽、伍员大夫、屈原大夫,五位水仙尊王,民间俗称"一帝二王二大夫"。因为大禹治水有功、屈原投江谏君、伍员谏君弃河、项羽乌江自刎、冥王陆地行舟,五人生平皆与水有密切关系,后人感念他们的功德与节操,尊为神祇,合称"五水仙"。其中屈原被尊为"忠烈尊王",取其忠愤节义,至今每年端午节都会举办纪念活动③。

由此可见,明代"封大帝水府庙为屈平大夫,各处祠之",既是官府及民间信仰的"功利性"的必然结果,也是民间信奉神灵相互吸收、同化交融的"诸神杂祀"的必然呈现。

七、清代封号"靖楚江王"、"忠烈王"非"信史"

民间传说,清代封屈原为"靖楚江王"。今安徽东至县有我国第一座由屈氏后裔建造的"屈原纪念馆",馆内大殿右陈列着据说是清代帝王敕封的銮驾和"靖楚江王"牌④。另据,屈原后裔寻访小组 2009 年在长沙《屈氏家谱》中发现"临海屈氏家谱历代仕宦录"中记载:"'平公'……号正则,仕楚,封三闾大夫,唐封昭灵侯,宋封忠洁侯,清封靖楚江王。'"⑤考,《玉历钞传》载:丰都十王殿第二殿主管称"楚江王",又称"初江王",三月初一生辰。司掌活大地狱,下设十六小地狱。从秦广王殿解下来的罪鬼,按罪恶轻重,在此给予不同刑罚⑥。故,在暂无其他材料证明下,屈原的这一封号,有待进一步考详。

清封屈原"忠烈王",最早见《东周列国志》。《中国民俗通志信仰志》载,屈原"清朝又封为忠烈王"⑦。据考,此封号见明代小说《东周列国志》

---

①《江西通志》卷一百九,文渊阁四库全书本。

②[清]黄叔璥:《台海使槎录》卷二,文渊阁四库全书本。

③凌志四:《台湾民俗大观》第 4 册,台北大威出版社,1985 年,第 192—197 页。

④余育章:《第一座由屈原后裔建造的屈原纪念馆落成》,2001 年 12 月 12 日《合肥晚报》。

⑤《长沙城里论屈原——专访湖南"史学奇才"何光岳》,2009 年 10 月 28 日《三峡日报》。

⑥曹英主编:《中国神秘文化鉴赏大全》(上),金城出版社,1998 年,第 439 页。

⑦郑土有:《中国民俗通志·信仰志》,山东教育出版社,2005 年,第 164 页。

第九十三回,其文曰:"后复加封原为忠烈王。"①

《东周列国志》中载:"髯翁有《过忠烈王庙诗》云:峨峨庙貌立江傍,香火争趋忠烈王。佞骨不知何处朽,龙舟岁岁吊沧浪。"②《东周列国志》原名《列国志传》,先为明余邵鱼据"元话本"改编,后经冯梦龙、蔡元放删改而成。在《东周列国志》中,《过忠烈王庙诗》作者"髯翁"有诗评多处,学界一般认为就是明代小说家冯梦龙。明人安得知清代所加封的封号? 据此,屈原"忠烈王"封号乃小说家言或民间传说,非清代官方封号。

八、历代屈原敕封与庙额演变一览

晚唐以来朝廷赐予屈原的封号有:昭灵侯、威显公、清烈公、忠洁侯、忠节清烈公、楚三闾大夫屈平氏之神、水府大帝。其中,"昭灵"、"清烈"、"忠洁"均曾用于各地屈原庙额,而"清烈"历史沿用时间最长。

具体而言,自904年至1369年近五百年中,屈原九次被朝廷敕封:唐末天祐元年(904)屈原祠始封"昭灵侯",天祐二年敕额汨罗屈原庙"昭灵侯";后晋天福二年(937)加封"威显公",洞庭湖磊石庙额据此;北宋元丰三年(1080)封"清烈公",秭归屈原庙额据此;元丰六年封"忠洁侯",汨罗屈原庙额据此;北宋徽宗政和元年(1111)汨罗和秭归两祠庙额统一为"清烈公";南宋宁宗嘉定年间"昭灵"再次用于沅州(今湖南黔阳)屈原庙额;元代成宗大德八年(1304)前后湖南屈原庙额题仍作"清烈公";元代仁宗延祐五年(1318)加封屈原为"忠节清烈公",元泰定帝致和元年(1328)汨罗屈原祠题额"忠节清烈公",但被清代文献误记为"忠洁清烈公";元泰定(1324—1328)、元至正(1341—1368)年间,秭归屈原祠仍袭额"清烈公祠";明太祖洪武二年(1369)敕诏湖南屈原庙复号"楚三闾大夫屈平氏之神";明天顺五年(1461)前后秭归屈原庙额仍保留宋"清烈公"封号;明代万历四十二年(1614)朝廷下诏各地水府庙祀屈原;清初至清末秭归屈原祠庙额沿用宋代封号"清烈公"。自唐迄今,各地屈原祠与朝廷敕封关系密切者为汨罗和秭归二祠。上述相关情况列表如下:

---

① [明]冯梦龙著,[清]蔡元放修订:《东周列国志》,人民文学出版社,1975年,第886页
② [明]冯梦龙著,[清]蔡元放修订:《东周列国志》,人民文学出版社,1975年,第886页。

历代屈原敕封及庙额演变一览表

敕封时间	封号	庙额应用	文献出处	封赐缘由
唐天祐元年（904）	昭灵侯		后晋·刘昫撰《旧唐书·哀帝》，北宋·王钦若等撰《册府元龟》卷一百四十"旌表第四"	以澧、朗观察使雷满奏请
唐天祐二年（905）	昭灵侯	湖南洞庭三闾大夫祠	后晋·刘昫撰《旧唐书·哀帝》，北宋·王溥撰《唐会要》卷二十二"前代帝王"，元·马端临撰《文献通考》卷一百三"宗庙十三"	湖南马殷重修，洞庭磊石庙奏请
后晋天福二年（937）	威显公	湖南洞庭磊石庙（即前三闾大夫祠）	北宋·薛居正等撰《旧五代史》卷七十六"晋书二高祖纪第二"，北宋·王溥撰《五代会要》卷十一"封岳渎"，北宋·王钦若等编修《册府元龟》卷三十四"崇祭祀第三"	湖南马希范重修庙奏请
北宋神宗元丰三年（1080）	清烈公	秭归屈原庙	元·黄清老《清烈公庙记》，元·脱脱等《宋史》卷一百五"礼志第五十八·礼八·吉礼八"	
北宋神宗元丰六年（1083）	忠洁侯	汨罗屈原祠	元·脱脱等《宋史·神宗本纪》	
北宋徽宗政和元年（1111）	清烈公	秭归"清烈公祠"、汨罗屈原祠	元·脱脱等《宋史》卷一百五"礼志第五十八·礼八·吉礼八·诸祠庙"，明·杨士奇等撰《历代名臣奏议》卷一百二十六"礼乐祭礼"，清·秦蕙田撰《五礼通考》卷一百二十三"吉礼"一百二十三"贤臣祀典"，清·徐松《宋会要辑稿·礼》二〇之九	秘书监何志同上书"取一高爵为定"

续表

敕封时间	封号	庙额应用	文献出处	封赐缘由
南宋嘉定年间	昭灵	沅州（今湖南黔阳）三间大夫祠	明·李贤等撰《明一统志》卷六十五"祠庙"，清·纪昀《钦定续文献通考》卷八十五《群庙考》	
元成宗大德八年（1304）左右	清烈公	湘中屈原庙额题作	元·王恽撰《玉堂嘉话》卷三	皇帝赐额
元仁宗延祐五年（1318）	忠节清烈公		明·宋濂等修《元史》卷二十六"本纪第二十六仁宗三"，清·徐乾学撰《资治通鉴后编》卷一百六十五	
元晋宗泰定元年（1324）、元致和元年（1328）	忠洁清烈公	汨罗屈原祠	元·刘行荣《重建忠洁清烈公庙记》，清《湘阴县图志·典礼志》	
元晋宗泰定（1324—1328）、元至正四年（1344）	清烈公	秭归清烈公祠	元·黄清老《清烈公庙记》清《湖广通志》卷一百七"艺文志·记"，清·王士禛《蜀道驿程记》	
明太祖洪武二年（1369）	楚三间大夫屈平氏之神	汨罗屈原庙	明·程敏政撰《明文衡》卷一《诏》之《定岳镇海渎名号诏》，明·申时行等修《明会典》卷八十五"礼部四十四祭祀六·湖广"	明太祖定神号
明宗天顺五年（1461）前后	清烈公	秭归屈原庙	明·李贤等撰《明一统志》卷六十二"荆州府·祠庙"	
明代万历四十二年（1614）	水府庙大帝	各处水府庙祠之	明·方以智《通雅》卷二十一	水灾频繁祈福
清初至清末	清烈公	秭归屈原庙	清·王士禛《蜀道驿程记》，清道光三年（1823）熊士鹏《汉口丛谈序》，[日]山川早水著，李密、李春德、李杰译：《巴蜀旧影：一百年前一个日本人眼中的巴蜀风情》（四川人民出版社，2005年）	沿用宋代封号

第四节　官方褒崇与屈原精神的价值生成

综上所考,晚唐以来屈原的封号,由地方官员上奏请封,到帝王主动追封,到各地将"昭灵"、"忠洁"、"清烈"等封号用作屈原庙额,可以清晰地看到官方对屈原精神的播扬走的是一条自下而上、又自上而下的传播路线。由汨罗到秭归到全国各地的水府大帝庙的供奉,屈原爱国忠烈、正直护民的"神名"在明清时期已经完全定型。这期间,忠臣屈原形象在明代有所"颠覆",明太祖下诏去掉了"忠洁"、"清烈"的封号,回归为楚国"三闾大夫"和民间"水神"的定位。汉宋官方树立起来的屈原政治教化价值,在明代官方这里被另种"祈福信仰"所代替,屈原被明代官方推上端午祈福、水患保平安的宗教信仰舞台。尽管历朝封号名称和褒崇用意不尽一致,但在同一主体对象身份认同背后,都共同彰显了对屈原精神示范性价值的推崇。

一、"昭灵侯"与屈原精神宗教价值的认同

唐末天祐元年(904)、天祐二年(905),湖南两位节度使雷满、马殷均上表请封,朝廷两次敕封屈原"昭灵侯",事见《旧唐书·哀帝本纪》。古人认为"行出于己,名生于人",唐代朝廷封屈原为"昭灵侯",其名号意义究竟何在呢?

查宋苏洵《谥法》卷一载:"明德有功曰昭。圣闻周达曰昭。"《谥法》卷三:"乱而不损曰灵。好祭鬼神曰灵。死而志成曰灵。"[1]可见"昭灵"二字在《谥法》中至少有六种内涵。那么屈原又属哪种呢?《封屈原敕》原文如下:

> 崇敕曰:楚三闾大夫屈原,正直事君,文章饰己。当椒兰之是佞,俾蕙茝之不香;显比干之赤心,蹑彭咸于绿水。虽楚烟荆雨,随强魄于故乡;而福善祸淫,播明灵于巨屏。名早流于竹素,功有益于州间。爰表厥封,用旌良美。宜封为"昭灵侯"。[2]

这段敕文从三个方面陈述了封屈原"昭灵侯"的理由:

一是赞屈原为臣之道:"正直事君",来源于《史记·屈原贾生列传》[3]。

---

① [宋]苏洵:《谥法》,文渊阁四库全书本。后文引《谥法》均为此书。
② [宋]王钦若撰,周勋初等校订:《册府元龟(校订本)》,凤凰出版社,2006年,第1559页。
③ 《史记·屈原贾生列传》称"屈平正道直行……以事其君"。

何谓"正直"？《尚书·洪范》载古有"三德"，"一曰正直"，唐孔颖达疏："正直，言能正人之曲使直。"①

"正直"的第一层含义是让走偏了路的人回到正确的道路上来。屈原在《离骚》中反复列举夏商周各代帝王故事，希望通过历史上君王德行的正、反对比，将楚王拉回到正确的治国路线上来，他说："启《九辩》与《九歌》兮，夏康娱以自纵。不顾难以图后兮，五子用失乎家巷。羿淫游以佚畋兮，又好射夫封狐。固乱流其鲜终兮，浞又贪夫厥家。浇身被服强圉兮，纵欲而不忍。日康娱而自忘兮，厥首用夫颠陨。夏桀之常违兮，乃遂焉而逢殃。后辛之菹醢兮，殷宗用而不长。汤禹俨而祗敬兮，周论道而莫差。举贤而授能兮，循绳墨而不颇。皇天无私阿兮，览民德焉错辅。"（《离骚》）为了让"哲王"醒悟，屈原宁死不悔，"虽九死其尤未悔"。古之忠臣，恐怕只有比干可与其比肩。所以，敕文中说屈原的行为彰显了商纣王时期的"直臣"比干的赤胆忠心："显比干之赤心。"

"正直"还有品行端正、公正无私之意。《韩诗外传》卷七："正直者顺道而行，顺理而言，公平无私，不为安肆志，不为危敩行。"②屈原生活在楚国由盛转衰的时期，屈原在诗歌中曾描述当时的楚国政坛风气衰败："世溷浊而嫉贤兮，好蔽美而称恶。"（《离骚》）"鸾鸟凤皇，日以远兮。燕雀乌鹊，朝堂坛兮。露申辛夷，死林薄兮。腥臊并御，芳不得薄兮。阴阳易位，时不当兮。"（《涉江》）但，面对国君的不觉悟、世俗的黑白颠倒，屈原选择了好修独醒："民生各有所乐兮，余独好脩以为常。"（《离骚》）坚持品行端正无私："秉德无私，参天地兮。"（《橘颂》）用生命来维护公正："世溷浊莫吾知，人心不可谓兮。知死不可让，愿勿爱兮。"（《怀沙》）这种不与世俗同流合污的高贵品格，为历代士大夫所称赏。所以，敕文中特别指出，屈原在"当椒兰之是佞，俾蕙茝之不香"的时代，敢于"蹑彭咸于绿水"③，正直品行是当世楷模。唐代诗人也多称屈原"直臣"："堪笑楚江空渺渺，不

---

① [唐]孔颖达疏：《尚书注疏》，《唐宋注疏十三经》第1册，中华书局，1998年。

② [汉]韩婴撰，许维遹校释：《韩诗外传集释》，中华书局，1980年，第264页。

③ 在王逸《楚辞章句》卷一注"彭咸，殷贤大夫，谏其君不听，自投水而死"之后，历代文人大多认为屈原是效仿"忠臣"彭咸而死。事实上，有许多矛盾处，明代就有人指出无法解释"彭咸"与三皇五帝并称。的确，在屈原诗歌中也提及自沉的申徒、被沉河的子胥，对他们的态度时有批评与反思，但对"彭咸"则如被牵引一样，只有跟随。因此，屈原水死绝非简单地仿效一个忠臣死谏。对此本书第二章有一假说，或可成立。此不赘述。

能洗得直臣冤!"①"襄王不用直臣筹,放逐南来泽国秋。"②等。

二是赞屈原为人之道:"文章饰己。"何谓"文章饰己"?"文章"二字的本义是错综华美的花纹。屈原在《橘颂》中赞美橘树:"青黄杂糅,文章烂兮"、"精色内白,类可任兮"。屈原借对橘树的颂赞来抒发自己青年时代的志向,在屈原看来,要成为"可任之才",就应有橘树般"受命不迁"、"深固难徙"、"更壹志兮"的专一志向,还要有"廓其无求兮"的公平无私和"苏世独立,横而不流兮"的正直高洁。为了实现自己的政治理想,完善自己的政治人格,屈原十分注重自身修养,无论是顺境还是逆境,屈原都没有忘记修身。顺境时,他不满足已有的从政优势,珍惜时光,努力而不间断地修炼才干,以便为国效力:"纷吾既有此内美兮,又重之以脩能。"(《离骚》)逆境时,他重新回顾自己的成长经历,不改初衷,完善自我,以待楚王觉悟,他说:"进不入以离尤兮,退将复脩吾初服。""虽体解吾犹未变兮,岂余心之可惩。"(《离骚》)由此可见,"文章饰己"的意思当是:屈原十分注重个人政治修养之磨炼。

三是赞屈原精神:"播明灵于巨屏。"唐朝帝王对神灵庇佑之说似乎深信,唐太宗李世民贞观十一年(637)诏有司:"朕凭明灵之佑,贤佐之力,克翦多难,清宇内。"(《新唐书·长孙褚韩来李上官列传》)何谓"明灵"?《说文》:"灵,灵巫也。以玉事神。"屈原《九歌·国殇》:"身既死兮神以灵。"可知,"明灵"或指灵巫,或指常护佑阳间生灵的天神,或人死后的精气。"播明灵于巨屏"是朝廷对屈原精神的信仰力的认同及祈愿。今天汨罗端午于屈原祠内"龙头朝庙",汨罗民间有"文曲星"、"水仙"祭拜,秭归端午竞渡唱"招魂曲",台北洲美屈原宫供奉"海神"屈原等,均是历史上奉屈原为能主宰祸福的神灵信仰的遗迹。

综上,从封号及敕文内容可以肯定,屈原正直事君、文章饰己、播明灵于巨屏的三点是唐代朝廷封敕屈原的依据。又《谥法》:"明德有功曰昭"、"圣闻周达曰昭"。唐代官方认为屈原"名早流于竹素,功有益于州闾",即屈原早已名垂青史,对湖南地方也福佑百姓,所以决定对屈原的盛德加以彰显与提倡,故封号取"昭",即表彰其"正直事君、文章饰己"之德。而

①[唐]文秀:《端午》,[清]彭定求等修纂:《全唐诗》卷八百二十三。
②[唐]胡曾:《咏史诗·汨罗》,[清]彭定求等修纂:《全唐诗》卷六百四十七。

"灵"是唐代帝王的"明灵"信仰的体现,也是对民间屈原信仰的认可,以此,"昭灵"封敕主要是彰显屈原作为"明灵"(神灵、魂魄)的宗教价值。

二、"威显公"与屈原精神政治价值的宣示

后晋高祖石敬瑭天福二年(937)五月,前湖南节度使马殷之子马希范恳请后晋新皇帝敕封洞庭"磊石庙",屈原由"昭灵侯"晋封为"威显公",见《旧五代史》卷七十六《晋书·高祖纪》。

何谓"威显"?《谥法》卷二:"赏劝刑怒曰威。以刑服远曰威。强毅执正曰威。""显行见中外曰显。"屈原诗歌曾道:"乘骐骥以驰骋兮,来吾道夫先路。""亦余心之所善兮,虽九死其犹未悔。""宁溘死以流亡兮,余不忍为此态也。""虽体解吾犹未变兮,岂余心之可惩。""举贤而授能兮,循绳墨而不颇。""阽余身而危死兮,览余初其犹未悔。"(《离骚》)"欲横奔而失路兮,坚志而不忍。"(《惜诵》)这些诗句,反复重申自己坚持美政理想、坚持纯粹志向,虽九死而不悔,正符合"强毅执正曰威"的内涵。

这次请敕封屈原的马希范(899—947),是原唐代节度使马殷的第四子,后梁袭位"楚王"。他上表请封,与其父亲905年请封屈原获敕"昭灵侯"的礼制相关,同时,与其期望发展"马楚文化"有关。清吴任臣《十国春秋》称他自命真龙天子,曾作"九龙殿":"刻沉香为八龙,饰以金宝,各长百尺,抱柱相向,作趋捧之势。已居其中,自言身一龙也。"又载天福四年(939)十一月开"天策府",以选贤能,倡导文学:"文昭以颖敏之姿,读书礼士,天策群英几于梁苑、邺下之选焉。"[1]因此,上表请封屈原等洞庭之四庙,估计是文人幕僚的建议。彰显统治境内的文化古迹,并将屈原封号由"侯"升"公",藉以提升辖境在全国的政治地位,咸加海内。因此,其请封为"威显"之功用,可能主要突出马楚政权威加海内镇守南方的政治愿望,取"以刑服远曰威"之"威"。可见,后晋封号"咸显公"主要是官方对屈原精神政治价值的发现与宣示。

三、"清烈"与屈原精神伦理价值的彰显

屈原在北宋的封号有二:"清烈公"和"忠洁侯",后统一为"清烈公"。

---

①[清]吴任臣撰,徐敏霞、周莹点校:《十国春秋》卷六十八"文昭王世家",中华书局,2010年。

"清烈公"是敕封屈原封号中使用频率最高和沿用时间最长的封号,为什么自宋以来千余年中屈原的"清烈公"封号被如此看重呢?

先看"清"、"烈"二字的内涵。何谓"清"?"清"与"浊"相对,本义指水碧绿无杂质,引申为人的品行高洁无邪念,正直而清明。如:"圣人守清道而抱雌节。"①《谥法》卷三:"避远不义曰清。伯夷与其乡人立,其冠不正,望望然去之,而孟子以为清。""清"的内涵,即远离不道义的事情,如商末孤竹君之长子伯夷,见人帽子戴得不正,就离开远去以保持自己的清白。"清"是儒家政治品格的基本要求,这与本书第一章阐释的"自爱"政治哲学内涵十分相近。"避远不义曰清",即与"清"相反的是"不义",要远离"不义"。《论语·述而》:"不义而富且贵,于我如浮云。"②《孟子·公孙丑上》:"行一不义、杀一不辜而得天下,皆不为也。"③对普通人而言,不义之财不取;对国君而言,若须行"不义"以取天下,则不为。屈原是抵制"非义"、"非善"的,他说:"夫孰非义而可用兮,孰非善而可服。阽余身而危死兮,览余初其犹未悔。"(《离骚》)可见,与伯夷、孔子、孟子一样,屈原也是坚持远离不义、追求善德的。即使世道溷浊,屈原也会保持清醒:"举世皆浊我独清,众人皆醉我独醒。"(《渔父》)而为了保持自己的清醒,屈原愿以死明志,"伏清白以死直兮"(《离骚》)。

何谓"烈"?"烈"本义为火燃烧旺盛。《说文》:"烈,火猛也。"《诗经·商颂·长发》:"如火烈烈。"④引申义为光明、显赫之义,如《诗经·周颂·载见》"休有烈光";再引申为"功业",如《汉书·王莽传》有"共事天地,修文武之烈"⑤;又引申为为功业而死难,或性格刚直之人,如"烈士"、"烈女"等。苏洵《谥法》卷二:"安民有功曰烈。秉德遵业曰烈。"明《明谥纪汇编》补充:"戎业有光曰烈。刚正曰烈。"⑥屈原《橘颂》赞美橘树"秉德无私,参天地兮",正是诗人自己秉德遵业的写照。宋洪兴祖《楚辞补注序》赞美屈原"英烈":"余观自古忠臣义士,慨然发愤,不顾其死,特立独

①[汉]刘安撰,何宁集释:《淮南子集释》卷一《原道训》,中华书局,1998 年第 54 页。
②[宋]朱熹集注:《四书》,上海古籍出版社,1995 年,第 116 页。
③[宋]朱熹集注:《四书》,上海古籍出版社,1995 年,第 275 页。
④[宋]朱熹注,赵长征点校:《诗集传》,中华书局,2011 年,第 328 页。
⑤[汉]班固:《汉书》,中华书局,2007 年,第 1028 页。
⑥[明]郭良翰:《明谥纪汇编》卷二《谥法上》,文渊阁四库全书本。

行,自信而不回者,其英烈之气,岂与身俱亡哉!""屈原虽死,犹不死也。"①
理学家朱熹感叹:"屈原之心,其为忠清洁白,固无待辩论而自显。"②意思
是,屈原忠清洁白的人格是其自身修养的自然体现,无须辩论,也不是人们
外在强加其上的。

宋代以儒家圣贤的标准来评价屈原,褒封屈原"清烈",正是对屈原站
在国家利益的高度、远离不义的高洁正直品行的肯定和褒扬。宋代封号所
彰显的"清烈",凸显了屈原精神的君臣伦理层面的示范性。

四、"忠节清烈"与屈原精神政治伦理价值的推崇

"以儒治国"的元朝,在屈原封号加上"忠节"二字。元仁宗延祐五年
(1318)七月,在宋代"清烈公"之上增添"忠节",屈原被封为"忠节清烈
公"。事见《元史·仁宗本纪》。

何谓"忠"? 苏洵《谥法》卷三:"盛襄纯固曰忠。临患不忘国曰忠。推
贤尽诚曰忠。廉公方正曰忠。"即努力为国,纯洁坚定者,可谥号"忠";面
临祸患,不忘救国者,可谥号"忠";推荐贤才,竭尽诚意者,可谥号"忠";廉
洁公平,耿介正直者,可谥号"忠"。何以可谥"节"? 苏洵《谥法》卷二:
"好廉自克曰节。谨行节度曰节。"即对待外物,能克制欲望者,可谥号
"节";对待事情谨慎而行有法度者,可谥号"节"。"忠节"核心之内涵在于
对国家忠诚,对自己克制,做人做事能做到内心忠诚、行为慎独。孔子强调
"臣事君以忠"③,"忠"是儒家政治伦理中特别强调的一种人臣素质,将其
置于封号之首,与元代"以儒治国"有关,亦是对汉宋以来官方褒崇的屈原
精神之政治道德示范意义的继承。

自汉代以来,屈原"忠节"政治品格就受到文人高度关注和评价。西
汉司马迁在《史记·屈原贾生列传》中说:"屈平正道直行,竭忠尽智以事
其君。"④东汉王逸在《楚辞章句叙》中也说:"今若屈原,膺忠贞之质,体清洁
之性,直若砥矢,言若丹青,进不隐其谋,退不顾其命,此诚绝世之行,俊彦之

---

①[汉]王逸章句,[宋]洪兴祖补注:《楚辞补注》,中华书局,1983 年,第 50 页。
②[宋]朱熹撰,黄灵庚点校:《楚辞集注》卷八,上海古籍出版社,2015 年,第 218 页。
③[魏]何晏集解,[宋]邢昺疏:《论语注疏》卷三《论语·八佾》,《唐宋注疏十三经》第 4 册,中华
　书局,1998 年。
④[汉]司马迁:《史记》,中华书局,2011 年,第 2184 页。

英也。"①朱熹《楚辞集注序》说："原之为人……皆出于忠君、爱国之诚心。"②等,可见,屈原之"忠"得到汉宋史学、经学、楚辞学家们的高度一致而有延续性的肯定。

唐宋以来,屈原"忠节"的政治伦理示范性亦得到官方高度认可。如,唐代知州王茂元修建屈原庙,称赞屈原:"其忠可以激俗,其清可以厉贪。"③这是对屈原"事君尽忠"的示范性的高度概括。元代官方修秭归屈原庙作《清烈公庙记》亦赞曰:"事君尽忠,死而不二,卓然立于穹壤,如三仁、夷齐,千百载仅一二。"④高度评价屈原精神和行为在社会政治生活中的示范性,认为屈原是能与殷代微子、箕子、比干、伯夷、叔齐并列的忠臣,是千百年才出现一两位的忠贞人物。

元代"忠节清烈公"的封号正是对汉宋以来逐渐被认同的屈原精神政治价值的总结与认同。与"昭灵"、"威显"相比,"忠洁"、"清烈"、"忠节清烈"与封建政治伦理的价值取向一致,因而很快得到官方、士人、士大夫和民间等社会各层面的认可,屈原爱国之忠与自爱之清,在社会道德伦理建设中的示范性得到传承,获得践行。

推崇屈原"忠"于君国与"清"于浊世的精神品格,初衷固然是封建皇权政治维系其根本的文治教化策略,但千年来的传承过程中却促进了屈原精神更广泛的认同,推动了屈原精神与民族文化的融合。南宋至今,屈原的精神、屈原的作品,已经成为人们了解中华优秀传统文化时不能忽略的经典:"夫学诗者以识为主,入门须正,立志须高……先须熟读楚词(辞),朝夕讽咏以为之本。"⑤"凡为中国人者,须获有欣赏《楚辞》之能力,乃为不虚生此国。"⑥"不诵读'楚辞',不了解屈原的精神和诗歌创造,就不能完整理解我们民族的伟大精神渊源和文化风貌。"⑦

---

① [汉]王逸章句,[宋]洪兴祖补注:《楚辞补注》,中华书局,1983年,第48页。

② [宋]朱熹撰,黄灵庚点校:《楚辞集注》,上海古籍出版社,2015年,第4页。

③ [唐]王茂元:《三闾大夫屈先生祠堂铭并序》,[宋]李昉等编:《文苑英华》卷七百八十六"塔庙下",中华书局,1966年。又载,湖北省秭归县地方志编纂委员会编:《秭归县志》,中国大百科全书出版社,1991年,第562页。

④《湖广通志》卷一百七《艺文志·记》,文渊阁四库全书本。

⑤ [宋]严羽:《沧浪诗话》,中华书局,1985年,第4—5页。

⑥ 梁启超:《要籍解题及其读法》,《饮冰室合集·专集》第15册,中华书局,1936年,第81页。

⑦ 潘啸龙:《"楚辞"的特征和对屈原精神的评价》,《安徽师大学报》1996年第2期。

五、"世界文化名人"与屈原精神文化价值的广泛肯定

1953 年,在芬兰首都赫尔辛基,世界和平理事会决定,将中国的屈原与波兰的天文学家哥白尼、法国的文学家拉伯雷、古巴作家和民族运动领袖何塞·马蒂列为当年的世界四大文化名人。当年,国家邮政局四次发行屈原题材的邮票①。民俗学界将这类文化现象称之为"文化巨匠信仰":"五千年灿烂的文化一直是中国人的骄傲,在这一过程中出现了无数伟大的文化巨匠。他们从各个不同的方面对中华文明的形成做出了巨大的贡献,后人感激他们的贡献,奉他们为神,纪念他们的功绩。孔子、老子、屈原等人最为著名……人们崇拜他们对中华文化发展的贡献,为他们建祠立庙,供后人祭拜。"②作为中国端午节的"纪念主角",作为中国文坛的"诗祖"、作为历代官方所褒崇的"千古忠臣"、作为"世界文化名人",屈原精神在两千多年的民族文化发展史及国际文化交流中所产生的凝聚力、吸引力和创造力是显见的。

具体而言,屈原精神的文化价值表现在以下三个方面:

其一,屈原精神的国际吸引力与文化外交。屈原作品曾多次被国家领导人在重要国际外交场合引用。据《党史信息报》报道:1949 年 12 月 6 日晚,毛泽东主席去苏联访问,在火车行进的途中,与苏联汉学家费德林谈起中国文学,谈到屈原时说:屈原不仅是天才的歌手,而且是一名无私无畏、勇敢高尚的爱国者。1954 年 10 月 25 日,毛主席送别印度总理尼赫鲁,吟诵屈原诗歌之"悲莫悲兮生别离,乐莫乐兮新相知",表达友好之情,还向这位异国政治家介绍了屈原③。2012 年 8 月 21 日,在国际天文学联合会第 28 届大会开幕式上,习近平主席吟诵屈原《天问》诗句:"遂古之初,谁传道之? 上下未形,何由考之。"2014 年 9 月 3 日,在纪念中国人民抗日战争暨世界反斯战争胜利 69 周年座谈会上,习主席引述屈原《九歌》诗句:

---

①1953 年 12 月 30 日,国家邮政局发行《世界文化名人》纪念邮票(纪 25),共一套四枚,屈原列为四大文化名人之首,该套邮票采用雕刻版,发行量 400 万套。屈原首次被后人以邮票形式纪念。1994 年 6 月 25 日,国家邮政局发行《中国古代文学家》(第二组)邮票,共一套四枚,屈原列在第四枚,发行量 3501.75 万枚。1994 年 11 月 4 日,国家邮政局发行《长江三峡》特种邮票,共一套六枚,秭归屈原祠列在第六枚,发行量 3915.3 万枚。2007 年 6 月,国家邮政局发行《长江三峡库区古迹》纪念邮票,秭归屈原墓列在其中。

②齐涛、叶涛、郑士有编纂:《中国民俗通志·信仰志》,山东教育出版社,2005 年,第 158—164 页。

③《毛泽东谈屈原》,《山东农业(农村经济版)》1999 年第 6 期。

"诚既勇兮又以武,终刚强兮不可凌。身既死兮神以灵,魂魄毅兮为鬼雄。"①国家领导人在重大外交活动中屡次提到屈原,正是屈原作品"日月齐光"的思想艺术魅力及其"世界文化巨匠"的影响力。"屈原的作品正是属于这种具有世界历史意义的文化现象"②,屈原精神已不仅影响了中国,而且影响了世界。

其二,屈原精神的民族凝聚力与国家建设。家国情怀和民族精神是一个国家繁荣富强的原动力。"天下之本在国,国之本在家,家之本在身。"(《孟子·离娄上》)③"自天子以至于庶人,壹是皆以修身为本。"(《大学》)④"治国"的前提是"修身齐家"。在民主主义革命中屈原"受命不迁,生南国兮"的爱乡爱国的示范性,凝聚和鼓舞着华夏儿女战胜民族危亡的危险。《大公报》1940年6月9日刊登的郭沫若《关于屈原》一文中说:"中华民族的尊重正义,抗拒强暴的优秀精神,一直到现在都被他(注:屈原)扶植着。多造些角黍,多挂些蒲剑和藤萝,这正是抗战建国的绝好的象征。"⑤2008年中国台湾网刊发组图《从汨罗江到屈子祠两岸文化人共寻屈子魂》⑥。2010年6月16日,在秭归凤凰山屈原祠内,来自全国14个省市的41名屈氏后裔成立了"中华屈氏宗亲会"。如今,汨罗端午节的龙舟赛和秭归祭祖仪式,已逐渐成为华人寻根问祖、寄托乡思、反思人生的一种表达方式。秭归屈原祠已成为湖北省廉政文化和爱国主义教育基地。新时代,屈原清廉正直的人格精神与深固难徙的爱国精神,已成为民族团结与国家富强的精神源泉。

其三,屈原精神的文化创造力与文化事业。"文化事业和文化产业都不能脱离文化精神"⑦。据统计,20世纪90年代,慕名到秭归屈原故里旅

---

① 《习近平数赞屈原民族精神为中国梦"塑心""聚能"》,http://polilics.people.com.cn/n1/2017/0530/c1001-29307546.html。

② [俄]H·T·费德林:《屈原辞赋垂千古》,《楚辞资料海外编》,湖北人民出版社,1986年,第131—132页。

③ [宋]朱熹集注:《四书》,上海古籍出版社,1995年,第323页。

④ [宋]朱熹集注:《四书》,上海古籍出版社,1995年,第8页。

⑤ 郭沫若:《关于屈原》,1940年6月9日《大公报》,转引自王家康:《四十年代的诗人节及其争论》,《中国现代文学研究丛刊》2003年第1期。

⑥ 《组图:从汨罗江到屈子祠　两岸文化人共寻屈子魂》,http://news.sina.com.cn/c/2007-07-12/073212189758s.shtml。

⑦ 叶朗:《我们已经进入一个文化时代》,2011年12月7日《光明日报》。

游的域外游客来自 26 个国家①。在 21 世纪初,屈原古迹、民间传说、吟咏屈原诗文、民间端午祭祀等,已被屈原行吟求索途经的宜昌市、秭归县、汨罗市、常德市、池州市、南阳市、丹江口市等地的行政领导、企业家所关注,"屈原文化"已深度融入其分布区②的地方政府文化事业及产业。作为一种非物质文化遗产,屈原作品、屈原的传说、屈原的精神,促进和丰富着当代人的文化生活。作为"世界文化名人",屈原的诗篇及其精神的文化价值已得到当代世界的广泛认同。

六、官方褒崇与屈原精神价值体系的彰显

综上所考,晚唐以来,由地方官员上奏请封,到帝王主动追封,到各地将"昭灵"、"忠洁"、"清烈"等封号用作屈原庙额,到明代官方坚持汰其"溢美之封号",供奉屈原于"水府大帝庙",屈原精神的官方褒崇过程实际是屈原精神示范性价值由隐而显的历史过程(如图)。

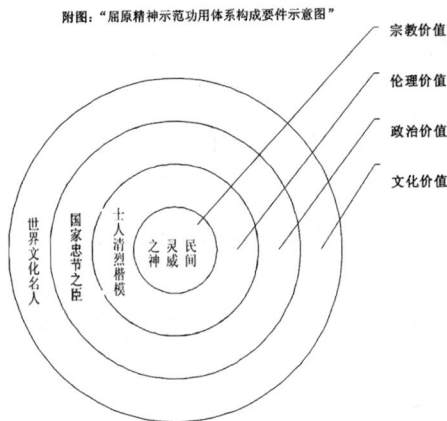

附图:"屈原精神示范功用体系构成要件示意图"

这个类似"涟漪"的屈原精神示范功用体系构成要件示意图,彰显了历代官方对屈原精神褒崇的谱系与历程。具体而言,对屈原精神示范性内涵倡导经历了三个阶段:一是唐末五代时期的封号"昭灵侯"和"威显公",彰显屈原精神"灵性昭日月"的一面,其核心元素是"灵"与"威"这两种超

---

①王敏:《屈原故里端午文化的由来、现状及展望》,方培元主编:《楚俗研究》,湖北美术出版社,1993 年,第 164 页。

②参见拙著《屈原文化版图考》(南京大学出版社,2017 年)。湖南、湖北、安徽、河南等地为屈原文化核心分布区。

自然的感性因子,它们吸收民间神灵信仰,又凝炼了官方政治治理的需求,从而奠定了民间宗教层面和官方政教层面的屈原信仰基石。二是宋代封号"清烈公"、"忠洁侯",元代封号"忠节清烈公",由一种个体"精神灵性"的褒扬上升为集体"伦理气节"的倡导,其核心元素是"清"、"烈"、"忠"、"洁"、"节"这些带有人伦规范的伦理因子,奠定了士大夫人格、政治伦理层面追随屈原的基石。三是当代作为"世界文化名人"的屈原,由封建帝王的"人臣楷模"到"人类文化的创造者",屈原精神的凝聚力、创造力和吸引力已经走出狭隘的政治功用观,有了更开阔的文化视野,屈原成为文化英雄、民族灵魂的代表,日益得到认同。最后,生成了屈原精神价值体系的四大要件,即作为"民间灵威之神"的宗教价值,作为"士人清烈楷模"的伦理价值,作为"国家忠节之臣"的政治价值,作为"世界文化名人"的文化价值。

官方褒崇作为历代朝廷的一种奖劝制度,其宗旨在于用示范性的榜样教化百姓,收到不令而从、一呼百应的文治教化之效果。古云:"不有褒崇,孰明奖劝?且自古英达致用,风范相殊。政则以理为先,化则以人为本。虽或议参草昧,名列循良,集东观之群儒,皆令赞像。推南山之汗简,尽使书勋。尚有间然,孰当全美。道之必合,圣亦罕言。大易所谓穷神,不言而速,哲人所以垂训,不令而从。盖率以身先,用如响应。"①

据现有文献考证,屈原被官方封崇在中古、近古时代,这个时代是民族大融合、南北文化互相吸引的时代,也是屈原作品、事迹倍受文人关注和崇敬的时代,是屈原作品大量传播域外被域外文人接受爱戴的时代,是端午纪念屈原成为全国风俗的时代,诸多因素叠加,合力推进了屈原精神价值体系的完善。并随着时代发展,民间"暗流"与文人"明流"、官方的"大流"汇合,奔腾波及域外,合力促进了屈原精神价值的生成、发展与传播。

①[唐]司空图:《司空表圣文集》卷五《太尉琅琊王公河中生祠碑》,文渊阁四库全书本。

第五章　屈原精神的域外接受

　　约在公元 4 世纪《楚辞》汉文版本传播到了韩国,至少在公元 7 世纪《楚辞》已传播到了日本,明清时期越南文人出使中国途经汨罗写下数十首凭吊屈原的汉诗,至迟在元代端午纪念屈原的民俗意义已通过移民在朝鲜半岛传播,约在明代末期西方传教士开始了对屈原作品的研读与引用,1953 年屈原被列入"世界文化名人",20 世纪 70 年代新加坡华人成立"五月诗社",2009 年包含屈原故里端午习俗和汨罗江畔端午习俗的"中国端午节"被列入世界级非物质文化遗产,当代海外华裔文学创作写端午总会想到屈原。诸多屈原作品及端午习俗的域外传播与接受现象,是我们全面了解屈原精神域外接受史不可忽略的重要视域。本章将选取域外民间端午习俗,域外华文文学,华裔英文文学,屈原作品在韩国的传播接受,东亚、南亚汉字文化圈咏屈汉诗,日本屈原研究等突出视点,阐述屈原精神的域外接受。

第一节　民间屈原信仰在域外的传承接受

一、中韩移民与"端午祭屈"在朝鲜半岛的传播

　　一千多年前中国端午节已传到了朝鲜半岛①,而一千八百多年前纪念屈原的民俗意义已融入中国端午节,那么,这种民俗意义是否也会伴随"端午节"在朝鲜半岛传播呢? 从现今流传的民俗记载及韩国诗歌看,答案是肯定的。

---

①2005 年韩国端午祭列入世界"非遗"。国内相关研究如:《韩国非物质文化遗产保护的启示——以江陵端午祭为例》(贺学君,2006 年 2 月 20 日《民间文化论坛》)、《由韩国端午祭看中国端午节的民俗传承》(龚丹韵,2008 年 6 月 7 日《解放日报》)、《从韩国端午祭申遗看中韩文化遗产保护》(张志华,《作家》2007 年第 12 期)、《中国端午节与韩国端午祭比较研究》(黄榴丹,西北民族大学 2007 年硕士论文)等。

距今约七八百年前,高丽朝李奎报(이규보,1168—1241)在《屈原不宜死论》中已提及端午竞渡有告慰屈原灵魂的文化内涵:"(屈原)乃复投水而死……乃至楚俗为竞渡之曲,以慰其溺。"①距今六百年前,李氏朝鲜(1392—1910)无名氏的一首端午歌谣《饭筒投水词》明确描述了移居到当地的楚人在端午节时用竹筒饭(今"粽子")投水祭祀屈原的情形:

> 沅有沚兮湘有汜,九嶷山高皆相似。芳州五月发芙蓉,风吹香气动南纪。满船竹枝楚国人,且将饭筒投江水。云是离骚屈大夫,五月五日沉水死。只今犹有未招魂,万里寒潮朝夕至。黄河杳尽木兰突,生别美人长已矣。江潭日暮采杜衡,枫岸萧条欲谁寄。空将幽怨动郢人,旧俗传来成往事。沙棠舟上客倚桨,一曲悲歌数行泪。人生何必醒自苦,一樽为尔临江醉。②

这首诗歌中明确写道,楚地移民在船上唱"竹枝词"一类民歌,投竹筒饭到水里,并跟询问情况的人解释这样的行为是祭奠屈原,因为屈原在端午节这天沉水:"满船竹枝楚国人,且将饭筒投江水。云是离骚屈大夫,五月五日沉水死。"可见,在李氏朝鲜时期,楚国移民已经将端午"投饭水濑享屈三闾"的习俗带到了朝鲜半岛。这一点李氏朝鲜金迈淳(1776—1840)的《洌阳岁时记》"五月"亦有明确记载:

> 国人称端午日为水濑日,谓投饭水濑享屈三闾也。地之相去万有余里,世之相后千有余年,谣俗不改,精爽如在,何令人感慕至此也。抑东人之怀贤好古,另于他方,如韩子所云燕越之士出乎其性者耶!③

金迈淳在记载中感叹,中韩两地之相去万有余里,屈原沉江与当世之相距千余年,可是"投饭水濑享屈三闾"谣俗不改,精爽如在,真不知是什么样高尚的人物被人如此感慕啊? 是因为人们"怀贤好古"的原因吗?

其实,此前,高丽(918—1392)末期,"旅食京华"的李齐贤,作《端午》

---

①[韩]李奎报:《东国李相国全集》卷二十二,韩国民族文化推进会编:《韩国文集丛刊》第1册,汉城景仁文化社,1990年。

②引自杨昭全:《中国—朝鲜·韩国文化交流史》2,昆仑出版社,2004年,第512页。又见宋柏年主编:《中国古典文学在国外》,北京语言学院出版社,1994年,第40—41页。

③引自[韩]李炳汉:《文化交流的理想类型——兼谈韩国古文人心目中的屈原形象》,《当代韩国》1995年第2期。

诗已写到屈原,诗曰:

> 旅食京华十过春,西来又作问津人。半生已被功名误,久客偏惊
> 万物新。萍梗羁踪青海月,松楸归梦泰封尘。旗亭且饮菖蒲酒,未用
> 醒吟学楚臣。①

"楚臣"即屈原,"旅食京华"的李齐贤在端午饮酒时节想到了屈原的"独醒",这一情感体验说明,留学或仕宦中国的韩国文人已经对端午纪念屈原的习俗意义有了记忆。

综上,至少在高丽朝末期(中国元朝时期),端午纪念屈原的习俗意义,已经通过留学或仕宦于中国的韩国文人,在朝鲜半岛传播;到了李氏朝鲜时期,楚地移民,成为投饭水濑享屈原的直接推广者;端午纪念屈原的习俗意义已经对距今六百至一千年前的朝鲜文人的文学创作产生了影响,已留在其文化记忆里;中、韩移民是端午祭屈意义传播到朝鲜半岛的主要媒介,"怀贤好古"文化氛围和汉字文化圈的文脉联系,让屈原精神曾在朝鲜半岛引发了人们的倾慕之情。

二、遣唐使与"端午祭屈"在日本的传播与剥离

日本五大传统节日之一"端午の節句"("節句"也写成"節供")来自中国,并在日本民间演化为"男の節句"。悬菖蒲、防瘟避疫的"保生护命"意义为日本民间所接受;但"追思先哲屈原"的民俗意义在日本民间是被剥离的。

公元8世纪,距今一千三百年前后,日本遣唐使带回了中国端午节。一开始,中国端午习俗只是在日本皇宫贵族生活中流行,此后,"中国端午节"在日本约经历了三个阶段的传承与新变:

第一个阶段,奈良、平安时代,皇宫贵族间的效习期。带游乐性质,时有时无,规模小。"由于端午习俗主要是由遣唐学生传入日本的。而他们本来就是从贵族子弟中挑选出来的,回国后历任中央或地方文武官员的又不在少数,因此在他们周围流行起来的端午习俗,已改变了它原来的民间习俗的性质而带上了浓厚的贵族气味……而这一时期上层社会的纵欲享

①刘济民编注:《歌咏屈原古今诗词选》,中国炎黄文化出版社,2008年,第161页。

乐,则又使日本端午的节日活动在一定程度上带上了游乐的性质"①。

第二个阶段,平安中期,后宫女性改造和创新期。在政治斗争中,对中国民间端午习俗的辟邪信仰开始重视,后宫女性精心改造,端午纪念屈原的意义被剥离,端午习俗中辟邪的节日内涵被充分继承。"端午习俗经过一群女性精心改造和创新而呈现出了另一种面貌……如据《枕草子》等书记载,每当端午之日,在房顶、檐下、柱上都点缀着菖蒲、艾草,在妇女的身上都佩带着菖蒲、艾草、药玉,在空气中到处充满着菖蒲、艾草、药玉的浓郁香味,真可谓是一个又美又香的世界……渴望能得到某种具有超自然力量的东西来消除这潜在的威胁"②。

第三个阶段,平安末年,日本民间流行期。此时端午习俗的意义注入了日本民族的武士道精神,演变为男孩节,增添了"五月偶人"、"鲤鱼蟠"等节令风物。其演变原因,乃是平安末年日本新兴的武士阶层开始登上了政治舞台,并形成一种不断走向大众化和地方化的武士道文化。"随着日本陷入长期的战乱之中并相继进入镰仓、室町等军事政府的统治之下,一些与战争有关的习俗不断融入端午节中,并使之从'保生护命'的节日最终变异为一个以实战练兵、炫耀武力为目的、戕生害命的'尚武之节'。这一变异,既是武士专制的日本国情的真实反映,也是以'勇死'、'好战'为特色的日本国俗的具体表现"③。

综上,端午纪念屈原的意义,在从宫庭走向日本民间前,已被后宫女性"忽略"。平安中期,后宫女性改造和创新的习俗把日本端午节强化为佩带菖蒲、艾草、药玉的辟邪消灾节。到了平安末年,民间普及阶段,本土"武士道精神"融入端午节,将其演化为承载日本武士道文化的民俗节日。

虽然日本民间端午纪念屈原的意义被剥离,但端午节用糯米包粽子或用大米做成团子投到江里祭祀屈原,以及端午喝酒、读骚纪念屈原的习俗,仍是日本文人所熟悉的中国端午风俗意义。奈良以来的日本"端午题材"的诗歌中,大都提及屈原。如,以端午把酒读《离骚》来怀念屈原,源光圀(1628—1700)④《端午》:"江城重五几年遭,坐上菖蒲泛浊醪。千古楚风徒

---

① 方勇、张瑜:《日本端午习俗考》,《日本成果》1992 年第 3 期。
② 方勇、张瑜:《日本端午习俗考》,《日本成果》1992 年第 3 期。
③ 闫苗:《论端午节在日本的变异——明治以前日本端午的特色》,《日语学习与研究》2006 年第 4 期。
④ 王福祥编著:《日本汉诗与中国历史人物典故》,外语教学与研究出版社,1997 年,第 207 页。

竞渡,不如端坐读离骚。"石桥岛南《端午书怀》:"玉粽冰团故事存,石榴花下倒蒲樽。醉来好把离骚读,欲吊千秋屈子魂。"等。可见,端午"纪念屈原"的民俗意义虽然在日本民间习俗中被剥离了,但影响了日本的文人。当代以来,日本楚辞学者与中国学者争鸣交集是最多的①。

三、法国传教士与端阳竞渡在欧洲的传播

清末,上海徐家汇耶稣会法国传教士禄是遒(Henri Doré 1859—1931年)法文版《中国民间崇拜》(Recherches sur les supersti-tions en Chine)卷五"岁时习俗"中,介绍了端午龙舟竞渡习俗、屈原与端午的关系,原文如下:

农历五月初五龙舟节端阳竞渡　　农历五月初五也叫龙舟节。龙舟身形细长,通常有四、五十英尺长。龙舟在造型上模仿龙的身体,船头隆起,被做成张着嘴的龙头造型。通常一艘龙舟由二三十人同时划,龙舟上有两名舵手,一名站在船尾,另一名则手持一面旗子坐在船头,以控制所有船员划船的节奏。在龙舟的中部另外还有两人,一个敲锣,一个打鼓。岸上的男女老幼都竞相前来观看"端阳竞渡"。"端阳竞渡"有时非常热烈,以至于有的龙舟会两两相撞,或是撞向其他船及横跨河道的桥基。通常,最先到达终点的龙舟会得到奖励,但分属不同船队的人们经常会因为奖励的归属而发生口角和打斗。总之,农历五月初五龙舟节在各个阶层都受到普遍欢迎,人们通常会借机赌上一把,尽情欢乐。

农历五月初五"端阳竞渡"的起源最早可以追溯到楚国大夫屈原之死。屈原,名平,战国时期楚国人。战国时期的楚国疆域广阔,包括了现在的湖北、湖南全境、河南的部分地区及长江流域的部分地区。楚怀王执政期间,屈原官至左徒及三闾大夫。起初屈原颇受怀王信任,后来遭到上官大夫靳尚等妒忌,在怀王面前造谣诋毁而被流放。屈原在流放过程中悲愤而著《离骚》,在诗中抒发了他对君

---

① 可参看黄中模:《与日本学者讨论屈原问题》(华中理工大学出版社,1990年)、黄中模编:《中日学者屈原问题论争集》(山东教育出版社,1990年)、徐志啸:《日本楚辞研究论纲》(学苑出版社,2004年)等。

国的忠诚哀怨眷恋之情。之后几年,楚怀王更不听屈原劝阻,亲自前往秦国议和,结果一到秦国就被囚禁起来,最后客死秦国。怀王死后,顷襄王即位,屈原越发受到迫害,被第二次放逐到江南地区。最终屈原对前途丧失信心,万念俱灰之下,他选择了以死明志。他在公元前278年农历五月初五那天来到汨罗江畔(汨罗江位于湖南,向东南流入洞庭湖),将大石块绑在自己胸口,自沉汨罗江。后世的人们为了纪念这位爱国诗人,在每年农历五月初五这天都要举行赛龙舟活动,龙舟竞渡代表了人们最初希望从江中找回屈原尸体的美好愿望。

在古代,人们通常往江中扔竹筒饭来祭奠这位忠臣的亡魂。而到了现在,人们在五月初五这天改吃用菖蒲叶包成的有三个角的粽子来纪念屈原。①

这段"农历五月初五龙舟节端阳竞渡"介绍,层次分明,内容丰富。以"农历五月初五'端阳竞渡'的起源最早可以追溯到楚国大夫屈原之死"一句为中心轴,对称地叙述描绘了中国的"龙舟节":前半部分,详细描述了龙舟、龙舟竞渡;后半部分,详细介绍了屈原生平事迹,及其与龙舟竞渡的关联。除了对屈原、龙舟竞渡、吃粽子等习俗进行了清晰介绍,对屈原其人也做了描述:"在诗中抒发了他对君国的忠诚哀怨眷恋之情"、"他选择了以死明志"、"爱国诗人"、"忠臣",禄是遒对屈原精神内涵的描述与国内关于屈原精神的阐述是一致的,可见,他的调查十分谨慎和全面,至今仍可为端阳竞渡民俗意义欧洲传播的典范文本。虽然学者们深入考证知道"竞渡"不是起源屈原,但是隋唐以后"端午竞渡"的民俗意义中影响最深远的是"纪念屈原",禄是遒的记载反映了清末上海、江苏、安徽和全国各地的民间端午竞渡信仰解释已趋同,这亦可作为本书第二章端午祭祀屈原民俗意义传播路线的印证。

禄是遒能准确描述中国端午节习俗,究其原因,与他中国传教士经历密切相关。1884年禄是遒来到中国从事传教活动,长达三十余年,直到1931年12月在上海去世。为了审慎传教,禄是遒在上海、江苏、安徽及其

①[法]禄是遒著,沈婕、单雪译:《中国民间崇拜》第五卷《岁时习俗》(据[英]甘沛澍英译本译),上海科学技术文献出版社,2014年,第109—111页。

他地方调查中国民间信仰习俗,并收集了大量的中国年画、符咒等民俗图片资料,至今,学者仍然给予很高评价:"禄是遒对中国社会生活中的信仰活动,做了迄今为止最为完整的收集和描述。"①

法国传教士一开始的初衷并不是要将"端阳竞渡"在欧洲传播。禄是遒在《岁时习俗》中指出:"在这一系列迷信介绍尾声之时,不需要读者掌握这些信仰、观点、习俗和实践行为,甚至可以说这些已经大量深入到统治者、文人和百姓的生活习惯之中,并影响着出生丧葬等一切行为。要根除这些就需要宗教和科学的力量相结合,当这项工程完成,社会将处处是真理,中国也会比过去更加繁荣昌盛。"②显然,他编著《中国民间崇拜》一书的出发点,是通过对中国民间信仰的全面了解促进他们的传教。

但,作为一种跨文化的宗教思想的传递,禄是遒是一位认真严谨的传教士,大量田野调查保留了当时中国民间信仰的真实情况,具有很高学术史料价值。从清末到现在已经一百年了,一百年来,禄是遒的《中国民间崇拜》由法文版而英译版再到汉译本,客观上仍是欧洲了解中国民间信仰的重要资料,也是中国文化域外传播的重要载体。正如学者评价,禄是遒参与了对中国真实形象的塑造,有助于当时的西方读者更全面地了解一个真实的中国③。从前文所引中国"端阳竞渡"的描述看,学界的评价是中肯的,是符合禄是遒工作的实际情况的。

如今,龙舟赛已经是一种重要的国际竞技体育的形式,域外民间体育界对此已有充分的认同。1989年龙舟活动传入德国并在汉堡举行首届"龙舟节",1991年后龙舟比赛改在德国金融中心法兰克福举行并一直延续至今④。2004年端午节前夕,俄罗斯主办了第一届龙舟大赛。如今,国际龙舟联合会已有85个会员国,2019年11月,联合会总部落户汨罗纳入议程,这充分表明,龙舟运动的文化之根在屈原沉身地——汨罗已被国际社会认可。总之,越来越多的域外民间人士,通过龙舟赛了解了中国端午节和屈原。从百年前法国传教士的详细调研到今天世界各地龙舟赛,从本

①李天纲:《禄是遒和传教士对中国民间宗教的研究》,[法]禄是遒著,高洪兴译:《中国民间崇拜》第一卷《婚丧习俗》,上海科学技术文献出版社,2014年,第2—10页。
②[法]禄是遒著,沈婕、单雪霞:《中国民间崇拜》第五卷《岁时习俗》(据[英]甘沛澍英译本译),上海科学技术文献出版社,2014年,第160页。
③刘丽霞:《近代来华法国耶稣会士对中国文学中他界书写的译介》,《齐鲁学刊》2012年第5期。
④长英:《看看人家外国人怎样过端午节》,《科学之友(上旬)》2011年第6期。

义要根除中国民间信仰到世界各地开始理解尊重中国民间信仰,与屈原精神相关联的端阳竞渡文化传播史的演变,从一个角度呈现了中国文化的活力。而在未来端午竞渡欧洲传播中,屈原精神必将是其主要的民俗文化标识。

四、海外华人与"端午祭屈"在东南亚及北美的传播

中国像海棠般芬芳,让海外华人为之自豪,由此想到了屈原、陶渊明、李白、苏轼,在对祖国传统文化无限思慕与敬仰之中,获取了精神力量:"惟有海棠令我嗅到五十年的芬芳/它的茎挺拔着屈原的傲岸/花瓣储蓄着陶渊明的悠然/叶脉洋溢着李白/苏东坡的奔放……"(《海棠》)①在 20 世纪 70 年代,马来西亚华人曾被边缘化,正是屈原的忧国忧民、傲岸执着激励着南洋华人:"种族固打制、教育国家化(实为马来化)的压力,致使马华社会在心态上陷入了屈原式悲怆而执着的忧患情景。"②

作为诗歌国度的传人,在域外华人世界里"端午诗歌会"亦影响深远。在新加坡,华人在 20 世纪 70 年代末成立"五月诗社",举办诗歌朗诵会、开设诗歌讲习班、出版配乐新诗朗诵磁带、在报纸上开辟"五月专辑"。钟情于"五月",正是与诗社传承屈原精神的宗旨有关,该社《五月诗刊》(1984 年创办)创刊词写道:"五月,是缅怀屈原的时候,是收割诗的季节。"③这种"屈子情结"还影响了当地的城市文化建设,在新加坡滨海城南城市有 8 尊中国历史人物塑像:孔子、屈原、岳飞、文天祥、郑和、林则徐、花木兰④。

海外华人的民间交往是屈原精神在域外非华人世界中传承的重要有效路径。一项针对北美地区华人族群的研究表明:"虽然华人族群居住、工作、生活在硅谷,受到美国文化的熏陶,但并不影响他们对祖(籍)国文化的认同,相反,中国文化和传统价值观的影响无时不在……在硅谷的社会生活中,华人既是中华优秀文化的承载者,也是传播者,他们为硅谷多元文化特色增添了丰富的内涵……传播了中华文化,凝聚着硅谷华人对中华文

①[马来西亚]何乃健:《动地吟》,(吉隆坡)紫藤企业,1989 年,第 69 页。
②安焕然:《马华文学的背后——华文教育与马华文化》,《赤道回声》,台北万卷楼图书股份有限公司,2004 年,第 571 页。
③庄炎林、伍杰主编:《华侨华人侨务大辞典》,山东友谊出版社,1997 年,第 453 页。
④庄炎林、伍杰主编:《华侨华人侨务大辞典》,山东友谊出版社,1997 年,第 454 页。

化的认同,彰显出华人的影响力和祖(籍)国的实力……每逢中国的春节、元宵节、中秋节、端午节等,他们都会举办庆祝活动,并常常邀请与吸引当地居民甚至是政府首脑参加。"①保持祖国的民间习俗、节庆、信仰等民间生活文化,在海外华人心中,有着特殊的精神文化意义。在陌生的异邦建构起属于华人社会里的"小传统",是确立和维系共有的文化根性,也是对来自祖籍地的精神魂魄召唤的回应。大部分海外华人,仍然像在故土一样,保持着对于庞杂的民间信仰习俗和文化仪式的兴趣与爱好。以民俗活动展示族群的向心力与凝聚力的习惯,是中华优秀传统文化在域外传播彰显的一种典范。同时,这种习惯也帮助华人推动、转型与适应当地"大传统",为所在国(或地区)多元文化体系的构建做出自己的独特贡献。

海外华人民间习俗的生动演示传习,不在于端午粽子味道是否年年创新,不在于龙舟赛的狂欢,而在于物质民俗背后对祖国的深深依念和民族精神的深刻认同。正如新加坡梁文福《最后的牛水车》中所写到的,民俗里流露着民族精神的特质:"善良、仁爱、温厚、耐心、细腻、想象力等等民族特质,不也尽在针灸的动作里,那些迷人的穴位与药材的名字里,流露无遗?"②马来西亚华人潘碧华的散文《心底的声音》亦说:"重阳节、中秋节、中元节、七巧节、端午节……个个节日在你记忆中刷新而过。你把那些节日的农历日期默念一遍,你才发觉你竟能完完全全地记住。"③的确,对海外华人来说,习俗及其承载的精神意蕴与心灵安慰,是他们最为依恋的。端午节和其他中华民俗文化一样,化作一种信仰和力量,成为中国移民异国生存时的重要精神支柱,这是华人自觉在所生活的域外国度传承端午祭祀屈原习俗的根本性原因。

第二节　屈原作品的域外传播与接受——以韩国为中心

从现存文献记载看,屈原作品域外传播最早的一站,应是朝鲜半岛。屈原的作品有多种韩国(한국,KOREA)文字的译本,中韩有较深的屈原及楚辞研究的学术交流,韩国"江陵端午祭"申世界"非遗"获得批准,中

---

①丘进主编:《华人华侨研究报告》,社会科学文献出版社,2011年,第107页。
②梁文福:《最后的牛水车》,新加坡冠和制作社,1988年,第87页。
③潘碧华:《心底的声音》,1991年6月12日《星洲日报·星云》。

韩文化交流中涉及屈原作品有历史文献可据的至少有一千七百年的历史。基于此,本节拟以韩国为中心梳理、考证屈原作品在朝鲜半岛的传播与接受史。

从历史上朝鲜半岛与中国的一衣带水的关系可以看出,韩国文人传承接受屈原,有着深厚历史文化渊源。这里曾经历檀君朝鲜(前 2333—前 1122 年,中国唐尧时期)、箕子朝鲜(前 1122—前 194 年,商周时期)、卫氏朝鲜(前 194—前 107 年,秦末、汉朝)、汉四郡(真番、临喇、乐浪、玄菟四郡)的统治。卫氏朝鲜时期,箕子朝鲜的遗民建立了"三韩"(马韩、辰韩或秦韩、弁韩)①。"三韩"形成了朝鲜半岛三国鼎立的局面:"新罗"王朝历时千年,从公元前 57 年至公元 935 年。公元前 37 年,其北部玄菟郡高句丽部族首领高朱蒙在纪升骨城(今辽宁恒仁)定都称东明王,国号"高句丽",王朝历时约七百年,从公元前 37 年至公元 668 年。公元前 18 年,朱蒙的儿子温祚在慰礼(今汉城)定都称王,国号"百济",王朝历时约七百年,从公元前 18 年至公元 663 年。唐高宗显庆五年(660)、总章元年(668),"新罗"消灭"百济"和"高句丽",统一了朝鲜半岛;9 世纪后,"新罗"分裂,新产生"泰封国"和"后百济",再现三国鼎立局面。918 年,"泰封国"将领王建自立,定名为"高丽"(KOREA)。935 年,"高丽"吞并"新罗",灭"后百济",再次统一朝鲜半岛。1388 年,"高丽"都统使李成桂兵变,1392 年,自立,即李氏朝鲜(이씨조선)或"朝鲜王朝(조선왕조)",国号为"朝鲜国",王朝历时五百余年,从 1392 年至 1910 年,相当于我国明清时期。1910 年8 月 22 日,依《日韩合并条约》"朝鲜国"被正式并入日本,王朝灭亡。1945 年,光复后的朝鲜半岛形成南北两国,即大韩民国(대한민국)和朝鲜民主主义人民共和(조선민주주의인민공화국)。历史上这里曾接受马韩、新罗、高句丽、百济、泰封国、高丽、后百济、李氏朝鲜的统治,本节考察屈原作品的韩国传播接受时,参证的史料来自上述朝鲜半岛不同时期,因而涉及上述不同时期朝鲜半岛的王朝名称,先此说明。

---

① [南朝宋]范晔:《后汉书·东夷传》:"韩有三种:一曰马韩,二曰辰韩,三曰弁辰。马韩在西,有五十四国,其北与乐浪,南与倭接。辰韩在东,十有二国,其北与濊貊接。弁辰在辰韩之南,亦十有二国,其南亦与倭接。凡七十八国,伯济是其一国焉。大者万余户,小者数千家,各在山海间,地方四千余里,东西以海为限,皆古之辰国也。马韩最大,共立其种为辰王,都目支国,尽王三韩之地。其诸国王先皆是马韩种人焉。"(《后汉书》卷八十五,中华书局,2007 年,第 830 页)

一、屈原作品韩国传播的信源

（一）传播信源之一：梁《昭明文选》

屈原作品如何进入韩国的？学术界有一种观点是通过梁萧统《昭明文选》传入。"《楚辞》什么时候传入韩国，没有明确记载。我们认为屈原与《楚辞》作品最早被介绍到韩国是借助于《文选》的传入"①。从现存史料看，《昭明文选》是屈原作品在朝鲜半岛上传播的最可能的源头。

首先，《文选》在韩国传播深广。《北史·高丽传》和《旧唐书·高丽传》等均载，高丽人十分爱重《文选》："有《文选》，尤爱重之。"②从 7 世纪到 15 世纪李朝世宗时代，《文选》都是韩国文人学习文章的范本，直到 15 世纪韩文字（训民正音）的创立，韩国人编撰了自己的诗文总集《东文选》，《文选》才被取代："到了 15 世纪中叶的李朝世宗时代，随着韩文字（训民正音）的创立，韩文文学遂逐渐取代汉诗文成为朝鲜文学的主潮。朝廷重臣卢思慎、姜希孟着手编辑从高丽到李朝五百年间的韩国人诗文总集《东文选》，以此取代《昭明文选》和南宋理学家真德秀编选的《文章正宗》，作为韩国文人的范本。"③

但，《文选》传播仅仅只是开始，从《文选》对屈原作品的收录情况看，《昭明文选》不是屈原作品在朝鲜半岛上传播的唯一信息源头。《昭明文选》卷三十二、三十三选录楚辞类作品，分编为"骚上"和"骚下"。"骚上"有：屈平作《离骚经》、《东皇太一》、《云中君》、《湘君》、《湘夫人》；"骚下"有：屈平作《少司命》、《山鬼》、《涉江》、《卜居》、《渔父》，宋玉作《九辩》、《招魂》，刘安作《招隐士》等。没有收入屈原《天问》和其他作品。但李朝诗人金时习，不仅写了《拟离骚》、《拟楚辞九歌》，还写了《拟天问》等文章④。这说明，当地还有其他屈原作品的传播信源。

（二）传播信源之二：汉《史记》

李朝诗人金时习（1435—1493）在《鬼神篇》中提及《史记·屈原贾生

---

① 徐在日：《屈原与〈楚辞〉对韩国古典文学之影响》，《当代韩国》1998 年秋季号。
② 《旧唐书》卷一百九十九列传第一百四十九"东夷·高丽"。
③ 陈友冰：《中国古典文学韩国流播史及其特征——以"二战"后为中心》，《江汉论坛》2007 年第 4 期。
④ 吴文善：《比较视野中的金时习汉诗研究》"第二章 金时习与屈原的文学关系"，中央民族大学博士学位论文，2009 年。

列传》："按太史公议屈原曰：'蝉蜕于浊秽之中，以浮游尘埃之外，不获世之滋垢。推此志也，与日月争光可也。'太史之言，屈子当斥之矣，乃何竭诚祀事，至于制作乐章，如此其勤乎？"①楚辞学者李瀷《星湖僿说》②中亦有"《史记·屈原传》据《渔父》、《怀沙》二篇"云云。这说明，《史记·屈原贾生列传》亦是屈原作品在韩国传播的源头之一。

考，《史记》在朝鲜半岛的影响不亚于《文选》。《史记》、《汉书》、《后汉书》等曾被当地作为基本文化教材。《旧唐书·东夷·高丽》载：高丽人"衡门厮养之家，各于街衢造大屋，谓之扃堂。子弟未婚之前，昼夜于此读书习射，其书有五经及《史记》，《汉书》，范晔《后汉书》，《三国志》，孙盛《晋阳秋》，《玉篇》，《字统》，《字林》"③。而且，与仿效《文选》作《东文选》一样，韩国也仿效《史记》修成《三国史记》④。到了朝鲜世宗年间（1425—1450），官方铸字刊印《史记》，并赐予大臣⑤。今天，韩国人仍雅爱《史记》，列为大学生的基本阅读书，"据南朝鲜《出版杂志》1988 年 2 月 5 日号介绍，南朝鲜汉城大学人文科学研究所出版的汉学家李成佳的《史记》抄译本，收入《大学古典丛书》，列为大学生的基本阅读书，这在国外是不多见的"⑥。

《史记》作者司马迁《太史公自序》有"屈原放逐，著《离骚》"、"作辞以讽谏，连类以争义，《离骚》有之。作《屈原贾生列传》第二十四"⑦。在《史记·屈原贾生列传》中引录了屈原《渔父》、《怀沙》的全文，并提及了《天问》、《哀郢》，记录屈原事迹，解读屈原精神。因此，《史记》传入韩国，无疑为当地文人初步了解屈原及其作品提供了可能。

又考，《史记》传入朝鲜半岛的时间比《昭明文选》早，约在公元 4 世纪

①［韩］金时习：《매월당집（梅月堂集）》，世宗大王纪念事业会，1980 年。

②邝健行等选编：《韩国诗话中论中国诗资料选粹》，中华书局，2002 年，第 198—235 页。该书以［韩］赵钟业《修正增补韩国诗话丛编》（韩国太学社 1996 年版）为底本。本书所引《星湖僿说》诗话均见此书。

③《旧唐书》卷一百九十九列传第一百四十九"东夷·高丽"。

④《三国史记》是韩国第一部纪传体断代史。［宋］王应麟《玉海》卷十六："《三国史记》，书目五十卷，高丽金富轼撰，首载新罗，次高句丽，次百济，有纪表。"

⑤赵振坤、朱张毓洋：《韩国〈史记〉与〈三国史记〉比较文学研究概况》，《黑龙江教育学院学报》2007 年第 9 期。

⑥参见张大可：《司马迁评传》"第十章名山事业垂千秋""八、《史记》在国外的流传"，南京大学出版社，1994 年。

⑦［汉］司马迁：《史记》，中华书局，2011 年，第 2858 页，第 2870 页。

前后。因为据《三国史记·高句丽本纪·小林兽王》、唐令狐德棻等撰《周书》卷四十九等记载,小林兽王时期,高句丽朝已经在"太学"里传授中国的"五经三史"。其中,所谓"三史"即司马迁《史记》、班固《汉书》、范晔《后汉书》。小林兽王时期,即公元371年至384年间,由此,屈原事迹及其作品依托《史记》传入韩国的时间段,最迟可上溯到公元4世纪。

(三)传播信源之三:移民,尤其是楚地移民

据体质人类学家研究,韩民族与中国东南方沿海浙江一带的人种最为相似①。古辰韩居民,来自被秦灭国的楚国,是楚地的罗国、卢国后裔。杨万娟《韩国文化与中国楚文化渊源初探》及《再探》两文考证:"中国汉江的源头有两处,一为'太白',二为'三危'一带。三危是三苗、氐羌、巴人活动之地,楚国卢戎源自三危,卢戎和罗氏的一支渡海徙迁到辰韩,新罗在辰韩基础上建国,新罗文化是韩国文化主流。因而,韩国文化主流与楚文化密切相关。"②

辰韩是韩国文化主流的源头,而辰韩接纳了大量楚国的移民,楚国移民带去了灿烂辉煌的楚文化。因此,屈原作品在楚、韩移民交流中被传播的可能性很大。东汉王逸曾记录国内"楚辞传播情况"道:"楚人高其行义,玮其文采,以相教传。"(《楚辞章句叙》)意思即说楚地人民钦佩屈原,主动传习教导屈原《离骚》等作品。楚人这种传习楚辞的文化传统,极有可能带到域外。又据学者推论,汉武帝在位时期,朝鲜北方曾设四郡,因此,学者提出"不能排除当时或稍后(朝鲜)已接触包括楚辞在内的先秦文学的可能性"③。

关于朝鲜半岛与中国政治经济文化方面早期交往的情况,《史记·朝鲜列传》、《汉书·西南夷两粤朝鲜传》、《后汉书·东夷传》都有记载,此后历代正史,如《旧唐书》、《新唐书》、《旧五代史》、《新五代史》、《宋史》、《辽史》、《金史》、《元史》、《明史》都有《高丽传》或《朝鲜传》,记载了两国交往概况。从这些概况中可知,从夏商周起,数千年来,由于战乱带来的移民不计其数。如,《后汉书·东夷传·辰韩》:"辰韩,耆老自言秦之亡人,避苦

---

①林坚:《朝鲜半岛的中国移民历史考察》,《延边大学学报(社会科学版)》2009年第4期。
②杨万娟:《韩国文化与楚文化渊源关系再探——兼谈氐羌巴文化的渗入》,《中南民族大学学报》2006年第3期。
③郑日男:《楚辞与朝鲜古文学之关联研究》,人民出版社,2012年,第6页。

役,适韩国,马韩割东界地与之。其名国为邦,弓为弧,贼为寇,行酒为行
觞,相呼为徒,有似秦语,故或名之为秦韩。"①又《三国志·魏志·东夷·
濊》:"陈胜等起,天下叛秦,燕、齐、赵民避地朝鲜数万口,燕人卫满,魋结
夷服,复来王之。汉武帝伐灭朝鲜,分其地为四郡。"②因此,国内避乱的移
民,尤其是习得教传《楚辞》的楚地移民,也应是屈原作品在韩国传播不可
忽略的一个信源。

(四)传播信源之四:韩国留学、仕宦于中国的人员

高丽文人来中国游学与仕宦者,亦是中国文化典籍输入朝鲜半岛的重
要信源。元朝时期,高丽文臣安珦、白颐正等,来到大都(今北京市)购买
朱熹的《四书集注》、《朱子语类》等理学典籍。事见韩国学者李齐贤《栎翁
稗说》:"白彝斋颐正,从德陵(忠宣王)留都下十年,多求程朱性理之书以
归。"③又,明《朝鲜史略》卷十"高丽纪"记载:"元延祐元年……元命上王
留京师,上王构万卷堂于燕邸,召李齐贤于府中,迎致文儒阎复、姚燧、赵孟
頫、虞集等,与之从游,以考究书史自娱。"④这表明,高丽来华的留学、仕宦
人员,特别注意考究书史,搜集中国优秀经典文章。

考,今朝鲜半岛流传的屈原作品的版本中有朱熹的《楚辞集注》(李
齐贤家藏本)。李齐贤(1288—1367),理学家兼诗人、词人,官至政堂文
学,曾旅居中国二十余年。史载高丽第二十六代忠宣王(1275—1325)曾
在元朝大都(今北京)购置"万卷堂",李齐贤是座上宾。由此可以断定,
在朝鲜学者关注朱熹理学著作之时,采购了朱熹的《楚辞集注》。因此,
可以基本肯定,安珦、白颐正、李齐贤等高丽文臣亦是屈原作品传入韩国
的一种传播信源。

综上,从信息源角度看,屈原作品若以《史记·屈原贾生列传》传入朝
鲜半岛的时间为据,至少有一千七百多年的传播史;若依楚地的罗国(今遗
址在湖南汨罗市)民众秦末移居朝鲜半岛为据,则有了两千三百多年历史。
但屈原作品真正对朝鲜古代文人精神和文学创作产生巨大影响,应该是
《文选》备受重视的公元 7 世纪至 15 世纪。

---

① [南朝宋]范晔:《后汉书》,中华书局,2007 年,第 831 页。
② [晋]陈寿撰,[南朝宋]裴松之注:《三国志·魏志》卷三十,中华书局,2006 年,第 506 页。
③ 《丽季明贤集》前集二,韩国成均馆大学校大东文化研究院,1995 年,第 356 页。
④ [明]佚名:《朝鲜史略》卷十"高丽纪·忠肃王",文渊阁四库全书本。

二、屈原作品韩国传播的途径和方式

传播是一种信息传递和交流的复杂过程,信源、信息、通道和受传者是传播过程得以完成的最基本的传播要素。文学作品常见传播"通道"或途径,主要指文本的翻译、评点、仿效、引用、复制、展览等。屈原作品韩国传播的途径主要有两条:一是文人雅好,师法屈骚;二是教育研究,学术交流。传播的具体方式有三种:一是父子和师生间的诵读、讲解(即口头传播);二是文人拟骚创作(即书面传播);三是学者翻译、评论(即书面传播)。

(一)传播途径

途径一:文人雅好,师法屈骚。作为中国典籍四库书目之"集部"之首,加之,为历代史学家、文学家、儒学或理学家所重视,以屈原作品为代表的《楚辞》深得韩国文人的喜爱。如,李氏朝鲜时,"楚辞文学得到空前繁荣,许多文人都在诗文中提到或引用甚至模仿《楚辞》创作诗文。这与其中作为李朝前期'诗僧'的金时习对屈原的大力推崇也不无关系"①。

在韩国,屈原作品传播的一条重要途径就是文人学者,尤其是著名文人的推崇与模拟,加速了屈原作品在文人间的传播。在当地雅爱屈原作品的著名学者主要有:李齐贤(1288—1367)、金时习(1435—1493)、李瀷(1681—1736)等。李齐贤,字仲思,号益斋、栎翁,曾获高丽国子学参试第一,官至右政丞、门下侍中,致仕后,主持修撰国史,留存有《益斋集》十卷,《拾遗》一卷,《集志》一卷,《栎翁稗说》四卷,另国内的《疆村丛书》辑其词作《益斋长短句》一卷。金时习,字悦卿(一作"烈卿"),号东峰,又号梅月堂,新罗阏智王的后裔,有神童"金五岁"之称,是朝鲜王朝著名的诗人、传奇小说作家、思想家,著有《梅月堂集》。李瀷,字子新,号星湖,家有数千卷汉文藏书,有《星湖全书》。这些有影响的汉学者,师法屈骚、拟骚评骚,促进了人们对屈原作品的阅读。

途径二:教育研究,学术交流。据韩国学者介绍,当前开设《楚辞》教学科目的韩国高校约有八所,即:东国大学、公州大学、汉城大学、东医大学、淑明女大、延世大学、SEOUL女大、韩国外大等。这些高校《楚辞》课程

①吴文善:《比较视野中的金时习汉诗研究》"第二章　金时习与屈原的文学关系",中央民族大学博士学位论文,2009年。

或单独设科(如延世大学),或与《诗经》合开。因此,当代韩国教育科研机构,应是新学术背景下屈原作品在韩国传播的最有效力和深度的传播途径。"截至 2000 年止,韩国各大学专研楚辞学获得博士学位者有 6 人,获得硕士学位者有 16 人"①。此外,屈原及楚辞国际学术讨论会也促进了中韩学者的交流,推进了屈原作品及其精神域外的深度传播。如,在 2007 年韩国庆州举行的"屈原及楚辞国际学术讨论会"上,中韩学者进行了深入的交流和探讨②。

(二)传播方式

一是父子和师生间的诵读、讲解(口头传播方式)。韩国古代文人笔记小说中常见诵读《离骚》,或以《离骚》做教材教育孩子的记载。如,李瀷《星湖僿说》:"近因课儿,看《离骚经》,略疏其义,其已显于本注者,不赘焉。"③李宜显《陶谷杂著》:"诗歌之冢嫡,余少日甚喜之,颇费诵读。"宋相琦《南迁日录》:"余自儿少时,喜读《楚辞》诸篇,朝吟暮诵,至于《离骚经》,则读八百遍。"④这种父子之间、师友之间朝吟暮诵讲解《楚辞》的情形,说明韩国古代文人学习汉文时,常常将《楚辞》作为蒙学课程等,朝吟暮诵。

二是文人拟骚创作(书面传播方式)。模拟楚辞的艺术形式,代言屈原的身世感叹,是宋玉以来文人传播屈原作品的一种常见书面传播方式。朝鲜李朝诗人金时习以楚辞形式创作的以屈原为题材的作品有:《怀沙赋正义》、《楚屈原赞》、《读楚辞》、《汨罗渊赋》;模仿屈原作品创作的有:《拟楚辞九歌四首》、《拟天问》、《拟离骚》等⑤。

三是学者翻译、评论(书面传播方式)。屈原作品在韩国当代最直接可见的书面传播形式,是一批《楚辞》韩文译本,这其中有:《楚辞屈原赋

①[韩]朴永焕:《当代韩国楚辞学研究的现况和展望》,中国屈原协会编:《中国楚辞学》第四辑,学苑出版社,2007 年,第 206—221 页。

②张鹤:《2007 年韩国庆州屈原及楚辞国际学术讨论会综述》,《黄冈师范学院学报》2008 年第 1 期。

③邝健行等选注:《韩国诗话中论中国诗资料选粹》,中华书局,2002 年,第 198—235 页。该书以[韩]赵忠业《修正增补韩国诗话丛编》(韩国太学社,1996 年)为底本。

④詹杭伦:《韩国诗话论楚辞述评》,中国屈原学会编:《中国楚辞学》第七辑,学苑出版社,2005 年,第 262 页。

⑤其他楚辞类作品如南羲采《悲秋思归》、张之琬《雪赋》等。参见徐毅、贾捷、陈慧编纂:《韩国古代楚辞资料汇编》,南京大学出版社,2017 年。

注》(新雅社,2001年)、范善均《离骚的理解》(新雅社,1997年)、《楚辞》
(惠园出版社,1992年)、李民树《楚辞》(明文堂,1992年)、柳晟俊《楚辞选
注》(萤雪出版社,1989年)、金时俊译《楚辞》(探求堂,1985年)、宋贞姬译
《楚辞》(明知大学出版部,1984年)、高银译注《楚辞》(民音社,1975年)
等①。这些译本对《楚辞》在当代韩国的传播起到了很好的推动作用。

三、屈原作品韩国传播的版本

依据古代文献及当代学者的记载,大致可知,早期至少有四种屈原作
品汉文版本传播到朝鲜半岛上,它们是:

(一)《奎章阁所藏六臣注文选》:韩国藏"屈原作品选"明宣德三年(1428)翻刻宋秀州本

《文选》在韩国历史上影响深远,故而汉文版比较丰富。《文选》李善
注释"楚辞"皆出于"王逸注",因此,这也是王逸《楚辞章句》传播域外的重
要版本系统。据学者考证,《文选》现存宋刊本有:宋高宗绍兴三十一年
(1161)陈八郎校刻五臣(即唐开元后吕延济、刘良、张铣、吕向、李周翰五
人)注本,宋孝宗淳熙八年(1181)尤袤校刻单行李善注本,韩国奎章阁翻
刻宋哲宗元祐九年(1094)秀州州学六臣注本(简称《奎章阁所藏六臣注文
选》),日本足利学校藏宋绍兴二十八年(1158)明州校刻六臣注本,《四部
丛刊初编》影印宋宁宗庆元元年(1195)建州刻六臣注本②。

韩国现藏"奎章阁六臣注本"所附天圣四年(1026)《五臣注本后序》及
秀州州学牒文表明,其所据底本为宋元祐九年(1094)秀州州学《六臣注文
选》本。这个秀州本,是"六臣注"合并的始祖本,因而弥足珍贵。只是宋
刻本已矢,仅存明宣德三年(1428)翻刻秀州本。见范志新《文选版本论
稿》:"从这个本子所附的四种文献,我们知道它是韩国古活字印本,它的
底本是北宋元祐秀州州学本。秀州本是第一个合并李善注和五臣注之本,
其李善注底本是北宋天圣国子监本,而五臣注底本则是天圣平昌孟氏本。
两本皆是早期刻本。秀州本早佚,韩本忠实保存了底本的面目,今天学者

---

①[韩]朴永焕:《当代韩国楚辞学研究的现况和展望》,中国屈原协会编:《中国楚辞学》第四辑,学
　苑出版社,2007年,第206—221页。
②黄灵庚主编:《楚辞文献丛考》,国家图书馆出版社,2017年,第269页。

可藉此略见李善单注及五臣注真相。此是其价值所在。"①据此,《奎章阁所藏六臣注文选》文献价值高,保存了宋刻本原貌,是屈原作品韩国藏版本中的珍贵本子。

(二)王逸《楚辞章句》补注本系统:"屈原作品全集"韩国普及本

王逸《楚辞章句》不仅是国内"楚辞不祧之祖",也是韩国文人常读的《楚辞》读本。李齐贤《栎翁稗说》曰:"有能将两先生及王逸三家之说纂为集解,亦学者之一幸也。"②意思是,王逸注本是朝鲜文人学习楚辞的一个非常好的章句本,阅读它是学者的一大幸事。

"王逸注"屈原作品得以传入朝鲜,不仅与《文选》选录屈原作品全用"王逸注"有紧密关系,而且与东汉以后魏晋至唐以来王逸注本在国内一直处于支配地位有关:"王逸之后,为楚辞作注疏的,晋代郭璞有《楚辞注》三卷,南朝宋何偃的注本,南朝梁刘杳有《离骚草木虫鱼疏》二卷,隋皇甫遵《参解楚辞》七卷。这些注本都已经失传。据姚振宗《隋书经籍志考证》说,何偃的注是'删补王逸注本'而成,而皇甫遵的《参解楚辞》则是'取王逸、郭璞、何偃三家注本而参考为训解也。'可知从总体上看,王逸的《楚辞章句》仍然占据着支配地位。"③在中韩文化交流中占据支配地位的王逸《楚辞章句》注本亦自然成为韩国文人最易得的《楚辞》普及本。

国内外的现存王逸《楚辞章句》的版本,一般归属于三个系统:文选本系统、补注本系统、单行本系统。据考,韩国流传的常见版本应属于"补注本系统"。李瀷《星湖僿说》有:"《始皇记》谓'湘君,尧女舜妻',故《楚词注》以湘君、湘夫人当舜之二妃也。"④这里提到的"《楚词注》"应指洪兴祖的《楚辞补注》本。因为王逸《章句》的原注中,"湘夫人"指尧的两个女儿:"二女从而不返,道死于沅、湘之中,因为湘夫人也。"而"湘君"被解释为"湘水神":"湘君为湘水神。"李瀷所言"湘君、湘夫人当舜之二妃",与王逸

①范志新:《文选版本论稿》,江西人民出版社,2003 年,第 179—180 页。

②[韩]李齐贤《栎翁稗说》,蔡美花、赵季主编:《韩国诗话全编校注》,人民文学出版社,2012 年,第 145 页。

③李中华、朱炳祥:《楚辞学史》"第四章　唐代的楚辞研究",武汉出版社,1996 年,第 81 页。

④[韩]李瀷:《星湖僿说·诗文门》,蔡美花、赵季主编:《韩国诗话全编校注》,人民文学出版社,2012 年,第 3797 页。

的原注释文显然不符,但却与洪兴祖补注本中的解读一致,洪兴祖补注本中引录了湘君、湘夫人是姐妹的注释和说法,其曰:"韩退之则以湘君为娥皇,湘夫人为女英。"①故,《楚辞》在韩国的普及读本当是"《楚辞章句》补注本"系统。

(三)朱熹《楚辞集注》:"屈原作品全集"李齐贤家藏本

庆元五年(1199)朱熹《楚辞集注》成书,同年刊刻行世。李齐贤《栎翁稗说》载:"屈原有《天问》,子厚随而答之曰《天对》,俱险涩难读。吾家有朱晦庵注,读之所谓涣然冰释,怡然理顺者也。"②可见,屈原作品汉文版在韩国传播的本子里有朱熹《集注》本。只是从"吾家有朱晦庵注"一句可知,当时"朱晦庵注"本并不普及。

朱熹《集注》传播到韩国最有可能的途径,是元末明初一批韩国文臣采购朱子理学书籍时一道带回的。元朝时,高丽文臣白颐正等入元大都(今北京市)购买朱子的《四书集注》、《朱子语类》等理学典籍。《高丽史》卷一百零六"白文节传"附白颐正:"时程朱之学,始行中国,未及东方,颐正在元,得而学之。东还,李齐贤、朴忠佐首先师受。"③又李齐贤《栎翁稗说》载:"白彝斋颐正,从德陵(忠宣王)留都下十年,多求程朱性理之书以归。"④文献虽未直接记录韩国使者白颐正购买《楚辞集注》,但他的学生李齐贤能家藏《楚辞集注》,可以推断白颐正购买朱子《四书集注》等理学典籍的同时购买了朱子《楚辞集注》,带回后,他的学生李齐贤"近水楼台","首先师受",得以家藏阅读,因引以为幸。

朱熹《集注》传播到韩国,还有可能与宋代宁宗年间朱熹后裔子孙移民朝鲜半岛有关。据学者对"朝鲜族新安朱氏谱书"研究得知:"朱熹的后裔一支移居到朝鲜半岛是宋朝宁宗年间的事。朱熹的曾孙朱潜为南宋末年翰林学士,1224年,朱潜见南宋王朝的统治摇摇欲坠,便与叶公济、赵

①[汉]王逸章句,[宋]洪兴祖补注:《楚辞补注》卷二《九歌·湘君》,中华书局,1983年,第59—60页。

②[高丽]李齐贤:《栎翁稗说》,蔡美花、赵季主编:《韩国诗话全编校注》,人民文学出版社,2012年,第145页。

③[朝]郑麟趾:《高丽史三》卷一百零六"白文节传"附白颐正,朝鲜民主主义人民共和国科学院发行,劳动新闻出版印刷所,1958年,第260页。

④《丽季明贤集》前集二,韩国成均馆大学校大东文化研究院,1995年,第356页。

昶、陈祖舜等七学士领着儿子余庆东渡大海,亡命到高丽国。"①

(四)杨万里《诚斋集·天问天对解》,"单篇作品"闵学士相仪家藏本

据李齐贤《栎翁稗说》记载:"屈原有《天问》,子厚随而答之曰《天对》,俱险涩难读……近于闵学士相仪家,见杨诚斋也有此注,尤令人易晓。"②由此可知,屈原作品汉文版在韩国传播版本中有杨诚斋的注本。杨万里,号诚斋。据考,杨万里注《天问天对解》最初是收入《诚斋集》中的,明代以前无单行本,姜亮夫《楚辞书目五种》载:"杨氏此作,向载诚斋集中,至明始有单行本。"③姜亮夫先生《楚辞书目五种》所叙录《天问天对解》一卷单行本为"题明崇祯十年刊本",即公元 1637 年刊本。李齐贤卒于元至正二十七年(1367),即在明崇祯十年(1637)《无天对解》单行本刊印三百多年前已故,因此,从现有文献记载可以肯定,李齐贤所见"杨诚斋注"非单行本,乃收入《诚斋集》的注本。

那么,杨万里《诚斋集》是如何传入韩国的呢? 从现有文献记载推断,很可能与朱熹理学书籍传入韩国的时期相近。杨万里有《诚斋易传》、《庸言》、《六经论》、《圣徒论》等理学著作,这比较符合李齐贤理学家身份的藏书习惯。且,朱熹十分推尊杨万里,曾经写信力劝致仕在家的杨万里"出山"④。所以,闵学士相仪家藏本杨万里《诚斋集》应直接与朱熹及理学输入当地有关。从这里也可看出,宋明理学观点将影响朝鲜半岛的屈原精神的接受,具体下文论述。

四、屈原作品接受的两个黄金时期

屈原作品进入朝鲜半岛后至今,出现过两个接受的黄金时期,具体而言:

(一)第一个黄金时期:7 世纪到 15 世纪中叶

韩文字(训民正音)创立之前,汉文诗文是朝鲜文学的主潮。尤其是 7 世纪到 15 世纪中叶这五百年间,作为中华诗歌源头活水、与《诗》并称"风骚"的屈原作品,在这段时期也是文人特别学习的作品,文人情感上的寄托

---

① 朱月顺:《朱熹后裔变族考——朝鲜族新安朱氏谱书研究》,《寻根》2006 年第 6 期。
② [高丽]李齐贤:《栎翁稗说》,蔡美花、赵季主编:《韩国诗话全编校注》第 1 册,人民文学出版社,2012 年,第 145 页。
③ 姜亮夫编著:《楚辞书目五种》,中华书局,1993 年,第 38 页。
④ 参见束景南:《朱子年谱长编》,华东师范大学出版社,2001 年。

和艺术上的模拟,促进了楚辞文学的空前繁荣。统一新罗末期,朝鲜汉文学始祖崔致远(857—915)《荆南》最早提到屈原。高丽朝(918—1392)文人把楚辞当作精神支柱。"高丽文人墨客争先恐后地谈论'诗变为骚',手口不离楚辞作品。那些为高丽王朝矢志不渝的诸多名人达士,更加尊崇屈原忠贞不二的精神和独立不迁的人格,把楚辞当作精神支柱"①。李朝(1392—1910)文人亦把自己的怀才不遇和不幸与屈原的悲剧命运相比照,抒发同病相怜之情:"不少文人把自己的怀才不遇与不幸联系到屈原的悲剧命运,通过诗歌抒发同病相怜之情,以美人香草之喻,表达忠臣恋主之情,以及灵活运用楚辞用语、诗句,使作品更加多彩,更有特色。"②屈原作品忠贞之精神带给新罗、高丽、李朝文人以感情寄托,这是屈原作品引起共鸣的第一个原因。

但,屈原作品受到欢迎还有一个重要的客观原因,那就是长期以来源远流长的文化联系及"科举试赋"制度。大约在公元10世纪中叶,高丽开始像中国唐朝文人那样参加科举考试,而试"赋"成为重要的科目。《高丽史·选举志》载:"光宗九年五月,双冀献议,始设科举试,试以诗、赋、颂及时务策取进士,兼取明经医卜等业。十一年,只试诗、赋、颂。十五年,复试以诗、赋、颂及时务策。"③这一制度一直延续,李朝大提学徐居正(1420—1488)《笔苑杂记》卷一载:"世宗天性好学,其未出阁,每读书必百遍于《左传》《楚词(辞)》。"④李朝学者宋相琦(1657—1722)在《南迁日录》明确回忆读《离骚》应举:"至于《离骚经》则读八百遍,盖欲以此为词赋应举计也。"⑤帝王读《楚辞》百遍,士人少儿时读《离骚经》八百遍以应付科举试赋,读《骚》关系着李朝文人的仕途,无疑客观上促进了屈原作品的接受,出现第一个接受热潮。

1. 对屈原作品内容与形式的系统仿效:以金时习为代表

金时习(1435—1493)一生钟爱屈原《离骚》,对屈原作品内容与形式

①金宽雄、金东勋主编:《中朝古代诗歌比较研究》,黑龙江时鲜民族出版社,2005年,第37页。
②金宽雄、金东勋主编:《中朝古代诗歌比较研究》,黑龙江朝鲜民族出版社,2005年,第37页。
③[朝]郑麟趾:《高丽史二》卷七十三,朝鲜民主主义人民共和国科学院发行,劳动新闻出版印刷所,1958年,497页。
④[朝]徐居正:《笔苑杂记》卷一,徐毅、贾捷、陈慧编纂:《韩国古代楚辞资料汇编》,南京大学出版社,2017年,第545页。
⑤詹杭伦:《韩国诗话论楚辞述评》,《中国楚辞学》第七辑,学苑出版社,2005年,第262页。

的仿效学习甚深。史载金时习"或于月夜,诵《离骚》经,辄痛哭"①,在其《梅月堂集》中常提及屈原和离骚,如:"静读离骚,孤忠何惨怛。"(《赠安生员》)"汨罗当日葬忠魂,千古江山暗结怨。"(《读楚辞》)"还嗟人世事,谁识屈原醒?"(《甘泉》)"还似三闾犹恋楚,沅湘泽畔守忧思。"(《十月初吉见残菊寒蜂有感》)"运到苏秦悬相印,命穷正则赋骚章。"(《壮志》)"古人如可重相见,欲把离骚问宋生。"(《秋思》)"闷病没于看史得,愁肠频向课骚新。"(《自叹》)"湘江如练月如盘,遥想灵均意不阑。"(《感怀》)"无端起我悲秋兴,细读《离骚》心未平。"(《闲适扫叶》)"试拟《离骚》不自聊,庭梧雨打声萧萧。"(《悲秋》)"细读《离骚》,中心濩濩。"(《楚屈原赞》)这些吟诵屈原的诗句记录了金时习对屈原精神的理解与思慕,"读骚之久,方识真味;须歌之抑扬,涕洟满襟,然后为识《离骚》"②。李氏朝鲜诗人中模拟屈原作品最多的金时习,"值月夜每诵《离骚经》,动辄哭"③,可谓域外"识《离骚》"者。

屈原的"孤贞"人格和"爱国辞"影响着金时习。其《汨罗渊赋》赞美屈原之"芳烈"与"素情(注:最初本真的自我)":

> 竞怀沙以自陨兮,葬江湘之鱼腹。然芳烈之负心兮,绵千古而犹馥。岂不知溷泥以偷生兮,嗟不能浊我孤贞。岂不知餔糟以避死兮,哀不能醉我独醒。不能变化而从俗兮,盖素蕴发乎情也。终溘死以流亡兮,乃可得乎平生。至今云收风止水镜静者,乃先生之风采也,烟笼飒转戏轻澜者,乃先生之愁态也。亿千载之下骚人墨士放臣逐客之辈,遇此渊者,孰不纾想芳踪歔欷而一酹也。④

屈原葬身江湖,岂是不知偷生?岂是不知避死?他之所以坚持独醒孤贞,源自最初本真的芳烈之心:"不能变化而从俗兮,盖素蕴发乎情也。"可见,金时习对屈原高洁人格的企慕与认同。据《我我录》、《郎龙门问答》等书记载,金时习曾与南孝温、元昊、赵旅、成聘寿、李孟专,被推尊为古代朝鲜

---

①[韩]尹春年:《梅月堂先生传》,金时习:《金鳌新话》附录,岳麓书社,2009年,第167页。

②[宋]严羽:《沧浪诗话》,中华书局,1985年,第38页。

③[韩]洪重寅:《东国诗话汇成》,蔡镇楚编:《域外诗话珍本丛书》第十二册,北京图书馆出版社,2006年。

④[韩]金时习:《매월당집(梅月堂集)》,世宗大王纪念事业会,1980年。

坚守臣子之气节的典范,正宗六年(1782)朝鲜王朝正式册封六人①。

又有《旅夜》感怀屈原爱国之情,诗曰:

> 杜甫思君句,灵均爱国辞。朗吟终不寐,介志意难移。荒鸡唱玉角,凉月照垣陲。壮气消磨未,嗟嗟负素期。②

旅夜在外,吟诵屈原"爱国辞",让其激动地彻夜不眠,屈原意志坚定地挚爱自己的国家,提醒诗人反思"壮气消磨未",自己是否坚持报国之情不变?

李朝文人学习仿效屈原作品内容与形式的拟骚作品还有:张维《续天问》,郑澈《思美人曲》、《续思美人曲》,李滉《思美人》,金春泽《别思美人曲》,李真儒《续思美人曲》,李明汉《楚江渔夫》和尹善道《渔父四时词》等③。

2.对屈原作品的深度阐释或评论:以李瀷《星湖僿说》为代表

李瀷(1681—1763),字子新,自号星湖,朝鲜京畿道骊州人,是李氏王朝实学派进入鼎盛时期的主要代表人物,"建立了一个以经世致用为理论体系的星湖学派,被后世尊为朝鲜第一人"④。

李瀷对屈原作品的评论,系统丰富,有自己的理解和考辩。如考辩《怀沙》不是屈原的"绝笔":

> 《史记·屈原传》据《渔父》、《怀沙》二篇云:"宁赴湘流葬于江鱼腹中,安能以皓皓之白,而蒙世俗之温蠖乎?""乃作《怀沙》之赋,于是怀石,自投汨罗而死。"此说甚非矣!
>
> 夫沙非石,恐非投水之可怀者也。原作《渔父》时,放逐才三年矣,至其《哀郢》云"至今九年而不复",虽有鱼腹之愿,然后六年而犹存也。其《悲回风》云:"悲申徒之抗迹,任重石之何益?"是时,原虽有宁赴湘流之语,亦以为徒死无益也。原又非惜死,盖有待而然,其《惜

①[韩]财团法人民族文化推进会编辑影印标点:《韩国文集丛刊》第十一卷,景仁文化社,1988年,第354页。

②[韩]金时习:《매월당집(梅月堂集)》,世宗大王纪念事业会,1980年。

③参见韦旭升:《韦旭升文集》第一卷《朝鲜文学史》(中央编译出版社,2000年),金宽雄、金东勋主编:《中朝古代诗歌比较研究》(黑龙江朝鲜民族出版社,2005年),徐毅、贾捷、陈慧编纂:《韩国古代楚辞资料汇编》(南京大学出版社,2017年)等。

④葛荣晋主编:《韩国实学思想史》,首都师范大学出版社,2002年,第195页。

往日》云:"宁溘死而流亡兮,恐祸殃之有再。"假使再有怀王之祸,则犹庶几克悔而追余也。何可不毕其辞而先投于渊哉? 乃后至无可奈何,于是溺死。《怀沙》在《思美》之上,则非其时也……如是看,九篇皆有次第,不可乱也。若曰《怀沙》为绝命之章,何由下复有许多章乎? (《星湖僿说》)①

这里分析了《怀沙》的创作时间,并论及屈原《九章》的排列次序。认为,现存《九章》的次第是屈原按创作时间先后排列的,《怀沙》不是屈原临死前的"绝笔"。在论述上述观点时,作者引证了屈原《九章》中其他诗篇,与国内学者分析屈原作品编年问题时主要找作品"内证"是同一思路。

　　李瀷对屈原作品的注释很重视,且有自己的创见。如,他说:"近因课儿,看《离骚经》,略疏其义,其已显于本注者不赘焉。"(《星湖僿说》)这里先提到《离骚经》,显然是汉宋自刘向以来对《离骚》的称呼。为了教育自己儿子学习《离骚》,李瀷对《离骚经》疏通文义,作《离骚解》,由"已显于本注者不赘"一句说明可知,他是在汉文版《楚辞》原注本基础上作《离骚解》的。詹杭伦《韩国诗话论楚辞述评》评价道,李瀷"对楚辞有系统的研究,擅长从哲理方面解析楚辞,善于利用内证和旁证解决楚辞研究中的问题。他的研究成果基本上可以与中国明清时期的楚辞学者媲美"②。

　　李氏王朝文人接受屈原是已形成"文学群落"。据《韩国古代楚辞资料汇编》选录自三国时代至朝鲜王朝末期的资料看,涉及引骚、论骚、研骚内容的文人近千③。当时著名学者文人无不涉及,如:李晬光《芝峰类说》、李宜显《陶谷杂著》、李齐贤《栎翁稗说》、车天辂《五山说林》、张维《溪谷漫笔》、宋相琦《南迁日录》等,均曾关注屈原及其作品。他们或接受中国"屈宋为辞赋之祖"观点,推崇其忠愤慷慨、自见性情之正的抒情风格;或将屈原作品作为诗评审美标准,从字句入手看唐宋诗词对屈原的继承。

(二) 第二个黄金时期:20 世纪 90 年代至今

　　15 世纪中叶,韩文字(训民正音)创立后,朝鲜文学逐渐成为主流思

---

① [韩]李瀷:《星湖僿说》,蔡美花、赵季主编:《韩国诗话全编校注》,人民文学出版社,2012 年,第
　3799—3800 页。
② 詹杭伦:《韩国诗话论楚辞述评》,《中国楚辞学》第七辑,学苑出版社,2005 年,第 279 页。
③ 徐毅、贾捷、陈慧编纂:《韩国古代楚辞资料汇编》,南京大学出版社,2017 年。

潮,包括《文选》、《史记》在内的早期文人必读汉文文学开始被韩文的《东文选》、《三国史记》所代替,屈原作品的接受随之慢慢淡化。接着,出现排斥汉字及中国文化的思潮,且一直延续到1992年8月中韩建立了正式外交关系后。

　　20世纪90年代前后,楚辞研究再次复兴。韩国出版的《楚辞》韩文版促进了屈原作品在韩国当代的接受。"截至2000年止,韩国各大学专研楚辞学获得博士学位者有6人,获得硕士学位者有16人";"在韩国最早以有关楚辞学的题目获得硕士学位的人是现任汉城大学的教授金时俊。1960年他在成均馆大学以《离骚论考》的论文获得硕士学位";"在韩国第二个有关楚辞学的学位论文是范善均教授的《屈原论》,他可以说是韩国专治楚辞的专业学者之一。范善均教授的博士论文是《屈赋研究》"①;"韩国在1990年至2000年间,对于屈原及其作品研究方面的论文发表有近百篇,出版的专著十多本"②。楚辞研究已成为韩国一些学者专注的独立学术领域,如朴永焕著有:《屈原思想的现代意义》(1998)、《屈原三论》(2000)、《朱熹撰〈楚辞集注〉之动机考》(2004)、《叶适的屈骚观》(2009);林润宣著有:《论〈山带阁注楚辞〉》(1998)、《论王夫之的〈楚辞通释〉》(2002)、《试论屈原思想品格对后世的影响》(2006)。此外,还有金英兰《离骚里表现的抒情主体性格与形象化类型》(1998)、金海明《九歌的节奏类型研究》(2000)、安秉钧《屈原修辞方法考》(2002)等。

　　除作品翻译和教学外,主办"屈原及楚辞国际学术讨论会"进行学术推广也促进了韩国的屈原研究。如2007年中国屈原学会和韩国东国大学校、韩国东亚细亚比较文化学术会联合主办了"2007年韩国庆州屈原及楚辞国际学术讨论会"。开幕式由中国屈原学会常务理事、韩国东国大学校朴永焕教授主持,参加会议的有来自中国大陆、台湾地区及韩国的著名楚辞专家、汉学家共三十余人,会议主要探讨了楚辞源流问题、楚辞文化史和端午祭等问题③。

————————

①相关统计参阅[韩]朴永焕:《当代韩国楚辞学研究的现况和展望》,《中国楚辞学》第四辑,学苑出版社,2002年,第206—221页。
②谭家斌:《屈学问题综论》,湖北人民出版社,2006年,第332页。
③张鹤:《2007年韩国庆州屈原及楚辞国际学术讨论会综述》,《黄冈师范学院学报》2008年第1期。

当代韩国学者对屈原精神的认识和解读,仍然是"忠"、"求索"、"改革"的肯定和文化价值的认同。如韩国学者林润宣《试论屈原思想品格对后世的影响》一文指出:"学者们所谓'忠'的说法是完全正确的,忠是屈原诗中的核心思想。屈原在其大量诗歌中,反复表达的就是他对楚王和楚国的忠爱之情,表达其赤胆忠心永不变色思想。"①在谈到屈原精神对韩国社会改革的丰富借鉴意义时,韩国学者认为:"两千多年前的屈原,已经在他的伟大作品里强调了这几方面的思想,透露出深邃的智慧,闪烁着耀眼的光芒,今天读来,仍能给我们很大的启示。"②屈原"虽然没留下像孔子的《论语》和孟轲的《孟子》那样的哲学著作,也没有写出如庄周的《庄子》和荀况的《荀子》、韩非的《韩非子》那样的哲学和政治思想著作,但其思想品格也如上述诸子的思想影响一样广泛而深远,甚至比上述诸子的影响更大"③,等。可以肯定的是,中、韩学者对屈原忠贞爱国精神的认可自古至今均是一致的。

五、屈原忠贞爱国精神倍受推崇

(一)对屈原忠贞爱国精神的接受

屈原身处楚国由盛转衰的时代,其强烈的忧国忧民之情,通过作品传播到异域,引起强烈共鸣。新罗以来,文人开始书写以屈原为题材的汉诗,其中,讴歌屈原"忠魂"的篇什占了大半。最早提及屈原的诗歌是"朝鲜汉文学始祖"、新罗诗人崔致远(857—915)《荆南》诗:"遥思屈宋忠魂在,应向风前奠一杯。"④李朝诗人金时习在诗歌中也表达了对屈原"忠魂"的钦佩,其《读楚辞》曰:"汨罗当日葬忠魂,千古江山暗结冤。"又《汨罗渊赋》:"忠臣义士之大节兮,迹愈久而名愈芳。"⑤李朝诗人郑澈《楚江渔夫》亦悼念屈原忠魂:"屈三闾冤恨,葬鱼腹之中。钓鱼可煮吃,切莫煮鱼腹忠魂。"等。忠是儒家文化体系中君子品格的基本要求,也是屈原时代爱国的重要体现,屈原沉江殉国给新罗、朝鲜文人留下了深刻印象,上述诗歌选取这一

---

① [韩]林润宣:《试论屈原思想品格对后世的影响》,《沈阳师范大学学报》2006年第6期。
② [韩]朴永焕:《屈原三论》,《淮阴师范学院学报》2000年第5期。
③ [韩]林润宣:《试论屈原思想品格对后世的影响》,《沈阳师范大学学报》2006年第6期。
④ 转引自徐毅、贾捷、陈慧编纂:《韩国古代楚辞资料汇编》,南京大学出版社,2017年,第1页。
⑤ [韩]金时习:《매월당집(梅月堂集)》,世宗大王纪念事业会,1980年。

角度,表达了对屈原忠魂的悼念与敬佩之情。

　　与爱国忠君相联系的是屈原贞洁人格,古韩文人对屈原人格的赞美也始终没有停止过。高丽时期,牧隐李穑、圃隐郑梦周、冶隐吉再并称"三隐",皆崇尚节操。郑梦周拟骚作品《思美人辞》,模拟、化用屈原《九章·思美人》、《离骚》诗句,以美玉无瑕的"美人",寄托自己对贞洁人格的向往与追求:"思美人兮如玉,隔苍海兮其明月。顾茫茫兮九州,豺狼当道兮龙夜战。继余马兮扶桑,怅何时兮与游燕。进以怀兮退义,搢绅笏兮戴华簪。愿一见兮道余意,君何为兮江之南。"①张维考辩屈原作品时,特别强调屈原"恶佻巧"、不同流合污的高洁人格追求,他说:"屈子《离骚》曰:'雄鸠之鸣逝兮,余犹恶其佻巧。'鸠性至拙不能为巢,而屈子犹恶其巧,盖昔之拙者今亦化而为巧也……世降俗讹,人皆变其常度,虽君子亦未免随俗迁流,诗人之旨深哉!"②意思是说,在世俗社会,许多人难免变化无常甚至变节,但屈原没有变节,其诗中用语情深令人警醒。

　　屈原曾在《橘颂》中赞美"受命不迁"、"苏世独立"的橘树,并期待与橘树长期为友:"愿岁并谢,与长友兮。"屈原的与橘树长友的"清刚洁白"的贞洁人格和忠君爱国的高尚节操,得到李朝诗人尹善道的"呼应",尹善道亦有《五友歌》,借写水、石、松、竹之友表达其清高自适、不随流俗的人格追求:"我友几?水、石、松、竹。东山月升起,更令我心怡。且问五者外,更有何深意……永恒不变者,舍石而外又有谁……独尔劲松,不畏惧严霜冰雪。根深入九泉,方能如此坚定不移!体积虽小,高升天际将万物普照。黑夜茫茫,尔独光明,舍此之外,何处可找?洞采一切,默默不语,与尔为友,令我自豪!"(韦旭升译)③

　　"却把《离骚》咏,高标忆楚均。"④屈原之忠贞爱国精神亦是古韩文人心中的人格标杆。许多古韩文人自幼诵读《楚辞》,而其中的屈宋辞赋因为是千古辞赋之祖,赢得文人吟诵不倦。翻阅他们的文集、诗集,

①[韩]财团法人民族文化推进会编辑影印标点:《韩国文集丛刊·圃隐集》,景仁文化社,1988年,第617页。

②[韩]张维:《溪谷漫笔》,蔡镇楚编:《域外诗话珍本丛书》第8册,北京图书馆出版社,2006年,第490页。

③转引自孟昭毅、郝岚主编:《东方古典诗歌精选评析》,河南大学出版社,2006年,第245页。

④[韩]申钦:《癸丑冬至大雪》,徐毅、贾捷、陈慧编纂:《韩国古代楚辞资料汇编》,南京大学出版社,2017年,第891页。

可知他们对屈原、对《离骚》、对《楚辞》的理解已经渗透到最核心层面，即已解读到诗歌之文心，深刻领会并阐发了屈原之精神。申光汉、沈言光、闵齐仁、金元八、权克中、赵相禹、朴守俭、朴履坤、金奎泰等均创作长篇次、和、读、拟、反《离骚经》的作品，比之国内文人，更是有过之而无不及。不仅如此，他们考定楚辞章句，述其"六义"，尊屈原之高明为百世唯一、学术之正，而批评"尚清静而弃仁义"的老庄。曰："惟屈原折中经术，尊中正、仁义之道以自修，能知尧舜为耿介、禹汤文武之为纯粹，则其学跻于高明者亦可见也。"①这些均体现了古韩文人对屈原忠贞人格的推崇。

（二）接受屈原爱国忠贞精神的原因分析

首先，传入当地的《楚辞》版本决定了域外古韩文人接受屈原精神的基调。据前文考证，屈原作品在朝鲜半岛流传的主要是汉宋《楚辞》注本，如流行的《文选》本实质是据东汉王逸《楚辞章句》本。又，当地理学家们喜欢收藏洪兴祖《楚辞补注》、朱熹《楚辞集注》、杨万里《天问天对解》等注本。王逸《楚辞章句》本集汉初以来各家注释之大成，尤其推崇屈原"忠信"之表达；洪兴祖《楚辞补注》、朱熹《楚辞集注》亦表达了对屈原"忠君爱国"、"忠清洁白"的赞赏。如，王逸《离骚经章句》"朕皇考曰伯庸"句注："屈原言我父伯庸，体有美德，以忠辅楚，世有令名，以及于己。"王逸《离骚经章句》"恐皇舆之败绩"句注："言我欲谏争者，非难身之被殃咎也，但恐君国倾危，以败先王之功。"王逸《九章》解题曰："屈原放于江南之壄，思君念国，忧心罔极，故复作《九章》。章者，著也，明也。言己所陈忠信之道，甚著明也。"朱熹《楚辞集注序》亦道："原之为人，其志行虽或过于中庸，而不可以为法，然皆出于忠君爱国之诚心。"《楚辞后语》卷二的批语曰："屈原之心，其为忠清洁白，固无待于辩论而自显。"显然，中国汉宋注释版本及其阐释中所强调屈原的"忠清洁白"、"忠君爱国"等观点，奠定了屈原精神在域外文人中的接受基调。

其次，国家及个人境遇的相似性，是古韩文人接受屈原爱国忠贞精神的重要社会原因。1592 年 4 月，日本统治者丰臣秀吉发兵侵略李氏朝鲜，

---

① ［韩］黄景源：《考定〈离骚经〉序》，徐毅、贾捷、陈慧编纂：《韩国古代楚辞资料汇编》，南京大学出版社，2017 年，第 1013 页。

战争持续 7 年(1592—1598),举国上下群情激愤并渴望出现民族英雄的心理,极大地推动了对屈原爱国精神的接受。当时的一批爱国志士留下的大量诗篇记录了他们对祖国的一片忠诚。如,与屈原曾有相似的放逐经历,目睹了"壬辰战火"的郑澈(1536—1593)作诗《金沙寺》:"虏在频看剑,人亡欲断琴。平生《出师表》,临难更长吟。"①诗人借诸葛亮对蜀汉"鞠躬尽瘁、死而后已"表达对自己祖国的忠诚。李朝爱国将领李舜臣(1545—1599)在壬辰(1592)战争中挽救了祖国的危亡,他的《无题六韵》写道:"怀痛如摧胆,伤心似割肌。山河犹带惨,鱼鸟亦吟悲。国有苍黄势,人无任转危。"②李舜臣殉国后,谥"忠武公",被赞为"第一中兴将":"第一中兴将,艰危活我东。山河余怒气,宇宙有雄风。对马春涛息,扶桑曙霭空。至今沧海上,谁复嗣戎功!"(李晬光《题忠武祠》)③可见,无论哪个民族,在国家危机时刻,凡是有血性的人都会希望担当重任扭转乾坤,这是屈原忠贞执着精神被李氏朝鲜文人所理解与推崇的重要原因。以此,屈原忠贞爱国熔铸到了部分朝鲜文人的精神里。郑澈歌辞《思美人曲》、《续美人曲》汲取屈原忠君思想,时人评价可媲美屈原之《离骚》。"松江前后《思美人》词者,以俗谚为之,而因其放逐,郁悒于君臣离合之际,取譬于男女爱憎之间,其心忠,其志洁,其节贞,其辞雅而曲,其调悲而上,庶几追配屈平之《离骚》"(金春泽《北轩集》),"松江《关东别曲》,前、后《思美人》辞乃东方之《离骚》"(金万重《西浦漫笔》)④。"松江",即郑澈号。可见,古韩文人对屈原精神的接受是浸润到其灵魂深处的。屈原忠贞爱国之情及《离骚》"兼风雅"的艺术风格已成为古韩文人心中一种人格精神和艺术精神的典范。

当代韩国的儒教传统仍然保持至今:"他们每年阴历二月和八月上丁日,按照传统规律去举行文庙奉祀,还为了传统伦理道德精神的普及,利用暑假和寒假,在他们所管辖的乡校或书院,广泛展开'汉文讲座'、'忠、孝、礼节教室'等的教育活动。"⑤故而,屈原忠贞爱国精神仍然被当

---

① [中]陈蒲、[韩]权锡焕编著:《韩国古典文学精华》,岳麓书社,2006 年,第 196 页。
② [中]陈蒲、[韩]权锡焕编著:《韩国古典文学精华》,岳麓书社,2006 年,第 200 页。
③ [中]陈蒲、[韩]权锡焕编著:《韩国古典文学精华》,岳麓书社,2006 年,第 201 页。
④ [中]陈蒲、[韩]权锡焕编著:《韩国古典文学精华》,岳麓书社,2006 年,第 201 页。
⑤ [韩]朴钟培:《中国文化在韩国的传播与发展》,《郧阳师范高等专科学校学报》2002 年第 1 期。

代韩国文人所接受和理解。

第三节　咏屈汉诗与屈原精神的域外接受

近年来,以域外汉诗为研究对象的硕博论文已有不少①。本节将着重考察日本、越南文人以屈原为题材的汉诗,以进一步探究屈原精神域外接受的受众。

一、日本汉诗与屈原忠贞独醒的深切同情

日本汉诗从公元 7 世纪中叶诞生,已有一千三百多年的发展历程,《诗经》、《楚辞》、《文选》等是其学习模仿的主要教材。"据日本学界统计,从奈良时期到明治时期,编印的日本汉诗总集、别集共有 769 种,2339 册,20余万首诗……除了古代日本,古代朝鲜和古代越南在这方面的诗歌也很多"②。国内可见的日本汉诗选集主要是《东瀛诗选》四十卷《补遗》四卷(清俞樾编,光绪九年刊③)、《日本汉诗新编》(刘砚、马沁选编,安徽文艺出版社,1985 年)、《日本汉诗选评》(程千帆等选评,江苏古籍出版社,1988年)、《日本汉诗三百首》(马歌东选注,世界图书出版西安公司,1994 年)、

①研究日本汉诗的有 6 篇,其中博士论文 2 篇,《夏目漱石汉诗小考》(华东师范大学 2005 年硕士论文)、《日本汉诗研究新论》(苏州大学 2006 年博士论文)、《从〈蕉坚稿〉看〈三体诗〉对五山汉诗的影响》(对外经济贸易大学 2007 年硕士论文)、《诗歌交流过程中的和汉互译尝试》(厦门大学 2008 年硕士论文)、《日本江户汉诗对明代诗歌的接受研究》(山东大学 2009 年博士论文)、《菅茶山汉诗中的中国文化影响和日本风土特性》(首都师范大学 2011 年硕士论文);研究越南汉诗的有 2 篇博士论文,《越南汉诗与中国古典诗歌之比较研究》(中国人民解放军外国语学院 2007 年博士论文)、《古越汉诗史述及文本辑考》(华中师范大学 2006 年博士论文);研究朝鲜汉诗的有 10 篇,其中博士论文 5 篇,《朝鲜汉诗渊源及清诗对朝鲜诗人的影响》(四川大学 2002 年硕士论文)、《朝鲜汉诗诗体演变论考》(延边大学 2005 年硕士论文)、《新罗汉诗中体现的中国文化要素》(吉林大学 2007 年硕士论文)、《古代朝鲜女性汉诗研究》(中央民族大学 2007 年博士论文)、《朝鲜朝闺阁汉诗研究》(延边大学 2007 年博士论文)、《李齐贤汉诗创作研究》(中央民族大学 2007 年博士论文)、《比较视野中的金时习汉诗研究》(中央民族大学 2009 年博士论文)、《高丽金克己汉诗创作与中国诗歌关联研究》(延边大学 2010 年硕士论文)、《郑梦周汉诗对中国古典诗歌的主题接受》(延边大学 2010 年硕士论文)、《车天辂汉诗研究》(中央民族大学 2010 年博士论文)等。

②傅璇琮:《新世纪中国诗歌研究三题》,《安徽师范大学学报》2001 年第 3 期。

③国家图书馆版本有二:1. 东瀛诗选[普通古籍]三十四卷,[清]俞樾编,清光绪九年(1883)刻本 12 册 10 行 21 字小字双行同白口左右双边单鱼尾;2. 东瀛诗选[普通古籍]四十卷,补遗四卷,[清]俞樾辑,清光绪九年(1883)刻本 16 册 10 行 21 字小字双行同白口左右双边单鱼尾。

《日本汉诗撷英》(王福祥等编,外语教学与研究出版社,1995年)及2008年首都师范大学中国诗歌研究中心申报立项"日本汉诗汇编及研究"(教育部人文社会科学重点研究基地重大课题)等。

(一)屈原作品在日本的传播简况

据日本学者考证,屈原楚辞作品传入日本大约是在公元7世纪。圣德太子(574—622)摄政期间,移植中国的制度和文化,实行社会改革,当时所颁布的"十七条宪法"中"有着楚辞这些文字和思想的影响"①。公元八、九世纪时日本藏书书目中已有屈原作品篇目的记录,如,天平二年(730)七月,奈良正仓院文书《写书杂用账》(收入《大日本古文书》之一)记录有"离骚三帙十六卷";又,藤原佐世编撰《日本国见在书目录》(891年左右)记录有"《楚辞》十六(王逸)"②。日本江户早期有了《楚辞》授徒的情况,如当时著名学者浅见䌹斋(1652—1711)"曾以朱熹集注为教科书授徒,后人据讲义整理成《楚辞师说》"③。据姜亮夫《楚辞书目五种》、崔富章《楚辞书目五种续编》、徐志啸《日本楚辞研究论纲》梳理,日本楚辞译注本、研究著作约三十五种,如:1798年《楚辞灯校读(日文)》(秦鼎)、1836年《楚辞玦二卷(日文)》(龟井昭阳)、1911年《楚辞考四卷》(冈松瓮谷)、1916年《楚辞校订(日文)》(冈田正之)、1957年《新译楚辞(日文)》(青木正儿)、1958年《译注楚辞(日文)》(桥本循)、1967年《楚辞译注(日文)》(藤野岩友)等,这些《楚辞》日文译注版本的出版传播给日本文人提供了屈原精神接受的基本媒介。

屈原诗歌在域外的收藏、翻译、讲学、出版,推动了屈原精神的域外接受。公元8世纪左右收录了屈原作品的《昭明文选》成为日本读书人的

---

① [日]竹治贞夫:《楚辞的日本刻本及日本学者的楚辞研究》,《楚辞资料海外编》,湖北人民出版社,1986年。又即"圣德太子于十二年(604年)夏四月丙寅朔戊辰亲笔作宪法十七条"之十四条曰:"无有嫉妒。我既嫉人,人亦嫉我,嫉妒之患,不知其极⋯⋯才优于己,则嫉妒。"可能源于屈原作品中经常吟咏的"各兴心而嫉妒"、"好蔽美而嫉妒"、"恐嫉妒而折之"(《离骚》)和"众谗人之嫉妒"(《哀郢》)等句中的"嫉妒"([日]藤野岩友著,韩基国编译:《巫系文学论》,重庆出版社,2005年,第455页)。

② 参见徐志啸《中日文化交流背景及日本早期的楚辞研究》,《北方论丛》2004年第3期;王海远:《论日本古代的楚辞研究》,《学术交流》2010年第10期;[日]稲烟耕一郎:《日本楚辞研究前史述评》,《江汉论坛》1986年第7期。

③ 崔福章:《浅见䌹斋〈楚辞师说(日文)〉叙录》,《楚辞书目五种续编》,上海古籍出版社,1993年,第245页。

"必读书"："据日本史料记载,早在一千二百年前的奈良时代《文选》就传入日本,受到很大欢迎,甚至成为选士拔擢的必读书,具有教科书的性质,并给日本古代文学以一定影响。从平安朝时期开始为《文选》作训,江户时代初期出现'庆安版'和训本,以后又多次发行。"①当代,日本读书人对《文选》的评价仍然很高,称"《文选》集中了从古代到齐梁时代的中国文学精华,是一部保存得完整、流传至今的诗文集,是在认识到'文之时义'的基础上构思的'具有划时代的意义'"②。

日本读书人通过楚辞认识了屈原,并成为屈原精神和楚辞艺术的接受者与书写者。15世纪之后,日本吟诵屈原题材的汉语诗歌开始集中出现,对于我们了解屈原精神域外接受情况有极大的文献价值。

(二)忠贞独清:日本咏屈汉诗对屈原人格特征的基本概括

屈原忠贞独清的形象,出现在不同时期的日本咏屈汉诗里。如:希世灵彦(1402—1489)《读离骚》道:"离骚二十五篇恨,写书孤忠一寸肠。"③屈原《离骚》等诗篇,一以贯之的是屈原对楚国的忠诚。忠诚之外,屈原坚持"独清"的人格。林罗山(1583—1657)《屈原》:"千年吊屈平,忧国抱忠贞。扫枳颂嘉橘,漱芳餐落英。湘累非有罪,楚粽岂无情。世俗不流污,终身唯独清。"④诗歌采撷屈原作品艳辞英华,熔铸端午民俗,不难看出,诗人对中国文化和屈原的了解已相当深邃⑤。日本关西文坛领袖菅茶山(1748—1827)《屈原行吟图》:"寒溆兰苏岸,春郊萧艾深。沅湘千古恨,天地独醒心。"⑥诗人同情屈原命运的悲剧,称其是"千古恨",但更赞美屈原保持自己独醒清白、不同流合污的高尚心灵,赞美"独醒心"将永存天地宇宙之间、有着永恒历史文化意义。国分青崖(1857—1944)《屈原》⑦:"孤忠窜逐忆沅湘,枯槁形容惨自伤。恋阙忧君常眷眷,握瑜怀瑾问苍苍。层霄

---

① 韩基国:《昭明〈文选〉研究在日本》,《重庆师范大学学报》1988年第4期。
② [日]林田慎之助:《〈宋书·谢灵运传论〉和文学史的自觉》,《中国中世文学评论史》,创文社,1979年。
③ [日]俞慰慈:《〈楚辞〉及屈原与日本五山文学》,宜昌市文化局主编:《万世忠魂》,宜昌雅江印务有限公司,2002年,第231页。
④ 王福祥编著:《日本汉诗与中国历史人物典故》,外语教学与研究出版社,1997年,第208页。
⑤ 林罗山中国研究著作有《四书集注抄》、《四书序考》、《论语解》、《大学解》、《中庸解》、《贞观政要谚解》等。
⑥ 刘济民编注:《歌咏屈原古今诗词选》,中国炎黄文化出版社,2008年,第231页。
⑦ 刘济民编注:《歌咏屈原古今诗词选》,中国炎黄文化出版社,2008年,第257页。

鸾鹤已藏翮,幽谷蕙兰空吐香。剩得离骚经一部,粲然丽则大文章。"诗歌首句化用屈原《渔父》"屈原既放,游于江潭,行吟泽畔,颜色憔悴,形容枯槁"诗句,描述了一位癯瘦孤独但心怀楚王的忠臣形象;接下来用恋阙忧君、握瑜怀瑾、幽谷蕙兰两个象征意象,赞颂屈原忠信于君的高贵品质及香草美玉般的超常才干。但"已藏翮(收起了翅膀)"、"空吐香(徒劳散发芬芳)"则象征地表达了对屈原怀才不遇境况的深切同情;诗歌末句"剩得离骚经一部,粲然丽则大文章",推尊屈原《离骚》是一部留存天地间的不朽的"大文章"。一休宗纯(1394—1481)《端午》:"千古屈平情岂休,众人此日醉悠悠。忠言逆耳谁能会,只有湘江解顺流。"①赞美屈原众醉独醒、忠信谏君的品格,也表达了对屈原之死的惋惜。

　　日本诗人对屈原高洁人品十分崇敬,好几位汉诗作者都用梅花来比喻屈原高洁独清的人格。大槻清崇(盘溪)《读清人林二耻咏梅花六首效颦赋此》称傲霜不群的梅花是屈子的知音:"荣衰万古一同叹,自有高姿不可群。屈子爱香谁作伴? 国风好色不知君。疏花吹落江村雨,孤影遮余岭寺云。无限新愁春冷寂,数声玉笛隔帘闻。"②在大槻清崇眼里,傲雪独放暗香疏影的寒梅就是溷浊之世界保持清白清醒、苏世独立、阒其无求的屈原。广濑谦(旭庄)亦将水边独自开放、暗香高洁的梅花比作"屈原",其《梅花》诗曰:"悄悄独醒临碧津,花中渠是屈灵均。静边乘夜飞幽魄,梦后闻香失美人。何逊扬州二分月,林逋湖上一枝春。此心如水休相妒,东帝枉教风雨频。"③总之,忠贞独清是日本汉诗吟咏屈原时最普遍赞誉的人格特征。

(三)"屈原哀":日本咏屈汉诗的悲剧意蕴

　　屈原的悲剧遭遇被记录于《离骚》等作品,并通过《离骚》将其浓厚的悲剧意蕴传播到了域外。"屈原哀"是日本汉诗在描述屈原人生际遇和屈原诗歌作品的基本情感基调。

　　屈原《九歌·湘夫人》有:"嫋嫋兮秋风,洞庭波兮木叶下。"这一主题不仅在中国诗歌史上延绵不衰,在日本汉诗中的悲秋意蕴亦可追溯到"悲秋"之祖屈、宋处。如,龙草庐(1714—1792)《寄本多惠峒》:"登高摇落气

---

①［日］一休宗纯:《心如狂云遍地虚空:一休和尚诗集》,九州出版社,2013年,第4页。
②王元明、［日］增田朋洲主编:《中日友好千家诗》,学林出版社,1993年,第92页。
③姜建强:《山樱花与岛国魂:日本人情绪省思》,上海人民出版社,2008年,第3页。

悲哉,苦忆大夫冠楚才。壮志百年吞梦泽,雄风几日侍兰台。岂因既放工词赋,应为独醒衔酒杯。近听江南歌薤露,萧条转动屈原哀。"①诗中不仅化用宋玉《九辩》"悲哉秋之为气也,萧瑟兮草木摇落而变衰"和屈原《渔父》"众人皆醉我独醒"的诗境,而且将云梦泽、兰台、乐府《薤露行》等历史文化融入,强化秋风扫落叶的萧条和挽歌《薤露》的悲戚,引发了诗人敏感的心绪,让诗人追忆起两千年前的楚国"冠才"屈原。诗末句"屈原哀"精当地概括了诗人内心的孤寂情愫,表达了对屈原怀才不遇、过早陨落的命运的叹惋。

屈原少年俊才却因草宪令被谗言陷害,这种政治遭遇令人愤慨。日本汉诗咏屈时常藉此表达对屈原的深刻同情。如西撒俊承(1358—1422)《读楚辞》一诗,前四句叙写屈原草宪祸患,后四句感叹楚国不能容屈原施展报复,空留下"名节"彪炳青史,其诗曰:"楚少俊英士,先生独典刑。祸胎因宪令,忠烟见《离骚》。地隘豺狼邑,风缠虎豹扃。空留名与节,照得竹编青。"②桥本纲纪(1834—1859)《杂感》亦感叹"世风"不好,屈原才华难以施展,令人愤慨:"义愤孤忠世所捐,丹心久许达苍天。眼前坎坷吾无怨,身后姓名有谁传。去国屈原徒著赋,投荒苏轼喜谈禅。疏慵非怕先鞭著,午夜闻鸡悄不眠。"③世间向来都是抛弃"忠义"的,遭受谗言的屈原只能写写辞赋抒发自己的忠贞和清白,何等令人惋惜!

而屈原其人的品格和其作的艺术魅力也成为日本文人孤寂时的"陪伴"。栗本鲲(锄云)《题渊明先生灯下读书图》:"门巷萧条夜色悲,鸺鹠声在月前枝。谁怜孤帐寒檠下,白发遗臣读楚辞。"④诗歌借中国魏晋隐逸诗人陶渊明灯下读《楚辞》的艺术画面,渲染烘托门巷萧条、夜色悲凉的阅读环境,似乎最适宜读《楚辞》是在月夜独处、秋色浓烈、孤寂不遇之时。

综上,日本咏屈汉诗体现了日本汉诗创作者对屈原高尚的人文情怀的认同与对其悲剧遭遇的同情。同时,也是借屈原浇自己心中的块垒,表达孤寂不遇之情及对社会的某些批判。

---

① 刘济民编注:《歌咏屈原古今诗词选》,中国炎黄文化出版社,2008年,第230页。
② 刘济民编注:《歌咏屈原古今诗词选》,中国炎黄文化出版社,2008年,第176页。
③ 李寅生编著:《日本汉诗精品赏析》,中华书局,2009年,第338页。
④ 王福祥编著:《日本汉诗与中国历史人物典故》,外语教学与研究出版社,1997年,第504页。

（四）日本汉诗吟咏屈原的时代背景和文化艺术心理

忠贞独清、悲剧命运，是屈原在日本汉诗中的基本形象。这种解读和书写与吟咏屈原的作者所处的时代背景和所受的文化艺术熏陶，密不可分。

1. 战火纷飞、民不聊生的时代背景

在整个日本历史时期①中的镰仓时代、南北朝时代、室町时代、安土桃山时代、江户时代，出现了大量吟咏屈原的汉诗，而这段时期正有着与屈原生活时代相似的社会历史背景，当时日本各地战火纷飞、民不聊生，也被称为"战国时代（室町末期及安土、桃山时代，15世纪后期至16世纪后期）"。

这一时段吟咏屈原的汉诗作品比较集中于对屈原忠直耿介精神的赞叹。如，一休宗纯（1394—1481）阅读屈原《离骚》，感慨屈原忠言虽隔千年仍留香后世，其《屈原像》诗曰："楚人离骚述愁肠，深思湘南秋水长。逆耳忠言千岁洁，春兰风露几清香。"②瑞溪周凤（1391—1473）《屈原对渔父图》一诗，批评渔父与世推移，赞美屈原忠直的丈夫气概："忠直违时恨不多，离骚万古岂消磨。渔翁未识丈夫志，空唱沧浪孺子歌。"③等等，屈原的忠洁清直的品格和志向、屈原的忧国与悲剧，成为日本文人面对战乱的精神参照；赞美与悲愤的吟诵中，寄托了身处"战国"时代的日本文人的家国情怀、社会人生关怀与价值取向。

2. 儒家诗教观的艺术心理

日本汉诗在创作上深受中国古诗的影响，无论是实践中的取材、修辞、体例，还是理念上的诗歌功用观、审美观，都是如此。如唐太宗李世民贞观末期所作《帝范·崇文编》有文学观道："弘风守俗，莫尚于文；敷教训人，莫尚于学。"日本第一部汉诗集《怀风藻》（751）序亦云："调风化俗，莫尚于文，润德光身，孰先于学。"日本汉诗在继承了中国诗歌的形式的同时，也继承了中国文治教化之风尚，诗歌咏志抒怀之时，他们都很注意其社会文化价值。由此不难理解为什么日本吟咏屈原诗歌里总会表现出强烈的爱国

---

①古坟时代（300—600）、飞鸟时代（600—710）、奈良时代（710—794）、平安时代（794—1185）、镰仓时代（1185—1333）、南北朝时代（1334—1392）、室町时代（1392—1573）、安土桃山时代（1573—1603）、江户时代（1603—1867）、明治时代（1868—1912）、大正时代（1912—1926）、昭和时代（1926—1989）、平成时代（1989年至今）。

②刘济民编注：《歌咏屈原古今诗词选》，中国炎黄文化出版社，2008年，第178页。

③刘济民编注：《歌咏屈原古今诗词选》，中国炎黄文化出版社，2008年，第177页。

忠贞价值观。

《楚辞》中"扶桑"、"昆仑"、"旸谷"、"姑射"诸地名,"屈原"、"王子乔"、"伯乐"、"舜"、"山鬼"、"宋玉"、"望舒"诸神名(人名),及卜居、独醒、远游之意境,在日本汉诗中时常可见。从艺术渊源看,东国汉诗取法"盛唐"而上溯"秦汉",加之屈、宋辞赋艺术形式的吸引力,让日本汉诗创作者在模仿中逐渐理解了屈原,进而赞颂屈原精神。如,冈本黄石①(1811—1898)《岁暮杂感效老杜同谷县七歌之体》虽明确说是"效老杜"——仿效唐代杜甫诗歌而作,但实际上,诗歌在句式上对屈原《离骚》、《渔父》的模仿也十分明显。如诗句:"举世人心皆姑息,不知天意竟如何……已矣,百忧万愤徒为耳,于世曾无涓滴益。呜呼七歌兮歌遂终,坐视岁寒千尺松。"②都可以在《离骚》、《渔父》中找到其模仿的原句:"举世皆浊我独清,众人皆醉我独醒。"(屈原《渔父》)"乱曰:已矣哉,国无人莫我知兮,又何怀乎故都? 既莫足与为美政兮,吾将从彭咸之所居。"(屈原《离骚》)。现存日本汉诗作品中,我们留意到,《楚辞》中的大量语典、意境、思想会自然化用其中,如"盈盈沧浪水,可以濯我缨"③、"昔栽畹中兰,随时发芳香"④、"悲哉秋气日夜催,芳树萧萧人不归"⑤、"到日欲吞云梦泽,迎秋且望洞庭波"⑥、"孤坟空洒侯生泪,明月难招屈子魂"⑦等。

二、越南使者咏屈汉诗与屈原精神的域外接受

越南文人对屈原的熟悉程度也很深,他们把有组织的汉诗创作也称为"骚坛会"⑧。出使中国、途经沅湘的越南文人官吏常常写诗吊屈,自 14 至16 世纪,越南出使中国的文人官吏约计 22 位,所创作的咏屈汉诗约计三

①［日］神田喜一郎、冈本黄石:《明治汉诗文集》,筑摩书房,1983 年。
②严明:《花鸟风月的绝唱:日本汉诗中的四季歌咏》,宁夏人民出版社,2006 年,第 241—242 页。
③［日］服元乔:《咏怀》,［清］俞樾编,曹昇之、归青点校:《东瀛诗选》,中华书局,2016 年,第 68 页。
④［日］服元乔:《奉答越君瑞先生见怀二首》,［清］俞樾编,曹昇之、归青点校:《东瀛诗选》,中华书局,2016 年,第 69 页。
⑤［日］服元乔:《燕歌行》,［清］俞樾编,曹昇之、归青点校:《东瀛诗选》,中华书局,2016 年,第 78 页。
⑥［日］服元乔:《送山功二子还湖中》,［清］俞樾编,曹昇之、归青点校:《东瀛诗选》,中华书局,2016 年,第 84 页。
⑦［日］源君美:《春日追悼恭靖先生》,［清］俞樾编,曹昇之、归青点校:《东瀛诗选》,中华书局,2016 年,第 61 页。
⑧于在照:《越南汉诗与中国古典诗歌之比较研究·绪论》,解放军外国语学院博士学位论文,2007 年。

十首①,是了解屈原精神在域外汉字文化圈接受的又一重要文献。

(一)万古文章好修人:"越南屈原"对灵均的赞美

越南诗人阮攸(1765—1820)被称为"越南的屈原"②,1965 年世界和平理事会将阮攸列入世界文化名人。阮攸生当黎朝末年,目击封建割据和外国干政,十分同情人民所受的灾难,力图恢复黎朝统治,失败后归隐。嘉隆王统一越南后,阮攸曾出使中国。其越文作品有长诗《金云翘传》、《樵夫伸冤歌》等,大多吸取越南民歌中讽刺和抒情成份,抨击当时社会现实,反映被压迫者的痛苦,其中《金云翘传》最为著名。汉文作品有:《清轩前后集》、《南中杂吟》、《北行杂录》③。

1813 年,阮攸以越南大使身份来到中国,途经沅湘,他写诗吊屈原,表达对屈原的颂赞。《湘潭吊三闾大夫二首》其一曰:"好修人去二千载,此地犹闻兰芷香。宗国三年悲放逐,楚辞万古擅文章。鱼龙江上无残骨,杜若洲边有众芳。极目伤心何处是,秋风落木过沅湘。"④"好修人",即屈原,屈原《离骚》有"余独好脩以为常"句,距离屈原两千多年后,阮攸仍然能够感受到屈原人格魅力所散发出的兰芷般的香味,唯一值得惋惜的是,屈原有万古难得的文章才华却遭受放逐的命运,乃至最后付出了生命。诗歌首联"好修人去二千载,此地犹闻兰芷香",表达了对两千多年前的屈原高洁自爱品格极富历史穿透力的高度赞美。其《湘潭吊三闾大夫二首》之二:"楚国冤魂葬此中,烟波一望渺何穷。直教宪令行天下,何有离骚继国风。千古谁人怜独醒,四方何处托孤忠。近时每好为奇服,所佩椒兰更不同。"⑤紧承第一首,诗人看着汨罗江浩渺的烟波,想着屈原沉渊此地两千年,不禁感叹:当初屈原是因为起草宪令之事被上官大夫进谗言而遭放逐的,若是没有这一谗害,或许也不会有《离骚》这样的诗篇,时隔千年,又有谁怜惜屈原独醒、孤忠的品格啊。

与屈原一样,阮攸是一个关心民生社会的有责任感的诗人,在诗歌中,

---

①彭丹华:《越南使者咏屈原诗三十首校读》,《湖南科技学院学报》2011 年第 10 期。

②刘济民编注:《歌咏屈原古今诗词选》,中国炎黄文化出版社,2008 年,第 246 页。

③中华书局辞海编辑所修订:《辞海》(试行本)第 10 分册《文学·语言文字》,中华书局辞海编辑所,1961 年,第 155 页。

④[越南]阮攸:《北行杂录》,复旦大学文史研究院、越南汉喃研究院合编:《越南汉文燕行文献集成(越南所藏编)》(下文简称《集成》)第 10 册,复旦大学出版社,2010 年影印本,第 33 页。

⑤[越南]阮攸:《北行杂录》,《集成》第 10 册,第 33 页。

多次通过端午招魂习俗抒发对现实社会问题的揭露和批判。如《反招魂》诗曰："魂兮魂兮胡不归,东西南北无所依。上天下地皆不可,鄢郢城中来何为。城郭犹是人民非,尘埃滚滚污人衣。出者驱车入踞坐,坐谈立议皆皋夔。不露爪牙与角毒,咬嚼人肉甘如饴。君不见湖南数百州,只有瘦瘠无充肥。魂兮魂兮率此道,三皇之后非其时。早敛精神返太极,慎勿再返令人嗤。后世人人皆上官,大地处处皆汨罗。鱼龙不食豺虎食,魂兮魂兮奈魂何。"①将《楚辞·招魂》之旨意反其意而用之,由《楚辞·招魂》中所描绘的楚国国都富饶安乐,转为对清末湖南鄢郢地食人如麻的揭露。告诉屈原魂魄"后世人人皆上官,大地处处皆汨罗",到处是进谗言的上官大夫,到处都是沉冤魂的汨罗江水;告诫屈原魂魄不要回到楚国的鄢郢,更不要回现实中的湖南,这里民不聊生,到处是"咬嚼人肉甘如饴"的豺狼虎豹,正所谓"魂兮归来也无托,龙蛇鬼蜮遍人间"(《五月观竞渡》)②。

屈原人生的不幸造就了《离骚》这一不朽的诗篇,留下了千古的哀思与愁绪;其独醒和忠贞执着的精神留存千古,感动了异域的忠臣阮攸。阮攸通过屈原诗歌、通过湖湘的实地文化考察,认识理解了屈原,他曾言:"不涉湖南道,安知湘水深。不读《怀沙》赋,安知屈原心。"(《辩贾》)③从这个意义上讲,阮攸对屈原的接受是自觉有意识的文化探寻,屈原精神已深刻影响到其人格品行。

(二)千古忠魂:越南使者咏屈礼赞

屈原好修高洁、独醒自爱、忠贞爱国的精神及日月争辉的作品,是越南咏屈汉诗的主题。越南使者黎光院(生卒年不详)路过汨罗屈原庙,写诗凭吊赞美其人其诗,诗曰:"忠诚寸念付苍苍,放逐孤臣只自伤。一代骚词悬日月,千秋名迹播衡湘。"④屈原一生忠诚,念念不忘的是苍生百姓,留存世间的是他高洁品格及日月争辉的诗篇。

"清风表表留湘派,忠悃拳拳溢楚辞。"⑤屈原拳拳"忠清"溢于言外,得到越南使者认同与接受。屈原《哀郢》:"曼余目以流观兮,冀壹反之何时?

①[越南]阮攸:《北行杂录》,《集成》第10册,第35页。
②[越南]阮攸:《北行杂录》,《集成》第10册,第34页。
③[越南]阮攸:《北行杂录》,《集成》第10册,第34页。
④[越南]黎光院:《过屈原庙》,《华程偶笔录》,《集成》第12册,第350页。
⑤[越南]武希苏:《过湘阴怀三闾大夫》,《华程学步集》,《集成》第9册,第217页。

鸟飞反故乡兮,狐死必首丘。"用狐死首丘的自然现象,抒发自己期待回到楚国郢都的宗国之情。屈原《渔父》:"新沐者必弹冠,新浴者必振衣。安能以身之察察,受物之汶汶者乎？宁赴湘流,葬于江鱼之腹中。安能以皓皓之白,而蒙世俗之尘埃乎？"用衣冠不蒙尘埃,抒发自己不与世同流合污的志向。嘉庆十四年(1809),吴时位出使中国,途经汨罗,借典《渔父》、《哀郢》作诗《吊楚三闾大夫》,诗曰:"衣冠且惜坐泥涂,志洁安能混俗污。一日尚存惟见楚,九疑亦遇岂从虞。骚音长是哀鸣鸟,汨水犹为正首狐。千古忠魂原不散,此公未已自招呼。"①越南使者认为《离骚》、《哀郢》、《大招》等作品正是屈原忠魂的呐喊。

屈原的高洁志向和忠诚恋国之心历代赞美,流芳后世。瞻仰汨罗屈原古庙,凭吊汨罗江水,越南使者怀古忧时之情油然而生。阮宗奎(1693—1767)《吊三闾大夫》:"云积愁思还淡荡,波涵忠愤故春撞。悠悠风韵二千载,浩气犹留五月艭。"②途经汨罗,感受到屈原的忠愤已化为汨罗波涛;屈原浩然君子的正气仍留存在端午竞渡的龙舟上。黎贵惇(1726—1784)《潇湘百咏》之九十四、九十五:"顾瞻古庙对斜阳,遥忆忠臣恨转长。湘浦空怀哀郢国,楚宫一向梦高唐。""离骚遗调不堪听,长慨三闾旧义馨。南楚山河非是昔,凄凉千古独醒亭。"③遥想当年的屈原忠信报国,但楚王听信谗言,屈原耿耿忠心却遭遇流放湘江,最终楚国郢都毁于秦军战火。留给后人的《离骚》遗调凄凉、惹人伤心不忍听下去,然而三闾大夫的高尚人格,馨香绵长,留存至今,江山已改,不变的是屈原庙旁那座千年的独醒亭,似在讲述着屈原的忠贞与悲剧。又如,乾隆五十六年(1791)至五十九年间出使中国越南使臣(佚名)《题三闾大夫》:"轻视儿身重楚邦,忠魂耿耿汨罗江。烟浮芳渚疑愁色,日浸清流见义腔。千载知音惟贾谊,九原同志有龙逢。离骚一曲无限恨,空对年年竞渡艭。"④龙逢,夏时贤人,因谏而被桀杀身沉首,《庄子·胠箧》曰:"昔者龙逢斩、比干剖。"汉刘向《九叹·怨思》亦有:"若龙逢之沉首兮,王子比干之逢醢。"越南使者路过汨罗屈原庙,看见的是烟雾笼罩的芳洲和静静流淌的汨罗江,满怀惆怅,感慨屈原忠

①[越南]吴时位:《枚驿诹馀》,《集成》第9册,第308页。
②[越南]阮宗奎:《使华丛咏集》,《集成》第2册,第198页。
③[越南]黎贵惇:《桂堂诗汇选》,《集成》第3册,第187页。
④[越南]佚名:《使程诗集》,《集成》第8册,第46页。诗集作者不详。

魂的寂寞,那一曲《离骚》年年空对着汨罗江边那热闹的龙舟竞渡,千年来,恐怕只有贾谊堪称他的知音,只有夏朝因直谏被杀的贤臣龙逢是屈原志同道合之人,"千载知音惟贾谊,九原同志有龙逢"。潘辉泳(1801—1871)《汨罗怀屈大夫》:"姱节平生信好修,孤臣忠曲付千秋。独醒无力强三楚,远引何心相九州。侘傺骚音天可问,幽潜义魄水空流。澧兰沅芷遗芳远,凭吊年年竞渡舟。"①好修独醒的忠臣屈原,虽未能孤身挽救楚国,但其品格留芳千古,受到人们永久的纪念。

越南使者咏屈汉诗作品有着丰富的文化底蕴。诗歌中,"忠愤"、"浩气"、"忠"、"孤愤"、"忠诚"、"千古忠魂"等对屈原形象的描写,表达了对屈原忠爱楚国言行的深刻认同;"修能皎洁"、"姱节"、"好修"、"一代骚词悬日月",表达了对屈原高洁人品和卓越诗歌才华的推尊。很显然,越南使者们心中,屈原是忠清洁白的人臣楷模,是千古难得的忠臣,是骚坛的太阳。

越南使者能如此深刻地理解屈原精神及其文化内涵,与中、越悠久的汉字文化渊源密切相关。越南,古称交趾、交州,汉武帝时设交趾、九真、日南三郡,此后,直到19世纪拉丁化越南文字出现前,越南文化教育都是以中国典籍为教材的。"经史子集、百工医农无不有之。因此中国历代典籍,及著名诗人、通儒硕学之作品,几为越南学者尽量采用、探究和模仿。此种现象对越南士子而言,已成为习惯,毫无隔阂"②。越南文人的诗歌创作也深受中国古典诗歌的影响。"与中国古典诗歌一样,儒教的'忠'、'孝'、'仁'、'义'和忧国忧民等思想内容大量出现在越南汉诗中,成为越南汉诗的基本主题之一。越南汉诗受容中国古典诗歌的过程中,儒教影响了越南汉文诗人的世界观和创作思想"③。由此可见,中国古典诗文典籍是越南文人接受屈原的重要书面传播源;而深受的汉字文化影响的民族精神和美学精神是屈原忠贞爱国与独醒自爱精神被越南使者咏赞的文化基础。

高鸿《跨文化的中国叙事》曾提出:"文学作为文化的表征系统,是文化意义的生产和交换的实践者。而在不同文化之间的意义理解和交流中,文学以自己特有的形象创造,实践着不同文化的人们之间的相互理解、交

---

① [越南]潘辉泳:《骃程随笔》,《集成》第17册,第285页。
② 胡玄明:《中国文学与越南李朝文学之研究》,台北金刚出版社,1979年,第196—197页。
③ 于在照:《越南汉诗与中国古典诗歌之比较研究·绪论》,解放军外国语学院博士学位论文,2007年。

流、传递的作用,并且也因自己的独特文化意义,组成了世界文化的多元、差异和丰富。所以'文学'既是一种文化意义的表达形式——表征,又是能够承担传递和理解作用的不可或缺的'文化角色'。"①域外咏屈文学作品书写屈原和端午,是域外纪念屈原、传播中国精神的重要文化角色。日、越咏屈汉诗是域外汉字文化圈接受屈原精神的表征,是域外文人对忠贞、忠信、独醒等君臣伦理,及战乱频烦、奸臣误国、谗言陷害、怀才不遇等意义的表达,屈原身上诸多要素让他们找到了寄托自身困境的含蓄表达方式。楚辞学者萧兵先生曾说,欧亚非大陆各大文明之间有"共同心理","相互传播、相互影响"②。欧亚非大陆各大文明之间的密切关联与民族心理的同构,正是域外文人深层次吟咏屈原精神的前提条件。

第四节　　当代海外华人文学与屈原精神的传承接受

屈原作为中国文学的早期代表和"源头活水",其事迹及作品自公元4世纪开始传播域外,并以文化意蕴之典型性,成为域外文学时常涉及的题材之一。当代东南亚和欧美的华文文学作品及华裔英文文学中,屈原题材的文艺创作亦屡见不鲜,是考察当代域外传承接受屈原精神的一个重要视点。

一、马华作家的"屈原忧思"与屈骚精神的域外传承

马来西亚华文文学中关于屈原生平创作的叙事性或抒情性的书写,数量较多。如陈大为《屈程式》,白杨《五月感怀》,江敖天《端午》,何乃健《粽子》,温任平《水乡之外》、《至屈原书》,淡莹《诗魂》,何启良《这种眼神》等,从中可以了解当代马华作家文学世界里的屈原形象。

(一)"上游的屈原":当代马华诗人对屈骚精神的追溯

"上游的屈原"③象征着诗人"衣钵"屈骚精神的志向,出自马来西亚天

①高鸿:《跨文化的中国叙事》,上海三联书店,2005年,第1页。
②萧兵:《先秦时期中西文化交流点滴——兼论苏雪林与泛巴比伦主义》,杜英贤主编:《海峡两岸苏雪林教授学术研讨会论文集》,财团法人亚太综合研究院,2000年,第965页。
③温任平《流放是一种伤·后记》:"我常认为现代诗的传统实可以追溯到楚辞去,如果我的看法正确,那么屈灵均是站在河的上游,而我们是站在河的下游,是一个古老的传统的承续了。"

狼星诗社创办人温任平《流放是一种伤·后记》。温任平有着较浓烈的"屈原情结",有人把他称为"现代屈原"①。

　　他的吟咏屈原的诗歌,常围绕"屈原之死",书写感同身受的生命意识。《水乡之外》(1972)写道,当屈原踽踽在黄昏"缓步向前/步入齐膝的浪花里"时,他忘却了楚地、楚王、渔父、忧思,带着自己的理想,平静地赴水,水里浮现"一块全白的头巾,如最初的莲台/冉冉升起"②。《端午》(1975)写道:"河面漂浮着的一只木屐/清楚地告诉你/另一只经忘记//你是那裹得紧紧的竹衣/里面是煮得如火如荼的/懦弱的米。"③诗中的屈原,定格在水中,河水上漂浮的木屐和头巾让读者产生"死亡"联想,显露了诗人对屈原悲剧的惋惜,孤寂的启蒙者最终仅仅留下些许淡淡的记忆在粽子上,屈原的死亡真的是勇敢吗? 诗人把屈原比作那煎熬的粽子。《再写端午》(1976)中,作者回到屈原那里寻找"力量",他写道:"我把粽子交给你/你把它放进嘴里嚼起来/突然/你似想起什么似的/张口欲语/我看着你瞠目结舌,哽着/抽噎着,呼吸急促,像一串不连串的泡沫/期期艾艾/说不出半句话来/我听见在河的下游/有人单独地吹竽。"④屈原"复活"了,拿着"我"交给他的粽子,嚼着、哽着、抽噎着,是窘困或惊呆,还是悲凉或无助,还是那下游的竽声引起了他的思考? 在历史的长河里,屈原的知音何其少啊,也许只有河的下游那个单独的吹竽者(诗人的化身)吧!

　　温任平曾自述自1972年以来屈原书写的心态:"我觉得我的'屈原情意结'大概就是在那时(注:1972年)开始酝酿,蓄劲待发的。相隔二千三百多年的孺慕之情,别人固然无法理解,我自己又何尝能够自析? 七五年的《端午》与七六年的《再写端午》都是写给他老人家的。散文方面我也写成了《致屈原书》,那显然是一封无法投递的信。就算在《流放是一种伤》里,细心的读者也不难窥见他清癯消瘦的面容,听见他暗哑沉重的心声。"⑤

---

①谢川成:《现代屈原的悲剧——论温任平诗中航行意象与流放意识》,谢川成主编:《马华文学大系·评论(1965—1996)》,彩虹出版有限公司、马来西亚华文作家协会联合,2004年。

②钟怡雯、陈大为编:《马华新诗史读本(1957—2007)》,万卷楼图书股份有限公司,2010年,第96—97页。

③温任平主编:《天狼星诗选》,天狼星出版社,1979年,第173页。

④温任平:《流放是一种伤》,天狼星出版社,1978年,第83—85页。

⑤[马来西亚]温任平:《流放是一种伤》,天狼星出版社,1978年,第162—163页。

上游的屈原,下游的吹竽者。温任平通过中国性的故事——与诗祖屈原的心灵对话,传达了内心的忧郁与孺慕交织的复杂情绪,反讽式抒情,记录了20世纪70年代华人压抑叛逆的情感和对族群文化之根难以割舍的眷恋。

(二)高尚与虚无:马华作家笔下的屈原形象

与温任平"温和"的反思与讽刺相比,二十年后的陈大为《屈程式》(1995)更为大胆地质疑传统端午纪念屈原的各种文化现象。全诗用"催眠"开篇,时空交错,叙述端午纪念屈原大会、当代诗人们无病呻吟的纪念诗歌、外婆的粽子、屈原爱国精神、屈原独醒人格、屈原作品意蕴的追寻与解构,抒发诗人在当代喧嚣的热闹的端午节里复杂的传统文化感悟。《屈程式》(1995)诗曰:

> **F1.端午**
>
> 端上一串促进午睡的大作
> 有龙舟自诗人咽喉夹泥沙滑落
> 我被大会的高潮深度催眠
> 隐约回到屈原注册的江边:
>
> 地点是汨罗　　没错
> 时间约在 BC 二七八年
> 离屈原投江才两天,
> 过半的楚民蒸发成厚厚的雨云
> 麻质的空气把眼白狠狠刮伤
> 泪腺是支流将悲情灌满……
> "但我不认识他。"
> "难道你不会假假哀恸
> 假假身置其中?"
> "像那些所谓的诗人一样?"
> "嗯,创作你逼真的化装。"
>
> 空洞且巨大的吟诵把我咬醒
> 抖落梦屑,我左看右看
> 观众的掌是船桨在推波在助澜
> 诗人陶醉于自己的鼓声节奏

往年的大作与来年的大作互相拷贝
同样的基因同样的体位在此交配
"屈原只是皮影戏里的皮影?"
"不然你以为。"
我不得不离去,像一只异形;
背后又一首大作像火箭隆隆升起。

F2. 端午
外婆端来一颗菱形的午餐
味蕾忍不住跳起来鼓掌
大脑把屈原随手冷藏,

香气是明矾沉淀掉人文思想
我热血沸腾一百度感动:
那五小时裹粽的手
那五小时灶旁的高温忍受
我感同当年汨罗的鱼群……
(单凭这点就该把屈原吃干净)

跟每位端午的食客一样专心
我穿透糯米的弹性
用筷子分析历史与传统的内涵
果有伟大心脏和感人的咸蛋黄
以及虔诚的贡品如大豆如虾米
结构严谨,条理清晰
还保存从竹简原形演进的痕迹;

将抽象的端午吃成具体的端午
我们都用永恒的味觉来记忆佳节
粽子已提升到象征的境界
在潜意识里取代屈原。

F3. 爱国
下午两点,太阳七十度倾斜

汨罗在同学的朗读里涸竭
课本有空白地方,我试着演算:
【怀才不遇×爱国÷投江】
屈原从标准答案里走出来
似铜像,站在课本中央
顶着崇高的天花板;

其实思考与情操已被殉国浓缩
宛如天龙自腾云里隐没
课文简介了四段,才提了一行
死亡的衍义张开巨大蟒嘴
吞尽屈原的壮志和忧患像吞蛋
我们的胃液静静旁观
却再三反刍蟒嘴的评断!
"爱国"是一言以蔽之的说法
很官方,但简单又难忘
经读本注射到忠实的大脑
这一支支爱国的思想疫苗
培养出屈原单一的伟大面貌。

F4. 离骚

它本身就是个独醒的世界
楚的神话借此发源
但神幻的翅膀是困惑与忧伤
沉重的意象在九歌里飞翔,

灵魂全转换成小篆
楚辞里的屈原才是屈原
但文本里导读的磁场非常强大
自秦以来也只有一种读法,
强势的生平固定了我的眼睛
简直像拓碑一样

我是那紧贴的宣纸无从挣扎；

但我终于读懂临江的心脏
听到和渔夫的深邃对谈
屈原独独醒在自己的叙述里
香草与恶草交织成蓑衣
我穿上这件离骚走近，
总算清楚看见那皱纹很深的脸
凤爪般修长、有力的指节……
我直接听懂了楚的音乐
在二十几岁的九月，秋天。①

　　何谓"程式"？《管子·形势解》："仪者，万物之程式也；法度者，万民之仪表也。"②宋玉《神女赋》："毛嫱鄣袂，不足程式；西施掩面，比之无色。"③清戴名世《庆历文读本序》："余自少时从事制举文字，而于两朝诸先辈之文……奉以为程式。"④归纳起来，"程式"可以理解为规定的格式、值得效法的形式、规范化的模式等。"屈程式"即屈原模式。具体而言，陈大为将两千多年来屈原在中国文化史上的阐释模式归纳为几种程式：一是龙舟赛上的屈原，"注册"或拷贝式的诗歌歌咏，催眠了所有人，诗人和观众心中的屈原是"皮影戏里的皮影"；一是家庭端午食品中的屈原，被边缘化，舌尖上的味道吞噬了端午节的全部意义，具体的粽子代替了抽象的屈原；一是课本中单一而伟大的"爱国"形象，标准答案式的定位，统摄了屈原的忧愁与志向；一是楚辞作品里独醒的屈原，这是诗人欣赏的真实屈原，"楚辞里的屈原才是屈原"，"屈原独独醒在自己的叙述里"，"它本身就是个独醒的世界"。《屈程式》真实地描述了"屈原"在不同社会阶层被接受、被再创造，真实地描述了民间的、官方的、文人思维里的"屈原"已经逐渐被符号化、程式化。显然，诗人不希望这样。这深沉的反思中，体现出诗人内心的困惑与屈原精神传承中的困境，表达了对屈原精神传承简单化、程

①［马来西亚］陈大为：《方圆五里的听觉》，山东文艺出版社，2007年，第61—65页。
②盛广智注译：《管子译注》，吉林文史出版社，1998年，第595页。
③［清］姚鼐纂集，胡士明、李祚唐标校：《古文辞类纂》，上海古籍出版社，2016年，第703页。
④［清］戴名世撰，王树民编校：《戴名世集》卷四，中华书局，1986年，第106页。

式化、僵化的忧思。作者陈大为,祖籍广西桂林,生长于马来西亚,求学于台北,多文化交融触发其对传统历史文化深刻的思索。《屈程式》之题"程式",深刻地反映了陈大为的后现代主义历史观,客观上是对屈原精神传承接受过程中出现的某些"虚情假意"的文化现象的警醒。

另一位诗人白杨也有相同的忧思:习俗背后的文化精神被时空阻断,屈原精神活在忧伤的诗人心理,却很难去影响快乐过节的民众。粽子仅仅是舌尖上的口福,无人会去领会屈原精神,更不懂什么是诗魂。白杨《五月感怀》:"煮得如火如荼的糯米/仅仅为了满足口福/想叫粽子/与诗魂挂钩/现代人不懂。"赤道上的龙舟竞赛只是现代人的热闹,无人会想着祭祀屈原,屈原的魂魄自然也不会走来:"南国赤道边缘/有龙舟竞渡/急急划向/灿烂、缤纷/鼓声喧天的热闹里/你不再/涉江而来。"屈原的忠贞爱国和清廉自爱、屈原直言敢谏和执着孤独的前行再也无人去重复:"如今有谁/会按剑直斥奸小?/如今有谁会/握管发为幽愤?"①

同样表现出对繁华与浮躁下屈原精神传承忧思的马华诗歌,还有江敖天《端午》、何乃健的《粽子》。江敖天《端午》:"二千年一条东去这大江/怎么竟流不完岁月/的沉冤却把沉冤流成另一种习俗绘了龙的舟。"②何乃健《粽子》:"龙的精神尽在粽子里包容/这渊远的手艺一旦失传后/忘了屈原,忘了端午的龙种/有一天会退化成胆怯的壁虎/只能窝囊地活在墙角缝隙中。"③

可见,端午纪念屈原的习俗在传承过程中,民族文化传统曾经树立起来的屈原形象及其"程式化"的纪念现状,让华人作家们感悟到历史的"空虚",但他们不愿意就此滑落,他们努力寻找端午的"真实的文化内核",寻找那个真实的有血有肉的性格高洁的诗人屈原,而不是一个"空壳式"的仪式或符号。马华华文文学中"屈原"形象的后现代书写,是马华社会危机、困境的一种文学表达;对"上游的屈原"的追寻和过程中"冒出"的空虚与质疑,折射出海外华人作家面对繁华热闹的现代文明的"心理恐惧",折

---

① 何乃健主编,云里风总编辑,戴小华执行总编辑:《马华文学大系·诗歌(一)·1965—1980》,彩虹出版有限公司、马来西亚华文作家协会,2004年,第11—12页。

② 何乃健主编,云里风总编辑,戴小华执行总编辑:《马华文学大系·诗歌(一)·1965—1980》,彩虹出版有限公司、马来西亚华文作家协会,2004年,第113页。

③ 紫藤编辑工作室:《动地吟》,马来西亚紫藤有限公司,1989年,第70页。

射出对如何传承传统历史文化(以屈原及端午为代表的)的忧思,也折射出华人对"母体"文化的强烈依恋。

(三)"屈原式"悲怆:马华华裔诗人屈原书写的文化背景

马华文学中的屈原形象高尚与虚无并存的矛盾,是"文化断代"的忧患共鸣①,还是一种厚古薄今"通病"? 是对传统文化僵化传承形式的批判,还是屈原文化传播到异域后面临的形式化、非内涵化所引发的诗人们的责任担当? 亦或是身处异域的华裔文人"被边缘化"后的"借酒消愁"?

何启良散文《这种眼神》曾将屈原描述为"漂泊的族类":

> 我已相忘于江湖,江湖落魄,壮志飘零,你我都是漂泊的族类,没有故乡,只有孤独与唱不起的悲歌……我已看到屈原底黝黑的灵,挟以霜风冷剑,从汨罗江袅袅升起,披头散发,何奈忧国的人啊! 屈原啊屈原,吾应拟汝……我又能干些什么呢,我自己再强也不能再写一部无韵的《离骚》啊,再强也不能重演七步成诗的故事了……昨夜我酩酊大醉,酒入愁肠,没有相思泪,只有滴滴红血。我哭泣了一夜,这诗酒生命! 我右手握一截长剑,左手执着词卷,迷惑而倦睡于莲地边,檀香袅袅,蝉声悠悠,猛然醒来,竟发觉每一朵莲都已凋谢。②

"漂泊的族类,没有故乡,只有孤独与唱不起的悲歌"、"屈原啊屈原,吾应拟汝",从这些话语里不难看出 20 世纪 70 年代南洋华人的生存境遇:迷惑而孤卑的漂泊。有学者曾分析说:"华人在政治权益和经济利益上逐渐被边缘化之同时,在文化领域更是矛盾重重。种族固打制、教育国家化(实为马来化)的压力,致使马华社会在心态上陷入了屈原式悲怆而执着的忧患情境。"③

"屈原式"的悲怆,折射出马华华裔诗人屈原书写的文化根脉。"人的最根本的精神就是悲剧精神,丧失了悲剧精神,也就丧失了人存在的意义和人生的价值"④。孟子说"生于忧患"(《孟子·告子下》),屈原说"发愤

①这种忧思,在中古时期已见端倪,如南宋诗人刘克庄《湘潭道中即事》有"屈原章句无人诵,别有山歌侑桂樽"。

②何启良:《这种眼神》,《蕉风》1974 年第 259 期。

③安焕然:《马华文学的背后——华文教育与马华文化》,《赤道回声》,台北万卷楼图书股份有限公司,2004 年,第 571 页。

④邱紫华:《悲剧精神与民族意识》,华中师范大学出版社,1990 年,第 24 页。

以杼情"(《惜诵》),司马迁说"屈原放逐,乃赋《离骚》"(《报任安书》),欧阳修说"诗穷而后工"(《梅圣俞诗集序》),这些传统艺术精神与悲剧精神,激发了华人作家面对现实坚持"守心",也找到了寄托的精神伴侣——同样被楚国政治边缘化的漂泊行吟的屈原。正如人们评价的:"在1970年代后南洋华族文化的现实困境中,许多诗人都是以'现代屈原'自励。"①"屈原形象之所以对海外华人文学影响深远,在于他代表着屈骚文化传统。"②

屈骚文化传统在马华文人的心中,已经不是一个固定的内涵,不是一个简单的爱国,而是有着丰富意蕴的文本和象征符号。马华华人作家在历史长河中偶尔意识到的"历史虚无感"时常令个体内心"失衡",反讽、空落的诗句中折射出"独在异乡为异客"的孤寂、无助、祈盼与韧性。

二、新加坡"五月诗社"与屈原精神的域外传承

1978年10月21日,新加坡成立了"五月诗社"③,发起人为文恺、流川、谢清、淡莹、南子和喀秋莎六位诗人。诗刊名为《五月诗刊》,创刊号刊登的淡莹《诗魂》、林也《龙舟赛事》、贺兰宁《楚橘》都是咏屈原的。林也《诗的五月》揭示了五月诗社的宗旨及诗社命名的内涵:"五月初五是端午节,也是诗人节。诗传薪火的民族,在这个炎炎孟夏,缅怀文学史上第一个出现的伟大诗人——'辞赋悬日月'的屈原。"④

(一)赤子心:"五月诗社"的屈原书写

新加坡华人以屈原为吟咏对象的诗篇,如流川《魂兮归来》,贺兰宁《楚橘》,淡莹《诗魂》,林也《龙舟赛事》,朱德春《粽子》,郭永秀《端午的故事》、《你的名字》等,往往选取屈原作品中的江离、薜荔、芙蓉、兰、蕙等香草和端午习俗物品粽子、龙舟作为抒情意象,来书写海外华人屈原般的赤子心肠。

贺兰宁的诗《楚橘》(1978)发表在《五月诗刊》创刊号"甲子诗人节专辑":

①黄万华:《传统在海外——中华文化传统和海外华人文学》,山东文艺出版社,2006年,第275页。
②黄万华:《传统在海外——中华文化传统和海外华人文学》,山东文艺出版社,2006年,第275页。
③秦牧等主编:《台港澳暨海外华文文学大辞典》,花城出版社,1998年,第833页。
④朱立立:《身份认同与华文文学研究》,上海三联书店,2008年,第168页。

我本楚橘

橘北望

枝叶附着护国的魂魄

奈何坚贞守不住郢都的旧土

啊啊

为什么兰芷鸳鸟

都要隐没在山林水泽里

吞舟的群鱼来了

谁会挥起剖裂鱼腹的莫邪

所谓昏庸

是行船不用楫篙

骑马不施辔衔

所谓贪婪

是多藏五张羊皮

也不肯买下另一个百里奚

所谓残暴

是商贩屠夫横尸阶下

数不出多少郢都的明日

萧艾遍地

蔓及丘陵

香草变而不芳

鸠鸠飞临

凤凰怎不凄然鼓翼而去

离故城越远

面容越枯槁如焦木

行吟泽畔

彭咸该不是我久居之处

沅水啊湘水

何时龙船飞渡

载我回归

> 让我伏地聆听
> 楚橘上长出的楚歌
> 清晰的楚歌①

屈原曾书写自己对楚国郢都的热爱,曾书写流放江南北望郢都,曾表达受命不迁的执着,也曾批判楚国黑白颠倒的社会,也曾谏言国君举贤授能、遵循法度。屈原的作品正是贺兰宁听到的楚歌:"楚橘上长出的楚歌/清晰的楚歌。"时空阻隔不了诗人与屈原的对话,屈原借橘树、借兰芷、借鸷鸟抒发自己一片赤子心,"橘"受命不迁、精色内白,象征屈原"护国的魂魄",橘树的忠贞之性正是屈原品行的象征。贺兰宁《楚橘》含蓄地化用了屈原《离骚》、《涉江》、《橘颂》、《哀郢》、《惜往日》等多篇作品重构抒情意象,却十分自然,这种"屈原自白式"书写方式,与汉代东方朔、王褒等人的拟骚赋有几分"巧合",也许这正是屈原作品话语特色的穿透力,但更应该是屈原作品所承载的精神或文化让读者感到了安慰和力量,因此,旅居海外游子借助屈原"受命不迁"的橘树,书写自己内心的一颗永不变的"中国心"。

(二)"水底诗魂":端午诗中的屈原书写

端午习俗是吟咏屈原诗歌中最常见的主题。在新加坡华文文学中,一些诗歌以端午习俗物品粽子、赛龙舟等为抒情意象,既充满浓郁的生活气息,又能读出令人回味无穷的历史信息。

朱德春《粽子》②一诗,由剥开一粒热气腾腾的粽子生发无数的联想。诗人发现,沸水中翻腾的粽子,仍保持最初的棱角:"在火热的沸水/粽子的三角锥体/仍然完整保持/最初的棱角。"这"最初的棱角"象征着诗人对有棱有角的屈原的赞美。今天在湖北秭归流行一首端午民谣《粽子歌》:"有棱有角,有心有肝;一身洁白,半世煎熬。"③小小粽子被赋予坚韧高洁的精神,则粽子已经不是食物,而是凝聚厚重文化内蕴的象征意象了。诗歌接着写道:"我一口咬下/顿觉/内里丰富的/料。"这丰富的"料",正是诗人看到的粽子身上的屈原及传统文化精神,这是海外华人对端午粽子独特的回味与赞美。

---

① 南子主编:《五月现代诗选》,七洋出版社,1989 年,第 126—127 页。
② 新加坡文艺协会编:《赤道线上的恋歌:新加坡抒情诗歌选》,中国文联出版社,1994 年,第 94 页。
③ 刘名俭、周霄编著:《荆楚大地湖北 1》,中国旅游出版社,2015 年,第 212 页。

淡莹亦感悟着"有棱有角"粽子文化,礼赞屈原"肝胆可以映照日月/情操可以印证山河"。淡莹《诗魂》写道:

　　三闾大夫显赫的身世/包裹在重叠的竹叶里/脉络分明,密实饱满/从汨罗江流至江北江南/流至二千多年后的今天/绳子解开,叶子揭开/我双手捧着的/是一出有棱有角的历史悲剧/掌纹中隐约传来/深沉急促的鼓声/咚、咚、咚咚咚/击散所有水族的魂魄/击落楚国的猎猎旌旗/击痛无数翘首仰望的眼睛//肝胆可以映照日月/情操可以印证山河/饮露餐菊之余/问了天,问了地/仍有许多吐不完的牢骚/乃行吟泽畔,任/潮水如谗言/及膝、及腰、及肩//淹没一颗被放逐的头颅/水底的诗魂,不管/你是否涉江而来/我都飨你,以微温的雄黄酒/且趁着斜阳未下/人尚未酩酊/焚烧此三十行/成灰烬①

微温的雄黄酒、咚咚咚的鼓声、重叠的竹叶,还有这三十行江边所作的一页诗章,痴迷与陶醉,趁着斜阳未下祭奠着"水底的诗魂"。

对屈骚精神传承的忧思,在新加坡华人咏屈诗歌中亦时常可见。林也《龙舟赛事》从端午龙舟竞赛的鼓声、健儿们挥汗成雨的热闹场面导入,接着笔锋一转:又有几人记得那沉身于汨罗的屈原? 也许只有逐渐老去的读书人或诗人,但他们也只记得端午吟诵抒发自己的忧思吧:

　　屈子沉在

　　千寻万里外

　　并不国际

　　只是

　　方块古文学史上

　　两字的陌生

　　即使粽子

　　也是食谱的

　　一章而已

　　龙舟已很精确

---

① [新加坡]槐华编:《半世纪的回眸——1938—1988热带诗选》,首都师范大学出版社,1996年,第210—211页。

> 制造冠军
>
> 自然该很科学
>
> 否则比个什么
>
> 端午
>
> 该是逐渐老去的
>
> 读书人，或者诗人
>
> 按季节吟哦的
>
> 雅会之一①

的确，习俗会广泛流传，但这个习俗所蕴含的精神信仰却不一定人人都明白或者遵从。郭永秀《端午的故事》(1989)亦记录了 20 世纪 80 年代末域外"端午"的现实场景："这不是公共假期／报章上，看不到／鼓励消费提醒大家欢庆节日的／广告，也没有人曾向他提起／甚至，跳字表上的月份／明明是 6 月，不是／中学时代那曾令他／义愤填胸荡气回肠，久久不能自已的／节日。"②在另一首《你的名字》中，他亦忧虑着："你的名字——／如一幅七彩绚烂的名画／在没有自尊的社会中／因有意或无意的漠视／而慢慢褪色／最后，消失在／这善忘的世纪中。"于是，诗人们忍耐不住呐喊呼唤"水底的诗魂"。

流川的《魂兮归来》，再现屈原《离骚》、《九歌》作品中的香草美人意象，书写屈原"举世皆浊我独清"的人格精神，呼唤现实社会的觉醒：

> 你那纫蕙的形象
>
> 素撷江离
>
> 薜荔的落芯
>
> 以芰荷为衣
>
> 以芙蓉为裳
>
> 以一众芳芷作
>
> 终身伴侣
>
> 人世间
>
> 椒梣蔓行

---

①南子主编：《五月现代诗选》，七洋出版社，1989 年，第 82 页。
②［新加坡］郭永秀：《筷子的故事》，七洋出版社，1989 年，第 27—29 页。

蛆集着的萧艾

像横行公子

不断侵袭条条康庄大道

而蓻,而蒌,而蒾

一代又一代

恒在繁殖

使你早生华发

于是,你那广树宿莽的诗魂

把留夷植成九畹

把杜衡栽成百亩

使之峻茂

使之缤纷

而一小撮的申菌

使之血贫

使之衰萎

于是,你那云中君的洒脱

朝饮坠露

夕餐落英

并不执着于

扼腕或掩鼻

并不耽忧于

火喷或油浇

而怀拥着千卷万卷

坐化自己

历史的秒针

滴滴旋转

多少英雄人物

不如一币现实

千年以前,你是硕果仅存的一人

千年以后,你还是硕果仅存的一人

举世混浊

唯你独清

魂兮归来

魂兮归来兮①

这跨越时空的"招魂",体现了华裔诗人对母语文化的依念;也展示了新时代域外华人端午文化传承中的忧虑,屈原"诗魂"的清澈是他们心中的希望:"举世混浊,唯你独清。"台湾诗人余光中也有同感:"两千年后,你仍然待救吗?不,你已成江神,不再是水鬼,待救的是岸上沦落的我们。"②屈原用生命践行的对自己忠清洁白的捍卫,已经成为华夏赤子心中的一座丰碑和中流砥柱。

(三)"文化母体动力":屈原精神在域外华人世界的接受

历史真是"善忘的世纪"吗?在同一个时期,在马来西亚和新加坡同时出现大量吟诵屈原的诗歌,屈原作品中的芳草、屈原行吟、屈原与渔父、端午粽子、龙舟节等等,被华人作家娴熟地构思出一篇篇心灵倾诉,这表明"屈平辞赋悬日月"的思想与艺术魅力伴随汉字文化,可以传播到全球任一角落,作为"诗国"第一位有名字的著名诗人,屈原的影响确实如刘勰所言"衣被词人,非一代也"。但东南亚华人作家为何反讽、悲观,还要写出自己的质疑?其实,早在唐代褚朝阳《五丝》一诗中也曾有类似的场面与忧虑:"越人传楚俗,截竹竞紫丝。水底深休也,日中还贺之。章施文胜质,列匹美于姬。锦绣侔新段,羔羊寝旧诗。但夸端午节,谁荐屈原祠。把酒时伸奠,汨罗空远而。"(《全唐诗》卷二百五十四)越地百姓喜欢端午节,但没有人会想起到屈原祠祭奠,诗人褚朝阳也只能隔空把酒遥祭。

虽然屈原精神在传承中时被"冷遇",但东南亚华人作家在最艰难的时候以"五月"命社,写诗悼屈原,并逐渐走出了生存的文化困境,这正是海外华人世界吟咏端午文化(包括屈原故事)的核心价值所在。朱文斌《跨国界的追寻:世界华文文学诠释与批评》分析说:"一方面,东南亚华人已经'落地生根',自觉将自己看成是新兴国家的一分子;另一方面,新兴

---

① 南子主编:《五月现代诗选》,七洋出版社,1989年,第138—139页。

② 余光中:《汨罗江神》,《中国当代名诗人选集·余光中》,人民文学出版社,2006年,第268—269页。

国家并不放心他们的存在,以各种名义以及出台各种政策限制他们的言行,试图设法同化他们。这种滑向边缘的生存方式,使得东南亚华人无所适从,华人再移民成为一时之景观。在此背景下,陷入困境中的东南亚华文诗歌迫不得已向文化母体寻求动力支撑似乎非常必要。因而,这个时期中国性的呈现带有主动找寻的意味。即使是受台湾和西方现代主义思潮影响,涌现出带有现代主义色彩的诗歌也不例外。比如70年代马华诗坛出现以温任平为代表的天狼星诗社,他们所创作的诗歌就被称为'中国性的现代主义'(黄锦树语),他们在诗歌韵脚、格律、句法、章法、意象等形式与构思方面,皆有相当娴熟的中国性表现。再如70年代末新华诗坛出现的五月诗社,从其以'五月'(五月初五端午节,纪念伟大诗人屈原的日子)命名就可看出诗人们传承中华文化传统的心志。"①与汉字文化圈咏屈汉诗的动机相左,东南亚华文文学中的"屈原书写"缘于华裔诗人异域生存的困境,因此,前者多赞美和共鸣,而后者多反讽和忧思,但两者都从屈原那里获得了精神的动力。

三、美籍华人端午书写与屈原精神的域外记忆

"海外华文文学可分为两个中心,一个是最具特色、最有实力与前景的东南亚华文文学,以新加坡、马来西亚、印尼、泰国、菲律宾、文莱等国为主,一个以美国为中心的欧美澳华文文学"②。海外华人特别看重三个节日,春节、端午、中秋,写到"端午"时总会提及"屈原"。

(一)《美国没有端午节》:屈原"清白"人格的怀念

美籍山东人麦高的散文《美国没有端午节》③写了自己在美国生活的端午情怀与经历,端午成为留住记忆中亲情的最好方式。其原文节选如下:

> 美国没有端午节,所以经常把它忘掉。在美国一住就是四十多年,感到很多遗憾,其中之一就是错过无数中国节日……阴历五月所以是恶月的另一个原因可能与屈原有关,他在五月五日投汨罗江自

①朱文斌:《跨国界的追寻——世界华文文学诠释与批评》,新星出版社,2006年,第6页。
②赵红英、张春旺主编:《侨史工程系列丛书·华侨史概要》,中国华侨出版社,2015年,第323页。
③[美]麦高:《原汁原味的美国人》,百花文艺出版社,2006年,第137—138页。

尽,英年早逝,令人扼腕叹息。只有在不吉利的月份,我们才会恸失栋梁。粽子也叫角黍。我们一般人都叫粽子。它是端午节的代表,没有粽子就无端午的气氛了。据传说它是为了拯救屈原而来。人们把粽子投向江中喂鱼类,它们便不吃屈原的尸体了。屈原可得个全尸而殁。母亲每年端午节必包粽子给我们吃。除了粽叶不变外,粽子的内容可千变万化,咸甜荤素皆有。母亲辞世后,家中包粽子的传统便后继无人。妹妹因没学会包粽子技巧,无力承先启后,甚感惭愧,所以过端午时总把到市场买粽子列为人生第一大事。甚至嫁人以后仍然届时把粽子及早送来。到美国后没有中国日历,真正是山中无甲子,寒尽不知年,经常忘掉端午节。偶然想起或妹妹在电话中提醒时,便开车去波士顿中国城买粽子。洋邻居看到中国粽子感到又好奇又好玩,大加赞美,于是我便顺手丢给他一个……他竟把粽子和我送给他的绣荷包一样挂在车内的后视镜上,当作护身符呢。洋人的普通常识短缺,连粽子也不知道吃……端午节是纪念大诗人屈原的日子。小时只知吃粽子,不知屈原。渐长才逐渐了解他在文学上的伟大成就及爱国热情。世风日下,"世混浊而不清"(屈原《卜居》语)更感到他品格的高超……端午节也是我们的诗人节……美国虽然不过端午节,他们的新诗却正方兴未艾……美国人虽没有端午节,中文学校的老师却没忘记。有一天,小儿子回家问:"屈原是什么人?我要写作业。"中文学校的学生都是一人上学,全家念书。①

文中轻松地叙述了在美国生活的一家三代对中国端午节的不同感情,祖母一代是会包粽子的一代,"我"这一代是不会包但会去买粽子的一代人,孙子一代是完全不知道屈原是什么人的一代。文中着重描述了屈原及端午在美国民间的传承情况:一是在美国没有中国农历的日历,因此作者经常忘记过端午节,是妹妹常电话提醒,才记起去买些粽子;二是美国人不知道端午节的粽子是吃的,而把粽子作为护身符挂在车内后视镜上;三是美国的中国城有中国粽子卖;四是美国的中文学校很注重传播端午文化,还布置了相关作业,如屈原是什么人和为什么要吃粽子等。最有趣的是作者的洋人邻居把粽子作为护身符的故事及作者小儿子的中文学校"一人上学,

---

① [美]麦高:《原汁原味的美国人》,百花文艺出版社,2006年,第137—139页。

全家念书"的故事。

散文里说"小时只知吃粽子,不知屈原。渐长才逐渐了解他在文学上的伟大成就及爱国热情。世风日下,'世混浊而不清'(屈原《卜居》语)更感到他品格的高超",这段叙述表达了当代人对"世风日下"的忧虑及对屈原"清白"人格精神的敬佩。麦高《美国没有端午节》原刊发于台湾《联合报》,主要在华文读者群中传播,对美国英文读者群的影响应有限。可以看到,端午节民俗的传承更多的是美籍华人自身心灵的慰藉与对母体文化的追随,没有摇旗呐喊助威,只有内心一丝难得的亲情的回味,还有发自内心由衷地对屈原的敬佩和对母体文化的自豪。

(二)《美国四季都过端午节》:屈原故事的淡出

美籍华人姚鸿恩《美国民生实录》中有一篇《美国四季都过端午节》,其原文如下:

> 美国人算术不好,弄不清农历;也不会读屈原的拼音,除非给屈原一个英文名,叫迈克尔或比尔,否则读得像"宽严"。所以,通常我只给他们说个简单的故事:

> 从前有位诗人,跟朝廷不合,投河自尽了。老百姓用叶子把米饭包起来,扔进河里给鱼吃,划船驱赶鱼,目的都是为了不让鱼吃这位诗人。后来,就变成了一个传统节日,每年这个时候,人们就会吃粽子和赛龙舟。

> 美国的华人超市里有各式粽子,常年供应。大约为1元5到2元美金一个。若不算汇率,跟在中国的价格差不多。偶尔会买几只,聊补思乡之胃。

> 美国人超市里没有粽子。美国人对粽子没有概念。但他们在华人餐馆吃过广式点心糯米鸡,总算间接对粽子有点"一知半解"。

> 美国是个体育大国,所以对赛龙舟颇有兴趣。端午节,英语翻译成龙舟节(Dragon Boat Festival)。美国人将端午节看作是一项体育竞赛,简单地说,就是划船比赛(Boat racing)。美国人不喜欢安静的体育,如下棋;也不欣赏半天不见"比分"的运动,如足球。龙舟赛中,拼命划桨,你追我赶,数分钟内,一决胜负,符合美国人的个性。龙舟爱好者在一些城市成立了俱乐部。比如,巴尔的摩就有个龙舟俱乐部

（Baltimore Dragon Boat Qub），会员费是 100 美元。俱乐部提供龙舟赛训练,今年（2010）的比赛日期是 6 月 19 日。波士顿是 6 月 13 日。都是最接近端午节的日期了。

费城 6 月初举行,波特兰是 6 月 26 日和 27 日,首都华盛顿是 5 月 15 日和 16 日,也算比较接近端午节的日期。

其他许多地方,则"自说自话"。看看今年一些地方的龙舟赛时间：

亚利桑那州,3 月 27 日和 28 日。

佛罗里达州坦帕市,5 月 1 日。

芝加哥,7 月 24 日。

加州长滩,7 月 31 日和 8 月 1 日。

纽约市,8 月 7 日和 8 日。

密苏里州、康州和罗得岛州,都在 8 月下旬。

旧金山,9 月 25 日和 26 日,国际龙舟赛。

费城,10 月 2 日。

迈阿密,10 月 2 日。11 月 13 日,还将举行国际龙舟赛。

因为并非纪念两千多年前的中国诗人,只是一项体育活动,所以,美国的龙舟节,四季都可举办。大陆、香港、台湾在美国的团体,通常各占山头,组织本地的龙舟节。①

为什么美国四季都过端午节？因为粽子和龙舟的文化意蕴,被文化或语言屏障而剥离。粽子只是超市里一种常年销售的中国食品；龙舟是四季可以举办的竞技比赛项目；"屈原"的名字会被洋人读成"宽严"；"端午节"英语翻译成"Dragon Boat Festival（龙舟节）",龙舟赛也"并非纪念两千多年前的中国诗人"。因为文化差异作者只能用最简洁的语言给美国朋友介绍屈原与端午的关联："美国人算术不好,弄不清农历；也不会读屈原的拼音,除非给屈原一个英文名,叫迈克尔或比尔,否则读得像'宽严'。所以,通常我只给他们说个简单的故事：从前有位诗人,跟朝廷不合,投河自尽了。老百姓用叶子把米饭包起来,扔进河里给鱼吃,划船驱赶鱼,目的都是为了不让鱼吃这位诗人。后来,就变成了一个传统节日,每年这个时候,人们就

---

① [美]姚鸿恩：《美国民生实录》,北京大学出版社,2014 年,第 366—368 页。

会吃粽子和赛龙舟。"这个简单的屈原一生的故事,少了楚辞中丰富的香草美人,少了屈原内心志向的渲染,少了生命意义的深刻反思,少了一颗爱国忠贞的忠臣心,只有简单的一个诗人,一个与朝廷不合的诗人,一个传统节日,这正是"美国没有端午节"产生的文化背景。与汉字文化圈各国不同,中西方历史文化的差异性,几乎不容易告诉屈原故事背后的士大夫人格精神,屈原,这个节日的"主角"自然被边缘、淡化。当然,丢失了文化根源的"端午",其实不是作者心里真正的"端午"了。由此可见,《美国四季都过端午节》其实等于《美国没有端午节》,端午节民俗的文化信仰的传承,在欧美世界更多在美籍华人阶层里,且正在淡化对屈原的纪念。

　　一般情况而言,欧美华裔青少年更容易熟悉生活中物质形态的中国传统文化。一项在欧美华裔青少年中的调查问卷分析表明,对于中国传统三大节日(春节、端午、中秋),学生们最熟悉的是节日食物,其次是节日活动,对节日来源则不熟悉。"学生们最熟悉节日特别的食物,如春节吃的饺子、元宵,中秋节吃的月饼和端午节吃的粽子。其次,对节日的活动也比较熟悉,如春节放爆竹、舞狮、看春节联欢晚会、中秋节赏月,相比较而言,对端午节划龙船则不太熟悉……再次,调查显示,海外华裔青少年对三大节日的来源不太熟悉,大部分同学不知道节日的具体来源,只能简单说出屈原、嫦娥这些相关人名"[1]。提及端午来源,青少年只能简单答出"屈原"的名字,由此可见,关于传统节日的习俗内涵的了解,欧美华裔青少年主要是"轮廓式"的知识。

　　调查还表明,欧美华裔青少年的关于中国传统文化的知识来源,主要是华人的家庭教育。中文网络并没有成为海外华裔青少年日常接触的中文媒介,也很少有同学能方便地接触中文书籍和报刊。"80%以上的被调查者表示自己对这三大节日的知识是家中长辈口传的,也有的表示是通过家中过节的习惯中获得;认为是从中文学校的学习中获得的所占比例很低,只有10%,都来自于同一中文学校,这些学生表示是从这个学校开设的中国文化课程中了解的;从书籍或网络获得相关知识的同学寥寥无几……除了少数高中毕业生或大学生外,很少有同学能方便地接触中文书籍和报

---

[1]华霄颖:《欧美华裔青少年中华文化认同特点考察——基于上海海外华裔青少年夏令营的调查》,上海侨务理论研究中心编:《上海侨务理论研究报告集(2007—2008)》,上海人民出版社,2010年,第65—66页。

刊"①。由此可见,屈原精神在华裔青少年人群中的传承是较薄弱的,更多的是如《美国四季都过端午节》所描述的那样,屈原故事已经因为文化差异性被逐渐有意识地简化或淡化了。

四、华裔英文文学《〈离骚〉:挽歌》与屈原精神的域外传承

除了海外华文文学常讲述屈原故事,在英文世界里也不乏相关创作。华裔美国英文文学作品《中国佬》②有一章《〈离骚〉:挽歌》,作者汤亭亭娓娓生动地讲述了屈原的故事。阅读《中国佬》之《〈离骚〉:挽歌》的汉译本,我们仍然能体味叙述风格有明显多元语境的假设。因为是给英语阅读者讲述屈原,所以作者既很细心地把握着中国语境中的屈原故事,又很睿智地考量着英语世界的理解。文中,屈原的形象浪漫、唯美和诗意,忠实于屈原作品《离骚》,用英文世界能理解的句子,满怀赞誉之情地描述屈原的名字、外貌、才华与遭遇,使得屈原形象带有了童话般的光晕和史诗般震撼的艺术感染力。

关于屈原的生活时代、名字和经历介绍中,我们能读到汤亭亭表达了多元文化背景下成长起来的自己对这些问题的独特理解与解释。屈原的生年,国内学术界依据屈原《离骚》诗句"摄提贞于孟陬兮,惟庚寅吾以降"推算屈原生于寅年寅月寅日,十二生肖中对应寅年的是"虎",作者汤亭亭将复杂的学术推算过程省略,巧妙地将早已被西方人熟悉的"生肖"文化融入,轻松简明地写道"屈原生于虎年";屈原名字我们通常的理解"平"是"中正"、"公平"、"法则"等,汤亭亭则解读道"屈平,即'和平'之意",有意传达了中华民族是爱好"和平"的民族;再如,将屈原《离骚》诗句"朝饮木兰之坠露兮,夕餐秋菊之落英"直接讲述为"他喝的是荷叶上欲坠的露珠,吃的是秋菊花瓣";将屈原《离骚》"求女",《招魂》、《大招》、《九歌》中的想象之词讲述为"他有过许多历险";把流放中的屈原描述为"一个四处流浪的孤儿"。其原文节录如下:

> 屈原生于虎年,曾是楚国的大夫。他曾进谏楚君不要与秦国打

①华霄颖:《欧美华裔青少年中华文化认同特点考察——基于上海海外华裔青少年夏令营的调查》,上海侨务理论研究中心编:《上海侨务理论研究报告集(2007—2008)》,上海人民出版社,2010年,第65—66页。

②[美]汤亭亭(Maxine Hong Kingston)著,肖锁章译:《中国佬》,译林出版社,2000年,第265—267页。

仗,但是楚君听信了好战者们的意见,结果吃了败仗。屈原,又名屈平,即"和平"之意。由于他与大家的意见相背,遂遭流放。他不得不离开中原;其后的 20 年他一直在外流浪。他悲叹自己昔日尊贵如王子,今朝落难无人理。他悲哀众人有眼无珠。他们都以为他是错的,其实他是这世上惟一明眼正确之人。他对祖国的爱得不到回报。他一路走,一路吟诗。形容憔悴,身无分文,时常思念家乡,就像是个老乞丐似的四处流浪。有些图画上他脚踩白云,腾云于树梢、屋檐或行人头顶之上,身上的长袍随风飘舞。

他还用水芹叶和百合织了一件长衫,一路向南流浪,一直深入至蛮荒之地。他遇到了湘君和湘夫人,她们是湘江两岸两位美貌的妇人。她们用上好的玉石、冬针、兰花、香草为他打扮。飞马、青龙,还有身披金色羽毛的凤凰拉着他乘坐的用玉和象牙制成的双翼龙舟,龙舟四周有常春藤叶围绕,雪松作桨,兰花为旗,兰草编成桅索,船在漩涡中打转。他离开了那片长满树林的灰色平原。他喝的是荷叶上欲坠的露珠,吃的是秋菊花瓣。薄雾、江河、石头、闪电(也是他的金鞭)、他的想象和梦——他别无他物,却拥有着这一切。他来到了天国之门,攀上了世界之巅。

他有过许多历险。他跟随凤凰到过地球的尽头,在长空里来回穿梭。他已经没有了家的概念;他看到的是整个世界,不再仅仅是他的家乡。他穿过了流沙地,渡过了血红燃烧着的河水;西天的天帝支持他,东方的君主聆听他的赞歌。他的马在太阳沐浴的湖中畅饮;他用金枝在太阳脸上涂画。云夫人带着他遨游九州四海,但西天公主却拒绝见他,游隼也拒绝做媒人。反复无常的斑鸠起初愿意代劳,但后来又让凤凰前往,结果无功而返。有人说,他把玉坠扔到了地上,玉坠在地上开花;也有人说他把玉坠扔进了湘江。太阳升起时,他为正在晒头发的湘君(河神)歌唱。他把拌了香料的米饭送给了那位穿着绿羽毛在空中盘旋、能用箭射天狗、能播撒彩虹、能让北斗星下桂肉酒雨的巫师。他与那位在水下骑着白龟的黄河河伯一起畅游九河、岛屿。他还参观了龙宫,那里的一座座紫色、珍珠贝色的宫墙上到处像鱼鳞般闪闪发光。

冬天到了,他又在雷雨中旅行。夜间猿猴哀鸣,鼯狗悲嚎,而他也因为找不到国君和家乡放声痛哭。时光如逝水，青春不再来。他向法律之神诉说着他的冤情，申诉他遭流放的遭遇。国王外出狩猎，王后与一个伪君子偷情。可是他的国王却不愿意帮助那些受苦受难的人。"我是一只遭放逐的凤凰。"屈原自己说。一路上，他从未遇到过未曾堕落之人。他曾经大富大贵，一双蛾眉更让他英俊潇洒。可现在他名誉全毁，遭到南方蛮夷的误解。"我是一个全身赤裸的圣人，头发剃得像一个家奴。"他离家越来越远。"我的老伴已经去了陌生的地方，风雪让我们永远分离。""鸟儿还可以飞回去年筑成的旧巢，狐狸也可以死在他生活了一辈子的山中。""任何地方都无人替我说情。"他成了一个四处流浪的孤儿。

他作了一首诗，诗中问了170个没有答案的问题。"占卜者用龟壳和欧著草卜卦，"他问，"那么这世界里谁先被创造，谁后被创造？""谁造了天？""天的边缘在哪里？""是什么东西在支撑着天？""我该做牧场中的牛羊还是做天空中的小鸟？""我又不是大海里的巨鲸，那我为什么会努力去拦截黑色的海水？""我能让每个人都相信什么东西才是正确的吗？"占卜者说："我帮不了你。"那位拿了他送的扶桑的未来巫士问他："你为什么只认一个国家呢？"

他从龙舟里俯视着家乡；他知道现在无论是离家还是回家都不可能。

最后他一边吟诵着诗句，一边沿着沧浪河边走着。他遇见了一个渔父；他又把自己的遭遇讲给他听。尽管他看到整个世界都已腐败堕落，但他从未对他理想中的政府产生过任何怀疑。"举世皆浊我独清，众人皆醉我独醒，是以见放。"这个世界已经变坏了，连一向可靠的兰花也变了样。

渔父问道："何故而至于斯？"又说："沧浪之水清兮，可以濯吾缨；沧浪之水浊兮，可以濯吾足。"

听了渔父一席话，屈原决意也用用这江水。他将自己所作的所有的诗歌、挽歌都吟诵了一遍。他在江边跳着舞，快快乐乐地度过了自己在今世的最后时光，然后他纵身跃入江中，淹死了。"这世上再也没有智慧了，"人们对《离骚》作如是评价，"这世上之人太过腐败堕落，根本容不下他这样的人。"

　　他淹死之后，人们想到了他的真诚，意识到了他的死是他们的重大损失。他们对自己的刚愎自用深感内疚，但已为时太晚了。他们想把他的灵魂招回来。诗人们站在江边，告诉他死是多么的不舒服……（笔者按：此处引用《招魂》诗句，略）接着他们又列数人世间的快乐，想引诱他回来……（笔者按：此处引用《招魂》诗句，略）他们吟诵着关于美食的诗句，列举了长串长串的美酒佳肴："大苦咸酸，辛甘行些。肥牛之腱，臑若芳些。"他们想让他想起他曾经穿过的锦衣红带。"和酸若苦，陈吴羹些。腼鳖炮羔，有柘浆些。"他们还唱那些像话梅和腌柠般让人垂涎欲滴的美女："肴羞未通，女乐罗些。陈钟按鼓，造新歌些。《涉江》《采菱》，发《扬荷》些……魂兮归来！反故居些。"

　　人们把米饭扔进江水，喂食他的鬼魂。每年在他的祭日，他们都要这么做，而且他们还在江面上举行龙舟比赛，既是为了纪念他生前的沿江之旅，也是为了寻觅他的灵魂。屈原毕竟是个聪明人，有一天，他让自己的鬼魂浮出江面，对人们说："噢，你们这些傻瓜。鱼儿吃光了米饭，而我却饥肠辘辘。把米饭包在叶子里送给我。"人们听从了他的话，以后每年的五月初五，人们把米饭、大麦、香肠、猪肉、咸鸭蛋、绿豆，以及黄胶裹在铁树叶子里煮，这就是粽子。不仅仅是中国人，就连朝鲜人、日本人、越南人、马来西亚人，以及美国人也都记住了屈原这样一位出污泥而不染的人。[①]

　　汤亭亭《〈离骚〉:挽歌》将屈原那些深奥的思想与诗句变成童话般的故事，再现了一个情感纯真的哲人，一个热爱国家的忠臣，一个出淤泥而不染的高洁君子，汤亭亭写道："这世上再也没有智慧了……这世上之人太过腐败堕落，根本容不下他这样的人。"许多复杂的历史，在她的记叙讲述中，变得清晰易懂，但却没有省略屈原人格精神的讲述与赞美："人们听从了他的话，以后每年的五月初五，人们把米饭、大麦、香肠、猪肉、咸鸭蛋、绿豆，以及黄胶裹在铁树叶子里煮，这就是粽子。不仅仅是中国人，就连朝鲜人、日本人、越南人、马来西亚人，以及美国人也都记住了屈原这样一位出污泥而不染的人。"

　　关于屈原的爱国精神，汤亭亭有着深刻的理解。她问屈原道："你为什

---

①[美]汤亭亭(Maxine Hong Kingston)著，肖锁章译：《华裔美国文学译丛·中国佬》，译林出版社，2000年，第265—269页。

么只认一个国家呢?"屈原《离骚》中写有不愿离开故乡:"陟陞皇之赫戏兮,忽临睨夫旧乡。仆夫悲余马怀兮,蜷局顾而不行。"可是,若果然留下就一定可以吗? 也不行,屈原在《离骚》末段写道:"已矣哉,国无人莫我知兮,又何怀乎故都? 既莫足与为美政兮,吾将从彭咸之所居!"两千多年来,封建士大夫读到《离骚》都感到无法理解:屈原既然怀念故都,为何又批评国人? 既然批评国人,又为何不离开楚国? 汉代贾谊和司马迁对屈原的最后选择曾深表叹息,生于美国的华裔作家汤亭亭的解读似乎解决了人们的疑惑,汤亭亭替屈原的回答意味深长:"他从龙舟里俯视着家乡;他知道现在无论是离家还是回家都不可能。"自 19 世纪以来,华人移民逐渐"融入"美国社会,但这个过程中他们却付出了"失去自我"的代价,逃避与回家都一样,或许正是"两种文化冲突之间的文化身份迷失",引发了《中国佬》中将屈原故事的"植入"。正如有学者分析,"汤亭亭小说《中国佬》中通过对神话重写以及非小说表现方式的运用有助于表现华裔美国人处于两种文化冲突之间的文化身份迷失的状态以及因此而导致的痛苦、无助的内心世界"①。有人批评《中国佬》偏重传说的章节,与华人移居美国的叙述之间没有什么有机联系,而汤亭亭解释道:"把神话带到大洋彼岸的人们成了美国人,同样,神话也成了美国神话。我写的神话是新的、美国的神话。"②汤亭亭认为,不改编的中国故事是会被遗忘的,汤亭亭的屈原故事和她笔下其他中国故事一样,在域外形成了新的美国人能理解的故事③。

　　能用讲故事方式将中国屈原故事"英文文本化",无疑能够在域外留存中国文化的记忆。孟子曾将处世态度分为四类,《孟子·万章下》:"伯夷,圣之清者也;伊尹,圣之任者也;柳下惠,圣之和者也;孔子,圣之时者也。"④这里四类圣人的特点即:清——出淤泥而不染,任——虽九死其犹未悔,和——相反相成无所异,时——用舍各当其可。屈原的处世态度就

①刘心莲:《中国神话重写与华裔美国人的身份迷失——解读〈中国佬〉》,《国外文学》2004 年第 1 期。

②Shirley Geoklin Lim ed. , Approaches to Teaching Kingston's The Woman Warrior(The Modern Language Association of America,1991),转引自吴冰:《从异国情调、真实反映到批判、创造——试论中国文化在不同历史时期的华裔美国文学中的反映》,《国外文学》2001 年第 3 期。

③关于汤亭亭"中国叙事"的争论,参见朱振武等:《美国小说本土化的多元因素》(上海外语教育出版社,2006 年)、邹建军等主编:《中国学者眼中的华裔美国文学——三十年论文精选集》(武汉出版社,2012 年)、吴冰等主编:《华裔美国作家研究》(南开大学出版社,2009 年)等。

④《孟子》,[宋]朱熹集注,顾美华标点:《四书》,上海古籍出版社,1995 年,第 364 页。

是"任"和"清"，汤亭亭讲述屈原故事的创作意图，或许是指出美籍华人应当同故事里的屈原一样有"任"和"清"的精神。美国亚裔学者 Ronald Takaki《美国亚裔史》中，曾这样描述亚裔美国人的尴尬窘迫的话语背景："很长一段时间内，亚裔人在这个国家是不允许讲述他们自己的故事，有时甚至不允许讲话……今天，我们需要填充那个'喊话的地洞'，聆听曾祖父们过去的声音，知晓他们的秘密。"①正是强烈的"母语"文化的记忆，及异域生存中话语权的维护，促使域外华人十分重视传承中国文化，注重对端午节等传统民间习俗的用心"呵护"与传承。

由此可见，海外华文文学与华裔英文文学的立场并不完全一致。前者与中华文化母体的关联更紧，传达的屈原精神中爱国思乡之情尤为浓烈；后者，传达中注意到西方文化的接受可能性，屈原精神内化为一种异域生存中话语权的维护与"妥协"。对于屈原故事的传播方面，前者面对的主要是汉语世界；后者则会影响英文世界的读者。海外华人在跨文化交际的背景下，能保持自己的生活习俗及其中的中国哲学和文化特征，并在华人社区和部分异国人中传播开来，这实际是在异国他乡的一种爱国思乡情和行为表达，是屈原虽九死其犹未悔的"任"和举世皆浊我独清的"清"的精神的延续。

第五节　竹治贞夫《屈原传记》与屈原精神的域外阐释

《爱国诗人屈原传记》（又译为《忧国诗人——屈原》）是日本学者竹治贞夫在楚辞研究积累三十年基础上完成的一部传记类著作。全书分为七章，分别是：楚国与屈氏、修学时代、宫廷时代、失势退隐、流放汉北、流谪江南、忧愤而死。

这部关于屈原生平故事及人格精神的传记演绎，包含了竹治贞夫先生对楚辞的基本学术观点，他认为，《楚辞》至少具有四个方面的重要价值：一是为中国文学史上第一次出现的极具个性特征的诗人作品集，其主要代表人物足以进入后世专业诗人行列；二是楚辞作品在内容与形式上都是自成体系的文学，它开创出了诗歌的新体式；三是楚辞具有自由的表现形式，

---

①转引自邹建军、李淑春、陈富瑞主编：《中国学者眼中的华裔美国文学——三十年论文精选集》，武汉出版社，2012 年，第 218 页。

完全突破了《诗经》的体式；四是楚辞以三音格律为主调，在中国诗歌史上是一种特别的存在①。

总体而言，《屈原传记》是一部严谨地忠实于屈原作品文本的传记。作者在开篇即表达了自己这方面的观点："从作品中一贯的强烈个性，以及诗形的整齐，构想的有组织，素材的广博等方面认识伟大的忧国诗人屈原，才是了解《楚辞》最坦诚的态度。""屈原的传记欠明确，和孟子、庄子及诸子百家相同，不足为怪。历史文献的记述主要以政治事件或变迁为主，未活跃于政坛的人物，自不会留下记录。他们的生命依靠著作中的思想及文辞留下不朽之名。所以，像这类人物的传记，需要以历史上片段的记述为基础，慎重考虑他们本身著作中的事迹，加以组织而成。"②正因为竹治贞夫先生是"慎重考虑他们本身著作中的事迹，加以组织而成"，所以，阅读这部传记，可以准确了解"基于文本"的屈原精神在日本学界的解读和接受情况。

一、"心灵一生中都是纯洁无瑕的"：细腻阐发屈原的廉洁好修

竹治贞夫特别赞美屈原纯洁的心灵，在《屈原传记》中充分挖掘和阐释了屈原"好修"的体系性。他认为，纯洁无瑕是屈原一生的追求，这种追求化为他崇高的心灵，化为他的作品，促使他致力于楚国人才的培养。竹治贞夫阐发道：

> 屈原的心灵一生中都是纯洁无瑕的，而且他喜欢将内在之美表现于外在修饰上。在《离骚》中说："民生各有所乐兮，余独好修以为常。"在该篇中反复说了四次"好修"，屈原的理想形象，是内在纯真，外表亦有相同修饰的人。他把这种状况以"修"字表达，把过去的理想人物称为"前修"。③

> 这儿要特别注意的，是他把伯夷视为理想的人物。和屈原同时代的前辈，常常往来于齐国的孟子，也说伯夷是目不见恶色，耳不听恶声，非其君不事，非其民不使。闻伯夷之风者，足使顽夫廉、懦夫立志

①胡建次编著：《日本中国古典诗学研究500家简介与成果概览》，江西人民出版社，2010年，第58页。
②［日］竹治贞夫著，谭继山编译：《爱国诗人屈原传记·序》，万盛出版有限公司，1983年，第1—2页。
③［日］竹治贞夫著，谭继山编译：《爱国诗人屈原传记》，万盛出版有限公司，1983年，第63—64页。

（《孟子·万章》下篇）外要"淑离"，内要廉洁，是年轻的屈原所描述的
理想人像，此种思想贯穿了他的一生。①

屈原《九章·橘颂》中有："行比伯夷，置以为像兮。"竹治贞夫认为，这句诗
歌"是年轻的屈原所描述的理想人像，此种思想贯穿他的一生"，屈原的理
想人格是"外要淑离，内要廉洁"，内在纯真、外表亦修饰纯洁的人，如伯
夷。从本书第一章的分析可知，竹治贞夫关于屈原诗作的分析细腻而准
确，在屈原诗歌中确实展现了一颗纯洁无瑕的心灵，这是屈原精神中"自
爱"要素的体现，也是阅读屈原作品最易领会和感悟的一种精神。

二、"忠厚的忧国诗人"：多维深挖屈原的爱国精神

　　除了赞叹屈原的好修纯洁之心，竹治贞夫十分肯定屈原对楚国的热
恋。他写道："屈原的诗歌，已成为忧愁慷慨之文学的蓝本，永远留存在人
们的心里。"②竹治贞夫认真考索了屈原爱国情感的根源：屈原出生于楚国
王族的一支，屈氏家族曾有三十多位名将能臣，如屈氏之祖屈瑕、舌战齐桓
公的屈完、战死疆场的屈丏，屈原在莫敖家族的熏陶之下，志向远大，才学
精专，二十来岁就得到楚怀王的信任，与王图议国事、接遇宾客，但随着秦
国张仪相楚，楚怀王听信郑袖、靳尚、上官大夫的谗言，屈原逐渐被逐出楚
国的政治中心，开始了退隐和流放生涯。

　　屈原"忠厚"、"忧国"品格形成之因，是竹治贞夫写这篇《屈原传记》始
终没有忘记的一条叙述主线。他试图通过零星史料的碎片空间与屈原作
品的内容，交叉填补，深入地挖掘这位"奇异天才"的爱国动力源泉。为
此，他细致解读了屈原的每一篇作品，将其穿插在屈原人生经历的七个阶
段之中：《天问》、《橘颂》作于"修学时代"，《九歌》作于"宫廷时代"，《离
骚》作于"失势退隐"时期，《抽思》作于"流放汉北"时期，《哀郢》、《涉江》
作于"流谪江南"时期，《怀沙》是"忧愤而死"之绝笔。其中，关于作品创作
时期的推诂，虽有许多与国内学者不一致，特别是与汉代王逸的描述不一
致，但总体上是符合屈原其人其诗的基本史实。

　　在作品细读与知人论世的基础上，竹治贞夫提出了自己对屈原爱国精

①［日］竹治贞夫著，谭继山编译：《爱国诗人屈原传记》，万盛出版有限公司，1983年，第67—68页。
②［日］竹治贞夫著，谭继山编译：《爱国诗人屈原传记》，万盛出版有限公司，1983年，第249页。

神形成原因的分析:首先是家族辉煌历史。他提出,屈原的父祖一辈是楚威王时期的莫敖子华:"既然称莫敖,必是屈氏中人。能回答威王的问话,应该相当于屈原父祖的时代……伯庸可能就是屈原皇考(亡父)的字,他可能早逝。如此看来,字子华,名章而任莫敖官的人物,可能就是屈原的祖父了。"①这一推论虽可继续商讨,但屈原爱国精神有其家族渊源的观点还是中肯的。因为莫敖子华回答楚威王的话,讨论的就是楚国历史上五类"忧国之士",这正是楚国历史上爱国精神的源头,事见《战国策·楚策》②。其次,竹治贞夫先生分析,屈原依恋南国,还与屈原对楚国自然风物的观察领悟、对历史上伯夷等"前修"的向往有关。屈原在《橘颂》里赞美橘树"受命不迁,生南国兮",橘树正是屈原表达爱国志向的寄托之树:"生长于楚地的橘,象征着失意时亦不亡命他国,始终停留于楚国的屈原一生。"③"南国嘉树"是屈原"行为的指针","不食周粟"的伯夷是屈原心中的"理想的人物"④。再次,屈原对楚国的热恋,还缘于楚国政治斗争。对此,竹治贞夫再次提出了一种新奇的论断,就是屈原第二次被楚顷襄王流放沅湘的原因是楚国王室内部王权争斗和屈原在汉北过于强大的政治影响力,二者叠加所致,他说:"屈原所居的汉北之地接近秦国,如果想夺回怀王,策动起来相当方便,但这种做法,对子兰一派而言并不理想。于是子兰和曾经把屈原逐出朝廷的有力人物上官大夫密商,向新王进种种谗言,把屈原流放到江南偏远的地方。"⑤虽然不能完全同意竹治贞夫先生这一观点,因为这一观点混杂着中国古代专制君权"宫斗"的嫌疑,且论据也是间接的类比,无直接资料证明。但,竹治贞夫的推论揭示了屈原坚定的政治立场,为屈原作品意蕴的深度解读提供了一种历史背景。

---

① [日]竹治贞夫著,谭继山编译:《爱国诗人屈原传记》,万盛出版有限公司,1983年,第49页。
② 《战国策·楚策》载:威王问于莫敖子华曰:"自从先君文王以至不谷之身,亦有不为爵劝,不以禄勉,以忧社稷者乎?"莫敖子华对曰:"如章不足知之矣。"王曰:"不于大夫,无所闻之。"莫敖子华对曰:"君王将何问者也? 彼有廉其爵,贫其身,以忧社稷者;有崇其爵,丰其禄,以忧社稷者;有断缋决腹,壹瞑而万世不视,不知所益,以忧社稷者;有劳其身,愁其志,以忧社稷者;亦有不为爵劝,不为禄勉,以忧社稷者。"
③ [日]竹治贞夫著,谭继山编译:《爱国诗人屈原传记》,万盛出版有限公司,1983年,第65页。
④ [日]竹治贞夫著,谭继山编译:《爱国诗人屈原传记》,万盛出版有限公司,1983年,第67页。
⑤ [日]竹治贞夫著,谭继山编译:《爱国诗人屈原传记》,万盛出版有限公司,1983年,第204页。

三、屈原精神域外阐释的"回流"现象

总体而言,竹治贞夫对屈原作品核心精神的阐释,忠实依从于屈原作品文本,集中于屈原对好修自爱、人格独清的追求和忠信于楚国国君的受命不迁的担当。这些观点也是国内汉宋以来楚辞研究的主要观点,与本书所探究的屈原精神核心要素——"自爱心"、"爱国心",也是相通的。竹治贞夫尤其关注和采纳了宋代洪兴祖《楚辞补注》①、清代蒋骥《山带阁注楚辞》的观点,其书前有洪兴祖《楚辞补注》清同治十一年(1872)重刊汲古阁本书影、《屈原关系地图》,书后附录有楚王世系表、屈氏世系表、屈原年谱,采纳了不少中国学者的屈原研究成果。可以说,除了一些历史考证"新说"外,竹治贞夫关于屈原精神的阐释是认真吸纳了国内汉宋以来的研究成果后的解读。而这种学术观点输出后的"回流"现象亦促进了国内学界对屈原精神的认识,并促进了方法论的思考。

竹治贞夫《爱国诗人屈原传记》最大特点是,将片段的史书记载与较系统的屈原作品之间,加以贯通,条分缕析,思维宏阔。作者对战国屈原生活环境的表述通透,逻辑严密,对某些争论比较大的屈原生平事迹问题,提出了许多新推论,对进一步理解屈原精神有很大促进。如提出《天问》不是屈原愤怒的反问,而是年轻时期修学的疑问。竹治贞夫认为:"其疑问仅代表疑问,过去常有解释成反语的情形,那是误解。""认为《天问》表现了深刻的怀疑思想,真是大错特错。"②再如推论认为,左徒与三闾大夫这两个官职的任职时间在同一时期,竹治贞夫认为:"屈原任三闾大夫时,仍旧在他担任最高职务的左徒任内。"③又认为,屈原是宫廷诗人,《九歌》是宫廷乐歌,"《九歌》并非单纯的民俗祭神歌的杂烩,而是屈原身为宫廷诗人,为楚朝廷新编的乐歌"④。上述观点竹治贞夫都拿出了比较厚实的文献依据,论证方法也较为严密,体现了他对屈原生存环境的深刻关注和对屈原精神的深刻阐发。因此竹治贞夫所提出的这些与国内学者不一样的新理

---

① [日]竹治贞夫著,谭继山编译《爱国诗人屈原传记》书前有洪兴祖《楚辞补注》清同治十一年(1872)重刊汲古阁本书影。

② [日]竹治贞夫著,谭继山编译:《爱国诗人屈原传记》,万盛出版有限公司,1983年,第52页。

③ [日]竹治贞夫著,谭继山编译:《爱国诗人屈原传记》,万盛出版有限公司,1983年,第72页。

④ [日]竹治贞夫著,谭继山编译:《爱国诗人屈原传记》,万盛出版有限公司,1983年,第75—76页。

解曾促进了国内相关问题的研究。在 20 世纪 80 年代，一批国内学者关注到竹治贞夫的研究，其治学之经历被编入黄中模、王雍刚主编的《楚辞研究成功之路：海内外楚辞专家自述》一书。其楚辞研究之法，国内学者归纳为"鼎式"方法论①。

屈原精神域外阐释的"回流"现象，在屈原精神传承接受史上有着特殊的意义。屈原及其作品在国外的译介与研究的"回流"，开阔了国内屈原学研究的视野。《新华月报》1953 年第 7 号刊登了闻宥《屈原作品在国外》一文，文中从屈原作品国外翻译和研究两个方面介绍了屈原作品在国外的传播②。林家骊《哈佛大学哈佛燕京图书馆所藏的〈楚辞〉典籍》(《职大学报》2007 年第 1 期)一文，介绍了美国哈佛图书馆馆藏的屈原典籍，包括明代《楚辞》善本、清朝和民国的《楚辞》钞本、日本与韩国刊刻的《楚辞》印本、现代大陆和港台地区出版的《楚辞》研究著作。域外楚辞文献传播与研究，在 21 世纪以来一度成为学界热点，也因此发掘了大量屈原精神域外传承接受的文化现象与楚辞文献。如尹锡康、周发祥主编的《楚辞研究集成·楚辞资料海外编》(湖北人民出版社，1986 年)，黄中模主编的《与日本学者讨论屈原问题》(华中理工大学出版社，1990 年)《中日学者屈原问题论争集》(山东教育出版社，1990 年)，胡建次、邱美琼编译的《日本学者中国古典诗学研究主要文献目录(1900—2007)》(百花洲文艺出版社，2009 年)，徐志啸所著《日本楚辞研究论纲》(学苑出版社，2004 年)等，对国际汉学界研究楚辞的历史作了不同程度的纵向与横向的鸟瞰与综述。

此外，2011 年南通大学陈亮"楚辞在欧美的传播与影响"一题获得教育部人文社科青年基金项目立项，2013 年，"东亚楚辞文献的发掘、整理与研究"(南通大学周建忠)、"东亚楚辞文献通史"(浙江师范大学黄灵庚)，2014 年，"《楚辞》英译的中国传统翻译诗学观"(南通大学严晓江)，2015 年，"日本楚辞学研究"(苏州科技学院王海远)、"欧美楚辞学文献搜集、整理与研究"(南通大学陈亮)，2016 年，"韩国楚辞学研究"(南通大学贾捷)，等获准国家社科基金项目立项。随着研究深入，我们相信屈原精神域外阐释的"回流"现象将随之益见鲜明。

---

① 潘树广：《竹治贞夫及其楚辞研究》，《文学研究参考》1986 年第 11 期。
② 闻宥：《屈原作品在国外》，原载 1953 年 6 月 13 日《光明日报》，转载于《新华月报》1953 年第 7 号。

总体而言,屈原"忠贞之质"被一代又一代人所继承与弘扬,影响着中华民族精神的特质,随着屈原作品和屈原故事的域外传播,屈原精神逐渐被东亚、南亚、东南亚及欧美一些国家的文人或民众所认同,成为世界文化名人之典型代表。

第六节 屈原精神域外传承接受的特征探赜

屈原作品在国外的传播情况和屈原精神在世界文化范围内的接受,早已得到一些学者的关注。"近世以来,屈原被列入世界最伟大的文学家之林,成为中华民族的骄傲;《楚辞》进入世界文学宝库,成为全人类的精神财富"①。自公元4世纪屈原事迹及其作品《渔父》、《怀沙》伴随《史记》流播到朝鲜半岛以来,世界范围内的屈原作品近十七个世纪的传播接受历程中,呈现出三个主要特点:

一、汉宋《楚辞》辑注本直接影响域外的价值认同

域外文人对屈原"忠"、"洁"的形象定位,昭示了汉宋几种主要的《楚辞》辑注书籍传播的效力。王逸、朱熹高度赞扬屈原"忠信于君国"、"忠君爱国"、"忠清洁白",这些奠定了域外文人对屈原人格精神评价的底色;而宋玉及汉代拟骚赋中所强化的"士不遇悲剧",同样也引发了日、韩、越南文人对屈原悲剧形象的定位;汉宋几种主要《楚辞》辑注书籍"以儒注骚"模式被汉字文化圈"全盘"接受;汉宋《楚辞》注本在域外的出版、传抄、翻译、再注,奠定了屈原作品在域外的思想倾向,直接影响域外的价值认同。

如,日本朱子学家兼诗人林罗山(1583—1657)《又赋〈楚辞〉用前韵》诗曰:"词刻秋兰乃自编,时人无识屈原贤。楚风十五国风外,恨不生逢孔子前。"②林罗山叹息屈原诗作无人能识,遗憾未能如《诗经》那样得到孔子的提倡,显然他心中有一个评价的标准,即以孔子为代表的儒家诗歌审美评价标准,而这正源自汉宋《楚辞》注本。北宋洪兴祖《楚辞补注》提及孔子"三仁"说,曰:"屈子之事,盖圣贤之变者,使遇孔子当与三仁同称。"③南

---

①尹锡康、周发祥主编:《楚辞研究集成·楚辞资料海外编·总序》,湖北人民出版社,1986年。
②刘济民编注:《歌咏屈原古今诗词选》,中国炎黄文化出版社,2008年,第192页。
③[汉]王逸章句,[宋]洪兴祖补注:《楚辞补注》卷一,中华书局,1983年,第50页。

宋朱熹《楚辞集注·楚辞后语》称楚辞是"变风"、"变雅"："不特《诗》也,楚人之词亦以是而求之,则其寓情草木、托意男女、以极游观之适者,变风之流也。其叙事陈情,感今怀古,以不忘乎君臣之义者,变雅之类也。"①可见,林罗山"以儒评骚"的标准,承续了王逸《楚辞章句》、洪兴祖《楚辞补注》、朱熹《楚辞集注》的观点。

综合考察发现,世界范围内,特别是汉字文化圈内,认识屈原形象的媒介,主要是来自国内王逸、洪兴祖、朱熹《楚辞》辑注书籍。如,日本当代楚辞学者竹治贞夫《屈原传记》书前插页有宋洪兴祖《楚辞补注》"清同治十一年(1872)重刊汲古阁本"书影,其自序曰："本成果以宋朝洪兴祖的补注本为主,以善本的四部丛刊本及汲古阁本(同治十一年版)为根据。"②当代韩国学者亦称："自从南宋的朱熹明确称屈原为'忠君爱国'者以后,后世之人基本上都把屈原作为爱国者加以赞美,并积极学习屈原的这种精神。"③

总体而言,当代域外文人对屈原精神接受的信源主要是汉宋《楚辞》文献和《战国策》、《左传》、《史记》等历史文献,并明显受到"以儒注骚"的影响,承续弘扬着国内学者凝炼出的屈原忠贞爱国的价值观。

二、屈原忠贞爱国精神最能引发域外共鸣

屈原高洁的品格和忠爱楚国的言行,最能引起域外文人的共鸣。域外文人翻译屈原作品时,精心挑选着他们认为最好的中国"楚辞"版本,期待准确无误地把屈原汉语原作的思想感情揭示出来。俄罗斯女诗人阿赫马托娃在翻译屈原作品时,曾提出了她的翻译目标是"找到相应的表现手段,准确无误地把作者在汉语原作中的思想感情揭示出来,使其能唤起读者心中思想感情的共鸣,使读者像原作者一样激动不已"④。翻译作品忠实原作,且"能唤起读者心中思想感情的共鸣",这一点阿赫马托娃做得非常成功。与她合作翻译出版俄译本《屈原诗集》的 H·T·费德林博士,曾表达

---

① [宋]朱熹集注,黄灵庚点校：《楚辞集注》,上海古籍出版社,2015年,第9页。
② [日]竹治贞夫著,谭继山编译：《爱国诗人屈原传记·序》,万盛出版有限公司,1983年。
③ [韩]林润宣：《试论屈原思想品格对后世的影响》,《沈阳师范大学学报》2006年第6期。
④ [俄]费德林作,乌兰汗译：《与阿赫马托娃一起译〈离骚〉》,《世界文学》编辑部编：《人像一根麦秸:散文卷》,新华出版社,2003年,第236页。

了阅读的感受:"屈原的英名继续辉耀在中国诗坛的顶峰,他那仍旧生气勃勃的深刻而激越的思想和感受,同我们现代人的思想经常而密切地相联系。"①"他是一个充满了深刻的内心感情的歌者,对于他,祖国和人民的苦痛与不幸以及祖国和人民的快乐与幸福,就是他个人的不幸和他个人的幸福。诗人献身于他自己的真诚的爱国主义的信念,一直到他最后的一天为止。"②

屈原精神之高洁与爱国,在域外民众中也曾受到极强烈的回应和欢迎。1958年,罗马尼亚上演郭沫若历史剧《屈原》,屈原"忠于祖国和人民,不惜牺牲自己的自由而向人民揭露卖国贼的大诗人的光辉形象",在域外导演和演员们长期的准备工作和热情劳动下,获得舞台展示的成功,这是在罗马尼亚上演的第一个中国戏剧。1958年,为庆祝中华人民共和国"国庆",罗马尼亚再次演出,《中国戏剧》记录当时的盛况:"《屈原》经过了演员们长期的准备工作和热情劳动,1958年9月28日初次演出获得了极大的成功。米海尔·巴斯加尔的导演处理,鲜明地表达了生活在二十二个世纪之前的诗人屈原的思想。现代中国伟大作家郭沫若在这个剧本中是写的一位人民诗人,他用艺术的手法描绘了这位忠于祖国和人民,不惜牺牲自己的自由而向人民揭露卖国贼的大诗人的光辉形象……当柯柏年大使走上舞台向演员们献花并祝贺他俩的时候,观众经久不息地欢呼着罗中两国人民的牢不可破的友谊。"③

日本明治时期著名画家横山大观曾绘《屈原》(严岛神社藏),曾到日本讲学的中国学者探究道:"作为一位日本画家,是什么原因让他亲近了中国的屈原,并研读了那些连中国读者都深邃难解的楚辞的呢? 又是什么原因让他如此仰重屈原,并深刻地体味了屈原一生的爱和恨的呢? 那就是,横山对中国文化的厚爱,和出于他憎恶扬善的正义感。爱和正义感,是没有国界的。"④屈原在域外受推崇的现象,体现了人类对爱、正义等价值观

①[俄]费德林、李少雍译:《屈原辞赋垂千古》,《楚辞资料海外编》,湖北人民出版社,1986年,第158页。
②[俄]费德林、戈宝权译:《屈原存在的历史确实性及其创作之研究》,引自闻宥《屈原作品在国外》,《新华日报》1953年第7号。又译为《伟大的中国爱国诗人》,收入《楚辞研究论文集》(作家出版社,1957年),译文表达稍有不同,但内容观点一致。
③[罗]伐伦汀·锡尔维斯特鲁:《〈屈原〉在罗马尼亚首次演出》,《中国戏剧》1959年第3期。
④2008年3月4日《中国书法学报》。

的共同追求。

　　爱和正义的共同追求,拉近了屈原与域外民众心灵的距离,屈原忠贞爱国精神以此跨越时空和语言的障碍,被域外文人和民间所理解。这便有了"越南的屈原"阮攸、"朝鲜的屈原"金习时、"现代屈原"马华诗人温任平;有了大量《拟离骚》、《拟楚辞九歌》、《拟天问》等模拟作品;有了屈原作品的日、韩、英、德、俄等各国语言的译本;有了中国历史剧《屈原》全球公演的热烈反响。

三、屈原在中外文化交流史上呈现出三种形态

　　作为"文化原点人物",屈原在中外文化交流中的影响深远,呈现出三种历史形态:诗人屈原、文化名人屈原、非物质文化遗产符码屈原。

(一)诗人屈原

　　诗人屈原,是古代中国与朝鲜、日本、越南、印度等国文化交流的重要文化符码。据现有文献推断,东晋简文帝时期(320—372),屈原作品传播到朝鲜半岛。晚唐五代,高句丽文人对屈原忠贞爱国精神和独立不迁的人格广为尊崇,"高丽文人墨客争先恐后地谈论'诗变为骚',手口不离楚辞作品。那些为高丽王朝矢志不渝的诸多名人达士,更加尊崇屈原忠贞不二的精神和独立不迁的人格,把楚辞当作精神支柱"①。元明清时期,屈原作品在朝鲜半岛李氏王朝的传播形成高潮,《楚辞章句》、《楚辞补注》、《楚辞集注》、《楚辞天问篇》、《屈原楚辞》、《屈子离骚》、《离骚意》、《离骚解》等汉文典籍大量刊刻传播。这段时期朝鲜半岛的拟骚文学空前繁荣,李朝"四大家"之一张维有《续天问》;"诗僧"金时习对屈原大力推崇,模仿屈原作品形式,以李朝历史为题材的创作有《拟离骚》、《拟楚辞九歌四首》、《拟天问》等。可见,作为诗人,屈原对朝鲜文人的人格和创作影响深远。

　　屈原诗歌对日本文人的影响,从唐朝开始。约公元7世纪到8世纪,选录了屈原《离骚经》、《东皇太一》、《云中君》、《湘君》、《湘夫人》、《卜居》、《渔父》等楚辞作品的《昭明文选》传入日本。在中国"文选烂,秀才半"的影响下,日本奈良时代(710—794)也将《昭明文选》作为选士拔擢的必读书,此后的平安朝、江户时代多次刊行传播,影响着日本读书人。从社

①金宽雄、金东勋主编:《中朝古代诗歌比较研究》,黑龙江朝鲜民族出版社,2005年,第37页。

会发展历史看,日本的室町末期及安土、桃山时代亦称为"战国时代",有着与屈原生活时代相似的社会历史背景,因而,屈原的忠、洁、清、直的品格和志向、屈原的忧国和改革精神,一度成为日本汉诗的常见题材。

在古代中、越两国交流中,屈原诗作及其精神也深受认同。越南文人把有组织的汉诗创作叫作"骚坛会"。明清时期,越南文官出使中国、途经沅湘写诗吊屈的文化现象持续了近两百年。阮攸有"越南的屈原"之称,1813年,阮攸作为越南大使来到中国,写了五首吊屈原的诗歌,盛赞屈原高洁的人格,称"楚辞"是万古不变的好文章,可见,作为诗人的屈原,亦得到了越南文人对其品格与文章的高度肯定。

伴随西学东渐,中国文化也"逆向"向东欧、北欧、美洲传播。明代末期,西方传教士开始研读屈原作品,并推介到西方世界。陈垣先生1934年撰写《从教外典籍见明末清初之天主教》一文,曾有一段话记述了西方传教士与屈原作品之关联:"惟明末西士阳玛诺著《天问略》,后刊入《艺海珠尘》,天问二字,实本《楚辞》。雍正间《山带阁注楚辞》之《远游》《天问》注释引用利玛窦、阳玛诺、傅泛际、汤若望之说,为天主教与《楚辞》发生关系之始,盖已二三百年于兹矣。其引利玛窦说,称为利山人,因利亦曾自号为大西域山人也。"[1]据此可知,西方关注屈原作品大约在明代末期。此后,屈原作品在西方世界翻译与传播中,外国传教士仍是主要传播者,尤其是汉学的"传教士时期"。如英国传教士艾约瑟(Joseph Edkins,1823—1905)、德国神父鲍润生(FranzXaver Bial-las,1878—1936)、意大利天主教神父雷永明(Gabriel. M. Allegra,1908—1976)等翻译《离骚》、《九章》、《远游》、《九歌》。其中,德国神父鲍润生的博士学位论文为《屈原的〈远游〉》,还著有《屈原〈九章〉的最后几篇》等。现知西方第一本楚辞译本是奥地利汉学奠基人奥古斯都·费茨梅尔(August Pfizmaier,1808—1887)的《离骚与九歌:两首公元前三世纪的诗歌》(德译本)[2],1852年在维也纳正式出版。法文译本1870年在巴黎出版。最早的英译本《离骚》1879年出

---

①陈垣:《从教外典籍见明末清初之天主教》,《史学论衡——庆祝北京师范大学一百周年校庆历史系论文集》下编,北京师范大学出版社,2002年,第255页。
②徐美德:《奥地利汉学的奠基人——奥古斯都·费茨梅尔》,《古典文学知识》2010年第4期。

版①。此后，屈原作品出现了英、法、日、德、俄、意大利等各国文字版；汉宋几种主要的《楚辞》原著汉文版，亦在日本、韩国、美国等域外刊藏。"诗人屈原"得到了世界文坛的广泛肯定。

（二）世界文化名人屈原

作为世界文化名人的屈原，是新中国对外文化交流的一张世界文化名片。

1953 年，在芬兰首都赫尔辛基，世界和平理事会决定，将中国的屈原与天文学家哥白尼、文学家拉伯雷、古巴作家和民族运动领袖何塞·马蒂列为世界四大文化名人。随之，新中国发行《世界文化名人》纪念邮票（纪25），共一套四枚，发行量四百万套。

在国内掀起屈原文化热潮的同时，屈原在新中国对外文化交流中也曾担当重要"使者"。1949 年毛泽东在去苏联访问的火车上与苏联汉学家费德林谈起中国文学，谈到屈原②；1954 年毛泽东送别印度总理尼赫鲁，引用屈原《九歌》诗句"悲莫悲兮生别离，乐莫乐兮新相知"表达友好之情，还向这位异国政治家介绍屈原③；1972 年 9 月毛泽东把仿刻宋版《楚辞集注》赠送给日本政要。

从 1952 年到 1960 年，以屈原生平事迹和诗歌为基础创作的历史话剧《屈原》在苏联、罗马尼亚、芬兰、日本等世界各地公演。1952—1954 年日本公演历史剧《屈原》300 多场次。1954 年 1 月莫斯科叶尔莫洛娃剧院演出历史剧《屈原》。1958 年罗马尼亚上演历史剧《屈原》，庆祝中华人民共和国"国庆"。1960 年芬兰国家剧院公演历史剧《屈原》。

作为"根文化"符码，屈原影响着世界各民族文化、艺术等领域的交流与合作，像"信使"一样，促进了中外文化彼此的了解和国际间友谊。

（三）非物质文化遗产符码屈原

2009 年，"中国端午节"入选联合国"人类口头和非物质遗产代表作名录"。作为非物质文化遗产符码代表，在世界范围内，通过端午民俗节庆与国际龙舟赛的载体，屈原精神获得更广泛的传播。

---

① 相关成果见闻宥：《屈原作品在国外》，《新华月报》1953 年第 7 号；陈亮《欧美楚辞学论纲》，中华书局，2020 年。
② 《毛泽东谈屈原》，原载《党史信息报》，转摘自《山东农业（农村经济版）》1999 年第 6 期。
③ 《毛泽东谈屈原》，原载《党史信息报》，转摘自《山东农业（农村经济版）》1999 年第 6 期。

　　龙舟赛如今已经成为一项世界性的群众体育项目。加拿大每年举办一年一度的多伦多国际龙舟赛，2009 年第二十届多伦多国际龙舟赛就有来自美国、加拿大等世界各地 180 支龙舟队参加。2012 年广东佛山国际龙舟邀请赛上，来自印度的亚洲龙舟联合会的执行委员桑迪普说："我们是在 2008 年成立龙舟协会的，一开始是因为亚运会中有这个项目，东南亚地区龙舟运动的影响力也很大，我们不愿意错过，所以专门组织了本地运动员参与。参加龙舟运动，不能不去了解这项运动的文化内涵，所以我们也专门学习了一些关于龙舟的传统和知识。"

　　以传承爱国精神、合作共赢精神和纪念屈原为核心的"中国端午节"，通过龙舟赛，已经传播到五洲四海。屈原作为其中的一种文化要素，其忠贞祖国、执着求索的精神亦是对世界人民体育文化的贡献。

　　历史上，诗人屈原，曾作为士大夫忠节清烈楷模，凝聚知识精英。1953 年"世界文化名人"屈原，给了世界一个了解中国文化的窗口。今天，作为世界非物质文化遗产"中国端午节"的纪念主角，屈原精神借助世界竞技体育项目及海洋文化交流平台传播于各阶层大众。

结　论

　　屈原精神传承接受史研究如何系统化、理化化,本书做了全面探究和多重考述。屈原精神是什么? 屈原精神的核心要素是什么? 屈原精神对文人品格、民族凝聚力、社会经济政治、国际文化交流的影响有哪些? 两千多年来屈原精神在不同社会阶层和群落之间(民间、文人、官方、域外)传承接受的实证有哪些? 屈原精神孕育、生成与弘扬的历史过程是怎样的? 屈原及其精神为什么能够在中国代代相传并传播域外? 针对这些问题,本书做了深度发掘和系统梳理。

一、屈原精神的内涵及其核心要素

　　精神,从哲学层面理解即魂魄,是天地间万物(包括人身)的根本支撑。作为“文化原点”人物,作为“根文化”符码,屈原精神的历史生命在历代各社会阶层的接受中得以延伸。两千三百多年来,屈原的精神特质,以各类表述形式,被一代代发掘、阐释、演变、混合、交融,到南宋中晚期成为一个成熟的意识形态概念。今天“屈原精神”这个概念,已经不是纯粹的“灵魂”之意,而是一个意义世界,至少包括来自三个层面的意义:屈原作品的诗意表达、屈原自身的生命践行、后世对屈原其人其诗的感发阐释。三者有着内在的亲缘性和统一性,彼此水乳交融。

　　屈原精神首先以诗歌形式留存人间,其二十五篇作品中,表达最集中的主题就是清洁自爱和忠信爱国。集中体现在两个维度:对于自己,坚持好修独醒于溷浊之世道(即自爱);对于社会,坚持忧国忧民于贪婪之时代(即爱国)。“忠”、“清”心志,是屈原的生前立身之木,其言与其行均遵循践行;屈原死后,历代民间、文人、官方及域外都从不同角度发掘和凝练,屈原精神的内涵以此丰富起来,但均未脱离“忠”、“清”之本。“忠”即本书所言“爱国”,“清”即本书所言“自爱”。二者是屈原精神的核心要素。

　　屈原精神自成体系,其深层基础为屈原的宇宙论、国家论、主体论,其表层实践为求索、美政、好修,其核心要素即为自爱、爱国。屈原的宇宙论是其世界观和人生观的认知基础,在此基础上,延伸出屈原对国家、对主体的认知。宇宙论、国家论、主体论一起构成屈原精神体系里的认知基础,属于屈原精神体系的深层结构。屈原精神的表层结构,即屈原宇宙论、国家论、主体论的实践,包括宇宙思考与探索实践——"求索"、主体人格实践——"好修"、国家观点实践——"美政",这三种实践彼此关联,三方面的实践彰显出屈原的核心内驱力:爱国和自爱①。

自爱与爱国,作为屈原人格核心要素,支配着屈原其人、其诗、其行,就像是两个音符,围绕着"美政"理想,通过香草美人的诗歌意象,弹奏出屈原一生廉贞清醒、挚爱楚国、刚直不阿、嫉恶如仇、上下求索的精神主旋律。

综上,屈原精神是一个拥有丰富关联性内涵和文化价值的概念。从核心要素层面看,是自爱和爱国,即"忠贞之质";从行为表现看,即不耽于享乐、珍惜时光、追求修名、独立求索、刚直不阿、嫉恶如仇、不同流合污、为楚国"美政"付出生命而不悔;从艺术表达看,即志洁词雅、香草美人、言若丹青、模范祖式于历代文人等。

二、屈原精神传承接受的四个维度

屈原其诗其行升华为一种民族精神,成为民族"根文化"符码,浸润于文学艺术、风俗习惯之中,与不同时代、不同地域、不同社会阶层的传承接受,密不可分。基于前期调查,本书提出了全面认识及研究屈原精神传承接受史的四个维度:民间、文人、官方、域外,其每一个维度,既是屈原精神的接受主体,又是屈原精神的传承媒介,互相依存,彼此交融,合力推进,发掘了屈原精神的宗教、伦理、政治及文化价值。

(一)民间

民间,永远都是民族文化创造的根脉与传承接受的主体。就如秭归民间传说中的屈原所说"真诗在民间"一样,屈原精神传承的根脉亦在民间。民间不仅是最早自发传教屈原作品、口耳相传屈原故事者,而且至今保留着丰富多彩的、与屈原精神传承接受相关联的"活态"文化现象。本书选

①用"自爱"表达对完善人格的追求,在战国文献里可寻先例。自守贞操气节、耿介正直、秉承天地正气的道德责任意识,是屈原"自爱"之品格体现。屈原爱国情怀超出了狭隘的"忠君"思想,"国"在屈原心中是德之所聚,是诗人精神上的归依。

取端午祭屈原、屈原庙、民间屈原传说和歌谣三个视点,考察屈原精神的民间信仰史,梳理屈原精神对民众心灵净化与安慰的实证。

屈原与端午关联的确切时间,可上溯到一千八百多年前;屈原与端午故事的传播空间,按照文献记载,在长江中下游、淮河流域以南、台湾地区已经形成了端午纪念屈原习俗意义流播的文化圈,在这个文化圈内,以河南、湖南、湖北、安徽为早期传播的核心地域,向北传播到政治中心长安(唐代)、汴京(宋代)、北京(元明清),向东传播到朝鲜、日本,向西传播到云南、贵州、四川,向东南传播到江西、福建、台湾等。如今,"中国端午节"成为世界"非遗","屈原"成为这一民俗的文化符码,各地赛龙舟、包粽子、江神祭祀、端午诗会等典型习俗的广泛传播,引发了不同社会阶层对民间屈原信仰的理解和参与,也体现了民间屈原信仰的层次与变迁。端午文化的兼容性与多元性使其接纳了屈原和其他历史文化名人(如伍子胥等);而屈原民间信仰形象也慢慢被端午节令意义所"同化",宋、明时期屈原曾被视为具有一定影响的护佑水上作业平安和赐予风调雨顺的"水仙"、"江渎"、"海神"、"水府大帝",且这些信仰在今天的湖南、湖北、安徽、福建、台湾仍是鲜活的。不过,屈原忠贞精神作为端午纪念屈原的主要文化元素,仍是百姓、士大夫、官方端午信仰祈福与国家文治教化的交汇点。

屈原庙是民间两千多年屈原精神传习的实物见证;全国各地屈原庙的时空分布及兴衰,是民间屈原信仰时空传播及深广度的直观反应;各个时期建庙的动机和目的、文人吊念题壁等是全面考察各地对屈原尊崇怀念之情与价值观认可度的重要观测点。文献记载,屈原沉江后,楚人建庙纪念,长江洞庭湖流域、鄱阳湖流域、江淮流域、台湾海峡两岸的纪念建筑,屡见考古遗迹和文献记录。全国11省市(地区)50县市区的屈原庙(祠)时空分布状况,客观地直观地反映了屈原精神民间传承的地域广度。通过史海钩沉、历代考论、尚存实物等多角度参考,自战国末期以来的全国所建屈原庙的兴废演变明晰呈现,其时间最早可上溯到秦末项羽刺杀怀王熊心(前207—前202)之前,最晚现有2015年新建。文献可考的屈原庙,从修建的契机看,有的是纯粹的纪念,有的是一种信奉与祈福,有的是为了旌表彰显一种价值观,有的是家族对先祖的崇拜,还有的则是综合上述诸种因由。屈原庙的匾额、楹联传承着屈原日月同光、清醒万古的精神精髓,屈原庙中各类碑刻诗文、书画展品及各类反映屈原生平故事的主题展厅,都形象地向参观者传承着屈原精神。历时两千多年,各地屈原庙或旧址复修,或迁址重建,或新建扩建,每次修葺都会有庙记记录,而文人官吏的庙记十分巧妙地融合了民间屈原信仰与国家文治教化典制,丰富了屈原精神的内涵。从民间自发立祠祭祀,到文人墨客题诗凭吊,到地方官员致力于庙宇修葺、刻石勒碑,显然,屈原庙亦是民间、文人、官方共同传承接受屈原精神的平台与见证。今天,各地屈原纪念建筑仍是民间传习屈原廉洁与忠贞爱国精神的重要基地。

屈原题材的歌谣和传说,是一种寓教于乐的传承形式,也是考察屈原精神民间传播接受的"活化石"。从屈原题材民间歌谣分布空间看,主要在湖南、湖北、江西、安徽、河南、台湾的部分县市;其中,湖北县市分布最广,有秭归、云梦、监利、宜昌、远安、通山等;数量上,以湖南汨罗、湖北秭归流传歌谣最多。这一分布区与端午纪念屈原习俗、屈原庙、咏屈文学的地域分布,在核心区域上互相重叠,再次印证了屈原精神空间传承区域的辐射情况,即,屈原精神的核心传播区域在今湖南、湖北,辐射圈为紧邻省份河南、安徽、江西,通过移民波及中国台湾、朝鲜、日本、越南、新加坡、马来西亚、法国、美国。民间传说和歌谣是人民的口头历史,是民众在日常生活中不断对已有屈原故事"集体口头创作"和"再创作"的结果,虽不可以作为可靠的史料,但作为民间记忆,是屈原精神的民间口碑。

(二)文人

历代文人对于屈原作品的接受,不仅仅表现在浪漫主义、象征艺术等这些文学艺术层面。屈原高尚伟大之人格,随其高尚伟大之文章,引发了文人的关注与思考,二千三百多年来,以古今骚人墨客为代表的文学世界对屈原及屈原精神的体认与接受,升华了民间屈原信仰,推动了官方屈原封崇。

"困厄不遇"本是屈原作品的思想主题之一,且结合大量战国文献可证,屈原作品中反复批评的"嫉妒"、"好蔽美"、"国无人"等,绝非站在屈原个人功名富贵的立场而抒发,而是站在楚国前途的立场上的忧患意识。但宋玉、贾谊、东方朔、严(庄)忌、刘向、王逸等骚赋作家大多选材于屈原遭遇困厄、求索沉江等悲剧色彩浓烈的人生片段,突出屈原"吾不能变心以从俗兮,故将愁苦而终穷"的"不遇"。一千五百余字的《史记·屈原列传》,

仅六十余字写屈原出生和曾经辉煌的经历①，更多的篇幅是叙述屈原被谗陷、被疏远、被迁谪等人生困境，及面对困境的一如既往坚持忠清洁白的抗争。历代各类屈原塑像和影视剧本中那一位眉头紧锁的屈原、悲愤忧虑的屈原，其原型应该就出自这里。屈原的诗歌、屈原的遭际，一开始便成为士阶层"不遇"情怀的疏泻方向，自宋玉、贾谊、司马迁以来，汉代文人从个体人生价值的立场解读屈原诗歌，有其历史的"误会"和个人的"际遇"因缘，但也逐渐凸显了屈原作为历史"独醒者"、"忠臣"的崇高形象。

屈原遭谗放逐、憔悴行吟、幽愁自沉及贾生吊屈，成为唐代抒写湖湘风景、凭吊古迹的人文情愫。唐代继汉代文人之后，继续传播屈原的"遭忧"的历史故事。唐代咏屈诗人中多有贬谪经历，且多贬至南方瘴疠之地，在这样的文化背景下，屈原的不遇时、不遇君的历史悲剧，成为文人浇自己心中块垒的"历史酒杯"。千古吊屈原的文学文化现象的背后，折射出文人个体价值追求中的困境与抗争，屈原的悲剧形象也因此在文学世界里被"定格"。

两宋楚辞学是继两汉以后楚辞学的第二座高峰。宋人对屈骚精神的重塑和升华，也成为传承接受史上最重要的一环。宋代文人笔下的屈原形象基本继承了前代定位，但，理性之光使得文人特别突出"屈原之醒"。面容憔悴、苏世独立、独自清醒于溷浊世道，是宋代文人笔下的屈原形象，"忠清骚人"成一种人格示范。但，生命意义的多元化、人才选拔方式的制度化，使得宋代文人怀才不遇的境况有所改善，这便隔绝了文人士大夫对屈原苦争殉国的理解，批评揶揄之词也就逐渐多了起来。

隋代傀儡戏、宋南戏、元杂剧中的屈原形象，由于文献资料已佚，今天仅仅知道当时的一些剧目。现存的清代屈原戏较多，往往围绕屈原作品，特别是《离骚》、《天问》、《卜居》、《渔父》等带有悲剧壮美色彩的诗篇展开戏剧冲突；同时，引入了前代文人很少关注的汉魏有关"屈原化水仙"的稗官野史之记载，汲取民间屈原传说；并融入清代通俗戏曲小说舞台艺术审美趣味，既刻画出历史上屈原廉洁自律、忠贞爱国、改革蒙冤的悲剧形象，

---

① 即："屈原者，名平，楚之同姓也。为楚怀王左徒。博闻强志，明于治乱，娴于辞令。入则与王图议国事，以出号令；出则接遇宾客，应对诸侯。王甚任之。"

又大胆"翻案",通过神仙道化形成"大团圆"结局;而这些颠覆历史的情节安排又将人们的思绪带入屈原"美政"理想的境界。从现存清代屈原戏看,文人通过角色"复活"将屈原之不遇悲剧和忠贞耿介表现得更深刻、透辟。

屈原诗歌的图绘创作,特指取材于屈原诗作,用美术绘画形式将屈诗中丰富的题材、情感、想象、文辞等加以展示,其实质亦是文人画家们对屈原精神的接受与阐发。屈原诗歌中被图绘最多的是《九歌》,其次是《离骚》、《九章》、《渔父》等。屈原诗歌图绘传播始于南朝刘宋,历代绘图作者总数突增于明代,而历代传播最广的是北宋李公麟《九歌图》,其次是明末萧云从绘、清门应兆补绘的《离骚全图》。李公麟《九歌图》传达了对屈原幽愤忠臣形象的理解。而萧云从《离骚图》中的屈原形象,与其他同时代人及现当代文人笔下憔悴沉吟、孤寂幽愤的屈原形象,形成鲜明对比,是一位平易亲和、百姓信赖、可以倾心交谈的官员形象。《离骚全图》补绘者门应兆,一方面继承萧云从的人物画画风和忧国忧民"亲民"士大夫形象的定位,另一方面以"连环画"方式再现了一位贵族出生的少年到执着于美政的"美人"的成长历程,回归文本,紧密围绕《离骚》中诗人的情感踪迹塑造了一位内美外修的屈原形象。

屈原之独醒自爱意识推动了近代哲学和人文精神的觉醒。而践行这种觉醒精神的第一人,当属"但开风气不为师"的龚自珍。龚自珍以"屈骚"铸心,承传屈原爱国担当、独醒求索的精神,并在文化性格和文学创作上影响了梁启超等一批近代文人的家国情怀。梁启超对屈原精神特质做了深入细腻的分析,王国维以心理学为背景阐述了屈原的"廉贞"。20世纪30年代,国家危难之时,屈原奔放的爱国热情、高洁的真纯胸怀,通过诗歌、话剧等艺术展演,感发激励了战争年代各行各业的人们。在现代社会文化及世界和平斗争中,屈原形象由传统封建士大夫的忠君楷模,转为融入世界和平事业话语体系中的人民诗人、爱国诗人。

屈原精神文人层面的接受离不开屈原作品。历代《楚辞》每次"重读"的"经验"都凝聚在辑录者的序跋、注释之中,影响后人阅读屈原作品的体验。汉代王逸《楚辞章句》被后世誉为"不桃之祖",与宋代朱熹《楚辞集注》皆为后代矩式。《楚辞》辑注出版数量与屈原接受起落基本一致,辑注阐释的细微变化折射着一个时代、一种思潮。注骚忘忧,注骚自娱,注骚塑造自己的人格，注骚寄托自己的故国之思，注骚寄托自己的不遇之愤，注骚倡议时代正气。历代《楚辞》辑注者对屈原作品传达的"好修"、"忠"、"清"、"廉贞"精神的提炼与阐发，呈现了一条屈原爱国精神的彰显路线：忠信于君国—忠君爱国—忧国忧民—爱身忧国—爱国精神。

历代文人对屈原不遇及"时命"主题常咏不衰，主流是对屈原的赞美，但也存在矛盾，乃至尖刻的批评。在命运选择的各类假设和纠结中，文人更加深刻地认识到屈原坚定理想、执着求索、受命不迁的可贵和高尚，屈原精神成为文人"可望不可及"的精神标杆。因此，一部屈原精神的文人接受史，可谓是一部生命价值观的探讨史、一部忧国忧民爱国精神和高洁自爱人格精神的心灵铸造史。

（三）官方

屈原精神能由隐性走向显性，从中国走向世界，离不开历代官方话语权对屈原精神的一贯褒崇。两千三百多年来，古今官方对屈原及屈原精神的传扬与褒崇从未间断。汉政权建立者的楚文化渊源使其将楚歌引入宫廷文艺，形成了一代审美风尚，从而形成了屈原"楚辞"作品被特别关注的政治大背景。汉武帝时期，"楚辞"学与"五经"并列，命刘安作《离骚传》，尊《离骚》为"离骚经"，佑启后世"诗骚"并称。成帝时，刘向汇集屈原、宋玉等人作品为《楚辞》一书，一时成为皇家、贵族的日常读本，也奠定了后世屈原精神传承接受的重要文献基础。

三代以来，朝廷有褒崇贤臣功臣以文化天下的制度。唐代天宝七年，屈原首次增入祀典，诏长沙郡官员须春秋二祭。朝廷正式褒封屈原始于晚唐，共九次封赐、七个封号：唐天祐元年（904）九月、天祐二年六月均封"昭灵侯"，后晋天福二年（937）五月屈原进封"威显公"，北宋元丰三年（1080）封"清烈公"，元丰六年（1083）封"忠洁侯"，政和元年（1111）后统一为"清烈公"，元延祐五年（1318）七月戊子加封楚屈原"忠节清烈公"，明太祖朱元璋洪武二年（1369）敕湖南汨罗屈原庙复号"楚三闾大夫屈平氏之神"，明代万历四十二年（1614）封"水府庙大帝"。另，明冯梦龙《东周列国志》称封"忠烈王"，乃小说家言。安徽民间传说清代封"靖楚江王"，待考。官方封崇实质是一种优秀文化精神倡导，在代代相承的推崇中，屈原精神的宗教价值、伦理价值、政治价值、文化价值得以发掘与凝练。

"为政必先究风俗"。楚地民间最先盛行端午竞渡、吃粽子祭祀屈原，隋唐之后,在官方推动下,端午祭屈原成为全国性风俗。有史可考,端午公祭屈原,滥觞于唐玄宗、后晋高祖,定制于明太祖,强化于明万历诏全国"水府庙"奉祀屈原。国家公祭对屈原"脱颖而出"①成为"中国端午节"核心文化符码起了决定性作用。

(四)域外

一位两千多年前文献记载稀少的诗人,为什么会出现在域外诗人的笔下? 中国移民和域外的来使,是屈原故事、楚辞作品和端午祭祀屈原民俗传播海外的传承人群。

作为诗人的屈原,其作品在公元 4 世纪时已传播到朝鲜半岛,7 世纪传播到日本,明代末期开始伴随西方传教士进入欧洲。汉字文化圈的韩国、日本、越南是屈原诗歌和精神影响较为深远的国度。影印北宋《奎章阁所藏六臣注文选》刊本、王逸《楚辞章句》的"《文选》本"、朱熹《楚辞集注》等,在这些地域被研读、被模拟,屈原的廉贞的人格和忠君爱国的高尚节操引发"共鸣"。域外汉字文化圈内的学者有关屈原及楚辞研究成果,在 20 世纪 50 年代被国内学者关注,屈原精神域外阐释的"回流"现象,有力地促进了中外人文交流和国内屈原研究。

当代的华文文学和华裔英文文学创作中的屈原书写,是屈原精神域外接受的重要实证。诗人们反思繁华热闹的背后折射了华人文化生存的忧思和异域生存的"任"和"清"的精神。传播屈原故事、书写端午节伴随他们度过文化冲突的困境,这是海外华人世界传承屈原精神的重要原因。对于屈原故事的传播方面,华文文学主要在汉语世界里传播;华裔英文文学则会影响部分英文读者群。作为龙的传人,海外华人传承端午文化的方式之一是龙舟赛,作为一项国际竞技体育,域外民间体育界对此已有充分的认同,并开始理解其中的文化内涵;作为诗歌国度的传人,端午诗歌会亦是域外华人特别珍视的,新加坡华人在 20 世纪 70 年代末成立"五月诗社",举办诗歌朗诵会、开设诗歌讲习班、出版配乐新诗朗诵磁带、在报纸上开辟

---

①据中国各地方志的风俗记载,端午节有端阳节、重午节、天中节、浴兰节、女儿节、小儿节、夏至节、龙船节、游龙节、诗人节等多种称谓,是一个"驱邪除毒"的岁时节日。端午起源于某一人物的传说,在魏晋以来诸种文献如《抱朴子》《荆楚岁时记》《续齐谐记》中屡见不鲜,除了"屈原说"外,还有苏州纪念伍子胥说、山西河北纪念介子推说、"勾践说"、"曹娥说"、"白娘子说"、"钟馗说"等。

"五月专辑"。屈原、端午节和其他中华文化一样,成为中国移民异国生存时的一种信仰和力量。

端午纪念屈原的习俗意义,至少在高丽朝末期(中国的元朝时期),已经通过楚地移民或游学游宦中国的古韩文人,在朝鲜半岛开始传播,并留在当地一部分人的文化记忆里,记录在当地的历史文献中。日本遣唐使将中国端午节吃粽子、竞渡习俗带入日本,端午意义被日本宫廷女性改造、创新,剥离了"屈原",并从日本宫廷走向日本民间,植入日本本土"武士道精神"。虽然日本民间没有端午纪念屈原的风俗内涵,但在奈良以来日本文人的"端午题材"诗歌中大都提及屈原,日本文人亦往往以端午节把酒读《离骚》来怀念屈原。一百年前法国传教士禄是遒的《中国民间崇拜》中真实记录了当时中国端午祭祀屈原的诸多民俗,这本书被誉为"对中国社会生活中的信仰活动,做了迄今为止最为完整的收集和描述"①,并由法文版而英译版再到汉译本。当代日本学者竹治贞夫在楚辞研究积累三十年基础上完成了一部传记类著作《爱国诗人屈原传记》(又译为《忧国诗人——屈原》),阅读这部传记,可以准确了解"基于文本"的屈原精神在域外的解读情况。

总体而言,屈原精神传承接受链上的四个维度各有侧重,彼此关联紧密。民间侧重于"立体"(即乐观的与忧愁的)屈原形象传承;文人侧重于屈原悲剧政治遭遇的体认;官方侧重于作为"忠清"政治楷模的褒扬;域外接受集中于忠贞爱国的屈原形象。虽然四个层面对屈原精神的传承接受各有侧重,但对屈原"忠贞之质"——自爱心与爱国心的接受却是一致的。

三、屈原精神传承接受的波浪式推进

依据实证考察,诸多屈原精神传承接受的文化现象表明,民间"潜流"已与文人、官方"明流"汇合,并波及域外。屈原精神的文化传承谱系及其接受链可以描述为民间礼祭、文人阐发、官方褒崇、域外接受的波浪式推进,四个层面之间,存在"激流般"巨大回旋力,如海浪一样,彼此交融推进。

---

① 李天纲:《禄是遒和传教士对中国民间宗教的研究》,[法]禄是遒著,高洪兴译:《中国民间崇拜》第一卷《婚丧习俗》,上海科学技术文献出版社,2014年,第2—10页。

　　民间礼祭,是最早出现的一个推力。屈原作品最初是在楚地教传,楚地民间最早纪念屈原。端午祭屈,时间最早上溯至东汉灵帝以前,空间源头在湖南汨罗、长沙(史料可循的屈原流放地、沉身地),屈原死后化"水仙"之说亦起于汨罗,后传播各地,明代万历二十四年(1596)后官方下诏各地水府公祭屈原。汨罗具有历史深度的民间端午祭祀屈原习俗,至少在公元2世纪已出现。

　　随着贾谊、司马迁来到汨罗,写下《吊屈原赋》《屈原贾生列传》,传递起了屈原精神文人接受的"接力棒"。历史的发展中,文人成为屈原精神跨时空传承接受的重要一环。文人对屈原作品的整理、阐发与价值发现,促进了官方对屈原的关注及褒崇。

　　官方首次敕封屈原、纳入国家祭祀典制时,没有忘记民间祭祀屈原的最早的源流地——汨罗(隶属长沙郡)。唐玄宗天宝七年(748)诏长沙郡春秋二祭屈原。此后官方修缮汨罗、秭归等地的屈原庙,文人作屈原庙记,官方确立端午节公祭屈原,等,官方为屈原精神的传承接受奠定了重要的物质基础及社会舆论导向。

　　官方这一"明流"整合提炼了民间与文人对屈原精神的仰慕,封号"昭灵侯"、"威显公"汲取了民间屈原神灵祈福信仰的精髓,封号"清烈公"、"忠洁侯"、"忠节清烈公"挖掘了士大夫阶层的价值观,使得屈原精神的传承接受由隐性走向显性。

　　中国官方曾将《文选》纳入科举选拔人才制度体系,影响高丽、李氏朝鲜及日本等汉字文化圈国家,这却不经意间促成了域外的"读《离骚》热"。公元4世纪,屈原精神的域外接受拉开序幕,并延展到英文、俄文、法文、德文、泰文的世界。1953年在中国文人和政府的推动下,屈原被世界和平理事会列入"世界文化名人"。2009年9月30日联合国教科文组织保护非物质文化遗产政府间委员会第四次会议审议并批准"中国端午节"列入"人类口头和非物质遗产代表作名录",汨罗江畔端午习俗、秭归端午习俗等延续至少一千八百年的民间屈原信仰,再次因官方这一"明流"的推动走向世界。

　　20世纪中期,特别是改革开放以来,屈原及其作品在国外的译介与研究,国内传播出去的《楚辞》宋、明、清刊本等"回流"国内,中、外文人对屈原及其"忠贞"精神的争论与探讨等,展现出屈原精神的持久"活力"。

今天，许多传承屈原精神的文化活动，其主办者、参与者、推进者，可能是民间、文人、官方、域外四个层面的任意一方，也可能是其中两方或者三方或者四方，可见，屈原精神传承谱系及其接受链已经完备而成熟了。

总体而言，屈原其诗其行成为一种民族精神标识，浸润于民族风俗之中，大约经历了两千三百多年。这个过程，孕育于先秦，凝炼于两汉，生发于魏晋，发扬于唐宋，强化于近现代，光大于当代。屈原精神传承接受的波浪式推进，表现在接受维度上，"民间礼祭"推动"文人阐发"，"文人阐发"携带着民间屈原信仰推动"官方褒崇"，"官方褒崇"汲取民间神灵和文人政治伦理信仰，将屈原精神提升为国家忠臣楷模代表；民间与文人、官方的三股合力，影响着屈原精神的"域外接受"，域外接受现象时而"回流"，促进国内对屈原精神的再体认。最终，在民间、文人、官方、域外四波合力推进中，屈原精神成为一个拥有丰富内涵和文化价值的概念。

换言之，屈原精神传承接受的波浪式推进，表现在时间轴上，在秦汉之交、东汉末期、唐末五代、南北宋之交、明末清初、1840 年后、抗日战争时期、文化经济时代，出现了阶段性热潮；表现在空间轴上，由湖南、湖北、长江中下游核心区域触发，向淮河以南、台湾海峡、东亚、南亚、东南亚、欧美辐射性推进；表现在价值轴上，就是肯定与否定的对立统一、赞美与揶揄的对立统一，最终，屈原"忠贞之质"及其一系列延伸解读的内涵和文化价值，被誉为中华民族精神的标识之一，被誉为"人类精神的标杆"。

后 记

这本《屈原精神传承接受史论》，是以我博士论文《屈原精神传承接受的文化学考察》为基础申报的国家社科基金后期资助项目结项成果（项目批准号：15FZW005，结项证书号：20195259）。从 2009 年开始撰写，算到今年，已经有十余年了。其间，因工作需要而"逼迫"自己出版《屈原庙史料通考》（2014 年），完成政策建议《"中国岳阳·诗祖屈原·国际诗歌之旅"打造策略》〔获中共湖南省委宣传部首批"湖湘智库研究"优秀成果奖（2016 年）〕，合作主编《屈原文化研究丛书》（2017 年），著述《行吟屈原》（2019 年），参与编撰《当代屈原学史》（2020 年），建设并获批认定教育部"国家级线上一流本科课程"《楚辞鉴赏与诵读》（2020 年）等。多面并进，精力有限，导致书稿修订进度缓慢。不过，这些工作均与屈原研究相关，多角度的思考与实践"捶打"，使得书稿修订的思路更成熟，眼界更开阔。

关于屈原精神传承接受的相关资料类繁量多，本书仅选取关键典型和被学界忽略的重要史料予以突破，其中漏误，敬请学界师友和读者方家批评指正！总体而言，本书的主要建树是：建构了一个完整的全面认识及研究屈原精神传承接受史的理论体系，将屈原精神传承接受问题提升到了一个新的学术层面。首次系统搜集考证了民间、官方层面的大量史料，为厘清屈原精神传承接受史提供了有力的实证依据，挖掘出许多新的文献史料，丰富了屈原学的文献资源。同时，本书系统钩沉了屈原精神在民族凝聚力、文人品格、社会政治、国际文化交流中的历史作用，具有一定资政意义。

书稿付梓时，衷心感谢何师新文先生、博士论文匿名评审和答辩委员、国家社科基金项目五位匿名评审专家对我书稿提出的中肯意见！特别感谢本书申报国家社科基金后期资助项目过程中王师兆鹏先生和中华书局罗华彤老师的耐心指导和推荐！衷心感谢两位恩师王师兆鹏先生和何师新文先生对我的培养！衷心感谢我的家人、亲友和关心我的同事们！本书书稿校对工作量大，中华书局吴爱兰老师等付出了大量辛苦劳动，在此致以诚挚感谢！

龚红林

2021 年 5 月 4 日校订全稿后补记于洞庭湖畔奥林轩

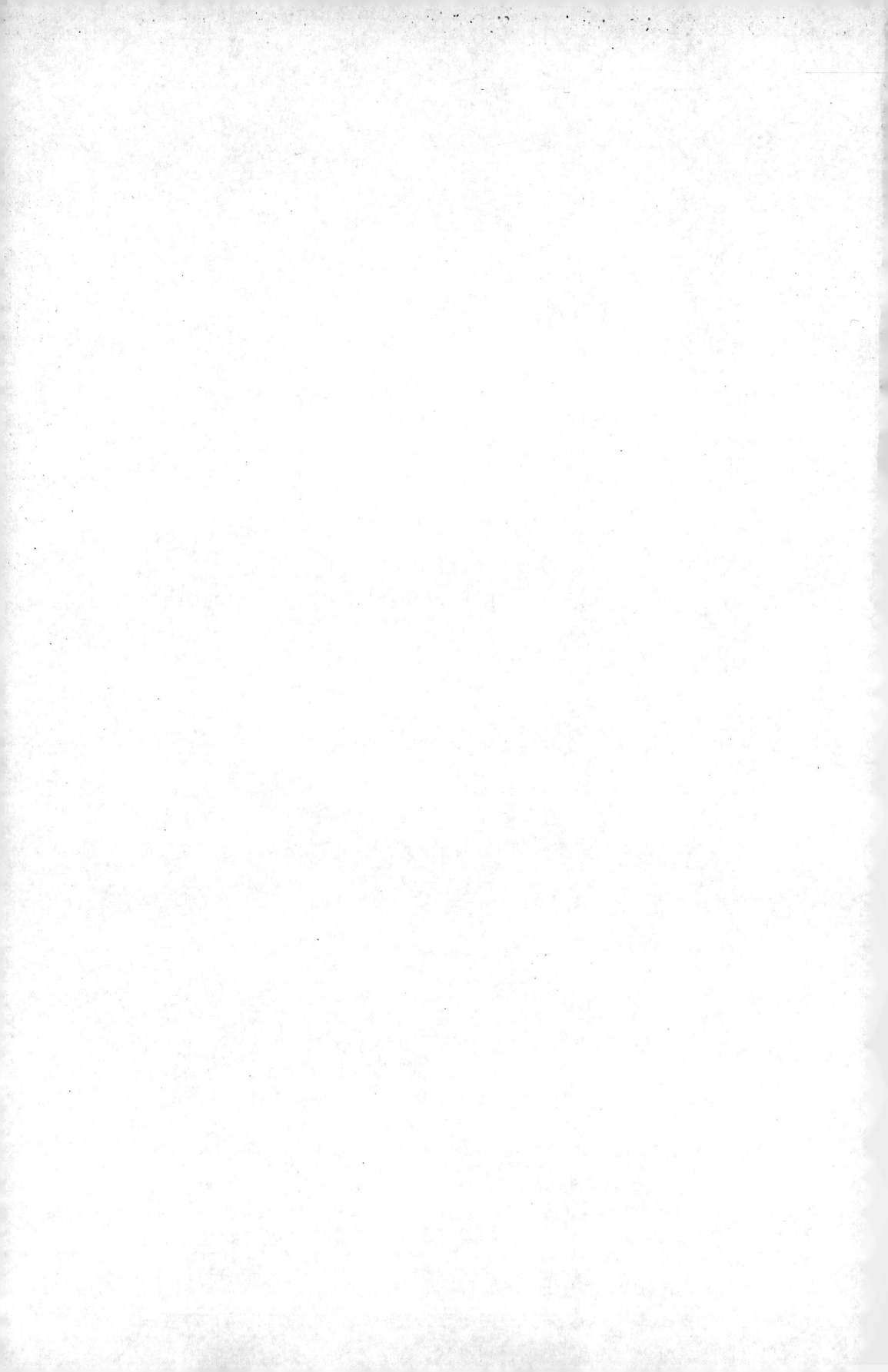